世界宗教理念史 卷一

從石器時代到埃勒烏西斯神祕宗教
Histoire des croyances et des idées religieuses/ I
De l'âge de la pierre aux mystères d'Eleusis

默西亞・埃里亞德（Mircea Eliade）著
吳靜宜、陳錦書　譯

作者簡介

默西亞・埃里亞德（Mircea Eliade, 1907-1986）

　　羅馬尼亞宗教史家。一九二八年在布加勒斯特大學（University of Bucharest）獲得哲學碩士學位。論文是關於義大利文藝復興時期的哲學家，從費奇諾（Marcilio Ficino）到布魯諾（Giordano Burno）。之後獲得獎學金到印度留學，在加爾各達大學（University of Calcutta）跟隨 Surendranath Dasgupta（1885-1952）研究梵文和印度哲學，在喜瑪拉雅山的 Rishikesh 隱修院住了半年。一九三三年，埃里亞德回到羅馬尼亞完成其博士論文《瑜伽：論印度神祕主義之起源》，獲得博士學位，並在布加勒斯特大學擔任助理教授，教授亞里斯多德和庫薩努斯的形上學、宗教史和印度哲學。

　　二次大戰之後，埃里亞德到索邦高等研究院（École Pratique des Hautes Études）擔任客座教授，至此他便以法文寫作。一九五六年，埃里亞德到美國芝加哥大學執教，一九五八年接任宗教系系主任。創辦《宗教史》（History of Religions）和《宗教雜誌》（The Journal of Religion）等期刊，並且擔任《宗教百科全書》（Macmillan's Encyclopedia of Religion）主編。

　　埃里亞德逝世於一九八六年四月二十六日，他所主編的《宗教百科全書》是世界最重要的宗教百科。主要作品有《宗教史論叢》（Traité d'histoire des religions, 1949）、《永恆回歸的神話》（Le Mythe de l'éternel retour, 1951）、《聖與俗》（Le Sacré et le Profane, 1956）和《薩滿教》（Le Chamanisme er les techniques archaïques de l'extase, 1961）。

譯者簡介

吳靜宜

台灣大學人類學系。法國巴黎大學研究。

陳錦書

中興大學植物系畢，潛心研究佛學多年，譯有《禪與自在解脫》（商周）。

世界宗教理念史卷一：從石器時代到埃勒烏西斯神祕宗教

目錄

第一章　太初之時……：古人類的巫術和宗教行為　35

1. 定向：用工具製造工具。火的「馴化」
2. 史前文獻的「混沌不明」
3. 埋葬的象徵意義
4. 對於骨骸堆置的爭議
5. 壁畫：形象或是象徵？
6. 女人的出現
7. 舊石器時代獵人的宗教儀式、思想和想像

第二章　最漫長的演進：農業的發明。中石器與新石器時代　59

8. 失去的樂園
9. 工作、技術和想像的世界

〈出版緣起〉

朝聖者的信仰之旅

林宏濤

　　台灣社會正面臨各種矛盾的新衝擊。醜陋的資本主義經濟和環保的覺醒在做拉鋸戰；教育和資訊之普及是史上未有的，而精神世界卻也愈加的空洞。在宗教信仰上，人們都只殘留著原始的無知。我們從歷史和傳統中失了根，在和宗教的對話上，我們失去了應該有的精神底蘊，就像我們和自然、社會以及個人的互動越來越疏離一樣。在某方面，我們的文化是後退到某個蒙昧時代的原點上。

　　然而人類對超越界的渴望和上古史一樣的久遠，也始終存在於深層的靈魂之中。在遠古時代，或是現代的某些部落裡，宗教不只是人與超越者的關係，也是對於世界乃至宇宙的認知進路。文明化的歷程使得人類朝聖的動機更加多元化；無論是在集體潛意識中遺傳下來的衝動、對崇高的造物者的震懾或受造感、或是對生命終極關懷的探索、苦難的解脫，甚至只是在紛擾的現代生活中尋找一個桃花源，儘管這些內在的聲音在城市和慾望的喧囂中顯得特別微弱，但是人們對超越界的追尋卻始終沒有停止過。

　　在彼岸的是諸神，在塵世的是人類，而宗教是人和神相遇的地方。它也是神人互動的歷程。在這朝聖之旅當中，我們有說不完的感動、恐懼和迷惑；而世界不同角落的人們也以不同的方式和不同形式的神祇溝通交往。因為宗教既是社會的，也是個人內心的；宗教曾經既是社會結構的穩定性形式，也是個人心靈的寄託。在個人主義的現代社會裡，宗教更是內在化為生命意義和存在故鄉的自覺探索。

　　除了生命價值和根源的追尋以外，道德的實踐，人格的成就，和淑世的理想，更是宗教的存在根據。從字源學看 religio（拉丁文的宗教）的可

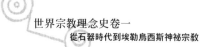

能意義，可以了解宗教的倫理面向，它可能是 religere（忠誠的事奉和歸屬），或是religare（與自身的源泉或終點相連），而因為人可能遠離他的故鄉，所以它也可能是 reeligere（重新選擇去活在這源泉或終點裡）。如此我們便形構了一個生動的宗教圖式：人虔誠的遵循神的誡命，藉以與神同在，而人也會墮落，因此也會悔罪回頭。在許多宗教，如佛教、耆那教、拜火教、猶太教、基督教、以至於伊斯蘭教，倫理一直是他們的重要課題。法句經說：「諸惡莫作，眾善奉行，自淨其意，是諸佛教。」釋迦牟尼觀察緣起法的生死流轉，依八正道而解脫，以世間正行端正自己，清淨自己的行為而得正覺，這是人類精神自由的完美典範。理性主義興起後，宗教的道德意義由德性的實踐到道德良知根源的反省，進而推及生命的愛，新的人文主義從這堅實的倫理世界獲得源頭活水，或許也是宗教的新生。

《人與宗教》系列叢書，就像每個朝聖之旅一樣，試著從宗教的各個面向去體會人和宗教的對話歷史，使人們從各種信仰思維中沉澱下來，理性地思考「宗教是什麼」的基本問題。我們將介紹宗教學的經典作品，從神學、宗教心理學、宗教社會學、宗教哲學、比較宗教學到宗教史，為有興趣研究宗教現象的讀者基礎的文獻；另一方面，我們也想和讀者一起分享在世界每個角落裡的朝聖者的經驗，可能是在修院、寺廟、教會裡，也可能在曠野、自然、城市中，也包括他們在工作和生活當中對生命的體會。

在各個宗教裡，朝聖有個重要的意義，那就是暫時遠離生活的世界，經過旅行的困頓和考驗，最後到達聖地，那裡是個神聖的地方，是心靈的歸鄉。我們希望在《人與宗教》的每一本書裡，都能和讀者走過一次朝聖者之旅。

埃里亞德的世界宗教理念史

游 謙

幾年前遇到一位美國的宗教學者，他問我在哪裡拿的學位，我回答說是英國的蘭卡司特，他說：「如果二、三十年前，你拿這個學位根本找不到工作。」他接著說：「當時的美國人爭著想擠進芝加哥大學的宗教系，因為只有拿那裡的學位的人，才能在美國的大學裡找到宗教系的教職！」我知道他是跟我開玩笑的，但是從他的談話中，我們可以感受芝加哥的宗教系在美國學界的地位。為什麼當時這個宗教系這麼熱門呢？原因就是宗教學大師埃里亞德在那裡教書。

埃里亞德著作等身，但是這一部三冊的「世界宗教理念史」是學界公認他五十年學術研究最登峰造極的作品。例如，他對亞當和夏娃的孩子兄弟鬩牆的故事就有一番獨特的詮釋，他說「該隱」這個名字的原文是「鐵匠」，因為鐵匠是有能力駕馭火的工匠，所以是個令人畏懼的行業。而「亞伯」這個名字的原文意為「牧人」，因此這個故事乃是隱喻遊牧民族常常與擁有打鐵技術的社群自古就有的矛盾與衝突。

……亞伯」意為「牧人」，而「該隱」意為「鐵匠」。他們的衝突反映看得出鐵匠在當時某些畜牧社會裡的矛盾地位，無論是受到歧視或尊重，總之是個讓人畏懼的行業。我們之前提到（第15節），鐵匠是「火的主宰」，有很可怕的魔力。遊牧民族的「單純」生活和他們的抗拒農耕和城市的定居生活，在聖經的這個傳說裡被理想化。該隱成為「城市建造者」（4:17）他的子孫土八該隱（Tubal-cain），就是「銅匠鐵匠的祖師」（4:22）。所以說，犯下人類第一件謀殺罪的他，在某個方面是技術和城

市文明象徵的具現。這蘊含著，所有的工技都帶有「魔力」。

其實，要瞭解這部書的基本思想，最好先從作者的生命史著手。埃里亞德是羅馬尼亞人，他從小就對自然科學有濃厚的興趣，並且自己布置了一個小小的化學實驗室。1925 年他進入了首都布加勒斯特大學哲學系讀書，使他逐漸對歌德莊嚴神聖的哲學思想產生崇拜，於是他的碩士論文就撰寫有關義大利文藝復興的哲學。

1928 年，他獲得赴印度加爾各答大學的獎學金，於是他開始到異鄉學習梵文和瑜珈，那時他才二十一歲。他的印度教授對他照顧有加，並把他安排到家裡住，他在印度住了三年，就在這段期間埃里亞德愛上了他老師的女兒，但卻遭到老師的反對。於是他獨自登上了喜馬拉雅山，過了半年的隱士生活。

1932 年埃里亞德返回羅馬尼亞撰寫瑜珈術的論文，並在第二年取得博士學位，於是他開始協助恩師游內士庫（Nae Ionescu）從事研究工作，並且在大學裡教授宗教史和印度哲學。他說他把大部分的時間用來從事學術工作，但是也抽空寫一些抒發情感的小說。他的小說有強烈的自傳影子，內容常常包括一些宗教思想、成長的經驗，甚至對異性的幻想。當時羅馬尼亞風氣保守，埃里亞德在 1936 年竟然被指控撰寫色情小說而被迫離職一段時間。

1938 年埃里亞德的恩師以親納粹的罪名被逮捕，不久後他也被送入集中營。1940 年埃里亞德離開戰亂的羅馬尼亞，前往倫敦的大使館擔任文化官員，次年又被調駐葡萄牙的里斯本。戰爭結束時，他的祖國已成為共產國家，他的右派色彩使他回不了故鄉，被迫在國外流浪。這段期間他在歐洲各大學講學，在三十八歲那年終於在巴黎安頓下來。暫居法國那幾年，他的心情逐漸平靜，學術思想也逐漸定型，於是開始撰寫大部頭的著作。

埃里亞德目睹無神論的共產黨如何踐踏東歐的傳統文化，也經驗了二次大戰對人類精神文明的摧殘，世界的急速變動導致戰後的現代人整天過著「忙」與「盲」的生活。這樣的人容易導致生活焦慮、心情空虛，甚至

不知爲誰而活、爲何而活？但是藉由瞭解宗教，現代人能夠找回存在的意義，埃里亞德把這個新思維稱爲「新人文主義」（New Humanism）。

埃里亞德認爲宗教的許多意義需要詮釋，而不衹是客觀的認識。要詮釋宗教必須從二個面向切入，一是歷史面向，另一是系統面向。爲了闡明自己的系統理論，他發明了「聖顯」（hierophanies）這個專有名詞，聖顯乃是指神聖的存有（sacred beings）藉由凡俗的存有（profane beings）向宗教人（homo religiosus）彰顯。例如非宗教人（non-religious humanity）看到某粒石頭時，他可能會認爲這只是一顆普通的石頭，但是宗教人能夠體認某些事物的異質性（heterogeneity），當看到這石頭時，他們能體會這顆石頭是神聖的，因爲神聖的存有已經藉由這石頭向他們彰顯，因此才會向這石頭獻祭。

同樣的道理，耶穌對某些人來說只是個普通人，最多也只是個偉人，但是對某些宗教人而言，他的肉身雖然平凡，但是他在人世間的所作所爲都是神聖的彰顯。但是「聖顯」有它時間和空間的限制，耶穌的聖顯也侷限在二千年前的猶太地區，但是宗教人卻可以藉由仿效他在人世間的行爲，重新感受此一神聖時間（sacred time）和神聖空間（sacred space），埃里亞德認爲所謂的儀式（ritual）就是宗教人透過一連串不斷反覆的動作來感受神聖，來分享聖顯的神聖性。基督徒仿效耶穌的出生就產生了聖誕儀式；仿效祂受洗的狀況就產生了施洗儀式；仿效祂與門徒相聚的最後晚餐就產生了聖餐儀式；仿效祂釘十字架的情形產生有了受難儀式；仿效祂死而復活的狀況就產生了復活節儀式。藉由對諸神原型的仿效（imitatio dei），宗教人的生活得到了「定向」（orientation），並且找到了「世界之軸」（axis mundi），藉由這個軸心，人類得以接觸諸神的神聖性，得以找回存在的意義。

埃里亞德是一位宗教普世主義者（ecumenicist），他認爲耶穌的舉止之所以成爲仿效的對象乃是因爲祂已成爲神聖的典範（sacred model），這種奇蹟式的出生、傳道、受難、復活的生命史，在人類的許多宗教中都可以找到類似的聖人傳說，如果化約這些這些傳說故事常常可以找到共同的

情節，這些共同的情節就是他所謂的「原型」（archetypes）。他鑽研世界各宗教中的「出生與復活」的情節，並且於 1956 年到芝加哥大學演講這個研究成果，引起新大陸學界的震撼，並且再次年獲聘為該大學宗教系的教授，那年他已四十九歲。

成為芝加哥宗教系的教授後，埃里亞德更致力於學術研究，他為了爭取更多的時間做學問，一天只睡五個小時，他說這是對凡俗的生活習性挑戰。埃里亞德認為他那帶有強烈普世主義的宗教理論加上自己羅馬尼亞人的身份，可以促進更多的跨宗教對談，甚至成為東方與西方思維的橋樑。他簡明的學術著作吸引了許多本來不關心宗教的年輕人，而且當時美國流行的「反西方文明運動」與「東方熱」，更加促使埃里亞德成為思想大師。

但是他並不自傲於自己的地位，他努力廣結善緣，與保羅‧田力克（Paul Tillich）、約瑟‧北川（Joseph M. Kitagawa）等舉世聞名的學者結為好友，進而自己擔任總編輯，與他的好友們共同編撰目前全世界最大部頭的「宗教百科全書」（The Encyclopedia of Religion），造福許多對宗教有興趣的人。

當代對於宗教歷史的詮釋，受到了幾位大師的影響，受馬克斯（Karl Marx）影響的學者在撰寫歷史的時候會常常提問：「宗教如何在經濟和政治領域起作用」；受韋伯（Max Weber）影響的人會問：「宗教如何在社會起作用」；受奧圖（Rudolf Otto）影響的人會問：「神聖的本質是什麼」；受容格（Carl Jung）影響的人會問：「宗教如何在心理上起作用。埃里亞德自己也受這些人的影響極深，但是他卻有不同的主張，他認為學者在檢視歷史的時候，應該要提問：「神聖的存有如何彰顯在這凡俗的世界上？」因此在這部「世界宗教理念史」前言的第一句話，他就開宗明義地宣稱：「對宗教史學家來說，所有神聖的存有如何彰顯是非常重要的；所有儀式、神話、信仰或神的形象，都在反映著神聖的經驗，因此蘊含著對於存在、意義和真實的觀念」。

不只這樣，在這三冊書的內容中，我們都可以發現埃里亞德就是以自

己的系統理論來提問並且詮釋宗教史，例如：

以農耕為框架的宇宙時間經驗，最後演變為周期性的時間（temps cir-
culaire）以及宇宙循環的觀念。因為人們以植物的生長去了解世界和人類
的存在價值，宇宙的周期也被認為是同樣節奏的不定重複：出生、死亡和
重生。

對農人而言，「真實的世界」就是他所居住的地方：住所、村落、耕
種的田。「世界的中心」就是祭祀和祈禱的地方，因為在那裡可以與超越
人類的存有者溝通。

伊甸園裡的河分為四道，以及亞當看守且栽植的樹，使我們想到美索
不達米亞文化。在這裡，聖經的故事很可能採自巴比倫文化的某些傳說。
但是在幼發拉底河和地中海，並沒有原人的天堂的神話或是凡人不得進入
的天堂的神話。和所有「天堂」神話一樣，這個伊甸園位於「世界中
心」，並有河流分為四條支流。園裡還有株生命之樹分辨善惡知識之樹（2:
9）。

我們在布達佩斯附近 60 公里的薩西歐哈（Cascioarele）紅銅時代遺
址，發現一座神廟，牆壁偏黃的白底上塗著亮麗的紅綠相間的漩渦。雖然
沒有找到塑像，卻有兩公尺的柱子，還有一根較短的柱子，象徵神聖之
柱，有「世界之軸」（axis mundi）的意義比新年更重要的慶典，是廟宇落
成典禮。這也是宇宙創造的回憶，因為廟宇（天神的宮殿）是「世界圖
像」（Imago mundi）的最佳表現。這個觀念既古老又流傳慎廣在美索不達
米亞的宗教文獻裡阿卡德的宗教思想在強調人的地位時，也凸顯了人類可
能性的限制。人神之間的距離終究無法跨越。然而，人類並沒有被孤立在
他自身的孤獨中。首先，他分受了具有神性的靈性元素：即他的「靈魂」
（ilu，字面上的意義就是「神」）。其次，經由儀式和祈禱，人類希望獲
得神的祝福。最重要的是，他知道他和宇宙萬物是同源的：他的城市是
「世界圖像」（imago mundi），城裡的廟宇和金字塔神殿象徵著「世界的
中心」，因而是神人之間感通的地方。巴比倫是「諸神之門」（Bab-il-

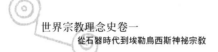

ani），因爲諸神經由這裡下凡間。許多城邦和聖殿都叫做「天堂和人間的橋樑」。

埃及……在某個時候，因爲邪惡的入侵，世界失序，而結束了黃金年代。但是傳說裡的「太初」年代並沒有因此淪爲消逝過往的遺跡。因爲它是所有文化產物的模仿典型，因此這個時代不斷地被回憶。總之，我們或許可以說，那些努力要摧毀惡魔勢力的儀式，都是要重建源初的完美狀態。

不過，有些評論者認爲埃里亞德是一位宗教現象學家，而不是歷史學家，因爲他對於史料的運用並不精確。對於這點筆者亦有同感，例如他老是主張巨石文化是與死亡、靈魂、永生或人神溝通密不可分：

我們先來看看他對現存巨石文化的幾個社會之特殊信仰的結論。巨石與死後往生的概念息息相關。大部分的巨石都是在靈魂永生之旅的紀念儀式裡豎起，以保護靈魂；石柱可以爲死者和巨石建造者保證永生。巨石成爲活著的人和死者最佳的橋樑；人們相信巨石可以保有建造者以及死者的巫術能力，因而保佑他們人畜興旺，五穀豐收。在所有迄今盛行的巨石文化裡，祖先崇拜扮演著重要的角色。

我認爲，在各個巨石宗教裡，石頭的神聖性價值在於和死後生命的關係。人們努力「發現」死後的生命，透過石頭特有的「顯現存在」（onto-phanie）特性。在西歐巨石文化裡，對巨石的著迷更是明顯；但這著迷是因爲希望能把集體墳墓轉化爲雄偉恆久的紀念物。透過巨石的建築，死者享有不可思議的神力；而且，因爲祖先能夠和活著的人們溝通，這神力也因此會傳到活著的人們身上。

就結構來看，「巨石柱群」和其他文化的巨石建築都有個聖地，無論是神殿或城邦。這些聖地都有「世界中心」的意義，人們在此和天堂或地下世界溝通，也就是天神、冥府女神和死者的靈魂。

但是根據筆者的研究，巨石群也可能是觀察天文及節氣的天文臺，因爲許多資料已指出在多處的巨石群每年「夏至」那一天早上的太陽昇起來

時，第一道光芒會從石圈正東方的兩顆立石的間隙射到石圈的中心點，所以這可能是古老的天文臺。也有許多石圈座落於交通要衝，所以有人認為這些是古時候各小部落交換物品或是會議、締約的地方。雖然這些地方因為具有「世界中心」的重要性，所以必定有儀式行為發生，但是硬要說這都與亡靈崇拜相關，則有以偏概全之嫌。

　　無論如何，埃里亞德卯足全力所撰寫的這部「世界宗教理念史」仍是學術巨著，遺憾的是他只完成到「宗教改革」為止的前三冊，計畫要詮釋近代宗教的第四冊一直還沒有寫出來，他就已於 1986 年作古，大家都甚為惋惜。因此，保羅・田力克對他蓋棺論定說：「忠實地面對他的宿命，忠實地面對他的天職。他的死，只不過是一種象徵！」

〈導讀〉

將永恆凝視於剎那之間
──埃里亞德與《世界宗教理念史》 王鏡玲

對立的統一（coincidentia oppositorum）這問題讓我到死都著迷不已。①

默西亞・埃里亞德

　　對於埃里亞德這位影響二十世紀中晚期的宗教研究界的指標性人物，台灣的出版界已在新世紀之交端出了他前期重要著作《宇宙與歷史》（2000，聯經）以及《聖與俗》（2001，桂冠）二書的中譯，如今商周出版推出埃里亞德晚期一九七〇年代一直到他過世前，傾全力投入的一項宗教研究計畫《世界宗教理念史》，將有助於華文讀者認識埃里亞德宗教學研究的特色，並透過這位博學的導覽者所駕駛的列車路線，遊歷古今中外、琳瑯滿目的主流與非主流宗教現象類型。雖然埃里亞德在這趟旅途的末尾因為生命的結束提前下車，無法帶領讀者遊遍他所規劃的路線與景點，但卻也留給讀者自行前往時另一種選擇的機會。

一、生平略影

① 出自默西亞・埃里亞德所寫的最後一本日記的 1979 年 1 月 8 日（Journel IV, 1979-1985,University of Chicago Press,1990）由埃里亞德的學生 Mac Linscott Ricketts 譯自羅馬尼亞文。

　　羅馬尼亞裔的默西亞・埃里亞德不只是《宗教百科全書》②的總編輯，他所涉獵的研究領域也充滿百科全書式的色彩，穿梭在不同人文學門的前庭後院之間。讀者可從卷一前言發現，埃里亞德相信人們可以在研究但丁、莎士比亞、杜斯妥也夫斯基或普魯斯特時，經由印度的迦梨陀婆、日本能劇或是西遊記的孫悟空的涉獵而得到啓發。這種「六經皆爲我註腳」的創造力與學科整合的能力，並非貧乏空洞的假百科全書學究的虛晃一招，而是埃里亞德終生信念的實踐，那就是：掌握人類精神中那共同的、且不可分割的統一性。

　　埃里亞德在 1907 年出生於布加勒斯特，中學時代便已表現出對於日後終生投入的文學、哲學、東方學、煉金術、宗教史學的興趣。1925 年進入布加勒斯特大學就讀。在大學時代，他成爲羅馬尼亞哲學家 Nae Ionescu 的學生。從這位哲人身上，他發現到生命經驗、獻身、直觀、心理學與靈性世界等領域的重要性。就當他開始不滿於羅馬尼亞大學裡那種地中海古典主義思想模式時，他接受了來自印度的邀請，到加爾各達大學研究印度哲學（1928-1932）。印度對他而言不只是一個學術研究的場域，印度啓發了埃里亞德去探索如何從日常塵世當中超越，以達到解脫的境界。

　　1932 年埃里亞德從印度返回羅馬尼亞布加勒斯特大學，並成爲 Nae Ionescu 的助理。他在 1936 年出版有關印度密契主義起源的論文集，發表有關煉金術、神話學、與宗教史學方面的著作，同時也根據印度經驗寫了不少具有自傳色彩的小說。1938 年他創辦了《扎爾莫西斯》（*Zalmoxis*）③，一份以宗教研究爲主的刊物，可惜在 1942 年被迫停刊。那時他也活躍於一個由知識份子所組成取名「準繩」（Criterion）的團體。他們以公開演講、研討會和討論會的形式，來探討當時學術界的重要議題，提倡一種所謂「新蘇格拉底式的對話」型態，喚醒當時年輕一代羅馬尼亞的知識份

---

② *Encyclopedia of Religion*, M. Eliade ed., in Chief, New York: Macmillan,1987.

③ 扎爾莫西斯，歐洲古文化中的傳奇英雄，在埃里亞德的著作中經常出現，見「世界宗教理念史」第二卷第 179 節，或《宗教百科全書》卷 15，＜ Zalmoxis ＞。

子去改變他們存在的處境。④

　　當時羅馬尼亞已經感受到歐洲政治介於共產主義、民主制度、法西斯主義與納粹主義之間的風暴。1933 年 12 月總理 Duca 被暗殺之後，參與準繩會的成員也因為政治立場各異而瓦解，那時的羅馬尼亞進入了分崩離析的時代。埃里亞德追憶時曾表示：「長久以來，我一直有預感，我們沒有時間，我感覺時間受到限制。令人膽顫心驚的時刻即將來臨。」⑤ 1938 年羅馬尼亞王室實行獨裁，緊接著，爆發第二次世界大戰⑥。1940 年埃里亞德前往受到戰爭蹂躪的倫敦，擔任羅馬尼亞駐英文化特使。往後幾年，他轉任葡萄牙里斯本擔任文化顧問的職務。1945 年第二次世界大戰結束，他直接前往巴黎，開始後半生自我放逐的生活。雖然他可以用法文寫作與演講，但是在三十八歲的年齡開始另一個新的異國生活，仍有不少需適應之處。埃里亞德在巴黎那段期間（1945-1955），讓他逐漸建構出以類型學的形式來闡釋宗教現象的方法學，他提出了像宗教人（homo religiosus）、原型、對立的統一、顯聖（hierophany）、世界之軸（axix mundi）、樂園的鄉愁、雌雄同體、入會禮等等概念與類型。這些概念後來埃里亞德將之整合在聖與俗的辨證性詮釋架構內。

　　埃里亞德在 1956 年接受美國芝加哥大學（University of Chicago）的邀請，舉行一系列演講，並以《誕生與再生》（*Birth and Rebirth*,1958）出版。1957 年他成為芝大的教授，從此住在當地，直到 1986 年逝世。雖然埃里亞德在 49 歲才移居美國，但是對於第二次的移民，他卻很快地適應這個新環境。芝加哥大學一直是宗教史學的研究重鎮，埃里亞德來之前已有不少由瓦哈（Joachim Wach,1898-1955）所訓練的畢業生分散在北美和其他

----

④ Mircea, Eliade, *Autobiography, Vol. I: 1907-1937, Journey East, Journey West*. Trans. by M.L. Ricketts.（San Francisco: Harper & Row.1981），p.237.

⑤ 同前書，p.292。

⑥ 有關埃里亞德的愛國心與他是否支持羅馬尼亞法西斯主義的爭議，參見 Douglas Allen, *Myth and Religion in Mircea Eliade*.（New York: Garland Publishing. Inc., 1998），pp.308ff.。

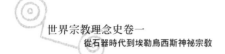
地區⑦。埃里亞德到芝大任教時，正巧遇到當時北美大學如雨後春筍般地成立宗教研究系所。在那個對於非西方的心靈世界展開另一波新航路探險的時代，在美國，埃里亞德找到了他追求夢想的基地，而埃里亞德的著作也無疑地對那時的學術工作者與一般讀者扮演過重要的角色。

對投身在宗教研究與宗教學教育的埃里亞德來說，宗教史學者必須是位全才，在他 1961 年所創辦的《宗教史》（ *History of Religion* ）雜誌創刊號，他寫道，因爲宗教現象沒有所謂「純粹的」宗教個例，人的現象也是歷史現象。對宗教史學者而言，歷史的現象並不能被簡化爲純粹非宗教的、經濟的、社會的、文化的、心理學的或政治學的意義。宗教史學者的使命不僅在於系統性的與歷史學的研究進路，也不僅是一份學術工作。宗教史學不只是因爲瞭解異國風味或原始民族的宗教，而得以和其他宗教在文化表現上進行對話，更重要的是，因爲宗教史學者要奠基在新的人文主義知識基礎上、開展具有宇宙宏觀的寬闊視野⑧。

正是這樣一種對於全才式廣闊視野的宗教學教育傳承的使命，讓埃里亞德將生命最後一個階段投注在《宗教百科全書》以及《世界宗教理念史》這兩項浩大的學術工程上。就前者而言，他並不只是想編一部一般性的字典，而是一部對於從舊石器時代有人類以來到現代在宗教史上具有重要性的觀念、信仰、儀式、神話、象徵和人物的選集與工具書。所以他邀集來自世界各地的學者共襄盛舉，在他辭世的隔年，完成了這部帶有埃里亞德團隊風格的 16 冊巨著。對於後者，《世界宗教理念史》的撰寫，則是埃里亞德要完成將他原先一貫的共時性類型學進路之外，與歷時性的時間秩序加以整合的新思想版圖。

埃里亞德很清楚他所寫的《世界宗教理念史》是出自一位通才學者而不是專家之手，所以他坦然面對各方專家對他的質疑，因爲他認爲這裡頭已經包含了一位投入宗教研究數十年的「通才」（generalist）火候，他希

---

⑦　*Encyclopedia of Religion*, s. v. " Eliade, Mircea " by Joseph Kitagawa.

⑧　本文收錄在 The *Quest: History and Meaning in Religion*. Chicago: The University of Chicago Press, 1969, pp.1-11。

望把這書獻給一般讀者、獻給世界，像一朵玫瑰一瓣又一瓣地綻放，吐露宇宙的芬芳⑨。埃里亞德老是有「時不我予」的缺憾與恐懼，連寫這個《世界宗教理念史》的計畫時，也不例外，一再感嘆，該早個十年、十五年前寫，時間永遠不夠用。「歷史」對埃里亞德而言，不管在什麼狀況下，總是帶有自傳式（autobiographical）的意涵，意味著透過某一個生命主體凝視下的人類故事縮影，尤其在他生命的黃昏，重新對宗教信仰與理念從起源到現今，作最後一次整體歷史回顧這個事件⑩。但是埃里亞德最怕的不是「時不我予」，而是對於歷史、對於生命曾經經歷、正在經驗、將要遭逢的時間，不僅絲毫未感覺到任何意義，甚至渾渾噩噩地消失在毫無意義的生命遷流裡。

二、埃里亞德與《世界宗教理念史》

相較於埃里亞德較早先的著作《宗教歷史論叢》（*Traité d'Histoire des Religions*, 1949）、《聖與俗》（*Le Sacré et le Profane*, 1957）、或其他個別的宗教形式著作像是瑜珈、薩滿信仰、煉金術、羅馬尼亞民間宗教或是澳洲宗教等，他計畫出版的四卷《世界宗教理念史》（從原先預計的兩卷、增加到三卷、四卷，最後因為健康之故，無法寫完第四卷），企圖將他對於神聖與凡俗的對立辯證性，不只是通過不同宗教現象的類型學方式來加以闡明，而是更進一步地去探索這些類型的出現、發展、沒落或轉變。埃里亞德想把「歷史」或者「時間性」的本身，就看成是神聖的開顯、宗教理念的具體化過程。

通過撰寫與閱讀的生命互動過程，埃里亞德希望讀者可以經驗到「真實」、觸摸到人最深的靈魂底部，正如他曾說過：「每項儀式、每個神話、每種信仰或是神靈的形象都反映了神聖的經驗，在這當中包含了對於

---

⑨ 出自埃里亞德所寫的第三本日記（Journel III, 1970-1978, University of Chicago Press, 1989）由 Teresa Lavender Fagan 譯自法文，p. 93, 105, 187。

⑩ 同前書，p. 279-280。

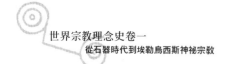
天地萬物（beings）、意義以及真理的感受。」⑪甚至，「閱讀」本身也是一種切換心靈深度的時間儀式。埃里亞德在卷一前言就爲讀者暖身：「這些年來，我始終打算撰寫簡單而可以在幾天裡讀完的書。因爲連續的閱讀才能感受到宗教現象的最根本的一致性，以及他們永不枯竭的創新表現。閱讀這本書的讀者，在看過舊石器時代、美索不達米亞宗教、埃及的信仰和思想的幾個小時之後，就遇到《吠陀》讚歌、《梵書》和《奧義書》；昨晚才在神遊於查拉圖斯特拉、喬答摩佛陀、道教、希臘神祕宗教、基督教的興起、諾斯替教派、煉金術或聖杯的神話……。」

埃里亞德認爲闡釋宗教現象的關鍵在於宗教研究者必須掌握到「宗教最主要的並不意味著對於上帝、諸神或者鬼魂的信仰，而是指對於神聖的經驗」⑫，亦即，並非去抓取某個宗教信仰裡顯現出來的本質或體系作爲唯一的對象，然後去論斷其他宗教傳統的優劣，相反地，是要藉此去發掘那遍在於不同宗教現象底下更根本的基礎或「原型」的意象，這種眞實的生命力不僅存在於那些跨越文化地域的「主流」宗教傳統，也表現在遠古民族、原始民族、或者被歐美宗教研究者所忽略或曾經視爲異端的「非主流」、特定宗教傳統之中，因爲正是這個生命動力的基礎與座標，決定了宗教人的存在是否有意義。

體驗到神聖，意味著讓人超越混沌脫序、危險事物或無意義的變動，找到生命的定向⑬。這樣的信念讓埃里亞德在撰寫《世界宗教理念史》的計畫時，把不同宗教傳統內所顯現出的宗教理念創始開端、後來所引發的深層危機，以及如何轉危爲安的創新契機，當成他所謂的「歷史」的焦點。因爲對於宗教史的詮釋，埃里亞德並非採取所謂「客觀中立」的立場，而是站在詮釋者必須自覺到無法被擱置的自身存在視域的可能性與侷

---

⑪　Mircea Eliade, *A History of Religious Ideas I: From the Stone Age to the Eleusinian Mysteries*. Trans. by W.R. Trask（Chicago: The University of Chicago Press, 1976）, p.xiii.

⑫　Mircea Eliade, *The Quest*（Chicago: University of Chicago Press, 1969）, "Preface".

⑬　參見拙作〈百科全書式的旅途中漫步：一種閱讀 Mircea Eliade 的方式〉（《聖與俗》，pp.285-315）。

限性，歷史對埃里亞德而言是一個人顯現生命潛力的場域，人通過處身於歷史中、藉由歷史的過程、超越既有歷史的侷限。

《世界宗教理念史》是埃里亞德有關宗教學的研究中，唯一採用稍微傾向「編年史」時間觀的著作。一方面，他沒有採取一般習以為常的帶有西方基督宗教色彩的時間順序，作為單一直線式、連續性向前的論述時間軸，也不同於以實證主義的編年史形式去闡釋的宗教傳統。另一方面，埃里亞德將論述的主角由過去集中在所謂「高級」宗教的目光打散，除了介紹一般所熟悉的具指標意義的宗教傳統外，也關心那些過去曾經被「高級」宗教打壓、冠上「異端」或「邪教」的宗教傳統，讓一般人可以重新認識他們的面貌。例如卷一第六章對於曾被基督宗教污名化的迦南宗教；或者闡述較不為人所知的祕密教派團體，例如卷一第 12 章埃勒烏西亞的神祕宗教，或卷二第 29 章、卷三第 37 章基督宗教密契神學傳統；或者是那些因為現代國際政治與經濟因素被忽略的古宗教傳統，像卷一第 13 章與卷二第 27 章伊朗的宗教，以及卷二第 21 章有關歐洲前基督宗教所留下來的古老民間信仰等等。

這些宗教傳統所顯示的對生命真實的追求，以及這種宗教現象展現的形式在時間中的生、滅或轉化，被埃里亞德分成多條時間發展的路線進行。他透過不同時期、文化背景的交叉展示，編織人們如何面對最真實嚴酷的挑戰，如何在混沌中自我定向、在苦難中解脫命運、在死亡中超越生命自身的多方向圖象捲軸。

埃里亞德一直被批評為只是關心「本質」、「類型」、「系統」的宗教學者，忽視歷時性的與具體時間變化在宗教現象中的重要性。埃里亞德作為「宗教史學」的重要發言人，他以這個自己晚年的力作，企圖來回答他所謂的宗教史的意涵。由於這整部《世界宗教理念史》並沒有完成，所以我們無法一覽埃里亞德如何從舊石器時代一直到二十世紀無神論或神死神學、這整個貫穿古今的宗教現象資料庫中，建構出埃里亞德自己完整的時間觀，達到他將永恆凝視於剎那之間的期望。但是我們可以從埃里亞德生前已出版的三卷內容，來片面地捕捉與探索。我個人認為，這部著作是

埃里亞德企圖融合之前所慣用的共時性類型學、再拼貼或融合他所重視的人類史上關鍵性宗教類型轉振契機與時段。讀者可以看出這裡頭的時間意識並不一致，這種既矛盾又彷彿對立中有統一的狀態，是埃里亞德畢生所著迷的思想韻律，但卻也是他的支持者與反對者最愛恨交織的拔河場⑭。

最後，容我說一段小小插曲。1985 年 12 月 19 日夜晚，埃里亞德在芝加哥大學辦公室裡私人專屬的圖書館，突然起火，藏書付之一炬。在火災過後，埃里亞德痛心不已。和他相當要好的同事著名印度神話學學者溫蒂‧道寧格（Wendy Doniger）（後來接替他擔任芝加哥大學埃里亞德講座的席位）曾不解地問他，既然他的圖書館裡絕大部分藏書都是他自己所出版過的作品，那些書絕大部分都還買得到，為何他如此痛心疾首。埃里亞德回答說，那些都是初版書，上面密密麻麻地寫滿了埃里亞德從書出版後迄今，他對這些舊作繼續寫的校正、新想法的補充，以及新發現參考書目的增列。埃里亞德想讓那些書以它們自身的方式，繼續活在歷史變遷的當下，跟著他走向未來。當那些書被毀了，即使重新添購，新書也只是回到原初新生狀態，卻無法參與老人在這些年來所註解的知識歲月蹤跡⑮。

難道生命或者作品都無法征服時間嗎？我沒有答案，埃里亞德的故事還沒說完，因為最後他自己鑽進死亡的門檻，化身在他著作中生生不息。至於我們，或許當你以看《哈利波特》、看《一千零一夜》、或者看《封神演義》的心情閱讀《世界宗教理念史》時，你會獲得一種閱讀上的速度感，鑽進內在的想像世界，像乘著時光的魔毯，穿梭宇宙：上下四方、古往今來……。

---

⑭ 大多數反對他的宗教史研究者認為這項計畫並未成功，埃里亞德既沒有回應他的反對者一套具有嚴格品管的實證主義考古學與完備的歷史學專業作品，也沒有對於他念茲在茲的現代人面對神聖消失或偽裝的挑戰作最後的臨門一腳。參見之前提及的 Douglas Allen, *Myth and Religion in Mircea Eliade*; Bryan Rennie 主編，*Changing Religious Worlds: The Meaning and End of Mircea Eliade*（Albany: State University of New York Press, 2001）。

⑮ 參見 Wendy Doniger 所寫的跋文，登載於埃里亞德所寫的最後一本日記（Journel IV, 1979-1985）, pp.151-152。

前 言

　　對宗教史學家來說，所有神聖事物的開顯都非常重要；所有儀式、神 (7)
話、信仰或神的形象，都在反映著神聖的經驗，因此蘊含著對於**存在**、**意**
義和眞實的觀念。我在他處提到，「我很難以想像，如果人類不相信世界
上有某種不可化約的真實，如何能夠思考；我也無法想像，如果意識不是
為人類的經驗和衝動賦與意義，如何能夠顯現。對於真實且有意義的世界
的認識，和神聖之發現有密切的關係。經由神聖的經驗，人類思想了解到
以下兩者的不同：自身顯現為真實、有力量、豐富且有意義的事物，以及
缺乏這些價值的東西，也就是說，事物混沌不安的遷流、偶然且無意義的
出現和消失。」（*La Nostalgie des Origines*,1969, pp.7sq）總之，「神聖事
物」是意識結構中的基本元素，而不是意識歷史的某個階段。在文化最古
老的層面來說，**人類的生活本身**就是**宗教**的行為，因為飲食、性愛和工作
都有類似聖事的價值。換句話，作為一個人，或更好說是成為一個人，都
意味著「有宗教信仰」（ibid., p.9）。

　　我在早期的作品裡，從《宗教史論叢》（*Traité d'Histoire des*
Religions）（1949）到探討澳洲宗教的短篇作品（*Religions australiennes*）
（1972），討論過神聖事物的辯證過程及其形態。而這部書的思考和寫作
則是基於不同的觀點。我以時間的順序分析神聖事物的開顯（但是切勿把
宗教概念的「年代」和現有最早的文獻混淆在一起！）；另一方面，如果
考證許可的話，我要強調不同的傳統的深層危機和創新的契機。總之，我
將試著闡釋宗教理念和信仰的歷史。 (8)

　　所有神聖事物的開顯對宗教史家都很重要；然而，比起拉馬什圖（Lamashtu）譯①的驅邪儀式或努斯庫（Nusku）譯②的神話，天神安努（Anu）譯③的結構、從巴比倫創世史詩《天之高兮》（*Enuma elish*）傳下來的神的起源和宇宙創造論或是吉加美士（Gilgamesh）傳說，顯然更能夠確切地揭露美索不達米亞的宗教的創造和源起。有時，某個宗教產物的重要性會因為後來價值的提昇而被揭露。我們對於埃勒烏西斯（Eleusis）神祕宗教及奧斐斯宗教的最早顯現所知甚少；然而兩千年來歐洲的思想家為之著迷，是個很有意義的宗教事實，雖然我們還不知道其影響有多深遠。當然，後來某些作家所歌頌的埃勒烏西斯入會禮和神祕的奧斐斯崇拜，是諾斯替主義的神話化以及希臘和東方世界的宗教融合的結果。不過也正是這個神祕宗教和奧斐斯崇拜的概念，影響了中世紀的煉金術、義大利的文藝復興、十八世紀的「神祕學」（occultistes）傳統以及浪漫主義；而那啓發里爾克、艾略特、伊曼紐爾（Pierre Emmanuel）等現代歐洲詩人的神祕宗教和奧斐斯崇拜，也仍然是學者、神祕主義者和亞力山卓的神學家的神祕宗教和奧斐斯崇拜。

　　我們會選擇某些判準，以界定對於宗教理念史的影響，這些判準的有效性還有待討論。不過，許多宗教的發展都證實了這些判準；因為宗教發展所產生的深層危機和影響，卻也是宗教傳統的革新契機。以印度為例，因為婆羅門教祭祀的宗教意義沒落而引起的緊張狀態和失望，而有許多偉大的創造（《奧義書》、瑜珈技術的編輯成書、釋迦牟尼的教義、神祕的宗教等），他們都是對這個危機的各種創新解答（參照第九、十七、十八、十九章）。

　　這些年來，我始終打算撰寫簡單而可以在幾天裡讀完的書。因為連續的閱讀才能感受到宗教現象的最根本的一致性，以及他們永不枯竭的創新表現。閱讀這本書的讀者，在看過舊石器時代、美索不達米亞宗教、埃及

譯①：Lamashtu，美索不達米亞宗教裡最兇惡的女魔，天神安努之女。
譯②：美索不達米亞宗教裡司火和光的神明。
譯③：Anu 或 An，天神，蘇美人萬神殿中的最高神，是諸神之父。

的信仰和思想的幾個小時之後，就遇到《吠陀》讚歌、《梵書》（*Brah-manas*）和《奧義書》；昨晚才在神遊於查拉圖斯特拉（Zarathustra，或譯瑣羅亞斯德）、喬答摩佛陀、道教、希臘神祕宗教、基督宗教的興起、諾斯替教派、煉金術或聖杯的神話，他又會發現商羯羅（Sankara）、坦特羅教派、密勒日巴（Milarepa）、伊斯蘭教、約雅敬（Gioachino da Fiore）譯④或是帕拉切爾蘇斯（Paracelse）譯⑤；在發現魁扎爾科亞特爾（Quet-zalcoatl）譯⑥、維拉科查（Viracocha）譯⑦、十二直覺知神派（Alvârs）譯⑧、聖帕拉馬斯（Gregoire Palamas）譯⑨最早的卡巴拉教派（kabbal-istes）、阿維森納（Avicenne）或是艾賽（Eisai）不久之後，就會遇到德國啓蒙運動和浪漫主義者、黑格爾、慕勒（Max Müller）、佛洛伊德、容格、波納費（Bonhoeffer）。

　　唉！這本小書始終無法動筆。目前，我將這部書分成三冊呈現，在希望將每冊縮減至大約四百頁左右之下。我所選擇的折衷形式，主要是基於兩個理由：我認爲引述某些重要卻不爲人知的文獻會很有幫助；其次，我想提供給學生某些重要的參考資料介紹。於是，我儘量減少本文的注釋，而在獨立的部分彙集這些尚未提及的或是文中略過的問題和參考書目。如此讀者可以更流暢地閱讀這本書，而不必因爲討論個別問題的出處和摘述而受到干擾。對於某個主題的概論性作品，都會在章末列出延伸閱讀的書目。《世界宗教理念史》因爲結構的關係，需要更複雜的檢索工具。因此，我把各章細分爲幾個小節，並給予名稱。學生可以在第二部分的參考書目查詢相關問題的研究現況。我爲每個小節都提供近來重要的研究文獻，而不略過任何其他方法學取向的著作。除了少數例外，我並未提及以

譯④：約雅敬（1132-1202），中世紀基督教神祕主義者。
譯⑤：帕拉切爾蘇斯（1493-1541），瑞士煉金學家和醫生。
譯⑥：中美洲阿茲特克和馬雅文化崇拜的長羽蟒蛇，代表空氣和水神。
譯⑦：秘魯在被印加帝國征服前所信奉的造物神。
譯⑧：七至十世紀印度南部的神秘主義者。
譯⑨：聖帕拉馬斯（1296-1359），希臘正教修士和神學家。

斯堪地納維亞語、斯拉夫語或巴爾幹語出版的著作。為了方便閱讀，我簡化東方世界的名詞和姓名的音譯。

(10)　　　除了若干章節之外，這部書彙整了我從 1933 到 1938 年在布加勒斯特（Bucarest）大學、1946 及 1948 年在法國高等研究院以及從 1956 年起在芝加哥大學所教授的宗教史課程。我是屬於那種宗教史學家，不管他們的「研究領域」是什麼，仍努力跟上相關領域的研究進展，且告訴學生這些學科的各種問題。事實上，我認為所有歷史研究都和世界史有關；因此，即使是最嚴格的「學術分工」也不能使學者自外於以世界史為觀點的研究。我也相信，但丁和莎士比亞的研究，甚至是杜斯妥也夫斯基或普魯斯特的研究，可經由認識迦梨陀娑（Kalidasa）譯⑩、（日本的）能（No）或是孫悟空而得到啟發。這絕不是貧乏無用的假百科全書。重要的是，不要忽略了人類精神歷史深沈且不可分割的統一性。

　　人們直到近代才意識到人文科學精神歷史的統一性，而至今對此仍然沒有充分的了解。我們將在第三冊最後一章中，會探討這個統一性對於這門學問的未來的重要性。我們也會在那裡討論化約主義的大師們（從馬克斯、尼采到佛洛伊德）所引起的危機，以及人類學、宗教史、現象學、新的詮釋學的貢獻，藉此讀者可以對於代西方世界僅有的卻非常重要的宗教創造作個判斷。我指的是去神聖化（désacralisation）的最後階段。這個過程非常值得宗教史學家注意：事實上，這證明了「神聖」的整個騙局，更確切地說，是「神聖」和「凡俗」的同化。

　　在我五十年的研究裡，我從老師、同儕和學生那裡學了很多。我要把(11) 最誠摯的感謝獻給所有這些人，已去世的或仍在世者。我同時感謝米歇·伏蒙杜（Michel Fromentoux）夫人、尚呂克·貝諾茲葛里歐（Jean-Luc Benoziglio）先生和尚呂克·皮都巴幼（Jean-Luc Pidoux-Payot）先生，偏勞他們對於第一卷的校訂。和 1950 年來我的其他著作一樣，如果沒有內人和她的關懷以及犧牲，本書將無法問世。我帶著喜悅與感激，把她的名字寫

譯⑩：西元五世紀印度詩人。

在這部作品的首頁，這本書可能是我對這珍貴的學科最後的貢獻。

默西亞‧埃里亞德
1975 年 9 月於芝加哥大學

第一章

太初之時……：古人類的巫術和宗教行爲

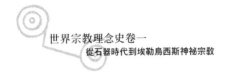
1. 定向：用工具製造工具。火的「馴化」

(13)　　我們在此將不討論「人類演化過程」（hominisation）的問題，儘管這對理解宗教現象很重要。無庸贅言，人類直立的姿勢已經顯示了靈長類動物的超越條件。只有醒著的時候，才能維持直立的姿勢。由於這種直立的姿勢，我們有了「猿人」所無法理解的空間架構：從上方和下方的主軸向四方散開。換句話說，空間是圍繞著人體的結構，向前後、左右、上下延伸。從這源初的經驗（感覺到「被拋入」顯然無止境的、未知的、可怕的擴延之中），發展出許多不同的定向法；因為我們不能長期生活在無方向的暈眩中。這種以「中心」定向的空間經驗，說明為什麼領土、聚落和居所及其宇宙象徵的標準劃分和分配非常重要。（參照第 12 節）①

(14)　　人類和靈長類動物的生存方式之間，還有個同樣決定性的差異，可以從工具的使用上看到。古人類不只是使用工具，他們也會製造工具。事實上有些猴子使用起某些東西，像是在使用「工具」，在某些例子裡，甚至可能在製造工具。但是古人類也會生產工具以製造工具。此外，他們在使用工具上又更加複雜；他們將工具帶在身邊以便隨時使用。總之，就如猴子的例子來說，工具的使用並不限定在特別的情況或時刻，古人類也是一樣。我們要注意，這些工具並不是身體的延伸。現在知道最早的石器的功能，並不是根據人體結構去設計的，特別是切割的功能（這個動作完全不同於用牙齒撕扯或用指甲搔刮）②。科技進步的緩慢並不意味著智力發展也是如此遲緩。我們都知道，近兩個世紀科技的驚人躍進並不意味著西方人類智力也有相同的發展。此外，有人說過：「所有創新都包含著集體死亡的危險」（André Varagnac）。科技的停滯反而保障了古人類的生存。

　　火的「馴化」，也就是製造、保存和運輸的可能性，可以說是古人類

---

① 雖然現代社會的人不再意識到空間定向的經驗的「存在」價值，但是對此還是很熟悉。

② Karl Narr, *Approaches to the Social Life of Earliest Man*, pp.605 sq..

和他們的始祖之間最決定性的分野。最早的「文獻」證明火的使用是在周口店（大約西元前 60 萬年），但是火的「馴化」很可能早在這之前的若干其他地方就已經產生。

我們必須不斷提起這些眾所周知的事實，讀者在看到隨後的分析時才會記得，史前人類的行為已經像是個有智力和想像力的生命。至於他們的無意識行為，夢、幻想、異象、編造寓言，據推斷在強度以及範圍上和現代人沒有太多差別。然而我們必須從最廣義的角度去理解**強度**和**範圍**的定義。因為人類是「太初之時」某個決定的最後產物：為了生存而決定屠殺。事實上，那時的人類成為肉食動物，因而超越了他們的「祖先」。兩千萬年以來，古人類以狩獵維生；女人、小孩採收的果實、根莖和軟體動物等，不足以保障種族的生存。狩獵因此決定了根據性別的分工，因而增強了「人類化」；因為在肉食動物，甚至是所有的動物，這種區分是不存在的。 (15)

然而，不停的追捕和殺害獵物，最後卻在狩獵者和被屠殺的動物間創造出獨特的關係。我們稍後會回到這問題上。我們現在只要提出，殺戮的行為本身便透顯出狩獵者和獵物之間「神祕的縮結」（solidarité mystique）；獵物流的血其實和人類的血沒什麼不同。最後，和獵物之間的「神祕的縮結」也揭露人類社會和動物世界的親緣關係。屠宰獵物或是後來豢養的動物，同義於交換牲禮的「獻祭」③。所有這些概念都是在「人類化」過程的最後幾個時期產生的。而在舊石器時代文化消失之後數千年，這幾個時期仍舊活躍著——更新、復辟和偽裝。

2. 史前文獻的「混沌不明」

如果將古人類視為「完整的人」，那麼他們也應該也有某些信仰和儀

---

③ 這種極為古老的想法在地中海的古老生活方式裡仍然存在：動物不僅代替人做犧牲品（此習俗極為普遍），同時人類也代替動物而犧牲。見 Walter Burkert, *Homo necans*, p.29, n.34.。

式。因為，如前所述，神聖的經驗是意識結構的重要元素。換句話說，如果我們探討史前人類有沒有宗教的問題，那麼認為他們沒有宗教的人，就必須提出證明以支持其假設。在進化論當道的時候，人們發現人類和其他

(16) 靈長類動物的相似性，或許會普遍支持「古人類沒有宗教」的理論。但是這裡有個誤解，因為問題的關鍵是在於他們的**產物**，而不是古人類骨骼體型的結構（這當然與靈長動物相似）；而這些產物證明某種智力的活動，除了稱為「人類」，我們不知道如何名之。

但是即使我們都認為古人類有宗教，也很難或甚至不可能說明這些宗教的內容。然而學者們並沒有放棄；因為還有許多有關古人類生活的「文獻」，他們期待有一天可以解開古人類宗教意義之謎。也就是說，我們希望這些「文獻」可能構成「語言」，由於佛洛伊德的天才，當時被認為荒誕且毫無意義的潛意識的產物，夢和幻覺，揭露了對人類知識極為珍貴的某種語言的存在。

事實上，這些「文獻」數量甚多卻「混沌不明」，也沒有太多區分：人類骨骸，尤其是顱骨、石器、色粉（以紅赭石、赤鐵礦居多）以及在墓穴中找到的物體。舊石器時代後期才找到一些版畫、壁畫、石上彩、以骨骸或石頭為材料的小型雕刻。在某些藝術作品和墓地裡，而且是在可以驗證的範圍裡，至少可以確定某些宗教意圖。可是在奧瑞納文化（Aurignacien）（西元前三萬年）之前的大部分「文獻」，即一些工具，並沒有顯示實用性以外的價值。

然而，我們很難相信這些工具沒有某種神聖性或觸發神話傳說的靈感。最早的技術發現（將石頭改造成防衛和攻擊的器具以及火的支配），不僅保障人類種族的生存和發展，也產生神話和宗教的價值世界，刺激並滋養創造的想像力。我們看看在那仍處於漁獵階段的原始部落裡，工具在其宗教生活和神話裡的角色。由木頭、石頭或金屬製成的武器，他們的巫

(17) 術和宗教價值仍然存在於歐洲鄉村裡，而不只是在古老的民間傳說中。我們在此不打算討論石頭、岩石或小圓石所顯現的力量或神性，在《宗教史論叢》裡，讀者可以看到某些例子。

　　尤其是彈射武器的距離，催生了無數的信仰、神話和傳說。例如，長矛穿透穹蒼而使人能夠登天，箭矢可以穿過雲端，刺殺惡魔，變成到達天堂的鎖鍊。我們還必須提到幾個和工具有關的信仰和神話，尤其是某些武器，好去評斷古代人類的石器**再也無法傳達給我們**的觀念。並不是只有這些史前資料才會在語意上不明確。所有的文獻，甚至是當代的，只要我們無法就某個意義體系去理解，對我們而言都是「精神上不明確的」。史前或當代的工具，只能顯現技術上的意圖：擁有和製造工具的人那時候的思考、感覺、夢想和希望，我們都無法知道。但至我們至少得試著去「想像」史前工具某些非物質的價值。要不然，這種語意的不明確可能使我們誤解整個文化史。我們可能會把最早記錄某個信仰的文獻的出現年代誤解為信仰產生的時間。④在青銅器和鐵器時代，某些傳說暗示著和採礦、冶金、武器製造有關的職業祕密。而如果視其為前所未有的發明就太不謹慎了。因為這些傳統部分是承襲自石器時代。

　　兩百萬年以來，古人類主要經歷過狩獵期、漁獵期、摘採期。但是舊石器狩獵民族的宗教世界最早的考古證據，可以追溯到法國西班牙邊界的石窟藝術（西元前三萬年）。我們探究現代狩獵民族的宗教行為和信仰，發現幾乎**不可能證明古人類是否也有類似的信仰**。原始的狩獵者⑤認為動物和人類很相似，但是擁有超自然能力；他們認為人類能變成動物，反之亦然；死者的靈魂也能進入動物的身體；總之，在人類和某些動物之間，存在著某種神祕關係（過去稱為「附獸守護神崇拜」〔nagualisme〕，墨西哥及中美洲印第安人的信仰，相信守護神附身在動物裡）。至於狩獵民族宗教記載的超自然存有者，有若干類型：獸形的同伴或守護神（野獸的最高主宰），他既保護獵物也保護狩獵者；叢林的神；各種動物的神。 (18)

　　此外，狩獵文化也有些特別的宗教行為：宰殺動物成為儀式，這意味

④　如果照這方法說來，我們就必須推定日耳曼童話的產生年代是在 1812 年至 1822 年間，格林兄弟出版這些童話。

⑤　為求簡單，見 J. Haeckel, "Jäger u. Jagdritten," *Religion in Geschichte und Gegenwart* (3. Auflage), III(1959), col. 511-13。

著相信野獸之神在監視著獵人，只有爲了溫飽才可以獵殺動物，而且不得浪費食物；骨骸，特別是頭骨，有特別顯著的儀式價值（或許是因爲他們相信頭骨藏著動物的「靈魂」或「生命」，而野獸之神會使動物的骨骼長出新的血肉）；這就是爲什麼他們將長骨和頭骨放在高處或樹枝上；某些民族把被殺死的動物的靈魂招往「靈魂的故鄉」（參照阿伊努人〔Ainous〕和吉利亞克人〔Gilyaks〕譯①之「熊節」）；至今還有個習俗，人們會把每隻宰殺的動物的一塊肉獻給最高神（菲律賓的俾格米人、尼格利陀等等），或是頭骨或長骨（薩莫耶德人〔Samoyedes〕）；在蘇丹的某些民族中，年輕男人在殺死他的第一隻獵物之後，會用動物的血在洞窟壁上塗畫。

(19) 　　然而在現有的考古文獻中，可以辨識出多少的信仰和儀式？最多只是頭骨和長骨的獻祭。我們不能輕忽狩獵民族的宗教意識形態之豐富和複雜；我們也幾乎無法證明或否定古人類是否有宗教。我們多次提到：信仰和觀念不會變成化石。某些學者喜歡對於古人類的觀念和信仰存而不論，不願意和狩獵文化比較研究而重新建構他們。這種極端的方法論立場也有其危險。對於這麼長久的人類思想史存而不論，可能會使人認爲，在這段時間的思想活動僅限於技術的保存和傳遞。然而，像這樣的看法不僅謬誤，而且對人類知識來說是極不幸的。工匠人（homo faber）也是嬉戲的人、智人、宗教人。雖然我們不能重新建構他們的宗教信仰和經驗，至少也要指出某些可能的相似之處。

3. 埋葬的象徵意義

　　那些最古老的、爲數最多的「文獻」，顯然就是骨骸了。從慕斯特文化（mousterien）起（西元前七萬年到五萬年），就確定有埋葬之說。但是

譯①：阿伊努人，北海道、庫頁島和千島群島上的原始民族；吉利亞克人，又稱尼夫赫人，西伯利亞東部民族。

在某些年代更早的遺跡，如周口店（西元前 400000-300000 年），就已經發現頭顱、下顎骨，而他們的出土引發諸多問題。因爲這些頭骨和埋葬無關，那麼只有宗教的理由才能解釋了。步日耶神父（Breuil）和史密特（Wilhelm Schmidt）提到澳大利亞人和其他原始民族有文獻可考的習俗⑥，也就是保存死去親人的頭骨並帶著它們移居。儘管可信度很高，但是並沒有被大部分的學者所接受。這個事實甚至被解釋成吃人肉的習俗，無論是不是儀式或是世俗的。布隆（A.C. Blanc）就是這樣解釋奇爾切奧山（Circeo）山洞窟裡找到尼安德塔人被切割的頭骨殘片：這個人被擊昏（擊碎了右眼眶）之後，然後枕骨洞口被挖開，方便取出腦髓，根據儀式吃下去。但是這個解釋也沒有被大家接受。⑦

死後生命的信仰，似乎可以追溯到在儀式裡以紅赭石代替血液，因而 (20)「象徵」生命。自古以來，在許多地方都有在屍體上撒上紅赭石的習俗：從周口店到歐洲西岸、在非洲遠至好望角、在澳大利亞、塔斯馬尼亞、在美洲直到火地島。至於埋葬的宗教意義，則始終是爭論的焦點。無疑的，埋葬死人總應該有個理由，但那會是什麼理由呢？首先，我們要注意，「把屍體棄置樹叢、肢解屍體、任由鳥類啄食，或是居民看到屍體立即走避，這些並不意味著沒有死後生命的觀念。」⑧而埋葬的儀式更加證實對於死後生命的信仰，否則我們無法了解他們爲什麼如何要煞費苦心地埋葬屍體。死後的生命可以完全是「靈性的」，也就是說靈魂在死後的存在，這些信仰因爲死者在夢中出現而更加堅定。但是我們同樣可以將埋葬儀式解釋爲防止死人復活的措施；在這個情況，屍體可能被折彎或是用繩子捆綁起來。另一方面，死人彎曲的姿勢，不但不是害怕「殭屍」（某些民族

---

⑥　Johannes Maringer, *The Gods of Prehistoric Man*, pp.18 sq..

⑦　勒瓦古漢不同意人被殺並被吞食之說（Le religions de la préhistoire, p.44）。Maringer 認爲在周口店有食人的活動（op. cit., p.20），所以也駁斥 Blanc 的說法（ibid., pp.31 sq.）。見 Müller-Karpe, *Altsteinzeit*, pp. 230 sq., 240; M. K. Roper, "A Survey of Evidence for Intrahuman Killing in the Pleistocene"。

⑧　Leroi-Gouhan, p.54.

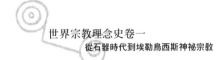
有這樣的記載），反而是希望他們「重生」；因爲我們發現許多刻意以胎兒的姿勢埋葬的例子。

在這些具有宗教和巫術意義的埋葬例子當中，我們要提及烏茲別克的泰希塔西塚（Teshik Tash）的例子（帶著羱羊角裝飾物的小孩）、在科雷茲（Corrèze）的聖人教堂（Chapelle-aux-Saints）塚（在墓穴裡找到燧石器和幾塊紅赭石）⑨、多爾多涅（Dordogne）的菲荷西（Ferrassie）塚（許多山崗上的墓塚都存放著燧石製的器具），還必須要提到加爾默羅山（Mont-Carmel）山洞十個墓窟的大墓塚。墓穴裡的祭品或物件的眞實性及其意義仍然有待討論；我們最熟悉的例子是於阿齊利農舍（Mas-d'Azil）發現的女性頭顱，她裝有兩隻義眼，頭骨放在馴鹿的下頜骨和鹿角上⑩。

土葬的習俗似乎在舊石器時代後期就很普遍。我們發現撒有紅赭石灰的屍體葬在有許多裝飾物品（貝殼、墜子、項鍊）的墓穴中。這些在墓地旁發現的頭骨和動物的骨骼，可能是慶典後的剩殘或是祭品。勒瓦古漢（Leroi-Gourhan）認爲這些陪葬的財產，也就是說死者個人的用品，是「極具爭議性的」（op. cit., p.62）。這個問題很重要；像這樣的物品的出現，不只蘊含著相信個人死後的生命，也相信死者能另一個世界延續他特別的活動。在不同層次的文化裡，都記載著類似的觀念。總之，勒瓦古漢承認在利古里亞（Liguria）的奧瑞納墓穴文化的眞實性。屍骨旁邊有四隻名爲「權杖」的神祕物件（p.63）。因此，至少有某些墳墓無疑的證實「特殊活動會延續到死後世界」的信仰。⑪

⑨ 最近的考古發現證明，赤鐵礦是由兩萬九千年前在史瓦濟蘭（Swaziland），和四萬三千年前在羅得西亞（Rhodesie）的礦區開採出來的。在非洲的數個礦區的赤鐵礦的開採，延續了好幾千年。在匈牙利巴拉頓（Baraton）湖發現之大約西元前二萬四千年的類似的開採指出，舊石器人類的技術的可能性以及他們的溝通的廣度。R. A. Dart, "The Antiquity of Mining in South Africa,"；id., "The Birth of Symbology", pp21 sq.。

⑩ 根據勒瓦古漢的說法，這是「一堆留有人骨的火化碎片，骨頭可能已改變用途，總之已變換位置」。

⑪ 其他學者認爲在墓塚找到的眞實的「文獻」之數量更多。

　　總之，我們可以歸納說，墓塚證實了死後生命的信仰（紅赭石的使用已經證明這點），而且補充了若干細節：朝東方埋葬，顯示期望靈魂的命運如同太陽的運行，因此是「重生」的希望，也就是在另一個世界裡的死後存在；相信某些特定的活動會延續到死後；某些裝飾物的獻禮和餐後的殘餘證明有葬禮的儀式。

　　然而，我們看看現存的古代民族的葬禮，表面上看來很簡單的儀式，其中卻蘊含著深邃且豐富的宗教象徵。瑞奇多瑪托夫（Reichel-Dolmatoff）　(22) 於 1966 年詳細敘述科吉（Kogi）的印地安小女孩的葬禮，這個部落在哥倫比亞的聖馬利亞內華達山脈裡說著奇步查語（chibcha）。⑫薩滿（shaman, ma'ma，巫師）在選擇墓穴的位置之後，開始一連串的儀式動作並且說道：「這裡是亡者之村；這裡是死亡的祭壇；這裡是子宮。祭壇的門關著，我將打開。」他接著說：「儀式之門打開了，」指示挖掘墓穴的地方之後便離開。死者覆蓋著白布，由死者的父親縫製裹屍布。這時候，死者的母親和祖母唱著幾乎沒有歌詞的慢歌。墓穴的底層放著綠色的石頭、貝殼、蝸牛的殼。接著，薩滿試著很費力地抬起屍體，好像很重的樣子，到了第九次才抬起來。死者頭部朝向東方，「祭壇也關起來，」也就是說，將墓穴填滿。隨著在墳墓周圍進行其他儀式，最後所有人都離開。儀式共進行了兩小時。

　　就如瑞奇多瑪托夫所說的，考古學家在掘墓時，只會找到頭部朝東方的骨骸和幾塊石頭及貝殼。這些儀式，尤其是所蘊含的宗教觀念，再也無法根據這些遺跡「還原」⑬。此外，如果現代的外國考察者不認識科吉族的宗教，還是無法了解儀式的象徵意義。因爲就如瑞奇多瑪托夫所說的，他們以「亡者之村」和「亡者的祭壇」象徵墓園，用「屋子」、「子宮」（這說明爲什麼屍體以向左側臥的胎兒姿勢安置）象徵墓穴，接著是以

---

⑫　C. Reichel-Dolmatoff, "Notas sobre el simbolismo religioso de los Indios de la Sierra Nevada de Santa Marta," *Razón y Fabula, Revista de la Universidad de los Andes*, no.1 (1967), pp.55-72.

⑬　在 Reichel-Dolmatoff 的觀察之前，幾乎是未知的。

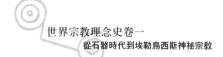
「給亡者的食物」形容祭品，以及「開啓」、「關閉」和「子宮」的儀式。以儀式性的挖掘壕溝作爲最後的潔淨禮完成整個葬禮。

(23)　　　另一方面，科吉族把世界（大地之母的子宮）和每個村落、祭壇、住宅和墳墓等同起來。薩滿九次抬起屍體，這是指死者的身體回歸到胎兒的狀態，回溯九月懷胎的過程。旣然墳墓被同化爲世界，那麼喪禮的獻祭便擁有宇宙的意義。此外，這些祭品（「給亡者的食物」）也有性愛的意義（在神話傳說、夢和婚姻制度裡，「飲食」對於科吉人來說象徵著性行爲），因而是使大地之母受孕的「精液」。貝殼有複雜的象徵，不僅限於性的方面：他們代表仍然活著的家人，而蝸牛的殼則象徵死去的女孩的「丈夫」，因爲如果墳墓裡沒有這東西，女孩到陰間去，「就會找個丈夫」，部落裡因而會有個年輕男人要喪命。⑭

對於科吉族的喪禮裡的宗教象徵，我們的分析就到此爲止。然而我們必須強調：如果**僅從考古學的層次**去探討，那麼這個象徵就像舊石器時代的葬禮象徵一樣無法理解。考古學文獻的特殊形式，會限制可能傳遞的「訊息」，也使這些訊息更貧乏。當我們面對著的材料的貧乏和不明確時，絕對不要忘了這個事實。

4. 對於骨骸堆置的爭議

在阿爾卑斯山及附近區域裡，發現許多穴熊骨骸的堆置，這爲間冰期末期的宗教觀念保存了爲數最多卻也最具有爭議的「證據」。巴許勒（Emil Bächler）在瑞士的「龍洞」（Drachenloch）發現骨骸堆，尤其是頭骨和長骨；這些骨骸成堆放在廊壁或天然的壁龕。巴許勒在 1923-1925 年間發掘了另一個洞窟，就是「野人洞」（Wildenmannlisloch）；他在那裡
(24) 發現幾個無頜骨的熊頭骨，還有些長骨。其他的史前史學家在阿爾卑斯山

---

⑭　這個習俗極爲普遍，並且現在東歐仍存在這習俗：死去的年輕人與杉木「結婚」。

區的其他洞窟中也有類似的發現；最重要的發現，是在史第瑞（Styrie）的
「龍窟」（Drachenhoetli），以及在法蘭哥尼（Franconie）的「彼得石
窟」（Petershoehle）裡，霍曼（K. Hoermann）在離洞窟地面 1.2 公尺高的
壁龕發現熊骨堆。艾倫伯格（K. Ehrenberg）於 1950 年在奧地利阿爾卑斯
山區的「鹽爐石窟」（Salzofenhoehle）的天然壁龕裡，發現三具熊的頭骨
和長骨朝著東西方堆放。

這些骨骸看來是有意堆置的，於是學者們試著解釋他們的意義。戈斯
（A. Gahs）拿他們和北極區的某些民族獻給最高神的祭品（Primitialop-
fer）做比較。他們把殺死的動物頭骨和長骨放在平台上，把動物的腦和骨
髓獻給神明，那是獵人認為最有價值的部分。史密特和科博（W. Koppers）
都接受這種解釋；對於民族學家來說，這證明在間冰期末期的穴熊獵人信
仰最高神或是野獸之神。其他學者則拿這些熊骨堆和（到十九世紀為止）
的北半球民族的熊祭作比較。在祭典裡，他們會保存殺死的熊的長骨和頭
骨，如此野獸之神明年才可以讓熊復活。卡爾・摩利（Karl Meuli）認為這
只是「埋葬動物」的某種形式，是最早的狩獵祭。對於這位瑞士學者來
說，這個儀式證明狩獵者和獵物的直接關係；狩獵者埋葬動物的殘骸，以
使動物復活。這裡不曾牽涉到任何神明。

巴爾塞的學者科比（F. Ed. Koby）質疑所有這些解釋。他認為熊骨的
「堆置」完全是偶然的現象，那只是熊在骨骸之間走動且用爪挖掘的結
果。勒瓦古漢宣稱他完全同意這個極端的批評：地質學的事實和熊的行
為，可以解釋這些封閉在「石櫃」中的頭骨和長骨為什麼沿著岩壁或在壁
龕裡和長骨一起堆置（op. cit., pp.31 sq.）。對於骨堆的可能目的的批評似
乎很有說服力，尤其因為最早的洞穴發掘技術並不是很理想。然而，令人 (25)
驚訝的是，在許多洞穴裡都發現同樣「堆置」方式，尤其是高過一公尺的
壁龕。另外，勒瓦古漢也承認「在某些例子中，可能有被人類翻動過的情
況」（p.31）。

無論如何，許多學者，甚至是史密特和科博的支持者，都已經放棄
「熊骨堆是奉獻給最高神」的解釋。在關於古人類的獻祭的最新研究中，

馬林傑（Johannes Maringer）得到這樣的結論：一、舊石器時代早期（透勒巴〔Torralba〕、周口店、勒林根〔Lehringen〕）並沒有關於獻祭的考古證據；二、舊石器時代中期（「龍洞」、「彼德石窟」等）的出土資料可以從許多角度去詮釋，但是他們的**宗教**性質（獻祭給超自然存有者）仍不明確；三、只有到舊石器晚期（維林多夫〔Willendorf〕、梅爾多夫〔Meierdorf〕、司特爾摩〔Stellmoore〕、蒙特斯潘〔Montespan〕等），關於獻祭的討論才「或多或少有些確定性」。⑮

可以預期的是，研究者不是**缺少無法反駁的資料**，就是那些似乎可以確定其眞實性的證據在**語義上卻不明確**。古人類的「精神活動」（就如同我們這個時代的「原始人」的精神活動），留下的線索非常薄弱。茲援舉一例，科比和勒瓦古漢所引用的論證同樣可以得到相反的結論：地質學的事實和穴熊的行爲，也足以解釋**沒有**所謂的儀式性堆置。至於其眞實性沒有疑問的骨堆在**語義上的不明確**，也可以在現代北極區的獵人那裡發現。骨堆本身只是**巫術和宗敎意向的表達**；只有透過這些族群的人們告訴我們的訊息，我們才能夠理解這行爲的特殊意義。然後我們才能夠知道，這些頭骨和長骨到底是獻給最高神或野獸之神，或者只是希望他們重新長出肉來。即使是後者也有許多不同的詮釋：動物的「重生」到底是因爲野獸之神之故，或是骨頭裡的「靈魂」，或是因爲獵人安葬他們的關係（以避免這些骨頭被狗吃掉）。

(26)　　我們要記得，可能有巫術和宗敎意向的考古證據可以有許多詮釋方式。然而我們也不要忘了，儘管舊石器時代人類和北極圈的民族有著霄壤之別，他們卻有相同的經濟生活、很可能也有同樣的宗敎觀念，都具有狩獵文明的特色。因此，史前資料和民族學事實的比較是有道理的。

我們因此建議從這個觀點去詮釋在西里西亞（Silesie）的發現：古奧瑞納文化時期的年輕棕熊的頭骨化石；雖然它的門牙和犬齒被鋸開或磨銼過，但是臼齒仍仍狀況完好。科博提到過庫頁島（Sakhalin）的吉里亞克人

---

⑮　J. Maringer, "Die Opfer der paläolithischen Menschen", p.271.

以及蝦夷（Yeso）的阿伊奴人的「熊節」：在殺死熊之前，他們用鋸子將
幼熊的犬齒和門牙切掉，使他不會傷害參與儀式的人⑯。在儀式中，小孩
們也把箭矢射在被捆綁的幼熊身上。「三兄弟」石窟裡的壁畫也可以如此
去詮釋⑰，上面畫著被箭和石頭擊中的熊血流成河。但是這些景象卻可能
有許多不同的詮釋。

　　遠古的宗教觀念很可能「存活」到後代，而顯得更加重要。在相當多
的文化中，都發現有相信動物能從骨頭重生的信仰⑱。這就是為什麼吃過
的動物骨頭禁止被毀壞。他們固然是狩獵和畜牧文化特有的思想，但是在
更複雜的宗教和神話傳說裡，也保有這些觀念。有個很有名的例子，也就
是托爾（Thorr）的公山羊，他被割斷喉嚨，晚上就被吃掉，但是神讓他第
二天就從骨頭復活⑲。還有個有名的例子，是以西結的異象（〈以西結書〉
37:1-8）：先知被運送到「遍滿骸骨的平原」，他照著上帝的指示對他們 (27)
說：「枯乾的骸骨啊，要聽耶和華的話。主耶和華對這些骸骨如此說，我
必使氣息進入你們裡面，你們就要活了。……不料，有響聲，有地震，骨
與骨互相聯絡。我觀看，見骸骨上有筋，也長了肉，又有皮遮蔽其上。」

5. 壁畫：形象或是象徵？

　　洞窟繪畫的發掘提供了為數最多也最重要的圖像文獻。舊石器時代的
這些藝術寶藏，分布區域相當有限，大約在烏拉山和大西洋之間。在中
歐、西歐以及俄國遠至頓河的地區，發現史前時代的裝飾藝術（art mobil-

---

⑯　這是個非常重要的儀式：人們派熊的靈魂作為使者到守護神那裡，祈求狩獵成
　　功。

⑰　J. Maringer, *The Gods of the Prehistoric Man*, p.103sq. et la figure 14.

⑱　Eliade, *Le chamanisme et les techniques archaïques de l'extase*(2ᵉ édition), pp.139 sq.以
　　及注釋所引書目；Joseph Henninger, "Neuere Forschungen zum Verbot des Knochen-
　　enzerbrechens", passim。

⑲　Gylfaginning, ch.26.

ier）。但是壁畫藝術僅限於西班牙、法國和義大利南部（除了在 1961 年在烏拉山區發現的石窟壁畫）。最令人驚訝的是，「這些藝術內容超乎尋常的一致性：從西元前 30000 年到西元前 9000 年，形象表面的意義似乎沒有太多的變化，而且阿斯圖里亞斯（Asturies）和頓河發現的相同。」⑳根據勒瓦古漢的說法，這是同一個觀念體系透過接觸而傳播的現象，特別是那些顯示「石窟宗教」的觀念體系。（ibid. p.84）㉑

壁畫和洞穴入口距離很遠，學者們一致認為岩洞是個聖地。此外，許多洞穴都不能住人，進出的困難使這些洞窟的聖祕（numineux）特徵更加顯著。我們要走上幾百公只才能看到壁畫，就像尼歐洞（Niaux）和「三兄弟石窟」一樣。卡巴萊石窟（Cabarets）簡直是個迷宮，要花幾小時才參

(28) 觀得完。在拉斯哥洞窟（Lascaux），我們可以通到地下長廊，裡面有舊石器時代的藝術傑作，必須攀著繩梯向下穿越 6.30 公尺深的豎坑。這些繪畫及雕刻作品的意向似乎是毋庸置疑。大部分的學者都以民族學的類比去解釋他們。有些比較並不具說服力，尤其和石器時代文獻的許多「附會」，以增加在民族學上的相似性。但是，這些草率的解釋不僅無法自圓其說，也連帶使他們的方法受到懷疑。

那些熊、獅子和其他野獸身上刺滿了箭，蒙特斯潘的洞窟發現獅子和熊的泥塑上刺著又深又圓的洞，學者認為這是「狩獵巫術」的證據㉒。這個假設有些道理，但是我們也可以把某些作品解釋成原始狩獵的重現（ré-actualisation）。儀式也可能是在「聖地」的最深處舉行，或許是在狩獵出

---

⑳　Leroi-Gourhan, *Les religions de la préhistoire*, p. 83.
㉑　作者建立了舊石器時代藝術作品的年表及形態學，分為五個時期，以前形象期開始（西元前五萬年），之後是強烈風格化的形象的原始時期（西元前三萬年），接著是技術純熟的古代（大約西元前二萬至一萬五千年），形象寫實的古典時期（馬格德林河流域，大約西元前一萬五千至一萬一千年），晚期（大約西元前一萬年）。
㉒　Bégouen 和 Casteret 根據蒙特斯潘的陶土熊像重建某個儀式；Graziosi, "Palaleo-lithic Art," p.152; Peter. J. Ucko, André Rossenfeid, "Palaleolithic Cave Art," pp. 188-89。

征之前，或年輕人的「入會禮」㉓。「三兄弟洞窟」有個壁畫場景，被解釋為戴著野牛面具並吹奏著笛子的舞者。這個解釋似乎具有說服力，因為我們已經知道舊石器藝術裡大約 55 個穿著獸皮、跳舞的人的畫像㉔。此外，現代的狩獵民族也有這類的儀式行為特色。

在「三兄弟石窟」裡，壁上有個 75 公分高的著名石雕，步日耶神父稱為「偉大的魔術師」。從神父的素描可以看到雄鹿的頭，有著大鹿角，卻有張貓頭鷹的臉、狼耳、臆羚的鬍鬚、熊的腳掌和馬的尾巴。只有從下肢、性器官和舞蹈姿勢，才顯示他是個人。㉕但是最近公布的照片並沒有神父所描繪的這些細節，有可能已經有些細部遭到損毀（例如第二支鹿角），但是這並不排除神父可能沒有據實描繪。從最近公布的照片看來，「偉大的魔術師」沒有那麼令人印象深刻。然而，這個造型很可能被詮釋為「野獸之神」或是化身為男巫的神。此外，在盧爾德（Lourdes）發現的石版，可以看到有個人裹著鹿皮、帶有馬尾、頭上有鹿角。 (29)

最近在拉斯哥洞窟深處發現的作品，也非常有名，當然也是爭議的焦點。我們可以看到受傷的野牛，牛角牴著躺在地上、像是死了的人；他的武器是隻帶鉤的長矛，刺穿野獸的腹部；在這個人旁邊（他的頭像鳥嘴一樣）有隻鳥棲息在樹上。這個畫面常被解釋為「狩獵的意外」。1950 年，霍斯特・奇爾西納（Horst Kirchner）建議解釋為薩滿教的降靈法術：躺在獻祭的野牛前面的不是死人，而是處於出神的狀態，其靈魂正神遊冥界。棲息在樹上的鳥是西伯利亞薩滿教特有主題，是靈魂的守護神。根據奇爾西納的看法，這個「降靈」是要使薩滿進入出神狀態，神遊到諸神面前，向他們祈福，祈求狩獵成功。基爾希納同時認為，那些神祕的「權杖」其實是鼓槌。如果接受這個解釋，那麼就意味著舊石器時代的巫師也使用和

㉓ Charet 解釋 Tuc d'Aubert 洞穴的人類腳印為男孩的入教儀式的證明，該假設被某些學者所接受，但卻被 Ucko 和 Rossenfeld 所反駁，op. cit., pp. 177-78。

㉔ Maringer, op. cit., p.145.

㉕ Cf. Ucko, Rosenfeld, fig. 89 et pp. 204, 206.

西伯利亞的薩滿類似的鼓槌。㉖

　　奇爾希納的解釋已被反駁，我們也不認為有能力說些什麼。然而，在舊石器時代已經存在某種類型的「薩滿教」，則是確定的事。薩滿教仍然支配著現代的狩獵和畜牧民族的宗教觀念。此外，出神經驗是最原始的現象，它也是人性的基本元素；我們不能想像有哪個時代，人們會沒有夢或夢遊，沒有「出神經驗」（被解釋為靈魂神遊物外的意識喪失狀態）。而這些經驗在不同文化和宗教的轉型和改變，則是人們對這些經驗的評價和詮釋。人和動物之間的「神祕」關係主宰著舊石器時代人類的精神世界，因此我們不難猜想這些出神的巫師的職責是什麼。

　　所謂的「X 光繪畫」（也就是畫出動物的骨骼和內臟），也和薩滿教有關，馬格德林時期（Magdalénien）（13,000-6,000 B.C.）的法國、6000-2000 B.C.的挪威、西伯利亞東部、愛斯基摩人、美洲（歐德吉布瓦族〔Odjibwa〕與普威布羅族〔Pueblos〕等），在印度、馬來西亞、新幾內亞、澳大利亞西北部等地都有例證㉗。這是狩獵文化特有的藝術，可是其中的宗教觀念卻是薩滿教的。因為只有薩滿才能夠藉著超自然的異象「看得到自己的骨骼」。㉘換句話說，他能穿透到動物生命的源頭，也就是骨骼。這種經驗仍深植於西藏佛教中，這證明了這種經驗是某種神祕主義的基本要素。

6. 女人的出現

　　冰河期後期女性肖像的發現，引起許多至今無法解決的爭議。它們分布得很廣，從法國西南部到西伯利亞的貝加爾湖、從義大利北部到萊茵

㉖　H. Kirchner, "Ein archäologischer Beitrag zur Urgeschichte des Schamanismus," pp.244 sq., pp.279 sq.。在巴倫支海上的歐勒尼島（Oleny），大約西元前五百年的考古地點發現的骨製鼓棒；Eliade, *Le chamanisme*, pp.391 sq.。

㉗　Andreas Lommel, *Shamanism: the Beginnings of Art*, pp.129 sq..

㉘　Eliade, *Le chamanisme*, pp.65 sq..

河。這些小雕像約 5-20 公分高，刻在石頭、骨頭或象牙上。人們極不恰當地稱之為「維納斯」，而最有名的是列布支（Lespuges）、奧地利的維林多夫和法國多耳多涅省的洛賽爾（Laussel）等地的「維納斯」㉙。由於考古學家細心的挖掘，在烏克蘭的加家利諾（Gagarino）和梅沁（Mezine）兩地發現的雕像最有價值。這些發現來自於聚落，因此似乎和家庭宗教有關。在加加利諾（Gagarino）的聚落牆壁發現四具用長毛象骨雕刻的小雕像，手法很簡潔，腹部的比例非常誇張，臉部沒有描繪。在梅沁發現的雕像風格很抽象；有些被解釋為化約成幾何元素的女人形象（這種類型在中歐也有例證）；而其他雕像很可能是鳥類。這些小雕塑裝飾著許多不同的幾何圖形，以及萬字形的裝飾。韓卡爾（Hančar）提到北亞的某些狩獵部族名為**珠利**（dzuli）的小人偶木雕，藉此解釋他們可能的宗教功能。在有些部落裡，珠利是女性形象，這些「偶像」代表神話的祖先，所有部落都是她的後代：這些偶像保護所有的家庭和居民，在盛大的狩獵歸來時，他們會以麥粉和肥肉獻祭。

傑拉席莫夫（Gerasimov）在西伯利亞的瑪爾它（Mal'ta）的發現更加重要。這是個「村落」，許多方形房子等分為兩個部分。右邊的房屋給男人住（只找到男人的用品），而左邊的則屬於女人；女性的小人偶則是從女人的住屋那裡發現的。男人的房子裡也有類似的雕像，是鳥類的造型，有些則被解釋為陽具。㉚

我們不可能定義這些小雕塑的宗教功能。他們或許代表著某種女性神祇，因而象徵女神們的巫術和宗教的能力。無論是在原始宗教或歷史宗教裡，女性特有的存在模式構成的「奧祕」都扮演著重要的角色。勒瓦古漢告訴我們在整個舊石器時代的藝術裡（繪畫、壁雕、石板和小型雕塑）男性和女性對立的主要功能。此外，他也證明從法國坎特布連山脈到西伯利

(31)

㉙ Franz Hančar, "Zum Problem der Venusstatuetten im eurasiatischen Jungpal-
äolithikum," pp. 90sq., pp.150sq..

㉚ M. M. Gerasimov, "Paleolithischeskaja stojanka Mal'ta," p.40；摘述自 Karl Jettmar,
Les Religions arctiques et finnoises, p.292.

(32)　亞的象徵語言的統一性。他利用地形學和統計學的分析得到結論：**形象**
（形狀、面孔等等）和**符號**是可以互換的；例如，野牛和「傷口」或是其
他幾何學符號有相同的意義（「女性」）。他隨後觀察到陰性和陽性的配
對，例如野牛（陰性）和馬（陽性）。從這個象徵理論去解讀洞窟藝術，
可以證明他們是負載著許多意義的世界。

　　毫無疑問地，對勒瓦古漢來說，洞穴是聖殿，而這些石版、小雕塑則
是「隨身」的聖殿，和洞窟裝飾擁有同樣象徵功能。不過他也承認，他所
重新建構的綜合命題，無法告訴我們舊石器時代的宗教**語言**。他的方法無
法辨認壁畫裡暗示的「事件」。拉斯哥洞窟有個著名的「場景」，學者通
常解釋為狩獵意外或是薩滿儀式，但是勒瓦古漢認為那只是一隻鳥，屬於
「地形學的族群」，而且「在象徵上同義於壁畫旁邊的人類或犀牛」（ op.
cit., p.148）。除了不同的性別意義的象徵組合之外（這種互補性在宗教上
很重要），勒瓦古漢只能推論說，「*這些形象包含著極為複雜且豐富的系
統，超乎我們所能想像的。*」（p.151）

　　許多學者從不同的觀點去批評勒瓦古漢的理論。有些人批評他在「解
讀」這些形象和符號時的不一致，而在他新發現的系統裡，也沒有提到洞
穴裡的宗教儀式。[31]無論如何，勒瓦古漢的貢獻還是很重要：他證明了舊
石器時代藝術在風格和觀念上的統一性，而且揭示了隱藏在「陽性」和
「陰性」符號裡的宗教意義的互補性。瑪爾它的「村落」也有類似的象徵
（兩性之間的完全分隔）。在原始社會中，仍然有許多蘊含著兩性之互補
(33)　性和宇宙原理的體系，我們在古代的宗教裡也會發現這些體系。人們可能
是利用這互補原則來架構他們的世界並解釋世界周期性的創造和重生的奧
祕。

7. 舊石器時代獵人的宗教儀式、思想和想像

----

[31]　　Ucko et Rosenfeld, pp.220; p.195sq.；Henri Lhote 曾經有類似的批評。

　　近來古生物學的新發現有個共同點，他們把人類和文化的起源不斷地向前追溯。人類的歷史比幾十年前所想像的還要古老，其心智活動也更為複雜。亞歷山大・馬爾沙克（Alexander Marshak）最近證明，在舊石器時代後期已經有以觀測月亮位相為基礎之時間標記法系統。他稱為「時間係數」（time-factored）的標記法，是長時期經驗累積的結果，我們可以推測他們早已經有季節性和周期性的儀式，就像現在的西伯利亞人、北美印第安人。這個標記時間的「系統」延續了 25000 年，從奧瑞納文化早期到馬格德林文化晚期。馬爾沙克認為，舊石器時代的標記「系統」裡的符號，很可能蘊含著最早的文明所使用的文字、算術和曆法[32]。

　　無論馬爾沙克對於文明發展的普遍理論的評價如何，他畢竟發現了以下的事實：早在農業發現之前的 15000 年，人們已經基於實用目的而分析、記錄且利用月亮的周期。這使我們更了解月亮在古代神話中的重要角色，特別是月亮的象徵被整合到同一個「體系」，這體系涵攝了許多不同的實在物，如女人、鳥、植物、蛇、繁殖、死亡和「再生」[33]。

　　馬爾沙克分析那些刻在物體上或畫在洞窟壁上的回紋飾而得到結論認為，這些圖像構成一個「系統」，因為它們都顯現某種連續性，也都表現某種意圖。這個結構已經有其他考古證據，貝雪達茲（Pech de l'Azé）（法國多耳多涅省）出土的骨頭雕飾，屬於 135000 年左右的阿舍利文化，比舊石器時代後期的回紋飾至少早 100000 年）。另外，這些回紋飾是畫在動物上面和周圍，暗示著某種儀式（馬爾沙克說那是「個別參與的行動」）。雖然很難說明他們的意義，但是從某個時候起（例如在巴登〔Baden〕的彼得斯菲〔Petersfeld〕的繪圖），這些回紋飾就以「波浪紋」（running angles）表現，旁邊有魚的圖形。這顯然是象徵著水。但是對馬爾沙克來說，這並不只是水的「意象」；用手指和不同工具留下的痕跡都意指著 (34)

---

[32]　Alexander Marshak, *The Roots of Civilisation*, pp. 81sq.。仔細觀察和記錄的舊石器時代的植物生命的周期性同樣深具意義；cf. Marshak, op. cit., pp.172 sq.; id.,"Le bâton de commandement de Montgaudier," pp.329 sq.。

[33]　Eliade, *Traité d'Histoire des Religions*, ch. 4.

「個別參與的行動」，水的象徵和神話只是其中的部分㉞。

這樣的分析證實了舊石器時代的形象和符號具有儀式的功能。這些形象和象徵顯然指涉某些「故事」，也就是季節、獵物的習慣、性愛、死亡以及某些超自然存有者或人類（「神的專家」）的神祕力量之類的事。我們可以將這些舊石器時代的圖像看作是某種符碼，同時意指著形象的象徵意義（因而是「宗教和巫術的」意義）以及在「故事」指涉的儀式裡的功用。當然，我們永遠不知道這些「故事」的確切內容。但是這些具有不同象徵的系統，至少能讓我們猜想他們在舊石器時代宗教和巫術習俗裡的重要性。在各個狩獵社會越普遍的「系統」就越重要。

(35) 我們在第四節提到，從原始民族狩獵者特有的儀式和信仰，可以「重構」史前宗教的某些面向。這不僅牽涉到「民族誌學的比對」（除了勒瓦古漢和拉明恩伯海〔Laming-Emperair〕㉟，廣泛被研究者應用的方法）；即使史前文化和原始文化有所差異，我們仍然可以描繪某些基本的輪廓。因為許多狩獵、漁獵和摘採方式的古代文明，仍然遺世獨立地存在著。（南美洲火地島、非洲的赫頓托人〔Hottentots〕和布希曼人〔Bushmans〕、澳洲北部或大型熱帶森林，如俾格米人等。）儘管受到鄰近農業文化的影響（至少在某些例子上），其原始結構仍延續到十九世紀末。這些「停留」在舊石器時代後期的文明，在某方面來說是「活化石」㊱。

㉞ A. Marshak, "The Meander as a System"。作者認為這些回紋的傳統並不能被解釋成狩獵的巫術或者是性的象徵。蛇、水、雨、暴風雨、雲，總體存在於新石器時代的歐亞大陸、澳大利亞、非洲和美洲。

㉟ 這引起了 Ucko 的批判，op. cit. pp.140sq.。作者經由民族誌學比對的例子，釐清了史前社會的某些觀點（pp.151 sq.），並藉澳洲與非洲的事實現象來分析舊石器時代的壁畫藝術。（pp.191 sq.）

㊱ 「活化石」的觀念已經成功運用在生物學的分支上，特別是洞穴學。穴居人至今仍居住在屬於過去動物區系的洞穴中。「他們是名副其實的活化石，並經常代表生命歷史非常古老的時期：第三紀，甚至第二紀。」（Dr. Racovitza）洞穴因此保存了古代的動物區系，對於了解不能成為化石的原始動物形態的種類來說非常重要。

　　當然，我們不是要把「原始民族」的宗教習俗和神話擺到舊石器時代的人類那裡去。但是如我們說過的，薩滿教的出神狀態似乎在舊石器時代就有記錄。這蘊含著相信「靈魂」可能離開身體神遊世界，也意味著相信靈魂在旅程裡可以遇到超越人類的神明，也可以向他們求援或祈福。此外，薩滿教的出神狀態也蘊含著「附身」的可能性。也就是說，靈魂可以進入其他人的身體，也可能被死者或動物的靈魂或是神祇附身。

　　性別之分（第 6 節）使人聯想到狩獵前只有男人才能夠參加的神祕儀式。類似的儀式則有類似「兄弟會」（Männerbünde）的成人特權團體，透過入會禮把「祕密」告訴青少年。某些學者認為在蒙特斯潘洞穴發現類似的入會禮的證據，不過這個解釋卻飽受爭議。然而，自古以來便有入會禮，這是毋庸置疑的。世界最偏遠的角落（澳洲及南、北美洲）[37]所記載的儀式的相似性足以證明，舊石器時代已經發展出共同的傳統。(36)

　　而蒙特斯潘的「圓舞」（無論人們如何解釋年輕人在洞穴泥地上留下來的腳印），柯爾特・沙克斯（Curt Sachs）並不懷疑這種儀式舞蹈在舊石器時代的普遍性[38]。圓舞在歐亞大陸、東歐、馬來西亞和加州的印第安人都極為普遍；各地的獵人都會跳這種舞，不是為了使被獵物的靈魂安息，就是要狩獵能夠滿載而歸[39]。這兩個情況都和舊石器時代的獵人的宗教觀念有關。此外，從獵人族群和獵物的「神祕縮結」，我們可以假設男人之間的各種「職業神祕」；而這「祕密」又透過入會禮傳授給青少年。

　　圓舞充分證明了舊石器時代的儀式和信仰如何在當代的古老文化裡延續。我們會看到其他例子。馬利（Mali）有個飽學之士，告訴非洲學學者哲曼・迪特林（Germaine Dieterlen）關於牧者波爾（pasteurs peuls）的入會禮的神話，後者並加以出版[40]，透過這個神話，我們終於可以解讀霍加

[37]　M. Eliade, *Naissances mystiques*, pp.69sq..

[38]　Curt Sachs, *World History of the Dance*(1937), p.124, 208.

[39]　Evel Gasparini, *Il Matriarcato Slavo*, pp.667 sq..

[40]　C. Dieterlen, "Koumen"; cf. Henri Lhote, Les gravures et les peintures rupestres de Sahara, pp.282 sq..

（Hoggar）和達希利（Tassili）的某些壁畫。而希卡德（H. von Sicard）在關於盧維（Luwe）及其別名的專題研究裡作出結論認為，這個非洲神祇代表著歐洲和非洲狩獵民族最早的宗教信仰，這個瑞典學者推定其年代為西元前 8000 年[41]。

(37)   總之，我們似乎可以合理地說，舊石器時代的人們已經流行某些神話，尤其是宇宙創造和起源（人類、獵物和死亡的起源）的神話。我們舉幾個例子，有個宇宙起源神話談到最初的水和造物主，這個造物主以人或水族動物的形象顯現，他潛入海底帶回創造世界所需要的材料。這個宇宙創造的傳說流傳甚廣，結構也非常古老，證明是承襲自史前最早的傳統[42]。同樣地，和升天以及「巫術的飛行」（猛禽類的翅膀和羽毛，如老鷹和隼）有關的神話、傳說、儀式，在每個大陸都有證據，從澳洲、南美洲到北極圈[43]。這些神話都和薩滿教特有的夢境和出神經驗有關，其年代之久遠則是毋庸置疑的。

還有個同樣普遍的神話和象徵，就是彩虹及其在人間的對應物，也就是橋樑（連接彼岸的世界）。我們也可以假設有個以「世界中心」（宇宙圍繞在其四周）的原始經驗為基礎的宇宙論「系統」的存在。早在 1914 年，傑特（W. Gaerte）採集了史前遺留的大量符號和圖像，這些形象可能被解釋為宇宙之山、大地之臍，以及把「世界」分成四個部分的典型河流。[44]

至於動物起源的神話以及狩獵者、獵物和野獸之神的宗教關係，在舊石器時代的圖像庫裡，可能都是以密碼式的符號記載著。同樣地，我們很

---

[41]   H. von Sicard, *Luwe und verwante mythische Gestalten*, pp.720 sq..

[42]   "De Zalmoxis à Gengis-Khan," pp. 81-130.

[43]   Eliade, *Mythes, rêves et mystères*, pp.163-164; id., *Le Chamanisme*, pp.319sq., pp. 350sq.; id., *Religions australiennes*, p.139.

[44]   W. Gaerte, "Kosmische Vorstellungen im Bilde prähistorischer Zeit : Erdberg, Himmelsberg, Erdnabel und Weltströme"。特別是 Gaerte 所舉的屬於史前文化後期的大多數例子。

難想像某個狩獵社會沒有關於火的起源神話（關於性愛活動更是如此，因為大多數神話都特別強調性愛活動）。總之，我們要考慮到從天空、星象和大氣現象感受到的原始神聖經驗。很少有什麼經驗能夠如此自然地透顯「超越」和崇高。此外，薩滿的出神升天、飛翔的象徵、在高處想像自己掙脫地心引力的經驗，都是把將天空當作超越人類的存有者（神明、聖靈或人間的英雄）的發源地和居所。但是，夜晚和黑暗、獵物的宰殺和家人的死亡、世界災難、狂熱和瘋狂的偶然病症，或是部落的同類相殘，這些「啟示」也都非常重要且意義深遠。

語言被賦與宗教和巫術的價值，也有決定性的作用。某些姿勢已經能夠暗示神聖力量或宇宙「奧祕」的開顯。史前藝術裡的擬人形象的姿勢，很可能不只是傳達某些意義，而且具有力量。「姿勢和顯神」的宗教意義，仍存在於十九世紀末的某些原始社會中。[45]而語音的發明就更不用說了，那是宗教和巫術力量永不乾涸的泉源。甚至在語言之前，人類的聲音不只可以傳達訊息、命令或慾望，並以高低不同的聲音和聲音的變換創造出想像的世界。從薩滿在出神之旅前的練習，或是瑜珈冥想不斷重複的**真言**（包括調息〔pranayama〕和「神祕的音節」的觀想），產生了這些充滿幻想的產物，不只是類似神話或詩的東西，還有那些圖像。

語言越是完備，其宗教和巫術的能力就越多。口說語言有著很難抹滅的力量。在原始民族或民間文化裡，仍然有類似的信仰。在某些高度複雜話的社會裡，頌詞、諷刺、詛咒和絕罰，我們也可以在這類似巫術咒語的儀式功能裡發現同樣的信仰。擁有宗教和巫術力量的語言經驗使我們確定，透過語言可以得到和儀式行為相同的結果。

我們還必須考量到人格的差異，才能夠下結論。某些獵人的特長是英勇或狡猾，有些則是有強烈的出神經驗。這些性格學的差異會影響到對於

(38)

(39)

---

[45] 某些澳洲北部的部落中，少女的主要入會禮是在將她鄭重地介紹給部落的人們，說明她已經是個成人了，也就是準備好承擔女人特有的行為。然後以儀式來說明某些事情，包括符號、物體或是動物，是聲明神的臨現，為神的顯現奇蹟而歡呼；Eliade, *Religions australiennes*, p.120; *Naissances mystiques*, pp.96 sq.。

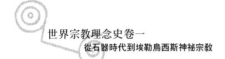

宗教經驗不同的評價或詮釋。總之，雖然舊石器時代的宗教遺產有某些共
同的基本觀念，但是我們所看到的，卻已經是相當複雜的面貌。

第二章

最漫長的演進：農業的發明。
中石器與新石器時代

8. 失去的樂園

(40)　　冰河時期末年，西元前約莫 8000 年，氣候與環境有了劇烈的改變，也影響北歐阿爾卑斯山脈的動植物。冰河消退，使得動物往北遷移。慢慢的，森林取代極地荒原。獵人跟隨獵物移動，尤其是馴鹿群，由於獵物驟減，人類不得不移居到湖邊或河海邊，靠捕魚維生。此後幾千年的文化被稱之為中石器（mesolithique）時代。在西歐，中石器時代遠遜於舊石器晚期的偉大發展。但是在西南亞，尤其是巴勒斯坦一帶，中石器時代卻是主軸發展期：人類進入了畜牧與農業發展的初期。

　　北歐追捕馴鹿群的獵人的宗教習俗，後人所知不多。根據漢堡（Hamburg）附近的司特爾摩（Stellmoor）河床沈積物，羅斯特(A. Rust)教授發現 12 頭完整的馴鹿肢體，胸腔或腹部裡有石塊。羅斯特與其他人咸認為牠們是獻給神祇的初次收穫，可能是崇拜野獸之神（Seigneur des Fauves）。然
(41) 而波哈森教授（H. Pohlhausen）提到，愛斯基摩人很早就懂得將食物保存在冰河湖之中。①但是他自己也承認，河床發現的遺跡也不排除先民的宗教意向。事實上，將牲品投入水中，在各個年代和地區，從北歐到印度②，都有許多文獻足以證實。

　　司特爾摩可能被中石器時代的獵人視為「聖地」。羅斯特在同個地層蒐集到許多物品：木箭、骨製用具、馴鹿角製的斧頭。很有可能這些器物也跟青銅器、鐵器時代在西歐河湖沈積層找到的器具一樣，也都是牲品的象徵。儘管兩者差距 5000 年，但是之間的宗教傳承應該是毋庸置疑。在「神聖救世主」的發源區（位於貢比涅森林，Forêt de Compiègne）除了有

①　　A. Rust, *Die alt und mittelsteinzeitlichen Funde von Stellmoor*; H. Müller-Karpe, *Handbuch der Vorgeschichte*, vol. I, pp.224 sq.; H. Pohlhausen, "Zum Motiv der Rentierversenkung," pp. 988-89; J. Maringer, "Die Opfer der paläolitischen Menschen," pp.266 sq..

②　　Cf. A.Closs, "Das Versenkungsopfer," passim.

新石器時代的燧石（刻意打碎，以表示**還願**〔ex-voto〕符號），還有高盧時代的器具、高盧羅馬時期以及中古時代到今天的器皿③。要知道，這些儀式儘管受到羅馬帝國文化的影響，尤其是天主教的禁止，仍然有跡可循。除了本有的價值以外，它也是個某種典範：它說明了「聖地」傳統和某些宗教習俗的延續。

在司特爾摩的石器層裡，羅斯特還發現一截松樹枝幹，頂端有馴鹿的頭殼。根據馬林傑（Maringer）的看法，這根松樹幹可能與儀式中的饗宴有關：吃完馴鹿肉，將頭殼獻給神祇。距離阿倫堡霍芬巴哈（Ahrenburg-Hopfenbach）不遠之處，在中石器時代的某個聚落，大約是西元前 10000 年，羅斯特在湖底找到一截 3.5 公尺長的柳樹幹，上面有粗略的雕刻：看得出有頭有頸，還有許多刻痕，據發現者說，應該是指手臂。這個「人偶」原本插在湖底，但是周圍沒有發現任何骨骸或其他器具。僅管我們很難說明其結構，但是似乎是象徵著超自然存有者的形象。④ (42)

較之於馴鹿獵人貧乏的證據，西班牙東部的壁畫留給宗教史學者的材料就豐富得多。在舊石器時代晚期寫實主義的壁畫，在「西班牙高地」（Levant espagnol）變成了嚴謹且形式主義的幾何圖形。在摩倫那山（Sierra Morena）岩壁上，到處是以簡單的線條和符號（波浪形條紋、圓形、點、太陽）代表人形和獸形（尤指鹿、羱羊）的圖案。雨果·歐伯梅耶（Hugo Obermaier）指出，這些人形圖與阿齊利文化（Azilien）⑤發現的卵石圖紋很近似。阿齊利文化也發源自西班牙，因此判斷兩者圖形應有相似的含意。後人解釋為陰莖的象徵、書寫系統的元素或是巫術符號。若以澳洲的丘林加（tjurunga）譯①圖紋與之相較，似乎更有說服力。這些儀式

---

③　M. Eliade, *Traité d'Histoire des Religions* (nouvelle édition 1968), p.174.

④　A. Rust, *Die jungpaläolitischen Zeltanlanger von Ahrensburg*, pp.141 sq.; J. Maringer, " Die Opfer der paläolitischen Menschen," pp.267sq.; H. Müller-Karpe, *Handbuch der Vorgeschichte*, vol. II, pp.496-97(nr.347)；書中不稱此物品為「偶像」。

⑤　根據法國庇里牛斯山區發現的阿齊利農舍（Mas d'Azil）漁獵時期而命名的文化。

譯①：丘林加，「隔離的聖物或禁忌」，澳洲土著宗教裡虛構的的生物和儀式物飾，以木頭或石頭製成。

的圖紋通常畫在石上並以線條裝飾，代表祖先神祕的身軀。丘林加藏在石穴裡或埋在特定的聖地，年輕人不能接觸，除非他們完成入教儀式。在阿蘭達族（Aranda）譯②裡，父親會告訴兒子說：「這就是你的身體，你從這裡開始新的生命，」或「你的身體就在此，前世裡你長途跋涉。然後來到此神聖的石穴休息。」⑥

(43) 即使阿齊利農舍卵石的繪畫和丘林加圖紋的功能類似，也無法判斷當初畫者的想法是否與澳洲畫者一樣。然而阿齊利卵石圖紋具有宗教意義，應是無庸置疑的。瑞士的比賽克（Birsek）洞穴，發現 133 顆圖紋卵石，幾乎都是破碎的。有可能是被敵人或後來居住的人破壞，無論如何，他們都是要毀去上面附著的巫術和宗教力量。西班牙高地的壁畫區和其他洞穴很可能就是聖地。至於其他人形圖紋旁的幾何符號和太陽，就仍是解不開的謎。⑦

我們現在還沒有辦法清楚說明史前人類的信仰源頭與發展。從民族誌的比對來判斷，這種宗教複構可以和超自然存有者或野獸之神的信仰並存。如此看來，神話祖先的概念未嘗不屬於舊石器時代的宗教觀：這和狩獵文化特有的起源神話相符（能解釋世界、獵物、人類生與死的來源）。況且，這種宗教觀念散佈在全世界，也有豐富的神話傳說，即使在最複雜的宗教裡，也可以看到（小乘佛教除外）。這種古老的宗教觀念可能在某個時代、經過某個事件之後，突然出現。如果說神話祖先的觀念和祭祖儀式支配了歐洲舊石器時代，那有可能像馬林傑所認為的（op. cit., p.183），這種宗教複構可以從人類冰河時期的記憶去解釋：很久以前，老祖先曾經

---

⑥ M. Eliade, *Religions australiennes* (1972), pp.100sq.；根據澳洲人的信仰，祖先靈魂能附著在「神祕身軀」丘林加上，也附著在再度輪迴的人體上。而在地底下，他們還有所謂的「孩童之靈」。

⑦ 澳洲與南美洲部落的人認為，神祕的祖先不是化身成星星，就是昇到天上與太陽、星星同住。

⑧ Eliade, *Religions australiennes*, p.57.

譯②：阿蘭達族，在澳洲中部的原始部落。其宗教信仰相信有前生和輪迴。

住在某種「獵人天堂」。事實上，澳洲人認為他們的祖先生活在黃金時期，曾經住在獵物繁多、無善無惡的人間樂園。⑧澳洲人會在慶典裡重現這個「樂園」，在那裡，沒有任何法律或禁忌。

9. 工作、技術和想像的世界

如前所述，近東地區，尤其是巴勒斯坦，中石器時代是個創造性的階 (44)
段，雖然有時候仍然是兩個文明類型的過渡，也就是從採集和狩獵文化到農耕文明。在巴勒斯坦，舊石器時代的狩獵祖先似乎在洞穴裡住過很長的時間。其中要算納圖夫文化（Natufian）⑨的獵人，他們選擇了定居的生活。譯③他們住在洞穴或露天場所（在艾南〔Einan〕的出土資料顯示有圍繞著篝火的草屋）。納圖夫人發現到野生穀類的重要性，他們以石鐮刀收割，將穀粒置入缽中，用石臼搗碎。⑩這是邁向農業生活的一大步。中石器時代也開始畜牧（但是要到新石器時代才算普及）：西元前 8000 年，在扎威雀米沙尼達（Zawi Chemi-Shanidar）有養綿羊，西元前 7000 年，在約旦飼養耶利哥羊，西元前 6500 年開始養豬；英格蘭的史丹卡（Stan Carr）開始飼養狗，則是在西元前 7500 年⑪。人口遽增、商業發達是人類飼養草食性牲畜的立即效果，納圖夫人時代已看得出具備這項特質。

納圖夫時期的圖紋比較寫實，與歐洲中石器壁畫的幾何圖形不同：我們挖掘到小型動物雕刻、人偶，有時候會有性愛姿勢。⑫石臼被雕刻成陽具形狀，無疑地具有巫術和宗教的意義。 (45)

---

⑨　「納圖夫文化」這個詞源自 Wadi en-Natuf，在中石器時代。

⑩　Emmanuel Anati, *Palestine before the Hebrews*, p.40, Müller-Karpe, Handbuch II, p. 245, R.de Vaux, *Histoire ancienne d'Israël*, I, p.41.

⑪　年代都是經由炭石探測所測出。關於人類畜牧，參考 Müller-Karpe 作品所言，在上尼羅河區，我們發現新石器時代前的穀物文化，約在 13000 年前。Fred Wendorf, S. Rushdi, R. Schild, Egyptian Prehistory: some new concepts。

⑫　例如在 Ain Sakhri 發現的人偶（Anati, Palestine, p.160）；Jacques Cauvin, *Religions néolithiques*, pp.21 sq.。

譯③：巴勒斯坦和敘利亞南部的中石器時代文化，約在西元九千年前。

　　納圖夫人有兩種埋葬方式：一、埋葬整個人體，肢體彎曲；二、只埋頭顱，這在舊石器時代已經發現，而且延續到新石器時代。關於艾南挖掘的骨骸⑬，有人認為是葬禮的犧牲者，但是我們無法得知儀式的意義。關於頭顱的放置，學者們將納圖夫的證據和在巴伐利亞的奧夫內（Offnet）及符騰堡（Württemburg）的霍倫斯坦（Hohlenstern）洞穴的頭顱做比較：他們都是被屠殺的人，可能是獵人頭的野蠻人或食人族殺害的。⑭

　　不論是哪個情形，我們都可以假設其中有巫術和宗教的活動，因為頭顱（即大腦）被視為「靈魂」的所在地。夢境、出神或或類似出神的經驗，使人類認識到有獨立於軀體之外的元素，現代語言稱之為「靈魂」、「精靈」、「氣」、「生命」、「分身」。「靈性」的元素（無法以其他辭彙代替，因為他們是以顯靈、影像的方式得知）充滿全身，構成我們的某種分身。然而認為靈魂存在大腦裡的想法，卻造成相當大的影響：⑮一方面，人們相信產生吃大腦便能吸取靈魂；另一方面，力量的本源，也就是頭顱，成為崇拜的對象。

　　中石器時代除了農業發展外，還有其他發明。最重要的要算是弓箭、魚網、魚鉤，以及長途旅行的小舟。和過去發明的器具（石器、骨製的用具、獸皮衣、皮帳等）以及之後新石器時代發明的器具（以陶器為主）一(46)樣，這些發明都啟發許多神話或類似神話的幻想，有時甚至是各種儀式行為的基礎。這些發明的實用價值很明顯；**透過熟悉材料的不同樣態而激發的想像活動，其價值就比較不明顯。**在製作燧石或原始石針、固定獸皮或處理木皮、準備釣鉤或箭鉤、捏塑黏土人偶時，想像力發現了各種真實世

---

⑬　這可能是世界上中石器時代最老的遺址（Emmanuel Anati, Palestine, p.172）。關於 Einan，見 Müller-Karpe, II, p.349。

⑭　Anati, Palestine, p.175; Maringer, *The Gods of Prehistoric Men*, pp.184 sq.; Müller-Karpe, *Handbuch*, I, p.239.

⑮　不只史前人類有此信仰，希臘先民也認為人類靈魂（後來的 Alcméon de Crotone 認為還包括精液）居住在頭顱。Onians, *Origins of European Thought*, pp.107-108。

界的層次的類比；器具和物體被賦與許多象徵，勞作的世界（使工匠浸淫好幾個鐘頭工作的微觀的宇宙）成爲神祕又神聖的國度，充滿著意義。

對於材料的熟悉，創造出幻想的世界，而且越來越豐富，我們從史前文化的具象或幾何圖紋才只能粗略的把握。但是我們可以憑著想像試著理解。因爲人類的想像古今皆然，我們才能「體會」遠古人們的存在。然而不同於現代的人類社會，史前人類的想像活動還有神話的向度。許多超自然存有者或神話故事（我們在其後的宗教傳說裡會再次遇到），可能是重現石器時代人類的「發現」。

10. 舊石器時代的獵人遺產

中石器時代的發展結束了舊石器的文化統一性，開啓其後的多元文化特色。舊石器時代獵人族群的遺民開始遷移到偏遠地帶或人煙罕至的地區：沙漠、廣大森林、山地等等。然而舊石器時代部落的遠離和隔絕，並不意味著獵人文化特有的行爲和精神特質也消失了。在許多農業社會仍然有人以打獵維生。部分獵人可能不願意務農而受雇看守村莊；起先是防禦 (47)
野獸騷擾村民或破壞作物，後來則是抵抗強盜或土匪的侵略。人類最早的軍隊可能就是這些獵人守衛。我們會看到，戰士、征服者或武士階級，都延伸了獵人特有的象徵和觀念。

另外，農夫和牧者的牲祭也是重複獵人的捕殺獵物。一、兩百萬年來和人類無法分離的行爲類型（至少對男性而言），不是那麼容易就抹滅。

在農業經濟獲勝的幾千年後，原始獵人的世界觀（Weltanschauung），又躍上人類歷史舞台。事實上，印歐民族以及土耳其和蒙古族的侵略和攻伐，就是肉食動物的獵殺本能。印歐的軍隊（兄弟會）、中亞的遊牧騎兵的攻擊定居性民族，就像肉食動物獵殺和吞噬原野的草食動物或農莊的犧牛。許多印歐民族或土耳其和蒙古的草原民族，會以猛獸爲其民族的名稱（以狼最多），並認爲他們的祖先是神話的半人獸。印歐民族的武士入伍儀式，就包括化身爲狼的典禮：標準的士兵要模仿掠食者的行爲。

此外，追捕和宰殺獵物，也成爲爭奪土地與設立部落的神話原型。⑯
在亞述、伊朗、土耳其和蒙古民族，獵殺和戰爭的技術幾乎如出一轍。從
亞述到現代初期，印歐世界處處有獵殺的影子，不僅在生活教育裡，政
(48) 府、軍隊的最愛活動也是攻掠遊戲。況且，許多原始部落裡⑰，仍保留漁
獵時期的生存之道，與農牧生活文化並存。幾千年來與動物共存遺留下的
神祕象徵記號，並不易消滅。尤有甚者，透過狂歡儀式的出神狀態，生食
獵物，人類重現舊石器原始的宗教行爲；古希臘人崇拜酒神戴奧尼索斯儀
式上出現過，甚至在二十紀初時，摩洛哥的阿薩烏人（Aissaoua）也有這
類行爲。

11. 耕種的興起：起源神話

從 1960 年起，我們知道在農業生活之前就已經有村落。戈登・卻爾德
（Gordon Childe）所謂的「新石器時代的革命」指的是西元前 9000-7000
年間逐漸的演進。我們也發現與先前所知的理論正好相反，畜牧文化的年
代要比陶器文化還早。所謂的農業指的是穀物的種植，在西南亞和中美洲
開始發展。而仰賴植物球莖與根莖爲食的「植物種植」，似乎起源於美洲
與東南亞潮溼的赤道平原。

目前我們還不清楚植物種植的起始，也不清楚它與穀物種植間的關
係。部分民族學家認爲植物種植要比穀物種植歷史悠久；有些人則剛好相
反，認爲植物種植是貧瘠地方農業的替代物。南美洲出土的證據，正好可
以作爲說明。在委內瑞拉的朗秋佩魯多（Rancho Peludo）草原、哥倫比亞
的莫米（Momil）一帶，樹薯的遺跡被發現在玉米種植的土層之下，證明
(49) 樹薯要早於玉米。⑱最近泰國也發現植物種植的遺跡：在某個洞穴裡（泰

---

⑯　在非洲與其他地區，在入會儀式或選新首長時，會舉辦這種「獵人禮」。

⑰　典型的例子：哥倫比亞的德薩拿人（Desana）就自稱是獵人，儘管他們的生計中
　　有 75%是仰賴捕魚與耕種，但是在他們眼裡，當獵人才是人類生存價值。

⑱　David R. Harris, "Agricultural systems, ecosystems and the origins of agriculture," in
　　The Domestication and Exploitation of Plants and Animals, p.12.

人的「鬼魂洞」）挖掘出種植的豌豆、蠶豆、熱帶植物的根莖；利用放射性碳的測試，顯示約莫是西元前 9000 年的產物。[19]

農業發明對文化歷史有多大的重要性，是不言自明的。人類成爲食物的製造者，而不得不改變前人的行爲模式。最重要的是，舊石器時代就發明的時間計算方式，必須更加精確。基本的月球盈虧的曆法已無法使他確定未來的日期。從此，農人必須在耕作前幾個月先作好計畫，以精確的程序從事未來複雜的工作，特別是難以意料的收成結果。除此之外，農業也促成不同的分工，從此以後，女人擔負起生存大計。

農業的發明對人類宗教的歷史也有重要的影響。種植使人類面對前所未有的生存處境；人們創造新的價值，推翻舊石器時代人類精神世界的價值。後面我們會討論農業引發的「宗教改革」。現在先探討先民用以解釋兩種農業文化的起源神話。看農夫如何解釋農作物的起源，就可以看他們如何以宗教解釋其行爲。

大多數的起源神話，都是在種植植物或穀物的原始部落發現的。（在已開發的文化裡，這類神話較罕見，有時甚至被重新詮釋。）有個常見的主題解釋說，根莖與果樹（椰子樹、香蕉樹等等）是從被殺死的神那裡誕生的。新幾內亞的希蘭島（Ceram）就有個很著名的例子：半人半神的女 (50)子海努維爾（Hainuwele）被肢解埋葬，地上開始冒出不知名的的塊莖。這原始的謀殺使人類境遇大逆轉，因爲它不只牽扯到性別和死亡，還創設了至今仍存在的宗教和社會規範。海努維爾的慘死不僅僅是「創造性」的死亡，這使得女神能在人間甚至冥界都存在。吃到從她身體長出來的植物，事實上就等於吃到神的實體。

起源神話對原始農業的宗教生活和文化的影響是不言而喻的。所有的重要儀式（成年禮、牲祭或殺人祭、葬禮）都是回憶或重現原始的謀殺。[20]農夫們認爲本質上非常和平的維生勞作和謀害有關；而獵人的社會卻認

---

[19]　William Solhein, Relics from Diggings indicate Thais were the First Agrarians," *New York Times*, 12 January 1970.

[20]　M. Eliade, *Aspects du mythe*.

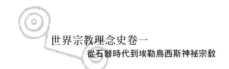

爲殺戮的責任是在於「外來者」身上。這我們能理解：獵人怕死去的動物
（更確切的是其亡魂）回來報復，或是要在野獸之神面前自我辯解。對原
始農人而言，原始的謀殺神話當然是要使那血腥的殺人祭和吃人肉的風俗
合理化，但是我們很難確切知道最初的宗教脈絡。

其他類似的神話還把塊莖和穀物的起源解釋爲神或神話的祖先的排泄
或汗水。當人類發現到惡臭的汗物是食物的來源，就把神給打死；但是他
們要按照神的指示，將其肢體埋在地下。屍體旁邊就冒出可食的植物和農
耕的元素（農具、吐絲的蠶等等）。㉑

(51) 故事的象徵意義很明顯：食物來自神的身體（神的排泄和汗物也是身
體的部分），所以是神聖的。吃這些食物就是把神吃下去。食用的植物和
動物不一樣，**植物不是世界裡既有的**。他們是原始的悲劇事件（**屠殺**）的
結果。稍後我們再來看這些和營養有關的神學的推論。

德國民族學家嚴森（A. E. Jensen）認爲，海努維爾的神話是古代耕種
根莖植物的農夫所特有的。至於種植穀物的起源神話，則是由某個原始的
小偷扮演主角：穀物最初是天上由神明非常小氣地守護著；有位教化人民
的英雄到天界去偷了幾顆種子，分送給人類。嚴森將兩個神話分別稱爲
「海努維爾」和「普羅米修斯」，分別和古代農作（植物種植）以及眞正
的農業（穀物）文明有關。㉒當然，兩者有所區隔。然而這兩種起源神話
並不像人們所想的如此涇渭分明，因爲有許多神話也解釋說穀物來自最初
神的犧牲。在農業社會的宗教裡，穀物的起源也和神有關；人類的獲得穀
物，有時也和天神（或大氣之神）和大地之母的神族婚姻有關，或者是和
性愛、死亡以及復活有關的神話情節。

12. 女人與作物。聖潔之地與世界的周而復始

㉑ Atsuhiko Yoshida, "Les excrétions de la Déesse et l'origine de l'agriculture".
㉒ Ad. E. Jasen, *Das religiöse Weltbild einer frühen Kultur*; Eliade, *Mythes et cultes chez les peuples primitifs*, pp.166sq.

　　農業發明最早也最重要的影響，就是使舊石器時代的獵人陷入價值危機：人和動物的宗教關係被「人與植物之間的縮結」取代。如果說在此之前骨頭和血液代表生命的本質和神聖，那麼接下來的就是精液和血液。此外，女人和女性神明也取得支配性地位。因為女性在農耕上有決定性的角色，她們成為農地的主人，社會地位因此提高，也創造了某些特有的規範，像是丈夫必須住在太太的家中。 (52)

　　土地的肥沃也和女性的生殖產生聯想；因此由女性負責作物的豐收，只有她們懂得創造的「奧祕」。這是宗教的奧祕，因為這奧祕支配著生命的起源、食物的供給、以及死亡。土地與女人劃上等號。人們發明犁以後，耕作也被等同於男女的性交㉓。但是幾千年來都是大地之母透過單性生殖創造生命的。這種想法在奧林帕斯神話裡還存在著對這「奧祕」的回憶（希拉以單性繁殖生下黑腓斯塔斯〔Hephaistos〕和阿利斯〔Ares〕），在許多神話和民間傳說裡，也說到大地之母如何生下人類，在地上分娩的故事。㉔人類出生自大地之母，死後也會回到母親的懷抱。如吠陀時期的詩人所說的：「爬回到大地，你的母親。」（《梨俱吠陀》10.18.10）

　　當然，舊石器時代也有女性和母性的神（第6節），然而農業的發明才使其地位有顯著的提升。性愛的神，首先是女性，和創造之謎緊密結合。單性生殖、**神族婚姻**、儀式的狂歡，都在各個層面上解釋性愛的宗教特質。結構上屬於人類小宇宙（anthropocosmique）的複雜象徵，就是把女人和性愛聯想為月亮週期、土地（同義於子宮）、作物生長的「奧祕」。種子必須「死亡」以給予新的生命，這是個奧祕，這個生命更加神奇，因為伴隨的是作物的繁衍。在植物神話裡（原野裡的花等等）的意象和隱喻，表現了人類的存在和植物生命的同化。幾千年來，這種意象豐富了詩和哲學的創作，即使到現代仍是如此。

　　農業的發明所創造出來的宗教價值，隨著時間推移漸進地表述。然而 (53)

㉓　*Traité d'Histoires des Religions*, §91sq..
㉔　Mythes, rêves et mystères, pp.218.

現在我們要來檢視舊石器和中石器時代的發明特質。我們也會看到和植物生長「奧祕」有關的宗教思想、神話與儀式。宗教裡的創造不是從農業的經驗性現象激發靈感的，而是從植物的律動裡發現出生、死亡和重生的奧祕。人們爲了理解、接受和支配這些現象，而以神話的情節去解釋那些威脅到收穫的危機（洪水、乾旱等等）。這些神話和儀式主導了近東地區幾千年的文化歷史。其中幾個最重要的神話主題，就是關於神祇的死亡和重生故事。這些古老的儀式有時候甚至催生了新的宗教（例如是希臘和東方的埃勒烏西斯神祕宗教，見第 96 節）。

農業文化發展出我們所謂的**宇宙宗教**（religion cosmique），因爲他們的宗教活動圍繞著某個核心的奧祕：**世界的周期性更新**。宇宙的律動也和人類生命一樣以植物的生命去表現。他們以世界之樹象徵宇宙神祇的奧祕。宇宙被想像成周而復始的有機體；換句話說，每年會萬象更新。「絕對的實在」、回春和不朽，藏在果實裡或樹旁的泉水，有特權的人可以接近他們[25]。他們認爲世界之樹生長在世界的中心點，並連結宇宙的三個部分，因爲樹根深及地府，而枝葉高達天界[26]。

因爲世界每年更新，所以每個新年也會以儀式重新敘述宇宙的創造。這個神話和儀式的情節在近東和印度伊朗地區都有文獻可徵。而在原始的(54)農業社會也可以發現，在某個意義下，延續了舊石器時代的宗教觀念。當然，其基本想法（宇宙的不斷創造使世界重生）起源更早，甚至在農業出現之前。在澳洲和許多北美部落裡，仍可以找到這種觀念，當然版本會有不同。[27]在原始農業和農業社會裡，新年神話和宗教儀式都會提到死者復生，到了古希臘、古日耳曼和日本等地區，也還有類似的儀式。

以農耕爲框架的宇宙時間經驗，最後演變爲**周期性的時間**（temps cir-

---

[25] Cf. Traité, §99sq..

[26] 這是世界之軸（axis mundi）最常見的說法；世界之軸的思想也有可能先於農業社會，或者獨立發展，因爲在其他古老文化也有其思想遺跡。

[27] Eliade, *Aspects du mythe*, pp.58sq.。澳洲人沒有發展所謂的「宇宙創造論」但是超自然存有者的「形成世界」相當於「創造」。Cf. *Religions australiennes*, pp.55sq.

culaire）以及**宇宙循環**的觀念。因爲人們以植物的生長去了解世界和人類的存在價值，宇宙的周期也被認爲是同樣節奏的不定重複：出生、死亡和重生。在吠陀時期的印度，這種觀念發展出兩種教義：周期（yuga）的無盡重複，以及靈魂的輪迴。此外，世界的周期更新的古老觀念也在近東的宗教體系裡重新詮釋和吸收。支配了近東和地中海地區兩千年的宇宙論、末世論和彌賽亞理論，可以追溯到舊石器時代。

空間的宗教意義（最早是住所與村落）也同等重要。定居的生活方式所建構的「世界」就不同於遊牧民族。對農人而言，「眞實的世界」就是他所居住的地方：住所、村落、耕種的田。「世界的中心」就是祭祀和祈禱的地方，因爲在那裡可以與超越人類的存有者溝通。我們不知道近東地區舊石器時代的人類對其住所和村落賦與何種宗教意義。只知道從某個時期起，築有祭壇和聖地。但是在中國就可以重構舊石器時代房屋的象徵意義，因爲在亞洲北部與西藏地區流傳下來類似的房舍。仰韶文化的舊石器時代遺址，可見許多圓形的小建築物（約直徑五公尺），以柱子撐著屋頂，中間是爐灶。屋頂可能有洞讓煙霧散出去。房舍應該是持久的建材蓋 (55) 成，可能和現在的蒙古包結構相同。[28]北亞的遊牧與蒙古包民族流行某種有名的宇宙象徵：天如穹幕，中央有支柱撐著，覆蓋大地。房屋中央有支柱或洞讓煙霧散去，就如同世界的天柱和北極星的「天洞」[29]。這個洞也被中國人稱「天窗」。西藏人稱他們屋頂的洞爲「天福」或「天門」。

在許多原始社會裡都記錄著這種房屋的宇宙論象徵。他們把住所想像爲「世界形象」（imago mundi）。既然在各個文化都找得到這些例子，近東的舊石器時代原始人類理當沒有例外，更何況在近東是建築之宇宙論象徵最豐富的地方。將住所依性別區分（舊石器時代的習俗）可能就有宇宙論的意義。農村裡的區分大致上符合分類上和儀式上的二分法：天與地、男與女等等，他們在儀式上也是對立的。然而就我們所看到許多例子裡，

---

[28] R. Stein, Architecture et pensée religieuse en Extrême-Orient," p.168. **另有中國新石器時期房舍的描述：正方形或長方形半穴居的建物，有梯子可下去。**

[29] Eliade, *Le chamanisme*, p.213.

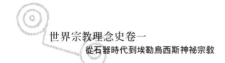
儀式裡的對立扮演重要的角色，尤其在新年。不論是美索不達米亞文化裡
（第 22 節）的戰鬥神話，或只是宇宙消長的對立原理（冬夏、日夜、生
死），背後的意義都是一樣：衝突、競賽和對抗，可以喚醒、刺激甚至增
加生命的創造力[30]。新石器時代農業創造的生命和宇宙的觀念，隨著時間
(56) 發展，被重新詮釋甚至改變。我們只能在某些宗教的二元論裡依稀看見。

　　我們不想列舉因為農業興起而有的宗教產物。我們只要說明新石器時
代某些觀念共同的本源，有些觀念後甚至在幾千年後才開花結果。以農業
生活為結構的宗教觀念，在歷經無數的變化和革新後，形成某些基本的元
素，在現在的地中海、印度、中國的農業社會裡，仍然可以發現其線索。

13. 近東地區新石器時代宗教

　　從舊石器時代至鐵器時代的文化史，可以說就是宗教理念和信仰的歷
史。所有技術發明，經濟和社會的革新，似乎都「挾帶著」宗教意義。我
們談到舊石器時代的某些文明發展，自然要考察背後的宗教意義。但是我
們不會老是強調這個意義，以免離題。

　　像是耶利哥（Jericho）文化的種種，就值得探討背後的宗教意義。儘
管耶利哥還沒有陶器出土，卻可能是最古老的城市（西元前 6850 或 6770
年左右）[31]。然而城郭、高塔、大型公共建築（有些看來像是為祭祀而建）
顯示出社會的統合和早於美索不達米亞的城邦體系的經濟組織。加斯頓
（Garstangs）和凱薩琳・凱尼恩（Kathleen Kenyon）發現若干罕見的建
(57) 物，他們稱之為「神廟」與「祠堂」。在意義明確的宗教文獻裡，有兩具
女性小雕像和其他動物的塑像，顯示對生殖能力的崇拜。有些學者特別重

---

[30]　M. Eliade, "Remarques sur le dualisme religieux: dyades et polarités," dans *la Nostalgie des Origines*, pp.249-336, pp.315 sq..

[31]　K. M. Kenyon, *Archaeology in the Holy Land*, pp.39sq.。Gordon Childe 和 R. J.Braid-wood 曾批評「世界首座城市」之說。根據 Kenyon 的說法，是早期納圖夫人在聖地旁建造而成，約在 7800 年前燒毀。

視加斯頓在三〇年代發現的三個泥塑像：蓄著鬍鬚的男人、女人和小孩。貝殼代表他們的眼睛。加斯頓認爲那是最古老的三位神像，可能影響到後來近東地區的神話。但是他的說法目前仍有許多爭議。㉜

死者埋在屋裡地板底下。凱薩琳・凱尼恩挖出的頭顱㉝，可以看出他們對葬禮特別的準備：泥敷下體，眼睛以貝殼代替，像是肖像一般。這儀式顯然是頭顱崇拜。㉞似乎也有保存死者記憶的用意。

在特爾拉馬（Tell Ramad）（敘利亞靠近大馬士革），也有頭顱崇拜的遺跡，出土的頭殼前額處塗紅色，臉頰敷上泥土㉟。在敘利亞（特爾拉馬和畢布羅〔Byblos〕）在五千年前的遺址發現泥人偶。在畢布羅發現的還是雌雄同體。㊱在巴勒斯坦出土的女性人偶，大約在西元前 4500 年，則以魔鬼般的忿怒相表現大地之母。㊲

生殖崇拜似乎和死者崇拜有關。雖然耶利哥文化顯示有頭顱崇拜的信仰，事實上，安那托利亞（Anatolia）地方發展的哈西拉文化（Hacilar）和薩他育克（Çatal Hüyük）文化，早於前陶器時代的耶利哥文化，可能還影響到後者。在哈西拉文化和薩他育克文化，有頭顱崇拜的文獻記載，骷髏被埋在房舍地板下，旁邊有陪葬品：珠寶、寶石、兵器、布料、木缽等。㊳從直到 1965 年的 40 個聖地考古發掘找到許多石製和土製的偶像。主要的神是以三種形象呈現的女神：年輕女子、生子的母親（或生牛的母親）、老婦（有時有猛禽陪侍）。男性神則以小男孩或青年的形象出現， (58)

㉜ Anati, *Palestine before the Hebrews*, p.256。書中同意 Garstang 的詮釋。反對的意見請參考 J. Cauvin, *Religions néolithiques de Syro-Palestine*, p.51。

㉝ K. Kenyon, *Archaelogy in the Holy Land*, p.50.

㉞ K. Kenyon, *Digging up Jerico*, pp.53 sq., 84 sq.; Müller-Karpe, *Handbuch*, II, pp. 380-81; J.Cauvin, *Religions néolithiques*, pp.44sq..

㉟ 關於 Conteson 遺址的發掘，見 J. Cauvin, pp.59 sq. fig.18。

㊱ 關於 Contenson (Tell Ramad)、Dunand(Byblos)，見 Cauvin, pp.79 sq., fig.29-30。

㊲ 參考 Munhata、Tel-Aviv 和 Shaar-Ha-Golan 的出土證據。見 J.Cauvin, fig. 29-30。

㊳ James Mellaart, *Çatal Hüyük: A neolithic Town of Anatolia*, pp.60sq.; *Earliest Civilizations of Near East*, pp.87sq..

代表女神的小孩或情人，以及蓄滿鬍鬚的成年人，時而坐在聖牛背上。聖地牆上的壁畫形象繽紛，沒有兩個遺址壁畫是一模一樣的。女神浮雕有時在兩公尺高的地方，身體不是以石灰就是以木頭或黏土塑成，頭部呈公牛形象（神的化身），固定在牆上。沒有性別的形象特徵，但是有時候會同時具有女性的胸部和公牛的角（生命的象徵）。在大約西元 6200 年前的遺址中，發現有個聖地，牆上掛著四頭公牛頭，下方有四個人頭。其中有一面牆，具有人腿的禿鷹在攻擊被斬首的人。這顯然象徵著宗教和儀式的複構，可惜我們還無法了解其意義。

在哈西拉遺址，大約西元前 5700 年的地層，挖掘出坐在（或站在）花豹上的女神像，手裡抱著小花豹。也有單獨的女神像，有坐姿、蹲姿、立姿，或是在休息，有時旁邊會有個小孩。有時女神全身赤裸，或者有蔽體的衣物。這裡出土的也有年輕和年長的形象。年代較近的遺址裡（西元前 5435 至 5200 年），由孩童或動物陪伴的女神像，還有男性人偶都不見蹤跡。然而哈西拉文化末期卻出現豐富的陶土文物，上面有幾何圖形裝飾。③⑨

我們說的特拉哈夫（Tell Halaf）文化④⓪就在安那托利亞文化結束時出現。特拉哈夫文化已經知道青銅器，似乎是北方族裔，可能是哈西拉與薩他育克文化殘存的支系。他們的宗教結構和我們到目前為止考察的文化差別不大。死者有陪葬品，包括泥偶。野公牛被視為男性生殖神的化身而受到崇拜。公牛形象、牛頭飾、牡羊頭和雙面斧自然有其文化意義，和神諭有關，在近東各個宗教裡扮演重要角色。我們沒發現到男性神偶，女神像卻一再出現；胸部異常誇張，旁邊有白鴿，常以蹲著姿態表現，一眼就看出顯然是標準的大地之母神像。④①

特拉哈夫文化約在西元前 4400 至 4300 年時被摧毀或消失，而發源於

(59)

---

③⑨　Mellaart, "Hacilar：A Neolithic Village Site," pp. 94sq.; id., Earliest Civilizations of the Near East, pp. 102sq..

④⓪　根據遺址名稱，Tell Halaf 位在 Mosul 附近的 Arpachiyah 村落。

④①　Müller-Karpe, *Handbuch*, II, pp.59sq.。關於特拉哈夫文化的葬偶宗教意義與象徵性圖紋，見 B.L. Goff, *Symbols of Prehistoric Mesopotamia*, pp.11sq.。

伊拉克的歐拜（Obeid）文化，正在美索不達米亞擴張。在瓦卡（Warka）遺址（蘇美的烏魯克〔Uruk〕，閃族的艾雷克〔Erech〕）距今大約 4325 年，已經有考古證據。沒有任何史前時代如此有影響力的。金屬工具（銅斧、各種黃金物品）的發展相當可觀。農業和商業的進步使人類累積財富。大理石製的真人比例的人頭和動物頭顱，顯然有其宗教意義。瓜瓦（Gawra）風格的印章表現宗教儀式的若干場景（人們圍繞在裝飾著牛頭的祭壇四周；宗教舞蹈；象徵性的動物等等）。人類的形象相當簡略。整個歐拜文化都傾向如此抽象的特質。護身符上描繪的聖地，不是描摹某個建築物，而是某種神廟的典型。

　　石灰雕成的人像應該是指祭司。事實上，歐拜時期最重要的創新就是紀念性神廟。[42]其中最讓人稱道的是白神廟（西元前 3100 年），長 22.3 公尺寬 17.5 公尺，蓋在 70 公尺長、60 公尺寬、高 13 公尺的平台上。平台除了古老神廟的遺跡外，還有座「聖山」，其意義我們稍後會提及。（第 54 節）

(60)

14. 新石器時代的神廟建築

　　我們不準備詳述農業發展的路線，或是其後的冶金時代，從愛琴海到地中海東部、希臘、巴爾幹半島、多瑙河流域甚至歐洲其他地區；我們也不打算根據文化發展史述及印度、中國到東南亞一帶。我們只要記得，農業伊始時，在歐洲部分地區傳得很慢。一方面是因為後冰河時期的氣候，使得中石器時代人類在歐洲中部和西部只能靠漁獵維生。另一方面，必須在溫暖的氣候和森林密佈的地區才能種植穀類。因此最早的農村都是在水邊或森林邊緣發展起來的。然而西元前 8000 年左右，近東地區舊石器時代的農業，卻有勢不可擋的進展。儘管有某些族群會抗拒，尤其在農村

---

[42]　Müller-Karpe, *Handbuch*, II, pp.61 sq.; M. E. L. Mallowan, *Early Mesopotamia and Iran*, pp.40sq.

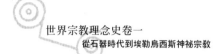

生活具體化以後，澳洲和南美巴塔哥尼亞（Patagonia）也隨著歐洲殖民和工業革命而進入農業社會。

　　穀物的種植也帶來了其生活方式特有的宗教儀式、神話和宗教觀念。但是這絕不是機械性的過程。即使我們限定在考古學文獻裡，換言之，略過他們的宗教意義，尤其神話和儀式，還是能看出舊石器時期的歐洲和東方的重要差異。在多瑙河流域發現的公牛崇拜圖像，就是來自近東。但是我們無法證明有任何公牛獻祭，如克里特或印度新石器文化。還有，近東地區常見的諸神偶像、聖母和聖子的神像，在多瑙河流域也很少見。甚且在墳墓裡從未發現任何如此的偶像。

(61)　　近來遺址的挖掘充分證明了東南歐古文化的創造力，也就是馬立賈・金布達（Marija Gimbutas）所謂的「古歐洲文化」。事實上，在希臘、義大利沿岸，地中海的克里特、安那托利亞和敘利亞、巴勒斯坦肥沃月彎，大約在西元前 7000 年或更早，已經有種植小麥和大麥以及飼養豬、羊、牛的文明。只是根據放射線碳的測試結果，我們還無法證實希臘的文化晚於敘利亞、西里西亞（Cilicia）或巴勒斯坦文化。我們還不知道這個文化「最初的動力」是什麼㊸。我們也沒有考古證據可以顯示擁有農業和畜牧文化的小亞細亞民族曾遷移到希臘。㊹

　　無論源頭為何，「古歐洲文化」有其原創性的發展，而有別於近東、中歐或北歐文化。西元前 6500 至 5300 年，巴爾幹半島和安那托利亞中部的文化發展非常迅速。遺址中出現許多宗教活動的物件（有文字的印章、人偶和動物偶像、獸形圖紋花瓶、神像面具）。到了第六世紀中葉，築有防禦性壕溝或城牆的村落遽增，居民有上千人㊺。祭壇、聖地和各式各樣的祭祀器具之多，可見當時宗教發展組織已趨完善。我們在布達佩斯附近 60 公里的薩西歐哈（Cascioarele）紅銅時代遺址，發現一座神廟，牆壁偏黃的白底上塗著亮麗的紅綠相間的漩渦。雖然沒有找到塑像，卻有兩公尺

㊸　Marija Gimbutas, "Old European c.7000-3500 B.C.," p.5.
㊹　況且豬、羊群與麥種都具有歐洲本土根源。（Gimbutas, ibid.）
㊺　相較之下，瑞士湖邊族群就宛如小村落。（Gimbutas, p.6）

的柱子，還有一根較短的柱子，象徵神聖之柱，有「世界之軸」（axis mundi）的意義㊻。神廟上面還有較新的遺址，其中找到黏土製的聖地模型。模型顯現的建築結構令人印象深刻，在基座上有四座神廟。㊼ (62)

巴爾幹半島也找到許多神廟模型，和其他許多證據（人偶、面具、各種抽象圖形等）共同顯現出某個宗教的豐富性和複雜度，雖然我們無法知道其內容。㊽

我們在此不需要列舉新石器時代所有與宗教有關的證據。當我們談到幾個主要文化區域（地中海、印度、中國、東南亞、中美洲）的史前宗教觀念時，會援引若干例子。我們要說的是，如果僅限於考古學的證據，而忽略某些農業社會的文獻或傳說，有可能使新石器時代的宗教看起來過度簡化且單調。考古學的證據所呈現的宗教生活和思想側面，只是斷簡殘篇，無法窺其全豹。我們已經看到新石器初期文化宗教的考古學證據：女神和風暴之神（以公牛為化身）的偶像，象徵著對於死者和生殖力的崇拜；和植物的「奧祕」有關的信仰及儀式；女性、土壤和植物的同化，蘊含著出生和重生（入會禮）的同質性（homologie）；很可能相信死後的生命；「世界中心」和以房屋為「世界形象」的宇宙論。以近代原始農業社會為例，就能看出以土地多產和生命、死亡和死後世界的循環為中心的宗教觀念有多麼複雜和豐富。㊾

此外，從原始文獻和近東地區的考古證據去看，就會發現這個意義世 (63)

㊻ Vladimir Dumitreseu, "Edifice destiné au culte découvert à Căscioarele," p.21。兩根柱子呈現中空狀態，可見是以樹幹為模型灌注。以宇宙之樹當作世界支柱的中軸象徵。根據 Dumitreseu 的放射線碳測試，時間約在西元前 4035 至西元前 3620 年前，所以 Marija Gimbutas 稱「約莫西元前 5000 年」。

㊼ Hortensia Dumitrescu, "Un modèle de sanctuaire découverte à Căscioarele," fig. 1, 4.

㊽ 根據 Gimbutas 說法，「古歐洲文化」在 5300 至 5200 年前也有發展文字符號，也就是蘇美文化的 2000 年前。古文化在 3500 年前開始瓦解，受到草原民族的侵擾影響。

㊾ 根據銅器文物上的圖像與象徵符號研究報告，有時會顯現屬於史前宗教的遺留；但是手繪陶器，尤其自金屬時代開始，中間的關連則有待查證。

界既複雜且深邃，經過人們的沉思和重新詮釋，有時候甚至隱晦難解。有些原始文獻似乎是在回憶那遠古且幾乎被遺忘的宗教產物。我們要知道，新石器時代偉大的精神文明，無法透過手中的考古證據「透明化」地呈現。考古證據的語意本來就很有限，最初的文獻則表現了某種世界觀，而那些和冶金術、城市文明、王權以及祭司團息息相關的宗教觀念，也影響了這個世界觀。

儘管我們已經無法了解新石器時代神殿的意義㊿，但是透過農業社會的傳說還是保存了某些零碎的觀念。「聖地」（見第 8 節）和某些農事和埋葬的儀式不再需要證明。二十世紀的埃及仍然延襲史前時代的風俗，祭典的麥束捆法就像遺址裡看到的那樣。在阿拉伯，最後埋到墳墓裡的麥束稱為「老頭」，和埃及法老王時代稱呼相同。羅馬尼亞和巴爾幹半島在葬禮和祭日的麥粥稱為柯里法（coliva）。古希臘文獻裡也有稱為 kollyva 的祭品，只是這習俗更加久遠（有人認為蒂皮隆〔Dipylon〕墳墓裡就有這種儀式）。史密特（Leopold Schmidt）指出，二十世紀在中歐與東南歐仍可以看到的神話和儀式，保存了荷馬時期之前失傳已久的神話片段和儀式。這類例子不勝枚舉。我們只想強調，這些儀式已經持續了四、五千年，其中在最後的一千到一千五百年間，甚至受到基督宗教和伊斯蘭教的一神論嚴厲的監視。

15. 冶金術的宗教背景：鐵器時代神話

(64)　　「研製石器的神話」之後，「金屬的神話」便粉墨登場；最豐富也最有特色的發展都是以鐵器為主。「原始人」和史前人類在懂得採礦之前，就知道用隕鐵石製造器具。他們將隕鐵石當石頭一般處理，也就是說，當作打造其他石器的原料。㊶當柯特茲（Cortez）問阿茲特克（aztèque）族

㊿　這裡所講的自然是指中東與歐洲的新石器考古資料。
㊶　Eliade, *Forgerons et alchimistes*, p.20.

長他們的刀從哪裡來時，他們都指著天空。事實上，新大陸的史前遺址裡，的確沒有鐵礦的跡象。(52)而東方舊石器時代的民族或許也這麼認爲。蘇美文字裡的AN. BAR（最早意指「鐵」的語詞）便是以「天」和「火」的符號組成。一般翻譯爲「天上的金屬」或「星星的金屬」。埃及人長久以來只知道隕鐵石，西台人（Hittites）也是：十四世紀的文獻記載，西台國王使用「天上來的黑鐵」。(53)

因此，鐵在當時是很罕有的（和黃金一樣稀少），而常用在祭典。直到冶礦的發明後，人類歷史才開啓新的紀元。不同於紅銅和青銅，鐵的冶煉很快地就成爲工業。人類懂得冶煉磁鐵礦或赤鐵礦後，就不必辛苦的尋找鐵，因爲地層裡多的是，而且容易挖掘。鐵礦的處理不同於隕鐵石或青銅、紅銅的處理。所以直到發明高爐，特別是金屬的「淬煉」到白熱的技術，鐵才佔有主宰地位。鐵礦的冶煉技術使得這種金屬更適合日常生活。

這個事實在宗教上也造成極大的影響。除了隕石蘊含的天界神性，地 (65)
下礦物也有來自土地的神性。金屬從大地的懷抱中「誕生」(54)。洞穴和礦坑被視爲大地之母的子宮。從礦坑採得的礦石就是「胚胎」。他們慢慢成長，彷彿遵循著和動植物不同的時間節奏；不過他們是在黑暗的地底「成熟」的。因此從大地之母那裡採礦，就像早產手術一樣。如果他們有足夠的時間發育（就是**地質的時間節奏**），礦物就會成熟且「完美」。

世界各地的礦工都有潔淨、齋戒、冥想、祈禱和祭拜活動。計劃的開採行爲主宰著儀式的性質，因爲礦工將要進到神聖不可侵犯的地方；他要接觸的是一般宗教不曾遇到的神性世界，那是更深邃也更危險的神性世界。彷彿踏入不屬於人類的世界：充滿奧祕的地底世界緩慢地孕育著從大地之母的懷裡誕生的礦物。所有關於礦物與山岳的神話，數不清的神仙、精靈、小精靈、鬼魅等等，都是人類探索地底下生命時遇到的**顯神**。

(52) R.C. *Forbes, Metallurgy in Antiquity*, p.401.

(53) T. A. Rickard, *Man and Metal*, I, p.149.

(54) *Forgerons et alchimistes*, p.46.

礦石帶著地底的神性，就這樣送進火爐，開始最艱辛也最冒險的旅程。工匠代替大地之母的身分，加速礦石的「成長」。火爐就像是人工子宮，礦物在其中完成懷孕期。淬煉過程中有許多預防措施、禁忌和儀式。[55]

(66) 　　冶金家和鐵匠或更早的陶匠一樣，都是「玩火高手」。利用火才能將使材料由某個狀態變成另一個狀態。所以冶金家能促進礦石的「成長」，讓它在短時間內快速成熟。冶煉不只是「加速」的動作，也改變了自然事物原有的狀態。因此在古代社會裡，冶金匠和打鐵匠與薩滿、治療師、魔術師同樣列為「火的主宰」（maître du feu）。但是金屬的對立並存的性格（同時具有神和魔鬼的力量）會傳到冶金匠和打鐵匠身上：人們尊敬他們，也畏懼他們，退避三舍，甚至藐視他們。[56]

　　許多神話裡，天界的鐵匠會為諸神鑄造兵器，使他們打敗巨龍或其他怪物。在迦南的神話裡，「巧匠」（Kôshar-wa-Hasis）替巴力神（Baal）鑄造雙棍，得以打敗雅姆（Yam），海和泉水的主宰。在埃及神話裡，陶器之神普塔（Ptah）替霍魯斯（Horus）鑄造兵器，打敗賽特（Seth）。工巧神特瓦西德里（Tvaṣṭṛ）為因陀羅打造兵器和惡龍烏里特那（Vṛtra）打仗；黑腓斯塔斯（Hephaestus）鑄造閃電，讓宙斯能打敗泰封（Typhon）。然而天上的鐵匠和諸神的合作，不僅限於世界統治權的爭奪裡。鐵匠也是神的建築師和工匠，為巴力神監造宮殿，裝飾其他神廟。除此之外，天上的鐵匠也與音樂、歌曲有關連，在其他許多社會裡，鐵匠與鍋匠也是音樂家、詩人、治療師和魔術師[57]。在不同文化層次裡（古老王國），歌唱、舞蹈和詩藝似乎和冶鐵或法術（薩滿、巫術、治療等等）之間有密不可分的關係。

　　所有圍繞著礦物、冶金和鑄鐵的思想與信仰，都是石器時代的「工匠人」（homo faber）神話的附會延伸。但是使材料完美的慾望，對人類產

---

[55] *Forgerons et alchimistes*, p.61。部分非洲人將礦石分「男」、「女」；古中國開國的大禹也將礦石分陰、陽；在非洲，礦的融合被視為一種性交。

[56] 關於非洲鐵匠矛盾的地位，見 *Forgerons et alchimistes*, p.89。

[57] *Forgerons et alchimistes*, p.101.

生更重要的影響。人類擔負起改造自然的責任，而替代時間的地位；過去 ⁽⁶⁷⁾ 需要在地底待個千萬年才能成熟的事物，工匠認為幾星期就可以完成；因為有火爐取代地底的子宮。

　　幾千年來，煉金學家的想法並沒有多大的改變。班・強生（Ben Jonson）《煉金術》裡的主角就說道：「鉛和其他礦粉，假以時日也可以煉成黃金。」另一位煉金術者補充說：「我們的技巧還要更厲害。」[58]「征服時間」的戰役（最大的功績在於有機化學實驗出的「合成物」，將是「人造生命」預備期的重要里程碑），以及現代科技社會想要取代時間的夢想，在鐵器時代就已經存在。稍後我們還要評價其宗教意義。

---

[58]　*Forgerons et alchimistes*, p.54,175.

第三章
美索不達米亞的宗教

16. 「歷史從蘇美開始」

(68)　　　這個標題是卓越的美國東方學家卡爾美（S. N. Karmer）的書名。他在書中說到，蘇美族的文獻裡保存了我們關於宗教制度、技術和觀念的最早資料。也就是說，這是人類最早的書寫文獻，大約在西元 3000 年前。而這些文獻又反映出更古老的宗教信仰。

　　　蘇美文明的起源和早期歷史，我們還不很清楚。我們推測有個民族說蘇美語，這個民族由北方南遷，定居在美索不達米亞南方，而蘇美語不是閃語，也無法從其他語言家族去理解。很可能是蘇美人征服當地原住民，我們對這些原住民的人種組成並不清楚。（他們和歐拜人有共同的文明，見第 13 節。）不久之後，敘利亞沙漠有個遊牧民族，他們說某種閃語（阿卡德語），進入蘇美北部，佔領蘇美人的城邦。西元前三千年左右，阿卡德人在傳奇領袖薩爾貢（Sargon）統治下，以霸權征服了蘇美城邦。然而，在征服之前就已經發展出蘇美和阿卡德文化的共生關係，在兩個國家的合併後，更是急遽擴增。三、四十年前，還有些學者認為巴比倫文化即是這

(69) 兩個民族融合的結果。現在一般認為要分開研究蘇美及阿卡德文化，因為即使侵略者同化了被征服者，但是兩個民族的創造力是完全不同的。

　　　在宗教的領域，他們的差異更加明顯。在遠古時代，諸神的象徵是牛角頭飾。因此，就像中東其他各地，在蘇美，從新石器時代就有公牛的宗教象徵，並且延續不絕。換言之，神性的形成是根據宇宙的力量和**空間的**「**超越性**」，也就是雷雨交加的天空（和公牛的吼聲類似）。在指涉諸神的象形文字之前，會加上一些限定符號，最初是象徵星星，這個符號證實了神的「超越」和天體的結構。而根據語彙脈絡，這個限定詞的本來意義就是「天空」。因此諸神皆被想像成天體。這也是為什麼男女天神皆會放射出耀眼的光芒。

　　　蘇美人的最早史料顯示出祭司對諸神的分類和系統化。首先有三巨神，其次有三行星神。我們有整個諸神的名單，多半只是知道名字而已。

在蘇美歷史初期，他們的宗教已經很「古老」了。我們所取得的史料多為
斷簡殘篇，解釋也特別困難。我們卻仍然在殘缺的資料裡發現，某些宗教
傳說正逐漸失去其原始的意義。由安（An），恩利勒（En-lil）和恩奇
（En-ki）構成的三巨神譯①，也有這個傾向。安（An 意指「天空」）是
個天神，是萬神殿裡最重要的神，卻有「退位神」（deus otious）的徵兆。
三巨神中比較活躍且「有切身關係的」，是大氣之神恩利勒（也稱為「巨
山」）和恩奇，恩奇是「大地之主」、「創造之神」，也被現代學者誤認
為是眾水之神，因為蘇美人相信大地是座落在海洋之上。

在現存的文獻中，我們並沒有發現任何有關宇宙創造論的史料。但是
我們可以從某些線索去重構蘇美人所想像的那個決定性的創造時刻。娜姆
（Nammu）女神（這個名字是以象形符號表意，指的是「最初的海」）被
表現為「孕育天地之母」及「創造眾神的祖先」。這個最初的水的主題，
同時具有宇宙和神性的意義，在古代宇宙創造論的傳說裡相當普遍。在這
個例子裡，汪洋大海被認為是最初的母親，她透過單性生殖產下第一對天
神，天神（An）和大地之神（Ki），也賦與了兩性的原理。這對新人在神
族婚姻（hieros gamos）裡合而為一。他們的結合生下了恩利勒，也就是大
氣之神。另一段文獻提到，恩利勒分開了他的父母：「安」把「天空」向
上撐起，而恩利勒將其母「大地」帶走。天地隔離的宇宙創造論主題相當
普遍。事實上，我們在不同層次的文化裡都可以發現到。但近東和地中海
地區的版本很可能是源自蘇美文化傳說。①

某些文獻提到「太初」的完美和幸福：「在很久以前，萬物都被創造
得很完美。」②然而真正的天堂似乎在迪爾穆恩（Dilmun），那是沒有病

(70)

---

① S. N. Karmer, *From the Tablets of Sumer*, pp.77sq., *The Sumerians*, p.145.

② Giorgio R. Castellino, *Mitologia sumerico-accadica*, pp.176-81，其中重譯《吉加美
士、恩奇杜和地府》；有關埃及最初完美世界的概念，見§25。

譯①：An（Anu, Anum），蘇美宗教的天空之神，其象徵是牛角頭飾，其聖獸是公
牛。Enlil，暴風雨之神，主宰著大氣。是 An 和 Ki 的兒子。Enki 是蘇美族泉水
之神，是豐收之神，也是智慧和藝術之神。

痛和死亡的樂土。在那裡「沒有殘殺的獅子，沒有偷盜綿羊的狼，不再有人犯眼疾，守夜者不必在城牆上巡邏……。」③然而終究好景不常。統治迪爾穆恩的恩奇在他妻子身旁睡著，他的妻子就像大地之神一樣，也是處女。恩奇醒來後，和寧嘉莎（Nin-gur-sag）女神交媾而產下一女，而後又和他們的女兒生個女兒，最後又和他的孫女生個女兒，這就是天堂裡的神族繁衍。然而，一個表面上微不足道的意外，卻造成神族最初的悲劇，天神採食剛被創造出來的植物；但是他本來要「規定這些植物的命運」的，也就是說，他要規定這些植物存在的形式和功能。寧嘉莎對於他的鹵莽感到很忿怒，宣稱她不再以「生命的注視」來對待恩奇，因此他也活不久(71) 了。事實上，不知名的痛楚正折磨著天神，他逐漸衰弱，預示著死亡將近。最後還是他的妻子將其病痛治癒。④

即使我們得以重構這個故事，但是這個神話顯然是經過重新安排的。神的系譜的天堂主題，最後竟是造物主的罪行和受罰而病痛纏身。當然，這是個悲劇性的「錯誤」，因為恩奇沒有根據他創造的原則扮演好他的角色。這個「錯誤」甚至導致他所創造的世界陷於岌岌可危之境。其他的文獻也描述神在遭到命運折磨時的哀號。之後我們將看到伊南那（Inanna）在向至高無上的權威挑戰時所遭遇的不幸。在恩奇的悲劇中，我們感到驚訝的，不是神也會死亡的命運，而是表現這個主題的神話脈絡。

17. 諸神面前的人類

蘇美人至少有四種不同的故事描寫人類的起源。這些故事的差異之大，使我們猜想是不是源自不同的傳說。有個神話說，人類是像植物一樣從地裡長出來的。還有個神話說，人是由工巧神以黏土捏成的；然後娜姆女神給他心臟，恩奇給他新生命。還有篇文獻說，阿璐璐（Aruru）女神是

---

③　Maurice Lambert, *La Naissance du Monde*, p.106.
④　R. Jestin, "La religion sumérienne," p.170.

人類的創造者。最後，根據第四種版本，人類是從拉格瑪（Lăgma）兩位被殺死的天神所流的血誕生出來的。第四種版本的故事將在巴比倫著名的宇宙創造詩歌《天之高兮》（*Enuma elish*）中再度被使用及詮釋（第 21 節）。

這些主題及其異本在世界都或多或少有文獻記載。依照蘇美人的兩種版本，原始人類以某種方式分受了神的實體：無論是恩奇的生命氣息或是拉格瑪神的鮮血。這意味著神人之間的鴻溝並不是無法跨越的。人類的創造確實是爲了服侍諸神，他們需要有人照料飲食和衣著。⑤他們認爲祭祀即是爲了服侍神。然而人類固然是諸神的僕人，卻不是奴隸。祭祀主要由獻祭和敬拜組成。至於城邦裡最盛大的慶典（新年或廟宇落成）則有宇宙創造論的架構。 (72)

傑斯坦（Raymond Jestin）強調，文獻裡並沒有罪、贖罪祭和「代罪羔羊」的觀念⑥。這意味著人類不僅是諸神的僕人，也是他們的仿傚者，因此也可說是諸神的夥伴。神有責任維持宇宙秩序，人類必須服從他們的命令，因爲這些命令（「教諭」〔me〕）是基於維繫世界和人類社會的規範⑦。「教諭」安排或「決定」所有生命、生命形式、人類和神的命運。透過「命運決定」（nam-tar）的行動，決定「教諭」的內容。每年新年，天神會決定接下來十二個月的命運。這是在近東其他地區也會發現的古老觀念；但是最早明白陳述這個概念的是蘇美人，而且有神學家深入且有系統的研究。

宇宙法則總是遭到威脅，尤其是「巨蛇」，他恐嚇要使世界回到「混

---

⑤ 有關宗教祭典，見 Karmer, *The Sumerians*, pp.140 sq.; A. L. Oppenheim, *Ancient Mesopotamia*, pp.183sq.。

⑥ Jestin, p.184。「〈至福詩篇〉是晚出的文學，但是由於閃族的影響日增，使他們無法看到蘇美思想的原貌。」

⑦ 不同的職業、使命和組織各有其「教諭」，見 Kramer, *From the Tablets*, p.89 sq.; *The Sumerians*, p.117sq.。這個 me 的意義曾被翻譯爲「生命體」（Jacobsen），或「至高天神」（Landsberger & Falkenstein）並被詮釋爲「在生死物質中存在的神性、不可被改變、持存的、非人格的，只有神可以獲得。」（J. Van Dijk）

沌狀態」；其次是犯罪、過錯和疏失，人類必須以各種儀式去贖罪和「潔淨」。而世界會經由新年節慶而重生，也就是「再創造」。「這個節慶在蘇美語裡稱為à-ki-til，意思是『使世界重生的力量』（til 有生存和重生的意義；病患被治癒時也稱為重生）；所有永恆回歸的循環法則都會被喚(73) 起。」⑧許多類似的新年神話和儀式，在不同的文化裡都有文獻記載。我們將在討論巴比倫的**新年**（akitu）慶典時，會了解到它的重要性（第 22 節）。儀式是關於城邦兩位守護神的神族婚姻，由兩尊神像作為象徵，或是由統治者以及神殿女奴扮演神明；統治者扮演伊南那女神的丈夫，化身為杜木茲（Dumuzi）⑨。這個神族婚姻意味著神人的交通，雖然只是短暫的，卻意義重大。因為神的力量傳遞給城邦（也就是大地），而將大地神聖化，並且保佑新的一年享有繁榮和幸福。

　　比新年更重要的慶典，是廟宇落成典禮。這也是宇宙創造的回憶，因為廟宇（天神的宮殿）是**世界圖像**（Imago mundi）的最佳表現。這個觀念既古老又流傳甚廣（我們將在巴力〔Baal〕神話中再次提到。見第 50 節），根據蘇美人的傳統，人類被創造之後，其中有個天神創造了五個城邦，建在「淨土之上，為其命名，並將其規劃成祭典中心。」⑩自此之後，諸神對於能夠直接參與統治者的興建廟宇而感到滿意。古德阿（Gudea）王曾夢見妮達巴（Nidaba）女神，夢中她向他顯現一塊上面有幸運之星的圖板，而另一位天神則遞給他神殿的藍圖⑪。我們可以說，神廟和城邦的造形都是「先天的」，因為它們預先存在於天堂裡。巴比倫的城邦以星座為其原型：西巴爾（Sippar）位於巨蟹座，尼尼微（Ninive）位於大熊座，阿蘇爾（Assur）位於大角（Arcuturs）等等⑫。星座這個概念在古代東方

---

⑧　　Jestin, p.181.

⑨　　S. N. Karmer, *Le Rite de Mariage sacré Dumuzi-Inanna*, p.129 sq.; *The sacred marrige Rite*, p.49 sq..

⑩　　Karmer, From the Tablets, p.177.

⑪　　E. Burrows, "Some Cosmological Patterns in Babylonian Religion," p.65 sq..

⑫　　Burrows, p.60 sq..

很盛行。

　　君主制度及其象徵（頭飾和王座），都是「從天上傳下來的」⑬。洪　(74)
水期之後，君主制度再度臨到人間。遠古的人們相信語言和制度是預先存
在的，這對古代的存有論有重大的影響，在柏拉圖著名的理型說裡也得到
表現。關於這個信仰，蘇美文化裡有最早的文獻，但其淵源很可能上溯到
史前時期。事實上，天體模式的理論繼續發展成流傳甚廣的觀念，認為人
類行為只是諸神行為模式的重複（模仿）。

18. 第一個洪水神話

　　古代的人們相信，君主制度是洪水後由天上傳下來的。因為水災等於
是「世界末日」。只有叫做齊蘇德拉（Zisudra，蘇美語，在阿卡德語稱為
烏納庇希丁〔Utnapishtim〕）的人類獲救。但是和挪亞的情況不同，他不
得在由水裡隆起的「新世界」居住。他多少被「神化」，並獲得永生，而
遷移到迪爾穆德（齊蘇德拉）或是「河口」（烏納庇希丁）。從蘇美的斷
簡殘篇裡，我們知道：即使萬神殿裡的部分天神反對，大天神仍然決定以
洪水毀滅人類。有人提及齊蘇德拉王的德行，說，他「謙卑、順從、虔
誠」。經由守護神的引薦，齊蘇德拉聽到了「安」及恩利勒的意旨。至此
文獻有很長的闕文。很可能是齊蘇德拉接獲有關興建拱門的指示。七天七
夜之後，太陽重新昇起，齊蘇德拉拜倒在太陽神巫杜（Utu）面前。在文獻
的最後一段，「安」及恩利勒傳給他「神的生命」和「永恆的氣息」，並
將他安置於美妙的國度迪爾穆德⑭。

　　我們在《吉加美士史詩》裡再次發現洪水的主題。這部著作完整地保
留下來，和聖經故事非常類似。他們很可能都來自同樣的古老起源。自從　(75)
安德烈（R. Andree）、優塞納（H. Usener）和弗雷哲（J. G. Frazer）的編

---

⑬　"Liste des Rois sumériens", Karmer, *The Sumerian*, p. 328.

⑭　Karmer, *From the Tablets*, p.177 sq.; *Sumerian Mythology*, p.97 sq.; G. R. Castellino, *Mitologia*, pp.140-143.

修過後，我們知道洪水神話幾乎在世界各地都有；各大洲（雖然在非洲很少聽到）和各文化的層次都有文獻記載。結果是出現許多異本，從美索不達米亞到印度。也有可能是若干水災催生了這些虛構的敘事。然而，如果我們只是根據沒有地質學線索的現象去解釋這個普遍的神話，那就太輕率了。大多數洪水神話似乎都構成宇宙律動的一部分：充滿了墮落的人類的「舊世界」被大水淹沒後沉到水裡，而後從水底的「混沌」裡浮現「新世界」⑮。

在大多數的異本裡，洪水代表人類「罪惡」（或是褻瀆神明）的結果。有時候只是因為神要毀滅人類。我們很難知道美索不達米亞傳說裡的洪水的原因。有些典故說是因為「罪人」的關係。根據另一個傳說，人類的騷亂使恩利勒很生氣⑯。但是，如果我們檢視其他文化裡關於洪水的神話，我們將發現主要原因都是在於**人類的罪**和世界的**墮落**。宇宙的存在（生存和創造）本來就會有成住壞空，也因此必須「再創造」。換言之，新年慶典從宏觀宇宙的角度象徵性地體現洪水的情景：「世界末日」和罪人的下場，以促成新天新地的創造。⑰

19. 下地獄：伊南那和杜木茲

蘇美的三行星神是由南納（蘇恩）（Nanna-Suen，月神）、巫杜
(76) （Utu，太陽神）和伊南那（金星、愛情女神）組成。在巴比倫時代，月神和太陽神的地位非常崇高。至於伊南那（就是阿卡德文化的伊西塔〔Ishtar〕以及稍晚的阿什塔特〔Ashtarte〕），她在文化及神話上的「永

---

⑮ 有關某些洪水神話中的象徵符號，見 M. Eliade, *Traité d' Histoire des Religions*, p. 182 sq.。

⑯ 我們將發現總是因為「噪音」，這一次，喧鬧的年輕天神們打擾他的睡眠，於是恩利勒決定消滅他們。（cf. *Enuma elish*, tab.I, l.21 sq.）

⑰ *Aspects du Mythe*, pp. 54 sq.，根據《阿特拉哈西斯史詩》的版本，洪水之後，伊亞決定創造七個男人和七個女人；見 Heidel, *The Gilgamesh Epic*, pp.259-60。

不褪色」，是中東地區其他女神所不及的。在她最受崇拜的時期，伊南那或伊西塔（Inanna-Ishtar）同時是愛情女神和戰爭女神，也就是說，她掌管生命和死亡。為了彰顯其大能，人們形容她是雌雄同體（Ishtar barbata）。她的位格在蘇美文化時期已經完全成形，而關於她的神話也是古代最重要的神話。神話的開端是個愛情故事：伊南那是艾瑞許（Erech）的守護女神，嫁給牧羊人杜木茲⑱，他因而成為城市的領主。伊南那高聲詠嘆她的熱情和幸福：「我歡喜的漫步著！我的丈夫受到神的眷顧！」然而她預感到她的丈夫會有悲劇的命運：「啊！我的愛人，我心中掛念的人，我卻為你帶來不幸，你輕吻著我，我的雙唇在你額頭，正是因為如此，你被詛咒要承受悲慘的命運。」（Kramer, "Le rite de marriage sacré," p.141）。

當伊南那決定到地下世界去取代她的「姊姊」厄里什基迦勒（Ereshki-gal）的地位，就已經注定了這「悲慘的命運」。「天神」伊南那渴望也能統治地底世界，她計畫潛入厄里什基迦勒的宮殿，但她陸續穿越七重門時，守門人剝去她的衣服和飾物，最後伊南那全身赤裸地（意味放棄所有「權利」）出現在姊姊面前。厄里什基迦勒以「死亡的眼神」注視她，使「她全身僵硬」。第三天，她忠誠的朋友寧什布爾（Ninshubur）依照伊南那行前給她的指示，知會恩利勒和南納（或即「欣」）（Nanna-Sin），但 (77)他們都迴避她，因為他們認為伊南那擅闖「死亡之地」，那是不可侵犯的神旨支配的地方，她「想要染指禁地」。恩利勒最後還是找出解決之道：他創造兩個使者，帶著「生命之糧」和「生命之泉」到地獄，利用計謀使伊南那「懸吊的屍體」復活，當伊南那要逃離地獄時，「地獄七法官」（Anunaki）攔住她，說道：「誰能到地獄來而安然離開？如果伊南那想從地獄離開，就必須找個替死鬼。」⑲

鬼差（galla）們押解伊南那到人間來，如果她找不到其他天神當替死

---

⑱　根據另一個版本，她原先中意農夫恩奇杜，但是她的哥哥太陽神巫杜說服她改變主意。見 S. N. Karmer, *The Sacred Marriage Rite*, p.69 sq.; *Le Rite de Marriage Sacré Dumuzi-Inanna*, p.124 sq.。我們引用的是 Karmer 的譯本。

⑲　Jean Bottéro 的翻譯，*Annuaire de l'École des Hautes Études*, sec.4 (1971-72), p.85。

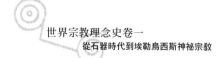
鬼，他們就要把她帶回地獄。起初鬼差想要把寧什布爾帶走，但伊南那將她留下，接著他們把目標轉向烏瑪（Umma）城和貝德提比拉（Bad-Tibira）城；城邦的守護神們驚恐不已，他們趴在伊南那腳邊求饒，因而女神慈悲心大發，決定另覓替死鬼。最後他們抵達艾瑞許，伊南那發現杜木茲不但沒有爲了她的死亡而哀傷，反而趾高氣揚地高坐在她的寶座上，衣著華麗，好像他才是城市唯一的統治者。「伊南那以一隻眼睥睨著他，那是死亡之眼！並且詛咒他，那是絕望的語言。她對他叫道，那是詛咒的吶喊。『就是他（她對鬼差喊道），把他帶走！』」[20]

杜木茲哀求他的姊夫太陽神巫杜把他變成蛇，好逃到他姊姊葛什提南那（Geshtinanna）的領土，然後逃到他的牧羊地。就在那裡，鬼差將他逮捕，對他施加折磨，並遣送到地獄。文獻脫佚使我們無法知道結局，「厄里什基迦勒很可能被杜木茲的眼淚給軟化，而決定減輕其悲慘命運，命令他每年中要在地獄待個半年時間，而另外半年則由他的姊姊葛什提南那代替。」（Karmer, p.144）。

在阿卡德文的《伊西塔地獄之旅》也有同樣的神話，其中卻有個重要
(78) 的差異。在蘇美文的翻譯本問世之前，我們總認爲在坦木茲（Tammuz）「死亡」後，女神到「不歸地」去，要把他帶回來。在蘇美版本欠缺的元素，似乎可以支持這個詮釋。首先，阿卡德版本強調伊西塔遭到囚禁引起的嚴重後果：人類和動物的繁衍在女神被囚後完全停止。這個災難是因爲愛情和繁殖女神無法和她深愛的丈夫坦木茲在一起。這個災難是全世界的，在阿卡德版本裡，諸神因爲害怕生命消失而設法釋放伊西塔。

在蘇美版本裡最令人驚訝的，是基於「心理」和人性的理由去責備杜木茲，也就是說，這一切都是因爲伊南那看到她的丈夫高傲地坐她的寶座時而怒不可遏。這個浪漫的解釋似乎隱藏了某個更古老的觀念：任何創造或生殖，都會有「死亡」（儀式性的，也因此可以重新來過）。蘇美王和

---

[20]　ibid. p.91。在另一個版本，伊南那的行爲似乎是出於恐懼。好像魔鬼征服了她並威脅要將她帶回，「驚嚇中，她棄他們於不顧，杜木茲！這個年輕人（她向他們說），綁起他的雙腳，等等……。」

其後的阿卡德王，都在儀式裡扮演杜木茲和伊南那結婚。[21]這多少暗示著國王接受儀式性的「死亡」。在這個情況下，我們應該假設，在蘇美文獻的故事背後，伊南那為了宇宙的繁衍，創立了「神祕宗教」。在吉加美士史詩裡，當伊西塔向杜木茲求婚時，他的輕蔑態度似乎影射到這個「神祕宗教」。他提醒她，是她命令人民每年要為坦木茲「哀悼」的。[22]這「哀悼」是個儀式：每逢坦木茲月（七、八月間）的第十八天，人們會為了年輕天神下地獄而哭號，但是也知道六個月後他會回到天上。

坦木茲的祭典在中東地區非常普遍，西元前六世紀時，以西結（〈以西結書〉7:14）曾責罵耶路撒冷的女人在神殿大門哭號。年輕的天神坦木 (79) 茲最後變成每年死後復活的角色。但是蘇美的原型裡，結構可能更複雜：帝王們成為坦木茲的化身，以藉這個機會分受他的命運，每年慶祝世界的再造。然而為了能夠再生，世界必須先毀滅。宇宙起源之前的「混沌」狀態也蘊含著國王的儀式性「死亡」和地獄之旅。這兩個宇宙形態，生與死，混沌與宇宙秩序，荒蕪與豐富，構成歷程中的兩個環節。這個在農業發現之後產生的「神祕宗教」，成為世界、人類、生命和存在的唯一解釋法則；它超越了植物界，因為它同時也支配宇宙的秩序、人類的命運和人神關係。神話描述愛情及繁殖女神試圖征服厄里什基迦勒的帝國，也就是消滅死亡，最後卻失敗了。因此，人類和某些天神必須接受生死輪迴。杜木茲或即坦木茲為了六個月之後的「再生」而必須「消失」。這個輪迴（神明週期性的消失與出現），得以建立起關於人類的「救贖」和死後命運的「神祕宗教」。在儀式裡由蘇美和阿卡德的國王扮演的杜木茲或即坦木茲這個角色，很值得我們注意。因為那是神和人的存在方式的連結。最後，每個人都可以期待享有這份預留給君主的特權。

---

[21]　見 Karmer, *The Sacred Marriage Rite*, p.63 sq.; *Le Rite de Marriage Sacré*, p.139 sq.。

[22]　Tablette Vi, 46-67。Bottéro 翻譯為：「坦木茲，妳的第一個丈夫，是妳要為他建立全世界的哀悼儀式。」（op. cit., p.83）

20. 蘇美和阿卡德文化的綜合

　　大部分蘇美人的城邦和神殿都被烏瑪（Umma）國王呂卡扎基斯（Logalzaggisi）於西元前 2375 年左右統合爲一。這是歷史文獻中的第一個帝國。經過一個世代，阿卡德的薩爾貢（Sargon）崛起，勢力更加龐大，但是蘇美文明的結構卻得以完地保留。改變的只是城邦和神殿的國王：他們臣服於阿卡德的征服者。一個世紀後，在底格里斯河上游地區遊牧的「蠻族」古蒂人（Guti）攻擊阿卡德，導致帝國瓦解。從此以後，美索不達米亞的歷史似乎不斷地重複：蘇美及阿卡德的政體爲外來的「蠻族」所瓦解；而這些政權最後也被反叛者推翻。

（80）

　　古蒂人的政權只維持了一個世紀，便在下一個世紀（約莫西元前 2050-1950 年）由烏爾（Ur）第三王朝的君主所取代。就在這期間，蘇美文明達到最高峰。但這也是蘇美最後的政權。東方有以攔人（Elamites），西方受阿拉伯沙漠的亞瑪力人（Amorites）的騷擾，帝國因而崩潰。在兩個多世紀中，美索不達米亞分裂爲許多城邦，一直到西元前七百年左右，亞瑪力人漢摩拉比（Hammurabi）統治巴比倫，才結束分裂的局面。他把帝國重心設於北部，那裡曾是他所統轄的城邦。由漢摩拉比建立的王朝極爲強盛，統治了將近一個世紀。另一支「蠻族」喀西特人（Kassites）由北方入侵亞瑪力。西元前 1525 年左右，他們終於成爲美索不達米亞的新主人，統治了四個世紀。

　　由「城邦神殿」過渡到「城邦國家」和帝國的過程，是近東歷史裡相當重要的現象。㉓這個歷史告訴我們，雖然在西元前 2000 年左右已經沒有人在說蘇美語，卻保留了儀式語言的功能，其後的 15 個世紀以來，始終是

㉓　首次文獻記載新的體制（職業軍人和官僚體系）；後來也爲其他國家所採用。

知識的語言。其他的儀式語言也有類似的命運：梵文、希伯來文、拉丁文或古斯拉夫文。蘇美宗教的保守主義留存在在阿卡德的結構裡，他們也有同樣的三巨神：安努（Anu），恩利勒，伊亞（Ea）（即恩奇），三天神則部分沿襲閃語的諸神名稱：月神「欣」（Sin，蘇美文爲「蘇恩」），太陽神夏馬西（Shamash），金星稱作伊西塔（即伊南那），地下世界繼續由厄里什基迦勒及她的丈夫奈爾加（Nergal）管轄。因爲帝國的需要而加入了少許的改變，例如宗教重心轉向巴比倫、以馬爾杜克（Marduk）取代恩利勒，「都經過幾個世紀才完成」。㉔至於神殿，「自蘇美文化時期起，除了在建築的規模和數量以外，其基本原則已經大不相同。」㉕

然而，閃族的宗教智慧也融入了原有的結構中。例如兩位「國神」，(81)巴比倫的馬爾杜克（Marduk）和其後亞述的阿蘇爾（Assur），都提昇爲宇宙之神。同樣具有重要意義的，是在崇拜裡強調個人祈禱和悔罪詩篇。有一篇最優美的巴比倫祈禱文，是獻給諸神的，而有些神明甚至祈禱者自己都不認識，「天主啊！我的罪惡如此深重！啊！不知名的天主啊，我的罪惡如此深重！……啊！不知名的女神啊，我的罪惡如此深重！……無知的人類；他們甚至不知道為惡或為善……！啊！我的天主啊！不要放棄你的僕人，我的罪孽是七七四十九倍，請赦免我的罪惡……。」㉖在悔罪詩裡，祈禱者承認自己有罪，並高聲懺悔他的罪惡，配合嚴謹的禮拜：跪拜、稽首和「以鼻觸地」。

偉大天神，安奴、恩利勒、伊亞，在宗教信仰裡逐漸喪失崇高的地位。信徒轉而崇拜馬爾杜克或伊西塔，特別是夏馬西。幾經滄海桑田，夏馬西成爲最高的宇宙之神，有一首讚美詩歌頌太陽神如何受到萬民崇拜，甚至是外邦人；夏馬西捍衛正義，賞善罰惡。㉗諸神的「聖祕」（numineux）性格越發顯著：他們使人們產生神聖的恐懼，尤其是透過駭人的光

㉔　Jean Nougayrol, "La religion babylonienne," p.217.

㉕　ibid., p.236.

㉖　F. J. Stephens, ANET, pp.39-92, l.21-26, 51-53, 59-60.

㉗　ANET, p.387-89.

芒。㉘「光」被認爲是神的特殊屬性，而由於國王分受神性，因此他也會發光。

阿卡德族還有個宗教思想的產物，即占卜。我們也注意到巫術逐漸流行以及神祕學的發展（特別是占星術），它們在亞洲和地中海都很普遍。

閃族的影響主要在於個人的宗教經驗和某些神祇位階的提昇。不過這個嶄新且宏偉的美索不達米亞宗教，對人類的存在卻抱持著悲劇的看法。

21. 世界的創造

(82) 　《天之高兮》是著名的宇宙創造詩歌（Enuma elish，意爲「在蒼穹之上的時候」）和《吉加美士史詩》同爲阿卡德宗教最重要的作品。他們的波瀾壯闊、戲劇張力、以及神譜學、宇宙創造和人類的誕生的會通解釋，是其他蘇美文獻難望項背的。《天之高兮》爲了頌揚馬爾杜克而敘述世界的起源。即使是經過重新詮釋，但是這個主題卻還是相當古老。太初是還沒有開天闢地的水世界，其中最初的始祖是阿卜蘇（Apsu）和提阿瑪特（Tiamat）（其他文獻指出，提阿瑪特代表原始大海，而阿卜蘇則是原始甜水，水中央浮著一塊土地），如同許多其他原始諸神，提阿瑪特被認爲旣是女人也是雌雄同體。淡水和鹹水的混合孕育出對偶的諸神。對於第二對天神拉克姆（Lakhmu）和拉卡姆（Lakhamu），我們幾乎一無所知。（依據某些傳說，他們爲了創造人類而犧牲自己）。至於第三對神明，安夏爾（Anshar）和奇夏爾（Kishar），他們的名字在蘇美文中意爲「天上元素的總體」和「地下元素的總體」。

時光飛逝（「日復一日，年復一年」）㉙，這兩個互補的「整體」透

㉘　A Leo Oppenheim, *Ancient Mesopotamia*, p.176; E. Cassin, *La splendeur divine*, pp.26 sq., 65 sq., et passim.

㉙　Tablette, I,13。我們採用 Paul Grarelli 及 Marcel Leibovici 的譯本，*La naissance du monde selon Akkad*, 133-145 頁。我們同時也採用 Labat、Heidel、Speiser 及 Castellino 的譯本。

過神族婚姻，生下了「天空之神」安努（Anu），接著他又孕育出奴第木德（Nudimmud）（即伊亞）。㉚因為阿卜蘇睡午覺時被年輕天神嬉戲玩耍的吵鬧聲打擾，他向提阿瑪特抱怨說：「他們的行為令我無法忍受，白天不再能安穩小憩，夜裡也不能安眠。我要消滅他們，好讓我們能好好睡覺休息。」（I.37-39）我們在字裡行間可以看出他們如何懷念物質「源初的靜止」（即物質的慣性和無意識的存在形式），抗拒任何運動（運動是宇宙創造的原始條件）。提阿瑪特「開始對丈夫破口大罵，她發出痛苦的吼聲……，『什麼，我們要毀滅自己創造的萬物？他們的行為的確是令人難以消受，但我們要溫柔有耐心。』」（I.41-46）但阿卜蘇對她的話聽不進去。 (83)

　　當年輕的諸神得知他們的決定，「他們保持沉默，」（I.58）但是「無所不知的伊亞」搶先下手。他施咒術使阿卜蘇沉睡不醒，「奪走他的光芒，披在自己身上，」把他綁起來，最後殺死他。伊亞因而成為眾水之神，因此他把水叫做 apsu，就在水裡，「在命運的密室、原始的聖殿裡，」（I.79）他的妻子丹奇娜（Damkina）生下馬爾杜克。文獻讚頌天神之子馬爾杜克如何的偉大、聰明和有力。然後輪到安努攻擊始祖，他讓風自四面八方吹起，「並掀起大浪攻擊提阿瑪特」（I.108），不得安寧的諸神向他們的母親抱怨：「當他們殺死妳的丈夫阿卜蘇時，妳沒有在他身邊助他一臂之力，反而隔岸觀火，一言不發。」（I.113-114）

　　這次，提阿瑪特決定要有所回應，她召集怪獸、蛇、「巨獅」、「暴怒的惡魔」等，「全付武裝的好戰份子」。（144）「而在她創造出的第一代諸神裡，她特別推崇金谷（Kingu）」（147 sq.），提阿瑪特在金谷胸前戴上命運之牌，並授予他至高無上的力量。（155 sq.）年輕的神看到如此壯盛的軍容，嚇得魂飛魄散。安努和伊亞都不敢上前向金谷挑戰，只有馬爾杜克接受挑戰，但是要求諸神承認他為最高神，諸神迫不及待地允諾他。這場戰爭的勝負關鍵在於提阿瑪特及馬爾杜克的決鬥，「提阿瑪特張

㉚　在蘇美三巨神裡少了恩利勒；他為伊亞之子馬爾杜克所取代。

開血盆大口，想把馬爾杜克吞下肚。」（IV. 97）馬爾杜克吹起暴風，「灌注到提阿瑪特身體裡，使她的肚子鼓起來，嘴巴大張，他趁機用箭射穿她的肚子，撕裂她的內臟，刺穿她的心。佔了上風的馬爾杜克奪走了提阿瑪特的性命。將她的屍體棄於荒地，並且來回踐踏。」（IV. 100-104）提阿瑪特聯軍企圖逃亡，但馬爾杜克「將他們的手腳綁住，並且毀掉他們的武器」。（111）他接著將金谷銬住，奪走他的命運之牌，配在自己的胸前。（120sq.）最後，他回到提阿瑪特那裡，敲裂她的腦袋，並將其身體「如同風乾的魚一般分割成兩半」，（137）分別成為蒼穹和大地。馬爾杜克在天上仿造一座海底宮殿，並劃定星球的運行軌道。第五塊石版敘述行星如何組成、時間如何測量，以及地球如何從提阿瑪特的器官形成。（幼發拉底和底格里斯河發源自她的雙眼，「從尾部彎曲的部分創造出天地的鏈結。」）（V. 59）

（84）

最後，馬爾杜克決定創造人類，以便「讓他們來服務諸神，為諸神紓解繁務。」（V. 18）那些被綑綁的天神們仍在等待懲罰。伊亞提議只要犧牲一位天神就好。他問他們是誰煽動提阿瑪特反抗的（VI. 23-24），他們異口同聲地回答說是金谷。於是，他的血管被割破，以其鮮血創造出人類。（VI. 30）[31]接著詩歌描述歌頌馬爾杜克榮耀的聖地（也就是他的宮殿）。

儘管《天之高兮》採用傳統的神話主題，卻表現出更為陰暗的宇宙創造論和悲觀的人類學。為了提昇馬爾杜克的地位，以提阿瑪特為首的那些原始諸神，都被描述為「惡魔」。提阿瑪特不再只是在宇宙創造前的原始混沌總體；她被形容為創造魔鬼的始作俑者；提阿瑪特的「創造」完全是負面的。如《天之高兮》所述，阿卜蘇想要消滅年輕諸神，也就是阻止初期的宇宙創造，而使宇宙面臨危險。（那時候已經存在有某個「世界」，天神在那裡繁衍且「居住」，然而那個世界是純粹形式性的存在。）阿卜蘇的被害引發一連串的「創造天地的殺戮」。因為伊亞不只是取代他，同

---

[31]　此外還有其他有關宇宙創造和人類起源的傳說。

時建造了最初的水底世界。（「他在這裡建造住所，設立神殿。」）宇宙
的起源是兩個神族爭戰的結果。但提阿瑪特的族群裡有她創造出來的惡
魔。換句話說，「原初狀態」本身象徵著「負面產物」的根源。馬爾杜克
用提阿瑪特被剝下的皮創造了天地。其他傳說裡也有這樣的主題，而且有
不同的詮釋方式。宇宙源自原始的神的身體，因而分受他的實體，但是，
提阿瑪特被「魔鬼化」之後，這個被分受的實體還是神聖的嗎？ (85)

　　因此宇宙有雙重的本質：宇宙有對立並存的「物質」（即使不是魔鬼
般邪惡的）和神聖的「形式」，因為這個形式是馬爾杜克的造就。蒼穹是
提阿瑪特的部分身體構成的，但星辰卻是諸神的「寓所」或是他們的形
象。大地是以提阿瑪特另一部分的身體和其他器官構成的，卻因為城邦及
神殿而神聖化。總歸說，世界是由混沌和惡魔般的「原始狀態」以及神的
創造性、臨在和智慧「混合」的結果。這也許是美索不達米亞文化思想裡
最複雜的宇宙創造形式。因為這個形式綜合了所有的神性結構，有些甚至
是無法理解也沒有裨益的。

　　至於人類的創造，它延續蘇美人的傳說（人類是為了服務天神而受造
的），特別是犧牲兩位拉格瑪神明來創造人類的說法。但是其中摻雜了邪
惡的元素：金谷，雖然他是最初的神，卻成為大魔鬼，帶領著由提阿瑪特
創造出來的惡魔。所以說，人類是由惡魔的實體創造出來的：金谷的血。
這個差異點非常重要，我們可以說那是個悲劇式的悲觀主義，因為人類似
乎已經被自身的起源定了罪。他唯一的希望是伊亞給與人類形象，人類因
而擁有由天神創造的「形象」。由這個觀點來看，人類的創造和世界的起
源之間有個對稱性。最初的物質都是由墮落的原始神祇構成的，他們被戰
勝的年輕天神指為惡魔且處死。

22. 美索不達米亞諸王的神聖化

　　在巴比倫，新年慶典的第四天，會在神殿裡朗誦《天之高兮》，這個

儀式在蘇美文中叫 zagmuk（「一年之始」），在阿卡德文中叫 akitu，在
(86) 尼桑月（Nisan）的頭十二天裡舉行，包括了若干程序，最重要的有：一、
國王贖罪日，相當於馬爾杜克的「禁錮」；二、釋放馬爾杜克；三、在國
王的帶領之下，舉行舉行儀式性的戰鬥和勝利遊行，走到「新年慶典之
屋」（Bit Akitu），並在該地舉辦晚宴；四、國王與象徵女神的神奴舉行
「神族婚姻」；五、由諸神決定命運。

神話和儀式的第一個情節（國王的受辱及馬爾杜克遭到囚禁）意味著
世界退回宇宙創造之前的混沌狀態。在馬爾杜克的聖殿中，祭司長拿走國
王的象徵飾物（權杖、戒指、彎刀和王冠），並且打他耳光。然後國王跪
著聲稱自己是無辜的：「我沒有犯罪，啊，守護神，我沒有輕忽你的神
性。」祭司長以馬爾杜克之名回答道：「不要害怕，馬爾杜克將聽到你的
哀求，他將擴張你的帝國。」[32]

就在此時，人民尋找馬爾杜克，認爲他被「囚禁在深山裡」（象徵著
天神的「死亡」）。正如我們在伊南那（伊斯塔）的故事裡看到的，這個
「死亡」並不是最終的結果；仍然必須從地底世界把女神拯救回來。同樣
的，馬爾杜克被謫降到「遠離太陽和光明」的世界。[33]最後，他被救出來，
諸神聚集（也就是說把神像聚集在一起）以決定最終的命運。（在《天之
高兮》裡，這段插曲也呼應了馬爾杜克的被尊崇爲最高神）。國王帶領遊
行隊伍到城外的聖地「新年慶典之屋」，這個隊伍象徵著對抗提阿瑪特的
諸神軍隊，根據辛那赫里布（Sennacherib）的銘文，我們可以猜測人們是
在模擬最原始的戰爭，國王扮演阿蘇爾（他後來取代馬爾杜克的地位）。[34]
從「新年慶典之屋」回來之後，就舉行神族婚禮。最後一幕則是決定該年
每月的運勢。[35]透過命運的「決定」，就是儀式性地創造了那一年，也就

---

[32]　H. Frankfort, *Kingship and the Gods*, p.320.

[33]　古典作家提到巴比倫的《美男子之墓》（即馬爾杜克）。很可能是 Etemenanki 神
廟的金字塔神殿，被視爲是暫時的天神之墓。

[34]　有些典故暗示說這是模仿兩個民族的戰鬥。

[35]　如《天之高兮》所述，馬爾杜克規定了支配世界的法則。

是保證新的一年會有好運和豐收。

美索不達米亞的「新年」（akitu）是相當普遍的神話和儀式情節，也 (87)
就是相信新年慶典是宇宙創造的重複。㊱因爲宇宙的周期性重生是傳統社
會非常重要的希望，因此我們在文中常常會提到新年慶典。以近東地區來
說，在埃及、西台人、烏加里特族（Ugarit）、伊朗、曼德族（Mande-
ans），都有「新年」的神話和慶典。例如，在美年最後幾天舉行的儀式所
要表現的「混沌狀態」，就有許多方式，包括農神節（Saturnalia）時的
「狂歡」、所有社會規範的推翻（在節慶裡不必遵守這些規範）、火焰的
熄滅以及死者返回人間（以面具代表死者）。在埃及、西台人和烏加里
特，都有文獻記載兩個隊伍的對戰表演。在十二天的閏日期間爲未來十二
個月「確定命運」的傳統，仍在近東和東歐地區持存著。㊲

國王在新年慶典裡的角色並不明顯，他所受的「侮辱」代表世界退回
「混沌」狀態以及馬爾杜克的被「囚禁」在山中，在對抗提阿瑪特的戰鬥
中，國王是神的化身，並且和神殿女奴舉行神族婚禮，但是這並不完全表
示他和神合而爲一；我們知道，國王在「受辱」時會向馬爾杜克求援。不
過文獻倒是充分表現美索不達米亞統治者的神性。我們說過由蘇美國王扮
演杜木茲和伊南那女神結婚的儀式；在新年慶典裡會舉行這個神族婚禮
（第19節）。蘇美人認爲王族是來自天界；他們的祖先是神明，而這個觀
念持續到亞述和巴比倫文明消失爲止。

國王的神聖性有多種不同的宣告方式。他被稱爲「大地之王」（也就
是世界之王）或「宇宙四方之王」。這原來是諸神專有的稱號。㊳而國王
和諸神一般，頭上也會有超自然的光環。㊴在他出生之前，諸神早已決定

㊱　*Eliade, Le Mythe de l'éternel retour* (nouvelle edition, 1969), p.65 sq.; *Aspects du mythe*,
　　p.56 sq..

㊲　*Le Mythe de l'éternel retour*, p.81 sq..

㊳　Frankfort, *Kingship*, p.227 sq..

㊴　這個光在阿卡德語稱爲 melammû，即伊朗文的 xvarenah；見 Oppenheim, *Ancient
　　Mesopotamia*, p.206sq.; Cassin, *La slpendeur divine*, p.65 sq.。

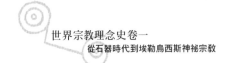
他成為國王的命運。人們雖然知道國王是在人間誕生的，卻相信他是「神(88) 的兒子」。（漢摩拉比說他是欣的兒子，而利庇特伊西塔（Lipitishtar）說他是恩利勒生的。）國王的雙重血統使他成為神人之間完美的中保，國王在神面前代表人民贖罪。有時，他必須要為他的人民犯的罪受死，這也就是為什麼亞述人有「國王代理人」的原因[40]。文獻說國王曾和天神比鄰住在長著生命之樹和生命之水的奇妙花園裡。[41]（他和隨從會食用每天供奉神明的祭品。）國王是諸神的「使者」、「人民的牧者」，諸神揀選了他，要他在人間維持和平和正義。[42]「當安努和恩利勒任命利庇特伊西塔（Lipit-Ishtar）為國王，以維護國家的正義……，而我，利庇特伊西塔，尼普爾（Nippur）謙遜的牧者，奉行恩利勒之旨，維護蘇美及阿卡德之正義。」[43]

我們可以說，國王分受神的形態，但沒有成為真正的神。他代表神，而在遠古的文化層次上，也幾乎可以說他就是神的化身，總之，美索不達米亞的國王是神的世界和人的世界的中保，神和人類的存在形式，在他身上透過儀式合而為一。也由於這種雙重本質，國王被視為生命和繁殖的創造者（至少是在隱喻上）。**但是他不是神，也不在萬神殿裡**（不同於埃及的法老，參考第 27 節）。信徒不會對他祈禱，相反地，他們祈禱天神保佑國王。因為，雖說國王和諸神有著密切的關係，雖說他們和某些女神有「神族婚姻」，但是他們無法超越人類的狀態。他們終將死亡。別忘了，即使是烏魯克傳說中的國王吉加美士，也沒辦法長生不死。

---

[40] Labat, *La caractère religieux de la royauté assyro-babylonienne*, pp.352 sq.; Frankfort, op. cit., 262 sq..

[41] 國王以園丁的身份照料生命之樹，Widengren, *The King and the Tree of Life in Ancient Near Eastern Religion*, pp.22 sq., p.25 sq.。

[42] 見《漢摩拉比法典》前言（I, 50）（ANET, p.164）。

[43] 《利庇提伊西塔法典》之序文（ANET, p.159）。J. Zandee, *Le Messie*, p.13, 14, 16。

23. 吉加美士追求永生

　　《吉加美士史詩》是巴比倫最著名且受歡迎的著作。英雄吉加美士是　　(89)
烏魯克國王，早在遠古時代便盛名遠播，在蘇美文的版本裡，也有若干描
述他傳奇生平的段落。儘管有這樣的背景，《吉加美士史詩》卻是具有閃
族文化特質的作品。在阿卡德文的版本裡，這部史詩是由若干獨立的段落
構成的，包括關於追求永生的動人故事，或更正確地說，是個功敗垂成的
故事。**故事**首先描述這個英雄的荒淫暴虐，告訴我們，僅僅憑著「英雄」
的德行，是無法超越人類的限制的。

　　然而吉加美士有三分之二的神族血統，是女神寧珊（Ninsun）和人類
生下的兒子。㊹史詩先是熱烈歌頌他的全知和他所成就的雄偉建築，但是
接下來我們就看到一個強暴婦女和少女、苛徵斂賦的暴君。人民向諸神禱
告，諸神決定創造一個有能力對抗吉加美士的巨人，他是個半人獸，名叫
恩奇杜（Enkidu），他與野獸和平相處，和他們啜飲同樣的泉水。吉加美
士在夢裡得知他的存在，後來從曾經看過他的獵人那裡證實。他派個妓女
去誘惑他，把他帶到烏魯克。正如諸神的預言，兩個敵人初次見面便打起
來，吉加美士略勝一籌，但他和恩奇杜惺惺相惜，恩奇杜成為他的伙伴。
諸神的計畫並因此落空，因為從此以後吉加美士便醉心於英雄的冒險。

　　有恩奇杜作伴，兩個人朝向遠方由惡魔胡瓦瓦（Huwawa）看守的傳
奇雪松林而去，他們斫倒聖雪松，痛毆胡瓦瓦，在回烏魯克之路途中，吉
加美士被伊西塔看上，女神說要嫁給他，卻被他粗魯地拒絕。受辱的伊西　　(90)
塔懇求其父安努創造一頭「神牛」去消滅吉加美士和他的城邦。安努起初
不肯，但當伊西塔威脅父親說她要讓將死者由地獄回到人間，安努只好答
應。「神牛」衝向烏魯克，咆哮聲使國王的隨從應聲倒地，然而恩奇杜抓

㊹　根據蘇美的傳說，烏魯克城邦的「偉大祭司」；A. Heidel, *The Gilgamesh Epic*,
　　p.4。

起牠的尾巴，吉加美士在牠的頸部刺下致命一劍，暴怒的伊西塔登到城牆上詛咒吉加美士，被勝利沖昏頭的恩奇杜將「神牛」的一隻腿撕下來丟到女神面前並且破口大罵。這是兩位英雄功業的巔峰，卻也是悲劇的序幕。是夜，恩奇杜夢到他接受諸神審判，第二天就病倒了。十二天之後就死去。

這個噩耗使吉加美士難以接受，他為他的朋友哭了七天七夜，並拒絕埋葬他，他希望他的哀痛能讓他的朋友復活，直到恩奇杜的肉體開始腐爛，吉加美士才死心，恩奇杜的葬禮盛大隆重。國王離開城邦，到沙漠裡流浪，抱怨說：「我將也會像恩奇杜一樣死去嗎？」（IX, .1, v.4）[45]，他想到死亡就很害怕，英雄的偉業無法安撫他。從此，他唯一的目標就是擺脫人類的限制，追求永生。他知道有名的烏納庇希丁在洪水來時死裡逃生，他決定要去找烏納庇希丁。

他的旅程充滿了類似入會禮的考驗，他來到馬許（Mashu）群山，看到太陽每日要穿越的大門，守門神是蠍形怪物和他的妻子。「他們的眼神可以致人於死，」（IX. II7）頑強的英雄最後被恐懼癱瘓而謙卑地拜倒。但是蠍形怪物和他的妻子看出吉加美士神性的部分，而准許他走過通道。在黑暗中行走了十二個小時之後，吉加美士穿過山脈，進入美侖美奐的園子，又走了一段路之後，到達海邊，他遇見西杜麗（Siduri）女神，向她請教何處可以找到烏納庇希丁，西杜麗試著改變他的心意：「當諸神創造人類時，他們已寫下人類的死亡，把生命留給他們自己，你，吉加美士，填飽你的大肚子，日日夜夜盡情享受，每天辦個狂歡會，日日夜夜跳舞玩耍吧。」[46]

(91)

但是吉加美士堅持他的決定，西杜麗拿他沒辦法，只好指引他去找烏納庇希丁的船伕烏夏納比（Urshanabi），他們渡過了死亡之水，而後到達烏納庇希丁居住的河邊。吉加美士向他請教如何獲得永生。烏納庇希丁對

---

[45]　我們採用的譯本是 Contenau, *L'Épopèe de Gilgamesh.*

[46]　Tablette, X, III, 6-9; Jean Nougayrol, *Histoire des Religions*, I. p.222.

他講述洪水的故事，以及諸神如何決定讓他和他的妻子成爲「他們的族人」，並將他們安置在「河口」。但是烏納庇希丁問吉加美士：「就憑你，有哪個神會接納你，讓你獲得你希求的生命？」（IX, 198）然而，很出乎意料地，他說：「去吧！試著六天七夜不睡覺！」（XI, 199）從我們看來，這顯然是艱難的入會禮的試煉：征服倦意，保持「清醒」，就是改變人類的狀態。[47]這是說烏納庇希丁知道諸神不會賜給他永生，所以建議他以入會禮的方式去獲得嗎？英雄通過了大部分的「考驗」：走過隧道、西杜麗的「誘惑」、渡過「死亡之水」。這些在某個意義下都是英雄式的考驗。而這一次，卻是「靈性的」考驗，因爲只有以特別的專注力才能保持六天七夜的「清醒」。但是，吉加美士睡著了，而烏納庇希丁嘲諷地驚呼：「看看這個強壯的人，渴望求得永生！睡意如暴風一般向他襲來！」（203-4）他睡了六天七夜，當烏納庇希丁把他叫醒，吉加美士還怪他說他才剛入睡就把他吵醒。然而他馬上意識到他已失敗，便又開始哀求說：「怎麼辦，我該何去何從？我被惡魔附身了，在我睡覺的房裡潛伏著死亡，我不管去哪裡，死亡都跟著我！」（230-34）

吉加美士正準備離開，但是最後烏納庇希丁接受妻子的建議，向他洩漏「天機」：有個地方，那裡有可以重拾青春的植物。於是吉加美士潛到深海裡去摘取[48]，興高采烈地回去，走了幾天之後，他發現一泓泉水，便迫不急待地下水，一條蛇被植物的香味吸引而游上岸，銜走植物，褪下蛇皮。[49]吉加美士哭著向烏夏納比抱怨他的不幸，我們在此又看到他沒有通過入會禮的考驗：英雄沒能把握意外的禮物；總之，他缺乏「智慧」。故事最後以突兀的形式結束：吉加美士回到烏魯克，命令烏夏納比登上城牆，讚嘆城堡的建立。[50]

(92)

---

[47]　Eliade, *Naissances Mystiques*, pp.44 sq..

[48]　我們會問爲什麼吉加美士沒有在採下果子之後就將吃掉，卻留了下來；Heidel, op. cit., 92, n.211。

[49]　這指的是相當有名的民間通俗主題：在褪去老皮的同時，蛇獲得重生。

[50]　Tablette, XII（後人以蘇美文增補）。附加的故事和文中描述的劇情無直接關聯。

我們在《吉加美士史詩》中看到戲劇化的人類命運如何受限於不可避免的死亡。然而這部世界文學經典也可以解讀爲：即使沒有諸神的協助，只要能夠通過考驗，就能獲得永生。以此觀點看來，《吉加美士史詩》是以戲劇表現入會禮失敗的故事。

24. 天神的命運

即使美索不達米亞確實存在著入會禮，我們對其內容也一無所知。從吉加美士經歷的考驗的特殊結構裡，我們可以解讀出追求永生在入會禮的意義。亞瑟王的傳奇也有類似的情境；裡面也充滿入會禮的象徵和主題，但是我們無法確定那是儀式的過程，或是克爾特人（Celt）神話或神祕教派的回憶，或著只是想像的產物。我們在亞瑟王傳奇的寫作之前，已經有入會禮的傳說，然而，對於吉加美士的冒險故事裡可能蘊含的史前入會禮內容，我們卻一無所知。

(93)

有人認爲阿卡德族的宗教思想是以人爲中心。吉加美士的故事最後成爲典範：這故事告訴我們，人類命運如何的杌隉不安，永生的追求是鏡花水月，即使是英雄也得認輸。人生來便有死，他的存在只是爲了服侍諸神。這種悲觀的人類學觀點，早在《天之高兮》裡便形成了。我們也可在其他重要的宗教文獻看到這種觀念。《主與僕之間的對話》似乎是精神官能症產生的虛無主義：主人甚至不知道自己要什麼。他對這個浮華世界感到迷惑：「登上古老的廢墟，荒煙蔓草；環顧古今人物的骨骸：誰是罪人，誰又是好人呢？」[51]

另一篇著名的文獻《悲慘人類對話錄》，可以說是「巴比倫的傳道書」，語氣更是絕望。「吃著上好的肉的驕傲獅子，是否向女神獻祭以平息她的忿怒？（至於我，）難道我沒有供奉嗎？（不，）我向天神祈禱，

---

[51]　"A Pessimistic Dialogue between Master and Servant," ligne.84；trad. R. H. Pfeiffer, *ANET*, p.438.

獻上準備好要給女神的牲禮。」（l.51sq.）這個義人從小時候起便努力要了解諸神的心思，謙卑且虔誠地尋覓女神。然而，「天神帶給我們的卻是匱乏而不是財富。」（l.71）相反地，那褻瀆神的惡徒反而肥馬輕裘（l.236）。「人們歌頌窮兇極惡之徒，卻輕視和平且謙虛的人。罪人稱義，而義人卻被放逐。盜匪獲得金銀財富，弱者卻必須挨餓受凍。惡人勢力日增，而弱者卻被丟棄。」（l.267）⑤²

　　這個絕望不是因為感到人類存在的虛無，而是因為經驗到整個世界的不義：惡人獲勝，祈禱也沒有任何回應；諸神似乎對人間是非漠不關心。自西元前二世紀開始，類似的宗教危機在其他地方（埃及、以色列、印度、伊朗、希臘）出現，產生不同的影響，他們會根據各個文化中特別的宗教文化去回應這種虛無主義的經驗。在美索不達米亞的宗教文獻裡，我 (94) 們看到諸神並不總是漠不關心。有篇文獻提到某個無辜者身心的苦難，他常被人拿來和約伯比較。這是義人遭受苦難的典型，因為似乎沒有任何神明伸出援手。無數的病痛使他陷於「倒臥在自己的排泄物中」的困境。周遭的人以為他死了而哭泣不已，這時他夢見馬爾杜克告訴他說他將得救。他像是進入出神的恍惚狀態，看到天神打敗病魔，除去他身上的病痛，像是植物連根拔起。最後，這個義人恢復健康，於是他藉由穿越巴比倫神殿的十二道門的儀式，來表示對馬爾杜克的感謝。⑤³

　　阿卡德的宗教思想在強調人的地位時，也凸顯了人類可能性的限制。人神之間的距離終究無法跨越。然而，人類並沒有被孤立在他自身的孤獨中。首先，他分受了具有神性的靈性元素：即他的「靈魂」（ilu，字面上的意義就是「神」）⑤⁴。其次，經由儀式和祈禱，人類希望獲得神的祝福。最重要的是，他知道他和宇宙萬物是同源的：他的城市是個**世界圖像**，城

㊛　"A Dialogue about Human Misery", trad. Pfeiffer, *ANET*, pp.430-40.

㊝　"I Will praise the Lord of Wisdom," trad. Pfeiffer, *ANET*, pp.434-37.

㊞　這是人類最重要的元素。其他是 istaru（命運）、lamassu（個性，像雕像一樣）和 šēdu（等於拉丁文的 genius）。見 A. L. Oppenheim, *Ancient Mesopotamia*, pp. 198-206。

裡的廟宇和金字塔神殿象徵著「世界的中心」，因而是神人之間感通的地方。巴比倫是「諸神之門」（Bab-il-ani），因爲諸神經由這裡下凡間。許多城邦和聖殿都叫做「天堂和人間間的橋樑」。(55)換言之，人類並不是活在封閉的世界裡，和諸神隔絕，完全孤立在宇宙律動之外。除此之外，天堂和人間有完整的對應系統，人們仰觀天象而俯察人事。例如說，因爲每個行星都有對應的金屬物質和顏色，因此每個有顏色的物質都受到星球的
(95) 「影響」。但是每個行星又都分別屬於某個天神，因此，天神們也有各自「代表」的金屬。(56)因此，在儀式裡操作某種金屬器物或是寶石，會使人覺得受到某個神明庇護。

最後，阿卡德時代也發展出許多占卜術，而能預知未來。他們也認爲可以避免某些災禍。各式各樣的技術和大量的文獻紀錄，證明占卜術在社會各階層的普及程度。最複雜的方法是占屍法（extispicine），也就是說檢視死者的五臟六腑。最經濟的方法則是茶漬占卜術（ecanomanicic）。將一滴油倒在水上，或是把水倒在油上，觀察並詮釋兩種液體混合時產生的「符號」。星相學的發展則比較晚，主要是王室在使用。至於對夢的解析，在西元前 2000 年初發展出如何避免惡兆的方法(57)。

所有的占卜技術都是要發現某些「符號」，他們根據某些傳統的規則去解釋。因此，**世界成爲有組織的且有支配法則的**。如果「符號」可以解釋，就可以認識未來，換言之，**可以「掌握」時間**；因爲人們可以預見一段時間之後才會發生的事。對「符號」的解釋也促進了眞正科學的發現。部分發現之後被希臘人吸引且發揚光大。但是，巴比倫的科學卻停留在「傳統科學」，也就是說，他們對科學的認知仍然屬於「極權主義式」結構，包含了宇宙創造、倫理和「存在境遇」的前提(58)。

(55) M. Eliade, *Le Mythe de l'éternel retour*），pp. 26 sq..

(56) 金代表恩利勒，銀代表安努，銅代表伊亞，當夏馬西取代恩利勒時，他即成爲金的「主人」；見 B. Meissner, *Babylonien und Assyien*, II，pp. 130 sq., p.254。

(57) J. Nougayrol, *La divination babylonienne*, pp.39 sq..

(58) 比方說，中國的醫學及煉金術。

　　大約西元前 1500 年左右，美索不達米亞思想的創造期似乎眞正結束
了。接下來的十個世紀中，知識活動顯然集中在博物學和編纂的工作。但　(96)
是，根據遠古文獻記載，美索不達米亞的影響仍然持續著。原始美索不達
米亞文化的概念、信仰及技術，從地中海地區到興都庫什山，都廣泛流傳
著。重要的是，巴比倫文化的發現多少蘊含著天堂和人間、宏觀宇宙和微
觀宇宙之間的關連性。

第四章
古埃及的宗教觀念與政治危機

25. 難忘的奇蹟：「太初」

(97) 　　埃及文明的誕生總是使歷史學家讚嘆不已。在所謂的「統一王朝」出現以前的 2000 年裡，新石器文化持續發展，但是沒有什麼深層的改變。然而到了西元前 4000 年，埃及文化和蘇美文化的接觸卻帶來了真正的變化。埃及吸收了蘇美文化的圓柱形印章、砌磚的方法、造船的技術、許多藝術的圖案，尤其是書寫文字。文字在第一王朝時代（約西元前 3000 年）①突然史無前例地出現了。譯①

　　很快地，埃及文化發展出自己的特色，表現在各個層面。地理因素當然有助於埃及文化發展不同於蘇美和阿卡德文化的特色。兩河流域由於地理條件的緣故，容易受到外來民族的侵略，相反地，埃及（更確切地說，尼羅河河谷）形勢獨立，又為沙漠、紅海和地中海所隔絕。在西克索人（Hyksos）（西元前 1674 年）入侵以前，埃及從未遭到外來勢力侵略過。另一方面，尼羅河的航運讓統治者以不斷中央集權化的制度治理全國。此外，埃及沒有出現像兩河流域文明的大城市。可以說埃及的國家構成，是由神的代表，也就是法老王，統治廣大的農村。

　　但是，最早形成埃及文明結構的是宗教，尤其是關於法老王的神性的
(98) 教義。根據傳說，國家的統一和建立都要歸功第一位國王，名為曼尼斯（Menes）。曼尼斯從南部發跡，將國家統一後建都孟斐斯（Memphis），在今天首都開羅的附近。他在這裡首度慶祝即位典禮。從此三千餘年的法老王都在此地登基，很可能是承襲自曼尼斯的典禮儀式。這並不是為了紀念曼尼斯的作為，而是**要重獲源初事件裡的創造性泉源。**②

　　埃及的建立統一國家就是個宇宙創造的故事。神的化身（法老王），

---

① 　H. Frankfort, *The Birth of Civilization in the Near East*, pp. 100-111; E. J. Baumgartel, *The Culture of Prehistoric Egypt*, pp. 48 sq..

② 　H. Frankfort, *La Royauté et les Dieux*, p.50.
譯①：本章譯名參考蒲慕州，《法老的國度》。

創立了新世界，其高度文明比新石器時代村落要複雜得多。因此，如何維繫這個根據神的形態成就的事業，是最重要的事。換句話說，要避開所有會造成新世界動搖的可能危機。法老王的神性是最好的保障。因為法老王是不朽的，他的死亡只是意味著他轉調到天上。從一個神的化身到另一個神的化身，如此周行不息，使社會和宇宙秩序得以延續。

值得注意的是，埃及最重要的社會政治與文化創造都發生在第一王朝時期。這些創造為往後的 15 個世紀立下了典範。從第五王朝以後（2500-2300），文化資產幾乎沒有增加什麼重要的事物。「靜止狀態」是埃及文化的特色，但也可從其他傳統社會的神話和懷舊中看到。在埃及，這個不變性起源於宗教。當有個神學認為宇宙秩序是神的最高造就，而任何變化都有可能使宇宙回到混沌狀態而使得惡魔猖獗的時候，其邏輯的推論自然是聖職形式的穩定性、以及墨守成規的行為和成就。

這個被歐洲學者形容為「靜止狀態」的傾向，努力要保護最初的創造，因為那是最完美的，無論從宇宙論、宗教、社會、或是倫理的角度都是如此。不同的神話傳說，總會回憶那宇宙創造的各個階段。事實上，這些神話只會提到傳說中的太初時代。這個時期叫作 Tep zepi（太初），從創世之神在太初之水上出現，到霍魯斯（Horus）即位。所有存在的事物，從自然現象到宗教和文化的事物（神廟的平面配置圖、曆法、書寫文字、儀式、王族教育等等），因為他們是在太初階段受造的，才有其效力和正當性。顯然，「太初」是絕對完美的黃金年代，「在暴風雨、噪音、爭鬥或混亂出現之前」。這個美好的時代沒有死亡亦無病痛，這個時代又被稱為「雷（Re，太陽神）的時代」，亦稱奧賽利斯（Osiris）或霍魯斯的時代③。在某個時候，因為邪惡的入侵，世界失序，而結束了黃金年代。但是傳說裡的「太初」年代並沒有因此淪為消逝過往的遺跡。因為它是所有文化產物的模仿典型，因此這個時代不斷地被回憶。總之，我們或許可以

(99)

---

③　Cf. Rundle Clark, *Myth and Symbol in Ancient Egypt*, pp. 263-64. **這牽涉到某個相當有名的神話主題：「起源的完美無缺」。**

說，那些努力要摧毀惡魔勢力的儀式，都是要重建源初的完美狀態。

26. 神的起源論和宇宙起源論

　　就像所有的傳統宗教一樣，宇宙創造論和起源神話（人類、王族、社會制度、儀式的起源等等）是關於神聖事物的主要知識。在埃及自然也有許多宇宙起源論的神話，描寫各式各樣的神祇，在許多宗教中心裡定位創造的起源。他們的這些主題非常古老：可能是「太始之水」裡如何浮現出一座土丘、一朵蓮花或是一只蛋。至於造物神，每個重要城市都會認為他(100)們的諸神才是最重要的神祇。改朝換代之後經常會遷都。新首都的神學家因而必須附會若干宇宙創造的傳說，把他們的主神視為造物主。作為創造者的諸神因為結構上的相似性而容易被同化。而這些神學家更發展出大膽的綜合方式，他們吸收異質的宗教體系，甚至把衝突性格的神聯想在一起。④

　　和其他宗教類似，埃及的宇宙也起源於「太初之水」裡浮現的土丘。這個「初始之地」從浩瀚的水世界裡出現，表示土地、光線、生命、意識的出現⑤。在太陽城（Heliopolis）裡有個地方叫做「沙之丘」，是太陽神廟的一部分，被視為「初始之丘」。這城市在當時以其湖泊聞名，因為宇宙創造神話裡的蓮花就是從湖裡出現的。其他地方也因同樣的緣故而受到重視⑥。事實上，每個城市、每個聖地，都被視為「世界中心」、世界的發源地。初始之丘有時候變成世界之山，法老王會上山去見太陽神。

　　其他傳說則談到初始之蛋，裡面有「光明之鳥」（《棺木文》〔Sar-

---

④　這些神話傳說並沒有連貫或自圓其說的敘述，來讓後人重建所謂的「正典的版本」。所以我們必須從最古老的斷簡殘篇中來重建，這些資料來源主要包括：《金字塔文》（約西元前 2500-2300 年）、《棺木文》（約於西元前 2300-2000 年）、《死者之書》（西元前 1500 年以後）。

⑤　Cf. Rundle Clark, op. cit., p. 36.

⑥　Cf. Frankfort, *La Royauté*, pp. 206 sq..

cophages〕IV, 181c sq.），，或是提到初始的蓮花如何孕育出太陽童子⑦；還
有初始的蛇，它是阿圖神（Atum）譯②最初也是最後的形象。（事實上，
《死者之書》第 175 章預言，當世界回到混沌狀態的時候，阿圖神將重新
變成蛇。我們從阿圖身上看到的是至高卻又隱身的神，而太陽神雷，則是
顯靈的神的最佳寫照；見第 32 節。）創造的各個階段，宇宙的創造、神族
的起源、生命的創造等等，都有不同的呈現方式。根據太陽城（位於出海
口三角洲頂端）的太陽神學，雷·阿圖·凱普利（Re-Atum-Khepri）⑧創 (101)
造了第一對神眷：舒（Shou）（空氣之神）和特芙努（Tefnut）。他們是
蓋布（Geb）（大地之神）和努特（Nut）（蒼天女神）的雙親。造物主的
創造是經由自慰或吐痰完成的。這個表達方式非常天真粗俗，但是所傳達
的意義卻十分清楚：諸神是從最高神的身體誕生出來的。就像蘇美人的傳
說一樣（第 16 節），天地這對夫妻原本緊抱在一起，空氣之神蘇把他們分
離，而創造了宇宙⑨。他們生下奧賽利斯、艾西斯（Isis）、塞特（Seth）
和那芙提斯（Nephthys），他們是某個動人故事裡的主角，我們稍後再
述。

　　在中期埃及的太陽城，神學家發展了有關八聯神（Ogdoad）（後來加
入普塔〔Ptah〕）的複雜教義。從太陽城的原始湖泊裡綻放出一朵蓮花，
從蓮花走出「神聖之子，他是八聯神的最佳繼承人，是從前諸神的神聖種
子」，「他連繫了神與人的種子」。⑩

　　但是要到第一王朝法老王的國都孟斐斯（Memphis），才出現有系統

---

⑦　Sauneron et Yoyote, *La Naissance du Monde*, p.37; Morenz, *La religion égyptienne*, pp.
234 sq..

⑧　這牽涉到三種太陽的形式：上升的太陽為「凱普利」，地平線上的太陽稱為
「雷」，黃昏時夕陽稱為「阿圖」。

⑨　Sauneron et Yoyote, pp. 46-47。分離者的角色不只是由舒（Shou, Shu）扮演。普塔
神曾扮演這個角色，見 Mornez, p.228。

⑩　Sauneron et Yoyote, p.59。見 Morenz und Schubert, *Der Gott auf der Blume*, pp.32 sq.,
Morenz, *La religion égyptienne*, pp. 229 sq..

譯②：古代埃及伊烏努城的地方神。

的神學理論，主要是關於普塔神的傳說。與此關係密切的石刻文獻「孟斐斯神學」，刻於法老王夏巴卡（Shabaka）（約西元前 700 年）在位時，但是原始的文獻早在兩千年前就已經寫成。我們驚訝地發現，埃及最古老的宇宙創造論竟然如此哲學性。普塔神是透過他的精神（「心」）和語言（「舌」）去創造的。「他自身顯現為心（精神）、為舌（語言），而以阿圖為其化身，他即是古老的普塔神……。」普塔神被尊崇為最偉大的神，阿圖則只是第一對神脊的創造者。普塔神「創造了諸神」。後來這些(102)　神現身，「透過植物、石頭、泥土、以及任何在崎嶇表面上（地球）生長的東西顯現」。⑪

　　神的起源或宇宙創造都是某個神的思想和語言的創造力的結果。這確實是埃及最高的形上學思想表現。約翰・威爾森（John Wilson）（ANET, P.4）認為，在埃及歷史的**開端**，我們就可以發現類似基督教神學裡的邏各斯（Logos）的教義。

　　與神的起源或宇宙創造比起來，關於人之起源的神話就顯得簡略許多。人（erme）是從太陽神雷的淚水（erme）誕生的。晚出的文獻（約西元前2000年）在亂世裡寫著：「人是神的羊群，神為了他準備了許多事。他（指太陽神）為了人類創造了天與地……。他創造了空氣讓人呼吸，因為他們是神的形象，由神的血肉作成。神在天上灑下陽光，讓草生物長，動物、禽鳥、魚蝦供人類溫飽……。」⑫

　　但是，當太陽神雷獲知人類正計謀造反，決定要消滅人類。他把屠殺的任務交代哈托（Hathor）去做。但是因為這位女神威脅著說要徹底消滅人類，太陽神雷就用計把女神給灌醉⑬。人類的造反及其報應發生在神話時代。「人類」顯然是最早住在埃及的居民，因為埃及是最早形成的國

---

⑪　Sauneron-Yoyote, p.63-64。Morenz, *Rel. égyptienne*, pp.216 sq., Frankfort, *La Roya-uté*, pp. 51-64.

⑫　Sauneron-Yoyote, pp. 75-76。Wilson, *ANET*, pp. 414-418.

⑬　Wilson, *ANET*, pp.10-11。**迦南文化的傳統也有類似的典故，參見§50。**

度，因此也是世界的中心。⑭埃及人是唯一有權利的住民，外邦人禁止進出聖地，因爲那個地方是國家的縮影。⑮有些晚出的文獻，帶有世界主義的傾向。霍魯斯和賽赫美（Sekhmet）不只保護埃及人，也保護巴勒斯坦人、努比亞人（Nubians）和利比亞人⑯。然而「最初的人」的神話歷史並不是很受重視。在「太初」的美好時代，**宇宙的創造和法老王的降臨**才是 (103)
重要的環節。

27. 神的化身應負的責任

就像亨利・法蘭克福（Henri Frankort）⑰所說的，宇宙創造論是最重要的事件，因爲那才是**眞正的改變**，也就是世界的出現。因此，只有涉及宇宙和生命律動的改變，才是有意義的。我們現在要檢視關於宇宙周期性循環的元素：天體的運動、季節的循環、月亮盈虧、植物的生長周期、尼羅河的氾濫。「太初」時期的完美，正是建立在這宇宙的周期運行上。在完美的律動秩序裡，混亂意味著無濟於事且有害的改變。

由於社會秩序代表著宇宙秩序的某個層面，因此王族被認爲自世界初始就存在。造物主是第一個王⑱，他讓他的兒子繼承法老王。這就是君權神授。描述法老王舉止儀態的用語，和描述太陽神雷及其化身的用語相同。人們有時會總結描述太陽神雷的出生：「他趕走混亂，帶來秩序（ma'at）。」人們在談及圖坦卡門（Toutankhamon）、裴皮二世（Pepi

---

⑭　Morenz, pp. 70sq.。他提出有關傳統文明的某種特殊概念。Eliade, Le Mythe de L'Éternel Retour, pp.12 sq.。

⑮　Morenz, pp. 78 sq..

⑯　《門之書》；見 Soumeron-Yoyote, pp. 76-77, H. Morenz, pp. 80 頁 sq.。

⑰　Frankfort, *Ancient Egyptian Religion*, pp. 49 sq..

⑱　在《死者之書》第 17 章，神說道：「當我在宇宙初始的海洋（Num）時，我是阿圖。當我該使治理創造出來的世界時，我的初次顯現是太陽神雷。」注解說明：「這裡意味著太陽神雷開始顯身爲王，就像在舒（Shou）開天闢地以前的那位王。」（Frankfort, pp. 54-55）

II）或易肯阿頓（Akhenaton）的「動亂」時（參考第 32 節），也用同樣

(104) 的詞語：「他消除謊言（混亂），帶來秩序（ma'at）。」人們用動詞 khay（閃耀）形容世界初創以及破曉曙光，也形容法老王在即位、節慶或上朝時的情狀。⑲

　　法老王是 ma'at 的化身，這個字直譯作「眞理」，但是一般理解爲「良好的秩序」，因此有「律法」、「正義」之意。「秩序」（ma'at）屬於最初的創造，因此反映了黃金時代的完美。因爲那是宇宙及生命的構成元素，每個人都可以認識它。各個時代的文獻都記述著：「鼓舞你的心去認識秩序；」「我讓你在心裡認識秩序，你便能做出對自己正確的事！」或是「我是熱愛秩序、痛恨罪惡的人。因為我知道罪惡是神最討厭的。」事實上，神賜予人們認識秩序的能力。王子被視爲「認識秩序的人，神教導他秩序。」有一首祈禱文的作者對太陽神雷呐喊著：「請你把秩序賜給我的心。」⑳

　　作爲秩序的化身，法老王是萬民的表率。首相瑞克米瑞（Rekh-mi-Re）說：「他是以行動讓我們得以存活的神。」㉑法老王的作爲保障了宇宙與社會的秩序和諧，讓生命得以延續。事實上，每天清晨，當太陽神「趕走」蛇怪阿波非斯（Apophis）（沒有人能徹底消滅它），宇宙就重新開始；因爲，混沌（黑暗）代表無窮潛力，因此是無法消滅的。法老王的政治作爲是以太陽神爲模範，他也「趕走」阿波非斯，保護世界以免回到混沌狀態。當敵人侵犯邊界時，就被當作阿波非斯，法老王的勝利也就是重現太陽神的勝利。（在傳統文化裡經常以範疇和典型來解釋生命和歷

(105) 史。）㉒法老王當然成了特殊且無法重複的歷史事件的主角，例如和許多

---

⑲　Frankfort, ibid., pp.54 sq., *Royauté*, pp.22 sq..

⑳　H. Morenz, pp. 167-170.

㉑　Frankfort 認爲這個觀念也可以解釋爲什麼埃及幾乎沒有人民造反。即使當中間期（大約西元前 2250-2040 年、1730-1562 年）政治動盪不安，人民也從來沒有懷疑過王族的正當性。（Rel. égyptienne, p.43）

㉒　*Le Mythe de L'Éternel Retour*, ch.1.

國家征戰、打敗許多外族。但是，當納姆西斯三世（Ramses III）建造他的
陵墓時，他將所征服的城市名字刻在納姆西斯二世（Ramses II）的陵寢
上。甚至在古王國時代，「裴皮二世所征服的利比亞人，和兩個世紀前被
俘虜的沙乎利（Sahouri）在神廟浮雕的姓氏相同。」㉓

　　從法老王在紀念建物或文獻中的記載，我們可以認識到法老王個人的
特徵。在許多細節的描述裡，例如，圖特穆斯三世（Thutmose III）在美季
竇（Megiddo）之役身先士卒的勇氣，布克（A. de Buck）發現有一種傳統
的法老王典型。在神的描述裡也有這種去個人化的傾向。埃及人在對任何
神的讚美詩和祈禱文裡，都使用幾乎相同的語詞，除了對奧賽利斯和艾西
斯之外。㉔

　　原則上，祭典是由法老王主持，但是他會指派不同神廟的祭司去執
行。這些儀式直接或間接地以捍衛和穩固「初始的創造」為目的。每年的
新年慶典，人們會重新體認宇宙的起源㉕，比太陽神雷的勝利還要隆重，
因為這個時間週期更長。法老王的登基重現曼尼斯的勛業：也就是兩個國
家的統一。總而言之，儀式內容總是重複著國家的建立。（見第 25 節）。
法老王會在即位 30 年後的典禮上，追求最高統治者神聖力量的更新㉖。至
於有關其他神祇（如霍魯斯、閔神〔Min〕、阿努比斯〔Anubis〕等等）　(106)
的季節性祭典，我們所知不多。祭司在肩膀上背著神像或者神船；典禮進
行過程有吟誦、音樂和舞蹈，在圍觀的信徒之前舉行。

　　閔神是埃及最受歡迎的神，其祭典後來和王室慶典合併，所以我們得
到比較詳細的資料。這原來是豐年慶；主角是國王、皇后和一頭白牛。國

㉓　H. Frankfort, *La Royauté et les Dieux*, p.30, n.I..

㉔　Min 和 Sobek 的比較，見 Frankfort, *Rel. égyptienne*, pp. 25-26 sq.。Frankfort 強調
　　埃及人認為宇宙是穩定的，將之解釋成不變動的整體裡的規律運動。Frankfort 對
　　以動物形象顯現的神提出精闢的解釋。人類的面貌的差異比身體的差異來得大，
　　反之，動物總是不變的。所以在埃及人眼中，動物生命似乎是超越人類的，因為
　　他們和宇宙一樣穩定不變。（ibid, pp.13-14）

㉕　*Le Mythe de L'Éternel Retour*, pp.65sq.。Frankfort, *La Royauté et les Dieux*, p. 205.

㉖　Frankfort, *La Royauté*, pp.122-136。Vandier, *La religion égyptienne*, pp. 200-201.

王割下一小段穀穗獻給白牛；其後典禮如何進行我們就不清楚了㉗。神廟開工和落成的典禮都由法老王主持。可惜我們只能辨識出部分象徵手勢。例如，在將要建造神廟的地基裡，法老王會放置一些「基石」（由法老王塑造的純金磚塊）；在落成典禮時，法老王會舉右手爲神廟祝聖。

日常的祭神儀式是向神殿裡的神像祭拜。祭司先舉行潔淨儀式，然後走到內殿，打破封泥，將門打開。他向神像鞠躬敬拜，聲明他已經進入了天堂（內殿），冥想著神。隨後，以石灰水潔淨神像，使神「開口」。最後，祭司在將門關起來，封住門鎖，倒退走出。㉘

我們對葬禮有較多的了解。和其他近東民族比起來，埃及人比較關心死亡和死後的世界。死亡是法老王追尋天國和「不朽」之旅的起點。而且，死亡也和奧賽利斯這個家喻戶曉的神息息相關。

28.法老王的昇天

(107)　　就我們能重構古代文化的部分而言，埃及關於死後世界最古老的信仰，代表著世界的兩個傳統：死者的歸宿不是在地底下就是天上，更確切地說，是在繁星之間。人死後，靈魂飛上衆星，分受他們的永恆。蒼穹被想像成母性女神，死亡等於重生，換句話說，是在天上的重生。蒼穹的母性意味著死者應該有第二次生命；當他在天上重生之後，靈魂由（以母牛爲形象的）母性女神哺育長大㉙。

新石器時代普遍相信死後的世界是在地底下。在埃及前王朝時代（也就是西元前四千年初葉），有些和農業有關的宗教傳統就表現爲奧賽利斯的神話和儀式結構。奧賽利斯這個唯一死於非難的埃及神祇，也出現在王

㉗　Gardiner 認爲，祭禮也包含國王皇后儀式性的婚姻。Frankfort, *Royauté*, p.260。

㉘　A. Moret, *Le rituel du culte divin journalier en Égypte*, passim; Vandier, *Relig. égyptienne*, pp. 164 sq..

㉙　法老王被稱做「讓他母親懷孕的公牛」，這是亂倫的合理化。Frankfort, *Royauté*, pp. 244。

室祭典裡。關於這個死去的神明和證成法老王之不朽性的太陽神體系相遇的結果，我們稍後會討論到。

《金字塔文》幾乎只在闡述法老王死後的命運。即使埃及神學家們努力地耕耘，這個教義仍然沒有系統化。我們可以發現某些平行的觀念，有時甚至有衝突。大部分的說法都強調法老王是阿圖神之子，他在世界創造之前就誕生，因此不可能死亡；其他的文獻卻只是說，法老王的身體不會腐化。這是兩個尚未整合的宗教觀念。⑳但是大部分的文獻都提到法老王的天國之旅。他化身為飛向天空的鳥：獵鷹、蒼鷺、野鵝（《金字塔文》 (108) 461-3, 890-91, 913, 1048）、金龜子（366）或麻雀（890-91）。風、雲和諸神都來幫忙。有時候法老王會攀梯登天（365, 390, 971, 2083）。在他昇天的時候，法老王已經是本質上和凡人不同的神。（650-809）㉛。

但是，在法老王進入東方的天國（或稱「祭品之園地」）之前，他必須經過重重的考驗。入口處有個湖，「湖岸很蜿蜒」。（《金字塔文》 2061）擺渡的人擁有如同判官的權力。為了獲准上船，法老王必須經過所有潔淨儀式（《金字塔文》519, 1116），尤其是回答類似入會禮的問題，以固定的用語回答，像是口令一樣。有時，法老王會以辯論的方式（1118-89）或法術（492），甚至威脅。他也會祈請諸神（尤其是太陽神雷、透特〔Thot〕、霍魯斯）或請求每日太陽在他們中間升起的埃及無花果樹（sycomores），請他們讓他通過「蘆葦地」㉜。

㉚ 有些文獻記載（《金字塔文》2007-9），人們應該將法老王的屍骨蒐集起來並將綁著他手腳的帶子解開，以便他順利昇天；Vandier指出這與奧賽利斯神話儀式結構群有關（ibid., p 81）。

㉛ Vandier, p.78; Breasted, *Development of Religion and Thought in Ancient Egypt*, p. 109-15, p.118-20, p.122, p.136; *From Primitive to Zen*, pp.535-55.

㉜ Vandier, p.72; Breasted, ibid., pp. 103 sq; R, Weill, *Le champ des roseaux et le champ des offrandes*, pp. 16 sq.。像這種考驗在許多古老傳說中都可發現。這些考驗假設預定的入會禮，包括某些儀式和知識的傳授（葬禮的神話學和地理學、咒語等等）。在《金字塔文》最早記錄透過祕密的知識得到的特權。這是已被遺忘的遺產，在新石器時代前王朝時期的文化都擁有這特色。對埃及王族來說，這種入會禮的典故差不多是無用的古老遺跡。事實上，法老王身為神之子或神的化身，不需要經過入會禮的試煉就能得到進入天堂的權利。

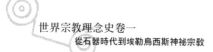
到達天上後，法老王得意洋洋地接受太陽神的接待，使者到世界四方宣布法老王戰勝死亡的喜訊。法老王在天國延續人間的存在：他端坐在王位，接受臣民的禮讚，他繼續裁決和發號施令㉝。雖然只有他才能分受太陽的不朽，但是他身旁仍圍繞著許多臣民，主要是親族和大臣㉞。這些人被認爲是衆星辰，是「受景仰的」。凡第爾（Vandier）說（p. 80）：「《金字塔文》關於星辰的段落充滿了優雅的詩意：我們從中感到早期人類單純自然的想像力，他們在奧祕裡自在悠遊……。」

(109)

我們不難發現，《金字塔文》裡的救世論並不完全一致。太陽神論把法老王當作太陽神雷，因而強調法老王的特權：他不受冥府之神奧賽利斯的管轄。「你在天上群星間開拓你的地方，因為你也是星星……。你俯視奧賽利斯，你對死者下命令，但你並不與他接近，你不屬於他們。」（《金字塔文》251）。「『雷』（阿圖）不會將你交給奧賽利斯的，他別想審判你的心，也無權支配你的心……。奧賽利斯，你無法阻止他（法老王），你的兒子（霍魯斯）也別想阻撓他……。」（《金字塔文》145-46）其他文獻語氣更強烈；他們說奧賽利斯原是個受難的神，他遇害後被丟到水裡。但是有些段落又提到法老王就是奧賽利斯。我們發現以下的說法：「如同奧賽利斯活著，國王烏納司（Unas）也活著；就像奧賽利斯不死，國王烏納司也不死。」（《金字塔文》167）

29. 奧賽利斯，被謀殺的神

爲了把握這個說法的意義，我們要簡單介紹奧賽利斯的神話及其宗教作用。有關奧賽利斯神話最完整的版本，是普魯塔赫（Plutarch）（西元二世紀）的《論艾西斯與奧賽利斯》（De Iside et Osiride），我們在（第26節）談宇宙創造論時提過。埃及文獻只有些斷簡殘篇。雖然有些不一致或

㉝　《金字塔文》1301, 1721; 134-5, 712-3, 1774-6; Vandier, p.79; Breasted, Development, pp.118 sq.。

㉞　這些人就是那些葬在王陵附近的人。

矛盾（這是因爲在奧賽利斯最後獲勝前的衝突和整合），然而我們還是可以輕易地重構奧賽利斯的神話。根據所有傳說，奧賽利斯是個傳奇的國王，在治理埃及時以積極和正義聞名。他的弟弟賽特設下陷阱謀害他。奧 (110) 賽利斯的妻子艾西斯，人稱「偉大的巫師」，在奧賽利斯死後居然懷了他的孩子。她埋葬丈夫的屍體後，躲在尼羅河三角洲附近。艾西斯在莎草叢裡生下一個男孩，取名霍魯斯。等到霍魯斯長大，埃尼阿德（Enneade）諸神讓他明白了他的出身與權利，於是他攻打他的叔叔。

最初，賽特挖掉霍魯斯一隻眼睛（《金字塔文》1463），但是雙方繼續互鬥，最後霍魯斯終於贏得勝利。他奪回自己的眼睛並獻給奧賽利斯。奧賽利斯因而得以復活（《金字塔文》609）。諸神於是判處賽特馱負被害者[35]（例如，塞特變成船，在尼羅河上載著奧賽利斯。）但是賽特就像阿波非斯（Apophis），他們都是不會消滅的力量化身，所以他們不可能消失。霍魯斯在戰勝惡勢力之後回到死者的世界，並帶回好消息。他登基爲王，成爲其父親正式的繼承人。古文獻說他「喚醒」了奧賽利斯，「使其靈魂開始活動」。

特別是最後這個動作，說明了奧賽利斯特有的性格。當霍魯斯發現父親的時候，奧賽利斯是在無意識的恐懼狀態，霍魯斯終於使他復甦。「奧賽利斯！看哪！奧賽利斯！聽哪！站起來！重生吧！」（《金字塔文》258）我們所見到的奧賽利斯從來沒有活動，總是無力而被動的[36]。霍魯斯在結束危機（「混沌」）時期之後，登上了王位，而且讓奧賽利斯重生：「奧賽利斯！你曾經離開，但是你又回來了；你曾經沉睡，但是你又醒來了；你曾經死去，但是你重生了。」（《金字塔文》1004）。奧賽利斯重生成爲「靈性的人」（靈魂）以及生機活力。從此他保佑植物的豐收以及

---

[35] 《金字塔文》626-27, 651-52。普魯塔赫（Plutarch）堅稱，賽特將奧賽利斯的屍體分解成十四片丟到各地。但是艾西斯找到這些肢體（除了性器官被魚吃掉了），各自就地埋葬；這是爲什麼今天埃及許多地方都以擁有奧賽利斯的墳墓聞名。A. Brunner, *Zum Raumbegriff der Aegypter*, p. 615。

[36] 直到第九、第十王朝的文獻才出現他的名字；Rundel Clark, p.110。

繁殖的力量。人們把他描述成大地或圍繞著陸地的汪洋。在西元前 2750 年
左右，奧賽利斯就象徵著繁殖和多產的泉源㊲。換句話說，這個被謀殺的
(111) 國王（也就是死去的法老王），奧賽利斯，庇護著兒子霍魯斯統治的王國
（由剛就任的法老王代表）。

　　我們可以大致勾勒出太陽神雷、法老王、奧賽利斯與霍魯斯之間的關
係。太陽和皇陵是兩個主要的神性源泉。根據太陽神學，法老王是太陽神
的兒子；但是因爲他也繼承逝世的國王（奧賽利斯），所以法老王也就是
霍魯斯。埃及宗教精神的兩個取向，「太陽神化」和「奧賽利斯化」㊳，
這兩者的緊張關係，反映在王室的作用上。我們知道，埃及文明是建立在
上埃及與下埃及的統一。開始的時候，人們認爲太陽神雷是黃金時代的主
宰，但是到了中王國時代（約西元前 2040-1730 年），這個主宰的角色變
成奧賽利斯所特有的。在王室的觀念裡，奧賽利斯的系統佔上風，因爲奧
賽利斯和霍魯斯的關係保障著王朝的延續和國家的發展。奧賽利斯是世界
繁衍的泉源，他保佑子孫的王權和興盛。

　　中王國時期的文獻推崇奧賽利斯是所有受造者的泉源和基石。「無論
我活著或死亡，我都是奧賽利斯。我進到你裡面，透過你重現；我在你裡
面衰亡，也在你之中成長……。眾神活在我的體內，因爲我存在且成長於
那滋養諸神的麥粒之中。我覆蓋大地；無論我生或死，我是大麥，沒有人
會毀壞我。我進入『秩序』之中……，我是秩序之主，我和秩序融合。」㊴

　　這是對死亡的勇敢禮讚，他們認爲死亡是肉體的昇華。原來沒有意義
的死亡變成意義豐盈。墳墓成爲人類「變容」（sakh）的地方，因爲死者
(112) 變成阿赫（Akh），「蛻變了的靈」㊵。我們關心的是：奧賽利斯逐漸成爲

㊲　Frankfort, *Royauté*, pp.256 sq.（奧賽利斯在麥穀和在尼羅河）。

㊳　從某種角度來看，可以説是介於死去的神奧賽利斯與垂死的神太陽神雷之間的競
　　賽；因爲太陽也是每天「死去」，但是它在第二天黎明重生。

㊴　《棺木文》330, tr. Rundle Clark, p.142。

㊵　Frankfort, *Rel. égyptienne*, p.96, 101。請記得當死者被放入棺材裡的時候，他被放
　　到「母親」（蒼天女神努特）的雙臂之中：「你被送到以你母親努特爲名的棺木
　　中。」（《金字塔文》616）。有文獻將努特比喻成死者在來生醒來之前躺臥的

某種典型，不僅是統治者，也是每個人的模範。奧賽利斯的祭祀從古王國時期就十分普遍；這是爲什麼在《金字塔文》裡奧賽利斯的地位如此重要，儘管有些太陽城的神學家並不贊成。但是第一個嚴重的危機突然使古典時期的埃及文明告終，稍後我們會探討這個危機。在重劃秩序後，奧賽利斯成爲人們倫理的典範和宗教的希望。人們形容爲「奧賽利斯的民主化」過程的開端。

事實上，除了法老王以外，還有許多人透過儀式分受了奧賽利斯的事蹟和神聖化。過去在爲法老王建造的金字塔裡的祕密墓穴牆上書寫的文字，現在也出現在貴族甚或平民的棺木裡。奧賽利斯成爲所有希望戰勝死亡的人的典範。《棺木文》（IV, 276 sq.）寫道：「你現在是王之子，你是王子，只要你的心（也就是靈）與你同在」。追隨著奧賽利斯的例子，以及他的幫助，死者就能蛻變成「靈魂」，成爲整全且不滅的靈性存有者。奧賽利斯被殺害且肢解，而艾西斯將他「重建」，霍魯斯喚醒他。他就這樣開始了新的存在方式：他從幻影變成「有知覺」的「人」，正式入會的靈性存有者[41]。在希臘化時代的艾西斯和奧賽利斯的神祕宗教裡，也發展出類似的觀念。奧賽利斯取代太陽神雷的冥王角色；他成爲正義之主，住在宮殿裡或在太初之丘上，也就是在「世界的中心」。然而，就像我們即將探討的（第 33 節），太陽神雷和奧賽利斯之間的緊張關係，會在中王國與新王國時期找到解決的出路。

30. 昏厥：無政府狀態、失望與死後世界的「民主化」

睡鋪（《金字塔文》741）。棺木的四邊都擬人化了，分別爲 Isis、Nephtys、Horus 以及 Thoth；底板被認爲是大地之神 Geb，而棺蓋則爲蒼天女神。如此，諸神被圍繞著死者；A. Piandoff, *The Shrines of Tut-Ankh-Amon*, pp. 21-22。

[41] 當霍魯斯下降到另一個世界，並使奧賽利斯重生的時候，他也賜予奧賽利斯「知識」的權柄。奧賽利斯曾經因爲他「不知道」賽特真正的本性而淪爲受害者。Clark, pp.114 sq。

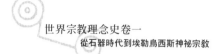
(113)　　　裴皮二世是第四王朝最後的法老王。在他死後不久，約西元前 2200
年，埃及因為內戰動搖國本，國家因而解體。中央權力的衰弱使諸侯野心
勃勃。有一段時間，無政府狀態摧殘整個國家。到後來，埃及分成兩個國
家，北邊的國家定都「赫拉克里俄波利斯」（Herakleopolis），南邊的國
家首都位於底比斯（Thebes）。由於底比斯人的勝利而結束內戰，第十一
王朝的最後幾任國王統一國家。這段無政府時期被史家稱為第一中間期
（或第一王位過渡期），在西元前約 2050 年結束，同時，第十二王朝來
臨。中央政權的重新建立象徵真正重生的開始。

　　　就在中間期裡，死後的生命開始「民主化」：貴族將原先法老王特有
的《金字塔文》抄在自己的棺木上。這也是埃及歷史上唯一有法老王被指
責昏庸和不道德的時代。透過許多重要的文學作品，我們看到這危機時期
的深層轉變。重要的文獻有《給梅利卡雷王的訓誡》、《一個埃及智者的
靜言》、《豎琴手之歌》、《歷盡滄桑的人和靈魂的辯論》。作者們描述
因傳統權威衰落導致的災難，尤其是不義以及犯罪，使人們更加懷疑和失
望，甚至選擇自殺。但是這些文獻也指出內在的改變。至少有些領導人物
擔起災難的責任，勇於承認自己的過錯。

　　　有個名叫易浦味的智者來到法老王面前，向他報告災難的程度。「看
哪，國家被不負責任的人弄得分崩離析！……看哪，人們背叛那為兩個王
國帶來和平的王室象徵。王室可能在一小時裡就夷為平地。」由於內戰的
(114) 原因，各省及各神廟都不再繳稅。金字塔陵墓也受到盜賊蹂躪。「窮人篡
奪王位。那些曾經像（神聖的）獵鷹一般安葬的，現在草草擺在靈車上；
金字塔的密室已經被洗劫一空。」易浦味越說越大膽，竟然開始責備法老
王應該對無政府亂局負責。因為法老王應該是人民的牧者，而今天他的統
治卻面臨死亡。「威權和正義與殿下同在；但是殿下卻讓全國混亂，到處
是爭吵的噪音。像這樣，每個人都與其鄰人交惡；這是上下交相賊的結
果。你的行為導致了這種亂象，而你還在說謊。」[42]

---

[42]　Wilson, ANET, pp.441-444; Erman-Blackman, *The Ancient Egyptians*, pp. 92 sq..

　　同時代的某個國王為其子梅利卡雷寫了篇訓誡文。他很謙虛地承認了自己的罪愆：「埃及甚至在公墓裡還在爭鬥不休……而我也做同樣的事。」國家之難「是由於我的罪行，我卻在做了之後才了解到（自己所做的孽）！」於是他要兒子「只要活在世上，務必要走正道（ma'at）」。「不要以為來日方長，因為在死者的判官眼裡，一輩子的時間只不過是一小時而已……。」人們死後所擁有的，只是自己的行為結果。因此，「不要做壞事」。「與其興建石碑，不如讓人們因為愛你而懷念你。」「你要愛所有的人！」神明喜愛正義甚於祭品。「安慰哭泣之人，不要欺侮寡婦。不要侵奪一個人應從父親那裡得到的財產……。斷獄不能有失公允！」㊸

　　狂飆暴力肆虐著埃及：人們拆毀祖先的墳墓，屍體橫陳，而石塊被拿去造他們自己的墳。易浦味指出：「許多死者都在河裡埋葬。河流變成了墳場……。」國王對其子梅利卡雷說：「不要毀壞別人的墳墓……，不要將你的安息之墓建立在廢墟上！」《豎琴者之歌》也述及有關墳墓的偷竊和破壞，理由卻有所不同。「過去活著的諸神（也就是國王們）在金字塔裡安息，那些受到祝福的死者（貴族們）也葬在金字塔裡，現在他們的陵 (115) 寢安在？看看現在人們做了什麼好事！……牆垣傾倒，他們的安息之處化為烏有，猶如他們從來沒住過一般！」但是對詩人而言，這些罪過只不過再度確定死亡永遠無法理解的奧祕。「沒有人從彼岸回來過，描述給我們聽那裡的情況，告訴我們他們的需要，讓我們在追隨他們的時候能夠安心。」《豎琴者之歌》的結論是：「生時須盡歡……，別讓你的心枯萎了……。」㊹

　　所有傳統制度的瓦解可從兩方面得知端倪：不可知論與悲觀主義的抬頭，對享樂的讚頌卻無法掩藏深沉的失望。神權的昏厥不可免地導致死亡在宗教的意義墮落。如果法老王的舉止不再像是神的化身，所有的價值觀

㊸　Wilson, ANET, pp.414-418; Erman-Blackman, pp. 72 sq.

㊹　Wilson, ANET, p.467; Breasted, *Development*, p.183; Erman-Blackman, ibid., pp.132 sq..

都受到質疑，尤其是生命的意義，也波及人們死後的世界。《豎琴者之歌》也提到其他絕望的危機（在以色列、希臘、古印度），因為傳統價值崩潰而產生的危機。

　　所有文獻裡最感人的是《歷盡滄桑的人和靈魂的辯論》。這是某個絕望的男人和靈魂（ba）的對話。他努力想說服靈魂相信他自殺的理由。「我可以向誰訴說？兄弟們反目成仇，昨日的同伴不再有愛……。人心貪婪，每個人只知道侵奪鄰人的東西……正義已經不再。國家分崩離析……罪惡遍佈大地，無邊無際。」他想到這些罪惡，便覺得死亡似乎可愛得多。死亡給他那早已遺忘或幾乎不認得的至福。「現在，死亡就像病人的藥石……。猶如多年來形為物役的人歸心似箭的回家心情……。」他的靈魂告訴他自殺是禁止埋葬或舉行葬禮的；接下來，靈魂說服他去尋找感官

(116)　享樂，忘掉憂愁。最後，靈魂向他保證即使最後他決定自戕，靈魂仍然會陪著他。⑤

　　中間期的文學創作到中王國時期（約西元 2040-1730 年前）的統一之後，仍然廣為流傳。這些文獻成為這個危機時代的最佳見證，而且說明了埃及宗教精神從那時起生生不息的趨勢。這是很難用三言兩語描述的思想，但是其主要的特色在於認為人是典範對象（法老王）的複製。

31.「太陽神化」的神學和政治

　　中王國時期先後由英明的國王治理，幾乎全都屬於第十二王朝。在他們的勵精圖治下，埃及呈現出經濟榮景，並受到其他國家的尊重。⑥從法老王登基時的封號，就可了解人和神明行義的決心。⑦在第十二王朝的時

----

⑤　Wilson, ANET, pp.405-07; Breasted, ibid., pp.189 sq.; Erman-Blackman, ibid., pp.86 sq..

⑥　尤其當我們知道各地諸侯都保有各自的地方自主權，更令人肯定這時期的成就。

⑦　Wilson, *The Culture of Ancient Egypt*, p.133。的確，埃及人在這段時期仍自認為是唯一「真正」有人性的人；外國人則等同於畜生，有些情況下，外國人被當作祭品。（Wilson, ibid., p.140）。

候，在赫莫波利斯（Hermopolis）有八位甚受崇敬的神，其中之一名爲安夢（Amon），並以「安夢雷」之名成爲最高神。（開國者被稱爲「阿曼尼赫特」〔Amenemhat，意思是安夢在其額頭〕。）「隱藏」的神（第 26 節）和太陽合而爲一，成爲「顯現」的神。也就是因爲這種「太陽神化」的作用，安夢變成了新王國時代的普世之神。

　　矛盾的是，這個帝國其實是在那使第十二王朝消滅的危機之後的結果。在西克索人於西元前 1674 年入侵埃及以前，王位始終傳承不絕。我們 (117) 不知道國家分裂的原因（在西克索人入侵前的兩個世代），但是無論如何，埃及人應該沒有抵抗很久，就被這群身批盜甲、騎馬善戰的武士們打敗了。至今我們對西克索人的認識不多⊕；他們的入侵埃及應該是西元前十七世紀近東的民族遷徙造成的。

　　西克索人戰勝之後進駐尼羅河三角洲。他們以首都阿瓦利斯（Avaris）爲基地，透過家臣的斡旋，統治大部分的下埃及。但是他們爲了要上埃及法老王進貢，而犯了過於懷柔的錯誤。西克索人傳入幾個敘利亞的神，最重要的有巴力神（Baal）和德蘇普神（Teshup），而他們把德蘇普神等同於埃及的賽特神。把這個殺害奧賽利斯的神擢升到最高神之列，透露著某種輕蔑。但是我們要知道，賽特神的崇拜早在第四王朝時代就在尼羅河三角洲出現。

　　對埃及人而言，西克索人的入侵代表難以理解的災難。原先諸神賦與他們的特權受到強烈的動搖。況且，這批入侵三角洲的亞洲人，卻深溝高壘，對埃及文化不屑一顧。但是埃及人學乖了。他們漸漸學會操作征服者的兵器。終於在國難一個世紀之後（約西元前 1600 年），由十七王朝的法

⊕ 從字源上來看，Hyksos 源於埃及文「hikau khasut」，意即「外國的統治者」。大部分爲人所知的姓名都有閃族淵源，但是也有些字來自胡里安人（hurrians）。當時埃及的文獻中從未提及西克索人。但是在第十九王朝文獻中曾提到防禦城市塔尼斯（Tanis），在同時代流傳的民間故事中也有提到。這個戰勝的族群（在埃及人眼中爲「野蠻人」），也不意外地被埃及人比喻成阿波非斯蛇神，象徵著混沌。

老王統治的底比斯發難征討。他們最後獲得勝利⑭，也進入第十八王朝（西元前 1562-1308 年），建立新的王國。

(118)　　這次的復國是基於民族主義和仇外情結。整整一個世紀，才平撫他們對西克索人的報復之心。最初埃及國王多次討伐西克索人。但是到了西元前 1470 年，圖特穆斯三世連續長征亞洲，打擊西克索人的發源地。外族統治留下來的不安全感不是短時間可以消除的。圖特穆斯三世爲了保護國家不受外族侵擾而四處征戰，最後建立了帝國。在他即位的前 22 年期間的屈辱，加劇了他的軍事野心。因爲在這段期間，眞正的統治人，是他的姑母也是岳母，哈謝普蘇（Hatshepsout）。這位睿智的女王認爲文化和商業的擴展比戰爭勝利來得重要。但是在哈謝普蘇退位後僅僅 15 天，圖特穆斯三世就帶著軍隊到巴勒斯坦和敘利亞「平亂」了。不久後又聽到美季竇（Megiddo）告捷的消息。幸好圖特穆斯三世爲了帝國的未來著想，對那些戰敗的族群還算寬容。

　　這是埃及孤立主義的結束，卻也是埃及傳統文化的沒落。即使新王國的國祚比較短，其影響卻非常深遠。埃及的國際政策使得她漸漸成爲世界主義的文化形態。美季竇之捷一個世紀以後，在埃及到處可以見到「亞洲事物」，甚至連政府部門和皇室宮殿也不例外。⑩他們不只對許多外來的神表現寬容，甚至同化爲埃及的神。埃及諸神甚至也被外族所崇拜，安夢雷成普世之神。

　　將安夢神格化爲太陽神，有助於宗教的整合，也重新將太陽神擢升爲最高神。因爲太陽是唯一被全世界接受的神。⑪推崇安夢雷爲宇宙造物主的最美麗的詩歌都是在「帝國」初期創作的。而把太陽神尊崇爲最高神，多少也造就了宗教的統一：於是一神的最高權威逐漸從尼羅河發展到古代

---

⑭　對於擊退西克索人的事蹟，沒有正式的文獻記載。唯一的見證是曾經參與復國戰爭的小兵簡短的自傳裡提到的；見 Breasted, *Ancient Records of Egypt*, II, pp.1sq.; Wilson, *The Culture of Ancient Egypt*, pp.164-65。

⑩　Wilson, ibid., pp.189sq..

⑪　我曾經分析過這些天神如何成爲「退位神」。見§20。（另見 Traité, 14, 30）

敘利亞和安那托利亞的地區。在埃及，這個具有世界主義性格的太陽神學 (119)
攸關政治的緊張關係。十八王朝時，安夢雷神廟宇擴建，信眾暴增數十
倍。由於西克索人的佔領以及其後底比斯的法老王復辟，埃及的神祇直接
管理國家的事務。意即這群以安夢雷為首的神祇，會透過祭司團代言傳達
神的旨意。於是安夢神的最高祭司大權在握；其權重位高，僅低於法老王
一人而已。也就是這種祭司階層制度造成嚴重的政治化，使不同的神學派
別水火不容。

32. 易肯阿頓和未竟的改革

太陽的光盤「阿頓」（Aton）成為最高神，我們稱之為「阿瑪那革
命」（Revolution d'Amarna）（西元前 1375-1350）。其原因可能是法老王
安夢和泰普四世（Amenhotep IV）想要擺脫祭司長的宰制。事實上，這位
年輕的國王即位不久，就從祭司長那裡奪回神廟財產的管理權力。然後，
法老王把他的名字從「安夢和泰普」（安夢很高興）改成「易肯阿頓」
（Akh-en-Aton）（服侍阿頓的人），從原來的首都底比斯（安夢之城）移
往北方五百公里處的易克特阿頓（即今日的特阿瑪那〔Tell-el-Amar-
na〕），在這裡他建造宮殿和阿頓的神廟。但是與安夢神廟不同的是，阿
頓神廟沒有屋頂，為的是要崇拜太陽的光輝。這還不是易肯阿頓唯一的革
新。在造型藝術上，國王提倡所謂阿瑪那的「自然主義」，也在王室的銘
文和官方諭令使用民間語言。法老王還廢除許多繁文褥節，使家庭和近侍
的關係更為自在。

支持易肯阿頓改革的宗教價值，在於易肯阿頓遵循真理，也就是「自
然無為」，符合生命的律動。這位法老王體弱多且有殘疾，本來應該命不 (120)
久矣，卻發現「生命之喜」的宗教意義，也就是享受阿頓神無窮無盡的創
造，尤其是神聖的光輝。易肯阿頓為了推行他的「改革」，把安夢及其他
諸神[52]都打入冷宮，尊崇阿頓為最高神，他的形象是太陽光盤，意味著生

---

[52]　原則上來說是這樣，因為他保留了 Re、Ma'at、Harakhti。

命普遍的泉源：他手裡握著光線，他帶給信徒生命（ankh）的象徵。在獻給阿頓的兩篇讚美詩裡可以見到易肯阿頓的神學，但是只有一篇保存下來。這無疑地是埃及人最高貴的宗教作品。太陽是「生命之始」，其光輝「擁抱大地所有地方」。「即使你離我們那麼遙遠，你的光輝卻普照大地；即使你照在人們的臉上，卻無留下痕跡。」㊝阿頓是「婦女體內種子的創造者」，他讓胎兒生長，他照顧嬰孩成長，他使蛋裡的小雞能夠呼吸，接著保護他們。「你的恩澤化育萬物！人們相忘於其中，噢！唯一的神，除了你沒有其他的神。」㊞阿頓創造了男女萬物，使其各安其位，各取所需。「世界因你而存續……！」「使萬物皆有所養。」

易肯阿頓的讚美詩可以和聖經〈詩篇〉104 篇互相輝映。也有人討論易肯阿頓改革的「一神論」特色。布列斯特（Breasted）形容他是「歷史第一人」，雖然其原創性和重要性還有爭議，但是他的宗教熱忱卻無可懷疑。在他棺木中的祈禱文寫著：「我想呼吸從你吐出的甜美氣息。每天我沉思你的壯美……。請給我你的雙手，使其充滿你的靈，好讓我感受你，活在你裡面。請永遠地召喚我：讓我永遠能夠回答你的召喚。」即使在三千年之後，這些詩句仍散發出無限的感人力量。

在易肯阿頓主政其間，由於他在政治國防上的消極作風，使得埃及喪失亞洲部分的領土。易肯阿頓的繼承人圖坦卡門（Tut-Ankh-Amon）（西元前 1357-1379 年）和安夢祭司長重修舊好，並且將國都遷回底比斯。「阿頓改革」的痕跡日漸湮滅，到了這個既長又偉大的十八王朝最後的法老王去世時，這痕跡也大半消逝了。

學者一致認為埃及第十八王朝的滅亡意味著埃及文化創造力的終點。在宗教創造方面，這個時期的黜華崇實（在艾西斯和奧賽利斯之神祕宗教

㊝ 「當你沉睡之時……，大地遁入黑暗，猶如死亡。」也就是在黑夜裡，野獸和蛇出沒，因此「世界墜入寂靜」。易肯阿頓接著以清新脫俗的手法細緻地描述黎明的奇蹟，在晨光中，樹木、花草、魚鳥同享這份喜樂。

㊞ 「你創造了大地……，你不假他助，」「你把天空創造得那麼高，以便你登上高空俯瞰你創造的子民。」

創立以前），正是新王國時期的思想綜合的偉大成就。⑮從某個角度來說，這些綜合是埃及宗教思想的頂點：那是個斐然成章的思想體系，甚至沒有太多的增修餘地。

讓我們暫時回到「阿頓神的一神論」，以便更能了解這個神學綜合的重要性。首先必須要說明的是，在易肯阿頓的讚美詩裡提到的「唯一的神啊，除了你沒有其他的神」，早在阿瑪那改革之前千年就曾經獻給安夢雷、阿圖和其他神。而且如約翰·威爾森（John Wilson）⑯指出的，在這個時期至少有兩位神，因為易肯阿頓本身就像神一樣受到人民的崇拜。忠實信徒（也就是少數官員和宮廷顯貴）的祈禱對象不是阿頓神，而是法老王易肯阿頓。他在著名的讚美詩裡，他宣稱阿頓是他個人的神：「你存乎我心，除了你的兒子（也就是易肯阿頓），其他人無法認識你，你帶領他進入你的計劃和你的力量裡！」這或許可以解釋為什麼「阿頓神的信仰」幾乎和易肯阿頓的辭世同時間消失。這終究只是皇家和宮廷的信仰。

然而阿頓神早在阿瑪那改革之前很久就受到崇拜⑰。在《地下之書》 (122)
裡，太陽神雷被稱為「太陽光盤（阿頓）之主」，在第十八王朝的其他文獻中，安夢（隱藏的神）不受重視，而太陽神雷被形容成「面容被遮蔽」、「隱藏在另一個世界」。換句話說，太陽神雷的神祕且不可見的性格，被認為是和那在太陽光盤裡完全展現的阿頓相輔相成⑱。

33. 最後的綜合：太陽神雷與奧賽利斯的結合

新王國時期的神學家強調性格對立的諸神之間的互補性質。在《太陽神雷的連禱文》（Litanie de Re）裡，太陽神被認為是「萬流歸一」；他的

---

⑮　我們指的是宗教的菁英分子，這些創造裡包含的深刻意義，只有這些菁英才了解。

⑯　Wilson, *The Culture of Ancient Egypt*, pp.223 sq..

⑰　Cf. Wilson, ibid., pp.210 sq.; Piankoff, *Les Shrines de Tut-Ankh-Amon*, pp.5 sq..

⑱　Piankoff, ibid., p.12.

外形是木乃伊的奧賽利斯，頭戴著代表上埃及的皇冠。換句話說，奧賽利斯充滿著太陽神雷的靈魂。⑤就在死亡的法老王身上，這兩位神合而爲一：經過和奧賽利斯的仿同之後，國王如同年輕的太陽神雷一般重生了。太陽的運行代表人類命運的典範：存有形式的更迭，從生存到死亡、然後重生。太陽神雷墮入地下世界，旣意味著死亡，也是重生。有些文獻記載：「太陽神雷在奧賽利斯之中，奧賽利斯在太陽神雷裡面。」⑥許多神話典故也強調太陽神雷的雙重性格：他旣是太陽也是奧賽利斯。同樣道理，當法老王到地下世界去的時候，他就成爲奧賽利斯和太陽神雷的結合。

　　上述文獻曾提到，太陽神雷「隱藏在另一個世界」。《太陽神雷的連禱文》（20-23）屢次提及太陽神雷和水有關的性格，也就是把太陽神等同於創世之初的海洋。這種對立的統一尤其表現在結合太陽神雷和奧賽利斯、或霍魯斯和賽特的崇拜裡⑥。誠如克拉克（Rundle Clark, p.158）所說
(123) 的，太陽神雷是超越的神，奧賽利斯是聖顯的神，他們有互補的神性。總之，他們都象徵著同一個「奧祕」，是唯一的神的多種面貌⑥。根據阿圖神的神譜學和宇宙創造論（第26節），神是即一即多的；而創造就蘊含在他多樣的名字和形式裡。

　　其實埃及從遠古的時代開始，就經常融合諸神。而帝國神學的獨創性在於，一方面旣使太陽神雷成爲奧賽利斯，也使奧賽利斯成爲太陽神雷；另一方面，他們相信這個雙向的過程揭露了人類存在的神祕意義；生命和死亡的互補性⑥。從某個角度來看，這種綜合的神學旣見證奧賽利斯的勝利，也賦與他新的意義。其實在中王國初期，這得遇害的神就已經廣受崇

---

⑤　Cf. Piankoff, *The Litany*, p.11.

⑥　Cf. Piankoff, *Ramesses VI*, p.35.

⑥　Pinkoff, *The Litany of Re*, p.11, n.3.

⑥　其實早在《金字塔文》裡，阿圖從他自己分化出諸神。阿圖以蛇的外形（參考§26）被等同於奧賽利斯（暗示著他也會「死亡」）；阿圖也經常被等同於霍魯斯。Piankoff, *Litany*, p.11, n.2。

⑥　在印度的婆羅門教時期也有類似的情形，儘管追求的目標不盡相同；請參考第九章。

拜。從第十八王朝起，奧賽利斯成為死者的審判者。「審判」和「靈魂稱重」這兩場在死後世界上演的戲，就在奧賽利斯面前展開。「審判」和「靈魂稱重」原本在《棺木文》是分開的，在《死者之書》卻有合併的趨勢[64]。這些在新王國時期撰寫的陪葬用咒文集裡包含有更古老的資料，在整個埃及文明時期都受到人們無比的喜愛。《死者之書》是引導死者靈魂到死後世界的最高指導。祈禱文和咒術是要幫助靈魂的旅行，特別是庇佑靈魂通過「審判」和「靈魂稱重」這兩個考驗。

在《死者之書》裡有許多古代的傳統，值得一提的是「第二次死亡」的危險（ch. 44, 130, 135-6, 175-6）以及保有記憶（ch. 90）和記得自己名字的重要（ch. 25）。這種想法不只在「原始部落」可以看到，在古希臘和印度也都有記載。《死者之書》反映的是新王國時期的神學綜合。給太陽 (124)
神雷（ch. 15）的讚美詩描寫太陽每日的旅程；當他進到地底世界時，他就散播喜悅。死者「都感到歡欣，當你為偉大的永恆之主奧賽利斯而散發光芒時。」死者想要和神明（太陽神雷、霍魯斯、奧賽利斯、阿努比斯、普塔）合而為一的慾望，也頗值得玩味。他們也不排除咒術的使用。事實上，認識某個神的名字等於擁有他的某種能力。當然，史前時代就已經知道名字或話語的巫術價值。對於埃及人來說，巫術是諸神創造來保護人類的武器。新王國時期，巫術是透過和太陽神雷一起駕船的神而被人格化，作為太陽神的屬性[65]。總之，太陽神雷在夜裡的地底之旅充滿了阻礙和危險，而這正是每個死者通往審判之地的必經過程[66]。

《死者之書》裡極為重要的第 125 章，描述死者靈魂在名為「兩個正義」[67]的大廳裡接受審判。死者的心放在天秤的一端；另一端放的是羽毛

---

[64] Cf. Yoyote, "Le jugement des morts dans l'Égypte ancienne", p.5. 確切而言，對死者的審判以及宇宙正義的概念，「所有人，不論王宮或凡夫，死後都會遭遇到」，證實從第九王朝就已經存在；Yoyote, ibid., p.64.

[65] 漸漸地，咒術的角色變得極為崇高，尤其在平民大眾之中。

[66] 其他的陪葬文獻還有《地下之書》和《門之書》等，不約而同地描寫太陽神雷在黑夜的十二小時渡舟經歷的逝者國度。

或是一隻眼睛，象徵著正義。進行過程中，死者必須唸一段祈禱文，祈求他的心不要供出對自己不利的證詞。接著，他必須宣稱自己的清白，很唐突地名為「否定句的懺悔」：

> 我從未犯下令別人憂慮的事……。
> 我從不褻瀆神明。
> 我從不對窮人落井下石……。
> 我不曾殺過人……。
> 我從不帶給別人痛苦。
> 我從不縮減神廟裡的食物奉獻等等。
> 我是純潔的。我是純淨的。我是純潔的。我是純淨的。

(125) 死者面對的是 44 位神所組成的審判庭：「敬愛的神你們好，噢！在場的諸神，我認得你們，我知道你們的名字。我不會被你們打倒。希望你們不會報告說我對諸神不敬……。你們在『普世之主』面前會說正義與我同在，因為我在埃及努力行義。」然後他自吹自擂說：「我做神所喜愛的事，讓神感到滿意。我給饑餓的人吃麵包，我給口渴的人喝水，我送衣服給裸身的人，我贈送船給沒有船的人……。所以，救救我吧，保護我吧，請不要在偉大的神面前說對我的壞話！」[68]而且，死者還必須經過類似入會禮的問話。死者也必須證明他知道門和門檻不同部分的祕密名字，或是大廳的守門人和眾神的名字[69]。

對於死亡奧祕的沉思，是埃及最後一次宗教思想的綜合，其影響力持續到埃及文明的尾聲。當然，後人對於這個思想有許多的詮釋和應用。對於迷信巫術的信徒來說，不一定會接受太陽神雷和奧賽利斯的雙重神性或

---

[67] Cf. Yoyote, pp.61 sq..

[68] Yoyote, pp.52-56.

[69] Ibid., pp.56-57。在古王朝時期，法老王也同樣必須經歷類似入會禮的問答；參考第 28 節。

是介生死輪迴的肉身蛻變的深層意義；然而，這些神學卻反映了同樣的末世論祕密知識。新王國時期的神學家將古老的死亡概念發展成靈性的蛻變，並且在太陽神雷的日常祭典和奧賽利斯的故事裡發現這個「奧祕」的典型。那永恆不滅的（太陽的運行）、那悲劇性或是意外的（奧賽利斯的遇害）以及那無常且沒有意義的（人類的存有）元素，都被他們涵攝到同一個體系裡。在這個救世論的表述裡，奧賽利斯的角色具有決定性。因為他，每個終將會死的人才能夠希望來世得到「榮耀的命運」。總之，法老王是普世的典範。

　　「特權」、「入會禮的智慧」和「善行」之間的衝突，有時會以欺騙的方式解決。因為如果總是要成全「正義」，那麼「入會禮的智慧」可能 (126)
會被化約成巫術的操弄。這都得看我們如何對待《死者之書》和其他作品裡蕪蔓龐雜的末世論思想。這些文獻有各種解讀方法，端看從哪個層次去解釋。當然，「巫術的解釋」是最簡單的：認為其中只意味著對於語言無窮力量的信仰。只要透過新的末世論使得世人都有希望獲得「榮耀的命運」，那麼巫術的特權就會不停擴長。埃及文明的晚期就淹沒在巫術信仰和習俗裡[70]。但是我們也應記得，在「孟斐斯的神學」裡（第 26 節），普塔神藉由語言的力量創造了神和世界。

-----

[70]　請參考本書卷二。

第五章
巨石遺址、神廟和祭祀中心：
歐美、地中海和印度河谷

34. 石頭和香蕉

(127)　　　西歐和北歐的巨石遺址吸引著各地學者已達一個世紀之久。的確,當
我們看到卡內克(Carnac)的列柱或「巨石柱群」(Stonehenge)三石塔
的照片,總是會對其意義和旨趣感到好奇。新石器時代的農夫如此高超的
技術,令我們嘖嘖稱奇。他們如何豎起這三百噸的石塊,如何架起重達百
噸的石板?再者,這樣的巨石建築不是單獨的個例。他們是屬於整個巨石
遺址系統,從西班牙地中海沿岸向北延伸,包含葡萄牙、半個法國、英國
西岸、愛爾蘭、丹麥,直到瑞典南岸。當然,這些巨石遺址在外觀上有很
大的差異。但過去兩代的史前史學家努力證明歐洲各地巨石文化的關連
性。目前唯一的解釋是,以阿美里亞(Almeria)省的洛米拉(Los Mil-
lares)為中心的巨石結構散佈到各地。

　　　巨石結構包括三個部分:一、巨柱(menhir)指很大的石頭,有時候
很高、很長①,豎立地上(布列塔尼語 men 意為「石頭」,hir 意為「長
(128)　的」);二、環形大石垣(cromlech,crom 意指「圓形、曲線」,而 lech
意指「地點」)。環形大石垣指堆成圓形或半圓形的石柱群,最壯觀的環
形大石垣是位在沙利斯柏力(Salisbury)附近的「巨石柱群」環形大石垣;
有時石柱會排成數列,有如布列塔尼的卡內克②;三、石棚(dolmen)
(dol指「桌子」,men指「石頭」)。石棚是由數塊石柱撐起一塊石板,
形成密室或房室的外形。最初的石棚上還覆蓋著泥土。

　　　石棚組成所謂的墓室(後來在某些地區,如西歐或瑞典,石棚變成
「有頂蓋的走廊」,形成覆蓋長條石板的通道)。有些石棚建築相當壯
觀,如賽維雅(Seville)附近的索多(Soto)石棚,長達 21 公尺,還有一
塊花崗山形牆,高 3.4 公尺、寬 3.1 公尺、厚 0.72 公尺、重達 21 噸。在洛

----

①　位於洛克瑪利亞克(Locmariaquer)巨柱高達 20 公尺。在布列塔尼有些獨立的巨
　柱是屬於墓地的結構。
②　卡內克的直線石柱共有 2935 根巨柱,排列於長達 3900 公尺的土地範圍內。

米拉，我們挖掘出藏有數百條走廊的大墓地。大部分的墓室都覆蓋在厚厚的泥層下。有些墓室埋有近百人，同族中好幾代同葬。亦有墓室內豎有中心支柱，墓室牆內的繪畫遺跡還依稀可辨。大西洋沿岸散落著眾多石棚，尤以布列塔尼最多，一直到荷蘭都有石棚遺址留下來。在愛爾蘭的墓室比較高，牆上還飾有雕塑。

這些無疑是重要的死者儀式。築起這些雄偉建築的新石器時代農民，他們自己的房子狹小且不堅固（事實上，他們的房子幾乎沒有留下任何遺跡），而死者的住所卻採用石材建築。顯然他們認為唯有雄偉堅固的建築才能對抗時間的考驗。我們知道石器時代複雜的象徵和石頭的宗教價值③。岩石、石板、花崗石塊，代表著永恆、持久和不朽，也就是獨立於時間的存在模式。

當我們沉思著這些由西歐最早的農民建造的壯麗建築時，不由得想到印尼的神話：太初的時候，天空和大地還很接近，天神會把禮物繫於繩端，贈給人間第一對夫婦。有一天，天神繫了一塊石頭在繩上，人類的祖先覺得非常驚訝且深感受辱，拒絕了這禮物。過了一段時日，天神再度降下繩索；這次繩端綁著一根香蕉，這禮物馬上就被接受了。此時，人類聽見天神的聲音，說道：既然你們選擇了香蕉，你們的生命將如水果的生命週期一般。假如你們選擇石頭的話，你們的生命將如石頭般持久而永恆。④ (129)

我們前面已經提到（第 12 節），農業的發展使人類存在的概念有很大的轉變：生命有如植物一般脆弱而短暫。但另一方面，人類和植物享有共同的生命週期：出生、生命、死亡、重生。我們可以把巨石文化當作是印尼神話的呼應：既然人類的生命像植物一樣，那麼只有**透過死亡**才能獲得永恆和力量。死者回歸大地之母的懷抱，希望如種子般重生；但是他們也和墓室的石塊也有神祕的連繫，最後變成如石塊一般的堅不可摧。

事實上，死者的巨石儀式不只是認為靈魂的不朽，更是相信祖先保護

---

③　*Traité d'Histoire des Religions*, §§77 sq..

④　J. G. Frazer, *The Belief in Immortality* (1913), vol. 1, pp. 74-75, *Occultism, Witchcraft and Cultural Fashions*, chap. 3, "Mythologies of Death".

並幫助活著的人。這和其他古文明有很大的差異，對美索不達米亞、西台人、希伯來或希臘文化而言，死者不過是痛苦且無助的影子。再者，對於從愛爾蘭到馬爾他島及愛琴海群島的巨石建築的建造者而言，和**祖先的儀式性溝通**是其宗教最主要的部分；而史前的中歐和古代的近東則嚴格規定**隔離死者**。

(130)　　除了各種慶典（遊行、舞蹈）之外，死者的巨石崇拜還包括獻禮（食物和酒）、在紀念碑左近進行的牲祭和墓園的儀式餐宴。還有很多巨柱豎在其他地方。這些巨柱很有可能是「身體的替代物」，以具現死者的靈魂⑤。而這個以石頭「替代」的身體是永恆的。有些巨柱還會裝飾成人形；換言之，他們是死者的「身體」或「住所」。同樣的，石棚牆壁的風格化形象和西班牙巨石墓地出土的小泥塑，很可能都是象徵著祖先。在某些例子裡，我們可以發現他們有類似的信仰：祖先的靈魂有時候可以離開墓穴⑥。一些鑿有小洞的石塊堵住巨石墓穴，這些小洞被稱為「靈魂之洞」，藉此和活著的人溝通。

　　我們也不能忽視巨柱的性愛象徵，因為這在世界各地和各種文化層次都有文獻記載。《舊約》〈耶利米書〉2:27 提到：「他們向木頭說，你是我父，向石頭說，你是生我的。」⑦在二十世紀初，歐洲農民仍然相信巨石有賦予生命的力量。在法國，年輕的婦女為了要生小孩，還會順著巨柱滑下來（glissade），或是坐在巨石上，以腹部磨擦巨石（friction）⑧。

---

⑤　Horst Kirchner, *Die Menhire in Mitteleuropa und der Menhirgedanke*," pp. 698 sq..

⑥　布列塔尼某些石棚前的巨柱，我們認為類似埃及信仰。根據埃及信仰，死者之魂化身為飛鳥，離開墓穴，選擇陽光下的高柱頭上棲息。「類似的信仰似乎在地中海及西歐流傳著。」（Maringer, *L'homme préhistorique et ses dieux*, p.245）。Carl Schuchhardt 認為 Hagia Triada 棺槨的埃及方尖碑（第 41 節），也有相同作用，飛鳥停於其上。Kirchner, "*Die Menhire*,", p.706, 對此有過批評。他提到南亞的巨石建築中，巨柱是靈魂之「座椅」（見 36 節）

⑦　然而，即使以色列的法規如〈申命記〉，在提到神是存在和創造的唯一來源時，都用到了石頭的存有學隱喻：「你輕忽生你的磐石，忘記產你的神！」（32:18）

⑧　*Traité d'Histoire des Religions*, §77; Kirchner, "*Die Menhire*," pp. 650 sq..

　　形似陰莖的巨石不一定要解釋爲生殖的功能，雖然某些文化有文獻記載著這些象徵。最有原創性且根本的概念，是祖先的「蛻變」爲石頭；透過巨石柱「替代的身體」、或是直接把死者的遺骨或骨灰（象徵他們的靈魂）摻入建築的結構之中。這都是使死者的生命注入石頭裡，住進新的身體裡，而因爲那是礦石的身體，所以也是不會腐朽的。因此，巨石柱或巨石墓穴便成爲永不枯竭的活力之泉。死者藉由投射到墓地的巨石結構裡，而能夠主宰繁殖和豐饒。用印尼的神話語言來說，死者同時擁有了石頭和香蕉。　　(131)

35. 祭祀中心和巨石建築

　　某些巨石建築群，如卡內克或是柏克夏（Berkshire）的阿士當（Ashdown）遺址（共有800個巨石散佈於長250公尺、寬500公尺的地區裡），無疑是重要的祭祀中心。這些慶典包含獻祭，可能還有舞蹈及遊行。事實上，可能有上千民眾在卡內克的大街上遊行。大部分的節慶可能和死者的祭祀有關。和英國其他相似的建築物一樣⑨，「巨石柱群」的環形石桓位於墓地石堆的中央。這著名的祭祀中心是和祖先溝通的聖地（至少其原型是如此）⑩。就結構來看，「巨石柱群」和其他文化的巨石建築都有個聖地，無論是神殿或城邦。這些聖地都有「世界中心」的意義，人們在此和天堂或地下世界溝通，也就是天神、冥府女神和死者的靈魂。

　　在法國的某些區域、伊比利亞半島和其他地區，都有女神的崇拜，那是庇護死者的女神。其中又以馬爾他島上的巨石建築、死者儀式和女神崇拜最爲壯觀。考古發現的房子不多；但到目前爲止，我們卻挖出十七座神廟，而且我們認爲神廟的數目遠超過這數字，這也證實某些學者的想法，　　(132)

---

⑨　例如 Woodhenge、Avebury、Arminghall、Arbor Low；Maringer, p. 256。

⑩　因爲「巨石柱群」並非一次完工。我們目前所知最初的建築，之後又經歷數次的整修改建。見 Colin Renfrew, *Before Civilization*, pp. 214 sq.。

他們認為在新石器時代，馬爾他島是一座**聖島**（isola sacra）⑪。聖殿前面和聖殿之間的寬闊平台，應是遊行及祭典舞蹈之用。神廟牆上有美麗的螺紋淺浮雕，我們也挖掘出許多象徵女人的石雕躺在一旁。最令人振奮的發現，則是巨大的坐姿女人雕塑，她想必是位女神。

挖掘的成果證明當時存在很繁複的儀式，包含牲祭、食物和酒、廟宿（incubation）和占卜儀式，顯示出有重要且組織完備的祭司團。死者的儀式可能是最重要的部分。在著名的哈薩夫利尼（Hal Saflieni）的史前墳場（現稱為「地下墓室」〔Hypogée〕，包括在石塊中鑿出的數間墓室），我們挖出 7000 人左右的骨骸。在這墳場裡，我們挖出女人臥像，意味著廟宿的儀式。如同其他巨石建築，內室牆上都有雕飾及繪畫。大間的石廳則是給祭司和入教者的儀式使用，因為兩者有屏風隔開⑫。

「地下墓室」是地下墳場和小室，但是我們在神廟裡沒有發現任何葬儀的遺跡。馬爾他島的聖殿呈曲線形，似乎相當獨特；多位考古學家稱為「腎形聖殿」，但根據聰茲（Zuntz）的說法，其結構可能暗示著子宮。神廟有屋頂覆蓋，房間也沒有窗戶，所以整體而言相當陰暗，進入聖殿彷彿

(133)　有到了「地球的內臟」的感覺，就如進入冥府女神的子宮裡。但在石塊間鑿出的墓穴亦有子宮之形。彷彿死者被置於大地核心，以便重生。「神廟大體上都是同樣的形式。活者的人進入殿堂有如進入女神身體裡。」聰茲提出結論認為，事實上，這些建築是「最典型的祕教儀式場所」⑬。

在伊比利亞半島上及西歐的石棚和巨石柱的牆壁上，我們也可發現巫術宗教的符號和象徵，如光芒四射的太陽、斧頭的記號（雷電之神專用）、蛇、生命象徵、祖先形象和麋鹿等等。當然，這些圖形是在不同地區發現的，分屬不同文化時期；但他們都和巨石建築有密切的關係。這有可能是因為不同「巨石文化」民族有著複雜多樣的宗教思想，或者是因為

---

⑪　Günther Zuntz, *Persephone*, p.4 n. 1.

⑫　J. D. Evans, *Malta*, p.139; Glyn Daniel et J. D. Evans, *The Western Mediterranean*, p. 20.

⑬　Zuntz, *Persehpone*, pp. 8, 25.

祖先崇拜會因爲其他形式的宗教結構而異。

36. 「巨石之謎」

十年前，考古學家們還認定巨石文化是受到地中海東部來的殖民者的影響，因爲在西元前 3000 年的地中海就已經有關於集體葬禮的考古證據⑭。當巨石文化西傳時，石棚建築（墓室）轉變爲巨石式建築（architecture cyclopeenne）。根據丹尼爾（Glyh Daniel）的推測，這轉變是發生在馬爾他島、伊比利亞半島及法國南部。他還整體性地比較巨石文化的影響西移、希臘及腓尼基文化於地中海的殖民擴張，以及伊斯蘭文化的傳佈西班牙。「由於他們的宗教非常興盛，且受到愛琴文化的啓發，而把墳墓（或是陵寢神殿？）建造得如此宏偉，以保存偉大的冥府女神。從巴黎盆地 (134)（bassin parisien）、加夫里（Gavrinnis）、安哲魯陸由（Anghelu Ruju）到克里特島、愛琴海，甚至到特洛伊，都可以看到女神、斧頭、獸角和其他象徵。可以確信的是，源於地中海東部的強大宗教影響且啓發了向西歐遷移的巨石墓穴的建築者⑮。」但宗教並非這次大遷徙的主因，相反的，「宗教是他們在遷移到西歐及北歐時的心靈慰藉。」移民尋找可以生活和貿易的地方⑯。

戈登‧卻爾德（Gordon Childe）在他最新的著作裡提到「巨石宗教」如何透過地中海的探索者及殖民者到處傳播。當不同的社會接受這個宗教時，也會接納建造巨石墓穴的觀念，但是不影響到各地原有的結構。墳墓可能是屬於某個貴族或族長，由同族人共同完成。「巨石墓穴比較像教堂而不像城堡，而墳墓的主人也比較像是克爾特的聖人而不像是諾曼第男

⑭　邁諾斯集體墓穴有兩種形式，一是天然洞穴，二是圓形圍籬，通常被稱爲 tholoi；見 Glyn Daniel, *The Megalithic Builders of Western Europe*（1962），p. 129。

⑮　Daniel, op. cit., p. 136.

⑯　Daniel, ibid., pp. 136-137.

爵。」⑰主要崇拜大地之母的巨石宗教的「傳教士」吸引了許多農民。事實上，石棚和巨石垣的位置也都在新石器農業中最肥沃的地區⑱。

　　許多傑出的史前史學家也對巨石建築提出類似的看法和分析⑲。然而，新近的放射性碳的測定和樹木年代學的技術⑳推翻了這些解釋。我們現在已經能夠證明，布列塔尼半島上的巨石墳墓建於西元前 4000 年以前，而英國和丹麥的石墓則是在西元前 3000 年前左右㉑。至於雄偉壯觀的「巨石柱群」，我們曾認為和韋賽克斯（Wessex）文化同時期，而且源自邁錫尼文化。然而，最新方法的研究卻指出，「巨石柱群」是在邁錫尼文化之前建成；最後一次的修建（「第三巨石柱群」），是在西元前 2100-1900 年間㉒。同樣的，馬爾他島的塔西恩（Tarxien）神廟和哈薩夫利尼的墳場，都是在西元前 2000 年左右完工的。因此我們不能說他們的某些特性受到邁諾斯青銅器時代的影響㉓。如此一來，我們只能說，**歐洲的巨石建築早於愛琴海文化**。我們看到的，是原生性的土著文化產物。

(135)

---

⑰　Gordon Childe, *The Prehistory of European Society*, pp. 126 sq. 。作者將巨石墓穴和高盧聖人及愛爾蘭聖人在不列顛島上相同地區的小教堂連結起來。（ibid., p. 128）。

⑱　ibid., p.129.

⑲　Stuart Piggot 認為巨石建築和地中海東部文化無關，而和天主教教堂及清真寺做比較。見 *Ancient Europe*, p.60。Grahame Clark 認為，愛琴海集體墓穴的崇拜儀式和地母女神崇拜，是由石礦開採者及探索者傳入西方的。見 *World Prehistory*, pp. 138-139。

⑳　關於「放射性炭素的樹木年輪測量」（tree-ring calibration of radiocarbon），見 Colin Renfew, *Before Civilization*, pp. 48-83。大家都知道，因為碳十四和樹木年輪氣候學的發現，使得歐洲史前的年代鑑定產生絕大的變動。

㉑　大家不要忘了，埃及最早幾座石砌金字塔是建於西元前 2700 年前左右。這些金字塔確實有磚造的金字塔為前身，但是埃及在西元前 3000 年前左右並沒有石造建築。見 Renfew, op. cit., p.123。

㉒　ibid., pp. 124 sq..

㉓　ibid., p.152; Daniel et Evans, *The Western Mediterranean*, p.21。Zuntz 認為有受到埃及或蘇美文化影響，見 *Persephone*, pp.10 sq.。

　　然而，年代測定的「推翻」和證明西方文化的原生性，對於巨石文化的詮釋並沒有多大幫助。關於「巨石柱群」這主題有大量的討論，其中不乏眞知卓見㉔，但巨石的宗教功能和象徵仍有爭議。再者，爲了不作太過冒險的假設（史密斯爵士〔Grafton Eliott Smith〕認爲巨石建築的唯一起源是埃及法老王時期），研究學者不敢全面性地探討這個問題。然而這是很可惜的，因爲「巨石信仰」是個重要且獨一無二的研究主題。事實上，比較研究的方法可以指出，透過這個直到十九世紀仍盛行的巨石文化的研究分析，將有助於了解史前建築家們所共有的宗教觀。

37. 民族誌學和史前史

　　別忘了除了地中海、西歐及北歐之外，史前史時期和原史時期的巨石　(136)
文化分布相當廣：北非、巴勒斯坦、阿比西尼（Abyssinia）、德坎（De-kkan）、阿薩姆（Assam）、錫蘭、西藏和韓國。至於二十世紀初還盛行的巨石文化則以印度尼西亞及美拉尼西亞最著名。羅柏・海涅戈登（Robert Heine-Geldern）曾對這問題有過深入研究，他認爲兩種巨石文化，史前巨石及民族誌期的巨石，在歷史上有其相關性，因爲根據他的說法，巨石建築是從某個中心向外擴散，而這中心所在位置相當接近東地中海。

　　我們稍後再探討海涅戈登這假設。我們先來看看他對現存巨石文化的幾個社會之特殊信仰的結論。巨石與死後往生的概念息息相關。大部分的巨石都是在靈魂永生之旅的紀念儀式裡豎起，以保護靈魂；石柱可以爲死者和巨石建造者保證永生。巨石成爲活著的人和死者最佳的橋樑；人們相信巨石可以保有建造者以及死者的巫術能力，因而保佑他們人畜興旺，五穀豐收。在所有迄今盛行的巨石文化裡，祖先崇拜扮演著重要的角色㉕。

㉔　事實上，「巨石柱群」的地質結構似乎也暗示著天文觀察站的可能性，很可能某些主要節慶都和時節相配合，如 Hopi 族和 Cherokee 族。見 Renfew, pp. 239 sq.。

㉕　R. Heine- Geldern, "Prehistoric Research in the Netherlands Indies," p.149; id., "Das Megalithproblem," pp.167 sq..

這些建築是死者回到村裡時的靈魂之椅，但是活者的人也會使用。巨石所在之地是文化集會的絕佳選擇（祭祀舞蹈、獻祭等等），也是社會活動的中心。在巨石文化的死者祭祀裡，族譜佔有重要地位。根據海涅戈登(137) 的說法，在儀式裡會朗誦族譜（建村者和若干大家族的家譜）。必須提到的是：**人們希望透過石頭的媒介名垂千古**。也就是說，透過懷念祖先的名字和功績，人們可以和祖先保持聯繫，透過巨石留下永恆不變的記憶。

我們之前提到，海涅戈登認為巨石文化是從五千年前直到現在「原始」部落一脈相傳的。但他不同意史密斯爵士和派瑞（J.W. Perry）的泛埃及文化假設。而且，他也否認有所謂的「巨石宗教」，因為在許多宗教裡，無論是單純或繁複的宗教，都記載過巨石文化的信仰和概念。奧地利學者將巨石建築結構和某些「神祕主義」運動作類比，例如，坦特羅教可能同時屬於印度教，也屬於佛教。他也否認「巨石文化圈」是由某些特定的神話或社會經濟體制產生的；事實上，很多不同的文化、社會組織和經濟體系的民族，都有巨石建築[26]。

海涅戈登針對巨石建築的分析到目前還是很有價值。但他對早期和現在巨石建築之間的統一性假設，則受到很多研究者的質疑甚至摒棄。巨石建築的「連續性」是個很重要的問題，應該有開放的討論空間。就像最近某研究者就說，這是「史前史裡最大的謎題」。不管如何，無論採用何種假設，連續性或是輻輳性，我們都不能談所謂「單一的」巨石文化。我認為，在各個巨石宗教裡，石頭的神聖性價值在於和死後生命的關係。人們努力「發現」死後的生命，透過石頭特有的「存有顯現」（ontophanie）特性。在西歐巨石文化裡，對巨石的著迷更是明顯；但這著迷是因為希望能(138) 把集體墳墓轉化為雄偉恆久的紀念物。透過巨石的建築，死者享有不可思議的神力；而且，因為祖先能夠和活著的人們溝通，這神力也因此會傳到活著的人們身上。當然還有其他形式的祖先崇拜。巨石宗教特殊之處是：人們把祖先的崇拜和石頭等同或聯想在一起，而使得**生死之間得以綿延連**

---

[26] 見 *Das Megalithproblem*, pp.164 sq.。

續。但是要注意的是，這個宗教觀念只有在幾個特例裡曾經完整表達過。

38. 印度最早的幾個城市

　　近來印度史前文明的研究，發現了許多幾十年前無法想像的概念和探索角度。同時也發掘了許多還沒有滿意答案的問題。隨著兩座城市，哈拉帕（Harappa）和摩亨約達羅（Mohenjo-daro）的出土，我們發現相當進步的都市文明，兼具商業都會和神權政治的特性。其歷史年代之鑑定還有些爭議，但是可確定的是，大約西元前 2500 年左右，印度文明已經發展成熟。對於挖掘工作的學者而言，最令人驚訝的，是哈拉帕文明的齊一性和穩定性。在哈拉帕長達千年的文明裡，沒有任何改變或革新。這兩座城市很可能是「帝國」的首都。這文化的齊一性和連續性的唯一解釋，就是假設宗教的神權統治[27]。

　　現在我們知道這文明不限於印度河谷，而每個地方也表現相同的齊一性。戈登·卻爾德認為哈拉帕文明和埃及以及美索不達米亞有著相同的科技發展。但是我們卻發現大部分的哈拉帕文物都缺乏想像力，「暗示出哈拉帕人對俗世事物不甚重視。」[28]

　　至於這個印度古文明的起源，學者咸認為是在俾路支地區（Baluchistan）。根據費舍維（Fairservis）的說法，哈拉帕人的祖先是伊朗雅利安文化之前的農民的後代。隨著南俾路支地區的考古挖掘，我們對前哈拉帕文化有更明確的了解。值得注意的是，最早的重要聚落有近似祭祀的結構。在波拉利（Porali）河附近挖掘的遺跡，稱為「艾迪斯·沙巴區」（Edith Shabr），我們挖到高度 7-12 公尺的小丘，還有許多有圍牆的建築。山頂建有**塔廟式的建築**（ziggurat）；有若干階梯通往平台。這些石砌的建築看來很少有人住過，意味著是供作祭典使用。第二區（B phase）有

(139)

---

[27]　M. Eliade, *Le Yoga*, pp.348 sq..

[28]　B.et R. Allchin, *The Birth of Indian Civilization*, p. 136.

環狀排列的巨石，有上百個 3-8 公尺寬的建築，以及白石鋪成的「大道」。這些建築都似乎都只是爲了宗教目的而建造的㉙。

　　費舍維把圭塔谷地遺址（Quetta Valley）（屬於信德〔Sind〕和俾路支的前哈拉帕時期文化）和摩約亨達羅以及哈拉帕遺址作比較，他認爲這些城市最初都是爲了祭祀的目的建造的。這假設還有很多爭議的地方，雖然我們都確定「城堡」的宗教功能，這兩個城市有相同的平台建築結構。這些爭議對我們意義不大。因爲前哈拉帕時期的聚落（也就是最早的「城市」）的起源於祭典已經是確定的，而學者也都看到這些最早的建築裡有祭典建築的架構。保羅・惠特里（Paul Wheatley）的精闢分析證明，中國、美索不達米亞、埃及和中美洲等地的早期城市，都有其宗教功能和建造目的㉚。最古老的城市都是環繞著祭壇建造的，也就是聖地的附近，「世界中心」的周圍；我們認爲那可能是人間、天堂和冥府交通之處㉛。假如我們能證明印度這兩個首都和前哈拉帕文化的城市原型（還有其他古城）判然有別，那麼哈拉帕和摩約亨達羅就是都市建築最早的世俗化例證，而這本質上是現代才有的現象。

(140)

　　我們要說的，是這些聖地或文化中心存在著許多不同面貌。在地中海和西歐的巨石文化裡，祭祀中心和死者崇拜有密切的關係，他們大部分都是以巨柱及石棚爲主，很少有祭壇；至於聚落的規模都不大過村落㉜。前面提到，西方眞正的巨石「城市」是爲死者建造的，也就是史前墳場。

39. 原史時期的宗教概念和印度教裡的類似概念

㉙　W. A. Fairservis, *The Roots of Ancient India*, pp. 195 sq., p. 362 sq. 。對於這時期的前哈拉帕文化和南印度巨石文化的關連，見 ibid., pp.375 sq。

㉚　Paul Wheatley, *The Pivot of the Four Quarters*, pp.20 sq., pp. 107 sq., pp.225 sq..

㉛　Eliade, *Le mythe de l'éternel retour*, chap. 1。Id., "Centre du Monde, Temple, Maison".

㉜　這個地區早期建立起來的城市也是「聖城」，也就是「世界中心」；見 Werner Muller, *Die heilige Stadt*, passim.

　　哈拉帕宗教，也就是印度最早的都市文明的宗教，就其和印度教的關係，也是非常重要的。儘管某些學者抱持著懷疑的態度，但摩約亨達羅和哈拉帕的宗教生活留下很多文物供我們研究，至少掌握了幾個主軸。例如很多出土的泥塑或石印上的圖案，證明有大地之母的女神崇拜。另外約翰・馬歇爾（John Marshall）爵士也發現瑜珈坐姿的陽具泥塑，身邊圍繞著野獸，爵士認為這代表著偉大天神，很可能是濕婆神（Shiva）的原型[33]。費舍維也發現石印上大量的崇拜或獻祭場景的繪畫。最著名的場景是坐姿（或跳舞）的人像，兩側跪著祈求者，各有一條響尾蛇。其他的石印像吉加美士那樣站在兩隻老虎上的人物，或是頭上有角的神，有公牛的腳和尾 (141)巴，讓人想起美索不達米亞的恩奇杜；最後還有各種樹神，人們為這些樹神獻祭，並且帶著「旗幟」遊行[34]。在哈拉帕出土的幾個甕的繪畫，瓦茲（Vats）認為那是死者靈魂準備渡河[35]。

　　自從約翰・馬歇爾的研究後，很多學者都強調哈拉帕地區的「印度文化」色彩。除了先前提到的瑜珈姿勢的偉大女神（濕婆神的原型），樹木、蛇和陽具的儀式價值，還有摩約亨達羅的「大浴場」（很像現在印度教神廟裡的「泳池」）、菩提樹（pipal）、頭巾（在《吠陀》裡還沒有看到，直到《梵書》時期才出現）、鼻飾、象牙梳子等等[36]。在哈拉帕文化的傳承過程裡，如何保留部分的哈拉帕文化，又如何部分融入印度文化，我們對這個歷史演變所知有限。學者對兩個大城的沒落原因仍然議論紛紛。人們猜測可能是因為印度幾次極為嚴重的水災、大旱或地震[37]，還有雅利安人的大舉入侵。沒落的原因很可能不只一個。但不管如何，西元前

---

[33] Sir John Marshall, *Mohenjo-Daro*, vol. I, p.52; cf. Eliade, *Le Yoga*, pp.349-50。在城裡還發現有陽具型石塊；見 Allchin, op. cit., p.312。

[34] Fairservis, op. cit., pp.274 sq..

[35] Allchin, p.314 et fig.75.

[36] Eliade, *Le Yoga*, pp.350-51; Piggot, *Prehistoric India*, pp.268 sq.; Allchin, op. cit., pp. 310 sq.; Sir Mortimer Wheeler, *The Indus Civilization*, p.135.

[37] 見 Wheeler, op. cit., pp. 127 sq.; Allchin, op. cit., pp.143 sq.; Fairservis, pp.302 sq.。

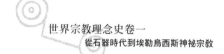
1750 年左右，古印度文化已現頹勢，印度雅利安人只是最後一擊。（見第 64 節）但必須注意的是，雅利安人的入侵是漸進式的，長達幾個世紀之久；此外，在南部的騷拉什特拉（Saurashtra）地區，從哈拉帕中心衍生出的文化，在雅利安人入侵之後仍繼續發展㊳。

二十年前，我對印度古文明的沒落這樣描述：

(142)　某個城邦文化的消逝不代表整個文明的毀滅，而是文化退化為村落的、萌芽時期的、「庶民」的形式。（這現象在歐洲得到多次證實，蠻族入侵期間及其後，都證實這個說法。）但是，旁遮普（Punjab）的「雅利安化」迅即促成文化的融合，後來成為印度教文化。印度教裡有許多哈拉帕文化的元素，唯一的解釋就是，印歐征服者和古印度文明的代表很早就有接觸。這些代表未必是古印度文化的創建者或其子孫；他們可能只是當初在哈拉帕文化的附近，而保存了他們的文化，免於被雅利安化。這也解釋了表面看起來很奇異的現象：偉大女神及濕婆神的崇拜、陽具崇拜及樹神崇拜、禁慾主義和瑜珈等等，在印度境內首度成為古印度城市文明的宗教信仰，而在中古印度和現代印度，這些宗教卻都是「平民」的信仰。當然，從哈拉帕時期開始，澳大利亞原住民信仰和他們的「主人」（城市文明的建立者）的信仰就已經有所融合。但我們不能說保留下來的只有這個融合，「主人」的特殊貢獻也不容忽視（特別是神權統治的觀念），否則我們無法解釋為什麼吠陀時期後婆羅門的地位如此重要。這些哈拉帕宗教觀念（形式迥異於印歐宗教）在「庶民」的階層，在雅利安文明的邊緣地帶被保留下來，當然有些退步。或許他們就是在這裡不斷挖掘，經過幾波文化變遷後，形成了印度教㊴。

自從我的作品在 1954 年出版以來，關於這連續性的其他證明不斷發掘

㊳　Wheeler, op. cit., pp. 133 sq; Allchin, pp.179 sq., Fairservis, pp.293,295.
㊴　*Le Yoga*, pp.352-353.

出來⑩。而且在其他地方也發現類似的演變的記載，尤其是克里特島、希 (143)
臘和愛琴海地區。希臘文化和宗教是地中海文化基質和北方的印歐征服者
共生的結果。就像在印度一樣，這裡的土著宗教信仰和觀念必須透過考古
的發掘去了解，至於最早的文獻記錄，如荷馬和赫西奧德的作品，則只是
反映雅利安人的部分傳統。但是我們要注意到的是，荷馬和赫西奧德的時
代，已經是古希臘文化綜合的初期。

40. 克里特島：聖洞、迷宮、女神

　　克里特島的新石器文化在西元前5000年時結束，在西元前3000年時，
來自南部和東部的移民到此殖民。新居民熟諳黃銅和青銅的冶金術。亞瑟
・艾凡斯（Arthur Evans）爵士稱之為「邁諾斯」文化，是根據傳說中的邁
諾斯王（Minos）而命名，分為三個時期⑪：古邁諾斯（西元前3000年末
期）；中期邁諾斯（自諾索斯（Cnossos）和馬利雅（Mallia）皇宮落成
起，約西元前2000-1800年）；後期邁諾斯（西元前1580-1150年）。中
期邁諾斯的時候，克里特島人使用象形文字，約西元前1700年時，被線性
書寫文字所取代，稱為A線性文字。到目前為止，我們還無法解讀這兩種
文字。在這個時期（西元前2000-1900年），最早的希臘人，米尼安人
（Minyans），進入希臘大陸。他們是印歐移民的先驅，印歐移民逐漸移
進希臘斯地區（Hellas）、諸島以及小亞細亞海岸。後期邁諾斯的前期（西
元前1580-1450年）是邁諾斯文化的高峰。就在這個時期，伯羅奔尼撒的
雅利安語入侵者建立了邁錫尼城（Mycene），且開始和克里特島交流。過

---

⑩　見 Wheeler、Allchin、Fairservis 的著作。Cf. Mario Cappieri, "Ist die Indus-Kultur
　　und ihre Bevölkerung wirklich verschwunden?"; W. Koppers, "Zentralindische Fru-
　　chtbarkeitsriten und ihre Beziehungen zur Induskultur; J. Haekel, "'Adonisgärtchen' im
　　Zeremonialwesen der Rathwa in Gujerat(Zentralindien). Vergleich und Problematik"。

⑪　見 R. W. Hutchinson, *Prehistoric Crete*, pp.137-198, pp.267-316; R. F. Willetts, *Cretan
　　Cults and Festivals*, pp.8-37。

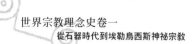

了不久（西元前 1450-1400 年），邁錫尼人（或亞該亞人〔Achaeans〕）到諾索斯定居，帶來了所謂的 B 線性文字。後期邁諾斯的最後階段稱爲邁錫尼時期（西元前 1400-1150 年），因爲多利安人（Dorians）的入侵（大約西元前 1150 年）而和克里特島文化一起結束。

(144)　　在 1952 年，凡崔斯（Ventris）解讀出 B 線性文字，在此之前，所有關於邁諾斯文化的史料都是考古挖掘出來的。到目前爲止，這些資料還是最重要的史料。最早的宗教文獻是在洞穴裡發現的。跟地中海其他地區一樣，克里特島上的洞穴是人們居住的地方，自新石器時代以降，也作爲墳墓（這習俗沿襲至今）。然而，還有很多洞穴是用來祭拜諸神。許多儀式、神話和傳說，都和某些著名的洞穴有關，後來還融入希臘人的宗教傳統裡。著名的洞穴，諾索斯附近的安米索斯洞穴（Amnisos），是奉祀埃雷圖婭（Eileithyia）（前希臘文化的生殖女神）。在狄克提山㊷的洞穴，曾保護過嬰孩時的宙斯：奧林帕斯山的主人就是在這裡誕生，當時嬰兒的啼哭聲是被古瑞特人（Curetes）盾牌撞擊聲掩蓋過去。古瑞特人的戰舞可能是最早的入會禮，由年輕男人參加。（見第 83 節）有些洞穴是男人祕密儀式的地方；例如，依達洞（Ida）就是達克提勒族（Dactyles）的聚集場所，他們是冶金匠的神話人物。

　　我們知道，從舊石器時代開始，洞穴就扮演著宗教的角色。迷宮接替這角色且尤有甚之：進入洞穴或迷宮，有如下地獄一般，換言之，也就是類似入會禮的儀式性死亡。邁諾斯著名的迷宮神話，旣隱晦又殘缺不全，但最有名的幾個段落都和入會禮有關。這個神話和儀式的象徵意義，很可能早在有文獻紀錄前就已經失傳了。我們稍後再來探討有關西修斯（Theseus）的神話，尤其是他進入迷宮打敗人身牛頭怪物（Minotaur）（第 94 節）。我們要說的是，迷宮的祭典功能和入會禮有關。

　　諾索斯的考古挖掘並沒有發現任何代達羅斯（Daedalus）巧奪天工的

㊷　關於聖洞的資料，見 M. P. Nilsson, *The Minoan Mycenaean Religion*, pp.53 sq.;Charles Picard, *Les religions préhelleniques*, pp.58 sq, pp.130-31; Willetts, op. cit., pp. 141 sq.。

154

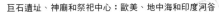
作品遺跡。古典時期的克里特島貨幣上面有迷宮的圖案，而且和其他城市 (145)
也常提到迷宮。根據字源學的解釋，迷宮是「有著兩面斧的房子」（lab-
rys）也就是指諾索斯的皇宮。但是亞該亞人稱「斧頭」爲 pelekys（在美
索不達米亞稱爲 pilakku）。所以這個字更有可能是源自亞洲的 labra/laura，
「石頭」或「洞穴」。因此，迷宮指的是人類鑿出的地下石場。也確實如
此，我們到今天都還稱哥泰納（Gortyna）附近的安皮魯沙（Ampelusia）
洞穴爲「迷宮」㊸。我們現在只是要指出，洞穴的儀式角色由來已久。稍
後我們會再討論這個角色如何延續，因爲這個角色清楚說明了從史前到現
代的某些宗教觀念和入會禮的連續性。（見第 42 節）

　　新石器時代有很多女性泥塑：她們都有個鐘形裙子、裸胸、雙手高舉
崇拜的姿態。不管她們是「還願的奉獻」（ex votos）還是「偶像崇拜」，
這些女塑像顯示女人在宗教上的優勢，尤其是女神的崇拜。隨後的文獻證
實並強調出這重要性。我們根據遊行、皇宮慶典和獻祭觀念來判斷，女性
扮演著重要的角色㊹。女神或是蒙紗或是半裸著胸脯，或是按著胸部或是
高舉雙手，以表示祝福㊺。女性有時是以「野獸女神」（potnia theron）的
形象呈現。諾索斯出土的一塊印上有個圖，圖上女山神用權杖指著蒙住眼
睛的男性崇拜者㊻。在凹刻玉石上可以看見女神由獅子前導，手裡抱著母
鹿或公羊，或是站在兩獸之間。稍後我們可以看到「野獸女神」流傳到希
臘神話及宗教裡。（見第 92 節）

　　不管是在山頂、宮殿神廟或民宅裡，都可以舉行禮拜。無論在何處，
女神都是宗教活動的中心。中期邁諾斯時代開始的時候（西元前 2100-1900
年），在某些重要場所首次出現聖所；起初只是簡陋的空間，逐漸有小寺 (146)

㊸　P. Faure, *Spéléologie crétois et humanisme*, pp.47 sq..

㊹　Picard, op. cit., p. 71, pp.159 sq..

㊺　Evans, *Palace of Minos*, vol. 2, pp.277 sq.; Picard, op. cit., pp.74 sq.; Nilsson, op. cit.,
　　pp. 296 sq.. **女神有時會被廊柱所取代**；見 Picard, p.77; Nilsson, pp.250 sq.。

㊻　Picard, p.63。但是 Nilsson 認爲這個繪畫相當晚出，Hutchinson 認爲是邁錫尼時期
　　（cf. *Prehistoric Crete*, p.206）。

廟產生。不管是在派特索發（Petsofa）還是茱克塔山（Juktas）的聖所，在厚厚的灰燼下挖出許多人物或動物的燒陶泥塑。尼爾森認爲人們把還願的泥塑丟到定期燃燒的聖火裡，以崇拜偉大的自然女神⑰。更複雜也更神祕的是農作物或植物的崇拜。這個信仰起源於鄉間，以象徵的方式在宮殿裡表現。不過主要還是在聖地裡進行。從凹刻、繪畫和瓶罐的浮雕來看，這個祭典主要有舞蹈、聖物遊行和袚除儀式。

　　樹木扮演著極重要的角色。由某些繪畫可看出這個重要性，繪畫裡顯示有些人正在觸摸著樹葉或膜拜植物女神或跳著儀式之舞。還有幾個場景強調這儀式的獨特甚至出神狀態：裸著身子的女子瘋狂地抓著樹幹，祭司扯掉樹木且掉過頭來，而她妻子似乎在墳墓上哭泣⑱。這不只是描繪植物每年的榮枯，也表現了人和植物神祕連結的宗教經驗。⑲（見第 12、14節）

41. 邁諾斯宗教特性

　　根據皮卡德的說法，「我們還沒有任何證據可以證明男性神明的存在。」⑳有時候，女神會有武裝侍衛護送，但這個侍衛的角色很不明確。然而，我們可以確定有男性的植物神，因爲希臘神話裡說過，克里特島曾有神族婚姻，神族婚姻是農業宗教的特色。皮森（Persson）試著根據人像重建植物周期性的死亡和重生的儀式場景。這個瑞典學者認爲可以根據農作物的四季循環建構出不同的儀式場景：春天（自然女神的顯靈以及祭司們的儀式）、夏天（植物神顯靈）、冬天（儀式性的哀歌，象徵神明離去的場景）㉑。這些說法確實很有意思，但整體的假設則有爭論。

(147)

---

⑰　Nilsson, *Min. Myc. Religion*, p.75.

⑱　Evans, *Palace of Minos*, II, pp.838 sq; Nilsson, op. cit., pp.268 sq.; Axel W. Persson, *The Religion of Greece in Prehistoric Times*, pp.38-39.

⑲　Picard, op. cit., p.152.

⑳　op. cit., p.80。男性人像代表著崇拜者；ibid., p.154。

㉑　Persson, op. cit., pp.25-104.

可以確定的是，這些繪畫確實蘊含著宗教意義，而崇拜也都圍繞著生命、死亡、出生的「奧祕」；所以，儀式裡有入會禮、葬禮的哀悼以及狂歡的慶典。就如法藍西斯・維安（Francis Vian）所說的：「我們不能因為聖所狹小，就認為宗教在宮殿裡不重要。事實上，宮殿之所以神聖，是因為女神和國王（祭司）住在裡面，而國王（祭司）則是女神和人類的中保。舞台四周環繞著階梯，內庭裡搭起祭壇，還有各種儲藏室，這些都是宗教設施。王座是尊榮之物，就像諾索斯和皮洛斯（Pylos）的王座，兩側還有獅身鷹頭像護衛著；這王座很可能是給女神化身坐的，而不是國王的座位。」⑤

我們要強調宮殿作為祭祀中心的功能。神聖的鬥牛（不把牛殺死）在宮殿的平台舉行，那裡是宮殿的劇場。從諾索斯的彩繪，我們看到有一對男女騎在牛背上表演特技。雖然尼爾森對此存疑，但「特技」的宗教象徵是很明顯的：跳過狂奔的牛隻是入會禮的典型考驗⑤。西修斯的傳說（把七個少男和七個少女獻給人身牛頭怪物）很可能就是反映過去入會禮的考驗。但很可惜的是，對於神牛的神話及其宗教角色，我們一無所知。有個 (148) 克里特島特有的文物，稱為「奉獻之牛角」，很可能是鬥牛的正面模型圖案。我們到處都看得到這個東西，證明其宗教功能的重要性：牛角是用來盛著崇拜的東西。

有些祭物的宗教和象徵的意義，還有很大的爭議。兩面斧確定是用在獻祭裡。除了克里特島以外，很多地區都使用這個東西。在小亞細亞，兩面斧是雷電的象徵，雷神的標誌。但是早在舊石器時代，我們就在伊拉克、特爾阿巴契亞（Tell Arpachiyah）發現它置於裸體女神身旁。在克里特島上，我們也可看到女神或女祭司手中拿著兩面斧或是置於頭上。兩面斧

---

⑤ F. Vian, *Histoire des Religions*, I, p.475。Evans 稱諾索斯國王為「國王祭司」，這個詞也被 Nilsson（op. cit., pp.486 sq.）和 Picard（op. cit., pp. 70 sq.）採用。Cf. Willetts, *Cretan Cults*, pp.84 sq.。

⑤ Evans op. cit. III, p.220, fig.154; Picard, p.144,199; Persson, pp.93 sq.,J. W. Graham, *The Palaces of Crete*, pp.73 sq..

的兩刃，艾凡斯認爲是象徵男性和女性的互補原理的結合。

圓柱可能是「世界之軸」（axis mundi）的宇宙論象徵，這點在史前就已得到證實。（見第12節）至於上面刻有鳥類的柱頭則有好幾種解釋，因爲鳥可能是靈魂或是女神的化身。無論何種解釋，圓柱都是女神的替身，「因為廊柱有時候有獅子或是獅身鷹頭像的圖紋護衛著，有如護衛女神一般。」(54)

祭拜死者也扮演著重要角色。死者軀體被安置在枯骨堆的地下密室裡。在小亞細亞和地中海，死者還可能享有地下澆祭。活著的人可以進入某些地下密室，裡頭有長椅，以便祭祀之用。葬禮可能選擇在女神的吉祥地進行。（見第35節）。諾索斯國王（祭司）的石墓，有許多廊柱，藍色的屋頂代表蒼穹；其上有個類似地母女神聖地的小廟(55)。

(149) 有關克里特地區最珍貴也是最難解的史料是哈吉亞・特里亞達遺址（Haghia Triada）出土的棺槨的彩繪隔板。這個史料反映了西元前12-13世紀的宗教觀念，當時邁錫尼人已經進入克里特島。然而，隔板上描述的場景假如是個連貫的故事，那麼就使我們想到邁諾斯和東方的習俗和信仰。其中一塊隔板上面畫著公牛的獻祭，有三個女祭司緩緩走向公牛，公牛的喉嚨被割斷，另一旁可以看到在聖樹前面正在進行血祭。另一塊隔板則描繪葬禮的澆祭：女祭司把酒倒進大酒罈裡。最後的場景也是最神祕難解的：死者身著長袍，面對著自己的墓穴，在葬禮的獻祭現身：三位男祭司獻上一條小船和兩隻小牛(56)。

很多位學者根據他的外表判斷（皮卡德說，「看起來像個木乃

(54) Picard, p.77.

(55) Evans, *Palace of Minos*, IV, 2, pp.962 sq.。Picard 提到 Diodore 留下的傳說（4, 76-80; 16, 9），根據這傳說，邁諾斯被葬在地下小墓，上面建有 Aphrodite 的神殿，她是愛琴海女神的繼承者。（op. cit., pp.173）

(56) 見 Paribeni 的複製品 "Il sarcofago dipinto...," pl. I-III; J. Harrison, Themis, fig.31-38; Nilsson, op. cit., pp.426 sq.; Picard, pp.168 sq.。墓穴冥河之旅在希臘觀念中留下了痕跡，如「幸福之島」。見 Hesiod, *Travaux et jours*, 167 sq.; Pindare, *Olympiques*, II, 67 sq.。

伊」），認爲死者已經被神化。這項推測是很合理的。他可能是王公貴族，如諾索斯的國王（祭司），或如希臘英雄（海克力斯〔Heracles〕、阿奇里斯〔Achilles〕、梅納雷阿斯〔Menelaus〕）。然而，這些場景似乎不只是死者的神化，而更像是入會禮的圓滿結束，那是個宗教和神話的慶典，使他擁有幸福的死後生命。事實上，迪奧多羅斯（Diodorus）（西元前一世紀）已經發現克里特宗教和「神祕宗教」的關連。但是，這種宗教在希臘的多利安時期受到嚴重壓迫，最後只有少數祕密團體（thiasoi，可能是前希臘時期文字）還保留這個宗教㊼。

迪奧多羅斯留下來的傳說非常有價值：透過這個傳說，我們可看出雅利安人入侵後，東方及地中海宗教傳統和外來文化的同化程度。

42. 前希臘時期宗教結構的連續性

B線性文字的解讀讓我們了解到，西元前 1400 年的諾索斯的書寫和口 (150)
說語言是希臘語。而邁錫尼人的入侵不只對邁諾斯文明的毀滅有絕大的影響，而且也影響到最後時期的文化；也就是說，在克里特島文化的後期，摻雜了希臘本土的文化。假如我們注意到，在邁錫尼人入侵之前，埃及和小亞細亞㊽對克里特島的影響已經形成亞洲和地中海的綜合文化，便可以了解希臘文化現象的久遠和複雜。希臘文化的根是在埃及和亞洲；然而直到邁錫尼人入侵，才創造出「希臘奇蹟」。

在諾索斯、皮洛斯和邁錫尼挖出的石版，記載著荷馬時代神明的名稱：宙斯、希拉、雅典娜、波塞頓以及戴奧尼索斯。可惜關於他們的崇拜和神話的資料相當有限：只提到統治者宙斯（Zeus Dictaeus）、代達羅斯、「神明之奴隸」、「雅典娜之奴隸」，以及眾女祭司之名等等。除此之外，比較重要的是在古代希臘的宗教和神話中，都有提到克里特島。宙斯

㊼　Picard, op. cit., p.142。見第 99 節。
㊽　要特別強調的是，這影響是雙向的。

便是在克里特島出生和死亡的。而戴奧尼索斯、阿波羅、海克力斯都在克里特島度過他們的童年。狄美特（Demeter）也是在這裡愛上雅西昂（Iasion）；邁諾斯（Minos）在這裡得到法典，和拉達曼提斯（Rhada-manthys）共同成爲地獄的判官。在古典時期的巔峰，人們從克里特島召募公認的淨化者㊾。島上具有**文化初期**（primordium）的所有神奇性質：對古典希臘而言，邁諾斯時期的克里特島是他們的「起源」和「原住民文化」。

(151) 我們可以確定，希臘的宗教傳統是克里特島和愛琴海的原住民共生的結果。尼爾森指出，古典希臘四大宗教中心，德斐〔Delphi〕、提洛島（Delos）、埃勒烏西斯（Eleusis）和奧林匹亞（Olympia），前三者都是承襲自邁錫尼文化。我們也發現某些邁諾斯時期的宗教結構。我們看到邁諾斯和邁錫尼的小神廟延伸到希臘的神殿，還有克里特的家庭祭祀和邁錫尼的宮殿祭典之間的連續性。賽姬（psyche）的蝴蝶形象，對邁諾斯人而言是相當熟悉的。狄美特神的崇拜也起源於克里特島。最古老的埃勒烏西斯神廟可追溯到邁錫尼時期。「某些古代神祕宗教的神廟建築或其他形式，似乎多少都和克里特的前希臘文化有關。」㊿

就如同前雅利安時期的印度，主要流傳的是女神崇拜以及和繁殖、死亡和靈魂永生有關的信仰。有些甚至從史前延續到現代。我們舉個例子：史柯泰諾（Skoteino）洞窟是「克里特島最著名壯觀的洞窟」，深 60 公尺，共有四層。在第二層盡頭，我們發現兩尊「崇拜的偶像，分別在石壇前方和上方」，那是女人的塑像以及「帶詭異笑容的光滑半身像」。在這兩尊塑像前面，「罈罐瓦堆有幾公尺高，地下第三層的地上也撒滿了瓦片。就時間來看，這整個時期是由西元前 2000 年到羅馬時期末期。」㊽這洞窟至今都保有其神聖性。在洞窟旁有座白色小教堂，供奉聖巴拉賽夫（Saint Parasceve）。七月二十六日，在洞窟入口，聚集了「切爾松尼斯地

㊾　Picard, op. cit., p.73.

㊿　ibid., p.142.

㊽　P. Faure, "Spéléologie crétoise et humanisme," p.40.

160

區（Chersonese）和阿波賽勒米谷地（Aposelemi）的所有居民：大夥在洞窟拱頂下兩側跳舞、喝酒、唱情歌和聖歌，在旁邊的小教堂裡望彌撒。」[62]

克里特島古代宗教還有若干特色延續到現在。艾凡斯爵士強調樹神崇拜和聖石崇拜的密切關連。在雅典的帕特農神殿也有類似的例子：有根柱子，上面有聖樹（橄欖樹）和代表雅典娜女神的貓頭鷹。艾凡斯還證明說，石柱崇拜沿襲至今。例如，斯科普頁（Skoplje）附近的泰科奇奧 (152)（Tekekioi）聖柱（仿造自邁諾斯石柱），至今仍有基督信徒和回教徒膜拜。古代希臘就有認為聖泉和女神有關的信仰，他們認為泉水是妮瑞德（Nereides）；直到今天，小精靈仍被稱為妮萊德（Neraides）。

我們不需要重複太多例子。但是要記得，所有俗民文化都有類似的古代宗教結構的連續性歷程，從西歐、地中海到恆河平原和中國大陸。（見第14節）。我們只須強調，這個宗教結構，也就是繁殖和死亡的女神結合入會禮和靈魂永生的信仰，並沒有被荷馬時代的宗教接受。雖然雅利安入侵者保留了許多前希臘時期的傳統，但他們還是植入自己的文化，建造他們的萬神殿，保留其特有的宗教形式。（見第10、11章）。

---

[62] ibid., p. 40。很多洞窟都是為了祭拜某個聖人，更有上百的小教堂是設在洞窟內。Ibid., p.45。

第六章

西台人和迦南人的宗教

43. 安那托利亞高原民族的共生和西台人的宗教融合

我們已經提過安那托利亞高原顯著的宗教連續性。從西元前 7000 年到
(153) 基督宗教的傳入，這個連續性就不曾中斷過。「從站在公牛背上的男性神
形狀怪異的塑像，如加泰土丘（Çatal Hüyük）（大約西元前 6000 年）譯①
所發現的西台時期的雷雨神，到羅馬軍團士兵崇拜的『丘比特・多利刻努
斯』（Jupiter Dolichenus）譯②雕像之間，這個連續性就不曾消失過，而加
泰土丘的豹身女神，西台女神赫巴（Hebat），和古代的西芭莉（Cybele）
之間的連續性亦然。」①

但是這個連續性至少部分是因為他們令人驚訝的宗教融合的能力。被
現代歷史傳記家稱為西台人的印歐種族，於西元 2000 年前左右統治安那托
利亞地區（舊王國時期是西元前 1740-1460 年，帝國時期大約是西元前
1460-1200 年）。這個雅利安語的入境者征服了哈梯人（Hattian）（安那
托利亞高原最早有語言的民族），便開始了長期的文化共生歷程，甚至持
續到其政權瓦解之後。西台人在進入安那托利亞高原不久之後，便受到巴
比倫文化的影響。後來，尤其是在帝國時期，西台人更同化了胡里安人
（Hurrians，或稱古里特人〔Currites〕）的文化菁華，胡里安人是在美索
(154) 不達米亞平原和敘利亞北部的非印歐民族。因此，在西台人的萬神殿裡，
蘇美和阿卡德（Akkadian）的諸神和安那托利亞的胡里安人的神明並列。
現在已知的西台人的大部分神話和儀式，都很類似哈梯人或胡里安人的宗
教傳統，甚至可以找到原型。印歐文化的遺產反而微不足道。但是儘管他

---

① Maurice Vieyra, "La religion de l'Anatolie antique,", *Histoire des religions*, I, p.258.
譯①：加泰土丘是中東最大的新石器時代遺址，在土耳其科尼亞省丘姆拉附近。有西
　　元前 6000-7000 年建造的長方形土坏房屋和神殿。
譯②：羅馬神祕宗教崇拜的神，多利刻努斯原來是土耳其東南部多利刻崇拜的雷神和
　　戰神，形象是滿臉鬍鬚、手持武器、站在公牛背上，其屬性是兩面斧和雷電。
　　和希臘宗教融合後，成為宙斯的別名。

們的文化來自其他民族，但是西台人的文化特質仍然不乏原創性，尤其在宗教藝術方面。

諸神以其散發不同的駭人光芒而有所差別（比較「聖火」〔melam-mu〕，第 20 節）。西台人的萬神殿很大，其中有些神我們只知其名而不知道典故。每個重要的城市都有個主神殿，當然，這個神旁邊都有其他神話人物。如同古代近東地區的習慣，神明是「住」在神殿裡的；祭司和助手則負責爲神明擦洗、穿衣和供奉食物，不僅如此，還要不時地以舞蹈和音樂來愉悅諸神。偶爾神明也要離開他們的神殿出巡外地。有時候，神明不在家被視爲願望無法實現的原因。

他們把萬神殿當作個大家庭，主神是西台城的保護神：雷雨之神和大地之母。胡里安人稱呼雷雨之神爲「德蘇普」（Teshup），這也是比較爲人所知的名字。他的妻子在胡里安語裡稱爲「赫巴」。象徵德蘇普的動物是公牛，而象徵赫巴的則是獅子（或豹），這更證明了從史前到那個時代的連續性（第 13 節）。最有名的女神是太陽女神「阿林娜」（Arinna）（在哈梯語是「烏魯絲瑪」〔Wurusema〕）。事實上，她們都是「大地之母」②的化身，因爲她被歌頌爲「國家的女王，大地和天上的女王，哈梯的國王和皇后的守護神」。「太陽神化」可能是在阿林娜女神成爲西台王國的守護女神時的敬意表現。

巴比倫文的伊西塔（Ishtar）指的是許多地方性的女神，我們不知道她們在安那托利亞的名字是什麼。在胡里安語裡稱爲「香什卡」（Shan-shka）。雖然在安那托利亞的語文裡找不到「伊西塔」的名字，但我們要知道，這個在巴比倫代表著愛和戰爭的女神，在安那托利亞高原也是很著名；因此有時候我們會看到這種安那托利亞和巴比倫的宗教融合現象。德蘇普的兒子太陽神，和太陽神夏馬西（Shamash）一樣，是權利和正義的守護者。另外還有個著名的「德勒皮努」（Telepinu），他也是德蘇普的兒

(155)

---

② 在一篇優美的祈禱文裡，王后 Pudu-hepas 把 Arinna 視爲 Hebat（A. Coetze, ANET, p.393）。這是唯一如此暗示的文獻；在許多儀式和奉獻的名單裡，兩位神明的名字常常前後相連。這可以解釋說，兩位神在西台人那裡都是大地之母的化身。

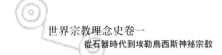
子，只是神話傳說比較少提起他。

　　關於宗教生活方面，我們只有王室祭典的資料。現在保存的祈禱文是王室使用的。換句話說，我們對民間信仰和祭典一無所知。然而，多產女神和雷雨之神在民間的地位則是無庸置疑的。季節慶典，尤其是新年節慶（purulli），通常由國王親自舉行，也就是雅利安征服者的代表；但是在鄉間，其實從新石器時代就已經有類似的慶典活動。

　　法律明文禁止「黑巫術」；觸法者處以死刑。這也間接反映了某些古老的習俗在民間很受歡迎。相反的，大量的文獻顯示，「白巫術」經常在公開場合施行；「白巫術」主要是潔淨禮和「袚除邪惡」的儀式。

　　國王的宗教角色和特權是很顯著的。統治權是諸神授與的。「雷雨之神與太陽神把國家和我的房子託付給我，諸神眷顧著你們的國王……。他們賜給國王新的力量，使他壽與天齊。」③。國王是受大神「寵愛」的。（然而，我們沒有看到美索不達米亞式的「神的後裔」的說法。）國王的成功和民族的繁榮是一體的。統治者是諸神在世間的代理人；另一方面，國王在萬神殿裡代表的是全國人民。

　　我們並沒有發現關於國王的祝聖的文獻，但我們知道國王會穿上特別的服裝，戴著王冠，並且傅油；最後他會得到王室的名字。國王同時是祭司長，可能獨自或和皇后一起主持比較重要的慶典。國王去世之後，就會被神化。當人們談起某個國王死去時，會說「他已成為神了」。去世的國王的雕像會被擺在神殿裡，在位的國王則要向他們獻祭。某些文獻記載，每個在世的國王都被視為已經神化的祖先們的化身。④

(156)

44. 消失的神

　　當我們重新解釋某些重要的神話時，特別能夠看出「西台」⑤宗教思

---

③　〈新宮殿落成慶典〉（Goetze, ANET, p.357）。

④　O.R. Gurney, "Hittite Kinship," p.115.

⑤　我們使用引號大部分是表示源自胡里安或哈梯語的神話翻譯成西台語。

想的原創性。最有名的例子莫過於「消失的神」（dieu qui disparait）。在最有名的版本裡，主角是德勒皮努。其他版本的主角有他的父親雷雨之神，或是太陽神或其他女神。故事的背景是哈梯族，就像德勒皮努的名字來源。西台人版本總是和祭典有關，換句話說，在西台人的宗教裡，神話的傳誦佔有很重要的地位。

傳說的開端已經佚失⑥，所以無法得知為什麼德勒皮努要決定「消失」。也許是凡人惹他生氣了。他消失之後，所有的人馬上覺得不對勁：家家戶戶的爐火都熄滅，人和神都覺「疲憊不堪」；母羊拋棄小羊，母牛拋棄小牛，「大麥小麥不熟」，動物和人類都不再生育；牧草乾枯，泉水也枯竭。〈這可能是「聖杯」小說裡著名的神話主題「荒原」最早的文獻來源。〉所以，太陽神就派遣信差（先是派遣老鷹，隨及又請雷雨之神出馬）去尋找德勒皮努，但怎麼也找不到。最後，還是靠「大地之母」派蜜蜂才找到躲在樹叢下睡覺的德勒皮努。蜜蜂螫了德勒皮努，把他叫醒。被螫醒的德勒皮努非常生氣，用神力製造出許多災難。地方諸神都嚇壞了，想要用魔法來制止他。在法術的控制下，德勒皮努的怒氣和「邪惡」終於 (157) 被潔淨⑦。恢復平靜的德勒皮努又回到諸神的行列，大家的生活又恢復正常。

德勒皮努是個「瘋狂的」、「喜歡隱藏自己」的神，意思是說，他想遠離世界，遠離所有的人。他與植物神不同，因為植物神會隨著季節變化而凋零和重生。然而，他的失蹤卻和宇宙間其他災害同樣嚴重。再者，「消失」和「顯神」都代表下地獄又回到人間的旅行（見第 122 節）。德勒皮努和其他植物神不同之處，在於他因為被蜜蜂「發現」和「喚醒」而惹來更多麻煩：最後還是靠潔淨儀式才將他馴服。

德勒皮努特別之處在於他有惡魔般的「忿怒」，這個「忿怒」幾乎毀

---

⑥　A. Goetze, ANET, pp.126-128; Güterbock, *Mythologies of the Ancient World*, pp. 144 sq., Vieyra, *Les Religions du Proche-Orient antique*, pp. 532, Theodore Gaster, *Thespis*, pp.302-309.

⑦　類似的潔淨儀式由祭司來執行；見 Gaster, *Thespis*, pp.311-312。

了整個國家。我們看到，繁殖之神因爲自己非理性的忿怒而毀滅了自己創造的各種生命。這種雙重神性在其他宗教裡也找得到，特別是在印度教（如濕婆神和「時母」〔Kali〕）。德勒皮努的角色同時也移轉到雷雨之神、太陽神和某些女神身上，總括來說，就是那些主宰宇宙生命的神明，由此可知，這個神話想表達的，是比植物界更複雜的故事；事實上，這個神話揭露了難解的宇宙奧祕：造物者毀滅自己所造之物。

45. 戰勝巨龍

在新年慶典期間，會在儀式裡紀念雷雨之神和巨龍（illuyankas）⑧的戰鬥。雷雨之神在第一次交手時戰敗，於是便請求其他神來助陣。女神伊那拉（Inara）答應幫忙，邀請巨龍來吃飯。伊那拉邀請凡人胡帕施亞（Hu-pashiya）助她一臂之力。胡帕施亞答應幫忙，但要求和伊那拉共度良宵作爲回報，女神接受了這個條件。在餐宴中，巨龍毫無顧忌地大吃大喝，到最後肚子撐到無法進入自己的洞穴，胡帕施亞趁機用繩子將他綁起來。雷雨之神這時出現，不費吹灰之力就將巨龍殺死了。這個神話故事最後以滿(158)有名的意外作爲結局：胡帕施亞在女神伊那拉家裡，不聽女神的警告，趁她不在家時往窗外看去。他看到了他的妻子與孩子，開始想家，於是哀求伊那拉讓他回家。故事的後半段已經失傳，但據說胡帕施亞最後被殺害了。

這個故事的第二個版本卻有不同的劇情：巨龍戰勝了雷雨之神，挖走了他的心和眼睛。之後，雷雨之神娶了個窮人的女兒並和她生了兒子。雷雨之神的兒子長大後，決定娶巨龍的女兒爲妻。雷雨之神於是告訴兒子實情。年輕人聽到事情的眞相，立即前往他妻子家中，一進門就說要討回雷雨之神的心臟和眼睛，並且也拿到手了。雷雨之神得到心臟和眼睛，就重拾失去的「力量」，於是出發尋找巨龍，在「海邊」打敗了他。但雷雨之

---

⑧ illuyanka 在文獻裡意爲「龍」和「蛇」，同時也是個專有名詞。

神的兒子因爲娶了巨龍的女兒爲妻，對巨龍有道義責任，因而要求他的父親不要殺死他，「雷雨之神不同意，就把巨龍及自己的兒子一起殺掉。」⑨

雷雨之神和巨龍的戰鬥是著名的宗教神話主題。雷雨之神在第一回合交戰時被取走心臟和眼睛的事件，和宙斯和巨人族泰封（Typhon）之戰有雷同之處：泰封戰勝了宙斯，割下他的手腳腱，把宙斯扛在肩上，帶至西里西亞（Cilicia），丟棄在山洞裡。泰封把宙斯的手腳腱藏在熊皮裡，但最後還是被赫美斯（Hermes）和耶集潘（Aegipan）找到並送還給宙斯。宙斯因此重拾力量，一舉制服了巨人⑩。偷走身體器官的故事情節很有名。但在西台的版本裡，巨龍不像其他的神話故事或王位爭奪傳說那麼猙獰可怕（比較提阿瑪特〔Tiamat〕、利維坦〔Leviathan〕和泰封）。他已經有些民間故事中巨龍的特性：他不聰明而且貪吃⑪。

雷雨之神反敗爲勝並不是靠自己的力量，而是透過凡人的幫助（胡帕施亞或他和凡間女子生的兒子）。當然，兩個版本中的凡人都和神有些淵源：胡帕施亞是女神伊那拉的情人，雷雨之神和凡間女子生的兒子有神的血統。而在這兩個版本裡，他們都被那賦與他們類似神性的神給殺死：胡帕施亞和女神共度良宵之後就沒有權利再回到自己的家，這意味著他已經不能再回到凡人的社會。 (159)

巨龍的神話，儘管已經成爲傳說，卻對當地人民有很重要的意義：這神話是新年節目裡的重頭戲。有些文章把這個戰鬥描述爲兩個對立團體的戰爭⑫，可以和巴比倫的新年慶典（Akitu）相提並論。神話中的「宇宙起源」的象徵性，在馬爾杜克和毒龍提阿瑪特的戰爭中，則被爭取統治權的意義取代（比較宙斯和泰封）。神的勝利代表國家的穩定和繁榮。我們可以推測，這個神話成爲傳說之前，想表現的是世界在巨龍統治下的渾沌狀

---

⑨　Goetze, ANET, pp. 125-26; Vieyra, op. cit., pp.526 sq..

⑩　Apollodorus, *Bibliotheca*, I, 6, 3.

⑪　Gaster, *Thespis*, pp.259-260.

⑫　text KUB XVII 95, III 9-17, Gaster, op. cit., pp. 267 sq.; O. R. Gurney, *The Hitties*, pp. 155, Gurney, op. cit., p. 152, id., "Hittie Kinship," pp. 107 sq..

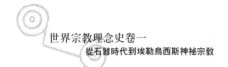

態，危及生命之源（巨龍不只象徵著「潛態」和黑暗面，也代表著乾旱、道德淪喪和死亡）。

46. 庫瑪比和統治權

胡里安和西台文化的「神譜」[13]最為引人入勝，裡頭的神話事件主角是「諸神之父」庫瑪比（Kumarbi）。第一篇〈天上的王國〉解釋最初諸神的繼承關係。起初，阿拉魯（Alalu）是國王，即使是最高神安努（Anu）都必須臣服於他。但九年之後，安努打敗阿拉魯。阿拉魯避居地下世界，庫瑪比則成為新統治者的大臣。九年之後，庫瑪比反叛，攻打安努。安努逃往天上，但庫瑪比緊追不捨，抓住了安努的腳，咬住他的「腰部」，將他拋到地上[14]。庫瑪比正在趾高氣昂地大笑時，安努卻告訴庫瑪比說他已經懷孕。庫瑪比馬上把嘴裡剩下的東西吐出來，但為時已晚，安努的生殖力已進入他的身體，使他的肚子懷了三個神。接下來，因為文獻脫佚，所以無法得知後來發展如何；但是我們可以推想安努的「孩子們」（以雷雨之神為首）後來向庫瑪比挑戰而奪回王位。

這個故事的下一章稱為「烏利庫米之歌」，敘述庫瑪比想從德蘇普身上奪回王位的努力。為了要生出足以對抗德蘇普的對手，庫瑪比用他的精液使岩石生下具有人形的石頭，名為烏利庫米（Ullikummi）。烏利庫米站在巨人烏裴魯利（Upelluri）的肩上，烏裴魯利的身體一半浮現出水面，支撐天地（和胡里安語的「阿特拉斯」〔Atlas〕同義）。烏利庫米成長得非常迅速，不久就搆到穹頂。德蘇普於是走向海邊向烏利庫米挑戰並且戰勝了他。文章本身有許多不清楚的地方，但是我們還是可以將某些事件貫穿起來。烏利庫米威脅要毀滅世界，諸神非常緊張，討論的結果是決定請伊亞（Ea）來幫忙。伊亞先後去找伊利（Ellil）和烏裴魯利，問他們是否知

(160)

----

[13] 這裡說的是西元前 1300 年翻譯成西台文的胡里安文獻。這部胡里安語的神譜反映出蘇美和早期北敘利亞傳統的融合.

[14] 最早譯為「膝蓋」。但這兩個譯名都是男性生殖器的委婉說法。

情。伊利的回答已不可考，但是烏裴魯利的回答倒是故事結局的重要關鍵。他回答說：「當他們我頭上創造天地時，我什麼也不知道。當他們用刀子把天地劈開時，我也是完全蒙在鼓裡。現在我只知道我的右肩很酸，不知道是哪個神站在我右肩上。」伊亞於是去請教「古老的神」，請他們打開祖先的倉庫，取得那把開天闢地的古老刀子。烏利庫米的腳被鋸掉，成了殘廢，卻還是不斷揚言他從父親身上繼承了天上的統治權。但是最後他還是被德蘇普殺死。

　　這個神話有好幾個地方處值得我們注意。首先，故事中包含了許多古老的元素：庫瑪比吃了安努的性器官便自己懷孕；神和岩石交媾生下人形石怪；石怪巨人和烏裴魯利（胡里安人稱為阿特拉斯）的關係。故事的第一章可以解釋為影射庫瑪比的雙性現象，這是原始神明的特性（如提阿瑪特和祖文〔Zurvan〕）。在這個情況下，取得王位的德蘇普就是雌雄同體的天神安努的兒子⑮。至於岩石和神交媾生子的故事，我們在弗里吉亞（Phrygia）那裡也發現類似的神話：帕巴斯（Papas＝Zeus）使一塊名為阿格多（Agdos）的石頭受孕並生下名為「阿格迪提」（Agditis）的雌雄同體怪物。但神們將阿格迪提去勢，把他改造成女神西芭莉（*Pausanias*, VII, 17: 10-12）。 (161)

　　由石頭生出人類的傳說更是常見：從小亞細亞到遠東，甚至到玻利尼西亞都有這樣的故事。這有可能牽涉到「原人」神話的土著性格；他們都是由土著的大地女神生出來的。某些神（如密特拉），也被想像成從石頭裡迸出來的，就像太陽光芒每天早上從山頂岩石間出現。但我們不能把這個神話主題化約為太陽的顯聖⑯。我們可以說，「石母」（petra genetrix）增加了大地之母的神聖性，賦與她驚人的能力，石頭透過這個能力而生下人類。我們前面說過（第 34 節），對巨石神聖性的崇拜，莫過於巨石宗

----

⑮　根據某些神話片段的描述，在庫瑪比「體內」的神好像曾跟他討論過要從他身體的哪個部位出來（cf. Güterbock, op. cit., pp. 157-58）。

⑯　事實上，密特拉從石頭中誕生後的第一個敵手是太陽；密特拉勝利後奪取了他燦爛耀眼的光環。但是不久之後，兩人便握手言歡，成為好友。

教。烏利庫米被放在支撐天地的巨人肩上，這並不是偶然的；這個「石人」也想成爲宇宙之柱（columna universalis）。然而，這個巨石宗教特有的主題到後來被化約爲神界統治權的爭鬥。

47. 各個世代的諸神的衝突

從胡里安和西台文獻最早的譯文裡，我們發現到它和斐羅（Philon de Byblos）描繪的腓尼基神譜以及赫西奧德記錄的傳說有類似之處。根據斐羅的說法[17]，神界第一位統治者是埃利翁（Elioun）（希臘文是希比西斯妥〔Hypsistos〕，「最崇高者」的意思），這就是胡里安和西台版本的阿拉魯。他和布魯斯（Bruth）結合生下烏拉諾斯（Uranos）（相當於安努）和「蓋」（Ge）。後者又生了四個兒子，老大叫厄勒（El）（或克羅諾斯〔Kronos〕），相當於庫瑪比。有一次，烏拉諾斯想要殺掉自己的兒子，但厄勒卻鑄了一把鋸子（或長矛），趕走父親，搶奪王位[18]。最後，巴力神（Baal）（神的第四代，相當於德蘇普和宙斯）取得統治權；和其他神明不同的是，這次並不依賴武力。

在發現烏加里特族的文學之前，我們還懷疑斐羅的故事的眞實性。但是迦南的神話也記載著神界世代的傳承（第49節）。赫西奧德只談到前三代，烏拉諾斯、克羅諾斯、宙斯，這卻證實了斐羅版本的眞實性，因爲他提到阿拉魯在烏拉諾斯（安努）之前是由埃利翁（阿拉魯）統治。腓尼基關於神權的神話，很可能是衍生自胡里安神話，或是受到很大的影響。我們也可以推測，赫西奧德也是取材自相同的著名傳說，可能是經由腓尼基或是直接由西台傳進希臘的。

(162)

---

[17] Philon 的 *Histoire phénicienne* 的片段被 Eusebius 和 Porphyre 保留下來。Philon 堅稱他是取材自 Sanchoniaton 的文獻。Sanchoniaton 是特洛伊戰爭時代前的腓尼基學者。見 Clemen, *Die phönikische Religion*, p. 28。

[18] 32 年之後，厄勒才將烏拉諾斯去勢。這兩個場景，去勢和統治權之爭，在胡里安和西台神話以及希臘神話裡是相聯接的情節，在此處則被分開。

　　我們要特別強調這個神話既特殊又具有宗教融合的性格，而不僅限於胡里安和西台的版本（此外，裡頭也有許多蘇美和阿卡德文化的元素）⑲。同時，《巴比倫史詩》也意味著：一、諸神的世代相傳；二、年輕的神和年老的神之間的戰爭；三、馬爾杜克最後獲勝，取得王位。但在美索不達米亞的神話中，這個戰爭以宇宙的創造作爲結局，更正確的說，是我們所認識的世界的創造。這個神話在宇宙創造的背景下演出了神和巨龍的戰爭，最後是戰敗者被敵人肢解。在赫西奧德的《神譜》裡，宇宙起源的場景（因爲烏拉諾斯的去勢而使天〔烏拉諾斯〕和地〔蓋〕分開），是故事的開端，隨後引起了統治權爭奪戰。胡里安和西台神話也有相同的劇情：(163)宇宙創造，也就是開天闢地，在「古老諸神」的時代便已經存在。

　　總之，描述諸神世代爲了宇宙統治權而衝突的神話，既合理化戰勝者的崇高，也解釋了當時世界的結構和人類的存在條件。

48. 迦南的萬神殿：烏加里特

　　大約在西元前 3000 年左右，在巴勒斯坦出現了一個屬於早期青銅器時代的新文明：象徵著最早定居下來的閃族人。我們採取聖經的用法，稱呼他們爲迦南人。但這只是約定俗成的名稱⑳。入侵者開始定居，從事農耕，發展城市文明。幾個世紀以後，其他移民族群也滲入這個地區，並和其他鄰國進行貿易，特別是和埃及的互動日益密切。至於早期青銅器時代的文明，則因爲另一支閃族亞瑪力人的闖入而結束，亞瑪力人是半遊牧民族，偶爾會從事農耕，但還是以畜牧爲主。這個文明的終結卻也代表著新時代的來臨。亞瑪力人的侵入敘利亞和巴勒斯坦（蘇美語稱他們爲 MAR.TU，阿卡德語則稱爲 Amurru），只是更大的民族遷移裡的小插曲，這在美索不

⑲　比較神的名字，Anu、Ishtar 或 Aula；在巴比倫有個名爲 Alala 的神，被視爲 Anu 的祖先。Guterbock, op. cit., p.160。

⑳　在西元前 2000 年前的文獻中，無法發現有關迦南地區的記載。見 R. de Vaux, Histoire ancienne d'Israël, I, p.58。

達米亞和埃及同時有記載。這些衝動且「野蠻」的遊牧民族[21]，來自敘利亞沙漠，被城市文明和農田的豐饒所吸引而不斷地攻擊和侵略。然而，當他們征服的原住民以後，卻也接受了他們的文化洗禮和生活形態。經過一段時間以後，他們的後代也不得不防衛另一批在屯墾地區邊緣的遊牧民族的入侵，類似的過程在西元前兩千年的最後一個世紀裡不斷重演著，直到以色列民族開始在迦南出現。

(164)

當因為希伯來民族屯墾迦南的時候，在敘利亞和巴勒斯坦沿岸盛行的豐年祭，和遊牧民族主要崇拜星宿神祇的宗教信仰，這兩者的衝突和共生關係變得更尖銳。我們可以說，這種由衝突轉為共生關係的過程，成為典型的模式，因為在巴勒斯坦，新的宗教經驗正和傳統的宇宙崇拜的宗教產生衝突。

直到 1929 年，有關敘利亞和迦南的宗教資料，主要是來自舊約、腓尼基的碑文和某些希臘作者，特別是西元一至二世紀的斐羅、二世紀的路西安（Lucien de Samosate）和五世紀的農諾斯（Nonnos de Panopolis）。但是舊約只是反映和異教信仰的衝突，而其他史料來源不是斷簡殘篇就是晚出。自從 1929 年以來，拉斯珊拉（Ras Shamra）的考古挖掘發現許多神話文獻。拉斯珊拉是古代的烏加里特，在敘利亞北部海岸的港都。這些文獻大約是在西元前 14 到 12 世紀寫成，卻包含了更早期的神話宗教信仰觀念。到目前為止解讀並翻譯出來的文獻，尚不足以讓我們對烏加里特的信仰和神話有個完整的了解。闕文中斷了整個故事；段落的起始和結束也都殘缺不全，關於神話故事的先後次序甚至莫衷一是。即使如此，烏加里特的文學價值卻是無可估計的。不過我們仍須記住，烏加里特的宗教不能代表整個迦南的宗教。

烏加里特文獻的最大價值，在於說明了宗教觀念的過渡。厄勒是萬神殿的主神。他的名字在閃語裡是「神」的意思。但是在西閃族，他是個位

---

[21] 在西元前 3000 年前的美索不達米亞的文學作品中，Martu 意為「山裡的粗人」，他們不知道什麼是小麥，也不知道房屋或是城市。

格神，人們稱「有大能者」、「公牛」、「諸神和人類之父」㉒、「國王」、「時間之父」。他是「神聖的」、「慈悲的」、「智慧的」。在西元前15世紀的一座紀念碑上，他的形象是莊嚴地坐在王座上、蓄鬍、著長袍、頭戴著雄牛角的皇冠㉓。直到現在，我們仍未發現任何有關宇宙起源 (165)
的文獻㉔。然而，透過神族婚姻而創造眾星辰，可以解釋爲爲是迦南的宇宙創造論。事實上，第52號文獻〈眾美好之神的誕生〉便描寫厄勒如何讓他的兩個妻子阿瑟拉（Asherah）和安娜特（Anat）（晨星和晚星）㉕受孕，阿瑟拉受孕後被稱爲「眾神之母」，她總共生下70個兒子，除了巴力（Baal）以外，所有的神都是厄勒和阿瑟拉直接生下的子孫。

然而，儘管厄勒的別名爲是「有大能的神」、「大地之主」，儘管在奉祀諸神當中總是在第一位，但是厄勒在神話傳說中的形象卻是懦弱而優柔寡斷的。有些神甚至貶損他。最後，他的兩個妻子阿瑟拉和安娜特還被巴力給搶走了。我們必須說，這些別名表現的是早期的情況，當時厄勒還是眾神的實質領袖。至於新舊神的交替、或是更有年輕有活力的神取代宇宙統治神，特別是繁殖之神，則是常見的事。造物神經常會成爲「退位之神」，和受造者漸行漸遠。有時候則是不同世代之間神明或是典型衝突的結果。在現有的烏加里特文獻中，正是描述巴力神成爲最高神的過程。然而這個過程卻是透過武力和詭詐取得的，其中也不乏歧義之處。

巴力神也算是厄勒的兒子（因爲厄勒市諸神之父），他是唯一被稱爲「大衮（Dagan）之子」的神祇，大衮意爲「穀禾」，於西元前3000年左 (166)

㉒　「父親」這個名詞是最常出現的別名。

㉓　F. A. Schaeffer, *The Cuneiform Texts of Ras Shamra-Ugarit*, pl. XXXI, pp.60, 62。

㉔　在西閃族人的銘文中，厄勒被認爲是大地的創造者（Pope, WdM, I, p.280）。

㉕　這個神話是在爲期七年的生長期開始前所舉行的典型祭典，厄勒仍被視爲豐收神，而這項榮耀後來歸於巴力。Cyrus H. Gordon, "Canaanite Mythology," pp.185 sq.; Ulf Oldenburg, *The Conflict between El and Baal in Canaanite Religion*, pp.19 sq.; Cross, *Canaanite Myth*, pp.21 sq.。

右，在幼發拉底河上、中游地區㉖受人敬拜。然而大衰在烏加里特的神話裡並沒有扮演任何重要角色，巴力才是主角。「巴力」原是個普通名詞，意為「主人」，卻成為他的專名。他也叫作哈都（Haddu），也就是哈達德（Hadad）譯③。他又被稱為「乘雲霆者」、「王子，大地之主」。他還其他別名，包括「阿利安」（Aliyan）、「大能者」、「國王」，他象徵著繁殖的來源和原理，他也是個戰士，他的姐妹和妻子安娜特也同時是愛和戰爭之神。除了他們以外，神話其他重要角色有雅姆（Yam，「海之王子、河神」）、莫特（Mot，「死亡之神」）。他們也在爭奪統治權。事實上，整部烏加里特的神話可以說是在描寫巴力和雅姆和莫特爭戰的過程。

49. 巴力奪得統治權並戰勝毒龍

根據一篇殘缺情形很嚴重的文獻㉗，巴力和他的同夥突擊厄勒在薩潘山（Sapan）的皇宮，並且趕走他。就在此時，似乎有東西從天上掉下來，傳說是「眾神之父」被去勢。這個假設很合理，因為烏拉諾斯和西台神安努在王權爭奪戰中也被去勢，而且儘管厄勒非常恨巴力，但是他卻不曾試圖復辟，甚至在聽到巴力被莫特殺死後㉘，也沒有回來爭奪王權。這是因為在古老的東方，這樣的身殘處穢，是沒有領導資格的。而且除了編號 56 的文獻證明厄勒是諸位星宿神之父外，烏加里特的史料幾乎都認定他是沒

(167)

㉖　在同一地區，我們也可發現安娜特的名字，很可能「大衰之子巴力」這個名字是由亞瑪力人傳入的。

㉗　參考 Tab. VI AB，最早由 C. Virolleaud 出版。見 Oldenburg, *The Conflict between El and Baal*, pp.185-86。Cassuto、Pope 和 Oldenburg（p.123）把這篇文獻解釋為巴力的突擊和厄勒的退位。

㉘　他對阿瑟拉說：「給我一個你的兒子，我將使他成王。」（Cyrus Gordon, *Ugaritic Manual*, 49: I: 16-18; Oldenburg, op. cit. p. 112）

譯③：哈達德是迦南宗教吸收巴比倫宗教的風暴神阿達德而產生的神，同時也是「秋雨之神」和「豐收之神」，後來和迦南的巴力神等同起來。

有生殖能力的。這也可以解釋為什麼他的態度總是猶豫不定的和聽人擺佈，這當然也是因為巴力奪走了他的妻子。

在薩潘山奪權成功後，巴力限制厄勒必須要待在世界的角落，「在河的源頭，阿比西斯（Abysses）的洞穴裡」，從此這裡就是他的住處㉙。厄勒悲嘆他自己的命運，雅姆是第一位聽到他歡息的神，就送給他烈酒。厄勒為雅姆祝福，給了他新的名字，並選他作為自己的繼承人，還承諾為他建造皇宮，只要雅姆廢掉巴力。

描述雅姆和巴力的爭戰的文獻有很多殘缺的部分。雅姆現在似乎是合法的繼承人，厄勒和大多數的神也遷至另一座山。巴力嘲笑雅姆自以為是正式的繼承人，總有一天會被消滅，於是雅姆立刻派出信使要求巴力退位。諸神嚇壞了，巴力譴責他們：「把你們的頭從膝蓋抬起來，看我怎麼嚇跑雅姆的使者吧！」㉚厄勒接待雅姆派來的使者，且宣佈巴力是他們的奴隸，還必須向雅姆進貢。由於巴力似乎很有威脅，厄勒又說他可以輕鬆地制服巴力。由於安娜特的幫助，巴力已經準備好要和雅姆開戰。（根據另一篇碑文，巴力被雅姆打敗後，安娜特替巴力復仇。）㉛打鐵神「巧匠」（Koshar-wa-Hasis）幫他準備了兩根魔棒，可以直接從手中像箭一般地射出去。第一根魔棒擊中雅姆的肩膀，但雅姆仍然沒有倒下，第二根砸到了雅姆的額頭，他立刻跌倒了，女神阿施塔特（Athtart）要巴力肢解雅姆並將他的屍體到處散置㉜。

(168)

雅姆同時被描繪成神和魔鬼。他是厄勒最喜愛的兒子，和其他萬神殿

㉙　由於山是天體的象徵，所以離開薩潘山代表他的王權被剝奪。

㉚　G. R. Driver, *Canaanite Myths and Legends*, p.79; Viera, 在 Labat, *Les religions du Proche-Orient*, p.386; Cross, *Canaanite Myths and Hebrew Epic*, pp.114 sq..

㉛　「我沒有摧毀厄勒的摯愛嗎，雅姆？我沒有消滅大神 Nahar？我沒有為 Tannin（蛇怪或毒龍）戴上口絡嗎？我讓他戴上口絡！我消滅了彎曲的蛇怪，那多頭怪物。」（tr. Oldenburg, p.198; cf. ANET, p.137）這篇文獻闡釋了雅姆對巴力爭鬥的第一次勝利，這是個著名的神話主題：神先是被蛇怪打敗，然後復仇成功。

㉜　Gordon, *Ugaritic Manual*, 68: 28-31; tr. Caquot et Sznycer, *Les religions du Proche-Orient*, p.389.

諸神一樣，他也接受奉獻。但他也是個有七個頭的毒龍，是「海王子」，統治著海底世界。巴力和雅姆的爭鬥有許多神話意義。從季節和農業的角度來看，巴力的勝利代表「雨」戰勝了「海」和「地下水」。象徵著宇宙規範的降雨，取代了會造成危害的海水和洪水氾濫。巴力的勝利象徵著季節的規律和穩定。另外，對抗毒龍也代表著從萬神殿出身的青年神重新取得統治權。最後，我們可以解讀爲雅姆替自己的父親厄勒㉝向篡位者復仇。

　　這樣的戰爭是很典型的場面，可以不斷地重複。因此，雖然雅姆被巴力「殺死了」，卻在文獻中又復活。不只是他才有這樣的「轉世」。我們會看到，巴力和莫特也有這樣的存在模式。

50. 巴力的宮殿

　　爲了慶祝巴力的勝利；安娜特舉行了一場盛宴。接著，女神將宮殿的門全關起來，然後開始大屠殺。死者的血甚至流到了她的膝蓋，她還將死者的頭顱和手串在一起；這段敘述是很有象徵意義的㉞，我們也可以在埃 (169) 及找到類似的神話，特別是印度有關難近母（Durga）㉟的神話譯④。大屠殺和同類相殘古代繁殖女神的典型特徵。由此觀之，安娜特的神話是從地中海東岸到恆河岸的農業文化的共通元素。在另一段故事中，安娜特威脅要以血沾滿她的父親厄勒的頭髮和鬍子（texte 'nt: V: Oldenburg, p.26）。當

㉝　Oldenburg, op. cit., p. 389.

㉞　血液被視爲生命的基本元素，這個殺戮可以視爲從敘利亞的夏末過渡到新季節的豐收的儀式。見 Gray, *The Legacy of Canaan*, p.36, tr. Caquot et Sznycer, Les religions du Proche-Orient, pp.393-94。

㉟　埃及神話已不被視爲是原始的形態，見第 26 節。和難近母的比較，見 Marvin Pope, WdM, I, p.239; Walter Dostal, "Ein Beitrag," pp.74 sq.。

譯④：難近母是印度最有名的神祇之一，她是濕婆神的妻子，是個女戰神，身穿紅衣，騎著獅子，手執長矛或蛇。曾經降服牛頭怪獸馬喜夏（Mahisha），割下他的頭。

她發現巴力的屍體時，她開始大啖他的肉，並飲他的血㊱。也正由於她的行為，安娜特像大多數代表愛和戰爭的女神一樣，也帶有男性神的特質，所以她被認為是同時具有兩性的。

文獻還描述巴力派了使節帶著禮物見她，並表示厭戰，安娜特於是放下武器，獻祭祈求和平和豐收。巴力還同時向她表示將會創造雷和閃電以讓神及人類知道雨的來臨。安娜特向他保證將會聽從他的建議。

然而，雖然巴力是統治者，他卻不像其他諸神那樣擁有自己的宮殿和寺廟。換句話說，巴力沒有富麗堂皇的宮殿足以和他的統治者身分匹配。許多故事都描述宮殿的建造。但是不乏矛盾之處。雖然巴力趕走了厄勒，還是需要厄勒的授權：巴力派遣阿瑟拉向厄勒請求，「眾神之母」保證巴力將會「給予充沛的雨量」，同時也會「在雲端發出聲音」。這話打動了厄勒的心，巴力又在命令「巧匠」為他建築宮殿。起初，巴力拒絕在他的住處內設有窗戶，因為他怕雅姆會闖入，但最後他還是同意開窗戶㊲。

宮殿是在巴力戰勝毒龍之後才建立的，這也等於宣佈了他成為最高 (170)
神。眾神們為了慶祝馬爾杜克打敗提阿瑪特和世界創造而建造了宮殿（見第21節）。在巴力的神話中，我們也可看到宇宙創造的象徵，宮殿就代表著宇宙的創造，而他的建築象徵著世界圖像，在某方面來說，宮殿就代表著創世的開始。事實上，巴力克服了水患，調節降雨，而「創造」了我們今天所看見的世界㊳。

51. 巴力挑戰莫特：死亡與重生

當宮殿建好之後，巴力準備挑戰莫特（「莫特」意為「死亡」）。這

㊱　由 Virolleaud 公佈之文獻，"Un nouvel épisode du mythe ugaritique de Baal," pp.182, sq.; Albright, *Yahwenh and the Gods of Canaan*, pp. 131 sq.。

㊲　窗戶可能象徵著打開雲霓，巴力可藉此輸送雨水。

㊳　Loren R. Fisher 以「巴力式的創造」和「厄勒式的創造」對比。見 "Creation at Ugarit," pp.320 sq.。

個神的神話非常有趣，當然，他也是厄勒的兒子，並統治著冥府，但是他也是近東神話裡「死亡」人格化（也是神格化）的唯一例子。巴力神派遣使者對他說，他才是諸神和人類之王，「諸神才會香火不絕，而人類，大地上的黎民百姓，也會得到溫飽。」（Gordon, *Ugaritic Manual*, VII: 50 2; Driver, *Canaanite Myths and Legends*, p.101）巴力要他的使者到世界盡頭的兩座山去，把山舉起來，然後進入地底世界。他們看到莫特坐在爛泥裡的王座上，周圍覆蓋著垃圾。他們也不能太靠近莫特，否則莫特會將他們一口吞掉。巴力又說，他們也不能忘記，莫特使許多人被熱死。

　　莫特要這兩名使者回去對巴力說，要巴力來到地府。莫特說，因為巴力殺了雅姆，現在是巴力該來到地獄的時候了[39]。巴力依約前來。「你好，厄勒的兒子，」巴力透過使者對莫特說：「我是你的奴隸，永遠都是你的奴隸。」莫特宣佈說巴力一旦進入地府，將永遠喪失他的力量，而且再也無法復原。莫特命令巴力帶著他的兒子以及風神、雲神和雨神前往地獄，巴力同意了。但在進入地獄之前，巴力和一隻小母牛交媾，使她生下了他
(171)　的兒子。巴力用他的衣服把小孩裹起來，把他託付給厄勒。傳說在最危急的時刻，巴力恢復原形，也就是宇宙公牛，而且他也有了繼承人，萬一他回不來的話。

　　我們無法確知巴力是如何死亡的，他是戰死的還是屈服於莫特可怕的模樣，烏加里特神話的重點在於，作為年輕的雷雨神和多產之神、萬神殿的最新主宰，巴力神如何下地獄，並且像其他神一樣，踏上滅亡的路途。沒有任何神曾有像「巴力（哈達德）」那樣的遭遇，無論是美索不達米亞的阿達德或是胡里安的德蘇普。（但在晚期的傳說裡，馬爾杜克也會在每年某個時間裡消失，「隱居在山裡」。）我們猜測，「下地獄」（descensus ad inferos）的過程代表著人們希望賦與巴力多樣且互補的個性，他是對抗水患的英雄，因而是宇宙的統治神，甚至是造物神；巴力神是雷雨和豐收之神（我們不要忘記他是大袞之子，而「大袞」意為「穀禾」）；巴

---

[39]　*Ugarititic Manual*, 67: I-8; tr. Oldenburg, p.133.

力也是衆神之王，決心統治整個世界（自然也包括地獄）。

　　無論如何，在這最後的行動裡，厄勒和巴力的關係已有所改變。此外，整個宇宙的架構和規律也成爲現在所見到的樣子。後來人們又發現的斷簡描述兩名使者回覆厄勒說他們找到巴力的屍體。厄勒坐在地上，撕扯他自己的衣服，捶打自己的胸膛，割破自己的臉。總之，厄勒宣佈要舉行烏加里特式的葬禮。「巴力死了，」他哭喊說：「現在人類的命運將會如何呢？」[40]突然間，厄勒似乎從悔恨和復仇的慾望裡走了出來，現在他的舉動像是宇宙的統治神，他也意識到巴力的死亡危及宇宙的生命。厄勒要求他的妻子從他的兒子裡選出代替巴力的人，阿瑟拉選了阿塔爾（Athar）（恐怖之神），但是當阿塔爾登基後，他發現到自己不夠偉大，也承認無法成爲國王。

　　在這同時，安娜特出發尋找巴力的屍體。她發現了屍體以後，將屍體背在肩膀上，朝著北方走。她埋葬了巴力，爲了這個葬禮，安娜特準備許多牲禮。後來安娜特遇到莫特，她抓住莫特，而且「用刀子切下莫特的肉」，將割下的肉裝進簸箕裡燒掉，再用石磨把灰燼磨成粉，灑在田裡，讓鳥啄食粉末[41]。安娜特其實是在進行某種儀式性的殺戮，莫特就像是麥穗。一般來說，只有植物神或是精靈[42]才有這種儀式性的死亡。我們懷疑，莫特可能正是透過這種農業式的殺害而重生。 (172)

　　無論如何，莫特的死亡和巴力的命運不無關連。厄勒夢見巴力仍然活著，而且會「從天上降下油膏般的雨，而河裡會流著蜂蜜。」（這讓我們想到了聖經的景像，見〈以西結書〉32:14；〈約伯書〉20:17。）厄勒笑了出來，並宣佈他要坐下來休息，因爲「勝利者巴力仍然活著，大地王子仍然存在。」（Driver, p.117）但是，如同雅姆的重生，莫特在七年之後也重新出現，並且抱怨他所遭受的待遇，還抱怨巴力奪走他的王權，這兩個

---

[40]　Driver, op. cit., p.109; Caquot et Sznycer, pp.424-25.

[41]　Driver, p.111; Caquot et Sznycer, p.430.

[42]　曾有人建議將莫特視爲「收成之精靈」，無奈他的死亡意味太明顯：他活在地底世界或是荒漠，他所接觸的所有事物都會變成廢墟。

仇敵又打了起來。他們就像野牛一般攻擊對方的頭和角，像蛇一般的互
咬，直到兩人都疲累不堪地倒在地上，而巴力趴在莫特上面。然而太陽女
神夏帕許（Shapash）代表厄勒向莫特警告說再打下去是沒有用的，於是莫
特投降了，也承認了巴力的統治權。在其他幾段語焉不詳的插曲後，安娜
特得知巴力將成為宇宙永遠的統治者，帶來和平的時代，在那裡，「公牛
叫聲像羚羊一樣，老鷹的叫聲像麻雀一樣。」㊸

52. 迦南宗教的含義

　　有些作者認為這些神話反映出植物每年的死亡和重生。但在敘利亞和
巴勒斯坦，夏天並不會為植物帶來死亡；相反的，夏天是水果的豐收季
節。農夫害怕的不是酷熱，而是久旱不雨。所以比較合理的說，莫特的勝
利指的是「連續七年的旱災」，我們在聖經中可以找到類似的說法（〈創
世記〉41；〈撒母耳記下〉24:12 以下）。㊹

(173)

　　但是這個神話的意義不只是象徵植物的季節性生長。事實上這個動人
甚至壯觀的事件，告訴我們某種神性存在的模式，尤其是包括了失敗、
「死亡」和「消失」，透過葬禮（如巴力）或被肢解（莫特），隨後則是
季節性的重生。這種既中斷又有周期性的存在模式，使我們想起那些主宰
著植物生長循環的神明。然而這也是新的宗教產物，旨在把生命裡某些否
定的面向融入對立的統一的體系。

　　總之，巴力的戰爭，無論是勝利或失敗，都穩固了巴力在天上人間的
統治地位；而雅姆繼續統治著海洋，莫特也仍是冥府之王。神話突顯了巴
力的優越地位、生命的周行不息、以及支配著宇宙和社會的規範。因此雅
姆和莫特所代表的否定性力量仍然有其合理性。莫特是厄勒的兒子，特別
是巴力的無力消滅莫特，這些事實意味著死亡其實也是生命的常態。總

㊸　Driver, p.119.

㊹　參考 Cyrus Gordon, "Canaanite Mythology," pp.184, 195 sq; M Pope in WdM, I, pp.
　　262-64。

之，這也證明了死亡是**生命中的必要條件**⑤。

在新年節慶裡，很可能傳頌著巴力和雅姆的戰爭，而巴力和莫特的戰爭則可能是在收成季節裡提及，但是目前已知的文獻都沒有提到這些事。同樣的，我們也可以假設，國王在儀式裡扮演的重要角色，可能是在神話和儀式裡代表巴力神，然而這仍是有爭議的。獻祭被認爲是奉獻給神的食物，祭祀的儀軌看起來和《舊約》的描述很類似：包括燔祭和犧牲，可能祈求「平安」、「溝通」或贖罪。

除了祭司（khnm）（即希伯來文的 kohen）以外，還有女祭司（khnt）、「奉獻」（qadešim）的人（在聖經裡，這個名詞代表著神妓，但烏加里特文獻裡的意思卻不同），最後還有占卜的祭司或預言家。神殿 (174) 裡供奉著神像或是象徵物。除了有血祭之外，儀式還包括舞蹈和許多縱慾的動作和姿勢，後來許多先知們對此痛深惡絕。但我們也不能忘記，這些斷簡殘篇只能讓我們大概地猜測迦南的宗教生活。我們沒有發現任何祈禱文。我們知道生命是神的恩賜，但是對於人類起源的神話則一無所知。

這樣的宗教觀念不僅限於迦南，但是這種宗教觀念的重要性和意義，卻隨著以色列人進入迦南之後和這種宇宙崇拜發生衝突而突顯出來，這種崇拜有複雜的儀式活動，儘管荒淫縱慾，卻仍然有其莊嚴之處。因爲以色列也信仰生命的神聖性，因此立即產生一個問題：他們如何保有這個相同的信仰，而又不接受迦南宗教的其他元素（那其實是不可分割的）？剛才我們已經看到，這個觀念是以最高神巴力（象徵整體生命）的間歇性和循環性爲中心的特殊神學。而耶和華生命並沒有這種存有模式。（厄勒也沒有，但是厄勒卻遭遇多次羞辱的轉變。）此外，儘管耶和華的宗教也有某些獻祭儀式，但是他不允許信徒耽溺於儀式活動：他要求信徒們透過服從和信心去改變自己。（見第 114 節）

我們會看到（第 60 節），迦南宗教的許多元素被以色列人吸收。但是

---

⑤　只有在佛教神話中才能遇到另一位代表死亡的大神 Māra（魔），他的法力源自人類的癡愛。但是在奧義書時期之後的印度觀點顯然認爲，由生命、性愛到死亡的輪迴，是解脫道的最大障礙。

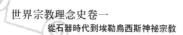
這樣的轉借其實也是衝突的另一個面向：巴力被他自己的手臂給打敗了。如果我們認為所有的外來民族，甚至包括非閃族人，如胡里安人和後來的腓尼基人，在進入迦南之後馬上就忘了他們自己的宗教，那麼耶和華和巴力的戰爭持續如此之久，而儘管許多的妥協和信徒的背離，耶和華宗教仍取得最後勝利，這似乎太違反常理了㊻。

㊻　R. de Vaux, Histoire ancienne d'Israël, pp. 147-48.

第七章
當以色列還是個小孩……

53.〈創世記〉的前兩章

(175)　　以色列的宗教完全是聖經的宗教。這部經典集成輯錄了不同的時代和
取向的文獻，儘管代表著非常古老的口說傳統，但是經過好幾個世紀，因
應不同環境，還是不斷地重新詮釋、修正和編纂①。現代學者在談到以色
列的宗教史時，都是從亞伯拉罕（Abraham）開始。事實上，根據傳說，
他是神選為以色列民族的祖先，定居在迦南。然而在〈創世記〉的前十一
章裡，都在談亞伯拉罕被神揀選之前的傳說故事，由上帝創世、大洪水到
巴別塔。大家都知道，這幾章的編纂其實比摩西五書（Pentateuque）的其
他經文還晚出。此外，許多知名學者都主張，宇宙創造論和世界起源神話
(176)　（人的受造以及死亡的起源），在以色列的宗教思想裡只是次要的部分。
總之，希伯來人比較關心「神的歷史」，也就是他們和神的關係，而對太
初的神話傳說，則沒那麼大的興趣。

　　從某個時代開始，尤其對於特定的宗教領袖而言，這或許是對的。但
是我們不能遽下斷論，認為以色列人的老祖宗，對其他先民社會熱切追尋
的問題，像是宇宙起源、人類的受造、死亡的源頭以及其他大事件，都漠
不關心。〈創世記〉前幾章所描述的事件，儘管在「改編」的 2500 年後的
今天，仍然影響著亞伯拉罕後裔的想像和宗教觀念。我們追隨近代之前的
傳統，也從〈創世記〉的前幾章開始論述。經文編纂的晚出並不構成障
礙，因為經文的內容畢竟是古老的；事實上，這些部分所反映的觀念比亞
伯拉罕的傳說還要古老。

---

①　對於摩西五書（也就是律法書的前五部）的來源和編著的問題爭議頗多。我們只
想要指出，以下的語詞已經暗示其來源：耶和華宗教（這是最早稱神為耶和華
的，約在西元前 10-11 世紀）；埃洛希姆（稍後晚出，以 elohim 稱呼神）；司鐸
（最晚出的，指祭司的工作，強調祭祀和律法）；以及申命（這個詞幾乎只在
〈申命記〉裡出現）。對於現代聖經評論而言，聖經的解析要複雜細微得多。除
了另有注明，本書採用耶路撒冷版的聖經。

　　〈創世記〉以著名的句子開始：「起初，神（Elohim）創造天地。地是空虛混沌，淵面黑暗。神的靈運行在水面上。」（1:1-2）這是非常古老的世界圖像，太初一片汪洋，造物神盤旋其上②。然而美索不達米亞的宇宙創造論裡，並沒有「神翱翔在深淵之上」這種主題的記載，雖然聖經的作者可能熟悉《天之高兮》的神話（事實上，「太初的海」在希伯來爲tehôm，其字源很接近巴比倫語的 tia'mat）。正確的說，創世是「渾沌」的重新組合（tôhû wâ bôhû），是上帝話語的力量所致。「神說，要有光，就有了光。」（1:3），創世的後續階段也都是透過聖言完成的。混沌深淵則沒有擬人化（比較提阿瑪特），因此沒有在創世過程的戰爭裡被「征服」。

　　這段聖經有其特別的結構：一、聖言創世③；二、世界是「美好的」；三、生命（動物和植物）都是「美善的」，受到神的賜福（1:10, 21, 31）；四、創世的過程以人類的創造圓滿結束。在第六天也就是最後一天，「神說，我們要照著我們的形像，按著我們的樣式造人，使他們管理海裡的魚，空中的鳥，地上的牲畜和全地，並地上所爬的一切昆蟲。」（1:26）其中沒有任何偉大的功蹟（像是馬爾杜克大敗提阿瑪特）④，在宇宙和人類的創造裡也沒有任何「悲觀主義」的元素（世界從原始「惡魔」提阿瑪特形成，人類是由大魔王金谷的血所造的）。在這裡，世界是美好的，人是**神的形像**，他和造物主（也是他的樣式）一樣住在天堂裡。然而在〈創世記〉裡很快地也強調，生活是艱苦的，儘管有神的祝福，而人類最後還是不得住在天堂裡。都是因爲祖先的犯錯和罪，他們改變了人類的處境。

(177)

---

② 在許多傳說裡，造物主都被想像成鳥的形式。但是這卻是原始象徵意義的「固化」：神的靈在淵面上行走，能夠自由移動；因此神就演變成像鳥一樣的「飛翔」。當然，鳥是最遠古的神靈的形象。

③ 其他傳說裡也有神以言語創世的故事；除了埃及的神學以外，玻利尼西亞人也有類似的神話。見 Eliade, *Aspect du mythe*, p.44。

④ 有些資料也提到打敗蛇怪，無論是巨蛇、拉伯或利維坦。這使人聯想到美索不達米亞或迦南的傳說。

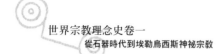
上帝不必為受造者的墮落負責。就如奧義書時期之後的印度思想，人類自己會造業受果。

　　耶和華宗教的經文（〈創世記〉2:5 以下），和我們提的祭司經文很不相同，也更為古老。問題不再是開天闢地，而是耶和華（Yahweh）以地下湧出的洪水使荒漠成為沃土。耶和華神用地上的塵土造人（âdâm），「將生氣吹在他鼻孔裡，」他就成了有靈的活人。然後「耶和華神在東方的伊甸立了一個園子，」「使各樣的樹從地裡長出來，可以悅人的眼目，其上的果子好作食物。」（2:9），再「將那人安置在伊甸園，使他修理看守。」（2:15）然後耶和華用土所造成的野地各樣走獸，和空中各樣飛鳥，都帶到那人面前看他叫甚麼。那人怎樣叫各樣的活物，那就是他的名字⑤。最後，神使亞當沉睡，就用他的肋骨造出女人，稱為夏娃（希伯來文意為「生命」）。

　　聖經注釋者發現到，在比較單純的耶和華宗教的說法裡，對立的兩造不是「渾沌」的深淵和「形式」的世界，而是荒野和乾旱對立於生命和植(178)物。所以我們似乎可以合理的說，這個起源神話是來自沙漠地區。至於以地上塵土創造人類的說法，我們也不陌生，在蘇美的宗教裡已經提到過（第 17 節）。類似的神話也出現在世界各地，從古埃及、古希臘到「原始」民族。基本的理念似乎是相同的：人類是從原料（泥土、木頭、骨頭）形成的，透過造物者的氣息而有了生命。而在許多例子裡，他們還和造物者的形像相同。也就是說，就像蘇美的神話，透過「形式」和「生命」，人類以某種方式分享造物者的條件。只有身體的才屬於「原料」⑥。

　　女人由亞當的肋骨創造出來，可解釋為雌雄同體的原人概念。其他傳

---

⑤　這是古代存有論的特色：直到動物和植物有了名字後，他們才是真正存在的。
　　（見 Eliade, *Mythes, rêves et mystères*, p.255，其中關於澳大利亞部落的例子。）
⑥　根據許多傳說，人死後「靈魂」會回到天上造物者的身邊，身體則遺留在人間。
　　聖經作者拒絕這種人類學的「二元論」，當時的近東的大部分民族也不接受。直
　　要後來才有較突破的觀念出現。

說裡也有類似的記載，像是米德拉西（midrashim）譯①的傳說。雌雄同體的信仰其實很普遍：根據古老的傳說，完美的人是個統一的整體。我們在討論諾斯替教派和赫美斯神祕宗教時，會回頭討論雌雄同體的重要性。這裡要強調的是，許多文化裡都認為人的雌雄同體是以神的雙性特徵為模範。⑦

54. 失樂園：該隱和亞伯。

　　伊甸園裡的河分為四道，以及亞當看守且栽植的樹，使我們想到美索不達米亞文化。在這裡，聖經的故事很可能採自巴比倫文化的某些傳說。 (179)
但是在幼發拉底河和地中海，並沒有原人的天堂的神話或是凡人不得進入的天堂的神話。和所有「天堂」神話一樣，這個伊甸園⑧位於「世界中心」，並有河流分為四條支流。園裡還有株生命之樹分辨善惡知識之樹（2:9）。神告訴人說：「園中各樣樹上的果子，你可以隨意喫。只是分別善惡樹上的果子，你不可喫，因為你喫的日子必定死。」（2:16-17）這個誡命裡有個其他神話不曾出現的觀念：**知識對於存在的價值**。也就是說，知識會徹底改變人類的存在結構。

　　然而，蛇終究還是誘惑了夏娃。「蛇對女人說，你們不一定死，因為神知道，你們喫的日子眼睛就明亮了，你們便如神能知道善惡。」（3:4-5）對於這段相當神祕的插曲，有各種不同的詮釋。這個背景暗示著很有名的神話學特徵：裸體的女神、神奇的樹以及蛇，也就是樹的守護者。但

---

⑦　神的雙性特質是屬於對立的統一的整體形式，例如陰陽、可見和不可見、天地、光明和黑暗，還有善惡、創造和毀滅等等。這種對偶的概念使某些地區的人們在神性的吊詭和人性的重新評價上有令人吃驚的結論。

⑧　希伯來文的'eden 意為「歡喜」。而源自伊朗文的「樂園」（pairi-daeza）則比較晚出。近東地區和愛琴海類似的意象，則是偉大女神在生命之樹和生命之泉旁邊，或是有怪獸和獅身鷹頭的猛獸守著生命之樹。cf. Eliade, Traité, §§104-108。

譯①：在希伯來文裡，米德拉西意為「解釋」，是猶太教講解聖經的佈道書。

是我們沒有看到英雄獲勝且分享生命的象徵（神奇的果實、青春之泉或寶藏），聖經告訴我們的是天真無邪的亞當如何被蛇欺騙。總之，這是個錯失「永生」的故事，而不像吉加美士那樣（第23節）。因為當亞當得到全知（等於是「諸神」）時，他就會發現生命之樹（神並沒有告訴他），就會得到永生。聖經的話非常清楚明確：「耶和華神說，那人已經與我們相似，能知道善惡。現在恐怕他伸手又摘生命樹的果子喫，就永遠活著。」（3：22）於是神把他們趕出天堂，要他們勞苦終身。

(180)　　如果我們回到剛才提到的神話情節（裸露的女神、由蛇看守的神奇之樹），那麼〈創世記〉裡的蛇，無論從哪個方面來看，都已經成功扮演看守生命或青春之象徵的角色。但是聖經的作者把古老的神話徹底翻轉過來。因為亞當的「沒有通過入會禮的考驗」，被重新解釋為罪有應得：他違反神的旨意，透露了他魔鬼般的驕傲，想和神一樣。這是受造者對於造物主所能犯下的最大的罪。這就是後來對希伯來和基督宗教的神學影響甚鉅的「原罪」觀念。這種「墮落」的觀念，只有在強調神的全能和妒嫉的宗教裡才看得到。而聖經的這個故事，則是要增加耶和華宗教的一神論權威。⑨

　　對於〈創世記〉4-7的編纂者而言，這個「原罪」不僅關係到「失樂園」和人類境遇的轉變，也是人類一切不幸的來源。夏娃生下「種地」的該隱（Cain）和「牧羊」的亞伯（Abel），當他們以供物獻給上帝時（該隱獻上農作物，亞伯則獻上頭胎生的羊），上帝接受了後者的獻禮。惱怒的該隱「起來打他兄弟亞伯。把他殺了。」（4:8）於是神對該隱說：「現在你必從這地受咒詛。你種地，地不再給你效力。你必流離飄蕩在地上。」（4:11-12）

　　從這段故事可以看到農人和牧人的衝突，而且隱然為後者辯護。但是「亞伯」意為「牧人」，而「該隱」意為「鐵匠」。他們的衝突反映出鐵

---

⑨　然而在以前，人類「墮落」的神話並不完全符合聖經的解釋，尤其是從希臘化時期到先知時代，更出現許多更創新的亞當神話。

匠在當時某些畜牧社會裡的矛盾地位，無論是受到歧視或尊重，總之是個
讓人畏懼的行業⑩。我們之前提到（第 15 節），鐵匠是「火的主宰」，有
很可怕的魔力。遊牧民族的「單純」生活和他們的抗拒農耕和城市的定居
生活，在聖經的這個傳說裡被理想化。該隱成為「城市建造者」（4:17）
他的子孫土八該隱（Tubal-cain），就是「銅匠鐵匠的祖師」（4:22）。所
以說，犯下人類第一件謀殺罪的他，在某個方面是技術和城市文明象徵的
具現。這蘊含著所有的技術都帶有「魔力」。

(181)

55. 洪水前後

我們就不再贅述該隱和亞當第三個兒子賽特（Seth）的故事。在美索
不達米亞的傳說裡，人類的祖先都活了很久，亞當在 130 歲時生了賽特，
800 年後才去世（5:3）。而賽特和該隱的子孫也都活到 800 到 900 歲。大
洪水前的這段歷史十分奇特：「神的兒子」和人類的女兒結合，生下子
嗣，成就「上古英武有名的人」（6:1-4）。這些「神的兒子」很可能是
「墮落的天使」。這個故事到後來才有完整的敘述（Enoch, VI-XI），不過
這並不代表在當時不知道這個故事。事實上，和古希臘和印度也有類似的
信仰：就在人類歷史發展前期（「歷史的黎明」），在英雄時期，這些半
神的人物留下他們的事蹟，而各種文化特有的體制也在這時候建立。我們
回到聖經的故事，就在「墮落天使」和凡人的女兒結合之後，神決定要限
定人的壽命為 120 歲。無論這個神話主題的起源為何（亞伯和該隱、洪水
時代前的先祖、「神的兒子」、「英雄的後代」），重要的是，聖經編纂
者將其收錄在〈創世記〉最後的經文裡，而這排除了耶和華原先背負的某
些擬人神論的特徵。

這個時期最重要的事件還是大洪水。「耶和華見人在地上罪惡很大，
終日所思想的盡都是惡。」（6:5）。神後悔造了人，決定要除滅人的子

---

⑩　cf. Eliade, *Forgerons et alchimistes*, pp.89 sq..

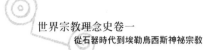

孫。只有挪亞和他的妻子、兒子（閃、含、雅弗）以及媳婦獲救。因為
「挪亞是個義人，在當時的世代是個完全人。挪亞與神同行。」（6:10）

(182) 挪亞遵照神詳細的指示，建造了方舟，讓各類成對的動物上船。「當挪亞
六百歲，二月十七日那一天，大淵的泉源都裂開了，天上的窗戶也敞開
了。四十晝夜降大雨在地上。」（7:11-12）當水都退掉時，方舟停在亞拉
臘山上（Ararat），挪亞走出船獻上燔祭。「耶和華聞那馨香之氣，就心
裡說，我不再因人的緣故咒詛地。」（8:21）他和挪亞及其子孫立約，以
彩虹作為記號。（9:13）

　　《吉加美士史詩》裡也有相同的洪水故事，聖經的編纂者可能很熟悉
美索不達米亞的神話，更有可能是沿用遠古近東的傳說。我們說過（第18
節），洪水的神話非常普遍，而且有相同的象徵意義：要完全毀滅世界和
墮落的人類，以重新創造新天新地，恢復他們原有的完美無缺。但是這種
週期性的宇宙創造論，我們在蘇美和阿卡德的神話裡都已經看到過不同的
版本。聖經故事的編纂者重新詮釋洪水的災難：他把這個故事提昇為神的
歷史裡的插曲。耶和華懲罰敗壞的人類，而不憐惜災難的受害者（正如巴
比倫神話裡的諸神；參閱《吉加美士史詩》tab. 11, l.116-25, 136-137）。他
的強調道德純淨和服從，預示了後來對摩西啟示的律法。像其他傳奇一
樣，大洪水的故事後來也不斷地重新詮釋，以不同角度重新評價。

　　挪亞的子孫因此成為新世代人類的祖先。當時他們說的是相同的語
言。直到有人決定「建座塔，塔頂通天。」（11:4）這可說是人類最後一
次魔鬼般的惡行。「耶和華降臨要看看世人所建造的城和塔」，發現「他
們所要作的事，就沒有不成就的了。」（11:5-6）所以神在那裡變亂他們
的口音，使他們的言語彼此不通。然後，「耶和華使他們從那裡分散在全
地上。他們就停工，不造那城了，」（11:7-8）後來人們就稱之為巴別塔

(183) （11:7-8）譯②。

譯②：「巴別」（Babel）意為「混亂」，源自希伯來文的 Babal 或 Baule。其實可以
　　推溯到阿卡德語的 babili（神祇之門）。

192

　　就此而言，這是經過耶和華宗教重新詮釋過的古老神話主題。我們先是看到古老的傳說，說有些不凡的人物（祖先、英雄、傳奇的國王、薩滿）透過樹木、長矛、繩索或連續的箭矢而登天。但是這種人身的（in concreto）升天神話在原始的神話時期結束後就杳無蹤跡⑪。有些神話則是敘述後來的人類試圖以各種梯子登天失敗的故事。我們不知道聖經編纂者是否知道這些遠古的信仰。無論如何，他應該知道巴比倫有類似象徵意義的塔廟（ziqqurat）。他們認為塔廟是建在世界的肚臍上，而塔頂摩天。國王或祭司攀上塔廟頂部，在儀式上（象徵上）便意味著到達天堂。然而對於認真看待這個信仰的聖經編纂者而言，這種傳說太過簡化且褻瀆，於是激底地重新詮釋過，更正確的說，這個故事被「解除神聖」和「解除神祕」了。

　　我們要強調以下事實：儘管古老的題材經過漫長且複雜的選擇、刪除和意義的消失，〈創世記〉的編纂者仍然完整保存了傳統的神話，無論是祖先留下來的或是借用其他文化的傳說：創世記從宇宙創造和人類的誕生開始，描繪祖先如何在「天堂」裡生活，然後連接到「墮落」的主題以及嚴重的後果（不再永生、必須勞苦終身），還提到第一代人類的墮落，為洪水的災難合理化，最後以巴別塔事件終結：人類語言分歧，族群分散，是這第二個魔鬼惡行的結果。如同其他古老傳統文化，這些神話要表現的是「神的歷史」：既解釋世界的起源，也說明人類的現實境遇。當然。對希伯來人而言，在亞伯拉罕（Abraham）之後，尤其是隨著摩西的出現，這個神的歷史成為典範；但是這並不會減損〈創世記〉前 11 章的神話結構和功能。

　　許多作者都認為，以色列的宗教並沒有「發明」什麼神話。但是如果說「發明」意為精神的創造，那麼對於遠古神話傳說的揀選和批判，無異於創造新的神話，換言之，是可能成為典範的新的宗教世界觀。以色列的宗教精神把神和選民的關係轉化為前所未有的神的歷史。從歷史的某一刻 (184)

⑪　直到現在，薩滿仍然會「以靈魂」升天，也就是出神經驗。

起，這個民族的「神的歷史」成爲全體人類的典範。

56. 先祖的宗教

　　〈創世記〉第 12 章爲我們展示新的宗教世界。神告訴亞伯拉罕說⑫：
「你要離開本地、本族、父家，往我所要指示你的地去。我必叫你成爲大
國。我必賜福給你，叫你的名爲大，你也要叫別人得福。爲你祝福的，我
必賜福與他，那咒詛你的，我必咒詛他，地上的萬族都要因你得福。」
（12:1-3）

　　就以上經文的形式而言，應該是在事件後幾世紀才寫成的。但是在亞
伯拉罕的「揀選」所蘊含的宗教觀念，則是延續西元前 2000 年近東地區的
信仰和習俗。聖經特別的地方，則在於位格神的教義及其結果。神不經祈
請，自己現身在人類面前，對人類發出許多的命令，然後又作了許多不可
思議的承諾。根據傳說，亞伯拉罕服從神的旨意，如同他後來始終服從神
一樣，把以撒（Isaac）獻給神。在這裡，我們看到新的宗教經驗（「亞伯
拉罕的信仰」，如同在摩西之後的人們所理解的），這逐漸成爲猶太教和
天主教特有的宗教經驗。

　　亞伯拉罕離開迦勒底的吾珥（Ur），來到美索不達米亞西北邊的哈蘭
（Haran）。之後，他又往南移，曾在示劍（Shechem）住過一段時間；隨
後帶著車隊在巴勒斯坦和埃及之間遊走（〈創世記〉13:1-3）。亞伯拉罕
和兒子以撒、孫子雅各（Jacob）以及約瑟（Joseph）的故事，構成聖經的
先祖時期（Patriarchs）。長久以來，評論者認爲先祖只是傳說裡的人物。
但是過去半個世紀的考古發現，使得某些學者開始相信，至少有部分的先
祖傳說是眞實的歷史。當然，這並不代表〈創世記〉11-50 就是「歷史性
的記錄」。

(185)

----

⑫　顯然，「耶和華」是年代錯置，無論是這裡或之前提到的段落，因爲這個名字是
　　後來摩西說的。

我們不想探究希伯來人的祖先（Apiru）譯③是否真的是牧驢人或是商隊⑬，或是牲畜比較少的牧人而準備定居下來⑭。我們只要知道，先祖時期的習俗和近東的社會以及律法制度很類似。在美索不達米亞居留期間，他們知道且吸收了這裡不少的神話傳說。先祖時期宗教的特色是「父親的神」⑮。耶和華顯現爲「我父親的神」（〈創世記〉31:5），而他們也如此向他祈禱。其他稱呼還包括有個專有名詞，有時則在名稱之前加上「父親」：「亞伯拉罕的神」（31-53）、「你父親亞伯拉罕的神」（26:24）「以撒的神」（28:13）、「我父親以撒的神」（32:10）。這些稱呼方式和古老的近東宗教也有類似之處。⑯

「父親的神」原來是子孫都認識的祖先的神。神給予祖先們啓示，因而確立了某種親族關係。他是遊牧族的神，不限於聖殿之中，而是和人群在一起並且保護他們。他「給予他們相信的人們承諾。」⑰其他可能更古老的名稱，有 pahad yiṣḥâk，意爲「以撒所敬畏的神」，但是更接近「以撒的親族」，以及 'abhir ya' aqoch，意爲「雅各的守護者」。（31:42, 53） (186)

進入迦南後，先祖們遭遇到當地的厄勒神（El）的崇拜，而「父親的神」漸漸和厄勒同化。⑱這樣的同化使我們猜測兩個神的類型在結構上有

---

⑬　Albrights, *Yahweh and the Gods of Canaan*, pp.62-64.

⑭　R. de Vaux, *Histoire ancienne d'Israël*, I, pp.220-22.

⑮　Albrecht Alts, *Der Gott der Väter*（1929），他是第一個提出這觀點的人。

⑯　西元前十九世紀，就有卡帕多西亞（Cappadocie）的亞述人便有「我父親的神」。見 Ringgren, *La religion d'Israël*, p.32; Fohrer, *History of Israelite Religion*, p.37; Cross, *Canaanite Myth and Hebrew Epic*, pp.12 sq.。

⑰　De Vaux, p.261：「〈創世記〉不斷提及承諾，以不同形式説出：承諾子孫繁盛、土地肥沃，或者兩者一起應允。」

⑱　先祖的故事裡提到「厄勒」（El）之名的，是以'el加上另一個名詞：有「看顧人的神」（El Roi）（〈創世記〉16:13）、「永生的神」（El 'Olam）（21:33）、「伯特利的神」（El Bethel）（31:13）。見 De Vaux, pp.262 sq.; Ringgren, pp.33 sq.; Cross, pp.44 sq.。

譯③：有關希伯來人的記錄，最早是西元前二千年蘇美的楔形文獻，稱他爲 Habiru，西元前十四世紀的埃及阿馬爾納文獻稱之爲 Apiru，和 Hebrew 同樣意爲「過路之人」、「流民」。見羅漁，《西洋上古史》，上冊，頁52。

類似之處。無論如何，當「父親的神」同化爲厄勒以後，使用這個家庭和
氏族的神有了宇宙的向度，這是過去不可能有的。這是先祖傳統的宗教融
合最早的歷史紀錄，是空前而不絕後的。

　　許多段落很簡略地敘述先祖們的宗教習俗。然後有些段落卻反映了更
早期的狀況。因此我們不妨把聖經內容和古代畜牧文化特有的習俗作個比
較，尤其是在伊斯蘭教興起前的阿拉伯社會。根據〈創世記〉的描述，先
祖會獻祭、築起祭壇、立起澆油的石頭。但是他們也可能只舉行遊牧族的
血祭（zébah），沒有祭司，有些獻祭也沒有祭壇：「每個獻祭者各自宰殺
被選中的牲畜；他們不會燒化祭品，而是和家人分食。」⑲

　　由於宗教的背景各殊，我們很難確定豎立石塊（massebah）的原始意
義。石塊可能是立約的見證（31:45, 51-52），也可能是墓碑（35:20），或
是雅各故事裡的顯聖。雅各枕著石頭睡著，夢見一個梯子立在地上，梯子
(187)　的頭頂著天，「耶和華站在梯子以上」，把他所躺的那塊地許給他，醒來
後，他把那個地方命名爲伯特利（bethel，就是神殿的意思）（28:
10-22）。直立的石塊在迦南宗教裡扮演重要的角色；這也是爲什麼後來耶
和華宗教要抨擊這些習俗。然而這種風俗普遍存在於伊斯蘭興起前的阿拉
伯社會（見注釋19），因此以色列先民可能也有同樣的習俗。⑳

57. 亞伯拉罕，「信仰之父」

　　在以色列宗教史裡有兩個重要的獻祭，那是紀念立約的獻祭，以及以

---

⑲　De Vaux, p.271：「在中部阿拉伯地區，人們在象徵神的降臨的直立石頭前面宰殺
　　牲畜，把血淋在石塊上或者倒在石塊下的溝。通常阿拉伯遊牧民族會在春季第一
　　個月的慶典獻祭，以求牲畜繁盛。以色列的先民，半遊牧民族，可能早已經有類
　　似的慶典。」

⑳　先祖時期的故事裡，有提到神聖的樹：例如摩利橡樹（12:6）、幔利的橡樹（13:
　　18）。這些先祖時期尊敬的神樹，變得十分尷尬，因爲後來迦南祭祀的風俗被
　　禁，無論是「在小山上、在各青翠綠樹下」（〈申命記〉12:2）。

撒的獻祭。第一次獻祭（15:9）是神直接命令亞伯拉罕去辦的，牲品包括母牛、公綿羊、母山羊，和其他祭祀很類似（像是西台人的祭祀，見第43節）。不過重點還是晚上的顯神：「日落天黑、不料有冒煙的爐，並燒著的火把，從那些肉塊中經過。」（15:17）「那日耶和華與亞伯蘭立約。」（15:18）。那不是契約，因為神沒有要亞伯拉罕承諾什麼：只有神自己許了諾言。這個儀式在《舊約》中找不到其他例子，到了耶利米時代就消失了。許多學者認為，即使是先祖時期也沒有這種儀式。當然，關於這個獻祭的敘述是以耶和華宗教為背景，但是其神學詮釋不能抹煞其原始的特質。

在〈創世記〉裡，只有一次獻祭有詳細的紀錄：就是以撒的獻祭（22:1-19）。神向亞伯拉罕要求以其兒子獻為燔祭（'olah），亞伯拉罕也照作，後來才以公羊代替。這段故事引起後人爭議不斷。首先，「燔祭」這個詞重複了六次。這類的獻祭似乎是在部落屯墾後襲自迦南的傳統[21]。同時，許多人說那是「過去的理想化」。但是我們不要忘了，〈創世記〉裡有許 (188)
多卑劣不堪的故事，「顯示作者只是**忠實記述傳說，而不是要把過去理想化。**」[22]。

無論其起源為何，這段故事比舊約其他部分都更強烈地表現「亞伯拉罕的」信仰。亞伯拉罕不是為了某個目的而把兒子獻給神，不像摩押王米沙（Mesha）那樣，為了打敗以色列，而把他的長子獻為燔祭（〈列王紀下〉3:27），或者像耶弗他（Jephthah）那樣，向耶和華許願，如果他平安歸來，就把第一個迎接他的人獻為燔祭，而萬萬沒想到卻是自己的獨生女（〈士師記〉11:30）。這不是長子的燔祭，以色列人後來才知道這種習俗，而且並不普遍。亞伯拉罕覺得他必須「信仰」神。他並不「了解」神的命令背後的意義，而那些把長子獻祭給神的人們，卻明白這個儀式的意

---

[21]　De Vauxs, p.270：「確定的文獻可溯源到士師時期。」

[22]　H.H. Rowleys, *Worship in Ancient Israel*, p.27. 的確，聖經裡少有記載雅各之子等人的祭祀情況，但是也提到許多不光榮的歷史；像是示劍族的西緬和利未的故事（〈創世記〉34）以及猶大和他瑪的故事（〈創世記〉38）。

義及其巫術或宗教性的力量。另一方面，亞伯拉罕從未懷疑過神的神聖、完美和全能。因此，即使神命令的事怎麼看都是殺嬰的行為，那只是因為人類理解的不足。只有神才理解那和犯罪幾乎無法分辨的舉動的意義和價值。

這裡要談的是很特殊的神聖辯證：「凡俗」不只是蛻變成「神聖」而又無損於原有的結構（聖石終究還是**石頭**），而且這個「神聖化」過程也不是常人所能理解的：他不是為了某些結果才使殺嬰成為儀式（如同其他人為了某些目的而獻祭長子）。亞伯拉罕並沒舉行任何儀式（因為他沒有什麼要求，也不明白為什麼要如此做）；另一方面，他的「信仰」使他的行為不構成殺人罪。有人會說，亞伯拉罕並不懷疑他的行為的「神聖性」，但是這個行為既「無法辨認」，所以也無從得知。

(189) 以色列人深信「神聖」無法認識（因為「神聖」完全等同於「凡俗」），而有許多重大的影響。「亞伯拉罕的信仰」使得猶太人在聖殿遭毀、國家滅亡以後，仍然擔負起悲劇歷史的所有考驗。某些十九、二十世紀的基督宗教思想家也沉思這個亞伯拉罕的故事，而體悟到信仰的弔詭，以及最後「不可知」的本質。齊克果和他的未婚妻解除婚約，卻仍然希望有一天能重修舊好。而切斯托夫（Leon Chestov）說，真正的信仰只蘊含著某個確定性，那就是相信「對於上帝而言，一切都是可能的，」其實這只是以比較簡單的方式重述亞伯拉罕的經驗。

58. 摩西和出埃及

以色列宗教的初期歷史，可見於〈創世記〉46-50、〈出埃及記〉和〈民數記〉。其內容是一連串由神直接引起的事件，包括：雅各及其子到埃及定居；幾世紀以後，埃及法老王下令了殺死所有以色列的頭胎生的男孩；摩西（他奇蹟式的逃過大屠殺，被埃及宮廷裡的人收養）在誤殺毆打希伯來人的埃及士兵後，逃離埃及到米甸地（Madian），耶和華顯現於「荊棘火中」（第一次見到神），受神命帶族人出埃及，並且告訴他神的

名字；神降下十個災禍，要法老王同意放行；以色列人穿過紅海，海水淹沒背後追趕的埃及士兵和馬車；耶和華在西乃山上顯現，和選民立約，接著是關於啟示和祭祀內容的指示；最後是在沙漠漂流四十年，摩西去世，約書亞帶領族人征服迦南。

　　近一百多年來，批評家竭盡心力要把聖經故事裡的「合理的」、「歷史性的」元素和「神話的」、「傳說的」贅瘤以及沉澱物區分開來。㉓也 (190)
有人使用埃及、迦南和近東地區的政治、文化和宗教的語言學和考古學文獻。透過這些文獻，我們可以抽絲剝繭，甚至重構出希伯來人不同族群的歷史，從雅各定居埃及（西元前 18-17 世紀），到出埃及的傳說，以及征服迦南，學者認為應該是在西元前 12 世紀。㉔聖經以外的文獻記載，也有助於我們把出埃及和征服迦南的事件放到歷史脈絡裡。我們根據埃及十九王朝某些法老王的軍事和政治情況，可以相當確定出埃及的時間；從考古挖掘，可以知道迦南戰爭的各個時期，特別是某些迦南城市的相繼毀滅。然而這些紀年的相互關係和一致性仍然有爭議。

　　我們並不想涉入這些莫衷一是的爭論。到目前為止，我們仍無法還原初期以色列宗教裡重大事件的歷史性。當然我們也不能因此斷定這些事件不具有歷史真實性。但是這些歷史事件和人物已經根據典型的範疇而被重新陶塑，因此我們很難看出他們原始的「實在」。我們沒有理由去懷疑有「摩西」這個人物存在，只是他的生平和人格特質已經不可考。我們只知道，他已經成為奇里斯瑪的傳奇人物，從被放到蒲草箱裡、擱在尼羅河的蘆葦中開始，他的生平其實有著其他「英雄」的影子（西修斯、波修斯〔Perseus〕、阿卡德的薩爾貢、羅慕路斯〔Romulus〕、居魯士〔Cy-

㉓　「去除神話」的工作並不是難事（事實上，十種災禍或是渡紅海這些「神蹟」都不能算是「歷史事件」）。另一方面，關於聖經故事的歷史真實性的詮釋，證明這些故事非常不可信。分析發現聖經有不同的時期和神學觀點的編纂。而且還發現聖經受到其他文類的影響。因此，當我們發現聖經作者使用某種特別文類（傳說、短篇故事、諺語）時，其歷史真實性就會被存疑。

㉔　根據〈出埃及記〉12:40，以色列人在埃及定居了 430 年。

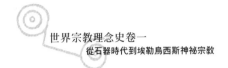

(191)　rus〕）譯④。

　　「摩西」這個名字和其他家人一樣，都是埃及的名字。「mśy」意爲「出生，兒子」，如同阿摩斯（Ahmoses）或納姆西斯（Ramses）（「瑞」〔Ra〕之子）。利未（Levi）的兒子之一，米拉利（Merari），是埃及文的 Mrry（所愛的人）；亞倫（Aaron）的孫子品哈斯（Pinhas）是埃及文的 P'-nḥsy（黑人）。年輕的摩西可能經歷過易肯阿頓的改革（1375-1350 B.C.），他以太陽神「阿頓」的「一神教」取代「安夢」的崇拜。學者們注意到這兩個宗教的相似之處㉕：阿頓也被稱爲「唯一的神」；太陽神和耶和華一樣，也是「創造萬物」的神；易肯阿頓的「改革」是受到「神命」，如同耶和華宗教裡的律法書（Torah）。另一方面，摩西生長在納姆西斯的社會，那時候已經廢除易肯阿頓的「改革」有兩個世代，因此無法認同那個社會的宗教。對於任何在「天父的宗教」裡成長的人來說，世界主義、宗教融合（尤其是埃及和迦南宗教）、縱慾的儀式（神妓）、動物崇拜等等，都是痛深惡絕的事。

　　在出埃及的故事裡，似乎反映了某個歷史事件。然而，那不是整個民族的遷徙，只是摩西所領導的族群而已。其他族群早已逐漸以和平的方式遷移到迦南。後來，以色列所有部落的人都把「出埃及」視爲神的歷史。我們只是要強調出埃及和逾越節之間的關係。那是個遊牧民族特有的古老獻祭，是以色列幾千年來的傳統，這時候被重新賦與意義，並且合併到耶和華宗教的神的歷史裡。原來屬於自然崇拜的祭典（春天的牧祭）被解釋爲紀念某個歷史事件。從自然崇拜到神的歷史的轉變，是耶和華一神教的

㉕　Albright, *From the Stone Age to Christianity*, pp. 218 sq.; id., *The Biblical Period from Abraham to Ezra*, pp.15 sq.。但是對於其他作者，這些類似似乎不很有說服力；見 Ringgren, *La relgion d'Israël*, p.51; Fohrer, *History of Israelite Relgion*, p.79。

譯④：羅慕路斯和列姆斯，是羅馬神話裡的雙胞胎兄弟，是戰神馬爾斯和列亞；希爾威亞（Rea Silvia）所生，叔父把嬰孩放在籃中投入台伯河裡，後爲母狼育養。羅慕路斯後來建造羅馬城，「母狼乳養雙胞胎嬰像」成爲羅馬市徽。見羅漁，《西洋上古史》，下冊，頁 23-27。

特色，後來也被基督宗教承襲下去。

59.「我是自有永有」

　　摩西牧養他岳父米甸祭司葉忒羅（Jethro）的羊群往野外去，到了「神 (192)
的山」，就是何烈山（Horeb）。在那裡，他看到「荊棘裡的火燄」，聽到
有人呼喚他的名字。後來，神對他說：「我是你父親的神，是亞伯拉罕的
神，以撒的神，雅各的神。」（〈出埃及記〉3:6）摩西以為遇到不知名
的神，或甚至是新的神，他受命去對以色列的子孫說：「你們祖宗的神打
發我到你這裡來，」但他們若問起神叫什麼名字，「我要對他們說什麼
呢？」（3:13）神對他說：「我是自有永有的。」（'eyèh 'ášèr 'ehyèh）他
又叫摩西對以色列的子民如此說：「那自有的打發我到你們這裡來。」（3:
14）

　　這個名字引起很多的討論。㉖神的回答非常神祕：他提到他的存有模
式，卻不現身。以現代的話語來說，神的名字暗示了存有和存在者的整體
性。然而耶和華卻說他是亞伯拉罕和其他先祖的神，到現在那些宣稱是亞
伯拉罕子孫的以色列人，仍然接受神的這個身分。事實上，在父親的神和
那對摩西顯現的神之間，可以發現某種連續性。「耶和華宗教是發源自沙
漠裡的遊牧民族。回歸純粹的耶和華宗教就是回到沙漠：那是先知們的
『遊牧族的理想』。」㉗正如父親的神，耶和華並不限定在特定的地區；
此外，他和領導者摩西之間有著特殊的關係。

　　然而還是有個重要的差別。父親的神是匿名的，然而耶和華有專有名
詞，意指著他的奧祕和超越性。神和崇拜者之間的關係已經改變：人們不 (193)
再稱「父親的神」，而改稱「百姓的耶和華」。在神對亞伯拉罕的承諾裡
（〈創世記〉12:1-3）所表現的神的揀選觀念，現在更加明確：耶和華稱

㉖　Ringgrens, pp. 43sq.其中所列最新書目；Fohrer, pp.75 sq; de Vaux, *Histoire ancienne
d'Israël*, pp.321 sq.; Cross, *Canaanite Myth and Hebrew Epic*, pp.60 sq.。

㉗　De Vaux, p.424 頁。以下引用其分析，pp. 424-31。

先祖的子孫為「我的百姓」；用德沃斯（R. De Vaux）的話說，他們就像他的「私產」。而隨著父親的神和厄勒的同化，耶和華也被等同於厄勒，他轉借了厄勒的宇宙性結構和國王的稱呼。「根據厄勒的宗教，耶和華宗教也以『埃洛希姆之子』（bene' 'élohîm）譯⑤描述神的王國的觀念。」㉘另一方面，耶和華的好戰性格也繼續父親的神的角色，尤其是擔任信徒的保護者。

神啟的本質都集中在十誡裡（〈出埃及記〉20:3-17, 34:10-27）。以其形式來看，經文不是出於摩西的時期，但是裡面最重要的誡命當然還是反映了原始耶和華宗教的精神。十誡的第一條：「除了我以外，你不可有別的神，」這顯示那時並不是嚴格意義下的一神教。他們並不否認其他神的存在。摩西渡過紅海後，他歌頌耶和華說：「耶和華啊，眾神之中誰能像你？」（15:11）但是他要求絕對的忠誠，因為耶和華「是忌邪的神。」（20:5）出了沙漠，耶和華就開始和假神巴力毘珥（Baalpeor）戰鬥，因為摩押女子要以色列人向他們的神獻祭。「百姓就吃他們的祭物，跪拜他們的神。」（〈民數記〉25:2）耶和華於是發怒。對於以色列人來說，這個起源自巴力毘珥的鬥爭仍然持續著。

(194) 十誡中的第二條是：「不可為自己雕刻偶像……，」則很難理解。這不是禁止偶像崇拜。和異教崇拜一樣，他們認為偶像只是神的基座。這個誡命的用意可能是禁止以儀式事物去象徵耶和華神。正如耶和華他沒有名字，所以也不會有形象。神只會對某些特定的人面對面的顯現；對其他人則只透過他的作工顯現。其他近東地區的諸神會以人形、動物的形態或是宇宙形式顯現，然而只有耶和華是神人同形。但是他當然也會以宇宙形式

㉘ De Vaux, p.428：「但是更正確的說，是厄勒把他的溫和和慈悲給了耶和華，後者原來是忿怒且暴力的神。在〈出埃及記〉34:6 的可信文獻裡，耶和華說自己是有憐憫有恩典的」（ibid., p.429）

譯⑤：「埃洛希姆」源自敘利亞和巴勒斯坦一帶古代閃族神厄勒，意為「有大能者」，是對神的稱呼，也是宇宙之神的普通名詞，後來成為先祖時期的神的專有名詞。「埃洛希姆之子」指的是眾天使。見 *Kraus Lexikon der Mythologie*, p. 136。

顯現，因為萬物都是他創造的。

耶和華的神人同形有兩個層面。一方面，他有人類特有的性格和缺點：慈愛和憎惡、歡喜和忿怒、寬恕和報復。（但是他沒有像荷馬時代諸神那樣的弱點和缺點，他也不像某些奧林帕斯山的神那樣，他不容被人嘲弄。）㉙另一方面，不同於大部分的神，耶和華也不曾反映人類的情境；他沒有家人，只有天國：耶和華是獨有的。他像個東方的暴君那樣，要求信徒絕對的服從，這就是神人同形的特徵嗎？其實這反而是超越人性的完美和純粹的要求。世界三個一神教的先知和傳教士的不寬容和狂熱，都在耶和華的例子裡找到他們的範式和理由。

同樣的，耶和華的暴力也逾越了神人同形的界限。他的忿怒有時候非常的不理性，我們幾乎可以說是像「魔鬼」一般。當然，在以色列人佔領迦南後，他們對這些負面特質也就習焉而不察了。但是這些「負面特質」是屬於耶和華最原始的結構。事實上，那是令人耳目一新的神性表現，神是絕對不同於受造者的，是「完全的他者」（das ganz andere）。這些衝突屬性的並存，他某些行為的非理性，使得耶和華迥異於人類尺度的完美理想。就此而論，耶和華很像是印度教的濕婆神或難近母。但是其中個重要的差別：印度諸神的行為完全超越道德尺度，而因為他們自己就是典範性的存有，所有信徒會爭相仿傚。相反的，耶和華卻定立許多重要的倫理原理和實踐的道德：至少，十誡裡有五個誡命和道德有關。

根據聖經的故事，出埃及的三個月後，在西乃沙漠裡，有顯神的事蹟。「西乃全山冒煙，因為耶和華在火中降於山上，山的煙氣上騰，如燒窯一般。遍山大大的震動。角聲漸漸的高而又高，摩西就說話，神有聲音答應他。」（〈出埃及記〉19:18-19）然則耶和華對在山下的以色列人顯現，宣佈聖約的律法，包括十誡和其他宗教律例。（20:22-26; 24-26）㉚之後，摩西和耶和華神又有過對話，得到「兩塊法版，是神用指頭寫的石

(195)

㉙　Fohrer, pp.78 sq..

㉚　不用說，這些文獻都是後人編纂的。

版。」（31:18）曼登霍爾（Mendenhall）說，聖約的律法的形式，很像西
元前 2000 年西台國王和他在小亞西亞的封臣的敘事。[31]但是儘管兩者有許
多相似處，卻仍沒有決定性的證據。

我們不確定以色列人在沙漠漂流 40 年裡的宗教活動。〈出埃及記〉
（26, 38:8-38）詳細記載沙漠裡的聖所：包括「會幕」，裡面放著法櫃，
是根據傳統造的盛放法版的木頭箱子。（〈申命記〉10:1-5）這個傳說很
有可能反映了真實的情況。因為在伊斯蘭教之前的阿拉伯，有文獻記載著
安置石像的聖幕或聖轎。儘管經文沒有把法櫃和會幕並列，但是很可能就
像當時的阿拉伯人，在會幕裡放著法櫃。就像早先的父親的神，耶和華神
也帶領著他的百姓。法櫃象徵著神的不可見的臨在，我們無法得知裡面裝
的是什麼。

傳說摩西死於摩押平原上，在耶利哥對面的山上。耶和華指著迦南地
對他說：「現在我使你眼睛看見了，你卻不得過到那裡去。」（〈申命
記〉34:5）這正好和摩西傳奇且典範的性格相符。摩西這個名字，代表的
(196) 是總是和耶和華戲劇性地相遇的人。摩西所傳達的神啓，使他既是降神和
神諭的先知，也是個「巫師」；他是利未族祭司的典範，也是奇里斯瑪的
領袖，成功地將某個氏族轉型為以色列民族的核心。

60. 士師時期的宗教：第一階段的宗教融合

西元前 1200 年，摩西的族人在約書亞的領導下征服迦南，到了 1020
年，掃羅（Saul）稱王，這是我們大家知道的士師時代。士師們是軍事首
領、參謀或行政官。在這時期，其他部落開始接受耶和華宗教，尤其是在
幾次光榮的戰役後。因為耶和華直接參與戰爭。他對約書亞說：「不要怕
他們，因為我已將他們交在你手裡。」（〈約書亞記〉10:8）事實上是神

---

[31]　C. E. Mendenhall, *Law and Covenant in Israel and the Ancient East*(1935)。其他人如
　　　Albright 也接受這假設，見 *Yahveh and the Gods of Canaan*, pp.107 sq.。

從天上降大冰雹，打死數名敵人。（10:11）在打敗迦南王耶賓（Jabin）後，底波拉（Debora）和巴拉（Barak）作歌頌讚神的忿怒：「耶和華啊，你從西珥出來……，那時地震天漏，雲也落雨。」（〈士師記〉5:4）總之，耶和華證明他強過迦南的神。以他為名的戰爭都是聖戰[32]：戰士被神聖化（qiddeš），必須焚香沐浴。不准保有戰利品，俘獲後就得完全銷毀，作為給神的燔祭。

但是為了適應新的存在環境，耶和華宗教也有些演變。首先我們發現到，過去遊牧社會的價值遭到反彈。遊牧民族神聖不可侵犯的好客精神，被雅億（Jael）背叛且破壞殆盡：他迎接戰敗逃亡的迦南將軍西西拉（Sisel）到他帳篷裡去，卻趁他睡覺時殺死他。（〈士師記〉4:17）摩西時代的移動式聖所也被廢棄。後來只在祭祀聖壇和聖地裡舉行。

而和迦南宗教的接觸，也如人們預期的造成許多影響。這些接觸持續 (197) 到西元前七世紀。因為耶和華和厄勒的同化，在耶和華宗教之前的厄勒崇拜的聖所，以及許多迦南的其他聖所，都改為祭拜耶和華。[33]更令人驚訝的是，在士師時代，人們居然把耶和華和巴力神混為一談。即使是在極虔誠的家族裡，也可以看到名字裡帶有巴力的字眼。像是有名的基甸（Gedeon），人稱耶路巴力（Jerubbaal），意思是說「他拆毀巴力的壇，讓巴力與他爭論。」（〈士師記〉6:32）這預設著，意為「上主」的巴力（baal），被認為是耶和華的別名，或是說，人們把巴力和耶和華併列奉祀。[34]剛開始，人們把巴力視為「大地之神」，主要是繁茂之神。只是後

---

[32] G. von Rad, *Der heilige Krieg im alten Israel* (1951)，收錄於 Ringgren, op. cti., pp. 66-67。「禁止」（hérèm）的字根有「神聖」的意義。Ringgren 認為這是以色列典型的現象；但是 A. Lods 和 Albright 卻引用其他例子，而不限於閃族；cf. Rowley, *Worship in Ancient Israel*, pp.58 sq.。

[33] Fohrer, *History of Israelite Religion*, pp. 111-113。關於宗教的融合，見 G. W. Ahlström, *Aspects of Syncretism in Israelite Religion*, pp.11 sq.; Rowley, *Worship in Ancient Israel*, pp.58 sq..

[34] Ringgren, p.56; Fohrer, p. 105.

來他不再受人膜拜，而成爲叛教的典型。

迦南的獻祭體制大部分被接收。最簡單的儀式是在聖地以不同的禮物和油或水的奠酒獻祭。祭品被視爲神的食物（〈士師記〉6:19）。這時候以色列人才開始行燔祭，他們視之爲獻給耶和華的供物。此外，他們也承襲了迦南的許多習俗，那些習俗和農作有關，甚至是狂歡的的祭典㉟。在後來的國王時期，同化的現象越演越烈，甚至有男性和女性的神妓。

聖所的建造也是以迦南神殿爲藍本。包括有祭壇、直立的石塊（massebahs）、木柱（asherahs），象徵迦南女神阿瑟拉（Asherah）、盛酒的罈子。提到祭祀用具，最重要的有家神像或面具（teraphim）、以弗得（ephods，繪有偶像的衣服）。聖所四周有守衛。最重要的是祭司和利未人：他們負責獻祭，並且透過拈鬮或以弗得窺伺神意。祭司和利未人旁邊可以看到占卜者或靈媒（rōéh），但是我們不很清楚這些人的職責。靈媒並不像先知（nâbîim）那樣屬於聖所的神職人員。最有名的例子要屬巴蘭（Balaam）（〈民數記〉22-24）：他在睡時或醒時都可以見到神；巴蘭被要求「舉目看見」以色列人，對他們下詛咒。在其他遊牧社會也有這種出神的記載（如阿拉伯人的卡因〔kāhin〕）。㊱

(198)

更重要的是先知（nābî）的角色；我們在後面（第116節）會再討論。目前只要知道，以色列出神的預言是源自迦南宗教。㊲事實上，巴力宗教裡就有先知（nâbîim）（〈列王紀上〉18:19、〈列王紀下〉10-19）。這種出神經驗在近東是很常見的事，除了埃及以外。蘇美人就有「升天的人」，類似薩滿（Shaman）的神遊。在馬里（Mari），十八世紀的文獻提到「應答者」（āpilum）或 muhhûm、muhhûtum，就是指能在夢中或異象中得到神諭的男人或女人。āpilum 或 muhhûm 和 nabîim 有異曲同工之妙。

㉟　Fohrer, p.106; Ahlström, §14.

㊱　J. Peterson, "The Role Played by Inspired Persons among the Israelites and the Arabs";
　　J. Lindblom, *Prophecy in Ancient Israel*, pp.86 sq..

㊲　A. Haldar, *Association of Cult Prophets among the Ancient Semites*, pp.91 sq.以及書目。

「應答之人」和以色列的先知一樣，他們得到簡短的神諭，傳達給國王，即使是壞消息或是批評國王的行為。[38]

在以色列征服和殖民迦南的最初幾個世紀裡，就可以看出迦南宗教深遠且多樣的影響。他們的儀式制度、聖地和聖所，都沿襲自迦南宗教；祭司階級也都是根據迦南宗教組織而成的；而即使是挑戰祭司權威、反對和豐年祭作宗教融合的先知們，也深受迦南的影響。然而先知卻呼籲要恢復最純正的耶和華宗教。就某個觀點來說，他們說得沒錯；但是他們所主張的耶和華宗教，其實已經和迦南宗教的原創元素同化了，而那些正是他們大加撻伐的。

[38]　Lindblom, pp.29 sq., 85 sq.; Fohrer, p.225，他提到其他巴比倫和亞述的例子。

第八章

吠陀諸神：印歐民族的宗教

61. 印歐民族的原史

(199)　　印歐民族的闖入歷史，充滿了恐怖的毀滅。西元前 2300-1900 年，希臘以及小亞細亞中的許多城市遭到燒殺擄掠，例如特洛伊城（Troy）（ca. 2300 B.C.）、貝斯蘇坦城（Beycesultan）、塔蘇斯城（Tarsus），以及安那托利亞（Anatolia）大約 300 個城鎮和村落，文獻中還提到西台族、盧溫（Luwians）和米坦尼（Mitanni）等民族。而雅利安民族也被證明為另一群侵略者。印歐民族在幾個世紀前即開始向外侵略，並且持續了 2000 年。西元前 1200 年左右，雅利安人進入了印度河和恆河平原，其中伊朗民族在波斯建立王國，希臘和諸島嶼民族也成為了印歐民族的殖民地。數世紀後，從維斯杜拉（Vistula）、波羅的海到大西洋的各個印歐化城邦，都已經有了高度的文明，包括印度、義大利半島、巴爾幹半島、喀爾巴阡山脈和多瑙河流域地區、中歐、北歐以及西歐等地。典型的過程是遷移、征服新領土、馴服原住民，最後和他們同化，這種侵略過程持續到十九世紀。這樣的語言和文明的擴張，在歷史上是前未見的。

　　數世紀以來，學者們努力勘定印歐民族的發源地、解讀其原史，並且
(200)　釐清各民族遷移的不同階段。學者們研究的腳步已經踏遍了北歐、中歐、俄羅斯西伯利亞草原、中亞以及安那托利亞等地。時至今日，學者們普遍同意印歐民族的發源地在黑海以北，介於喀爾巴阡山脈與高加索①之間的地區。在西元前 5000-3000 年間，這地區就發展了所謂古墳文化（Tumuli, 亦稱庫爾干文化〔kurgan〕）。西元前 4000-3500 年左右，這個文化開始向西方擴展，最遠達到提索（Tisza）地區。而接下來的 1000 年裡，最具有代表性的古墳文化將腳步延伸至中歐、巴爾幹半島、外高加索地區、安那托利亞，並且在西元前 3500-3000 年時擴展到伊朗北方；另外，西元前

---

①　對於特定動物（如狼、熊、鵝、淡水鮭魚、胡蜂、蜜蜂等）與植物（如樺木、櫸木、橡木、柳木等）的一般詞彙，通常也代表著氣候帶。

3000 年時，印歐民族也到達了北歐、愛琴海地區（包括希臘及安那托利亞海岸），以及地中海東岸。根據馬利加・金布塔斯（Marija Gimbutas）的研究，早期發展並且傳播古墳文化的民族，只是前期的印歐民族；到了發展後期，才有現在所謂的印歐民族。

無論事實如何，可以確定的是，印歐民族的文化是源於新石器時代，或許甚至可以溯源至舊石器時代。另一方面，同樣可以確定的是，這個文化的發展過程受到近東文明的影響甚鉅。例如，戰車和鐵器的使用，是源自安那托利亞文化（庫羅亞瑞克薩斯〔Kuro-Araxas〕文化）的影響②。西元前 4000 年左右，這個文化出現了源自巴爾幹和地中海地區的黏土、大理石和石膏女神坐像。

印歐民族的通用詞彙顯示已經發展農業和畜牧業（牛、豬，可能也有綿羊），並且已經知道利用馬，無論是野生或是馴化的。雖然他們無法放棄農業生產，印歐民族卻喜歡發展畜牧業的經濟形態。在遊牧民族中，由父系家族的結構、侵略的傾向和為了征戰而建立的軍事組織，就成了印歐民族社會的特色。墓葬（仿照房舍建造的墳墓以及大量的陪葬品）和簡陋的埋葬之間的對比，顯示有明顯的社會階級分化。很可能只有族長才可以葬在墳墓裡。 (201)

我們只想要確定，這種存在模式（遊牧生活以及堅甲利兵）如何激勵且支持某些特殊的宗教價值的創發。農業社會顯然並不符合畜牧社會的宗教嚮往。另一方面，遊牧社會也不可能完全獨立於農業社會的經濟和宗教。不僅如此，在遷徙和征戰的過程中，印歐民族更不斷征服並且同化當地的農業族群。換句話說，在印歐民族的早期歷史裡，就可以看到異質（甚至對立）宗教取向的共生關係所產生的文明衝突。

62. 最早的萬神殿和一般的宗教語彙

② 銅和斧是蘇美人的字彙；這些字彙的借用早於歐洲各語系的分離（如日耳曼、義大利和克爾特、伊利里亞和色雷斯、希臘和斯拉夫）。

　　想要重新建構印歐民族普通宗教的某些結構，不是不可能的事。首先，可以從簡單卻非常有價值的宗教語彙著手。最早的研究已經在「神」這個語詞（例如拉丁文 deus、梵文 deva、伊朗文 div、立陶宛文 diewas、古日耳曼文 tivar），以及特尤斯（Dyaus）譯①、宙斯（Zeus）和朱庇特（Jupiter）等主神的名字裡，辨識出印歐語系的字根 deiwos（天空）。「神」的概念證明和天上的神有關，包括光和「超越性」（高度），延伸到直接意義下的統治和創造的觀念：宇宙創造和父權社會。「天空」（之神）於是成為至高的「天父」，如印度的「天父」（Dyauspitar）、希臘的「宙斯天父」（Zeus Pater）、伊利里亞（Illyrian）的戴帕丘（Daipatures）、拉丁民族的朱庇特（Jupiter）、西西亞人（Scythian）的「宙斯吾父」（Zeus-Papaios）、色雷斯弗里吉亞的「宙斯父親」（Zeus-Pappos）③等等。

(202)　　因為天空和大氣的顯聖的觀念佔重要的地位，因此以「雷電」為名的神，也就不足為奇了。例如：日耳曼人的都納（Donar）、托爾（Thorr）、克爾特人的塔瑞尼斯（Taranis, Tanaros）、波羅的海民族的裴庫那斯（Perkunas）、斯拉夫民族的裴倫（Perun）等等。因此，在印歐民族時期，天神（創造世界和宇宙的最高神）已經逐漸讓位給風暴之神，這種現象在世界各地的宗教史中都是屢見不鮮的。同樣地，因閃電而引發的火，也被視為源自天界；所以，火的祭典成為印歐民族宗教的特徵；而吠陀諸神的阿耆尼（Agni），在拉丁文裡稱為 ignis、在立陶宛文是 ugnis、在古斯拉夫文裡則是 ogni④。我們也可以推測，太陽神在原史裡便佔有重要的

③　希臘文「theos」並不屬於相同的系列。其字根衍生自「靈魂」和「死者之靈」；例如立陶宛文 dwesiu（呼吸），古斯拉夫文 duch（呼吸）、dusa（靈魂）。因此，可見 theos（神）這個字，是由死者神化的概念發展而來。

④　伊朗稱聖火為阿塔（Atar）；但是還有許多其他同義字。在早期祭典的用語，火稱為阿耆尼（agni）而非阿塔（atar）：見 Stig Wikander, *Der arische Maennerbund*, p.77。

譯①：特尤斯，意為「天」。吠陀諸神中最有原始的神，常被稱為「天父」（Dyauspitar），和地母相對。由「發光」（dyu）語根得來，由光明而神化。見高楠順次郎、木村泰賢，《印度哲學宗教史》，商務印書館（民 60），頁 67。

地位（比較吠陀的 Surya、希臘的 Helios、古日耳曼的 sauil 以及古斯拉夫的 solnce，都是太陽神）。但是，太陽神的神話因為各印歐部族的差異而有所不同，而在他們接觸過近東民族的宗教後⑤，這種差異就更形顯著了。至於「地」（*GH'EM），向來是和「天」相對的孕育萬物的力量；但是，關於「地母」的宗教觀念，在印歐民族裡比較晚出，流傳也不廣⑥。我們發現「風」這個宇宙元素，立陶宛人稱為 Wejopatis，意為「風神」，伊朗人稱為伐由（Vayu），而印度人也稱為伐由（Vayu）。但是，在伊朗和印度的例子裡，尤其是伊朗的伐由，除了代表宇宙的自然現象外，更有最高神的含義。

印歐民族已經發展出獨特的神話和神學。他們會獻祭，並且懂得語言和讚歌（*KAN）的巫術和宗教的價值。他們有各種的觀念和宗教儀式，以讚頌天地，並且把他們的聚落「宇宙化」（這些具有神話色彩的祭典散見於古印度、羅馬以及克爾特人的文獻中），同時也能夠使他們定期地更 (203) 新這個世界（祭典的參與者分成兩邊，進行儀式性的戰鬥，直到現在，印度和伊朗的祭典裡仍然有這個習俗）。人們認為諸神在慶典中出現，並且就在人們左右，他們會把祭品燒化。早期的印歐民族並沒有神殿，這些祭典就在神聖的露天圈地裡舉行。他們另一特色是口傳的文化傳統，即使是接觸到近東的文明後，都還是禁止使用書寫方式。

但是，如果將印歐民族幾個世紀的遷移史區分為早期（西台族、印度伊朗民族、希臘和義大利等）和晚期（日耳曼民族和波羅的海的斯拉夫民族），在歷史時期的語言或神學和神話裡，並不總是能夠發現其共同的來源。一方面，我們要考慮到移民期間不同文化的接觸；另一方面，因為新

---

⑤ 除此之外，在希臘和東方宗教融合時期，關於太陽所象徵的神聖性，有許多神學和哲學的創新詮釋，因此，太陽神可能是在一神教的猶太和基督宗教發展之前最後顯現且消失的宇宙之神。

⑥ 我們還要說，人類作為地界的存有者（GHeMON），後來在西方和天神對立，而在東方，我們發現人類作為理性的存有者（MeNU）是和動物對立；見 Devoto, *Origini indo-europee*, p. 264。

的文明產物，或是外來文化的影響、共生或消滅帶來的改變，使得宗教傳統都會有所變化。

　　語言反映文明的分化和創新，甚至早在原史裡便已經開始。在印歐民族裡沒有意指著「神聖」共同名詞，即是最顯著的例子。一方面，在伊朗文、拉丁文和希臘文裡，有兩個名詞意指「神聖」，例如波斯古經（Avestan）的 spenta/yaoždāta（比較哥德語的 hails/weih）、拉丁文的 sacer/sanctus、希臘文的 hieros/hagios。「根據這些已經確認的詞組的研究……可以假設在史前時代即具有正反兩面的觀念，肯定的觀念是『什麼東西會充滿神聖？』而否定的觀念則是『什麼是禁止接觸的？』」⑦同樣地，根據班法尼斯特（Benveniste）的研究，印歐民族間也沒有意指「祭品」的共同名詞。但是這個現象也有「另一個面向，在各種不同語系裡面，對於各種獻祭的行為就有許多不同的名稱，例如獻酒（梵文 juhoti、希臘文 spendo）、祭詞（拉丁文 voveo、希臘文 euchomai）、儀式饗宴（拉丁文 daps）、供香（希臘文 thuo）和供燈（拉丁文 lustro）。」⑧身為「祭司」，他們的語言有兩個不同的來源。⑨簡而言之，印歐民族從他們共同的原史出發，似乎傾向於各自不斷重新詮釋他們的宗教傳統。而在民族遷移的過程中，就會更加強化這種歷程。

63. 印歐民族的三分法觀念

⑦　E. Benveniste, *Le vocabulaire des institutions indo-européennes*, II, p.179。至於宗教，「印歐民族不認為這個全在的真實是個獨立體，因而沒有描述它的詞彙。」（ibid. p.265）。Georges Dumézil 曾多次分析印歐民族關於神聖的詞彙；見 *La religion romaine archaïque*, (1974), 2d ed. pp.131-146。

⑧　E. Benveniste, *Le vocabulaire*, p.233。然而，Erich Hamp 近來重構「祭祀」的普通名詞；見 JIES 1 (1973), I, p.320-322。

⑨　原始西台、斯拉夫、波羅的海、亞美尼亞（或日耳曼？）的方言族群，證明了西台語「maltai-」的字首形式有「祈禱」的意思；然而，伊朗、克爾特和希臘現有相關的字彙，卻是由字根「*ghwedh」（祈禱、祈求）衍生而來（見 Benveniste, Le vocabulaire, p.245）。

　　各印歐民族神話的片簡是重要的文獻來源。的確，這些片簡來自不同時代，也透過作用不同的文獻流傳下來：讚歌、儀式文本、史詩、神學注釋、民間傳說、編年史，以及後來基督宗教的作者記錄中歐和北歐民族改宗後的傳說。無論如何，這些文獻都非常有價值，因為它們保存或是反映（即使是有了很大的改變）許多原始的宗教觀念。雖然馬克斯・慕勒（Max Müller）和學生們的「比較神話學」有誇張和誤用之嫌，但是我們不能因此排斥引用這些文獻，因為這些錯誤尚不足以撼動文獻的價值。《梨俱吠陀》中神話記載的年代不會晚於西元前 2000 年，然而保存於李維（Livy）的作品或愛爾蘭（Irish）史詩或斯諾里・斯圖魯松（Snorri Sturluson）譯②裡的傳說，從年代來看是更晚出的作品。而假如這些傳說在各個環節上都和吠陀神話相符，那麼我們就很難質疑他們共同的印歐民族特徵，特別是在這些巧合並非偶然，而是有系統的呈現時。

　　這也就是喬治・杜美夕（Georges Dumézil）的系列研究要證明的，並且翻新了各個印歐民族之間的神話和宗教的比較研究。我們不想贅述其成果。我們只是要提出，根據法國學者的研究，可以發現印歐民族之間的社會和觀念的基礎結構。社會分成三個等級：僧侶、武士、牧人和農人，符合宗教的三重功能觀念：巫術和司法主宰的功能、戰神的功能，以及繁殖和豐收之神的功能。在印度伊朗各個民族之間，諸神和社會的這種三分法結構最為顯著。事實上，古印度的社會階級分成婆羅門（brāhmanas，祭司和獻祭者）、剎帝利（kṣatriya，武士、族群的保衛者）、以及吠舍（vaiśya，生產者），對應於諸神中的婆樓那（Varuṇa）和密特拉（Mitra）、因陀羅（Indra）、以及阿須雲（Aśvin 或 Nāsatyas，雙馬童）譯③而來。西元前 1380 年左右，某個西台（Hittite）國王和某印度支族米坦尼（Mitanni）的族長在小亞細亞簽訂的條約裡，明列名稱相同的神祇：Mitra-

(205)

譯②：斯諾里・斯圖魯松（Snorri Sturluson, 1179-1241），冰島詩人和歷史家，著作裡記錄 1177 年以前挪威諸國王的系列傳奇故事。

譯③：阿須雲，字義為「有馬者」。其自然之象徵並不明確。見高楠順次郎、木村泰賢，《印度哲學宗教史》，頁 77。

(V)aruṇa（Uruvana 的變音）、Indara、Nāsatyas。同樣的，波斯古經也把社會階級分爲僧侶（āthra.van）、武士（以馬車作戰，rathaē-štar）、畜牧與農耕者（vāstryōfšuyant），而不同的是，伊朗社會沒有種姓制度那麼僵化。根據希羅多德（Herodotus, 4. 5-6）的記載，伊朗的西西亞人也知道這三種社會階級的區分，直到十九世紀高加索民族的奧謝迪人（Ossets），都還堅持這種從西西亞人流傳下來的傳統。

克爾特人將社會區分爲德魯伊特（druids，祭司、教師和法官）、武士貴族（flaith，意爲「力量」，和梵文 kṣatrā 同義），以及「牧牛者」（boairig，意爲擁有牛群〔bó〕的自由人〔airig〕）。根據杜美夕的研究，在羅馬初期神祕而又具有強烈歷史色彩的傳說裡，也可以發現類似的社會結構區分：國王羅慕路斯（Romulus），受到朱庇特的庇護；伊特拉斯坎（Etruscan）的魯庫孟（Lucumon）是軍事專家；以及塔堤安人（Tatius）和薩賓人（Sabines），帶來女人和財富。卡比托奈山上的朱庇特神殿裡，朱庇特、戰神和基林努斯（Quirinus）三聯神，是古羅馬社會的神性和天界模式。最後，在斯堪地那維亞民族的宗教和神話裡，顯然也有三聯神：歐丁（Odin）是最高神、托爾（Thor）是鬥士、而福瑞（Frey）則是多產的守護神。

第一種功能又區分爲兩個互補的部分和傾向（巫術的主宰和司法的主宰），在婆樓那和密特拉這對神身上最爲顯著。對於古代印度民族而言，密特拉是最高神，「顯現智慧、光明、有秩序、平靜、慈悲和司祭的面
(206) 向；婆樓那作爲最高神，則是顯現攻擊、陰暗、隨興、暴力、恐怖而好戰的面向。」⑩而在羅馬文明裡，也可以發現這種對立和交錯的互補關係；而另一方面，在牧神（Luperci）（赤身裸體的年輕人們呼嘯穿越城市，以山羊皮帶抽打城裡的婦女，使她們懷孕）和眞正的燃火祭司（Flamen）之間，也有如此的對立；而羅馬最初的兩個國王也有不同的行爲：羅慕路斯

⑩　G. Dumézil, *Mitra-Varuna*, (1948), 2d ed. p.58.

（Romulus），創立奉祀可怕的朱庇特的兩種祭典，而努瑪（Numa）譯④則是建立了「民眾的費德斯」（Fides Publica）譯⑤神殿，特別奉祀這位守護信仰和誓言的女神。原則上，羅慕路斯和努瑪（Numa）的對立，以及牧神和燃火祭司的對立相互呼應，也完全符合婆樓那和密特拉的對立。

　　杜美夕在分析印度和羅馬的神聖統治者的兩個不同面向時，適切地指出其中的差異。如同羅馬一般，吠陀時期的印度也看得到印歐民族的社會結構，但是這兩種「意識型態」並不是同質的。「羅馬人的思考是歷史性的，然而印度人卻是**充滿幻想**。羅馬人有**國家的觀念**，而印度人關心的卻是**宇宙自然**。」羅馬人的思想著重於經驗、相對主義、政治和法制，而印度人則是著重哲學、絕對、教義、道德和神話⑪。這種「意識型態」的明顯差異，也可以在其他印歐民族裡看得到。我們說過，現有的文獻構成雅利安語系不同民族在歷史過程中的表現。簡而言之，我們所能掌握的只是印歐民族「意識型態」的**普遍結構**，而不是其原始社會中思想與宗教傳統！雖然如此，這些結構還是提供了我們關於各種不同宗教體驗形式的訊息，令我們更加瞭解印歐民族的獨特性。我們也更讚嘆所有雅利安民族獨特的創造力。

　　可以預見的是，關於第三個功能的文獻在形態上差異最大，因為和豐收、平安，多產有關的宗教經驗，必然隨著各個部族的地理、歷史和經濟情況而異。至於第二個功能，即自然的力量，特別是戰鬥力，杜美夕已經 (207) 在印度（包含於印歐民族內）、羅馬和日耳曼語系世界的文獻裡發現許多相符之處。而最高階的入會禮的考驗，很可能是要年輕人和三個強敵或是

---

⑪　Dumézil, *Servius et al Fortune*, pp.190-192.

譯④：努瑪‧龐皮利伍士（Numa Pompilius, 715-672 B.C.），第二任羅馬國王，建太初之神雅努斯（Janus）神廟、灶神威斯塔神廟、守護聖火制度、制定宗教節日，指定祭司，以神明感化野蠻的城民。見羅漁，《西洋上古史》卷下，頁29。

譯⑤：民眾的費德斯，為費德斯女神之別稱。費德斯是宣誓女神，也是忠誠和信仰的人格化，以及臣民的女神。

三頭怪物戰鬥（可能以木偶代替）相吻合。事實上，愛爾蘭的英雄庫丘林（Cuchulainn）戰勝三兄弟的故事、賀拉提烏斯（Horatius）和庫里阿提烏斯（Curiatii）三兄弟的戰役、因陀羅的神話、伊朗的英雄特雷丹納（Thraetaona）的神話中，都可以看到這個場景，他們都是殺死三頭怪物。勝利使庫丘林和賀拉提烏斯變得「狂暴」（furor，克爾特語為 ferg），可能危害社會，必須透過儀式祓除。除此之外，因陀羅的「三個罪」的神話，很接近斯堪地納維亞英雄史塔克薩羅斯（Starcatherus）的故事，或是希臘英雄海克力斯⑫。在印歐民族共同的時期裡，關於戰士的神話和英勇特性，很可能僅限於這些神話和儀式主題。我們要注意的是，這些主題竟然保存在印度和愛爾蘭這兩個相去千里的文化裡。

至此我們能夠判斷的，是這個「三分法的意識型態」，是個一致卻多變的系統，各自有著多樣的神的形式、宗教觀念和習俗。我們在研究印歐民族不同的宗教時，會有機會說明其數目和重要性。我們有很多的理由相信，這個「三分法意識型態」雖然是在共同的文化時期發展出來的，卻已經驅逐或重新詮釋另一個同樣重要的觀念，例如作為造物主、主宰和父親的「天神」觀念。在《梨俱吠陀》裡可以發現到以婆樓那取代特尤斯庇特（天父）的蛛絲馬跡，似乎是反映或延續更久以前開始的歷程。

64. 印度的雅利安人

印度伊朗部落的人民，在共同的起源時期時，稱自己為「高貴（的人）」（波斯古經稱為 airya，梵文作 arya）。雅利安人從西元前 2000 年起開始往西北印度遷移；經過四至五世紀後，他們已經佔領了七河流域，印達瓦（sapta sindhavah）⑬，即印度河上游盆地，現在的旁遮普省〔Pun-

(208)

---

⑫ 這三種罪行和三種功能有關，分別是三種領域：宗教秩序、戰士的理想和繁殖，這證實三重功能的假說。我們還要說，在 Heracles 神話裡發現共同的印歐主題是很重要的，因為在希臘，這個「三分法的意識型態」很早就因為和愛琴海文化共生而解體了。

jab〕）。我們之前曾經提過（第 39 節），這群侵略者可能會攻擊甚至於摧毀一些哈拉帕人的城市。在吠陀經文中，對於 dāsa 或是 dasyu 的戰役有清楚的描述，由此我們可以看到印度河文明的延續者或殘存者。他們被描述為黑皮膚、「沒有鼻子」、使用蠻族語言，並且崇拜陽具（śiśna deva）。這些原住民有許多牲畜，其居住地（pur，後世之都城）也有堅固的城防。但是，這些數以百計的「堡壘」，都遭受到因陀羅（別稱為富蘭達拉〔purandara〕，意為「城堡之摧毀者」）的攻擊和摧毀。這些戰役發生在讚歌出現之前，因為對於戰役的回憶已經強烈地神話了。《梨俱吠陀》也提到另一個敵對的部族，即帕尼（Pani，意為「手」），他們不但會偷竊母牛，更拒絕吠陀的祭儀。而在拉維（Ravi）河畔的哈里優皮亞族（Hariyupiya），可能就是哈拉帕（Harappa）。除此之外，吠陀經文提到「巫覡」居住在「廢墟」（arma, armaka）裡；這顯示了雅利安人把傾圮的城市和在該地區的原住民相提並論⑭。

雖然如此，他們和原住民文化的共生很早就開始了。假如在《梨俱吠陀》後面的經文裡出現的「dasa」意為「奴隸」的話，這就顯示了大沙族（Dāsa）的命運，其他被征服的人民不免要融入雅利安人社會的文化；例如大沙族的族長，就因為保護婆羅門而受到讚美（《梨俱吠陀》8.46.32）。語言的線索顯示雅利安人和土著通婚的現象。吠陀時期的梵文裡有系列的音素，特別是捲舌子音，在其他印歐語系的方言裡都不曾發現，即使是伊朗的方言。這些子音極有可能反映出土著為了學習主人的語言而發出的特殊聲音。同樣地，在吠陀的語彙裡也保存了很多非雅利安語。不僅如此，有些神話甚至於根本就是土著的神話⑮。早期文獻記載的這種種族的、文化的和宗教的共生過程，在雅利安人遷移到恆河平原時就 (209)

---

⑬　波斯古經裡也出現過「Haptahindu」這個名字。

⑭　B. et R. Allchin, *The Birth of Indian Civilization*, p.155。早其把敵人轉化為惡鬼、妖怪或巫師的形式，是很常見的現象；見 Eliade, *Le mythe de l'éternel retour*, p.51 sq.。

⑮　Eliade, *Le Yoga*, pp.348 sq., 409 sq..

更加明顯。

吠陀時期的印度人就已經有農耕，但是他們的經濟型態還是以畜牧爲主。牛隻成了當時交易的貨幣。牛奶、乳製品、甚至牛肉，都是當時的食物來源。當時的馬是相當受到尊敬的動物，畜養牠們都是專門爲了征戰、突襲以及皇族的祭典（見第 73 節）。當時雅利安人還沒有城市，也沒有書寫文字。無論他們的物質文化多麼純樸，木匠和青銅匠都還是很有特權⑯。鐵器則直到西元前 1050 年才開始使用。

這些部族由軍事首領（rājās）統治。而這些小國領袖則受到民衆會議（sabhā 和 samiti）制衡。直到吠陀時期結束之前，印度的社會組織確立爲四個階級。意指社會階級的「種姓」（varna），本意則是「顏色」，顯示印度社會底層的人種非常複雜。

讚歌只是僅是顯示吠陀時期部分的生活面向。這些讚歌表現的是總體的部分：雅利安人熱愛音樂和舞蹈，他們懂得吹奏笛子、彈奏琵琶和豎琴。他們還喜歡喝酒，即蘇摩（soma）和蘇拉（sura），其中蘇拉並沒有什麼宗教意義。擲骰子的遊戲相當普遍，從《梨俱吠陀》（10.34）的讚歌裡可以發現到。然而，很多的讚歌則記錄雅利安各部族之間發生的衝突。其中最有名的是婆羅多族（Bharatas）在國王蘇達斯（Sudas）的領導之下，戰勝了十個王子結盟的叛亂。但是由《梨俱吠陀》得到的史料事實上相當有限。有些吠陀時期的部族名稱，例如婆羅多（Bharatas），則於後期的文獻不斷出現。在吠陀時期之後，至少五、六世紀的敘事詩《摩訶婆羅多》（Mahābhārata）則詳述俱盧族（Kurus）和他們的堂兄弟般度兄弟

(210) （Pandavas）之間的偉大戰爭。根據印度史書《往世書》（Purāṇas）所保存的傳統文獻，可以知道這場戰役發生的時間大約是在西元前 1400 年，地點則是在「中國」（Madhyadeśa），位於印度半島的中部，這顯示了當時雅利安人已經渡過恆河流域。此時，正是偉大的神學論述《百段梵書》

---

⑯ 自然地，物質文化的描述必須要以類似文明中具有巫術和宗教價值的工具以及相關的神話加以補充（第 9 節）。

（Śatapatha Brāhmaṇa），約在西元前 1000-800 年間，當時憍薩羅（Ko-sala）以及毗提訶（Videha）地區也都已經雅利安化。印度古代兩大史詩之一的《羅摩衍那》（Rāmāyāna），顯示有部分雅利安人的勢力延伸到印度的南方。

　　正當雅利安人把敵對的部族神話化且扭曲成魔鬼和巫師時，也把領土爭奪戰神聖化，或者更確切的說是同化為因陀羅對抗烏里特那（Vṛtra）和其他魔族的聖戰。稍後我們將討論某些典型戰役（第 68 節）在印度宇宙論裡的意義延伸。我們現在只是要指出，雅利安人如何藉由建造奉祀阿耆尼⑰的祭壇（gārhapatya，家主、灶神），而合理化其侵略新領土。「傳說中，只要建立了祭壇，人們就可以安宅（avasyati），而安置火壇者將得以安頓。」（《百段梵書》7.1.1.1-4）然而，建造獻給阿耆尼的祭壇只不過是在儀式裡模仿世界的創造。換句話說，被佔領的土地首先是由混沌蛻變為宇宙；然後透過祭祀，土地獲得形式，成為真實的世界。

　　我們將會看到，吠陀時期的神殿是由諸神主宰的。我們知道其名的部分女神地位有些模糊，例如謎之神阿提緻（Aditi）譯⑥是眾神之母；烏舍（Uśas）是黎明女神；拿德利（Rātri）是夜之女神，都有優美的讚歌（《梨俱吠陀》10.127）讚美她們。比較重要的是印度教裡地位崇高的偉大女神；的確，這女神代表非婆羅門教的信仰的勝利，也證明印度文化的創造力。顯然我們必須考慮到，吠陀經文代表的只是服侍剎帝利（貴族）的婆羅門（祭司）體系；然而社會的其他人，也就是大多數的人民，包括吠舍（商賈）和首陀羅（農奴），他們的觀念和宗教信仰可能比較接近兩千年後我們看到的印度教⑱。讚歌無法反映出吠陀宗教的完整內容；他們只是為了有錢人而作的：歌頌健康、長壽、兒孫滿堂、六畜興旺以及家財　(211)

---

⑰　Coomaraswamy, *The Rigveda as Land-náma-bók*, p.16; Eliade, *Le mythe de l'éternel retour*, p.22.

⑱　Louis Renou, *Religions of Ancient India*, p.6.

譯⑥：關於以下諸神，見高楠順次郎、木村泰賢，《印度哲學宗教史》，頁 74-76。

萬貫⑲。我們可以合理地推想，在後來普遍流傳的宗教觀念，早在吠陀時期便已經成形。

前述印度文化的創造力，特別表現在和外族共存、同化和價值重整的歷程，這個歷程使得印度被雅利安化，而後又印度化。數千年來這個歷程和婆羅門以吠陀經的「啓示」（śruti，聖教）爲基礎建立的宗教系統不斷地對話。最近的分析指出，印度宗教和文化的統一體，即是長期融合的結果，受到吠陀時期的哲學詩人和祭司的影響。

65. 婆樓那和最初的神：提婆和阿修羅

讚歌集不算是吠陀宗教最早的形式。印歐民族的天神特尤斯（Dyaus），早已從吠陀的祭典中消失。這位天神的名字現在則意指「蒼穹」和「白晝」。這個名字原先意指著天神的人格化，最後卻成爲自然現象的名詞。這是天神在歷史裡常見的過程：在其他神出現之前，古老的神就會淡出而成爲「退位神」（dii otiosi）。只有當某個神被尊崇爲最高神，才能保有他們原有的權威⑳。然而吠陀的詩人仍然記得「無所不知的天」（《阿闥婆吠陀》〔Atharvaveda〕1.32.4），因此，他們將特尤斯庇特（Dyauspitar）稱爲「天父」（ibid. 6.4.3）；更重要的是，在最初的文獻中，特尤斯經常出現在「天地」（Dyāvāprithivī）這個組合字裡受到讚美（《梨俱吠陀》1.60）。

特尤斯的地位迅即被最高之神婆樓那所取代。我們不知道他在哪些時期曾經位列宇宙之王（samraj）（《梨俱吠陀》7.82.2）。婆樓那通常有個特殊的頭銜「阿修羅」（asura），其他神也會冠上這個頭銜，如阿耆尼（Agni）（《阿闥婆吠陀》1.10.1 等處）。這些阿修羅們便代表最古老的

---

⑲　這是古希臘宗教在荷馬時期的情況，荷馬的史詩多半是描述戰爭的情形，鮮少，甚至於與宇宙繁衍、死後靈魂的神話完全無關；然而，神話卻支配著他們妻子的宗教活動和主題。

⑳　Eliade, *Traité d'histoire des religions*, pp.68 sq..

神族（《阿闥婆吠陀》6.100.3）。吠陀經文經常提到提婆（devas，天神） (212)
和阿修羅之間的衝突。在後吠陀時期的很長時間裡，即梵書時期（闡述祭
典之奧義的文集）更是詳述這個衝突。事實上，當阿耆尼受到因陀羅的請
求，而放棄了不再有祭典的阿修羅，就決定了天神的勝利（《梨俱吠陀》
10.124；5.5）；之後，天神取代阿修羅的祭詞（vāc）。隨後，因陀羅也邀
請婆樓那進入他的國度（《梨俱吠陀》5.5）。天神對阿修羅的勝利，後來
被同化為因陀羅戰勝大斯尤（Dasyus），把他扔進最黑暗的深淵（《阿闥
婆吠陀》10.2.17、《梨俱吠陀》7.99.4 等處）。

這個衝突神話反映了因陀羅所領導的年輕諸神和原初神的戰爭。阿修
羅雖然被稱為法力無敵的巫師（《阿闥婆吠陀》3.9.4、6.72.1），而且被同
化為首陀羅，然而這並不意味著他們是雅利安民族入侵前的原住民的神。
吠陀裡的「阿修羅」，可以是任何神的別稱，即使是特尤斯和因陀羅（後
者於《阿闥婆吠陀》6.83.3 又稱為「至高無上的阿修羅」）。換言之，「阿
修羅」是指神在太初世界的力量，特別是在世界形成之前。年輕的天神成
功奪得這些神聖力量；這就是為什麼他們喜歡「阿修羅」這個別稱。

我們必須強調在天神之前的「阿修羅時代」。在印度以及許多古代老
和傳統的宗教裡，從原初時期到當時的時代的過渡，被解釋為宇宙創造的
過程：從混沌未開之初到世界的形成，也就是宇宙。從因陀羅對抗原始巨
龍烏里特那（第68節）的戰鬥神話裡，我們可以再次地發現這個宇宙起源
的背景。婆樓那原來是最有力的阿修羅，現在則等同於烏里特那。這個等
同開啟了對於神的合併之奧祕的一系列玄想。

66. 婆樓那，宇宙之王和巫師：規律和幻力

吠陀把婆樓那視為最高神：他統治世界、諸神和人類。他「像屠夫撕 (213)
裂獸皮一樣輕易地撕裂大地，作為太陽的地毯。」他「將牛奶放到母牛體
內，將智慧放到心靈裡，把火放到水裡，把太陽放到空中，將身體放到高
山上。」（《梨俱吠陀》5.85.1-2）這個宇宙的統治者具有神聖諸神所有的

223

屬性：他是毗斯瓦達薩陀（viśvadarśata），意即「天眼清淨，澈見一切」
（《梨俱吠陀》8.41.3），他是全知全能者（《阿闥婆吠陀》4.16.2-7），
他是不會犯錯的（《梨俱吠陀》4.16.2-7）。他有「千眼」（《梨俱吠陀》
7.34.10），這是從衆星辰衍生出來的神話。正由於他「照見」世間萬物，
而任何罪惡都無所遁形，在他的臨在裡，人們就「像奴隸一般」（《梨俱
吠陀》1.25.1）。他是「令人敬畏的主宰」、「繩索的主人」，具有魔力，
能夠以繩索束縛犯罪者，但是他通常也會還他們自由。有無數的讚歌和祭
典的主題是如何保護人們且解脫「婆樓那之繩索」㉑。他的形象是手握著
繩索，在儀式中，無論他用繩索綁著任何人或物，都會先打上繩結，這些
繩結稱爲「婆樓那之結」。

　　即使有如此壯觀的成就，婆樓那在吠陀時期還是難逃日漸沒落的命
運。他遠不及於因陀羅所受歡迎的程度。但是他和兩個宗教觀念有著非常
密切的關係，這兩個觀念在後來有出人意料的發展：規律（ṛta，音譯爲利
陀）和幻力（māyā）。「規律」這個字，是動詞「服從」的過去分詞，意
爲世界秩序，這秩序旣是宇宙性的、也是祭典和道德的秩序㉒。雖然沒有
讚美「規律」的詩歌，但是這個字卻經常地出現（於《梨俱吠陀》出現超
過 300 次）。宇宙的創造據稱是符合規律的，詩歌不斷重申諸神依循規律
而行動，規律同時支配著宇宙的律動和道德規範。這個原理也應用在祭典
上，而「規律之寶座」則位於最高之蒼穹或是火壇裡。

(214)　　婆樓那進入規律的「屋子」裡，據說他愛規律並且見證規律。因此他
又稱爲「規律的保護者」，這個形同眞理的宇宙規範據說是在他身上「奠
定」的。違犯法則的人必須在婆樓那面前受審；只有婆樓那才能重新建立
被罪惡、錯誤和無知毀損的宇宙秩序。罪人透過獻祭期望得以赦免（而牲

㉑　Eliade, *Images et Symboles*, pp.124 sq.。H. Petersson 曾經解釋説，婆樓那的名字是
　　來自印歐民族的字根「uer」，意即「束縛」。
㉒　「在美索不達米亞和敘利亞的印度旁支民族，以及伊朗宗教裡，我們看到這個觀
　　念的重要性，甚至使用相同的語詞，更可以合理地以這爲基礎去解釋和反省印度
　　裡的印度伊朗傳統。」（見 G. Dumézil, "Ordre, fantaisie, changement," p.140。

品也必須由婆樓那指定）。這一切顯示他是宇宙主宰。經過時代的演進，婆樓那成爲退位之神，僅殘存於繁文褥節以及民間宗教傳說裡。然而，他和宇宙秩序的觀念的關係，卻使他在印度文明的歷史裡佔有一席之地㉓。

　　乍看之下，規律的守護者和幻力有關，似乎很吊詭。然而，假若我們考慮到，婆樓那的宇宙創造也有「巫術」的面向，則那麼這個關連性也就可以理解了。「幻力」（māyā）的字源，一般認爲是衍生自字根「māy」（變化）。在《梨俱吠陀》裡，幻力意爲「毀滅性的變化，或是破壞好的機制的變化，魔鬼和欺騙的變化，也代表著『幻化的幻化』。」㉔換句話說，幻力也有善惡之分。首先，魔鬼的變幻巫術，主要是「詭詐」和「巫術」，如同蛇神烏里特那，他是幻力之主（māyin），是巫師、是所向無敵的「騙子」。如此的幻力只會損害宇宙秩序；例如，他總是阻撓太陽的運行，或者是阻斷水源。至於善的幻力則分爲兩種：一、戰鬥的幻力，因陀羅挑戰魔族時的「對抗幻力」㉕；二、創造形式和萬物的幻力，這是最高神的特權，特別是婆樓那。這種宇宙學上的幻力和「規律」意義相當。而事實上，許多段落提到，那些蘊含著規律的晝夜輪替、太陽運行、降雨以及其他自然現象，都是源自那創造性的幻力。

　　在《梨俱吠陀》（古典吠檀多（Vedānta）時期之前約 1500 年）裡，(215)
我們已經看到幻力最原始的意義：「有意圖的變化」，也就是幻化（創造或毀滅）以及「幻化的幻化」。現在必須注意的是，「幻力」最原始的哲學概念（宇宙的幻相、虛妄和無我），既可以見之於「變化」、宇宙規範之幻化以及「巫術或惡魔的蛻變」等觀念，也存在於婆樓那的「創造力」，透過幻力重建宇宙的秩序。由此我們了解到，爲什麼「幻力」最後

㉓　在古典語文中，「ṛta」這名詞已經被「dharma」所取代，之後我們將見到其豐富的內容。在《梨俱吠陀》中，「dhaman」和「dharman」各使用了 96 次和 54 次。

㉔　Dumézil, "Ordre, fantaisie, changement," p.142 及書目。

㉕　「他藉由幻力戰勝了幻力之主（māyin）。」這正是眾多文獻的主軸（Bergaigne, *La religion vedique*, III, p.82）。在因陀羅的「法力」中，最主要的就是他轉換萬物的能力；Eliade, *Images et Symboles*, pp.131 sq., Dumézil, op. cit., pp.143-44。

有「宇宙幻相」的意義；這是因為幻力的觀念自始就有歧義，更不用說自相矛盾了，因為幻力不只意味著宇宙秩序的邪惡幻化，也有著神聖創造力的意義。到吠檀多後期，宇宙本身就成了幻相的「變易」，換句話說，是無實在性的變化系統。

回到婆樓那，他的存有模式（令人敬畏的最高神、巫師以及繩索之主）和巨龍烏里特那非常接近。無論他們的名字在字源學上有什麼親緣關係㉖，我們可以合理地說，他們二者的名字都和太初的汪洋有關，特別是「堰阻降雨流水」（「偉大的婆樓那把海藏起來。」《梨俱吠陀》9.73.3）。夜（冥暗的）㉗、流水（不真實的、萌芽的）、超越和無為（最高神的特質），無論是在神話或是形上學裡，不只是和各種繩索有關，而且也和巨龍烏里特那有關，我們將會看到，烏里特那「堰阻」、「抑止」且「管束」河流。

不僅如此，婆樓那最後也同化為蛇神（Ahi）以及烏里特那。㉘在《阿闥婆吠陀》（12.3.57）裡，他被稱為「蝮蛇」。特別是在《摩訶婆羅多》，婆樓那被等同為蛇。在那裡，他被稱為「海中之王」、「龍族（nāgas）之王」，而海洋是「龍族所居住的地方」。㉙

67. 蛇和諸神。密特拉、雅利安門、阿提緻

(216)　　就若干方面而言，婆樓那的歧義性和矛盾性都非常重要。但是，這種「對立的統一」的典型性格，正是我們特別要注意的。印度宗教的這個特性早在成為哲學體系之對象前便已經存在。矛盾性和「對立之統一」並不

㉖ Eliade, *Images et Symboles*, pp.128 sq..

㉗ 在《梨俱吠陀》的某些章節中可見到婆樓那是隱藏的、潛在的、永恆的。

㉘ Coomaraswamy, "Angel and Titan," p. 391, note.

㉙ Mahābhārata, 1.21.6, 25.4. 在其他章節中，「國王婆樓那」被認為是最優秀的龍族（nāgas），而且在吠陀文獻中也提到他與神話中的蛇族有相關；G. Johnson, *Varuṇa and Dhrtarāṣṭra*, p.260。

只是婆樓那的特質。在《梨俱吠陀》（1.79.1）裡，也稱阿耆尼爲「狂怒之蛇神」。於《愛陀列那梵書》（Aitareya Brāhmaṇa）3.36 裡所描述的蛇神「深淵之龍」（Ahi Budhnya）是不可見（paroksena），而阿耆尼則是可見的（pratyakṣa）。換句話說，蛇代表著潛在的火，而黑暗只是光的隱藏。在《瓦加沙賴耶本集》（Vājasaneyi Samhitā）（5.33）裡，「深淵之龍」和太陽（Aja Ekapad，「一足野羊」之神）是相同的。當太陽於黎明升起，他「自身脫離了黑暗的束縛……就如同蛇神脫離蛇皮的束縛。」（《百段梵書》2.3；1.3, 6）同樣地，酒神蘇摩（Soma）「如同蛇神一般，爬行著褪下外皮。」（《梨俱吠陀》9.86.44）在《百段梵書》裡，則將酒神蘇摩和烏里特那相提並論（3.4.3.13 等處）。阿迭多（Adityas）據說原來是蛇族。他們褪去舊皮，意味著獲得不朽的生命（「他們已經戰勝了死亡」），因而成爲諸神，成爲天神（《般遮雲夏梵書》〔Pancavimśa Br.〕25.15.4）。最後，在《百段梵書》13.4.3.9 裡則說：「關於蛇神的知識（sarpa-vidyā），即是吠陀。」[30] 換句話說，關於神的教義很吊詭地和關於魔神的「知識」等同起來。

據《布利哈德奧義書》（Bṛhadāranyaka Upaniṣad）指出，諸神和蛇的同化，是某個觀念的延續：天神和阿修羅都是創造神「生主」（Prajāpati）的子女，而阿修羅更爲年長。對立的諸神系出同門，是原始的太一最膾炙人口的話題。當我們研究對於因陀羅和烏里特那的戰鬥神話的神學詮釋時，會找出很戲劇性的例證。

至於密特拉（Mitra），當他和婆樓那分開時，地位就沒有那麼重要。在吠陀裡只有一首詩（《梨俱吠陀》3.59）是獻給他的。但是，他卻分享了婆樓那的統治權，是和平、慈悲、公正和儀式的化身。他的名稱顯示他是「契約」的擬人化，如同《波斯古經》的密特拉（Mithra）。他促進人和人之間的協議，並且要他們遵守諾言。太陽是他的眼睛（《推提利耶梵書》〔Taittiriya Brāhamaṇa〕3.1.5.1）；他無所不見，任何事物都逃不過他

(217)

---

[30]　關於這主題，見 Eliade, Méphistophélès et l'androgyne, pp.108 sq.。

的眼睛。他在宗教活動和思想上的重要性，特別顯現於他和婆樓那並列，他們既是對立也是互補的。「密特拉婆樓那」這個合稱佔有重要的地位，在古代象徵的是神的統治權，後來則成為典型的對立的耦合和互補性的對比。

密特拉和雅利安門（Aryaman）、跋伽（Bhaga）的關係很密切。雅利安門保衛著雅利安族的社會；他所支配的對外人友好的義務，也和婚姻有關。「跋伽」意味著「分享」，主宰著財物的分配。如同密特拉和婆樓那（偶爾是其他神）合稱一般，雅利安門也和跋伽組成「阿迭多」諸神，他們都是女神阿提緻（Aditi）的兒子，「阿提緻」意為而「無限無縛」，也就是自由。自從馬克思‧慕勒（Max Müller）的時代開始，這位女神的結構就已經受到廣泛的討論。許多文獻把她等同於大地，甚至是宇宙；她代表著擴延、廣袤和自由。[31]阿提緻很可能是人們無法忘懷的偉大母親，她把自己的特質和能力全部轉移給她的兒子們，阿迭多諸神。譯[7]

68. 因陀羅：戰士和造物神

在《梨俱吠陀》裡，因陀羅是最普遍的神。大約有250首讚歌提到他，然而，提到婆樓那的讚歌只有10首，共同提到密特拉、婆樓那和阿提緻的也只有 35 首。他是無敵的英雄、戰士的模範，也是大斯尤或大沙族（Dāsa）可怕的敵人。在神話裡，馬爾殊（Maruts）是他的隨從，被認為是印度伊朗民族的年輕戰士瑪亞（marya）。但是，因陀羅也是造物主和多產神，是生命繁茂、宇宙和生物能量的擬人化。他嗜飲蘇摩酒，是生殖力的原型，他會刮起狂暴雨，以及所有形式的降水。[32]

(218)

------

[31]　J. Gonda, *Some Observations on the Relations between "Gods" and "Power"*, pp.75 sq..

[32]　因陀羅又稱為「sahasramuṣka」意即「具有一千個睪丸」（《梨俱吠陀》6.46.3）；他是「大地的主人」（《梨俱吠陀》8.21.3），也是「土地的主人」（《阿闥婆吠陀》12.1.6），他是大地、動物以及女人的下種者；見 Eliade, Traité, p.82。

譯[7]：「阿迭多」意為「阿提緻眷屬」。見高楠順次郎、木村泰賢，《印度哲學宗教史》，頁 74-76。

　　因陀羅的神話是《梨俱吠陀》最重要的神話，故事的中心是敘述他如何征服烏里特那（將水源阻斷在「山谷」裡的巨龍）。蘇摩酒增強他的力量，因陀羅以他的金剛杵（vajra，雷戟），由工巧神（Tvaṣṭṛ）打造的武器，降服蛇神，將蛇神之頭劈成兩半，使源泉流出，「如奔牛般」注入大海。（《梨俱吠陀》1.32）

　　神對抗蛇或是海中惡魔的戰爭，是很著名、也被廣泛運用的神話主題。我們只須要記得太陽神雷和阿波非斯的戰爭，蘇美人之神尼諾塔（Ninurta）和阿薩各（Asag）、馬爾杜克和提阿瑪特之間，西台族風暴之神和巨龍、宙斯和泰封之間，伊朗英雄特雷丹納和三頭惡龍阿奇達哈卡之間的爭鬥。在某些例子中（如馬爾杜克和提阿瑪特），神的勝利代表著宇宙創造的最初情形。在其他例子裡，則是新紀元的里程碑或是新國家的成立（例如宙斯和泰封，巴力和雅姆）。簡言之，斬妖屠龍（巨龍是不實在的、「混沌」的象徵，卻也意味著原住民）表示新宇宙或是新境界的誕生。戰士歷經恐懼、挫敗而後得到勝利，是所有神話的普遍特質（例如馬爾杜克和太陽神雷在對戰前的猶豫；剛開始的時候，巨龍也砍下神的肢體；泰封也砍下了宙斯的筋腱）。根據《百段梵書》1.6.3-17，因陀羅初見到烏里特那的時候，拔腿就跑，而《瑪康德雅往世書》（Mārkaṇḍeya Purāṇa）中形容因陀羅「害怕得要命」而掛免戰牌。㉝

　　我們不必耽溺於自然主義的神話詮釋；學者們曾經認為，征服烏里特那意味著雷電交加、沛然雨下，或是山裡湧出泉水（Oldenberg），或是太陽戰勝冰凍且「禁錮」水源的寒冬（Hillebrandt）。神話裡當然有自然主義的元素，因為神話是多元意義的；因陀羅的勝利，尤其是意味著生命戰勝了因為烏里特那堰阻水源而造成的貧瘠和死亡。但是，這個神話的結構 (219)

㉝　事實上，他先派遣他的使者，建立了與他們之間的「友誼」和「盟約」。然而，因陀羅打破約定，以欺詐手段殺死了烏里特那，這也是他所犯下最大的罪過；見 Dumézil, *Heur et malheur du guerrier*, pp.71 sq.。在印度神話中，對此特別記載的是在謀殺之後，因陀羅滿懷恐懼地逃向土地的盡頭，並且「化身微末」隱藏於蓮花之中（見《摩訶婆羅多》5.9.2 sq.;《梨俱吠陀》1.32.14）。

是屬於宇宙創造論的。《梨俱吠陀》1.33.4 說到，因陀羅勝利之後，創造了太陽、天空和黎明。根據其他讚歌（《梨俱吠陀》10.113.4-6），因陀羅在剛出生的時候，就已經開天闢地，建造了穹廬，並且奮擲韋陀杵，擊潰那把河水囚禁於黑暗中的烏里特那。現在，天界神和地界神成爲諸神的父母（1.185.6）；因陀羅是最年輕（3.38.1）也是最後出現的神，因爲，他結束了天神和地神的神族婚姻：「透過他的力量，他分開這兩個世界，天界和地界，使太陽得以照耀。」（8.3.6）在這個創世的壯舉之後，因陀羅指定婆樓那爲宇宙統治者以及規律的守護者（規律潛藏於此世界下方；1.62.1）。

如同我們即將看到（第 75 節），印度還有其他的宇宙起源神話，解釋世界如何從「原始質料」（materia prima）創造出來。這和前述神話很不相同，在後者已經有某種「世界」存在。天地成形後，孕育出諸神。因陀羅只是使宇宙的父母離異，他用韋陀杵丟擲烏里特那，結束了惡龍所象徵的死寂和「不眞實」的世界[34]。根據某些傳說，工巧神特瓦西德里（諸神的「創造者」，在《梨俱吠陀》裡的定位不清楚），他爲自己建造了屋舍，並且創造烏里特那作爲屋頂和牆壁。屋舍圍繞著烏里特那、天、地和河流[35]。因陀羅打破了烏里特那的「阻力」和惰性，粉碎這原始的單子。換句話說，除非將這混沌的生命摧毀，否則世界和生命都無法誕生。這個神話以各種異本流傳下來，在印度裡，我們也可以在原人（Puruṣa）的肢解以及「生主」的自我犧牲的神話裡看到這元素。然而因陀羅不透過獻祭，而是以戰士的角色殺死典型的敵手，原始的惡龍，「阻力」和惰性的化身。

(220)

這神話有多元的意義；除了宇宙創造的意義外，也有其自然主義和歷史的價值。因陀羅的戰事，成爲雅利安人對抗大斯尤（Dāsyus, vṛtāṇi）戰事的模範：「他在戰事中得勝，眞的殺死了烏里特那。」（《美特羅耶尼

---

[34] 因陀羅和烏里特那的遭遇戰「打得難分難解，不自覺地，跳入了深邃的夢境中，繼續奮戰。」（《梨俱吠陀》4.19.3）

[35] Norman W. Brown 曾經特別嘗試重構宇宙論的觀念。

耶本集》〔Maitrāyani-Saṃhitā〕2.1.3）。在早期，因陀羅和烏里特那的戰鬥可能構成了新年慶典裡的神話和儀式主題，也就是世界的重生。㊱如果神是不屈不撓的戰士、造物主、狂歡力量的顯現以及世界的繁殖，那是因為神以暴力使生命躍動，增長生命，使之重生；但是，印度的思維隨即把這個神話視為神的二位一體，而且作為尋找且揭開終極實在的詮釋學例證。

69. 阿耆尼，諸神的祭官：火祭、光和智慧

在印歐時期，家火的祭祀已經有重要的地位。這當然要追溯到史前的習俗，這點可以從許多上古社會的考古證據裡得到印證。在吠陀經裡，阿耆尼（Agni）主要是火的神化，但是，他不限於這種宇宙自然和儀式的顯聖。他是特尤斯的兒子（《梨俱吠陀》1.26.10），正如在伊朗裡的相同神格，阿塔爾（Atar，火）是阿胡拉・瑪茲達（Ahura Mazdā）的兒子（見《獻祭》〔Yasna〕2.12 等處）。他「生」於天界，他以光的形式來到人間，但是，他也潛入水裡、森林和植物裡。他更被等同於太陽。

人們以阿耆尼火燄的化身及其特有的神性去描繪他。有人形容他有「火焰般的頭髮」、「面有酪色」，震耳欲聾的恐怖聲響。（「當你下降到森林裡，如同狂奔的牛，你的尾毛焦黑。」《梨俱吠陀》1.58.4）他是天地之間的「使者」（duta），人們透過把供物獻給諸神。阿耆尼是祭司的原型；他又稱為是獻祭者或是「祭官」（purohita）。這也就是為什麼《梨俱吠陀》的開頭就是關於他的讚歌。第一首讚歌是這樣開始的：「我歌頌阿耆尼，他是祭官、是祭祀之神、是僧侶、奉獻者，帶給我們許多祭禮。」他永遠年輕（「永遠不老的神。」《梨俱吠陀》1.52.2），因為他在每次新的聖火裡重生。身為「家主」（gṛhaspati），阿耆尼驅逐黑暗、趕

(221)

㊱　Kuiper, *The Ancient Aryan Verbal Contest*, p.269。吠陀時期的辯論也反映和阻力（vṛtani）對抗的情形。詩人自比為因陀羅說：「我是對手的殺手，如同因陀羅的手法，沒有傷口、安靜、無聲。」（《梨俱吠陀》10.166.2; Kuiper, p.251）

走惡魔，並且抵擋疾病和巫術。這也就是爲什麼人們和阿耆尼的關係遠比其他諸神還要密切。他會「公平地分發人們所渴望的禮物。」（1.58.3）人們很有信心地呼喊著：「阿耆尼，帶領我們吧！經由正道邁向富饒……讓我們免於觸犯毀滅性的過錯……讓我們免於病痛。阿耆尼，永遠保護我們吧，以你孜孜不倦的守護……。不要放棄我們，即使我們是惡人、破壞者、說謊者或是不幸的人。」（1.187.1-5）㊲

　　雖然他在宗教生活中無所不在（因爲火祭佔有很重要的地位），關於他的神話卻不很顯著。在少數提到他的神話裡，最有名的是摩多利首（Mātariśvan），他把火從天上帶到人間。㊳在宇宙學的領域裡，他的角色顯然很模糊，卻非常重要。就某方面來說，他是所謂的「以水爲胎」（āpam garbhah，《梨俱吠陀》3.1.12-13），他是從水神的子宮裡孕育出來的（10.91.6）。另一方面，人們認爲他潛入原始的水，並且使水懷孕。這當然涉及遠古的宇宙學觀念：宇宙的創造是由火的元素（火、熱、光、精液）和水的元素（水、潛在性、蘇摩酒）構成的。阿耆尼的某些特質，火燄、金黃色的臉孔（《梨俱吠陀》4.3.1）、生殖和創造的力量（10.20.9），將在金胎（Hiraṇygarbha）和生主（Prajāpati）（第 75 節）的宇宙創造論裡再度發現。

(222)　　讚歌強調阿耆尼的精神能力：他是仙人（ṛṣi），能知一切。要評斷這些想像的眞正價值，我們考慮到「創造的想像」無數的圖像和象徵，以及關於火、火焰和熱的沉思。無論如何，這些都是史前留下來的傳統。印度的宗教只是對於這些遠古的發現予以闡述、整理和系統化。在其後的哲學思辨裡，我們會再度發現和有有關的原始意象，例如以火的「戲劇」爲基礎的創造的神劇（līlā）概念。至於火、光和智慧的同化，則是舉世皆然。㊴

㊲　正因爲他在火葬的角色，阿耆尼又稱爲「屍肉吞噬者」，偶而還會和狗、狼相比較，這是人們對他唯一負面的評價。

㊳　在其他文獻中，阿耆尼即是摩多利首的使者；J. Gonda, *Les religions de l'Inde*, I, p. 89。

㊴　於火祭進行宗教的冥想，在波斯古經中佔有很重要的地位（見第 104 節）。

在這裡，我們要評估的是阿耆尼在印度宗教和文明裡的重要性：他啟發了無數對於宇宙生命的冥想和思辨，人們因為他而把不同的多元層面化約為唯一的根本原理。當然，印度諸神中，阿耆尼並不是唯一能帶給人們諸多夢想和反省的神，而只是佔最重要的地位。早在吠陀時期，阿耆尼就被認為是「火」（tejas），「熾熱的能量、光輝、大能、權威和超自然的力量」。在許多讚歌裡，人們向他祈求授與力量（《阿闥婆吠陀》7.89.4）。⑩但是，印度思想特有的「認定」、「同化」和「合併」的過程，在這裡更為顯著。阿耆尼，或是他的同族神，太陽神，和人們試圖把光、自我（ātman）和精液等同起來的哲學本體論有關。藉由儀式和禁慾苦行，人們追求增長「內在的火」。阿耆尼也間接地和「苦行」（tapas，原意為「熱」）以及瑜珈的宗教意義聯想在一起。

70. 酒神蘇摩和「不死」的酒

酒神蘇摩有120首讚歌，是吠陀諸神的第三位。《梨俱吠陀》第九部，都在讚美酒神蘇摩的「淨化過程」（pavamāna-soma）。酒神蘇摩比阿耆尼更不容易區分祭物（植物和酒）和酒神本身。神話變得微不足道。酒神 (223) 和天界的淵源反而是最重要的。老鷹「飛到空界」，「不假思索地衝向青銅色的堡壘」（《梨俱吠陀》8.100.8）。老鷹摘取蘇摩，帶回地界。但是人們又認為蘇摩生長在山上⑪；這個矛盾是可以解釋的，因為山的巔峰已經在天界裡。此外也有文獻說蘇摩是產自「大地之臍，高山之上」（《梨俱吠陀》10.82.3），也就是說在「世界的中心」，可以連接地界和天界。⑫

---

⑩　Gonda, *Gods and Powers*, p.58。

⑪　「摩嘉山生」（Maujavata）的綽號，表示摩嘉瓦特山（Mount Mūjavat）是蘇摩的產地（《梨俱吠陀》10.34.1），伊朗傳說也認為豪麻產在該山（Yasna 10.4; Yašt 9.17）。

⑫　在《夜柔吠陀》的文獻裡，常常提到為諸神獻蘇摩；唯有密特拉拒絕參與，但是他最後也被說服了。原始的神話在下述的插曲裡可以見到輪廓：最早期居民的奉獻，創造了「令人不朽」的聖酒，諸神的最初的殺戮，在蘇摩的儀式性榨取裡不斷地重現。

　　酒神蘇摩並沒特別的屬性，除了一般描述諸神的形容詞以外：他能知一切、聰明、睿智、常勝且寬大。據說他是諸神的朋友和守護者，他尤其是因陀羅的朋友。他也因此又稱爲蘇摩神王，無疑是因爲他在祭典的重要性。他也等同於月亮，這在波斯古經裡沒有記載，只在吠陀時期之後的文獻出現。

　　許多經文以宇宙論和生物學的觀點詳細描述植物汁液的榨取；下面的石磨發出的低沉聲音被同化爲雷聲，濾網被形容爲白雲，而果汁則是滋潤作物的雨水。榨汁的過程也被視爲兩性的交媾。但是所有這些宇宙萬物豐饒的象徵，終究是建立在酒神蘇摩的神話價值之上。

　　文獻強調在植物的購買和（尤其是）製酒之前以及過程中的儀式。從《梨俱吠陀》的時代開始，蘇摩祭就是最普遍的祭典，「是祭典的靈魂和中心。」（Gonda）無論在最早的時期，印度雅利安民族使用何種植物，可以確定的是，後來便以其他植物取代。蘇摩和豪麻（haoma）是印度伊朗民族的「不死」（amṛta）的配方；很有可能取代了印歐民族的飲料「蜂(224)　蜜水」（madhu）。

　　酒神蘇摩的所有屬性都和飲酒的出神經驗有關。「我們飲下了蘇摩，」有一首著名的讚歌說（《梨俱吠陀》8.48）：「我們已經獲得了永生；直達光明，我們與諸神同在。人們的不敬和惡毒又能奈我們如何？喔，永生！」（第三詩段）人們向酒神蘇摩懇求延長「我們的生命」；因此，他成爲「我們色身的守護神」，並且「使衰弱和疾病銷聲匿跡」。蘇摩能激發思想、提振戰士的勇氣、增進性能力，並且治癒疾病。祭司和諸神同飲蘇摩，使地界和天界更接近，使生命健康延年，使大地繁衍。事實上，出神的經驗既顯示生命的滿全、無拘無束的自由，也擁有未曾有的身心力量。由此和諸神感通，甚至進入神的世界，獲得「不死」的生命，也就是萬物無限延長的生命。在著名的讚歌 10.119 裡，說話的是誰？是神，還是飲了聖酒之後出神的人？「對我而言，五族的人似乎不值得我一顧，我不是還沒飲蘇摩嗎？」這個人列舉他的功績：「我以才能統領天和大地……我將震動大地……我將展翼鋪天蓋地……我是如此地巨大，巨大，我

可以飛上雲端，我不是還沒飲蘇摩嗎？」㊸

　　我們不打算談原始植物的替代選擇。重要的是蘇摩酒的經驗在印度思想裡地位如何。這種經驗很可能僅限於祭司以及某些特定的獻祭者。但是，透過這些讚歌以及對讚歌的詮釋，他們得到許多回響。滿全且至福的存在的啟示，和諸神的感通，在原始的酒失傳之後，仍然使印度文明為之心醉神迷。因此，人們試著以其他方式追求如此的存在：苦行或狂歡、禪坐或瑜伽的技巧，或是祕教信仰。之後我們將看到（第79節），古代印度就知道許多不同的出神形式。而且，因為絕對自由的追求，而創造了許多的方法和哲學本體論，最後開創了吠陀時期不曾有的全新視野。在後來的發展裡，酒神蘇摩並不是很重要的角色；神學家和形上學家關心的，反而是酒神蘇摩所意指的宇宙論和獻祭的「原理」。 (225)

71. 吠陀時期的大神：魯特羅濕婆和毘濕奴

　　吠陀經文也提及其他諸神。這些神多半逐漸失去重要性而被人們遺忘，然而也有些神最後獲得原先所沒有的地位。那些被遺忘的神，有黎明女神烏舍，她是天神特尤斯的女兒；伐由，風神或「氣息之神」和「宇宙靈魂」；巴爾加魯耶（Parjanya），雨季和暴風雨之神；蘇利耶（Surya）和沙維德利（Savitr），都是太陽神；布咸（Pūṣan），古代的牧神，但是逐漸消失（也幾乎沒有祭典），他是道路和死者的守護神，常常和赫美斯（Hermes）相提並論；耦生神阿須雲，是特尤斯之子，許多神話和傳說裡的英雄；馬爾殊，魯特羅的兒子們，是一群年輕人（marya），史提格・韋肯德（Stig Wikander）解釋為印歐民族「男人社群」的神話模式。

　　第二類中最具代表性的就是魯特羅濕婆（Rudra-Śiva）和毘濕奴（Viṣṇu）。他們在吠陀裡只有很小的篇幅，但是在古典時期，他們卻成為

㊸　「讚歌似乎應當放在阿耆尼神的口中，在祭典裡，詩人會問他在接受聖酒之後的感覺。」（L. Renou, *Hymnes spéculatifs du Véda*, p.252）

大神。在《梨俱吠陀》中，毘濕奴是對人類慈善的神（1.186.10），是因陀羅的朋友和盟友，助他打敗烏里特那而開天闢地（6.69.5）。他可以在三步之內闊步全世界，在第三步到達諸神的居所（1.155.6）。這神話啓發且證成了梵書裡的祭儀：毘濕奴是獻祭的角色（《百段梵書》14.1.1.6）；而獻(226)祭者在儀式裡模仿他的三步行走，和神同化而得以升天（1.9.3.9 sq.）。毘濕奴是空間無限延伸的象徵（宇宙可能即是因他而構成的），他是仁慈和增長生命的全能力量，也是穩定世界的宇宙軸心。《梨俱吠陀》（7.99.2）特別提到，他支撐著宇宙的上半部[44]。梵書則強調他和生主（Prajāpati）的關係，這在吠陀時期的文獻已有記載。但是，直到後來，第二類的奧義書（和薄伽梵歌〔Bhagavad Gītā〕同時期，大約西元前四世紀），毘濕奴才被尊爲一神論結構的最高神。稍後我們將詳述這個過程，這是印度民族最有特色的宗教產物。

就形態學來說，魯特羅代表著相反類型的神。他於衆神之中並無朋友，也不愛人們，更以惡魔般的憤怒使人怖畏，以疾病和瘟疫殘殺人畜。魯特羅被辮髮（《梨俱吠陀》1.114.1.5）、其色爲褐色（2.33.5）、腹黑背赤。他以弓箭爲武器、身穿獸皮、出沒於崇山峻嶺，這是他最喜歡的居所。

後吠陀時期的文獻中強調魯特羅的邪惡本質。魯特羅住在森林和樹叢間，又稱爲「獸主」（《百段梵書》12.7.3.20），並且保護躲避雅利安族的人。當諸神居住於東方，魯特羅則住於北方（例如喜馬拉雅山）。他沒有蘇摩祭，只能享有那些棄於地上的食物（bali）或是殘酒或腐敗的食用作爲供物（《百段梵書》1.7.4.9）。他有許多別名：他又稱爲濕婆（Śiva）（慈愛者）、哈拉（Hara）（毀滅者）、商卡拉（Shaṃkara）（饒益者）、大神（Mahādeva）。

根據吠陀文獻和梵書的記載，魯特羅濕婆顯然是以惡魔的（或至少是

----

[44] Gonda, *Visnuism and Sivaism*, p.10. 獻祭的旗桿（yūpa）是屬於他（yūpa 是「世界之軸的複製品」）；見 Gonda, *Aspects of Early Visnuism*, p.81.

矛盾的）力量佔據野外杳無人煙之處；所有與他相關的象徵都是混亂的、危險的、不可預期的；他帶給人們恐懼，但是他神祕的魔力也能夠給人益處（他是「醫生中的醫生」）。對於魯特羅濕婆最原始、最早期的形象，始終有很多的討論，有些人認為他是死神也是繁殖之神（Arbman），有些人認為他充滿著非雅利安人的元素（Lommel），有些人認為他是苦行的祕密教派的神（vrātyas，合乎戒律）（Hauer）。由吠陀時期的魯特羅濕婆轉成最高神的各個階段，首先可以從久遠的《休外陀休瓦多羅奧義書》（Śvetāśvatara-Upaniṣad）得到初步的證明。似乎可以肯定的是，如同大多數諸神一般，在魯特羅濕婆時期已經同化某些「民間的」宗教元素，無論是雅利安民族或是非雅利安民族的。換句話說，如果就此相信吠陀經文中可以帶給我們魯特羅濕婆的「原始架構」，是很危險的事情。我們必須要記得，吠陀經的讚歌和梵書的論述，都只是當時的俊彥（貴族和祭司）集結而成，只能視為雅利安社群宗教生活中不能忽視的部分。然而，濕婆後來成為印度教裡的最高神，則不能就其「起源」或非雅利安或是民間的元素去解釋。當我們分析印度宗教的辯證過程時，就能發現其原創性，儘管經過了神話、祭典和神的形式的不斷重新詮釋和評價。

(227)

第九章

釋迦牟尼之前的印度：從宇宙 獻祭到最高的梵我合一

72. 吠陀祭典的類型學

(228)　　　吠陀時期的祭典並不需要有聖殿；祭典可以在獻祭者家中進行，或是在鄰近的草坪上，只要放得下三個火堆即可。非肉類的祭品有牛奶、奶油、禾稼和糕餅。祭品通常也有山羊、公牛、牡羊和馬。但是，從《梨俱吠陀》開始，蘇摩祭就被認爲是最重要的祭品。

　　　祭典分成兩大階段：家庭祭（gṛhya）和天啓祭（śrauta）。前者是由家長（gṛhapati）主持，根據傳統（smṛti，「憶念」）來進行。相反地，天祭通常由祭司主持。①他們的權威是建立在永恆眞理的直接啓示（śruti「聞說」）。在家祭典裡，除了設家主火以及豐年祭以外，更重要的是和受胎生產有關的淨法（saṃskāra）、小孩向婆羅門拜師的入法禮（upanay-
(229) ana）、婚禮和喪禮。這些都是比較簡單的儀式，包括非肉類的供物②、家主在祭典進行時的姿勢和咒文。

　　　在所有祭典裡，又以入法禮最重要。這個儀式和古代社會典型的成年禮很類似。《阿闥婆吠陀》11.5.3 有關於入法禮的最早記載，指出儀式爲教授師（guru）將小男孩化爲聖胎置於教授師腹部裡三個晚上。《百段梵書》（11.5.4.12-13）有更詳細的補充：當教授師將他的手搭在小孩肩膀上時，表示教授師就已經懷了他，在第三天晚上，這小孩就以婆羅門的身份重生。《阿闥婆吠陀》（19.17）稱這個小孩是經由入法禮（upanayana）而「重生」（dvi-ja），這裡是這個名詞的首次出現，後來有很特別的發展。

----

①　祭司的人數不一，最主要的有「勸請者」（hotṛ）或「供奉者」（比較波斯古經的zaôtar〔僧侶〕）；他後來就成爲了主要的吟誦者；行祭者（adhvaryu）擔負祭典的責任：他引到祭典的進行，維繫聖火不滅，安排祭典用具。祈禱者（brah-man）則是神聖權力的代表，其名稱也意指著梵；沉默地監督祭典，他坐在祭壇中央，是眞正的「獻祭的醫師」，只有發生錯誤時，他才會干涉，做出必須的補救措施。婆羅門可以得到半數謝禮，如此更肯定他的重要性。

　　重生的顯然是宗教的新生命，後期的文獻中很強調這點。根據《摩奴法典》（2.144），傳授「婆羅門」這個吠陀的語詞給入法者的人，必須被視爲父母；的確，比起男孩的親生父親，婆羅門的教授師更像他眞正的父親（2.146）；眞正的出生③，換句話說，是不死的出生，是透過沙維德利（Sāvitrī）的咒文賦與的（2.148）。在梵行期的學生跟隨教授師的學習階段，必須要遵守下述的規定：爲師長和自己外出乞食，且堅守不婬。譯①

　　天祭的結構既莊嚴而又單調繁複。對任何祭典的詳細描述都要幾百頁的篇幅。因此我們不想要羅列所有的天啓祭儀式。其中最簡單的儀式即是火祭（agnihotra），此儀式舉行於黎明的微光中，以牛奶獻祭阿耆尼。也有些儀式和宇宙的律動有關：有個祭典稱爲四月祭（cāturmāsya）以及初穗祭（agrayana）譯②。但是最根本的祭祀，也是吠陀祭典的特色，即是蘇摩祭。阿耆尼休德馬（agnistoma，「讚美阿耆尼」）的儀式於每年春天舉行，除了加行的準備以外，還要有三天的「安居小屋」（upasad）。在加行裡最重要的是第庫夏（dīkṣā），這是使獻祭者重生的苦行。這個入會禮的重要性將日趨明顯。蘇摩酒的榨取可以在清晨、中午和夜晚進行。中午榨取蘇摩酒時會致贈謝禮（dākṣiṇā）：7頭、21頭、60頭或1000頭牛，甚至是獻祭者的所有家產。諸神都會受邀參與盛會，先是個別降臨，而後便齊聚祭典。④

　　其他的蘇摩祭也很有名。有些是在一天之內完成；其他則要持續至少

(230)

---

②　部分的祭物被拋入聖火中，透過阿耆尼送給諸神。剩下的祭品則由祭司們分食。

③　這是印度的普遍觀念，而佛敎則承襲之。初學者放棄自己家族的姓，成爲「佛子（sakyaputto）」；見 Eliade, *Naissances mystiques*, pp. 114 sq.; Gonda, *Change and Continuity*, p.447。

④　奉乳祭（pravargya）是另一種儀式，早期即併入火壇祭，但是也可能是完整的儀式，其目的則是祈求雨季之後陽光普照。奉乳祭的價值在於其特有的「神祕」色彩，而且奉乳祭也是最早説明禮拜（pūjū）的意義，也就是崇拜神的圖像，見 J. A. van Buitenen, *The Pravargya*, p.25, 38, et passim。

譯①：關於入法禮，見高楠順次郎、木村泰賢，《印度哲學宗教史》，頁 342-344, 327-328。

譯②：同前揭，頁 366-367。

12 天，或是一整年，而理論上會持續到 12 年。除此之外，還有些祭祀體系和蘇摩祭有關，例如摩訶毗羅塔（mahāvrata，「慶祝大典」）裡包括有音樂、舞蹈、戲劇表演、對話和淫穢的場景（有個僧侶先有規律地扭動，然後就男女交媾）。力飲祭（vajapeya）的時間從 17 天至一年不等，並且有完整的神話和儀式：17 輛馬車的競技，祭主和他的妻子登高台仰觀天上，他們在儀式上會象徵性地爬上聖柱等等。而即位禮（rājasūya）也會和蘇摩祭同時舉行。在這裡我們也發現生動的插曲（國王乘馬車至牛群象徵性地捕獲；國王和僧侶玩擲骰子遊戲並且獲勝等等），但是基本上，這典禮的本意是指統治者的神話性重生（第 74 節）。蘇摩祭還伴隨著其他祭典，雖然比較少見：即是火壇祭（agnicayana），意即「（以祭壇的磚塊）堆起火壇」。文獻指出「於前幾天」以五種犧牲供養於神，包括人類在內。之後，他們的頭埋在祭壇第一層的磚頭裡。儀式的準備約一年的時

(231) 間。祭壇共以 10800 塊磚頭堆成五層，有時候會以鳥的形式，象徵獻祭者神祕升天。火壇祭開啓了對印度人非常重要的宇宙創造論思維。殺人祭在「生主」的自我犧牲裡也會出現，祭壇的建立則象徵宇宙的創造（第 75 節）。

73. 最高的獻祭：馬祠和人祠

在吠陀祭典中，最重要也最熱鬧的慶典即是「馬祠」（aśvamedha）。原來只有戰功彪炳的國王才可以執祭，並獲得「宇宙統治者」的殊榮。但是，後來這個獻祭遍佈整個王國；事實上，馬祠是用來潔淨染汙以及庇佑整個國家的繁衍和富饒。準備的儀式超過一年，在這期間，種馬可以和上百匹其他公馬雜處。爲了防止這些公馬接近母馬，必須要有 400 個年輕力壯的青年守衛。祭典會整整進行三天。在某些特殊的儀式（將母馬牽給種馬看、馬會配上鞍具並牽引戰車、王子會駕上戰車直到水塘等等）之後，第二天，宰殺許多家畜獻祭。最後，這象徵著準備自我犧牲的「生主」的種馬會被悶死。四位王后及其上百個侍女圍繞在屍體周圍，大王后則躺在

一旁；王后以外衣遮蓋，模擬男女交媾。這時候，僧侶和女人以淫穢的話嘲笑。當王后起身，馬以及其他祭品則被剁碎。第三天還有其他的祭禮，而謝禮最後則分給所有僧侶；他們通常也會款待王后或侍女。

馬祭當然是源於印歐民族。從日耳曼、伊朗、希臘、羅馬、亞美尼亞、馬薩迦提（Massagetae）和達爾馬提亞人（Dalmatian）等民族，可以找到線索。但是，這個神話和儀式的場景只有在印度才能在宗教生活和神學裡佔有如此重要的地位。起初，馬祠可能是春之祭，更確切地說，是新年慶典。慶典包含關於宇宙起源的元素。換句話說，馬即是等同於宇宙 (232)（「生主」），而獻祭象徵著（也就是「重現」）創造宇宙的行動。就另一方面來說，《梨俱吠陀》和梵書文獻都強調馬和太初之水的關係。現在，印度人還是以水來代表最重要的宇宙創造物質。但是，這複雜的儀式通常也會有神祕宗教的「神祕色彩」。「的確，馬祠即是一切，作為婆羅門的人，如果對於馬祠卻一無所知；他就不是婆羅門，他應當失權。」（《百段梵書》13.4.2.17）。祭祀的本意除了可以使整個宇宙重生之外，還可以重建社會的階級制度以及他們的使命。⑤獻祭的馬象徵王權（ksatra），並等同於耶摩（Yama）譯③、阿迭多（太陽）以及酒神蘇摩（也就是等同於最高神），在某個方面是國王的替身。，當我們在分析人祠（puruṣamedha）的儀軌時，必須考慮到這種同化和取代的過程；事實上，「以人獻祭」可能緊接著馬祠之後。除了牲祭之外，會以1000頭牛和100匹馬購得一個婆羅門或利帝利族作為祭品。他同樣有一年時間的自由，然後就被犧牲，而王后也會躺在他的屍體旁邊。人祠的祭祀儀軌一般認為

---

⑤ 在祭禮過程中，僧侶吟唱：「願婆羅門神聖誕生！……願王子於尊貴莊嚴中誕生，英雄、射手、戰士手握強弓，駕著無敵的戰車。願母牛天生多乳，軍中公牛健壯，戰馬飛馳，女子多產，軍人常勝，青年們辯才無礙！願祭司們後代出英雄！願雨神（Parjanya）賜我們豐沛雨量！願麥子為我們而豐收！」（Vājasaneyi Saṃhitā 22.22）

譯③：死界之王耶摩（Yama），即拜火教的閻摩，為第一個死亡的人，因而統治冥府。住在最高天，耶摩天應即為毘濕奴的天國。同前揭，頁126-28。

和馬祠的作用是相同的。

我們要問，是否真的有殺人獻祭。在某些《天啓經》（śrautasūtras）裡確實描述過人祠，但是只有在《聖卡耶那經書》（Sānkhāyana）和《瓦以陀那》（Vaitāna）提到殺人祭的儀軌。在其他經文裡，獻祭的人在最後一刻會被釋放，而以動物替代。重要的是，在人祠期間會朗誦讚美創世的〈原人歌〉（puruṣasūkta）（《梨俱吠陀》10.90）。供物被等同於原人生主（Puruṣa-Prajāpati），獻祭者也因而被等同於生主。我們已經發現，人祠的神話和宗教的儀軌，和日爾曼民族傳統有驚人的相似之處：歐丁（Odin）被長矛刺傷，吊在世界之樹下九天九夜，「把自己獻祭給自己」，以獲得智慧和巫術（Hávamál 138）。⑥十一世紀的不萊梅的亞當（Adam de Bréme）說，這種祭祀每九年都要在烏普沙拉（Uppsala，瑞典地名）舉行，會懸吊九個人以及其他牲祭。印歐民族的類似祭典，似乎可以合理證明在人祠裡確實有殺人祭的假設。但是在印度，獻祭的習俗和理論不斷被重新詮釋，殺人祭最後也被描述爲類似救世論的形上學。

(233)

74. 祭典的入會禮結構：第庫夏和即位禮

爲了要更加了解這個過程，最重要的是要說明「天啓祭」的入會禮的預設。入會禮意味著入教者的「死亡」和「重生」，也就是說，重生爲更高層次的生命。透過獻祭或是「回到母體」（regressus ad uterum）的儀式性「死亡」，都是象徵性的。這兩種方式都意味著由「犧牲的死亡」同化爲「生命的孕育」。《百段梵書》（11.2.1.1）說：「人有三次的出生：第一次是父母所生，第二次是獻祭時得到的生命，⋯⋯第三次是死亡時投入火中後的重生。」而實際上，人們會「死亡」很多次，因爲在他們一生中無數次的天啓祭裡都會「重生」。

---

⑥ James L. Sauvé, "The Divine Victim"；作者從日耳曼和梵文文獻引用關於殺人祭的所有相關資料。

第庫夏（dīkṣā）是蘇摩祭不可或缺的加行，但是其他儀式也可以看到⑦。我們重申，修行第庫夏的祭主，已經透過「入法禮」重生過，那時候他曾儀式性地回到母體裡去。現在，在第庫夏的修行裡也會回到胚胎狀態。事實上，「祭司們將他轉化成胚胎後，再授予他第庫夏。祭司們為他撒上水；這水代表著精液。……祭司們再帶他進入特別的小屋，那是傳授第庫夏的教授師的子宮。祭司們為他披上外衣：這外衣就是胞衣……他握緊拳頭，胚胎在子宮中待得越久，拳頭就握得越久。」（《愛陀列那梵書》1.3）這些相近的文獻強調儀式的胚胎和妊娠性格：「加行者（dīkṣita）是精子。」（《美特羅耶尼耶本集》〔Maitrāyani-Saṃhita〕3.6.1）；「加行者是胚胎，他的外衣就是羊膜。」（《推提利耶本集》〔Taittīrya-Saṃ.〕1.3.2）。而「回到母體」儀式的緣起也不斷地重述：「事實上，人還沒有出生。只有透過祭祀才能使他真正出生。」（《美特羅耶尼耶本集》3.6.7）⑧ (234)

這個神祕的新生在每個祭典裡不斷重複，使祭主能夠和諸神同化。「祭主決定上生於天國。」（《百段梵書》7.3.1.12）。「通過加行的他會到達諸神那裡，和他們同在。」（ibid. 3.1.1.8）。該經文也說，獻祭者在重生的過程中必須面對世界四方站立，也就是要主宰宇宙（7.7.2.11 sq.）。但是，第庫夏也等於死亡。「當他開始獻祭自己的時候，他（獻祭者）則為了重生而死亡」（《迦彌梵書》3.11.3）。⑨根據其他文獻，「加行者是祭禮。」（《推提利耶本集》6.1.45）「他真的獻祭自己。」（《愛陀列那梵書》2.11）。簡言之，「加行者即是供養諸神的祭品。」（《百段梵書》

---

⑦ Eliade, *Naissances mystiques*, pp. 115 sq.; Gonda, *Change and Continuity*, pp.315 sq.。《梨俱吠陀》顯然不知道第庫夏，但是我們不能忘記，這些祈禱文不代表全部的吠陀宗敎（Gonda, p.349）。在《阿闥婆吠陀》11.5.6 的記載中，梵行期的儀式又稱爲 dīkṣita，「他造就了第庫夏。」

⑧ 所有的儀式最初都自然有神話的模式：爲了防止可怕怪物的誕生，造成「語」（Vāc）和獻祭（Yajna）結合，因陀羅將自己變身成胚胎，進入了「語」的子宮（《百段梵書》3.2.1.18 sq.）。

⑨ Gonda, *Change and Continuity*, p.385.

3.6.3.19）⑩以下即是諸神所說的話：「喔，阿耆尼，奉獻你自己的身體！」（《梨俱吠陀》6.11.2）；「奉獻自己，就是增長你的身體！」（10.81.5）。因為「透過獻祭，諸神就會施予獻祭者。」（10.90.16）

(235)　　然而，儀式性的死亡，是為了達到諸神境界，在諸神世界裡獲得完整生命必要的加行。在吠陀時期，透過獻祭的「神化」，雖然只是短暫的，卻並不意味人的存在和生命的貶抑。相反地，透過儀式性的昇天，進入諸神的境界，而獻祭者、整個社會以及自然界，都會受到祝福且重生。我們已經看到馬祠的作用。烏普沙拉的異教徒的殺人祭，目的也是宇宙的再造和王權的重振。這些都是透過儀式完成的，其目的都是創造行動的重現，包括獻祭者的「死亡」、「胚胎的孕育」和「重生」。

　　印度國王的即位禮（rājasūya）也則有類似的場景。主要的慶典都是圍繞著新年慶。在加行前一年行傅油禮，通常之後會緊接著有慶典。即位禮很像是簡化過的宇宙秩序重建的新年慶典。國王扮演核心的角色，如同天啓祭的祭主，在某個意義下，他代表著宇宙。祭典的不同階段陸續進行，從未來的國王回到胚胎狀態，經過一年的孕育，他就以宇宙統治者的身分象徵性地重生，等同於「生主」和宇宙。而未來國王的「胚胎期」則和宇宙成熟的過程相對應，而原本可能又和禾稼的成熟有關。祭典的第二階段則是新身體的成形：象徵性的身體，是透過國王和婆羅門種姓的象徵婚禮、或是和民眾（這使他可能從她們的子宮裡出生）、或是陰陽河流的結合，或是黃金（意指著聖火）和水的結合。

　　第三階段則是國王獲得統治三界的權力的儀式；換句話說，他成為宇宙的化身，也成為宇宙的統治者。當統治者舉起手臂，就有世界創造的蘊含：這象徵著「世界之軸」的樹立。當國王受傅油的時候，他舉起雙手，站在王座：他代表大地之臍的宇宙軸心（王座即是「世界的中心」），並

(236) 且上達天堂。灌頂儀式則象徵著太初之水沿著世界之軸（由國王代表）滋

---

⑩　祭司「如種子般將自己投入家火」（藉由沙粒來代表）則可以重生人間；若是投入祭壇之上，則可以重生於天堂；A. Coomaraswamy, *Atmayajna: Self-Sacrifice*, p. 360。

潤大地。然後，國王分別向四方跨步，象徵性地攀登穹頂。祭典之後，國王就獲得統治世界四方和季節的權力；換句話說，他主宰了整個時空的宇宙。⑪

我們還要說明祭典裡的死亡和重生的關係，以及宇宙創造和世界重生。這些觀念都和以下要討論的創世神話有關。《梵書》的作者以特殊的觀點詳細闡述整理，特別是他們對於祭典的讚頌。

75. 宇宙創造論和形上學

無論是直接陳述或是暗喻，吠陀讚歌都呈現某些宇宙創造的觀點。在不同層次的文化中都或多或少流傳和記錄著這些神話。我們不必探究每個宇宙創造論的起源。即使是那些推定是雅利安人傳入的神話，在更早期或更原始的文化裡也都有類似的觀點。如同其他宗教的觀點和信仰，這些宇宙創造論都是史前文明的遺惠。對我們而言，最重要的是印度如何詮釋創世神話且賦予新的價值。記得不要以現有最古老的考古證據去評斷這些宇宙創造論的年代。在最古老也是流傳最廣的神話中，「宇宙潛水」，成為後來印度相當流行的神話，特別是在《史詩》和《往世書》裡。

基本上，吠陀詩人和神學家似乎特別鍾愛四種形式的創世論。這些形式如下：一、世界是由原水孕育而成；二、世界是由原人（Puruṣa）肢解而成；三、世界是整體創造而成的，立即從無造有；四、世界是由開天闢地而形成。

(237)

在《梨俱吠陀》（10.121）的慶典讚歌裡，神的形象被想像成翱翔在原水上的「金胎」（Hiraṇyagarbha）（金色胚胎）；他潛入水裡，就使原水受孕，生下火神阿耆尼（詩段 7）。《阿闥婆吠陀》（10.7.28）將「金胎」描繪成「宇宙支柱」（skambha）。《梨俱吠陀》（10.82.5）說原水

---

⑪　J. C. Heesterman, *The Ancient Indian Royal Consecration*, pp.17 sq., pp.52 sq., pp.101 sq..

是受孕自「造一切主」（Viśvakarman），但是胚胎的意象並不符合造一切主的形象。在這些例子裡，我們看到原始神話許多不同的異本，都是以金胎作為翱翔在原水上的造物神的種子。⑫

創世論的第二個主題是以祭典主義的觀點闡述，可以見於〈原人歌〉（《梨俱吠陀》10.90）。太初的原人代表宇宙全體（詩段 1-4），並且是雌雄同體。原人先由自身生下遍照（Virāj）（宇宙之根本物質），而遍照又生下他（詩段 5）。⑬真正的創造是宇宙獻祭的結果。諸神以「原人」為犧牲：由他肢解的軀體化為動物、四吠陀、四種姓、地界、空界和諸神：「由口生出婆羅門，由雙臂生出王族，由腿部生吠舍族，由足生首陀羅。」（詩段 12）。由頭生天界，由足生地界，由心臟生月亮，由眼生蘇利耶（太陽），因陀羅和阿耆尼出自他的口，由鼻息生伐由（風）等等（詩段 13-14）。

最後的詩段強調祭祀的典型功能：「諸神以供物向供物獻祭。」換句話說，原人既是祭品又是享受獻祭的神。讚歌明白指出，雖然宇宙、生命和人類都是源自原人的身體，但是原人則是遠在創造之前就已經存在。換句話說，原人是既超越又內在的，他是很矛盾的存有模式，卻也是印度民(238)族造物神的典型（例如「生主」）。類似的神話，如中國的盤古、古日耳曼的耶米（Ymir）以及美索不達米亞的提阿瑪特，都表現出宇宙創造論的遠古形式：以神人同形的神為犧牲而創造宇宙。〈原人歌〉激發人們許多的玄想。然而，在遠古的社會裡，這神話是宇宙創造的典型，同樣的，這些讚歌也在各種祭典裡不斷地被朗誦，如嬰兒的出生禮、寺廟的落成禮（甚至是以原人的形式建立），或是重生的潔淨儀式。⑭

在《梨俱吠陀》（10.129）最著名的讚歌裡，是以形上學來表現宇宙創造論。詩人自問，非有中如何生有，因為「其初無無亦無有」（詩段

---

⑫ 在古印度，「金胎」的形象轉成因水而生起的宇宙蛋（奧義書有記載；《卡陀克奧義書》4.6；《休外陀休瓦多羅奧義書》3.4.12）。

⑬ 遍照者（Virāj）是 Śakti 的一種。在《布利哈德奧義書》4.2.3 中，她嫁給原人。

⑭ Gonda, *Visnuism and Sivaism*, p.27.

1.1）。「其時無死亦無不死」（即無人亦無神）。唯有無分別的「彼之一」（tad ekam，中性名詞）。「獨一之彼，無息而自呼吸矣，彼外曾物何物之存在。」（詩段 2）。「一切被闇黑所掩，被虛空所包之原子（ābhū）（如胚胎），彼獨依熱（苦行產生的熱）而生出。」（我們可以了解爲四周都是原水）。從這個胚胎開展而始有愛（kāma），「是乃識（manas）之最初種子（retas）」。這個破天荒的主張，預示了印度哲學思想裡最主要的主題。詩人依其沉思，「發現無中之有處」（詩段 4）。這個「最初種子」隨後自身分爲高低的階層，分爲陰陽不同的原理。（見《梨俱吠陀》10.72.4）。然而，「二次創造」之謎，亦即現象界的創造，則無人能解。諸神是創造後期才生出的（詩段 6），因此他們不是世界的創造者。詩人以問句作總結：「惟在最高天監視此世界者當之，或亦未之知？」

這首讚歌代表著吠陀思想的巔峰。未知的最高存有者的原理「彼之一」[15]，超越諸神和受造者，在奧義書和某些哲學系統裡發揚光大。像是 (239)《梨俱吠陀》（10.90）裡的原人，超越宇宙，以自己的肢體創造世界，並不因而失去其超越性。我們要記得這個觀點，因爲這是後來印度哲學思辨的基礎：意識和宇宙都是愛（kāma）的產物。數論和瑜珈（Sāṃkhya-Yoga）以及佛教的哲學，都是起源於此。

至於宇宙創造論的第四個主題（開天闢地，或是烏里特拉被因陀羅肢解），則和〈原人歌〉有關；兩者都是爲了創造（或重建）世界，而以暴力分裂整體。這個主題既古老卻又經常有創新的詮釋和應用。我們已經知道（第68節），因陀羅打倒並且肢解原始巨龍的造物行爲，是以屋舍建造爲模式，不同於獻祭的祝禱。

最後，我們要提到造一切主（Viśvakarman）（《梨俱吠陀》10.81），他像是雕刻家、鐵匠、木工那樣地雕塑世界。然而，這個在其他宗教比較

---

[15] 在《梨俱吠陀》可見到多神觀念化約成一神論：「有靈感的詩人們，將唯一的神稱爲多神。」（1.164.46）

普遍的神話主題，〈原人歌〉的吠陀詩人卻連接到創造和獻祭的主題。

印度的宇宙創造論的多樣性，也表現在神譜和人類起源的複雜傳說。根據《梨俱吠陀》，諸神是由太初天地所生，或是從原水中出現，或是無中生有。無論如何，他們都是在世界創造之後才存在的。後期的讚歌（《梨俱吠陀》10.63.2）提到，諸神是由女神阿提緻、原水和大地所生。但是，他們並非都是不死的。《梨俱吠陀》還說，他們的永生是得自沙維德利（4.54.2）、阿耆尼（6.7.4）或是蘇摩（9.106.8）。因陀羅透過苦行或熱（tapas）獲得不死（10.167.1），而《阿闥婆吠陀》則說，所有其他諸神也以類似方式獲得永生（11.5.19；4.11.6）。梵書則認爲必須透過特定的獻祭，諸神才能得到永生。

(240) 人類也是由原始的天和地所生。人類神話上的祖先是摩奴（Manu），摩奴是遍照（Vivasvat）之子，是最早的獻祭者，也是第一個人類（《梨俱吠陀》10.63.7）。其他版本說，人類在神話裡的父母，是遍照的兒女，耶摩和他的姊妹耶彌（Yami）（10.10）。最後，〈原人歌〉（10.90.12）說，人類（四種姓）是源自遠古原人獻祭的器官。太初時人類也可以經由獻祭獲得永生；但是，諸神決定這個永生必須完全是靈性的，也就是說，只有死後才能獲得永生（《百段梵書》10.4.3.9）。對於死亡的起源，有其他的神話解釋。在《摩訶婆羅多》裡，死亡是梵天（Brahmā）爲了解救大地而要人類擔負的，他威脅要把人丟入海洋（6.52-54；12.256-58）。

部分的神話是關於諸神和人的誕生，永生的喪失或征服，這類神話在其他印歐民族的神話中也看得到。無論如何，許多傳統文化都有類似的神話。然而，唯有在印度，這些神話才發展出獻祭的儀軌、冥想的方法，並且喚醒了新的宗教意識。

76. 梵書的獻祭教義

〈原人歌〉是梵書裡關於獻祭理論的分水嶺和教義證成（大約西元前1000-800 年）。如同原人將自己獻給諸神，肢解自己而創造宇宙，生主在

完成創世的工作之後，也是「精疲力竭」。根據梵書的描述，生主顯現為名色的存有者，但是其結構還是很古老。這位造物主比較接近宇宙「大神」。在某方面，他既像是《梨俱吠陀》10.129所說的「彼之一」和造一切主，卻也延續原人的性質。除此之外，原人和生主的合而為一，也有文獻可考：「原人即是生主；原人即是『歲』（saṃvatsara）。」（《迦彌梵書》2.56；《百段梵書》6.1.1.5）。太初之時，生主（原人）是隱藏的整體，純粹的精神存在。但是，愛（kāma）使他自身分化繁衍（《百段梵書》6.1.1）。他透過苦行起「熱」（tapas），依其熱以作此世；⑯我們可以理解為流汗，如同某些早期的宇宙創造論，或是種子的散佈。他首先創造了梵（brahman），「梵者三智也」（三吠陀）；接著，他以「語」創造「原水」。而為了要透過原水自我繁殖，他潛入水中；從原水裡產生胎子（Garbha），而外殼即成大地。然後，他為天界創造了諸神，為地界創造了阿修羅等等（ibid. 11.1.6.1 sq.）。⑰ (241)

生主心想：「真的，我創造自己的肖像，也就是『歲』。」這也就是「人皆稱生主為歲。」（ibid. 11.1.6.13）。生主把自我（ātman）賜給諸神，而創造了另一個影像，亦即「祭」（Yajña）「故人皆稱祭為生主。」文獻還說，生主的宇宙身體的關節（parvam），就是一年的五個季節，以及火壇的五個程序（ibid. 6.1.2）。

生主等同於宇宙、時間的循環（年）和火壇，梵書獻祭理論的創新之處。這裡標示了吠陀祭典的教育精神的沒落，並且為奧義書作者的創作鋪路。其基本觀念是，在透過「熱」以及不斷「流出」的創造過程裡，生主燃燒自己，最後終於油盡燈竭。有兩個關鍵語詞，「熱」（tapas）和「流出」（visṛj），間接暗示性愛的意義，因為苦行以及性愛的觀念和印度宗教思想有密切的關係。神話及其意象把宇宙創造論轉譯為生物學的語詞；

⑯ visṛj 衍生於字根「sṛj」（意為「保護」）；「vi-」則代表著分散於各方向。

⑰ 其他文獻指出，天空由他的頭部生出，大氣是由他的胸部生出，而大地則是由他的雙足生出（Gonda, *Les religions de l'Inde*, I, p.226）。原人的祭祀對此有些許的影響，但這只是更確定這兩位主神結構的相似性。

他們以自己存在為模式，認為世界和生命在持存過程裡會有耗竭⑱。關於生主的油盡燈竭的描述非常生動：「生主繁殖生命後，他的關節都脫落。現在，生主就是歲，其關節即日夜交替之環節（黎明和黃昏）、滿月和新月、以及季節之始。他無法舉起快要散掉的關節；諸神以火祭（agnihotra）為他治療，以強壯他的關節。」（《百段梵書》1.6.3.35-36）。換句話說，生主的宇宙身體的再造和接合，必須透過獻祭完成，也就是說，建造祭壇是為了要舉行火壇祭（agnicayana）（第 72 節）。經文還說（10.4.2.2）：「生主即是歲，是由 720 個日和夜組成；這即是為什麼祭壇上有 360 塊圈石和 360 塊磚頭。」「關節脫落的生主，（現在）就是之前建造的祭壇。」祭司們以鋪設祭壇的層層磚頭使生主復甦，並「重組」（saṃskri）他。總之，**每次的祭祀都重複著最初宇宙創造的行為，庇佑來年世界的延續**。

　　這就是梵書的獻祭的原始意義：要重建因為時間循環（年）而「關節脫落」、「精疲力竭」的宇宙。透過祭典（亦即祭司們的主持），世界得以繼續生存、完好且繁茂。每年的重現宇宙最初的創造，這個遠古的觀念有了新的應用。這也是證成婆羅門種姓的優越感，他們認為自己對祭典非常的重要。甚至相信「在黎明時，假如祭司沒有獻火祭，太陽就不會升起。」（《百段梵書》2.3.1.5）。在梵書裡，吠陀諸神不是被忽視，就是被視為獻祭的巫術和創造力。他們說，在太初的時候，諸神不是永生的（《推提利耶本集》8.4.2.1 等處）；他們必須透過獻祭才能成為神且獲得永生（ibid. 6.3.4.7; 6.3.10.2）。自此，一切都圍繞著祭典的神祕力量：諸神的起源和本質、神聖的力量、知識、世界的幸福，以及彼岸的「不死」。但是祭典必須要如法而且有信心；對獻祭作用的任何懷疑都會帶來不幸的後果。梵書的作者為了說明儀式的教義（也是創宇宙創造論、神譜和救贖論）增添附會許多神話或是其片斷，以新的觀點重新詮釋，或是以某些別出新裁的字源學、引經據典、或是暗喻，發明新的神話。

----

⑱　古代文化也有類似觀念，特別是古代農業社會。

77. 末世論：透過獻祭和生主等同

　　然而有個新的觀念隨即出現：獻祭不只能使生主重生，並且使世界的
永存，還能創造出精神性的、不朽的存在，這個「人」就是自我（ā- (243)
tman）。獻祭不只含有宇宙創造的意向以及末世論的功能，甚至可以獲得
新的生命形式。在建立火壇的時候，獻祭者將自己等同於生主；更確切地
說，生主和獻祭者在祭典的行爲裡是等同的：火壇即「是」生主，而獻祭
者也「成爲」火壇。透過祭典的法力，獻祭者爲自己創造新的身體，上升
天界，也就是他重生的地方（《百段梵書》7.3.1.12），因而獲得「永生」
（10.2.6.8）。這也是說他死後將重生，而「不死」是在那之後的存在模
式。最爲重要的是，祭典的目的是「圓滿」（sarva）、「整全」、和保存
死後的這個狀態。⑲

　　藉由「重建」（samdhā samskri）生主，獻祭者在自身也完成相同的重
整工作；換句話說，他「圓滿」自己。如同神透過獻祭來恢復自我，獻祭
者爲自己建立自我（《科西陀格梵書》3.8）。自我的「組裝」，在某個方
面很像是重整因爲創世而肢解疲憊的生主。當整個祭典的行爲（karma）圓
滿完成後，便建構了「自我」。這意思是說，祭典的完成，獻祭者的身心
功能也得到圓滿；這些功能就構成自我（愛陀列那梵書 2.40.1-7）；獻祭
者透過他的自我而成爲「不朽」。同樣地，諸神透過祭祀獲得了「梵」
（brahman），也得到永生（《百段梵書》11.2.3.6）。結果，在最早的梵
書裡，梵和自我似乎已被認爲是同一的。⑳我們可以從其他許多的等同證
實這點：《梨俱吠陀》裡的生主和火壇同化，《梨俱吠陀》的許多音節也
和祭壇的磚頭等同。但是，由於梵自身也和《梨俱吠陀》的 432000 個音節 (244)
同化，因而等同於生主，最後則和獻祭者等同，也就是等同於他的自我。㉑

⑲　J. Gonda, *Les religions de l'Inde*, I, p.236.

⑳　Lilian Silburn, *Instant et cause*, p.74.

㉑　《百段梵書》（10.6.3.2）描述「金色原人」如米粒或粟粒存在人心中，然而又大
　　過天堂、以太、大地或任何事物：「靈性的本身就是我的自我；當我死後，我將
　　獲得這個自我。」這篇文獻很重要，因爲在某方面，原人等同於梵，而另一方面
　　則確立梵我合一。

　　假若生主（梵）和自我是同一的，那是因為他們都是相同動作（「重
建」和整合）的結果，雖然材料有異：生主和梵的重建是用磚頭，而自我
的重建則是身心功能。[22]然而重要的是要強調，**宇宙創造的神話最後成為
「建構」自我的典範**。許多瑜珈術都應用這個原則：包括身體姿勢、呼吸
和精神活動的「靜慮」和「統一」。

　　梵我合一的發現，在奧義書有各種闡述（第80節）。現在我們要補充
的是，在梵書裡，梵所指的是宇宙獻祭的過程，並且延伸為維繫宇宙的神
祕力量。但是在吠陀經裡，梵被認為是萬法不壞不易的根基和法則。在
《阿闥婆吠陀》的讚歌（10.7.8）裡明顯指出，梵即是世界之支柱
（skambha）；換句話說，梵支撐著世界，同時也是宇宙軸心和存有學上
的基礎。「撐持支柱者是靈（atmanvat），所有具氣息者。」（《阿闥婆
吠陀》7.8.2）「知道人中之梵者，就知道最高位者（paramesthin），而知
道最高位者，也就知道世界之柱。」（ibid. 10.8.43）我們理解到他們將終
極實在獨立出來的努力：梵被認為是「宇宙支柱」，是根柢和基礎；這些
概念都叫作「pratisthā」，這個名詞在吠陀文獻裡已經很常見。而婆羅門被
認為是梵，因為他知道宇宙的結構和起源，也因為他知道表達這一切的話
語；透過「語言」（Vāc）、邏各斯（Logos），都能使任何人成為婆羅門
（《梨俱吠陀》10.124.5）。「婆羅門的出生，是永恆不變之法（dharma）
的具體呈現。」（《摩奴法典》1.98）[23]

　　有一種特別的作品，森林書（Aranyakas），可能讓我們探究梵書的獻
祭系統（karma-kanda）如何過渡為奧義書的形上學知識（jnana-kanda）。
所謂的森林書，是遠離村莊、在森林裡祕密講說。他們的中心思想是強調
自我才是祭祀的主題，而不是祭典的繁文褥節。森林書說，諸神都隱藏在
人類之中；換句話說，構成吠陀基礎的宏觀宇宙和微觀宇宙的結合，現在
顯示宇宙諸神和人體裡的神是相同的（《愛陀列那森林書》1.3.8; 2.1.2;

（245）

---

[22]　Silburn, *Instant et cause*, p.104.

[23]　Eliade. *Le Yoga*, pp.125 sq.; Gonda, *Notes on Brahman*, p.52.

3.1.1；《聖卡耶那森林書》7.2）。結果，「獻祭的內在化」（第 78 節）使得獻祭的對象同時是「內在」和「外在」的神。而終極目標則是不同神和宇宙的層次以及人類身心功能的合而爲一（saṃhitā）。在多次的同質化和等同之後，得到的結論是「自我的意識（prajñātman）和太陽一樣，是唯一的」（《愛陀列那森林書》3.2.3；《聖卡耶那森林書》8.3-7）。這種史無前例的結論也會出現在奧義書裡。

78. 苦行：禁欲生活的修持和辯證

我們已經多次提到苦行（tapas），因爲在討論印度諸神、神話和祭典的時候，是不可能不提起透過苦行獲得祭典的「熱」。「tapas」這個名詞源自字根「tap」，意爲「加熱」、「煮沸」，在《梨俱吠陀》有明確的解說（8.59.6; 10.136.2; 154.2.4; 167.1; 109.4）。這是印歐民族的傳統觀念，因爲，在類似的背景下，英雄類型的祭典裡也都有「灼熱」或「忿怒」（menos, furor, ferg, wut）的元素。[24]我們要補充的是，透過身心鍛鍊或是 (246) 辛辣食物得到的「加熱」作用，在原始文化的巫醫和巫師都有所記載。[25] 獲得巫術和宗教的「力量」，也會產生內在強烈的熱火；這股力量本身，藉由名詞表達可以稱爲「熱」、「燃燒」、「酷熱」等等。

我們舉出這些事實，是要證明這種苦行（tapas）的源遠流長。我們不是暗示印度的苦行主義源自非雅利安族。印歐民族，特別是吠陀時期的印度人，繼承了史前文明的技術，也以不同的方式加以評價。然而重點是，從古至今，世界各地除了印度之外，沒有任何關於「熱火」的觀點。

苦行的「熱」無論是在圖像、符號和神話上，其模式很接近穀物的「烹煮」、或是蛋的孵化，或是性衝動的神話，特別是性高潮的快感，或是鑽木取火的神話。「苦行」在很多方面是「很有創造力的」：包括宇宙

---

[24]　Cf. Eliade, *Le Yoga*, p.114, n,1.

[25]　*Chamainisme* (2e édition), pp.360 sq..

創造論、宗教和形上學。我們知道，生主透過苦行來產生「熱」，而創造世界，接下來的油盡燈竭則很像性愛過後的疲倦（第76節）。就祭典的層次來說，苦行促使「重生」，從這個世界過渡到諸神的世界，從「凡俗」的境界到「神聖」的境界。此外，苦行有助於觀想「孵化出」神祕知識，給予他深層眞理的啓示。（阿耆尼給予苦行者「頭部的熱」（tapasvin），使他得天眼通。）

(247) 　　苦行會澈底改變修行者的存在模式，因爲苦行給予他超人的力量，有時候是很可怕的，甚至是「邪惡的」⑳。在最重要的儀式「入法禮」的加行裡，梵行期的弟子都必須經歷苦行。基本上，苦行包括齋戒、朝夕事聖火、於日中站立或是飲用酒類（這比較罕見）。但是，「熱火」也可以透過調息而獲得，這是瑜伽術和吠陀祭典別出新裁的類比。而促成這類比的，主要還是梵書裡關於祭祀的冥想。

　　獻祭很早就和「苦行」同化。據說諸神的永生不只是透過獻祭（第76節），也必須透過苦行去獲得。如果說，吠陀的祭典裡，諸神接受蘇摩、酥油和聖火的供養，那麼在苦行裡，他們則是接受「內在供物」的供養，生理的功能取代酒和祭品的角色。氣息經常被認爲是「不曾間斷的酒」。㉑其中提到的「般那火祭」（prāṇāgnihotra），意即，「伴隨呼吸的火祭」（《瓦義加那沙天啓經》〔Vaikhānasasmārta sūtra〕2.18）。這種內在祭祀的觀念是個影響甚鉅的革新；這種觀念使得婆羅門教以及和來的印度教保

---

⑳　「śānti」指的是寧靜、平靜的靈魂、沒有熱惱和解脫苦難，源自字根「sam」，本意包括有火、瞋恨、熱惱的「熄滅」。總之，熱是由惡魔的力量所激發的；D. J. Hoens, Śānti, p.p177 sq.。

㉑　事實上，「他講話的時候，無論多久，都不可以呼吸，接著他將自己的呼吸供養了言語；他呼吸的時候，就不能說話，然後他就將自己的言語供養了呼吸。這二者是持續不變的供養；無論是醒是睡，人總是不間斷的供養他們。所有其他的供養都有終了，並且分享了行爲（karman）之本性。年長者，知此爲眞祭祀，而不再供養火祭。」（《科西陀格奧義書》2.5）。根據《旃多格耶奧義書》5.19-24，以呼吸爲供品的才是眞的祭祀：「供養火祭卻對此無知的人，就如同……那些供養灰燼的人一般。」（5.24.1）

有許多怪異的苦行主義者和神祕主義者。不過，「林棲」的婆羅門也有這種內在的祭祀，他們過著遁世生活（sannyāsi），但是沒有失去俗世的「家長」身分。㉘

　　簡言之，苦行（tapas）在許多不同層面上都受到同族化的整合。一方面（就印度特有的文化而言），宇宙的結構和現象是同化為人體的器官和功能，以及獻祭的元素（祭壇、火、供物、祭具、祈請文）。另一方面，早在史前時代便蘊含著宏觀和微觀宇宙的對應（如氣息和風的同化）的苦行主義，也和獻祭合而為一。有某些形式的苦行主義，如調息，甚至被認為高於獻祭的地位；苦行的結果被認為比祭祀的「成果」還珍貴。但是但是只有理解到開顯這些原理的辯證關係，這些對應和同化才會是有效的，也就是說，真正有宗教的效果。　　(248)

　　總之，我們要面對許多既同族化而又分屬不同層次的體系。獻祭同化於苦行，但是最重要的是如何理解那支配著同化作用的原理。在後來的奧義書裡，「知」（jñāna）就提升到最高的位階，而蘊含著神話性神學的獻祭體系，則失去在宗教裡的優位。但是以「知」為基礎的體系，最後也會喪失這個優位性，至少在某些社會階層裡。例如瑜珈論者（yogin），則會強調苦行和神祕經驗；某些出神者或是信愛（bhakti）的信徒，則會完全或部分拒絕婆羅門的祭典主義和奧義書的形上學思維，甚至拒絕苦行和瑜伽。

　　這個辯證發現了不同層次的人類經驗（生理、心理、祭典、象徵、神祕經驗）的同族性、同化和對應性，即使不是源自印歐民族原史，至少在吠陀時期便已經存在，在後來也都扮演著相當重要的角色。我們會看到，特別是在宗教和形上學危機的時候，也就是在傳統體系不再有效，而價值世界也崩解的時候，同族化的辯證正可以透顯其創造的可能性。

79. 苦行者和出神者：尊者和浮浪者

㉘　他們的宗教地位，在《森林書》的論述裡有深入的思索（雖然相當隱晦不明）。

(249)　　即使儀式性的禁欲是吠陀祭典不可或缺的部分，我們也不能忽略其他苦行者和出神者，雖然在古代文獻很少提到。部分的苦行者和出神者遠離雅利安的社會，卻不因此被視為「異教徒」；但是也有其他人被視為「外來人」，雖然我們無法確定他們是原住民的階層，或者只是反映某些雅利安部落和吠陀傳統不同的宗教觀念。

　　在《梨俱吠陀》（10.136）有一首讚歌提到蓄長髮（keśin）的苦行者（尊者〔muni〕），以「褐污」為衣，「以風為束帶」（也就是沒有穿衣服），而「諸神降臨在他身上」。他吶喊著：「在忘形的沉醉中，我們乘風而去。你們這些俗人，只能理解到我們的身體而已。」（詩段 3）。這位尊者飛越太虛：他是風元素（Vāta）的馬，也是風神伐由（Vayu）的朋友。他住在兩片大海中間，也就是日出海和日落之海（詩段 5；《阿闥婆吠陀》11.5.6）。「他跟隨著阿布沙羅斯（Apsaras）、乾闥婆（Gandharva）以及野獸的足跡，並了解他們的思想。」（詩段 6）他「和魯特羅共飲毒酒。」（詩段 7）以下是典型的出神例子：尊者的靈魂捨棄了肉體，他預知半神們和野獸的思想，他居住在「兩海之間」。風的馬以及與諸神為伍的比喻，都暗示著薩滿的法術。

　　吠陀也經常描述神話角色的超自然體驗（Ekavrātya, Brahmacārin, Vena），他們可能是某些苦行者和巫師的神化。「人即神」的觀念始終是印度文化史的重要主題。「一浮浪者」（Ekavrātya）可能是神話性的族群「浮浪者」（vrātyas）譯④的原型，許多學者皆認為他們是濕婆教（Śivaite）苦行者，「神祕主義者」，瑜珈行者的先驅，或是非雅利安族群的代表。《阿闥婆吠陀》（Atharva Veda, 15）有許多描述，但是文義隱晦難解。無論如何，這顯示浮浪者實踐著苦行主義（站立一整年等等），並且很熟悉氣息的原理（和各個不同宇宙的範圍同化，《阿闥婆吠陀》

譯④：浮浪者（vrātya），另譯「被除名者」，同前揭，頁 342；《摩奴法典》（1998，商務），頁 233：「再生族男子和本種姓婦女所生的兒子，不隨即履行類如結帶式的義務者，被剝奪婆毗陀利讚歌所授予的淨法，稱為被除名者。」

15.14.15），把他們的身體和宏觀宇宙同族化（18.1）。然而，這個團體還 (250)
是很重要，因爲有特別的「宣誓禮」（vrātyastoma）使「浮浪者」重新回
到婆羅門教的社會。㉙在宣誓禮的期間，有其他的人物也在現場，包括領
導者摩迦陀（māgadha），他是吟唱者，以及神妓（《阿闥婆吠陀》
15.2）。在夏至祭典（mahāvrata）的時候，她就要在祭典上和摩迦陀或是
梵行者（brahmacārin）進行儀式性的交合。㉚

而神界的「梵行者」（Brahmacārin）是宇宙神話的角色。在接受傳法
後，他披著黑羚羊皮，蓄長鬚，從東海旅行到北海，並且「創造多個世
界」；他被讚頌爲「永生懷裡的胚胎」；他穿上紅色的服裝苦行（《阿闥
婆吠陀》11.5.6-7）。但是，在印度經常發生的是，他在俗世的「代表」，
婆羅門的梵行者（以貞節爲職志），在祭典上卻和神妓性交。

在某些吠陀祭典中，性交扮演著部分的角色（例如馬祠）。重要的是
要區分神族婚姻㉛和狂歡性交之差別，其目的是爲世界繁茂，或是「巫術
防衛」的產物㉜。然而，無論如何，他們都是祭典，或可以說是「聖事」，
是人格或生活的重新神聖化。後來，坦特羅教（tantrism）發展出整個性愛
聖事的技術。

至於不同階級的苦行者、巫師以及住在雅利安人社會附近的出神者
（絕大部分最後都融入印度教），我們所知很有限。最多的資料都是晚期
的；然而，這並不影響其重要性，因爲他們反映了更早期的情況。而《瓦 (251)
義加那沙天啓經》列舉許多苦行者和隱修者的名字；這些人以他們的頭髮
和服裝著稱，不是撕裂樹皮作爲衣服，就是寸絲不掛，以尿水或牛糞爲

㉙　浮浪者（Vrātyas）們戴著頭巾，穿著黑色的衣服，雙肩披著兩張羊皮，一黑一
　　白；以圖像看來，他們都有著尖角，頸項上圍繞著裝飾物，並拉了滿弓。由一匹
　　馬與一隻騾拖的二輪車，將他們送往祭祀之處。

㉚　Eliade, *Le Yoga*, pp111 sq..

㉛　丈夫對妻子說：「我是天，你是地！」（《布利哈德奧義書》6.4.20）這種概念
　　可以從諸神之名得知：「毘濕奴可以準備子宮了；工巧神可以雕塑形象了！」
　　（ibid.6.4.21）

㉜　Eliade, *Le Yoga*, 254 sq.。在後者，我們必須面對普遍流傳的農業社會習俗。

食，居住於屍陀林等等；也有其他人修習瑜珈或是原始的坦特羅。㉝

總結來說：從最早時期開始，就有許多苦行主義、出神經驗、巫師和宗教技術的各種文獻記載。我們可以分辨出「古典」的禁欲生活和某些薩滿的主題，以及其他文化典型的出神經驗和某些瑜珈餘緒。由這些遁世者堅守的行為模式、技術和救贖論的異質性和複雜性，到後來的時期還會更增加。簡單的說，我們可以說，出神的方法依賴且延續蘇摩酒或其他麻醉物的經驗，也預示了某些神祕宗教的形式，而苦行的禁欲生活和教義，則是促成了瑜珈技術的發展。

這裡必須要補充的是，從奧義書時期開始，越來越多的人們遠離社會而遁入「森林」，以完全浸淫於冥想之中。這個習慣很早就成為典範，在現代的印度都還很流行。但是對於不是自願的出神者、苦行者或瑜珈行者的人們而言，隱居「森林」，在開始的時候可能很令人詫異。厭離社會生活畢竟透露出傳統宗教的深層危機。在梵書時期對於獻祭的沉思裡，可能就已經暗示著這個危機的開端。

80. 奧義書和仙人的追求：如何解脫「業報」？

(252)　在梵書裡，吠陀諸神因為生主而受到貶抑。奧義書的作者們則持續且完成這個過程。不僅如此，他們也毫不遲疑地貶低獻祭本身。奧義書說，如果沒有冥想自我，獻祭就無法圓滿（《美特羅耶尼耶奧義書》1.1）。《旃多格耶奧義書》（Chandogya Upanisad, 8.1.6）說，即使「因業（karman）而起的世界」毀滅，也可以透過祭典而重建。根據《美特羅耶尼耶奧義書》（1.2.9-10），誤認為獻祭是很重要的人，是很可憐的；他們因為自己的善業而得生天界，但是在天樂享盡之後，還是得回到人間或是更低的世界。無論諸神或是祭典，對真正的仙人（rsi）而言都不重要。在最早的奧義書，《布利哈德奧義書》（Brhadāranyaka Upanisad）（1.3.28），

㉝　Cf. *Le Yoga*, pp.143 sq..

祈禱文表現出他的理想典型：「他引導我們從無（asat）到有（sat），從黑暗到光明，從死亡到永生！」

　　奧義書裡透顯的精神危機，似乎是源自獻祭「力量」的沉思。我們知道，如同生主透過獻祭恢復其「自我」（atman），獻祭者也可以透過獻祭行為（karman）「統一」其身心功能而建立「自我」（第77節）。在梵書裡，業（karman）指的是獻祭活動以及因而獲得的利益（因為獻祭者死後可以往生諸神的世界）。但是對於獻祭的「因果」關係的反省，難免會發現到，每個造成「結果」的「行為」，都是無窮的因果關係的一部分。當人們在「業」裡認識到這個宇宙的因果律，就無法再相信獻祭能有什麼福報。因此，獻祭者固然因為獻祭而得以往生天界；但是，他活著的時候所有其他行為的結果又如何「實現」呢？正當的獻祭的死後福報總會有盡頭。到那時候，已經脫離身體的靈魂（自我）（ātman）又會如何呢？他當然不會就此消失。他在生前造作的行為結果，會在新的世界裡「實現」，無論是在人間或其他世界。這是無法逃避的結論：無論在死後世界享樂或受苦，靈魂必定還要回到肉體之中。這就是輪迴（saṃsāra），這個定律支配了印度的宗教和哲學思想，無論是「正統」或異教（佛教或耆那教）。 (253)

　　「輪迴」這名詞只出現於奧義書。這個教義的「起源」已不可考。有人試圖解釋說，輪迴的信仰源自非雅利安人族群，但是這個論點沒有成立。無論如何，這個教義都帶有悲觀主義的色彩。吠陀原人長命百歲的理想典型已經過時。本質上，生命不必然都代表著「罪惡」，如果說生命可以用來解脫「業」的種種束縛。智者唯一的目的就是獲得解脫（mokṣa），或是其他同義詞（mukti），就成了印度思想的關鍵詞。

　　因為有行為（業），無論是宗教或俗世的，都使輪迴增長且無有終了，所以無論透過獻祭、接近諸神、苦行或布施，都無法得到解脫。隱居的仙人探索其他的解脫道。早在吠陀經和梵書的讚歌，便已經沉思透過知識得到的救世價值。顯然梵書的作者指的是儀式活動裡同源的（神祕）知識。梵書說，如果忽視儀式的祕義，人們會受詛「二度死亡」。但是仙人

261

們更進一步：他們完全否定神祕知識和獻祭或神學的相關性；只有神祕知
識才能揭露眞實世界的深層結構，才能夠把握絕對的眞理。這個「知」才
能眞正摧毀「無明」（avidya），那似乎是人類（梵書裡的「梵行者」）
的命運。當然，這個無明是形上學的概念，只涉及究竟眞理，而不是指日
常生活的經驗法則。

　　印度思想裡的無明指的就是這種「形上學的無明」。無明遮蔽了終極
實在；而「智慧」揭露眞理和實相。從某個觀點看來，這個「無知」是
(254)　「具有創造力的」：無知創造了人類存在的結構和動力。因爲無明的力
量，人們完全不知道自己行爲（業）的後果。經過鍥而不捨的追尋以及漫
長的流浪，甚至是偶然的頓悟，仙人們發現無明是業的「第一因」，也是
輪迴動力的根本。於是他們完成了整個循環：無明創造或增長了因果定律
（業），而後者又加深了牢不可破的輪迴。幸好透過神祕知識（知〔jñā-
na〕、明〔vidya〕），可以從地獄般的循環裡解脫。我們會看到，其他團
體或教派也在宣揚瑜珈術或神祕宗教的解脫之道。印度思想很早就致力於
匯通各種不同的解脫「道」（marga）。數世紀後，《薄伽梵歌》（西元前
四世紀）裡著名的主張，使得這個努力達到巓峰。但是重要的是指出，
「無明、業和輪迴」，以及透過神祕知識或形上學的知識（知、明）而得
到解脫，這個始於奧義書時期的思想，雖然尙未完整地體系化，卻成爲後
世印度哲學的根本。最重要的發展，是關於解脫的方法，以及（很吊詭
的）享受解脫之樂的「自我」（或造作者）的問題。

81. 梵我合一和「內在之光」的體驗

　　爲了要把握仙人們的理想和緣起，我們刻意簡化敍述。在最早的奧義
書㉞，有些方法是有差別的。然而，我們不必過度強調這些差異，因爲梵

㉞　亦即散文形式的奧義書，包括《布利哈德奧義書》、《旃多格耶奧義書》、《愛
　　陀列那奧義書》、《推提利耶奧義書》。這些奧義書可能於西元前 800-500 年間
　　集成。

書強調的同化和同源的體系，於奧義書也仍然適用。問題的核心則呈現在個別的文獻裡，無論是外顯或隱含的。問題是如何把握這個最初的存有者，這個「一即一切」，只有它才能夠解釋世界、生命以及人生的目的。 (255)
從《梨俱吠陀》（10.129）的時期開始，就被稱爲「彼之一」（tad ekam）（中性名詞）。梵書稱爲生主或是梵，但是在這些經院的作品裡，這個本源還是是和宇宙獻祭以及祭典的神聖性有關。仙人們則是努力透過神祕知識所引導的冥想去理解。㉟

很明顯地，最初的存有者是不可思議的、無限的、永恆的；既是一也是一切，是世界的「創造者」和「上主」。有些人甚至認爲他就是宇宙；其他人認爲他是表現爲太陽、月亮和語言的「原人」，還有人認爲他是支撐世界、生命和意識的「無限者」。在最初的存有者的名字裡，「梵」（Brahman）自始便最爲普遍。在《旃多格耶奧義書》（3.14.2-4）著名的段落裡，形容梵是「整個世界」，但是本性上是精神性的；「生命是他的軀體，他的形狀是光，他的靈魂是虛空，」而且他把所有的活動、欲望、香氣和味道，都涵攝在自身之中。但是，他又是「心臟裡的自我，如栗粒，如芥種，」卻又「大於大地、虛空和世界。」「涵攝所有行爲、欲望……，涵攝整個世界，這就是我心臟裡的自我；這就是梵。當我離開這個生命，我將進入他。」㊱耶鳩略瓦該（Yajñavalkya）也自稱「他住於大地，而大地卻不知道他，他的身體即是大地，並由內在控制大地，」並且認爲他就是「自我、內在的控制者、永生不滅者」（《布利哈德奧義書》3.7.3）。

㉟ 然而，不能忘記的是，奧義書的仙人們是「先知」的繼任者，以及吠陀時期的哲學家詩人。從某個觀點看來，我們可以説，奧義書的中心直觀散見於吠陀經。例如，「精神」即「神」即「眞理」即「光明」。Gonda, *The Vision of the Vedic Poets*, p.40, 272。

㊱ 在《旃多格耶奧義書》6.1-15，主人對其子 Śvetaketu 解釋説，宇宙和人是由太初的生命所造：創造之後，這生命生下宇宙空間和人的身體，就像一粒鹽溶入水中。自我代表人的神聖本質。這教義以著名的話語結束：「彼即汝。」（tat tvam asi）

　　就像《梨俱吠陀》（10.90）的原人，梵既內在又超越（於這世界），
和宇宙相異卻又遍佈於宇宙實相。除此之外，如同自我，他住於人心裡，
(256)　這意味著眞實的「自我」和宇宙的存有者是同一的。的確，當人死後，
「知者」的自我將和梵合而爲一；而其他昏昧的靈魂則會墮入輪迴。還有
許多關於死後超脫輪迴的理論。根據這些理論，凡是能夠了解「五火」[37]
祕義的人，就能夠穿越不同的宇宙空間，直到他們找到「光明世界」。在
那裡他們將遇見「神人」（puruṣa manasah，意爲「精神所生」），他將指
引他們到達梵的世界，他們將在那裡長住而不再回來。許多教派接受這個
修正過的理論。然而根據其他的解釋，死後自我和宇宙生命（梵）的合
一，是「非人格的永生」；自我即融入其本源，「梵」。

　　重要的是要指出，梵我合一的冥想，是靈性的修持，而不是論理的過
程。當人體會到自我，會有「內在之光」（antaḥ-jyoti）的體驗，而這光明
是自我和梵的最高意象。這當然是古代的傳統，從吠陀時期開始，太陽或
光就是生命、精神、永生以及繁衍的化身。根據《梨俱吠陀》（1.115.1）
所說的，太陽即是萬物的生命或自我。[38]凡是飲過蘇摩酒的人都會獲得永
生、接近光明，而與諸神爲伍（《梨俱吠陀》8.48.3）。《旃多格耶奧義
書》說：「光明照耀天上，照耀一切，照耀最高世界，和人之光（antaḥ
puruṣa）是相同的光。」[39]《布利哈德奧義書》（4.3.7）也認爲自我是人心
(257)　的我，其形式是「內在之光」。「那無憂者由身體升起，達到至高之光而
常住不變。這即是自我。不死且無懼。這就是梵。」（《旃多格耶奧義

---

[37]　祭祀之火是和其他結構同源，如其他世界、雨神的世、人間、男子和女子的世界
（《布利哈德奧義書》6.2.9-15；《旃多格耶奧義書》5.4.1-10.2）。

[38]　「光明即是生育」（jyotir prajanaman），見《百段梵書》8.7.2.16-17。他「是生
育的力量」（《推提利耶本集》7.1.1.1）。Eliade, *Méphistophélès et l'Androgyne*,
p.27; id., " Spirit, Light, and Seed," p.3。

[39]　《旃多格耶奧義書》3.17.7 引用《梨俱吠陀》的兩段詩句，談到沉思「高過天界
的光」，又説「沉思最高之光，照耀黑暗，我們更接近太陽，那眾神之神。」意
識到內在之光和超越宇宙之光合一，會產生「身心的微妙變化」現象；即身體之
熱和妙音（ibid. 3.13.8）。

書》8.3.4）⑩

82. 梵的兩種形式以及在纏的自我之奧祕

從「內在之光」體驗到的梵我合一，有助於仙人去揭露宇宙和個人生命的創造奧祕。因爲他知道人雖然受到了業的纏縛，卻仍保有永生的自我，他在「梵」裡看到類似的情境。換句話說，他在「梵」裡看到兩種似乎不相容的存在模式：「絕對」和「相對」、「精神」和「物質」、「人」和「非人」等等。在《布利哈德奧義書》（2.3.3）裡，「梵」被認爲有兩種形式：肉體的（生滅的）和永生不滅的。中期的奧義書⑪更有系統地發展（在《梨俱吠陀》裡已有記載）把宇宙整體和意識化約爲單一原則的趨勢。在《卡陀克奧義書》（Katha. Upanisad 3.11）裡，則別出心裁地表現宇宙存有學：宇宙之精神（puruṣa）居其首；其次是「不可見者」（avyakta），這似乎既是精神也是物質；再者是大我（mahān ātmā），以物質形式顯現的精神，接下來有不同的層面，因不同的意識形式而有不同的感官等等。根據《休外陀休瓦多羅奧義書》（Śvetāśvatara Upanisad 5.1），不朽且無限的「梵」裡藏有知（使人得永生）和無知（同化於生滅）。

這種新的同族化體系，蘊含著重新詮釋宏觀宇宙和微觀宇宙的古老類比。這次是仙人透過沉思「梵」的吊詭結構而了解到他的存在處境。他的 (258)
反省從兩個平行的層次進行。他發現到，不只是感受和知覺，連靈性活動也都是自然的現象的部分範疇。（《美特羅耶尼耶奧義書》略有提及，主要是由數論派〔Saṃkhya〕和瑜珈派哲學予以闡述。）另一方面則是逐漸

⑩　所以，在《門達克奧義書》2.2.10 中也說到，梵是「純淨的光中之光。」（"Spirit, Light, and Seed, pp.4 sq., J. Gonda, *The Vision of the Vedic Poets*, pp. 270 sq.）

⑪　最重要的是《卡陀克奧義書》、《婆羅濕那奧義書》（Prasna Up.）、《美特羅耶尼耶奧義書》、《門多凱耶奧義書》、《休外陀休瓦多羅奧義書》和《門達克奧義書》。這些奧義書集於何時很難確定；可能是西元前 500-200 年間。

強調精神和自然（prakṛti）是原初的存有者「彼之一」的兩個模式（《梨俱吠陀》10.90.3）。㊷因此，宇宙和生命代表著這原初存有者的兩個形式的整合活動。

　　基本上，解脫是對這個「奧祕」的理解：當人揭露這「一即一切」的吊詭現象，便可能從輪迴中解脫。就不同的觀點看來，宇宙歷程可以被認爲是出於無明的「神劇」（līlā）和「幻力」（māyā），或是促使人去尋求絕對解脫的「考驗」。㊸其中最重要的是，原初的存有者的兩種矛盾形式如此吊詭的共存，使人們得以解釋存在的意義（存在本身同樣吊詭，因爲生命受到「包含著自我」的業的定律支配），而解脫也成爲可能。的確，當我們了解梵及其現象（物質和纏縛於輪迴裡的自我）的類比，**便會發現「無明、業和輪迴」的無間世界是偶然和無常的。**

　　當然，中期的奧義書對於這些新的觀念有不同的解釋。有時候把梵的兩種形式解釋爲人格神，而超越物質（其非人格的存在形式）；在這意義下，我們可以了解《卡陀克奧義書》（1.3.11）爲什麼把人格化的原則（puruṣa）放在「非人格的形式」（avyakta，意爲「不可見」）之上。㊹《休外陀休瓦多羅奧義書》更爲明顯，因爲它認爲冥想絕對的存在（梵）即是崇拜人格神魯特羅濕婆。「三重梵」（1.12）、內在於自然和生命神（2.16-17），被等同於魯特羅，即世界的創造者和毀滅者（3.2）。至於自然界（prakṛti），那是上主魯特羅濕婆的幻相，是纏縛所有生命的創造性「巫術」（4.9-10）。因此，宇宙的創造或者被解釋爲神的「流出說」，或者是人類因爲無明而陷入的「神劇」。數論派和瑜珈派所謂的解脫，則是透過哲學理解和身心的禪修而達成的（6.13）。㊺

(259)

㊷　H. von Glasenapp, *La philosophie indienne*, p.131.

㊸　後來所有這些解釋都將會盛行。

㊹　如同《門達克奧義書》2.1.2 中所説，原人的地位是高於「不變」（akṣara）和自性（prakṛti）；見 Glasenapp, p.123。

㊺　然而，《休外陀休瓦多羅奧義書》的差異，是對於濕婆的崇拜；見 Eliade, *Le Yoga*, pp.127-128。

　　重要的是要強調，瑜珈術如何解脫道，和神祕知識一樣成為早期奧義書的主要方法。《卡陀克奧義書》也把瑜珈術和祕義的觀想並列（3.13）。在《休外陀休瓦多羅奧義書》、《門多凱耶奧義書》（Māṇḍūkya），特別是《美特羅耶尼耶奧義書》，對某些瑜珈術有更詳盡的描述。

　　我們看到在早期奧義書中關於各種研究和觀念的記述。一方面，他們致力於把精神性原理（ātman）和感官以及心理層面區分開，把後者貶抑為自然界的驅力。自我必須脫離心理經驗，才能和梵合一，獲得永生。另一方面，他們也努力闡述和分析全體的存有者（梵）和自然界的關係。苦行和禪修都是為使自我脫離心理經驗，這在早期的瑜珈派論述裡都有仔細的說明和闡述。對於自我之存在形式以及自然界之結構和動力的嚴格分析，則是數論派哲學的主題。

第十章

宙斯和希臘宗教

83. 神譜和諸神世代間的爭戰

(260)　　宙斯（Zeus）這個名字即透露他的性格：他是印歐民族地位最高的天神（第 62 節）。特奧克里圖斯（Theocritus）（4.43）還如此描述，宙斯有時如陽光閃耀，有時隨雨水降落。荷馬說，宙斯的領土「是在虛空和雲之間的廣袤蒼穹」（《伊利亞德》〔Iliad〕15.192）。他的許多頭銜都強調他的結構是大自然之神：雨神（Ombrios、Hyetios）、順風之神（Ourios）、閃電之神（Astrapios）、雷神（Bronton）等等。但是，宙斯絕不只是作爲宇宙現象的蒼穹的擬人化。他的統治權以及他和許多地府女神的神族婚姻，可以確定他的天神特質。

　　然而，除了他的名字和統治權（這是他經過一番惡戰之後贏得的），宙斯不同於古代印歐民族的天神，例如吠陀的特尤斯。他不僅不是宇宙的創造者，甚至不屬於希臘原始諸神。

　　事實上，赫西奧德（Hesiod）說，最初存在的只有混沌（無限），不知何故出現了「廣袤無垠」的蓋亞（Gaea）（Gaia，大地女神）和愛神（Eros）。後來，蓋亞「生下和自己相同的生命，能夠將她完全覆蓋，即是燦爛如星辰的烏拉諾斯（Uranus）（天神）。」（《神譜》118 sq.）赫西奧德形容烏拉諾斯說：「所有神都愛慕他，陪同他至夜晚，接近並且圍繞著大地。」（《神譜》176 sq.）從這宇宙的神族婚姻①裡，世界出現第
(261) 二代神，即是「烏拉諾斯族」（Uranides）：包括六個泰坦族神（Titans）（Oceanus, Hyperion, Koios, Krios, Iapetus, 克羅諾斯）、六個泰坦族女神（Rhea, Themis, Mnemosyne, Tethys, Phoebe, Theia），三個獨眼巨人塞克羅浦斯（Cyclopes）（Sterropes, Brontes, Arges），以及三個百臂巨人。

---

① 但是在神族婚姻之前，蓋亞單憑自己就生下山神、森林仙女以及海神彭多斯（赫西奧德，《神譜》129 sq.）。

　　這種荒誕神怪的繁殖是太初時期的典型。但是，烏拉諾斯「打從第一天開始」就討厭他的孩子，因此將他們藏在蓋亞的身體內。女神很生氣，就造了鐮刀並且告訴她的孩子們說：「從我和暴怒父親生下的兒子們，……我們要懲罰父親的罪行，雖然是你們的父親，但是他卻先幹下如何可恥的事。」但是，「孩子們因為害怕而不敢出聲。」除了克羅諾斯（Kronos），他接下這個任務。烏拉諾斯回來時，「酩酊大醉，而要佔有大地女神的身體。」（Aeschylus, Nauck 44），克羅諾斯即以鐮刀割下他的陽具。鮮血流滿蓋亞身上，變成復仇女神埃林尼（Erinyes），是三個女神的總稱：復仇、巨人和梣樹林仙女。烏拉諾斯的陽具被丟到大海，而生出阿芙羅狄特。

　　這段插曲是很殘暴的開天闢地神話。我們知道（第47節）這神話流傳很廣，在不同層次的文化裡都有記載。閹割烏拉諾斯結束了不斷的繁殖②，其實烏拉諾斯的繁殖也沒有用，因爲他將新生的嬰兒都關在大地女神裡。兒子們把宇宙創造神肢解，而成爲其繼任者，這是胡里安族、西台族和迦南族的創世神話的重要主題（第46節以下）。赫西奧德也知道這些東方的傳說③，因爲《神譜》的重心就在於諸神世代的衝突和宇宙統治權的爭奪。克羅諾斯閹割了他的父親後，便即取代他的地位。他和妹妹麗娥（Rhea）結婚，生了五個孩子赫斯提亞（Hestia）、狄美特（Demeter）、希拉（Hera）、黑德斯（Hades）和波塞頓（Poseidon）。但是他知道他會和蓋亞以及烏拉諾斯一樣，「總有一天會被他自己兒子打倒。」（《神譜》463 sq.），於是克羅諾斯將剛出世的孩子們都吞到肚子裡。麗娥感到很悲傷，(262) 便遵從蓋亞的建議：在宙斯要出生的那天，她跑到克里特（Crete）去，把嬰兒藏在人煙罕至的洞穴裡。然後她在襁褓中包了塊大石頭，並且拿給克羅諾斯，他就吞下去。（《神譜》478 sq.）

---

②　烏拉諾斯被閹割後的退位（otiositas）雖然很野蠻，卻顯示造物神退回天界的趨勢，在完成創世工程之後成爲「退位之神」；見 Eliade, *Traité*, §§14 sq.。

③　M. L. West, *Hesiod's Theogony*, pp.18 sq.; P. Walcot, *Hesiod and the Near East*, pp.27 sq..

宙斯長大後，強迫克羅諾斯將他的兄弟姊妹吐出來。他接著釋放他父親的兄弟，他們都被烏拉諾斯監禁。爲了表達感激，他們傳給他雷電。有了這些武器，宙斯就能夠支配「有死的和不死的世界。」（《神譜》493-506）但是他首先必須征服克羅諾斯和泰坦族。這場戰爭持續了十年後仍無結果，宙斯採取蓋亞的建議，和年輕諸神去請來被烏拉諾斯禁錮在地下的三個百臂巨人助陣。當泰坦族被徹底擊敗後，就囚禁在冥府（Tartarus）裡，由百臂巨人們看管。（《神譜》617-720）

關於泰坦族戰爭（Titanomachy）的敘述（700 sq.）使我們聯想到宇宙創造前的階段。宙斯戰勝泰坦族（狂暴和力量的化身），等於宇宙的重建。在某個意義下，宙斯重新創造了這個世界（比較因陀羅的故事，第68節）。然而，至少有兩個事件嚴重威脅到這個創造。泰封（Typhon）這個巨大的怪物，是蓋亞和冥府之神（Tartarus）的兒子，他起來對抗宙斯。這段故事始終被認爲是僞作（820-880），最近才被《神譜》的編輯證明其眞實性④。「從他的雙臂出現一百隻蛇的頭、可怕的巨龍，吐出黝黑的舌頭；並且，從他的雙眼……出現像火一般的光芒。」（《神譜》824 qs.）宙斯以雷電打敗他以後，把他丟到冥府裡⑤。最後，根據巨人族戰爭（Gigantomachy）的描述（荷馬和赫西奧德都不知道這個故事，直到品達在《第一尼米亞競技會》1.67才提到），巨人們是蓋亞以烏拉諾斯的血生下來的，他們後來就起來對抗宙斯和他的兄弟。阿波羅多羅斯（Apollodorus）又說，蓋亞生下巨人是要報復泰坦族，而推翻掉巨人之後，她又生下泰封。（《希臘編年史》1.6.1-3）。

蓋亞陰謀反抗宙斯的統治，象徵著原始諸神在宇宙創造或或新秩序的

(263) 建立時的阻礙力量（見第21節）。⑥然而由於蓋亞和烏拉諾斯，宙斯才得

④　M. L. West, *Hesiod's Theogony*, pp.379 sq..

⑤　Appolodorus, *Bible*.1.6.3 說，巨人泰封在被推翻之前，就偷走了宙斯的筋腱，這種讓我們想起西台族神話的「風暴神和惡龍」的章節；見第45節。亦見West, *Hesiod's Theogony*, p.392。

⑥　但是蓋亞的忿怒也可以解釋爲對宙斯的野蠻和殘暴的反應。

以維繫他的統治權，中止了各世代諸神的相互殘殺。

84. 宙斯的勝利和統治

　　事實上，在征服了泰封族之後，宙斯將其領土劃歸成三個宇宙區域。海洋歸於海神波塞頓，地府歸於黑德斯，天空歸於宙斯，而大地和奧林帕斯則歸諸神共有（《伊利亞德》15.197 sq.）。接著宙斯不斷地拈花惹草。他的第一個妻子是密提斯（Metis）（節制女神）。然而，當她懷了雅典娜（Athena）之時，宙斯就吞掉她；蓋亞和烏拉諾斯預言說她會生下「生性殘暴的兒子，將成為人間和諸神之王」（《神譜》886 sq.），而宙斯相信他們的話。由於這原始的夫妻神的警告，使宙斯確保其統治權。而節制女神就永遠和他合而為一⑦。至於雅典娜，則是經由斧頭的砍擊，而從她父親的前額出生（《神譜》924）。

　　宙斯接下來的妻子還有泰坦族女提米斯（Themis）（法則女神）、歐里諾美（Eurynome）、摩涅莫緒涅（Mnemosyne）（她為他生下了九個繆思），最後一任妻子是希拉（Hera）（《神譜》901 sq.）。但是，在和希拉結婚之前，他已經愛上了狄美特，她生下了波塞芬妮（Persephone）和麗托（Leto），麗托則生雙胞胎太陽神阿波羅（Apollo）和月神阿提密斯（Artemis）（910 sq.）。他也和許多其他女神有染，多半是冥府女神（Dia, Europa, Semele）。這些婚姻反映了雷雨之神和大地女神的神族婚姻。這些婚姻和交合的意義既是宗教的也是政治的。宙斯佔有了自遠古受到崇拜的前希臘時期的地方女神，而取而代之，並且開始共生和同化的過程，這即是希臘宗教的特色。

　　宙斯和奧林帕斯諸神的勝利，並沒有使遠古（有些是發源於前希臘時期）的諸神和崇拜消失。相反地，遠古的傳統，最後融入奧林帕斯的宗教　(264)
系統裡。我們剛才提到蓋亞和烏拉諾斯對於宙斯的命運所扮演的角色。我

⑦　在神學的領域中，這個插曲解釋宙斯日後的轉變，即是他的「智慧」的來源。

們將舉出其他例子。我們先談到宙斯的出生以及克里特島的嬰兒⑧。這無疑地是愛琴海的神話和儀式，以聖嬰爲中心，這聖嬰是偉大女神的兒子和情人。根據希臘的傳說，負責養育宙斯的古瑞特（Curetes）諸神會敲擊盾牌表演歌舞，以掩護宙斯的哭聲（這是入會禮中的年輕人跳著戰舞的神話投射）。帕萊卡斯托（Palaikastro）的讚歌（西元前 4-3 世紀）歌頌宙斯的跳躍，「是最偉大的克里特斯。」⑨（這種說法可能來自遠古的豐年慶。）不僅如此，在伊達山的洞穴裡舉行的「伊達的宙斯」（Zeus Idaeus）祭典，其結構類似神祕宗教的入會禮⑩。當然，宙斯不是神祕宗教的神。克里特島的宙斯之墓也是後來才出現的；這個奧林帕斯宗教最偉大的神，被同化爲神祕宗教，他也會死後重生。

愛琴海的影響延續到古典時期；在他們的塑像裡發現宙斯是個沒有鬍鬚的年輕人。但是這些都是廣大且無窮的宗教融合過程裡受到寬容對待（即使不是被鼓勵）的殘存物。⑪因爲在荷馬的作品裡，宙斯已經重拾印歐民族最高神的榮光和權力。他不只是「蒼穹之神」，更是「諸神和人類之父」（《伊利亞德》1.544）。在《荷莉阿德斯》（Heliades）斷簡裡（Nauck 70），希臘悲劇詩人艾斯奇勒斯（Aeschylus）說：「宙斯是以太，宙斯是大地，宙斯是天空。是的，宙斯是超越一切的一切。」宙斯是大氣現象的主宰，他支配著大地的豐饒，當農耕開始的時候，民衆以「冥府的宙斯」（Zeus Chthonios）之名祈求他（赫西奧德，《工作與時日》465）。他也被稱爲特修斯（Ctesius），是家庭的守護者和繁盛的象徵。他也監督家庭的責任和權利，維護律法的尊嚴，就如同波列烏斯（Polieus）一樣，守衛著城市。在早期，他是潔淨禮之神（Zeus Katharsios），也是預言之神，特別在伊派拉斯（Epirus）的多德納（Dodona），以「宙斯的大

(265)

---

⑧ 關於 Zeus Cretagenes，見 Charles Picard, *Les religions pré-helléniques*, pp. 117 sq.。

⑨ H. Jeanmaire, *Couroi et Courètes*, pp. 427 sq..

⑩ Euripides, *The Cretans*（frag. 472 Nauck）.

⑪ 在地中海東岸，這個歷成使得羅馬、希臘和伊朗傳統文化融入拜占庭帝國的結構中，後來是鄂圖曼人保存拜占庭的文化傳統。見本書之第三卷。

橡樹的神聖樹葉」進行占卜。（《奧德賽》4. 327. sq.; 19. 296 sq.）

　　因此，雖然他不是世界或人類的創造者，卻已經確定是諸神之王和宇宙的絕對主宰。許多神殿都供奉著宙斯，證明他具有泛希臘時代的特性。⑫在《伊利亞德》著名的場景裡（8.17 sq.），對於他的全能有栩栩如生的描述，在那場景裡，宙斯教訓奧林帕斯諸神說：「你們會知道我是永生的諸神裡最偉大的。你們這些神也許要拿我來試試看才肯信服吧？你們可以從天上掛下一條金索，大家合力去拿住那一頭。無論你們怎樣的努力，也決不能把至高主謀神宙斯從天上拖下地。可是我只要一動手，把我那一頭認真拉一拉，就可以把你們大家連同大地、海洋什麼的一齊都拉了上來。然後我把那條所拴在奧林帕斯山的尖頂上，使一切的東西都懸在半空中。我的力氣要比一切神和人勝過這麼多。」譯①

　　對於金索（或金鍊）的神話主題，從柏拉圖、偽名戴奧尼索斯（Pseudo-Dionysius），到十八世紀，已經有無數的解釋。⑬但是和我們有關的是，根據《吟遊詩神譜》這篇奧斐斯的詩，宙斯問夜之女神尼克斯（Nyx）如何建立他「統治諸神的驕傲帝國」，更特地問她如何組織宇宙，使得「宇宙井然有序。」尼克斯教他宇宙論的基礎原理，然後告訴他要用金索牢牢綁住以太。⑭我們可以確定這是晚期的作品，雖然所說的都是古老的傳說。《伊利亞德》（14.258 sq.）說到，夜之女神是很有權力的女神：「連宙斯都要避免去激怒她。」顯然連全能且最受景仰的宙斯，這位最高的主宰想要和這位太初女神會面，都得懇請她的同意。夜之女神關於宇宙論的命令，在某方面來說，是重複蓋亞和烏那諾斯的過程，因而也中止了統治權的爭奪戰。

⑫　宙斯在希臘各處受到普遍的崇拜，特別是在山裡；他的重要祭壇位於希臘本土的奧林帕斯山和雅典、克里特島、小亞細亞和西方國家。
⑬　關於這個主題，見 " Cordes et marionnettes"(Méphistophélès et l'Androgyne, pp. 200-37)，特別是 p.p225 sq.。
⑭　P. Lévêque, *Aurea Catena Homeri*, pp. 14 sq..
譯①：見《伊利亞德》（遠景，民71），頁136。

(266)　　　就像我們已經知道的，某些太初的神在奧林帕斯諸神勝利之後還留存下來。其中最重要的就是夜之女神，我們已經看到她的權力和威望，其次是海神彭多斯（Pontus）；史提克斯（Styx），他參與泰坦族戰役；赫卡特（Hecate），獲得宙斯和奧林帕斯諸神頒贈殊榮；暴風雨神歐奇亞諾斯（Oceanus），是蓋亞和烏拉諾斯的第一個孩子。這些神在宇宙裡仍有其地位，儘管很卑微、模糊和邊緣化。當宙斯鞏固自己的權力之後，他從地府釋放他的父親克羅諾斯，並且封他爲樂土之王，那是在極西的幸福之島。

85. 最初的人類的神話：普羅米修斯和潘朵拉

　　　我們永遠不會知道克羅諾斯的「歷史」。他當然是個古老的神，幾乎沒有人崇拜他。關於他的唯一重要的神話，只是神族戰爭裡的插曲。然而，克羅諾斯也和第一個人種「黃金之族」有關。這是個很重要的徵候：這說明人神關係的開始和第一個階段。赫西奧德說：「諸神和人類有相同的起源。」（《工作與時日》108）人是從大地出生（gāgeneis），就像最早的神是蓋亞（大地女神）所生的。簡言之，世界和諸神是透過生殖過程後的開始分割而產生。就如同諸神的世代，人也有五個種族：金族、銀族、銅族、勇士族和鐵族（《工作與時日》109 sq.）。

　　　第一個種族是在克羅諾斯的統治之下（《工作與時日》111），也就是比宙斯的年代還要早。這個種族有著黃金般的壽命，全部只有男性，和諸神住在一起，是諸神「孔武有力的兄弟」。這些人「如諸神一般的生活，他們無憂無慮，遠離痛苦和不幸。」（《工作與時日》112 sq.）他們不需要工作，因爲土地提供他們一切所需。他們的生活充滿舞蹈、饗宴和各式各樣的娛樂。他們不知道疾苦，也不知道年老，即使他們的死亡，都是在

(267)　睡眠中安詳逝世（《工作與時日》113 sq.）。但是，這天堂般的時期（像許多其他傳說）在克羅諾斯降臨之後就結束了。⑮

----

⑮　或許弔詭的是，根據《神譜》的記載，這位「野蠻」的神生呑了他自己剛出生的小孩，而根據赫西奧德（《工作與時日》111）的記載，這位神統治著伊甸時期

　　赫西奧德接著說，金族的人「被大地掩埋」之後，諸神就造了次等的種族，也就是銀族。因爲他們有罪，也因爲他們不想獻祭諸神，宙斯決定毀滅他們。然後他造了第三個種族，銅族，殘暴好戰的民族，他們彼此殘殺，直到最後一人。宙斯又創造了新的世代，即是勇士族；他們因爲參與早在底比斯和特洛伊戰役之前的大戰而著名。許多人戰死，但是其他的人則被宙斯安置在大地的盡頭，幸福之島，由克羅諾斯統治他們（《工作與時日》140-169）。赫西奧德並沒有提到第五個種族「鐵族」。但是他爲自己生在那個時代而自怨自艾（《工作與時日》176 sq.）。

　　赫西奧德的故事有許多的疑問，但是這些問題和我們的研究沒有直接關係。這「太初的完美」和最初的樂園（而且因爲意外或「罪」而失去這樂園）的神話流傳得很廣。也有不同於赫西奧德的說法，經過四個階段，後代取代祖先的地位，這令人想起印度的四個時代（yugas）。雖然這四個時代也各有顏色代表（白色、紅色、黃色和黑色），但是這些時代和金屬則沒有關係。另一方面，金屬是歷史時代的特殊標記，這在尼布甲尼撒（Nebuchadnezzar）之夢（〈但以理書〉2：32-33）和晚期伊朗文獻中都有記載。但是前者指的是諸王朝，而後者則是指帝國的未來繼承。

　　赫西奧德將勇士族的年代置於銅族和鐵族之間，這是因爲勇士族的傳奇時代的神話記憶使他無法忘記。勇士族的年代（相當令人不解地）中止了自從銀族開始的沒落過程。然而，在勇士族的榮光命運卻很難掩飾其末世論色彩：他們沒有死亡，而是在幸福之島享受著快樂的生活，這個極樂世界（Elysium）現在由克羅諾斯統治。換句話說，勇士族是回到在克羅諾斯統治之下的黃金時代。這種末世論將在後面會有詳細的說明，特別是提

(268)

的人類。但是，不能夠忘記的是，《神譜》中的克羅諾斯有東方文化強烈的影響。同樣令人訝異的是，諸神是以人們「有力量之兄弟」的身分而出現。這種看法強烈牴觸了一般認爲諸神和人類有著本質差異的觀念。然而，這指出了在金族時期就已經有了基本差異的存在：人們和神聖又友善的諸神一同享受生活，但是人們不是永生的。除此之外，這些神是第二代的神，例如泰坦族；換句話說，世界的結構和存在的模式還沒有嚴格的定義。

到奧斐斯宗教的影響時。這個極樂世界將不再只是勇士族的恩寵，而將成
爲虔誠靈魂和「入會者」的賞報。這是宗教史上經常出現的過程（見第 30
節以及關於印度的章節）。

　　我們必須補充的是，世代相續的神話，並不代表著他們對於人類的起
源有一致的看法。的確，人類起源的問題似乎並不困擾著希臘民族。他們
只對於某個人種、城市、帝國的起源感到興趣。許多家族認爲他們是某個
勇士的後裔，換句話說，他們是諸神和人類聯姻的後代。有個民族，密爾
彌多族（Myrmidons），是螞蟻的後代，有些則是發源自白楊樹。洪水時
期之後，丟卡利翁（Deucalion）用「他母親的骨頭」（也就是石頭）重新
造了大地的人民。而根據後來的傳說（西元前第四世紀），普羅米修斯以
黏土造人。

　　我們並不知道什麼原因使諸神和人類在梅克內（Mekone）決定和平地
分開（《神譜》535）。人類爲了維持和諸神的關係而開始獻祭。在這個時
候，普羅米修斯這時候才粉墨登場。[16]他以公牛作爲祭品，並且分成兩部
分。但是，爲了要保護人類，也爲了欺騙宙斯，普羅米修斯以油脂包裹骨
頭，以牛肚包裹著肉和內臟。宙斯受到油脂的吸引，選取較劣質的供物給
諸神，留下肉和內臟給了人類。赫西奧德還說，這就是爲什麼自從那時候
開始，人們要燃燒骨頭作爲祭品奉獻給不死的諸神。（《神譜》556）

　　詭詐的分割供物對人類有很重要的意義。一方面，牲祭成爲對於神明
的最高敬意；但是這意味著放棄了黃金年代時的素祭制度。另一方面，普
羅米修斯的欺騙激怒了宙斯，而剝奪人們使用火的權力。[17]但是，狡詐的
普羅米修斯從天上盜走火，把火藏在蘆葦桿裡（《神譜》567；《工作與時
日》52）。盛怒的宙斯決定要懲罰人類及其保護者。普羅米修斯被鎖鏈鎖
在山上，讓老鷹每天啄食他的「不死之肝」，第二天他的肝又會長出來

(269)

---

[16]　普羅米修斯的名字沒有出現在荷馬的作品裡。

[17]　剝奪了火的使用權，也取消了和分食祭物的權利，因爲他們只能夠吃生肉，而無
　　　法獻祭諸神，人們又回到茹毛飲血的情境。

（《神譜》521 sq.；《工作與時日》56）。直到有一天，他被宙斯的兒子
海克力斯釋放，這更增加了他英雄的榮耀。

至於人們，宙斯賜給他們女人，這「美麗的惡魔」（《神譜》585）即
是潘朵拉（Pandora）。（她是「所有神的禮物」〔《工作與時日》81
sq.〕。）「這是無法逃脫的陷阱，是人們的宿命，」赫西奧德如此斥責
她：「從她開始有了可憎的女人族，以及人間的瘟疫。」（《神譜》592
sq.）⑱

86. 太初獻祭的影響

普羅米修斯不能說是人類的恩人，而是要為人類的墮落負責。在梅克
內，他煽動人類脫離諸神。然後，他因為竊取了火而激怒宙斯，也因此才
有潘朵拉（也就是女人）的出現。其結果就是各種的擔憂、苦難和不幸。
對赫西奧德而言，普羅米修斯的神話解釋了惡的原因；最後，「惡」代表
著宙斯的復仇。⑲

但是因為這個泰坦族的詭詐而注定的悲觀主義歷史觀，也不必然被接 (270)
受。艾斯奇勒斯以人類進步的主題取代太初黃金年代的神話，對他而言，
普羅米修斯是最偉大的教化人類的英雄。普羅米修斯說，最早的人類是住
在「地底下，在太陽下的洞穴深處」；他們甚至於不知道季節遞嬗或農
牧；普羅米修斯教導人們所有的工藝和科學（《普羅米修斯的鎖鏈》442

---

⑱ 普羅米修斯一直勸告他的兄弟不要接受宙斯的任何禮物，可惜徒勞無功。純真的
埃皮米修斯（Epimetheus）接受了潘朵拉並和她結婚。不久之後，她打開了盒子，
裡面所有的惡魔都跑了出來並且遍滿了世界。當潘朵拉要關上蓋子時，只剩下希
望留在盒子裡。如同 Séchan 和 Lévêque 所說的，「讓人們永遠『勞苦』（《工作
與時日》91），這正是憤怒的宙斯所想要的，而這也是為什麼他創造希望，『以
填充空虛的人們』（Simonides 1.6）。」（Les grandes divinités de la Grèce, p.54）

⑲ 赫西奧德說，當宙斯知道自己「被狡詐的普羅米修斯欺騙的那一天開始，他就為
人們預備了悲傷。」（《工作與時日》47 sq）。

sq.）。他給了人們火⑳，並且使人們脫離死亡的恐懼（248）。宙斯因為不是這個種族的創造者，在嫉妒作祟之下，想要毀滅他們而創造另一個種族（233）。只有普羅米修斯才勇於反對這個世界主宰的計劃。艾斯奇勒斯為了解釋宙斯的憤怒和普羅米修斯的堅持，引用了許多品達的故事（或是他自己聽到的）：普羅米修斯擁有可怕的武器，也就是他的母親特密斯告訴他的祕密：宙斯在不久的將來將會殞滅（522, 764 sq.）㉑。這泰坦女神強調，宙斯只有一個辦法才能躲避這個厄運，那就是釋放普羅米修斯（769-770）。因為《普羅米修斯三部曲》的其他兩部已經缺佚，我們不知道這兩個神的衝突如何和解。但是在西元前五世紀的雅典，每年都會有普羅米修斯的慶典；除此之外，他還和黑腓斯塔斯（Hephaestus）和雅典娜相提並論。無論如何，或許是受到上層社會或市井小民共同信奉的宗教運動的影響（見本書第二卷），有些時候得特別強調宙斯的智慧和仁慈。這個最高的主宰不僅知錯能改，而冊封克羅諾斯為極樂世界的王；他甚至原諒泰坦族。品達說：「宙斯，永生之主，釋放了泰坦族。」（《第四競技會》291），而且在《解下鎖鏈的普羅米修斯》裡，合唱隊便是由解下鎖鏈的泰坦族組成的。㉒

(271) 在梅克內的第一次供物分配，既使人神關係決裂，也成了普羅米修斯的罪名。然而，宙斯的憤怒似乎是過度了；如同卡爾‧摩利（Karl Meuli）所說㉓，這個祭品的分配很類似西伯利亞原始獵人和中亞遊牧民族的獻祭，他們僅以動物的骨頭和頭部獻給天神。換句話說，在遠古文化裡被認為最能代表敬意的祭品，在普羅米修斯的例子裡，卻是褻瀆宙斯的罪行。我們

---

⑳ 如同赫西奧德所説，他將火從天上帶下來之後，就不再歸還。「艾斯奇勒斯遺漏了梅克尼的情節，因為這與悲劇的氣氛不協調，更可能會減低他的英雄的威信。」（L. Sechan, *Le mythe de Prométhée*, p.102, n.62）

㉑ 這主題的起源與發展，見 Séchan, ibid., pp. 23 sq., 42 sq.; J. P. Vernant, "Métis et les mythes de souverainete'"。

㉒ Séchan, p.44.

㉓ K. Meuli, Griechische Opferbräuche（1946）; W. Burkert, *Homo Necans*, pp.20 sq..

不知道這個原始的祭典意義何時開始被扭曲的。然而，宙斯的忿怒似乎不是只因爲祭物分配的問題，而且是因爲整個事件的主角是普羅米修斯，也就是古老的泰坦族，站在衆人類這邊來對抗奧林帕斯諸神。普羅米修斯開啓的先例可能會後患無窮；人類可能食髓知味而得寸進尺。但是，宙斯不會容忍人類的坐大和傲慢。人們必須要記得他們的存在如朝菌夕蛄。因此，他們必須要謹守分寸。

事實上，普羅米修斯之子丢卡利翁，也是後來宙斯帶來的洪水裡唯一的生還者，他像在梅克內的祭典那樣地獻祭，而這次就被接受。「宙斯非常高興地接受丢卡利翁的要求，但是這神話也指出，他是在要人類謹守分寸的前提才同意的。」㉔從那時候起，最爲常見的獻祭（thysia），就是重複這個神話模式：供物的油脂放到祭壇裡燃燒，其他的部分則爲獻祭者和同伴們食用。㉕但是諸神也會降臨：他們也享用著祭物（《伊利亞德》1. 423-424; 8.548-552, etc.）或享用著油脂燃燒的薰香（《伊利亞德》1.66-67, etc.）。

梅克內的人神決裂，在某個意義下，是由丢卡利翁修復的。這個普羅米修斯的兒子在宙斯的同意下，重新建立和諸神的關係。（除了他之外，當時的人類都在洪水裡全部罹難。）顯然在艾斯奇勒斯之後，普羅米修斯就成爲配角。這可能是因爲《普羅米修斯三部曲》的故事在當時廣爲流傳。因此，如果說艾斯奇勒斯過度歌頌這個教化人類的英雄、人類的保護者，他其實也讚美宙斯的仁慈以及最終和解的文化價值，把宙斯提昇爲人類智慧的典範。因此，直到歐洲浪漫主義興起之前，普羅米修斯始終無法恢復其永恆暴政的犧牲者的崇高形象。 (272)

而在印度，對於獻祭的沉思，則表現在宇宙創造論的闡發，也開啓了形上學和瑜珈術的領域（第 76-78 節）。在希伯來民族裡，血祭經過不斷

㉔　J. Rudhardt, "Les mythes grecques relatifs à l'instauration du sacrifice," p.14。除此之外，宙斯並未直接回答丢卡利翁；他命令赫美斯（Hermes）去學習他所想要的（Apollodorus, *Bibl*. 1.7.2）。

㉕　這很類似希伯來族的 ze'bah（第 57 節）。

的重新詮釋和推崇，即使有先知們的抨擊。至於基督宗教，我們也可以看到基督自願的犧牲情節。奧斐斯宗教和畢達哥拉斯學派強調素食的行爲，而隱然承認人類在梅克內分食諸神的祭物時所犯的「罪」（見第二卷）。然而，在反映宙斯的公義上，懲罰普羅米修斯只是次要的角色。而從荷馬開始，神的「公義」及其必然的結果，以及人類「命運」的問題，就影響著希臘人的思想。

87. 人和命運：「生命喜悅」的意義

從猶太和基督宗教的觀點來看，希臘宗教的形式似乎是悲觀主義的：人類的存在既短暫又充滿憂患。荷馬把人比喻爲「隨風散落滿地的樹葉」（《伊利亞德》1.6.146 sq.）。這種比喻又被科洛豐的米姆奈爾摩斯（Mimnermus）引用在他對於惡的列舉上：貧窮、疾病、憂傷、年老等。「能遭天譴方鐵漢。」和他同時期的詩人西蒙尼德斯（Simonides）則說，人只是「朝生暮死」，像牛一樣，「不知道神會帶領我們走向哪一條命運之路。」[26]有個母親祈求阿波羅能夠以他的力量賜予她兩個小孩以賞報她的 (273) 虔誠；神同意了，然而孩子們卻隨即在毫無痛苦的情況下死去（Herodotus 1.31.1 sq.）。《神譜》、品達和索福克里斯（Sophocles）都說，人們最好的命運，就是根本不要出生，或是一出生就儘速死去。[27]

然而，死亡並沒有解決任何事情，因爲死亡不是完全的消失。在荷馬那個時代，死後的生命是在冥界裡卑微的存在，人們只有慘白的陰影，沒有力量，也沒有回憶。（在優里西斯喚醒阿奇里斯的靈魂之後，阿奇里斯說他寧願選擇活在地上當個窮人的僕人，「都比受死神的統治要好得多。」）[28]除此之外，他又說人間沒有「善有善報，惡有惡報」這回事。

---

[26] 愛奧尼亞詩人們似乎是受到了不幸、疾病和年老所驚嚇。而唯一可能的慰藉，即是戰爭和光榮，或者是因財富而獲得的快樂。

[27] Thèognis 425-28; Pindar, fr.157; Sophocle, Œdipe à Collone, 1219 sq..

[28] Odyssée 11.489-91; Platon, République 3.386a-387b; 387d-388b.

在死去的人們裡，唯有伊克西翁（Ixion）、坦塔羅斯（Tantalus）和薛西弗斯（Sisyphus）才遭受永恆的苦難，因爲他們都曾經反抗宙斯。然而，墨涅拉俄斯（Menelaus）不但沒有墮入冥界，反而得以進入極樂世界。這是因爲他與海倫結婚之後，就成爲了宙斯的女婿。根據赫西奧德的說法（第85節），其他英雄都享有這樣的命運。但是他們是特權階級。

當希臘民族意識到生命的無常時，便開始盛行這種悲觀主義。一方面，在嚴格的意義下，人們不是神的「受造物」（很多古代傳統以及三個一神教都認爲人是神的受造物）；因此，他不敢奢望他的祈禱能夠和諸神建立親密的關係。另一方面，他知道他的生命已經被命運（moira, aisa）決定，簡言之，他只能等死。㉙因此，死亡在出生的剎那就已經注定了；諸神所編織的網即是生命過程的象徵。㉚然而，「諸神的『命運』（moira）」（《奧德賽》3.261）或「宙斯的『命運』（aisa）」（《伊利亞德》17.322；《奧德賽》9.52）這些語詞，卻是說宙斯自己可以決定命運。原則上，他可以改變命運，而他也準備爲他大限將至的兒子薩耳珀冬（Sarpedon）（《伊利亞德》16.433 sq.）改變命運。但是希拉提醒他說，如此將顛覆宇宙規律（亦即公義），而宙斯也同意她的話。 (274)

這個例子顯示宙斯擁有最高的決定權；除此之外，無論在人類社會或宇宙秩序裡，正義是神的律法（themis）的唯一證明。赫西奧德聲稱宙斯將公義賜予人們，使人類異於禽獸。人們的首要責任即是要行義且敬神（timé），特別是獻祭諸神。當然，經過數個世紀的演變，在荷馬和優里

㉙　moira 和 aisa 的意義在荷馬後就有不同。這些使人瘋狂的邪惡力量後來擬人化爲三位女神。這三位命運女神首次出現於赫西奧德筆下，《神譜》900 sq.。她們是宙斯和特密斯的女兒。

㉚　首次的「編織」，是由諸神所完成（《奧德賽》20.196, etc.），或是由「魔鬼」（《奧德賽》16.64）、由 moira（《伊利亞德》24.209）或 aisa（《伊利亞德》20.128）完成。但是最後，如同其他印歐民族的傳統（東方民族亦然），命運之「網」則以蜘蛛網（或衣服），或是 Moirai 作爲象徵。Cf. Volospa, str. 20; Eliade, Traité, §58。「編織」某人的命運，等於去「束縛」他，換句話說，就是將他固定在某種「情況」之中而無法改變。

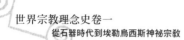
庇德斯（Euripides）的「正義」並不相同。優里庇德斯斬釘截鐵地說：
「如果諸神作了任何醜事（或是卑劣的事），他們就不算是神了！」
（frag. 292）在優里庇德斯以前，艾斯奇勒斯說過，宙斯不能處罰無辜的
人（《阿卡曼農》〔Agamemnon〕750 sq.）。但是在《伊利亞德》裡，宙
斯已經被認為是正義的保護者，這是因為他維繫誓約，並且保護異鄉人、
旅客以及求助者。㉛

　　簡單的說，諸神不會無故傷害人類，如同人類無法超越存有條件的限
制。但是人類很難不去挑戰限制，因為人的理想就是「優越」（aretē）。
而過度的優越感使人類驕傲自大（hybris）。以埃阿斯（Ajax）的事件為
例，他自誇儘管有諸神的監視，他仍然能夠逃脫死亡，因此被波塞頓毀滅
（《奧德賽》4.499-511）。自大帶來一時的瘋狂（atē），使人盲目而走向
滅亡。㉜我們也可以說，自大和瘋狂，在某些情形裡（英雄、國王、冒險
家），是命運實現的工具，無論他們是野心太大，或者只是優越感作祟，
命運從出生開始便已經決定了。

　　人類終究無法突破個人的限制，那是他的存在條件，特別是他的命運
所設定的限制。智慧就是從了解每個人的有限和無常開始。所以，我們能
做的不外乎把握當下的機會：年輕、健康、肉體享樂、或者是偶爾表現德
性。這是荷馬的主題：完全活在當下，而且是很高尚的。當然，這個因為
絕望而產生的「理想」將會有所改變：我們會看到重要的發展（見第二
卷）。但是，對於命定的限制和存在的脆弱的意識，卻始終無法抹掉。這
個悲劇的觀點不僅不曾抑制希臘宗教潮流的創造力，甚至很吊詭地重新品
評人的存在條件。因為諸神強迫人們不可以超越自己的限制，人們才能了

(275)

㉛　H. Lloyd-Jones, *The Justice of Zeus*, p. 6; Dodds, *The Greeks and the Irrational*, p.52, n.
　　18。宙斯也是國王的模範：如同要為他的臣民的安寧負責，所以國王（basileus）
　　是傳統的權利和風俗（themistes）的當然守護者；換句話說，他必須尊重某種正
　　義（dike）。
㉜　當希羅多德（1.32）要索倫說：「我知道諸神容易嫉妒也性情不定」，他主要是
　　批評那些忘記自己是人類而因為自大（hybris）而遭致墮落的愚人。

解完美，因而了解人類處境的神聖性。換句話說，他再次發現「生命之喜悅」，並且賦與宗教的意義，那就是性愛經驗和人體美的神聖價值，以及每次聚會的宗教功能，遊行、遊戲、舞蹈、歌唱、運動、比賽、表演和宴會。**完美人體**（肉體之美、協調的動作、平靜和莊嚴）的宗教意義，激發了藝術家的經典創作。希臘的擬人神論，如同我們在神話裡看到的，後來也受到哲學家們猛烈的批評，而再度於神像裡發現其宗教價值。吊詭的是，如此主張神人世界必須保持距離的宗教，卻認爲完美的人體是諸神最適切的象徵。

我們必須特別強調「活在當下」的宗教價值。**存在**以及**活在時間裡**的單純事實，都能夠構成宗教的向度。這個向度並不是一直很明顯，因爲神聖性經常就潛藏在瞬間、在「本性」裡、在日常生活當中。希臘人發現到的生命喜悅並不是俗世的享樂：這喜悅透顯出存在的神聖，分享生命的自適自在和莊嚴（即使是很短暫的）。如同他們的前人或後代，希臘人學習到，超越時間限制的最穩當的方法，就是在間不容髮之際把握當下生命的豐盈。 (276)

有限的生命和平凡的生活的神聖化，在宗教史裡是很常見的現象。但是在一千年前，中國和日本把「限制」和「境遇」（無論其本質爲何）給神聖化的成就可說是登峰造極，對他們的文化也產生深遠的影響。就如同古代希臘，這種「自然與料」的蛻變，也會表現在特別的美學之中。㉝

㉝　見本書第三卷。

第十一章
奧林帕斯諸神和英雄

88. 隕落的天神和鐵匠巫師：海神波塞頓和黑腓斯塔斯

(277)　　　海神波塞頓（Poseidon）是個遠古的主神，然而由於種種的原因，他失去原有宇宙的統治權。①他過去威權的線索處處可見，首先就他的名字而言，韋拉莫維茲（Wilamowitz）曾正確解釋其意為「大地的丈夫」（Posis Das）。在《伊利亞德》（15.204）裡，宙斯是他的兄長，但是赫西奧德則認為宙斯比較年幼（《神譜》456），這當然反映了比較早期的傳說。無論如何，只有海神波塞頓才敢反抗濫權的宙斯，並提醒他天界才是他的權力範圍。②我們在這細節裡看到，過去的統治神如何對抗這個年輕新貴。在宇宙劃分的時候，波塞頓獲得海洋的統治權，而成為荷馬作品裡真正的神；由於海洋在希臘民族觀念裡的重要性，使得他的宗教地位不曾消失。然而，他原本的架構則徹底改變，而且他帶給希臘的北方神話和宗教的遺產，幾乎煙消雲散或是重新詮釋。

　　　事實上，崇拜波塞頓的印歐民族，直到他們到達希臘南部才認識海
(278)洋。波塞頓有許多特質和海洋無關。馬神波塞頓（Poseidon Hippios）在某些地方，尤其是在阿卡迪亞（Arcadia），是以馬的形像受到崇拜。在阿卡迪亞，波塞頓遇見四處尋找愛女波塞芬妮（Persephone）的狄美特（Demeter）。為了要躲避他，這個女神變成母馬，但是波塞頓則變成公馬而擄獲她。他們交媾後生下了一個女兒和駿馬阿利翁（Arion）（Pausanias 8.25.9）。在這許多豔遇裡，波塞頓和宙斯很接近；這些故事都透顯出「大地的丈夫」和「驚天動地者」的原始架構。赫西奧德說，他娶了同樣是古代的大地女神梅杜莎（Medusa）為妻。還有傳說則說他和蓋（Ge）交媾生下巨人安泰烏斯（Antaeus）。

---

①　在愛琴海文化時期的皮洛斯島，海神波塞頓的宗教地位確實比宙還要高。
②　*Iliade*, 15.195.。《伊利亞德》（1.400 sq.）說波塞頓曾經和其他諸神圖謀用鐵鍊鎖住他的兄弟。

他和馬的關係顯示出動物對印歐民族侵略者的重要性。波塞頓被認爲是馬的創造者、父親或是馴馬者。而馬也和冥府有關，則再次透顯出這個神「大地之主」的特質。他的原始力量也透過他那些巨人或怪物兒子而彰顯：奧利溫（Orion）、波利菲姆斯（Polyphemus）、特利吞（Triton）、安泰烏斯（Antaeus）以及哈皮耶斯（Harpies）。他是大地的丈夫，也是不斷使大地受孕的雄性精神，如同韋拉莫維茲所說的，這個印歐民族的神，可以和地中海以及東方宗教的最高神、繁殖之神和「大地之主」相提並論。③波塞頓也是唯一的海神，因爲海洋，他才能夠保有最原始的屬性：反覆無常的力量以及操縱航海家命運的權力。

黑腓斯塔斯（Hephaestus）在希臘宗教和神話裡的地位很獨特。他的出生很特別：根據赫西奧德記載，希拉是在「沒有愛的交媾、甚至懷著對丈夫的忿怒和怨恨」的情況下生下他的。④除此之外，黑腓斯塔斯和奧林帕斯山的諸神不同，他長相奇醜無比且弱不禁風。他的雙足彎曲或變形，要有支撐才能走路。他的虛弱是因爲他曾經摔落於勒姆諾斯島（Lemnos）的結果；因爲他站在母親希拉那邊，宙斯就把他從奧林帕斯山頂丟下（《伊利亞德》1.500 sq.）。根據另外一個版本，希拉在生出他之後，因 (279) 爲對他的缺陷感到羞恥，就把他丟到海裡（《伊利亞德》18.394 sq.）。兩個海洋女妖妮瑞德（Nereides），特提斯（Thetis）和優里諾美（Eurynome），在大海深處的洞穴裡撿到他。九年來，黑腓斯塔斯在那裡當個鐵匠和工匠學徒服侍著她們。

這裡透露了和「被迫害的兒童」以及「邪惡的嬰兒」類似的主題；無論如何，這個孩子通過了嚴酷的考驗。這顯然象徵著入會禮的考驗⑤，可以和戴奧尼索斯或西修斯躍入大海的考驗相比較⑥。但是黑腓斯塔斯的肢

③　Leonard Palmer, *Mycenaeans and Minoans*, pp.127 sq..

④　Theo., 927；Apollodorus, *Bibl.*1.3.5-6。但是在 Iliad 1.578，黑腓斯塔斯證實和宙斯的父子關係。

⑤　Marie Delcourt, *Hephaistus ou la légende du magicien*, pp.42 sq.

⑥　西修斯潛入海中才獲得戒指和魔術王冠（黑腓斯塔斯的藝術作品），那會使他能夠自由進出迷宮；Delcourt, p.119。

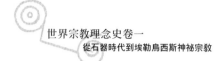
體毀傷，則可以從巫術和薩滿類型的入會禮去解釋。德爾寇特（Marie Del-
court）把黑腓斯塔斯被斫斷的腳腱或反轉的腳拿來和學薩滿者的入會禮的
考驗相比較。[7]如同其他有魔法的神，黑腓斯塔斯以肢體的殘缺換取鐵匠
和工匠的知識。

他的作品立即成為藝術和魔術般的奇蹟的傑作。除了胸針、手鐲和花
鈿（《伊利亞德》（18.400-401），他還製造著名的阿奇里斯盾牌（18.369
sq.）、阿爾辛諾（Alcinous）宮殿大門的金銀獒犬（《奧德賽》7.92）、
諸神金壁輝煌的住處，以及許多自動機器，最著名的有可以自己移動的三
腳祭台，和兩個酷似年輕女孩的「黃金女僕」（《伊利亞德》18.417
sq.），當他走路的時候可以攙扶著他。宙斯命令他用泥土塑造出潘朵拉而
且使她有生氣。但是最重要的，黑腓斯塔斯是「鎖鏈」師傅。他以王座、
鎖鍊和網等作品鎖住諸神和女神，當然也包括泰坦族的普羅米修斯。他給
希拉黃金的后座，當她坐上去時，后座就有無形的力量吸住這位女神。諸
神都無法讓她脫離這個后座，只好請戴奧尼索斯出馬；他把黑腓斯塔斯灌
醉，把他帶回奧林帕斯山，終於命令他解開母親的束縛（Pausanias,
1.20.2）。他最著稱的功績也很滑稽：黑腓斯塔斯把阿利斯（Ares）和他的
情婦阿芙羅狄特（Aphrodite）困在看不見的網裡，再請奧林帕斯諸神來看
(280) 他們的姦情（《奧德賽》8.266 sq.）。諸神們笑翻了，但是他們同時也感
受到這個作品的威脅，這作品的作者證明他不只是個偉大的工匠，更是個
危險的巫師。

作為神和巫師，黑腓斯塔斯既是束縛者、釋放者，也是個助產神（為
宙斯接生雅典娜）。沒有任何神話像黑腓斯塔斯的故事那樣完美地結合魔
法和工藝。某些最高神（婆樓那和宙斯）也是繫縛的大師。但是這繫縛和
釋放的力量部分是來自其他神或巫師（例如在印度的烏里特那、耶摩或尼
爾提〔Nirrti〕）。繩結、羅網、束腹、繩索和線，都是生動的象徵，表現

---

⑦　Delcourt, pp.110 sq.。另一種薩滿傳統以及鐵匠巫師特有的元素是：黑腓斯塔斯在
　　冥府（Eurynome）的洞穴或是 Cedalion 的地下鐵廠裡學習鐵匠和巫師的技術。

巫術和宗教的力量，如命令、統治、處罰、癱瘓和擊斃；簡言之，這是可怕、放肆而超自然力量的矛盾又巧妙的表現。⑧黑腓斯塔斯的神話把巫術的來源和冶金匠、鐵匠以及工匠的職業祕密聯想在一起，簡單的說，就是科技和工藝的完美。但是所有的技術都源於或倚賴於火的支配，在成爲陶工、冶金匠和鐵匠的祕密之前，這是薩滿和巫師的範圍。

黑腓斯塔斯的「起源」不明。有人認爲他是早期希臘的遺產或印歐民族的傳統，但是都無法證明。就結構而言，他顯然是遠古的神。他不只是個火神，他應該是和各種和火有關的工作的守護神，這些工作可以說是罕見的巫術形式。

89. 阿波羅：和解了的矛盾

很吊詭的是，這個被認爲最能體現希臘文化的神，他的名字卻都不是源自希臘。同樣吊詭的是，在他最著名的神話故事裡，也沒有見證「屬於阿波羅的」特性：和煦、尊重法律秩序、神聖的和諧。這個神時常因爲復仇、妒忌，甚至忿恨而失去理智。但是，這些弱點很快地就淡化其擬人的特性，而顯現出後來希臘人所理解的神聖面向。 (281)

在宙斯之後，他是最能表現人神之間的距離的神，他必須承受最悲慘的人類的命運：他甚至被剝奪出生的權利。那泰坦族少女麗托（Leto）和宙斯交媾而懷孕，卻找不到地方生下她的孩子。大家都害怕善妒的希拉，沒有任何國家敢收留她，而希拉更唆使噴火龍派同（Python）（德斐的巨龍）去追殺她。最後，提洛島（Delos）接受了這個泰坦族少女，而她也生出了雙胞胎，阿提密斯和阿波羅。他們首次的功績就是消滅派同。根據較早的版本，阿波羅遊經德斐，也就是他未來的家，遇到在那裡肆虐的母噴火龍派同，阿波羅就拿箭射死她。⑨這是個可以合理解釋的故事，正如殺

---

⑧　"Le 'dieu lieur' et le symbolisme des nœuds," *dans Images et Symboles*, pp.120-163.

⑨　l' Hymne homérique à Apollon, 300 sq.; Apollodore, *Bibl*. 1.4.1 sq..

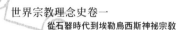

死巨人提第歐（Tityos）（他想侵犯他的母親）一樣合理。但是，阿波羅
又拿箭射死底比斯女王紐貝（Niobe）的七個兒子，因爲這個驕傲的母親曾
經吹噓她的子女眾多而羞辱麗托（阿提密斯也殺了她的七個女兒）。他也
誤以爲他的情人科羅尼絲（Coronis）背著他和凡人談戀愛而殺死她。⑩他
也曾經錯殺他的最愛，美麗又年輕的少年夏辛特斯（Hyacinthus）。

　　數世紀以來給予文學和雕刻藝術靈感的神話，和阿波羅侵入希臘的歷
史很類似。簡單的說，這是他（有些殘忍地）取代早期希臘地方神的地位
的歷史，這種過程也是整個希臘宗教的特色。在維奧蒂亞（Boeotia），阿
波羅和普多俄斯（Ptoös）聯想在一起，成爲「阿波羅普托俄斯」，但是在
(282) 大約西元前四世紀，普多俄斯卻變成他的兒子或孫子。在底比斯，他取代
了伊斯曼紐（Ismenius）的地位。但是最著名的例子還是他在德斐建立神
殿的故事，他殺了盤踞在這聖地的噴火龍派同。這個神話功績相當重要，
而且不只是對阿波羅而言。他既是戰士也是個神，打敗當地的巨龍，是很
普遍的神話場景，而巨龍象徵著「土著」以及遠古陸地統治權（第 45
節）。比較特別的地方是，阿波羅要清除噴火龍流出的髒血，因爲成爲潔
淨之神，而他也在德斐建立神殿。他以派提安的阿波羅（Pythian Apollo）
在泛希臘地區聞名。這個過程在西元前八世紀就已經完成了。⑪

　　至於他的「起源」，人們曾經認爲是發源自歐亞大陸的北方或小亞細
亞。第一個假設主要是根據他和「極北居民」（Hyperboreans）的關係，
希臘人認爲「極北居民」是住在北風（Boreas）那邊的人。依照德斐的神

⑩　但是阿波羅解救這個她正要生產的孩子阿斯克勒庇烏斯，他後來成爲出名的醫
　　生；由於阿提密斯的懇求，他的醫術挽回了希波克里圖斯的生命。這個奇蹟違反
　　了宙斯的法律，而這位諸神之王以雷電殺死醫神阿斯克勒庇烏斯。阿波羅殺死打
　　造雷電的塞克羅浦斯（Cyclopes）來報仇。因爲阿波羅犯下殘害同族的罪（塞克
　　羅浦斯和麗托都是泰坦族），因此被放逐到人間一年；他在阿德美特斯（Adme-
　　tus）家裡作奴隸。

⑪　Wilamowitz, *Der Glaube der Hellenen*, II, p.34; Marie Delcourt, *L'oracle de Delphes*,
　　pp.215 sq.

話⑫，宙斯曾經要阿波羅住在德斐，爲希臘人制定律法。但是這個年輕的神卻駕著天鵝戰車飛走，而飛到極北居民的國度，在那裡住了一整年。從那時候起，德斐居民就不停地歌唱和跳舞，希望喚回阿波羅。在那之後，他又和極北居民共度三個月的冬天，到了夏季就回去德斐。在他不在的這段時間內，戴奧尼索斯統治德斐，成爲神諭的主宰。

品達說：「沒有人找得到通往極北居民的競技賽之路，無論是透過陸地或海洋。」（《第十次競技會》29 sq.）換句話說，這個國家和居民只在神話地理存在。這是個神聖的種族，沒有疾病和衰老。品達又說（frag. 272 Bowra），這極北居民的壽命長達 1000 年；他們既不知道工作也不知道戰鬥，他們的生活就是舞蹈以及演奏七弦琴和笛。巴克基立得斯（Bacchylides）（3.58）說，爲了賞報「他們的虔敬」，阿波羅把克列索斯（Cressus）和他的女兒帶到極北居民的國度。所以這可以說是個樂園，可以比擬「幸福之島」，也就是英雄的靈魂棲息之所。

希羅多德（4.32-35）轉述提洛島的居民提到那些極北居民如何獻祭阿波羅的故事：他們用麥稈包裹祭物，送到附近國家的人民，經過不斷的傳遞，直到提洛島。我們不想在這傳說裡找尋什麼歷史記憶，不過他們倒是把橄欖樹這種生長在地中海的植物放到極北的國度裡。 (283)

然而北方的區域，從色雷斯到西西亞和伊塞多尼斯（Issedones）的國家，在關於阿波羅的傳奇故事裡佔有重要的角色。他傳說裡的信徒（Abaris, Aristeas）是「極北居民」，而且奧斐斯（Orpheus）也總是和色雷斯有關。雖然經過逐漸開發和探險，這個北方卻仍然保有神話的氣氛。尤其是這想像的北方觸發且提供神話的許多創造力。

關於阿波羅源自亞洲的說法，會引用一個事實：最大規模的阿波羅崇拜是在亞洲，里西亞（Lycia）的帕塔拉（Patara）、卡利亞（Caria）的迪底馬斯（Didymas）、愛奧尼亞的克拉羅斯（Claros）。如同其他奧林帕斯諸神，在希臘大陸裡，他似乎是個新進入者。除此之外，在安那托利亞的

⑫　最早的文獻是亞該亞的一首詩（600 B.C.），Himerius（西元四世紀）曾摘述過。

村莊附近發現的西台族銘文裡的阿普魯那斯（Apulunas）（城門之神），如同尼爾森（Nilsson）所說的，可以解讀爲阿波羅在古典希臘中已經存在。⑬

　　但是我們只想知道，阿波羅的「源流考」是否有助於把握其信徒的宗教文化。就像希臘民族本身，希臘諸神也是奇怪的綜合的結果。經過長期的對立、共生、合併和綜合，希臘諸神才有現在這樣的性格。

90. 神諭和潔淨禮

　　阿波羅剛出生就大叫說：「給我我的七弦琴和彎弓：我將會對人類宣告宙斯堅定的意志。」（Hymne homérique, 132）。在艾斯奇勒斯的《復仇女神》（Eumenides）裡，阿波羅告訴復仇女神（Furies）說他「不曾在沒有宙斯的命令下把神諭告訴任何男人、女人或城市。」（6l6-l9）。奧林 (284) 帕斯諸神對天父的尊敬說明了阿波羅和命令以及法律觀念的關係。在古典時期，他尤其代表著宗教的律法。柏拉圖稱他爲「國家的注解者」（《共和國》4.427b）。他透過德斐、雅典和斯巴達的神諭和注解（exēgētai），給予人們忠告，他傳達並解釋神的決定，例如禮拜儀式的儀軌，特別是殺人後的潔淨儀式。如果阿波羅成爲遠離罪惡神（apotropaios）的神以及最高的潔淨神（katharsios），那是因爲他在殺死噴火龍之後，他必須潔淨自己。每次的殺人罪都會有邪惡的污染，那幾乎是物質的力量（miasma，瘴氣），會危害整個社會。阿波羅使古代的殺人習俗更符合人道⑭。他後來也釋放犯下弒母罪行的歐瑞斯特斯（Orestes）（艾斯奇勒斯，《復仇女神》）。

----

⑬　Martin Nilsson, *Greek Folk Religion*, p.79; Guthrie, *The Greeks and Their Gods*, p.86, n.1.

⑭　習俗規定，即使是非故意的殺人，還是要由受害人的家庭來執行死刑；這是安撫受害人的靈魂而且兔除犯罪的污染（miasma）的方法。Draco 的法典則以國家的公權力取代仇殺；城市行政官會在定罪後把罪犯交給受害人的家庭。

　　遠在阿波羅之前，德斐在史前時代就是神諭的聖地。無論字源學怎麼說，希臘文的delphys都和「子宮」有關⑮。神祕的洞穴則稱為「stomion」（嘴巴），這個字也有「陰道」之意。而且在希臘化時期之前也有德斐之臍（omphalos）的記載。肚臍的象徵和生殖有關⑯，但是主要的是象徵「世界的中心」。根據傳說，宙斯讓兩隻老鷹從世界的兩端飛到「世界之臍」會合。這個莊嚴的神諭聖地，從遠古的時代就是大地之母的神性和力量顯現的地方，而在阿波羅的統治下有了新的宗教取向。

　　派提亞（Pythia）（女祭司）和參與問神儀式的先知會得到神諭。起初，問神儀式每年舉行（在阿波羅的生日），然後每月一次，最後是每月數次，除了冬季之外，因為阿波羅在那時候會離去。問神儀式的開始是山羊祭。通常問卜者會把問題換個方式說：也就是問用哪一種方法比較好。派提亞以黑色和白色豆子抽籤回答⑰。　　　　　　　　　　　　　　　　(285)

　　當情況嚴重時，阿波羅會在神殿的地窖裡托夢給派提亞。那時候已經有「派提亞的夢話」這個說法，然而這不是指歇斯底里的幻覺或是酒神崇拜之類的「降神」。柏拉圖把派提亞的瘋狂（mania）和繆思的給予詩人靈感以及阿芙羅狄特的傳播愛情作比較。普魯塔赫說：「神喜歡使派提亞看到異象以及未來會發生的事；這就是她會發狂的原因。」⑱派提亞的雕像總是神情平靜、安詳和專注，就像給她靈感的神一樣。

　　她究竟透過什麼方式進入這恍惚之境的，至今仍然成謎。人們從德斐的農婦裡遴選出合適的派提亞擇期問卜。她咀嚼著月桂樹葉，以月桂樹枝焚香祝禱，卡索提斯（Cassotis）的泉水並沒有酒精成分，因此也無法解釋這些幻象。根據傳說，神殿裡的三腳祭壇掉到地下裂縫（chasma），而從裡面冒出超自然的煙霧。然而，考古挖掘發現，派提亞掉下去的既不是裂

---

⑮　大地之母生下的母蛇 Delphyne，後來被公蛇 Python 取代。

⑯　Delcourt, *L'oracle de Delphes*, pp.145 sq.

⑰　古代的占卜儘管很素樸，卻是很莊嚴的：宙斯在他膝蓋上的眾多命運作選擇，而且隨意授予任何人。

⑱　Plutarch, *Pythie*, VII, 397c; cf. Oracles XL. 432d; Delcourt, p.227.

縫也不是洞穴（但是有可能是地震的結果）。因此我們可以下結論說（雖然太快了些），派提亞沿著煙霧瀰漫的裂縫掉進隧道（adyton）裡，是後來才附會上去的神話情節⑲。然而正如同德爾寇特所說的（*L'oracle de Delphes*, pp. 227 sq.），隧道確實存在，而且德斐的古蹟和陸地性結構也意味著「墮入」地府的儀式。既然沒有任何自然原因可以解釋派提亞的幻象，我們或許會猜想那可能是派提亞的自我暗示，或是在一旁的先知的暗示。但是事實如何，我們一無所知。

91. 從「異象」到知識

(286)　　　阿波羅神式的「出神」，雖然有時候是阿波羅給予的靈感（也就是降神），並不意味著戴奧尼索斯的「狂喜」（enthousiasmos）所導致的感應現象（第 124 節）。透過阿波羅的出神或降神，是以其淨化和神諭的力量聞名。（相反的，酒神崇拜的信徒〔bakchoi〕從來沒有預言的力量。）我們看到某些半神話色彩的薩滿角色，成為阿波羅的崇拜者。極北居民阿巴里斯（Abaris）是阿波羅的祭司，他具有神諭和巫術的力量（例如在兩地同時出現）。希羅多德（4.36）說他「帶著他著名的箭跑遍整個地球。」但是從赫拉克里德斯（Heraclides）的時代起（frag. 51c），人們認為是阿巴里斯御箭飛行。在西西亞人的神話和宗教裡，箭矢扮演著重要的角色，也出現在西伯利亞人的祭典中⑳；弓箭也是阿波羅的主要武器。類似的傳說，例如不知是生是死的出神狀態、分身兩地、幻變、神遊地府，都出現在其他人物的故事裡：亞里斯提亞（Aristéas）譯①、赫莫提姆斯（Hermotimus）、伊庇曼尼德斯（Epimenides）、畢達哥拉斯（Pythagoras）。至於

---

⑲　關於這個裂縫的記載可以溯自西元前一世紀。

⑳　*De Zalmoxis à Gengis-Khan*, p.44, n.42-43.

譯①：亞里斯提亞（Aristéas de Proconnése），西元前六世紀的希臘史詩家，早期希臘文學裡傳奇人物。希羅多德說他著有 Arimaspeia，描寫他遊歷不知名的民族的傳奇故事。

奧斐斯，阿波羅著名的「先知」，關於他的神話也充滿巫術事蹟（見本書卷二）。

當荷馬時代的希臘人認識他的時候，阿波羅已經不只是出神者的守護神。然而在薩滿和和阿波羅祭司之間，還是可以看出某種連續性。薩滿是要發現隱藏的事實並且預知未來；阿波羅授予的異象，也使得神的崇拜者有同樣的力量。如同西伯利亞的薩滿傳統，阿波羅給予的異象激發了知識和冥想的傾向；最後會帶給他們「智慧」。華特・奧圖（Walter Otto）說，任何形式的神祕知識「總是和精神的提升有關」㉑，對於薩滿的出神而言，特別是如此。這解釋了在兩個傳統裡音樂和詩為什麼很重要。薩滿透過唱歌和擊鼓來準備他們的出神；中亞和玻利尼西亞早期的史詩即是以薩滿的出神之旅為原型。阿波羅主要的特徵即是七弦琴；當他彈奏的時候，吸引了諸神、野獸甚至石頭。（Euripides, *Alceste*, 579 sq.; *Apollonios de Rhodes*, 1.740）。 (287)

弓箭是阿波羅的第二個特徵，也是薩滿的隨身用具，但是弓箭的儀式用途超過薩滿教的層次；弓箭的象徵在全世界都可以見到。阿波羅是「百步穿楊的射手」；然而相同的稱號也適用於羅摩（Rāma）、佛陀和其他英雄以及傳奇人物。但是希臘文化精彩地重現這個古老的主題，使這主題不同於薩滿的法術和世界的象徵。阿波羅使弓箭的象徵也透顯其他的精神境況：征服了距離（因而脫離「直接性事物」，擺脫和具體事物的膠著）以及透過知性的專注得到的平靜和安詳。簡單的說，阿波羅代表著新的顯神方式，那是希臘特有的、無法重複的世界和人類存在的宗教知識的表現。

赫拉克里圖斯（Heraclitus）說：「和諧是對立物之間的緊張關係的結果，就像弓箭和七弦琴。」（frag. 51）在阿波羅那裡，對立被接納且整合到更寬廣且複雜的新的形式裡。他和戴奧尼索斯的和解是這個整合過程的一部分，這使他在殺死噴火龍派同之後成為潔淨禮的守護神。阿波羅為人類指引從問卜的「異象」到思維的道路。所有祕教的知識蘊含的魔鬼元素

㉑　W. Otto, *The Homeric Gods*, p.72.

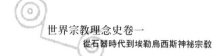
都被滌除。阿波羅最重要的教義，就是著名的德斐神諭：「認識你自己！」知性、認識和智慧，被認爲是神性的典範，是阿波羅給予人類的禮物。阿波羅的安詳，就希臘而言，是精神的極致象徵。然而重要的是，精神的發現是經歷過漫長的衝突的和解，以及出神和神諭技術的掌握。

92. 赫美斯，「人類的同伴」

(288)　　宙斯和女神美雅（Maia）的兒子，也是最不具奧林帕斯特色的神。他仍然保有荷馬時代之前的諸神特性：人們仍然以陽具崇拜的形式表現他；他有支「魔棒」，兩條蛇盤繞的手杖（caduceus）和隱身帽；他送給奧德修斯（Odysseus）的仙草（moly），讓他抵抗塞栖（Circe）的符咒（《奧德賽》10.302-6）。此外，赫美斯還喜愛和人類交往。宙斯說：「他最喜愛的工作就是成爲人們的朋友。」（《伊利亞德》24.334 sq.）但是在他與人類的關係裡，他的行爲既像是個神，也像一個「騙徒」和工匠。他也是恩賜之神（《奧德賽》8.335）：每個好運都被認爲是赫美斯的禮物。另一方面，他是欺騙詭詐的化身。他剛出生來就偷走他的兄弟阿波羅的牛；他因而成爲小偷的朋友和保護者。希臘的悲劇詩人優里庇德斯稱他爲「那些在半夜做生意的人的統治者。」（Rhesus, 216 sq.）

　　即使他保護小偷和夜行盜，他卻又是落單的旅人和牲畜的保護者。「沒有任何神會如此掛念牲畜和他們的生長。」（Pausanias, 2.3.4）。他是道路之神，道路兩側可以發現石堆（hermaion），他的名字便是由此而來；每路人都會將石頭丟到石堆上㉒。起初赫美斯可能是保護遊牧民族的牲畜的神，甚至是「動物之主」。但是希臘人從更深層的意義去解釋赫美斯的古老性格和力量。因爲他跑得很快（他有「黃金涼鞋」），所以他能主宰道路，因爲他知道方向，所以他在晚上不會迷途。這是爲什麼他是動物的保護者和引導者，也是盜賊的守護神。後來他成爲神的使者。

㉒　在許多民族仍然記載有這個習俗而且總是和旅行有關。

　　因爲是這些特性，赫美斯也成爲靈魂的牽引者：他在後面引導死者，因爲他知道方向而且在黑暗中不會迷路。雖然瀕死的人說他們被赫美斯抓走，但是他不是死神。他可能輕鬆穿過宇宙三界而毫髮無傷。如果說他帶領靈魂到冥府，他也會把他們帶回人間：波塞芬妮（Persephone）、優里迪斯（Eurydice），或是偉大國王的靈魂（Aeschylus, *Persian*, 629）。赫美斯和死者靈魂的關係也可以從他的「靈性」力量來解釋。他的機智和靈巧、他的創造力（他發現了火）、他的隱身術和飛毛腿，這些神奇的成就都是智慧的結晶，尤其是掌握各種神祕知識，在後來的希臘化時代，成爲赫美斯最特別的地方。他在黑暗中發現方向，引導死者的靈魂，而且如閃電般飛奔，時隱時現，都反映出某種精神的模式：那不只是聰明和狡猾，也是某種神祕知識和巫術。 (289)

　　奧圖精闢分析赫美斯的神奇能力之後，承認「他的世界不是個英雄的世界，」而且推論說：「即使他的世界不高貴……，也絕不至於粗俗可鄙。」㉓這固然是事實，卻不是很恰當。因爲赫美斯特別的地方，就在於他和人類世界的關係，這是本質上開放的世界，不斷在變化，也就是可以改進和超越。他的第一個特性，靈巧和創造力、征服黑暗、對人類活動的興趣、引導靈魂，會不斷被重新詮釋，最後把赫美斯塑造爲更複雜的形象，既是英雄、知識守護神，也是神祕知識的典範形象。

　　赫美斯是少數經過「古典時期」的宗教危機仍不失其宗教特性的奧林帕斯諸神之一，他也沒有因爲基督宗教的勝利而消失。他和托特（Thoth）以及墨丘利（Mercurius）的同化，在希臘化時代仍然頗受歡迎，而在17世紀，他有了新的名字「三倍偉大的赫美斯」（Hermes Trismegistus），以煉金術和祕密宗教著稱。希臘的哲學家稱赫美斯爲「博學之士」（logios），認爲他是思想的化身。他擁有各種知識的形式，尤其是神祕知識；這使他成爲「巫師的領袖」，能戰勝黑暗的力量，因爲「他是全知全能的」。㉔

㉓　Otto, *The Homeric Gods*, pp.122 sq.
㉔　Hugo Rahner, *Greek Myths and Christian Mystery*, pp.191-92。**亦見本書卷二。**

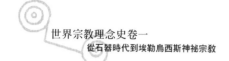

(290)　《奧德賽》故事裡的仙草（moly）後來經常被希臘人和基督宗教拿來作比喻。這仙草拯救了奧德修斯，使他不致於像同伴那樣被瑟栖變成豬，在這植物裡，我們看到和本能相反的精神，或是潔淨靈魂的教養。而且哲學家更認爲赫美斯就是「邏各斯」（Logos），基督宗教的教父後來則把他比擬爲基督，甚至比文藝復興的煉金家無數次的同化過程還要早（本書第三卷）。

93. 女神之一：希拉和阿提密斯

　　希拉能夠母儀天下，眞是要多謝荷馬，荷馬強調她是宙斯的元配。希拉原本是阿哥斯（Argos）的女神；她的祭典從當地流傳到整個希臘。韋拉莫維茲說，她的名字是「英雄」（hērōs）的陰性名詞，而且有「聖母」（despoina）的意義㉕。我們很難說亞該亞人（Achaeans）是否把她帶進希臘，或者只是借用女神的名字。他們很可能是震懾於阿哥斯女神的力量和威儀，因而尊崇她爲天后㉖，或許因此希拉也成爲婚姻制度的象徵和守護神。宙斯的到處拈花惹草使她妒忌而爭吵不休，詩人們和神話家對此有詳細的描繪。沒有哪個亞該亞族長敢像宙斯對希拉那樣對待他們的妻子：他毆打她，甚至在她的腳上綁上兩塊鐵砧，把她高高吊起，像是後來對待奴隸那般地嚴刑拷打㉗。

　　赫西奧德說（《神譜》923-24），希拉爲宙斯生下三個孩子，赫貝（Hebe）、阿利斯（Ares）和艾勒提亞（Eileithyia），黑腓斯塔斯則是她獨自生下的（ibid. 926）。單性生殖、自我受孕的能力說明了一個事實，即使是奧林帕斯的天后，仍然明顯保有地中海和亞洲民族的特性。我們很

㉕　Wilamowitz, *Glaube der Griechen*, I, p.237.

㉖　Rose, *Handbook*, p.52; Guthrie, *The Greek and Their Gods*, p.72.

㉗　*Iliad*, 1.567, 587; 15.18 sq.; Plautus, *Asinaria* 303-4; Rose, *Handbook*, p.106 et n.15。就我們可能在歷史找到的證據而言，確定是起源更早，在愛琴人到達半島之前。重要的是，荷馬和他的聽眾都知道這個爭吵的故事。

難說這些傳統的原始意義爲何，傳說希拉每年都會在坎托斯（Canthus）之泉中沐浴而恢復她的童貞㉘。這是和父系婚姻觀念有關的符號嗎？（我們 (291) 知道在父系社會裡非常重視童貞。）無論如何，希臘人澈底改變了阿哥斯的女神。然而我們還是可以發現她原有的特性。如同多數的愛琴海和亞洲的女神，希拉不只是婚姻女神，更是世界繁茂的女神。雖然「希拉即大地之母」的假設已經被某些學者推翻，然而他們還是無法解釋，爲什麼許多地方（普拉提〔Plataea〕、尤比亞群島〔Euboea〕、雅典和薩摩斯等地），都提到她和宙斯的神族婚姻（無論是神話或是在儀式裡的重現）。這是多產的雷雨神和大地之母的典型婚姻意象。除此之外，希拉在阿哥斯也作爲「軛之女神」和「有許多公牛」而受到崇拜。（在《伊利亞德》裡，荷馬說她有「牛眼」。）最後，她被認爲是可怕怪物的母親，例如勒那（Lerna）的九頭蛇（Hydra）。因此，孕育怪物是大地女神的特性。的確，我們知道，赫西奧德說泰封的母親是蓋（Ge）（大地）。但是所有這些地府的特性和力量逐漸被淡忘，所以從荷馬時代開始，希拉的特色始終是婚姻女神。

我們在里底亞（Lydia）發現阿提密斯的名字，證明她起源自東方。這個女神顯然很古老：她特別是「野獸女王」（potnia therōn）（《伊利亞德》21.470 sq.）；亦即，她既是狩獵者的崇拜對象，也是野生動物的保護者。荷馬也稱她爲「野獸的女主人」，而艾斯奇勒斯（frag. 342）說她是「群山女王」。她尤其喜歡在夜間狩獵。獅子和熊是她喜歡的花紋動物；這令人想起亞洲的原型。荷馬提到（《伊利亞德》5.49）阿提密斯如何教斯卡曼德里俄斯（Scamandrius）各種狩獵技術。但是當兩隻鷹獵食懷孕的兔子時，她卻感到很憤怒（艾斯奇勒斯，《阿卡曼農》）133 sq.）。

阿提密斯是重要的童貞女神。原本這可以理解爲是她擺脫婚姻的桎梏。但是希臘人並不重視她的堅守貞潔。《對阿芙羅狄特的荷馬讚美詩》 (292)

㉘ Pausanias, 2.36.2；他在阿哥斯也提到希拉的祕密祭典。Rose, *Handbook*, p.128, n. 11; Jeanmaire, *Dionysos*, pp.208 sq.。

（1.17）認為那代表女神沒有權力。在優里庇德斯的《希波利特斯》（*Hippolytus*）（1301）裡，阿提密斯公開說她恨阿芙羅狄特。

　　但是她還是象徵著母性女神的若干元素。在阿卡迪亞，在她最早的祭壇，她和狄美特以及波塞芬妮聯想在一起。希羅多德（2.156）說，艾斯奇勒斯把阿提密斯當作狄美特的女兒，也就是波塞芬妮。有些希臘作家說她在克里特島被稱為布里托馬提斯（Britomartis）㉙，這顯示出她與邁諾斯女神有關。她在其他語言裡的名字，必定包括色雷斯的西芭莉（Cybele）以及卡帕多西亞的瑪（Ma）。我們不知道何時何地開始稱她為阿提密斯。在以弗所（Ephesus），母親功能的表現非常多變，怪異到我們不知道是否該承認她是希臘的神。阿提密斯被女人尊為注生娘娘（Locheia）。她也是男孩的「護士」和導師（kourotrophos）。從歷史時期記載的祭典裡，我們可能解讀出西元前 2000 年愛琴海社會的女性入會禮的傳統。紀念阿爾費奧斯（Alpheus）的阿提密斯的舞蹈，如同紀念波羅奔尼撒的女神的舞蹈，性質上是狂熱縱慾的。俗語說：「哪裡有阿提密斯不跳舞的地方？」換句話說：哪裡沒有阿提密斯在跳舞？㉚

　　在她這些可能互相衝突的面向裡，我們看到希臘文化把遠古各種神的形式重新整合成單一的巨大結構。地中海史前的「群山女王」以及「野獸女王」，這兩個屬性很快就被同化為大地之母的力量，卻沒有因而喪失其原來的特性：她是獵人、動物和女孩的守護女神。從荷馬的時代起，她的形象便確定下來：阿提密斯主宰著野生動物的神聖性，他們只知道繁殖和母性，而不懂得愛和婚姻。她總是有個吊詭的個性，可以見之於這些矛盾主題的共存（例如童貞和母性）。希臘詩人、神話學家和神學家的創造想像力，預見了這些對立的共存暗示著某個神聖的奧祕。

(293)

94. 女神之二：雅典娜、阿芙羅狄特

㉙　Rose, *Handbook*, p.131, n.59.

㉚　Jeanmaire, *Dionysos*, pp. 212 sq..

　　雅典娜確定是希拉之後最重要的希臘女神。我們無法從希臘文去解釋她的名字。至於她的起源，多數學者接受的尼爾森（Nilsson）的假設似乎很可信：雅典娜是「宮殿的女王」，是邁錫尼王子宮殿的守護神；雅典娜雖然是個家庭女神，和男人和女人的工作都有關，但是在戰爭和掠奪的年代，她出現在軍營裡，這賦與她女戰神的特性和力量。她穿著黃金盔甲從宙斯的前額跳出來，揮舞著長矛，以吶喊之聲地動山搖。她的許多頭銜都顯示這種軍事特性：「勝利女神」（Promachos）、「大能者」（Stheneia）、「戰爭女神」（Areia）。

　　然而，如《伊利亞德》所描述的，雅典娜和戰神阿利斯水火不容，在第 21 卷（390 sq.）諸神的著名戰役裡，她打敗了阿利斯[31]。相反的，她很欣賞海克力斯，那是英雄的真正典型。她在他超乎常人的嚴酷考驗裡幫助他並且帶他進天堂（Pausanias 3.18.11 etc.）。雅典娜也很喜歡提德烏斯（Tydeus），甚至使他得到永生；但是當她看見身受重傷的英雄打裂敵人的頭蓋骨，吞下他的腦髓，這位女神感到很噁心[32]。當阿奇里斯準備拔劍要報復阿卡曼農的侮辱時，她也出現制止他（《伊利亞德》1.194 sq.）

　　即使是為慶祝戰勝的聽眾而寫作的史詩裡，雅典娜也表現出戰爭女神的另一面。因為她所介入的主要是男人的活動，因此她說：「無論任何事物，我的心都傾向於男人，除了婚姻以外。」（Aeschylus, *Eumenides* 736）《對阿芙羅狄特的荷馬讚美詩》（1.7-11）說，愛情女神的力量沒有　(294)
雅典娜來得大。荷馬和赫西奧德稱她為「女孩」（Pallas），而在雅典，她是「處女」（Parthenos）。但是她和阿提密斯不同：她不逃避男人，不和他們保持距離。雅典娜是奧德修斯的朋友和保護者，她喜歡他堅定的個性和智慧：他是個「很有見解」（polymētis）的男人，只有他才能和宙斯媲美（《伊利亞德》2.169, 407, 636）。在《神譜》（896）裡，赫西奧德認

---

[31]　Ares 被所有諸神厭惡，諸神都稱呼他為「瘋子」，因為他不知道「什麼是正直」。（Iliade, 5.761）宙斯他自己承認「沒有任何奧林帕斯神如此被憎恨，」因為「他只是想著戰爭和爭鬥。」（5.890）

[32]　Bacchylide, frag. 41; Apollodore, *Bibi.* 3.6.8.3..

爲她「在力量和審慮上和她父親不相上下。」雅典娜是唯一沒有母親的
神。《對阿雅典娜的荷馬讚美詩》（4-5）只是簡單敘述雅典娜如何從宙斯
的前額出生，而赫西奧德則詳述整個神話：宙斯吞下美提斯（Metis）（智
慧的女神），那時她已經懷孕，而雅典娜從她父親的前額迸出來而到這個
世界（《神譜》886 sq.；見第 84 節）。這段插曲被認爲是後人附會的；原
來的神話應該只是描述雅典娜如何從奧林帕斯山頂出現。但是奧圖正確地
強調吞掉美提斯的主題在本質上是很古老且「野蠻」的[33]。

　　無論她源自何處，雅典娜奇蹟式出生的神話說明她和宙斯的關係非常
密切。「我完全站在父親這邊。」（ Eumenides, 736）她對奧德修斯說：
「在諸神之中，我的知識（mētis）和技術是值得誇耀的。」（《奧德賽》
13.297）的確，實務的知識是她的特性。雅典娜不只是紡織和編織等女紅
的守護女神。她尤其是「全能工匠」，是所有技術的啓發者和導師。因爲
她，鐵匠學會製造犁頭，而且陶工們呼喚她：「到我們這裡來，雅典娜，
請把您緊握的手放在我們的窯上！」[34]因爲她，馴馬師發明了馬銜和兩輪
戰車。至於海神波塞頓主宰的航海，雅典娜也顯露了她的知識既廣博又深
(295) 入。首先，她知道許多造船的技術。她也幫助了領航員「正確操作」他的
船[35]。

　　工巧的神聖化和知識的神話例子不很常見。其他的神性通常是表現生
命、懷孕、死亡和社會架構的形式，而雅典娜表現的卻是技藝和工匠的神
性起源，那不只是聰明、技術和發明，而且還包括自我節制、面臨考驗的
沉著，堅定相信世界是一致且可以理解的。因此我們不難了解這位知識的
守護女神如何在哲學家時期成爲神聖知識和人類智慧的象徵。

　　阿芙羅狄特代表的，也是希臘文化的特殊產物，即使是完全不同的層
次。傳說一致指出，這個女神是起源於東方（Herodotus, 1.105; Pausanias,

---

[33]　Otto, *Homeric Gods*, p.51。荷馬沒有提到這個神話（他沒有提過關於 Kronos 的故
　　事），但是他稱雅典娜爲「大能的力父親的女兒（obrimopatre）。」

[34]　Otto, *Homeric Gods*, p.58 所引用之荷馬銘文。

[35]　M. Detienne, "*Le navire d'Athena*".

1.14.7）。在《伊利亞德》裡，阿芙羅狄特保護特洛伊人。除此之外，她的
神性也很類似伊西塔（Ishtar）。然而，在塞浦路斯（Cyprus）（那裡是愛
琴海和亞洲數千年來宗教融合的中心），她的特有形象便已經確定（《奧
德賽》8.362 sq.）。在《伊利亞德》（5.365）裡已經顯示相當程度的希臘
化，荷馬說她是宙斯和黛歐娜（Dione）的女兒，後來成爲黑腓斯塔斯的妻
子[36]。但是關於她的出身，赫西奧德保留了比較古老的版本：當烏那諾斯
的陽具被丟到海裡時，阿芙羅狄特就從烏那諾斯的精液（aphros）裡誕生。
現在，我們知道（第46節），大神去勢的主題是源於東方。

在她的祭典裡可以看到某些亞洲的元素（例如神奴〔hierodules〕），
以及地中海的元素（鴿子）。另一方面，《對阿芙羅狄特的荷馬讚美詩》
把她視爲野生動物眞正的女主人：「在她身後有一群灰狼奉承著她，而虎
視眈眈的獅子、熊和豹，則爲垂涎著麋鹿。」但是，阿芙羅狄特還有個新
的特徵：這位女神「在他們的胸裡放進欲望，所以他們那朦朧的溪谷裡交
合。」阿芙羅狄特把「欲望」放進動物體內，也放到人們和諸神心裡。她 (296)
甚至「使宙斯喪失理智」，使他經常背著希拉和凡間女子交媾。（ibid., 36,
40）《對阿芙羅狄特的荷馬讚美詩》在性衝動裡發現人、神和動物共同的
元素。另一方面，他強調性慾的無法澆熄和非理性，而爲宙斯的豔史辯護
（當然也包括諸神、英雄和凡人的愛情故事）。簡單的說，這是從宗教去
爲性愛辯護；因爲所有性愛的放縱和過犯都是受到阿芙羅狄特的誘惑，所
以其起源是神性的。

自從阿芙羅狄特統治宇宙三界，便同時是天神（Asteria, Urania）、海
神（Anadyomene「從海洋升起」）[37]和大地之神（在她腳下的道路都佈滿
了花朵，而且她就是植物生長的「要素」（Aeschylus, *Danaides*, frag.
44）。但是阿芙羅狄特不是最主要的繁殖女神。她所啓發、讚美和保護
的，是肉體的愛和性交。在這個意義下，我們可以說，由於阿芙羅狄特，

[36] 直到後來戰神成爲她的丈夫；在《奧德賽》（8.266-366）裡，他是她的愛人。
[37] 貝殼同時象徵著水和性愛，是她的聖物之一。

希臘人才重新發現原始性衝動的神聖特性。愛情的許多精神泉源，則會有其他神來支配，尤其愛神（Eros）。作家和藝術家利用這個非理性且不可抑遏的性愛，使得希臘化時代的「阿芙羅狄特的魅力」成為文學的口號。在那些以阿芙羅狄特為記號的藝術全盛期裡，我們總是認為這個肉體之愛已經「去神聖化」。但是事實上這是種偽裝，具有獨特且豐富的意義，就如同希臘文化的其他產物一樣。在輕佻的神性表象底下，隱藏著最深層的宗教經驗：性愛被揭露為某種超越和奧祕。當我們分析現代世界的去聖化過程時，我們將會再遇見這種偽裝（見卷三）。

95. 英雄

(297)　　　品達將生命分為三類：神、英雄和凡人（《第二次奧林匹克競技會》1）。對於宗教歷史學家而言，英雄的類型引發某些重要的問題：希臘英雄的起源和存有學的結構是什麼，他們在什麼情況下可以和其他人神之間的中介作比較？羅德（Rhode）根據遠古的信仰認為這英雄們「和冥府諸神以及死者很有關係。事實上，他們只不過是死後的靈魂，住在地底下，像諸神一樣永遠待在那裡，他們的力量和諸神很接近。」[38]英雄也會享有和諸神相同的獻祭，但是這兩種祭典的名稱和程序則不同的。另一方面，在伍瑟納（Usener）的《諸神的名字》（Götternamen）（1896）裡，他認為英雄們有神性的起源：和魔鬼一樣，英雄們源自「瞬間的」或是「特別的」神（Sondergötter），亦即有特殊作用的神。

在 1921 年，法內爾（Farnell）提出折衷的理論，至今仍然被某些人接受。他認為英雄們的起源並不相同；他將英雄區分為七類：源自神或儀式的英雄、真正存在過的重要人物（戰士或祭司）、詩人或學者想像出來的英雄等等。最後，布瑞里希在他的大作裡（*Gli eroi greci* (1958)）所描述英雄們的「形態學結構」如下：這些人的死亡都有重要的影響，而且和戰

---

[38]　Erwin Rohde, *Psyché*, p. 124.

爭、競技、預言和巫醫、男孩的入會禮以及神祕宗教有關；他們建立城
市，而且他們的祭典都有平民的特色；他們是氏族的祖先，是人類某些基
本活動的「原型」。英雄也會有特異甚至可怕的性格，以及透露他們超人
天性的越軌行為⑨。

　　總之，我們可以說，希臘英雄們是自成一類的形式（超人但不是　　(298)
神），而且是遠古時代活動，更精確地說，是在宇宙創造和宙斯的勝利之
後（第 83-84 節）。他們在人類初始的時期，世界結構還沒有定形，也沒
有確立規範。他們的存在模式表現出太初時期不完全且矛盾的個性。

　　英雄的出生和童年不同於常人。他們是神的後代，但是有時候會有雙
重的父子關係（如同海克力斯的父親既是宙斯也是底比斯王安費特倫
〔Amphitryon〕的兒子；西修斯的父親既是波塞頓也是愛琴斯王
〔Aegeus〕的兒子）；或者是亂倫的結果（艾基斯特斯〔Aegisthus〕是提
斯特斯〔Thyestes〕和他的女兒亂倫的結果）。他們在出生後就被拋棄（伊
底帕斯、帕修斯〔Perseus〕、雷蘇斯〔Rhesus〕），被動物撫養⑩，他們
年輕的時候總是流浪到遙遠的國度，經歷無數的冒險（尤其是競技和戰
鬥），和神結婚（最著名的有佩勒烏斯〔Peleus〕和特提斯、紐貝和安費
恩〔Amphion〕、詹森〔Jason〕和米迪亞〔Medea〕）。

　　英雄們都有某種創造力，可以和遠古社會的平民英雄相比較。就像是
澳洲神話裡的祖先，他們開疆拓土，被認為是原住民或是種族、民族或家
庭的祖先（阿哥斯族是阿哥斯的後代，阿卡德人是阿卡斯〔Arcas〕的子孫
等等）。他們創設（「發現」或「揭露」）許多人類的制度：城市的法律
和都市生活的規則、一夫一妻制、冶金、歌曲、著述、兵法等等，也是某
些工藝的創始者。他們是城市重要的創造者，而且那些建立殖民地的歷史
人物，死後也都成了英雄⑪。除此之外，英雄們也創辦競技賽，而且在他

---

⑨　A. Brelich, *Gli eroi greci*, p.313。以下的介紹引自 Brelich 的分析。
⑩　Paris 是熊養大的，Aegistus 是山羊撫養的，Hippothous 是母馬養大的。這種入會
　　禮的主題流傳甚廣，見第 105 節。
⑪　Brelich, *Gli eroi greci*, pp.129-85.

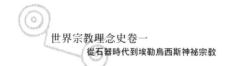
(299) 們的祭典裡也包括競技賽。根據傳說，泛希臘時期的四大競技賽是獻給那些英雄，而之前則是獻給宙斯的。（例如奧林帕斯的主要祭典就是紀念皮洛普斯〔Pelops〕。）這說明爲什麼競賽的優勝者和著名的運動員都被英雄化[42]。

　　某些英雄（阿奇里斯、西修斯等等）和男孩的成年禮有關，而且英雄的祭典經常由年輕人主祭。西修斯傳說裡的某些插曲，其實就是入會禮的考驗；例如儀式性的潛入海裡（這個考驗等於是冥界之旅），以及進入海洋女妖妮瑞德的海底宮殿；同樣的，西修斯闖迷宮以及和米諾托（Minotaur）（人身牛頭怪物）的戰鬥，是英雄的入會禮的典型主題；最後他和阿麗亞杜妮（Ariadne）（阿芙羅狄特的化身）結婚，而完成整個入會禮。尙美爾（Jeanmaire）說，西修斯的慶典源自古老的儀式，在更早的時候是慶祝青少年待在叢林接受入會禮的考驗後返回城裡[43]。同樣的，阿奇里斯傳說裡的某些片段也可以解釋爲是入會禮的考驗：人頭馬怪物（Centaurs）把阿奇里斯撫養長大，這意味著他在叢林裡接受戴著面具或以動物形式出現的教導師的祕密傳授；他必須過火或潛水，這是典型的入會禮考驗；他甚至要和女孩們共住一段時間，穿著女孩的衣服，很像是古代的男孩成年禮習俗[44]。

　　英雄們也和神祕宗教有關：在埃勒烏西斯（Eleusis），特里波特勒摩斯（Triptolemus）有個聖地，優默帕斯（Eumolpus）有個墳墓（Pausanias, 1.38., 1.38.2）。此外，英雄的祭典都和神諭有關，尤其是治病用的孵化儀式（卡爾卡斯〔Calchas〕、安費勞斯〔Amphiaraus〕、莫普索斯〔Mopsus〕）；因此某些英雄（尤其是阿斯克勒庇烏斯〔Asclepius〕）也和醫術有關[45]。

---

[42]　例如在 496 B.C.的奧林匹克競技會裡的 Cleomedes（Pausanias 6.9.6）。

[43]　H. Jeanmaire, *Couror et Couretes*, pp.323 sq., 338 sq., et passim; Eliade, *Naissances mystiques*, p.228; cf. Brelich, pp.124 sq..

[44]　*Naissances mystiques*, p.220.

[45]　Brelich, op. cit., pp.106 sq. 所引文獻。

英雄還有個特點，那就是他們的死亡方式。少數英雄會被送到幸福之島（斯巴達王美內勞斯〔Menelaus〕）、到琉斯（Leuce）的神祕之島（阿奇里斯）、或是到奧林帕斯山（Ganymede），或消失在地府（特洛封尼俄斯〔Trophonius〕、安費勞斯〔Amphiaraus〕）。但是大多數是在戰爭裡殉身（如同赫西奧德所說的，英雄們在底比斯或特洛伊殞命）、或在決鬥時喪命、或是遭到叛徒殺害（阿卡曼農、伊底帕斯）。通常他們的死亡是很有戲劇性的：奧斐斯和潘修斯（Pentheus）被撕成碎片，阿克泰恩（Actaeon）被群狗咬死，格勞庫斯（Glaucus）、戴奧美德斯（Diomedes）、希波克里圖斯（Hippolytus）死於馬群中；或者被宙斯吞噬或以雷電劈死，或被蛇咬死（歐瑞斯特斯、莫普索斯等等）㊻。 (300)

然而他們的死亡卻證明了他們的超人本性。即使他們不像諸神那樣永生，但是他們在死後仍然可以行動，這就使得英雄們有別於凡人。其他英雄們也有可怕的巫術和宗教力量。他們的墳墓、遺物、紀念碑，對幾個世紀以後的人們仍然有很大的影響。在某個意義下，我們可以說英雄們透過死亡獲得神性：他們有無限期的死後生命，既不像蛹那樣，也不完全是精神性的，而是自成一類的存在方式，因為他們是透過遺骨、事蹟和身體的象徵存在。

的確，不同於平常的習俗，英雄們的遺骨是埋在城市裡；他們甚至可以進入聖殿，皮洛普斯的遺物放在奧林帕斯的宙斯神廟裡，耐歐普托勒姆斯（Neoptolemus）的遺物放在德斐的阿波羅神殿裡。他們的墳墓和紀念碑是英雄的崇拜中心，獻祭的過程裡包括憑弔用的供品、哀悼的儀式和悲劇合唱隊。（獻給英雄的供物很類似冥界諸神的獻祭，而和奧林帕斯諸神的祭品不同）。屠宰奧林帕斯的牲禮時，喉嚨要朝上，而冥府諸神和英雄的牲禮則是喉嚨朝下。奧林帕斯的牲禮必須是白色的，而英雄和冥府諸神的則是黑色的，而且必須燃燒殆盡，人們不可以分食。奧林帕斯的祭壇是古典的神殿，建築在地上而且有時候更雄偉；而祭祀英雄和冥府諸神的祭壇

㊻　Brelich, p.89 所引文獻。

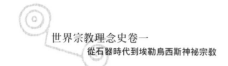

是矮火爐，地下的洞穴，或是某個密室（adyton）（可能是個墳墓）。奧林帕斯神的獻祭是在晴朗的早上舉行，冥府諸神和英雄們的祭典卻是在傍晚或午夜。[47]

(301)

所有這些都透顯出英雄的死亡和遺物的宗教價值。英雄死亡後成爲城市的守護神，保護人民免於侵犯、傳染病和各種災難。在馬拉松（Marathon）可以看見西修斯在雅典人頭上打鬥（Plutarch, *Theseus* 35.5; Brelich, *Gli eroi greci*, pp.91 sq.）。但是英雄也享受精神層次的永生，那就是因爲榮耀而永垂不朽。對於那些努力要超越短暫生命、名留千古的凡人。斯巴達國主、在馬拉松或普拉地亞（Plataea）的滅亡、或是刺殺暴君，這些非凡的事蹟使他們超越凡人而名列英雄。[48]

古代的希臘，尤其是希臘化時代，留給我們最「崇高」的英雄圖像。事實上他們的天性既是獨特又矛盾，甚至離經叛道。英雄們亦正亦邪，身上總有互相衝突的性格。他們既是無懈可擊（阿奇里斯），卻也落得慘死的下場；他們集力與美於一身，卻也有野獸般的個性（如海克力斯、阿奇里斯、歐瑞斯特斯，皮洛普斯，他們很有才能，但在些方面是很平庸的）[49]；他們有的具有野獸的形態（狼人萊卡恩〔Lycaon〕）或能夠變成動物。他們有的是雌雄同體（塞克羅普斯〔Cecrops〕）、或是可以變性（泰瑞西阿斯〔Teiresias〕）、或穿著像女人（海克力斯）。除此之外，有些英雄們的身體有缺陷（沒有頭或多個頭；海克力斯有三排牙齒）；他們經常是跛足、眇目或瞎眼。英雄們經常發瘋（歐瑞斯特斯、貝勒洛芬〔Bellerophon〕、尤其是在麥加拉弒子的海克力斯）。他們的性行爲也經常過度或變態：海克力斯曾在一夜和特斯皮俄斯（Thespius）的 50 個女兒作愛；西修斯強暴過許多女人（海倫〔Helen〕、阿麗亞杜妮等等）；阿奇里斯也強姦過斯特拉托妮斯（Stratonice）。英雄和他們的女兒或母親近親相姦，而

(302)

47　Rohde, *Psyché*, pp.123-24; Guthrie, *The Greeks and Their Gods*, pp.221-22.

48　Eliade, *Le Mythe de l'Éternal Retour*, ch.1.

49　海克力斯亦然。Brelich, pp.235 sq. 所引文獻。

因爲妒忌、忿怒，甚至是無明火而大開殺戒：他們甚至殺害他們的父親、母親或親戚。

　　所有的這些矛盾的和可怕的性格，這些離經叛道的行爲，都暗示著「太初」的時間流動性，那時候還沒有「人的世界」。在這原始時期，各種劣跡惡行（也就是那些在後來被指控爲怪異、罪惡或犯罪的行爲）直接或間接地鼓舞創造的工作。然而，在英雄的創造（制度、法律、技術、藝術）完成之後，才出現「人的世界」，才禁止違法逾矩的行爲。英雄時期之後，在新的「人的世界」裡，這個創造的年代，神話的「彼時」（illud tempus），確定結束。

　　英雄的逾矩行爲是沒有限度的。他們甚至敢侵犯女神（奧利溫和阿克泰恩攻擊阿提密斯，伊克遜〔Ixion〕攻擊希拉等等），而且不斷褻瀆神明（埃阿斯在雅典娜祭壇附近襲擊卡珊卓，阿奇里斯在阿波羅神殿裡殺死特洛伊洛斯〔Troilus〕）。這些過犯和褻瀆意指著英雄特有的傲慢（第 87 節）。英雄覺得他們和神是平等的，但是他們的傲慢總是受到奧林帕斯諸神殘忍的處罰。只有海克力斯的傲慢不曾受到懲罰（他用武器威脅太陽神希里阿斯〔Helios〕和海神歐奇阿諾斯）。但是海克力斯是完美的英雄，品達說他「既是英雄也是神」（《第三次尼米亞競技會》22）。事實上，只有他才不曾留下墳墓和遺物；他在火堆上自殺而羽化登仙，獲得永生，他被希拉接引而成爲神，位列奧林帕斯諸神。我們可以說，海克力斯通過入會禮的考驗而終於成聖，不像吉加美士（第 32 節）或其他希臘英雄，儘管他們無限的傲慢，最後還是無法獲得永生。

　　在其他宗教裡也可以發現類似希臘英雄們的形象。但是只有在希臘，才如此完美地表現英雄的宗教性結構；也只有在希臘，這些英雄才享有宗教地位，給後人無限的想像和反省，並且啟發文學和藝術的創造。㊿

㊿　關於英雄後來從中世紀到浪漫時代的蛻變，見第三卷的分析。

第十二章
埃勒烏西斯神祕宗教

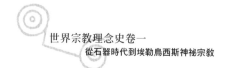
96. 神話：冥界女王波塞芬妮

(303) 「能認識這些神祕宗教的，是最幸福的人！」《給狄美特的荷馬讚美詩》的作者這麼呼喊。「但是，那些教外人士在臨終時就沒有這麼好運，他們會墮入黑暗和悲傷之中。」

《給狄美特的荷馬讚美詩》談到兩個女神的主要神話和埃勒烏西斯神祕宗教的建立。狄美特的女兒高萊（Kore）（即波塞芬妮）在尼薩平原（Nysa）採花的時候，被冥王黑德斯誘拐走。狄美特花了九天的時間尋找她，在這期間她食不下嚥。最後，希里阿斯告訴她說：宙斯決定將波塞芬妮許配給他的兄弟冥府之王。狄美特忍住悲傷，卻也被諸神激怒，因而不再回到奧林帕斯山。她偽裝成老太婆，旅行到埃勒烏西斯（Eleusis），哭倒在「處女之泉」旁邊。當地的公主問她為什麼在路旁哭泣，她說她叫多索（Doso），在克里特島遇到海盜被擄至此，正在躲避海盜。公主十分同情，就把她帶回王宮，要她照顧母親美塔尼拉（Metaneira）的小孩，以麥粥（kykeōn）（混合麥粉、水和薄荷的食物）餵養他。

(304) 狄美特並沒有如他們的方式養育迪莫風（Demophoön），而是以神油搓揉他，深夜更把他放在火裡，燒掉會腐爛的血肉。這個小孩就越來越像是個神，事實上，狄美特想要使他永生且永遠年輕。但是，有天晚上，梅塔尼拉發現她的兒子身在火中而嚇壞了。「你們這些無法預見命運的凡人真是無智，你們哪裡知道什麼是善什麼是惡！」狄美特對她說（256）。迪莫風因而無法免於死亡。接著，這位女神就現出莊嚴高貴的原形，她的身體發出耀眼光輝。她要求為她建造「底下有祭壇的神殿」，她告訴人們如何祭祀她（304 sq.）。然後她就離開了皇宮。

當神殿建造完成，狄美特在裡面休息，每天只是在想念女兒。因為這樣，田園荒蕪而饑荒連年（304 sq.）。宙斯派許多使者去請求她回去都無功而返。狄美特說她將不再回去奧林帕斯，也不再讓植物生長，直到她見到她女兒。宙斯因而要求冥王交出波塞芬妮，冥王很不情願地答應。但是

他送給她幾顆石榴，騙她吞下去：波塞芬妮便因此每年必須回到她丈夫身邊待上六個月①。狄美特和女兒團圓後，同意回到諸神之列，大地即奇蹟般地綠意盎然。在她回到奧林帕斯之前，這位女神出現在她的神殿，教導特利普托雷摩斯（Triptolemus）（就是迪莫風）、戴奧克列斯（Diocles）、優默帕斯和色列烏斯（Celeus）關於她的神祕宗教：「這個令人敬畏的神祕宗教，沒有人可以逾越、窺探或傳述，因為他們對諸神的深層敬畏使他們闇啞失聲。」（478 sq.）

《給狄美特的荷馬讚美詩》透露了兩種入會禮的類型；更確切的說，文獻是從兩個女神的團圓以及迪莫風的無法獲得永生去解釋埃勒烏西斯宗教的建立。古代也有類似的神話，在太初的時候，因為某個悲劇性的錯誤，使得人們無法得到永生。但是這個神話和古代先人不同，他們因為「犯罪」而使後代失去原有的永生。迪莫風不是太初的人；他是國王的么兒。而狄美特之所以決定要令其永生，可以解釋為她渴望領養小孩（因為這可以平息她失去波塞芬妮的痛苦），同時也可以解釋為報復宙斯和奧林帕斯諸神。狄美特差點就把凡人變成神。女神擁有使人類獲得永生的力量，而火爐的「煎熬」是入教者最有效的方式。由於美塔尼拉的大驚小怪，使狄美特對於人類的愚昧大感失望。但是詩歌並沒有提到後來獲得永生的普遍技術，也就是在入會禮裡透過火把凡人變成神。 (305)

在迪莫風無法獲得永生之後，狄美特顯現她的身分，並要求為她建造神殿。然而，直到她和女兒團圓之後，她才教導人們這祕密儀軌。這個神祕宗教的入會禮形式，和梅塔尼拉所打斷的入會禮有根本的差異。埃勒烏西斯神祕宗教的入會禮並不會獲得永生。有時候，埃勒烏西斯的神殿會燃起聖火。雖然我們知道有火葬，但是和入會禮不太可能有直接的關係。

我們對於神祕祭典僅有的認識是，其中主要的奧祕是兩個女神的降臨。透過入會禮，改變了人類的狀態，但是和迪莫風未完成的蛻變不同。

---

① 這是個廣為流傳的神話主題，無論誰吃了彼岸世界的食物，就無回到原來的生活世界。

和神祕宗教直接有關的少數文獻，強調入會者死後的幸福。《給狄美特的荷馬讚美詩》說：「……是最幸福的人。」這是個主動機，不斷地重複。「在墮到地府之前能夠知道這些事的人，是多麼幸福！」品達如此讚嘆。「他知道生命的終點！他也知道生命的開端！」（ *Threnoi*, frag.10 ）「所有終將要到冥府去的凡人，如果能先認識這個神祕宗教，是多麼的幸福；只有他們才能在冥界擁有真實生命，其他的人都會成為惡魔。」（ Sophocles, frag.719 ）。換句話說，如同在埃勒烏西斯所知道事物的結果，入教者的靈魂在死後會有幸福的存在；死亡將不會使他成為悲傷的陰影，沒有記憶和力量，就像荷馬時代的英雄所害怕的。

(306) 　　在《給狄美特的荷馬讚美詩》裡，唯一提到農業的地方，就是談到特利普托雷摩斯成為第一個神祕宗教的信徒的敘述。根據這個傳說，狄美特要特利普托雷摩斯教導希臘人耕作。有些學者說，那次可怕的乾旱就是波塞芬妮這位農業女神墮入冥界所造成的。但是讚美詩卻說，因為狄美特後來躲在埃勒烏西斯為她所建的神殿裡，才有後來的饑荒。奧圖假設說，原始的神話只提到農作物的消失，但是沒有提到小麥；這是因為在波塞芬妮被誘拐時，人們還不知道種植小麥。許多文獻和紀念碑都證明，狄美特在波塞芬妮的事件後才引進小麥。因此，我們可以把這個古代的神話解讀為，穀物的創造是必須透過神的「死亡」（第 11 節）。但是因為波塞芬妮也是永生的奧林帕斯諸神之一，所以不會「死亡」，像德瑪（dema）神或海努維爾（Hainuwele）神（第 12 節）或農業之神。埃勒烏西斯神祕宗教延伸這個古老的神話和祭典情節，強調神族婚姻、非自然的死亡、農耕以及死後的幸福。②

　　最後，波塞芬妮的誘拐（象徵死亡）對人類有著重要的意義。結果奧林帕斯山的仁慈女神每年都得在冥界待幾個月。她連接了冥界和奧林帕斯之間原來無法跨越的鴻溝。她是這兩個世界的中介，因此可以支配死亡的

---

② 　西元前四世紀，伊索克拉提斯（Isocrates）讚美雅典人的功蹟，他提醒聽眾說，狄美特給予雅典最重要的禮物：「使人成為萬物之靈」的「農耕」，以及「使生命的終點和永生有希望」的入會禮（ *Panegyricus* 28 ）。

命運。以基督宗教神學最常用的表達方式，我們可以說那是「幸運的過犯」（felix culpa）！同樣的，迪莫風的無法獲得永生，卻使得狄美特顯現其榮光，並且建立神祕宗教。

97. 入會禮的儀式：公開祭典和祕密儀式

根據傳說，埃勒烏西斯最早的居民是色雷斯人。最近考古學的挖掘使我們可以重構其神殿的歷史。埃勒烏西斯的殖民似乎是大約在西元前 (307) 1580-1500 年，但是第一座神殿（有兩根石柱支撐屋頂的空間）則是在西元前 15 世紀建立；在西元前 15 世紀也創立了神祕宗教（Mylonas, *Eleusis*, p. 41）。

埃勒烏西斯的神祕宗教慶典持續了 2000 年；某些慶典可能會隨著時間而改變。從庇西斯特拉圖斯（Pisistratus）時代開始的創立和重建，顯示這個祭典的生命力和重要地位。雅典的接受和保護埃勒烏西斯宗教，使它在泛希臘時期的宗教生活中佔有核心地位。許多文獻和圖像，都特別提到入會禮的第一階段，因為那個階段還不是祕密傳授。藝術家們在花瓶和浮雕上表現埃勒烏西斯的場景，而亞里斯多芬（Aristophanes）（《青蛙》324 sq.）也拿入會禮的某些層面做為比喻[3]。這其中是有不同的層次，包括小埃勒烏西斯節、大埃勒烏西斯節（teletai，意為「祕密儀式」），以及最終的體驗（epopteia，意為「得到最高的奧祕」或「人間最高的幸福」）。而 teletai 和 epopteia 的真正祕密則沒有人知道。

小埃勒烏西斯節每年舉行一次，在花之祭（Anthesterion）之後，在雅典城郊阿格列（Agrae）舉行，包括許多儀式（斷食、潔淨禮、獻祭），由祕儀傳授師指導進行。這兩位女神的神話情節，或許會由入會者重現。大埃勒烏西斯節也是每年一次，在九月中旬（Boedromion）。慶典持續八

---

[3]　但是亞里斯多德（*Nicomachean Ethics* 3.1.17）指出，雅典認為阿斯奇勒斯在他的悲劇裡洩漏祕密而有生命危險（Archers, Priestesses, Iphigenia, Sisyphus）。

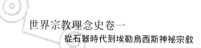

天，「所有人都會擁有潔淨的雙手」，並且都說著希臘語，女人和奴僕都可以參與，前提是他們要在春天通過於阿加列舉行的加行儀式。

第一天在雅典的埃勒烏西斯城區舉行慶典，前天晚上已經從埃勒烏西斯浩浩蕩蕩地運來祭品（hiera）。第二天，遊行隊伍開到海邊。每個入教者都有教授師陪伴，各自帶著一隻小豬，他們以海水把小豬洗淨，作為他們回到雅典的祭品。翌日，在雅典以及其他城市居民面前，國王或執政官偕同妻子舉行大祭典。第五天則是公開慶典的最高潮。黎明時分，龐大的遊行隊伍從雅典出發。入教者、教授師和雅典民眾以及帶回祭品的女祭司都在隊伍裡。黃昏的時候，遊行隊伍通過塞非色斯（Cephissus）河的橋，帶著面具的人們辱罵上層社會的市民④。夜幕低垂時，點起許多火炬，朝聖者齊聚神殿外的廣場。部分內容是以舞蹈和歌唱來讚美女神。次日，入教者禁食且獻祭，至於祕密儀式，我們只有某些假設。在聖殿（telester-ion）前面和裡面舉行的慶典，很可能和兩位女神的神話有關（Mylonas, *Eleusis*, pp.262 sq.）。我們知道入會者（mystai）手中握著火炬，是模仿狄美特的四處尋求高萊（Kore）⑤。

我們現在來討論關於「祕密儀式」（teletai）的考證。我們會提到，某些儀式裡包括有祭文（legomena），那是簡單的祈禱文和咒文，我們雖然不知道其內容，但是可以知道那是相當重要的；這也就是為什麼不會說希臘語的人不可以入會。對於在埃勒烏西斯第二天進行的儀式內容，我們一無所知。晚上可能是入會禮的高潮，只有在那一年入會的人，才能獲得這「最高的奧祕」（epopteia）。翌日則是死者的特別儀式和祭典，再過一天，也就是慶典的第九天，入會者就回到雅典。

98. 可以知道奧祕嗎？

④ 關於「橋上的辱罵」（gephyrismoi）的意義，學者間爭論不休。學者們特別強調驅邪的功能。

⑤ Seneca, *Herc. fur.* 364-66; *Hippol.* 105-7; Minucius Felix, *Octavius* 22. 2, etc..

學者們努力發掘 teletai 和 epopteia 的祕密，他們不僅以古代文獻爲依 (309)
據，也會參考基督宗教護教者所轉述的故事。護教者的說法必須特別小心
檢證，卻還是不可以忽略。從弗卡特（Foucart）開始，學者們致力研究關
於提米斯修斯（Themistius）的段落（普魯塔赫引述過，也保存在斯托拜俄
斯〔Stobaeus〕作品裡），在其中，靈魂於死後立即經驗到的事物，和在
大埃勒烏西斯節裡的入會者所經歷的考驗很類似：他先是在黑暗中漫遊，
有很多恐怖的經驗；然後神祕的強光突然襲來，他發現綠草如茵的淨土，
其中有歌聲和舞蹈。入會者頭上戴著王冠，成爲「純淨和神聖的人」；他
看到那些教外的人們沉淪在泥淖和瘴癘之間，陷溺在死亡恐懼的悲傷裡，
而看不到身後的光（Stobaeus 4, p.107 Meineke）。弗卡特認爲這個祭典
（drōmena，意爲「所作已辦」）的內容包括黑暗裡的漫遊，其間有各種幽
靈，而入會者會突然發現明亮的草原。但是，提米斯修斯的見證後來影響
到奧斐斯崇拜的觀念⑥。狄美特神殿和祭壇的挖掘發現，並沒有地下密室
可以讓入會者儀式性地進入冥府⑦。

　　許多人努力重構入會禮，他們根據的是克雷蒙（Clément d'Alexand-
rie）（*Protreptique*, II, 21.2）關於入會者的咒語（synthēma）：「我已斷
食，喝了麥粥（kykeon）；我從箱子（kistē）裡取出；製造完成後，我就
放在籃子裡，然後從籃子取出，又放在箱子中。」有些作者認爲只有前面
兩句話屬於埃勒烏西斯宗教。的確，他們提到了當時衆所皆知的情節：狄 (310)
美特的斷食，喝了麥粥。其餘的咒語則仍然無解。不少學者相信箱子和籃
子裡裝的是子宮的複製品、陰莖、蛇、或是形似生殖器官的麵餅。這些假
設都沒有說服力。容器裡裝的可能是古代傳下來的遺物，和農業社會典型
的性器象徵有關。但是在埃勒烏西斯，狄美特在公開祭典裡卻透顯出完全

⑥　Foucart, *Mystères*, pp.392 sq.。在《費多篇》（69c）裡，柏拉圖認爲，犯罪者在冥
　　界接受懲罰，以及義人得見樂土，是源自奧斐斯，而奧斐斯則是得自埃及的墓葬
　　傳統。
⑦　這並不排除地獄的象徵，因爲那裡有個洞（象徵冥王的的神殿），意味著通往其
　　他世界的入口，那裡可能就有世界的臍點；Kerenyi, *Eleusis*, p.80。

不同的宗教方向。我們很難相信這樣的祭典也可以由入會的小孩主祭。再說，假如咒語裡所提到的儀式可以解釋爲初生或重生的象徵，那麼在那個時候就應該完成入會禮。如果是這樣，我們就很難理解「得到最高的奧祕」（epopteia）的意義和必要性。無論如何，容器裡的祭品（hiera）意指的是**莊嚴的降臨**，而不是製造祭品。因此，就像普林斯海姆（G. H. Pringsheim）、尼爾森和麥洛納斯（Mylonas）所認爲的，這些咒語可能是後來的希臘化時期讚美狄美特的慶典祭文（Mylonas, *Eleusis*, pp. 300 sq. et n. 39）。

有人猜測入會者可能分享聖餐，這是有道理的。如果是這樣，聖餐是在開始時就舉行，也就是在喝了麥粥後，在正式的「祕密儀式」之前普羅克洛斯（Proclus, *Ad Timaeum* 293c）也提到另外的儀式：入會者望著天空喊道：「下雨吧！」他們對著大地喊道：「受孕吧！」希波克里圖斯（*Philosophumena* 5.7.34）指出，這兩個字是神祕宗教的重要祕密。我們看到的是豐年祭典型的神族婚姻的儀式咒語；但是在埃勒烏西斯唸這個咒語，並不表示那是個祕密，因爲相同的字眼也出現在雅典附近的第庇倫（Dipylon）大門的銘文裡。

阿斯特里烏斯（Asterius）主教給了我們很令人驚奇的訊息。他的年代大約在西元 440 年，當時的基督宗教已經被羅馬帝國承認，也就是說，作者不再害怕被視爲異教徒。阿斯特里烏斯提到有個黑暗的地下通道，神祕(311) 宗教的祭司和女祭司舉行莊嚴的聚會，也提到熄滅的火炬，以及「群衆相信只有這兩個人才能夠使他們獲得拯救。」[8]但是即使考古學家挖掘神殿直到岩層，都沒有發現到地下密室（katabasion）。阿斯特里烏斯提到的神祕宗教可能是在亞歷山卓城的埃勒烏西亞城區舉行的。無論如何，如果眞的有神族婚姻，我們就很難理解爲什麼克雷蒙在提到埃勒烏西斯之後，又稱基督是「眞正的祭司」。

在第三世紀，希波克里圖斯又增加了兩段訊息（*Philosophumena*

---

[8] *Encomium to the Holy Martyrs*, dans *Patrologia graeca*, vol.40, col.321-24.

5.38-41）。他說，在「莊嚴的靜默裡」，最高的奧祕（epoptai）顯現為麥穗。希波克里圖斯又說：「在夜裡，就在慶祝偉大又不可名狀的神祕宗教的輝煌火炬之間，祭司歌頌著：『神聖的布利莫（Brimo）生下聖嬰布利莫斯（Brimos）。』這是說，大能的聖者（陰性名詞）把生命賦予大能的聖者（陽性名詞）。」是否有麥穗的莊嚴降臨，似乎是有疑問的，因為入會者總是隨身帶著麥穗，在埃勒烏西斯當地的許多紀念碑上也都刻有麥穗。當然，狄美特是穀物女神，而特利普托雷摩斯也出現在埃勒烏西斯神話和祭典的場景裡。但是我們很難相信新鮮麥穗能夠表現「最高的奧祕」，除非我們接受奧圖的解釋，他提到埃勒烏西亞宗教的奇特「神蹟」：「這株麥穗以不尋常的速度生長且成熟，這是狄美特神祕宗教的元素，就像在酒神崇拜裡，葡萄藤在幾個小時裡長大一樣。」（*The Homeric Gods*, p.25）然而，希波克里圖斯說，弗里吉亞人認為，麥穗的收割是後來傳到雅典的奧祕。所以基督宗教的作者可能把阿提斯（Attis）（也就是希波克里圖斯所說的，弗里吉亞人稱為「新鮮麥穗」的神）的神祕宗教誤植到埃勒烏西斯。

　　至於 Brimo 和 Brimos 這兩個字，可能是來自於色雷斯語。Brimo 特別指「死者女王」；因此，高萊、赫卡特（Hecate）和狄美特都有這個稱號。科倫尼（Kerényi）說，這個祭司是在歌頌說，死亡女神在火裡生下兒子⑨。無論如何，最高的奧祕就出現在熊熊火光裡。許多古代作者提到在神 (312) 殿（anactoron）燃燒的火燄和煙穿過屋頂散到神殿外，很遠都看得到。哈德良（Hadrian）時期的紙草書提到，海克力斯對入會者說：「我很久以前（或是在別處）就入會……（我凝視著）這火燄……（而且）我見到高萊。」（Kerényi, pp. 83-84）阿波羅多羅斯說，當祭司祈請高萊的時候，他會敲銅鑼，而死亡國度會突然打開（Otto, *The Homeric Gods*, p. 27）。

---

⑨　其他類似的著名例子有：酒神戴奧尼修斯或醫神，在焚燒科羅尼絲（Coronis）的火堆裡出生，並且由阿波羅從母體中取出；Kerényi, *Eleusis*, pp.92 sq.。

99. 祕密和奧祕

我們可以接受說，波塞芬妮的顯聖（epiphanie）以及她和母親的團圓，是「最高的奧祕」的核心，而這兩個女神的降臨，則激發了最重要的宗教經驗。我們不知道後來的人如何重現這個團圓的場景。我們也不知道為什麼他們認為這個異象會澈底改變那入會者死後的情況。但是得到最高奧祕者無疑地感受到神的祕密，使他「更接近」這兩位女神；在某種程度上，埃勒烏西斯的諸神「收養」了他⑩。這個入會禮透顯了和諸神世界的親近關係，以及生死之間的連續性。這是古代農業社會裡很普遍的宗教形式，卻受到奧林帕斯宗教的壓抑。生死相續的奧祕的「啓示」，使獲得最高奧祕者可以和死亡和解。

埃勒烏西斯神祕宗教的信徒沒有形成「教會」形式，或是像希臘化時期的神祕宗教那樣的祕密團契。當他們回到家裡，祭司和獲得最高奧祕者繼續在公開的祭典裡主祭。入會者在人間和教外群眾雜處，直到死後，他(313)們才會團聚。從這個觀點看來，在庇西斯特拉圖斯之後的埃勒烏西斯神祕宗教，可能被視為奧林帕斯宗教和其他民間信仰的互補性宗教，卻不違背城邦的傳統宗教體制。埃勒烏西斯的主要思想是某種救世論，這也是為什麼這個神祕宗教很快就被雅典接受且保護。

狄美特是希臘及其殖民地最受歡迎的神。她也是最古老的神；就形態學來看，她是延續新石器時代的「偉大女神」。古代的人們都知道其他地方的狄美特神祕宗教，最有名的是安達尼亞（Andania）和利科蘇拉（Lycosura）的祕儀。此外，薩摩色雷斯（Samothrace）（色雷斯、馬其頓和伊

---

⑩ Guthrie（*The Greeks and Their Gods*, pp. 292-93）參考了在 Axiochus 的情節，這篇對話錄被誤認為柏拉圖所作，在其中，蘇格拉底相信 Axiochus 不怕死；因為他接受埃勒烏西斯的入會禮，而成為諸神的親戚（gennetes）。Guthrie 認為這是神的收養證明。但是，gennetes 也有「忠實」之意，例如：「你是女神們忠實的花朵。」但是，這當然不排除靈性親族的觀念。

派拉斯等北方國家的祕儀中心）也以卡比利（Cabiri）譯①神祕宗教著名，而且西元前五世紀的雅典人就知道為色雷斯和弗里吉亞的薩巴齊烏斯（Sabazius）譯②的神祕宗教舉行慶典，這是首度傳入西方的東方祭典。換句話說，埃勒烏西斯神祕宗教儘管很崇高，卻不是希臘文化特有的產物；他們其實是屬於更大的體系，很可惜對此我們所知不多。這些神祕宗教，和希臘化時期的神祕宗教一樣，都有其入會禮。

關於「祕密」的宗教和文化價值的研究還不夠充分。所有偉大的發現和發明（農業、冶金術、工藝、藝術）最初都蘊含某些祕密，只有入會者才能夠掌握這些技術。隨著時間的遞嬗，這些古代技術的入會禮知識逐漸普及到整個社會。然而，各種工藝並未完全失去其神聖性格。農業的例子特別明顯；農業在歐洲傳播了數千年之後，仍然保有祭典的結構，但是這個「技術祕密」，也就是豐年祭，已經可以透過基本的「入會禮」獲得。

我們可以說，埃勒烏西斯神祕宗教和農業神話有密切關係，也可能是性愛、植物繁衍和食物的神聖化，至少都是入會禮的場景。如此我們必須假設有某種未知的**聖事**的存在，雖然這聖事已經失去其原來的意義。假如 (314) 埃勒烏西斯的入會禮可以產生某些神祕經驗，這些經驗又透顯出食物、性愛、繁衍和儀式性的死亡的神聖性，那麼埃勒烏西斯就可以說是個聖地和神蹟的發源地。然而，我們很難相信，這樣至高無上的入會禮只是在重複古代的聖事而已。埃勒烏西斯的確發現了新的宗教向度。這個神祕宗教尤其是以兩個女神的「啟示」聞名。

這個啟示要求絕對的祕密狀態。這個程序和許多遠古社會的入會禮很類似。不同的是，埃勒烏西斯的祕密性成為祕教儀式的典範。希臘化時期特別推崇祕密的宗教價值。入會禮的祕密的神話化及其詮釋，引發了無數

譯①：卡利比（Caribi）原來是弗里吉亞的豐收神，在薩摩色雷斯有著名的神祕宗教聖地，被認為是宙斯和卡利歐蓓（Kalliope）的兒子。由於亞歷山大大帝，這個神祕宗教傳遍希臘。

譯②：薩巴齊烏斯，色雷斯的神，類似酒神戴奧尼索斯，為狂歡祕儀的崇拜對象，其主要的形象是蛇。

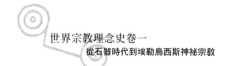
的思考，最後成爲那個時代的風格。「神祕更增加了知識的價值，」普魯塔赫如是說（《論荷馬的生平和詩》92）。醫藥和哲學據說擁有入會禮式的知識，作者們都以埃勒烏西斯宗教作比喩⑪。在新畢達哥拉斯學派和新柏拉圖學派，流行著哲學家的諱莫如深，認爲師傅只把他的眞正學說傳給他的學徒。

這個觀念正好支持埃勒烏西斯的神祕性格。大部分的現代學者都不很重視近古作者的比喩或詮釋。然而儘管這些作品年代錯謬，卻有其哲學和宗教的價值；他們延續早期作者的努力，解釋埃勒烏西斯神祕宗教，而又不洩漏其祕密。

(315) 最後，除了埃勒烏西斯神祕宗教在希臘宗教史的核心角色之外，他們也間接影響到歐洲文化，特別是在入會禮的解釋。但是埃勒烏西斯神祕宗教在被視爲異教之後就逐漸式微。焚毀神殿、禁止神祕宗教，是異教徒的正式結束⑫。當然，這並不表示異教就此消失，而只是暫時隱藏起來而已。埃勒烏西斯的「祕密」，經常浮現在追求者的想像裡。

----

⑪　Galen, *De usu partium* 7.14; Plotinus, *Enneads* 6.9.11, etc..

⑫　見第二卷。

第十三章
瑣羅亞斯德和伊朗的宗教

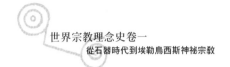
100. 難解的謎

(316)　　對伊朗宗教的研究總是充滿了驚奇，甚至是失望。我們對這個主題之所以興趣盎然，是因爲我們先前知道伊朗宗教對西方宗教的形成有很大的影響。希伯來人已經知道時間是線性的而不是無盡的循環，而在伊朗則有其他的宗教理念被發現、反芻、或是體系化。我們且舉一些重要的例子：某些二元體系的形成（宇宙論的、倫理的、宗教的二元論）；救世主的神話；主張善神最終將會勝利和普世救贖的樂觀主義的末世論；肉體復活的教義；很可能還包括某些諾斯替教派的神話；穆護（Magus）的神話學，在文藝復興時間透過義大利的新柏拉圖主義和帕拉切索斯（Paracelsus）譯①或約翰・迪（John Dee）譯②重新被提及。

　　不過，在初學的讀者接觸史料時，可能會感到失望或挫敗。四分之三的波斯古經（Avesta）都已失傳。在現有的經典裡，只有相傳是瑣羅亞斯德所作的《神歌》（gāthās）譯③比較能吸引初學者。但是對於這些神祕難解的詩篇，還沒有確定的解釋。其他現存的波斯古經，特別是在三至九世紀編修的帕拉維語的作品（pahlavi）譯④，則非常單調枯燥。讀過《吠陀》或《奧義書》的人，難免會大失所望。

(317)　　然而，在《神歌》裡偶爾可以被解讀出來的觀念，或是在後期文獻裡被發現、開展或體系化的理念，卻是非常有趣。可惜它們經常混雜在儀式

譯①：Philippus Aureolus Paracelsus, 1493-1541，原名 Theophrastus Bombastus von Ho-hnehiem，瑞士醫師和錬金士，發明許多新藥，促進藥物化學的發展，對於現代醫學和精神治療有重大貢獻，強調自然的治療能力以及醫學和化學的會通。

譯②：John Dee, 1527-1608，英國煉金士、星相學家和數學家，對於英國數學的發展很有貢獻。

譯③：Gāthās，意譯爲《神歌》，拜火教經典。爲《波斯古經》最古老的部分。學者認爲是西元前六世紀或更早的作品。據說是瑣羅亞斯德的教法，描寫瑪茲達和安格拉・曼紐的善惡戰鬥。

譯④：中世紀的波斯語言，瑣羅亞斯德以帕維拉語爲通用語言。

經文和論釋裡。《神歌》則不然，儘管文字古奧難解，卻令人流連忘返，除此之外，我們很難在其他經典中感受到這樣語言的魅力、意象的原創性或是深刻且具有新意的意義開顯。

至於瑣羅亞斯德在這些宗教觀念的開創或反芻上的貢獻，在伊朗學的學者之間則是意見紛歧。基本上，這是對史料的兩種不同觀點所致。有人說瑣羅亞斯德是個歷史人物，是傳統俗民宗教的改革者，這裡指的是西元前 2000 年的印度和伊朗地帶的宗教。也有人說，瑣羅亞斯德的宗教只是伊朗宗教的某個部分，也就是瑪茲達宗教（mazdeisme），主要是崇拜阿胡拉·瑪茲達（Ahura Mazda），而採取這個神話學觀點的學者，則不但否認「先知」瑣羅亞斯德曾經有過宗教「改革」，甚至否認他的歷史真實性。

我們稍後會看到，瑣羅亞斯德的歷史真實性應該不成問題。人們通常會把瑣羅亞斯德這個歷史人物說成是創造瑪茲達宗教的傳奇典範。過了幾個世代以後，集體記憶就再也想不起這個偉人的真實事蹟；他最後變成了某個原型，也就是說，他只是透過若干典範性的事件表現其使命的德性。這不僅在佛陀或耶穌基督是如此，對其他影響力較小的人物亦然，如馬克·科索維奇（Marko Kraljevic）或德登·迪高宗（Dieudonne de Gozon）。但是在某些時代裡，《神歌》（有些學者認為是瑣羅亞斯德的作品）有著自傳性的詳細描述，證實了作者的年代。這些是我們僅有的文獻；在神祕化的過程後，仍然留存下來，在整個瑪茲達傳統裡流傳甚遠，因為這些是瑣羅亞斯德最完整的詩歌作品。

我們不妨用這些傳記描述，初步地概述瑣羅亞斯德的生平和傳教行蹟。稍後我們也會根據近來的研究加以修正和補充。 (318)

有人認為，瑣羅亞斯德的時代應該是在西元前 1000-600 年之間。如果瑪茲達傳統所說的「亞歷山大前 258 年」可以採信，那麼瑣羅亞斯德應該是在西元前 628 年到 551 年之間。①有人根據《神歌》語言的年代久遠，

---

① 「亞歷山大前 258 年」這句話很可能指的是波斯城之征服（西元前 330 年），結束了阿契美尼德（Achaemenid）王朝。瑣羅亞斯德最初的成就，也就是使維什塔斯巴國王（Vishtaspa）皈依，應該是在這位先知 40 歲左右的事。但是 M. Molé

特別是和吠陀語言的近似性，而把生平年代向前推溯。從語言學的分析可以推論這位先知住在伊朗東部，可能是在庫拉什米亞（Chorasmia）（烏茲別克西方古址）或大夏（Bactria）。②

　　根據傳說，他是個祭司（zaotar）（Yašt〔讚歌〕33.16），也就是獻祭的祭司和讚頌上帝的人（相當於古印度的 hotṛ），他的《神歌》是在印歐聖詩傳統的背景下完成的。他出身自斯比塔馬族（Spitāma，輝煌的攻擊），他們是牧馬的部落；他的父親叫做普魯撒思帕（Pouruśaspa，有斑點的馬）。瑣羅亞斯德有妻子，他的兩個小孩姓名仍然可考，較小的是他的女兒普魯綺思塔（Pouručistā）（〈獻祭〉〔Yasna〕53.3）。他很窮。在一首著名的《神歌》裡，當他向阿胡拉・瑪茲達乞求幫助和保護時，他激動地叫喊著：「我知道，啊，睿智的神，我為什麼我如此無能，那是因為我沒有成群的馬和男人。」（〈獻祭〉46.2）

　　他傳教的部落是個定居性的畜牧民族，他們的族長叫做卡維（kavi），祭司稱為卡拉班（karapan，喃喃低語的人），又叫做巫希格（usig，獻祭者）。這些祭司是雅利安傳統宗教的守護者，也是瑣羅亞斯德以光明之神的名字毫不留情地抨擊的對象。他們很快就有了回應，於是這位先知得開始流亡。「我要逃到哪個土地上呢？」他吶喊著。「我該何去何從？我遠離我的部落和家庭；族人和邪惡的族長都不喜歡我。」（〈獻祭〉46.1），他托庇於弗里亞那（Fryāna）部落的國王維什塔斯巴（Vishtaspa），他使這位國王皈依，並成為他的朋友和保護者（46.14; 15.16）。但是阻力並未因此稍減，在《神歌》中，瑣羅亞斯德公開指責他個人的敵人：Bandva，

(319)

（*Culte, mythe et cosmologie dans l'Iran ancien*, p. 531）和 G. Gnoli（*Politica religiosa e concezione della regalità*, pp. 9 ff）卻推翻這個被多數研究者接受的傳統紀年（「亞歷山大前二五八年」）（W. B. Henning, Zoroaster, *Politician or Witch-Doctor?* Pp. 38 sq.; J. Duchesne-Guillemin, *La religion de l'Iran ancien*, pp. 137 sq.）。

②　J. Duchesne-Guillemin, *La religion de l'Iran*, pp. 138-140; G. Widengren, *Les religions de l'Iran*, pp. 79-90。我們引述的《神歌》是根據 J. Duchesne-Guillemin, *Zoroastre* (1948) 的翻譯。

他總是「主要的障礙」（49.1-2），以及「小王子維皮亞（Vaēpya）」，「他在『冬之橋』羞辱瑣羅亞斯德，當他和他的女性以及牲畜在他家外面冷得發抖時，拒絕給他們棲身之處。」（51.12）

我們或許可以從《神歌》中解讀到關於瑣羅亞斯德的傳教行動的若干線索。這個先知的周圍有一群朋友和門徒，分別是「窮人」（drigu）、「朋友」（frya）、「智者」（vīdva）和「同志」（urvatha）。③，他鼓吹他的同伴「振臂驅逐敵人」，也就是那些「邪惡的人」（Yashna 31.18）。瑣羅亞斯德的黨羽遭到「異教徒」以及他們的「忿怒」（aêsma）的對抗。根據過去的研究，可以發現伊朗的祕密族群很像印度馬爾殊（maruts）的團體，他們的領袖叫作「因陀羅」，而在伊朗叫做「不貧窮的人」（adhrigu）。④瑣羅亞斯德強烈攻擊那些屠牛獻祭的「兄弟會」（32.12, 14; 44.20; 48.10），這些血祭是異教徒的典型儀式。

101. 瑣羅亞斯德的生平

光憑這些既薄弱又間接的線索，實在很難建構出他的生平。莫勒（Marjan Molé）也指出，這些雜亂的陳述雖然確有其人其事，但是不必然反映出歷史事實；例如維什塔斯巴便代表著信徒的典型。但是歷史上的瑣羅亞斯德不僅僅是那些人物和事件的暗喻（小王子維皮亞在『冬之橋』拒絕給他棲身之處），還包括《神歌》所透顯的真實和熱情的性格。瑣羅亞斯德向他的上帝詢問時的熱切和存在的激動，使我們感到震撼：他求他教導他宇宙創造的奧祕，對他開示他的未來，也請他告訴他某些迫害者和惡人的命運。著名的〈獻祭〉44詩段是這樣開始的：「我是這樣問你的，我 (320)
的上帝，請好好回答我！」瑣羅亞斯德想要知道，「是誰指引他們通往太陽和星辰的路，」（3）「是誰扶持著大地和穹蒼，使他們不致墜落，」

----

③ Widengren 引證這些語詞在印度的同義字，指出這樣的團體和印度伊朗的族群同樣古老。

④ Stig Wikander, Der arische Männerbund, pp. 50sq.

（4）而他關於世界創造的問題則越來越急切。但是，他也想問，當他的靈魂「到善神那裡時，會是多麼心醉神迷，」（8）以及「我們如何揚棄邪惡，」（13）「我如何把邪惡交到正義手中？」（14）他要求「看得見的信徵」（16）尤有甚者，他要和阿胡拉・瑪茲達合而爲一，他的預言也都能應驗（17）。而他又問：「我會從正義之神（Arta）那裡得到應許的賞報，十匹母馬、一匹種馬和一隻駱駝嗎？睿智的上帝啊！」（18）他也不忘問到「對那些刻扣他人報酬的人的直接懲罰，」因爲他知道懲罰就在盡頭等著他。（19）

賞善罰惡的問題困擾著瑣羅亞斯德。在另一首詩歌裡，他問到「為國王（khshathra）引薦邪惡的人會有什麼報應，」（〈獻祭〉31.15）。在其他段落他也吶喊著，「啊，睿智的瑪茲達和正義之神，我何時才會知道你會處罰那些威脅要殺我的人呢？」（48.9）他受不了那些男人族群的屠牛祭和豪麻酒祭（haoma）譯⑤卻不必受懲罰：「你什麼時候才會發現這些污穢的水？」（48.10）他希望他能使這些生命「重生」（30.9）而問瑪茲達正義是否能馬上征服邪惡（48.2）。有時候我們會感覺他的遲疑、困惑、謙卑，想要更確實地知道上帝的意旨：「您的命令是什麼？你要用什麼作為賞報？」（34.12）

這些波斯古經中最莊嚴的部分，如果不是在追憶眞實的歷史人物，是很說不過去的。的確，在先知生平的後半段充滿了神話色彩，但是就像前面所說的，這是常看到的歷程：重要的歷史人物蛻變爲某種典型。有一首讚美先知誕生的詩歌（《讚歌》13），語氣像是救主降臨一般：「在他出生和成長時，水和植物都歡喜雀躍，在他出生和成長時，水和植物都欣欣向榮。」（13.93sq.）詩歌並宣告說：「因此至善的瑪茲達宗教會傳遍七大洲。」（13.95）⑤

(321)

---

⑤　Cf. Widengren, *Les Religions de l'Iran*, pp.120sq.; J. Duchesne-Guillemin, *Le religion de l'Iran*, pp. 338sq..

譯⑤：獻祭的酒，用豪麻草榨出汁有酒香，有興奮麻醉作用，相傳是維瓦凡特發現的。就像印度的蘇摩（soma）祭，在屠牛祭裡扮演重要的角色，也被神格化爲崇拜的對象。

其後的經文則多所著墨於瑣羅亞斯德在天界的前世。他出生於「歷史的中點」、「在世界的中心」。當他的母親看到瑣羅亞斯德的聖火（xvarenah）時，她滿心喜悅。「連續三個夜晚，屋子四周彷彿火燄熊熊。」⑥他在天界被創造的化身隨著雨水降落，使植物成長，而先知的父母的兩頭小母牛吃了這些植物；化身變成牛奶，和豪麻酒一起被他的父母喝下去。他們首次合而為一，於是他的母親便懷了瑣羅亞斯德。⑦在他出生前，阿里曼（Ahriman）譯⑥和魔鬼（daēvas）譯⑦想要殺死他卻沒有成功。在他出生的三天之前，村莊一片光亮，斯比塔米德斯（Spitāmides）以為村子著火了而趕緊撤離。當他們回來時，他們發現一個全身發光的小孩。根據傳說，瑣羅亞斯德是帶著微笑降臨世界的。他幾乎慘遭魔鬼毒手，但是他以瑪茲達宗教的神聖咒語趕走他們。他戰勝了四個考驗，這裡有明顯的入會禮特徵（他被丟到火堆裡，被丟到狼群裡等等）。⑧

我們不再繼續細述。瑣羅亞斯德的考驗、勝利和神蹟，都是典型的救世主的造神過程。這裡要強調的是瑪茲達宗教不斷重複的兩個特有的主題：超自然的光以及和魔鬼的戰爭。在古印度文獻裡也可以看到神祕的光和出神的「異象」經驗，意味著好的未來。至於和魔鬼的戰爭，也就是說和邪惡力量的對抗，則是每個瑪茲達教徒的基本使命。

102. 薩滿式的出神？

(322)

我們回到瑣羅亞斯德原始的教義，立即有個問題：這些教義只在《神歌》裡，或是可以從後來的波斯古經中發現？我們無法證明《神歌》就是

---

⑥　Zātspram 5, Molé, *Culte, mythe et cosmologie*, p. 184. 關於 xvarenah 請見注 23。

⑦　Dēnkart, 7.2. 48sq., Mole', pp. 285-86.

⑧　Molé, pp.298sq., 301 sq.; Widenrgen, *Les religions de l'Iran*, pp. 122sq..

譯⑥：即 angra mainya，其本性是欺騙。

譯⑦：如同在印度的提婆（deva）和阿修羅（asura）的對立一般，在波斯的宗教裡，
　　　也有阿胡拉（ahura）和魔鬼（daeva）的對立，只是正邪的角色剛好相反。

瑣羅亞斯德的所有教義。除此之外，後來的經文，甚至是相當晚近的文獻，都直接指涉到《神歌》裡的概念，儘管經過若干闡釋。而且眾所周知的，在晚近的文獻中才出現的宗教理念，並不必然意味著那些概念是後來才出現的。

重要的是如何解釋瑣羅亞斯德特有的宗教經驗類型。學者尼貝格（Nyberg）認爲可以和中亞薩滿教的典型出神現象做比較。許多學者駁斥他的假設，但是費登格蘭（Widengren）最近以比較保留且具說服力的方式重新提出這個觀點。⑨他引述某個傳說，根據這些傳說，維什塔斯巴吸食大麻以進入出神的狀態：當他的身體沉睡時，他的靈魂卻遨遊到天堂。還有，在波斯古經的傳說裡，瑣羅亞斯德自己經常「沉浸在出神狀態裡」。在窅冥恍惚中，他靈視到且聽到阿胡拉・瑪茲達的話語。⑩另一方面，歌唱在儀式中可能也扮演重要的角色，我們看到天堂叫做「歌聲之家」（garô demânâ）。我們知道，有些薩滿透過不斷的歌唱達到出神的境界，但是不是所有歌唱儀式都和薩滿教有關。在「揀擇之橋」（Pont Cinvat，見 111 節）譯⑧的景象描述裡可以看到類似薩滿教的元素，以及《下降之書》（Artay Virāfs Namak）的天堂地獄之旅的薩滿教結構。⑪然而關於薩滿教特有的入會禮只在晚近的文獻中才略微提到，這些文獻可能受到其他地區的影響（中亞或源自希臘的宗教融合，特別是神祕宗教）。⑫

(323)

我們可以承認，瑣羅亞斯德很熟悉印度伊朗的薩滿教法術（西西亞人和吠陀時期的印度人也知道這些法術），我們似乎也沒有理由懷疑關於維

---

⑨　Widengren, pp. 88sq..

⑩　Widengren, p. 91。在古印度也有人藉由麻醉藥物達到恍惚境界，見《梨俱吠陀》10.136.7 以及埃里亞德的注釋，*Chamanisme*, pp. 319 sq.。

⑪　見 *Chamanisme*, pp. 312 sq.，其中引述的 Nyberg 和 Widengren 的作品。

⑫　在 Zātspram 裡，曾提到瑣羅亞斯德接受 Ahmarspand（Avestan amesha Spentas）的入會禮；在眾多考驗裡，包括「用燒紅的鐵塊炮烙他的胸膛，直到鐵塊冷卻」，「用利刃把他肢解，肚腸外流，流血不止；但是他卻空手通過考驗且痊癒。」（Zātspram, 22. 12-13, Molé, p.334）這是薩滿教特有的特異功能。

譯⑧：往天堂之路要經過揀擇之橋，過橋後靈魂會出神，而死後會上天堂。

什塔斯巴吸食大麻進入出神狀態的傳說。但是在《神歌》和其他波斯古經裡記載的出神和靈視並沒有薩滿教的結構。瑣羅亞斯德在靈視中表現的悸動更接近其他宗教類型。其次，這位先知和他的上帝的關係，以及他傳教的內容，都沒有薩滿教的特色。無論瑣羅亞斯德在什麼宗教背景中成長，在他的皈依以及他的門徒的經驗裡，出神狀態扮演著什麼角色，在瑪茲達宗教裡，薩滿教的出神狀態並不是最核心的部分。我們會看到，瑪茲達宗教的「神祕經驗」是等待末世的儀式的結果。

103. 阿胡拉・瑪茲達的啟示：人有選擇善惡的自由

　　瑣羅亞斯德直接從阿胡拉・瑪茲達得到新宗教的啟示。他根據這啟示，效仿上帝最源初的行動，選擇善（〈獻祭〉32.2），而這也是他對門徒的唯一要求。瑣羅亞斯德的宗教改革本質也在於「效仿上帝」。他要人們效法阿胡拉・瑪茲達，但是他們有選擇的自由。他不覺得自己是上帝的奴隸或僕人（崇拜婆樓那譯⑨、耶和華和阿拉的人則會承認自己是僕人）。
　　在《神歌》裡，阿胡拉・瑪茲達是最重要的神。他是善良和神聖（spenta）的。他透過思維創造世界（〈獻祭〉31.7.11），等於「無中造有」（creatio ex nihilo）。瑣羅亞斯德說他「透過思維認識了」阿胡拉・瑪茲達 (324)「是第一個和最後一個」（31.8），也就是說，是元始和終結。在上帝四周有諸位聖神（Amesha Spentas）護衛著：正義之神（Asha）、善念之神（Vohu Manah）、敬拜之神（Ārmanti）、王國和權力之神（Xshathra）、健康之神（Haurvatāt）和不朽之神（Ameretāt）。⑬瑣羅亞斯德在以下的《神歌》裡向瑪茲達以及這些神祇祈請和讚美他們：「睿智的上帝、權力之神、敬拜之神、維持世界正義之神、善念之神、王國之神，請聽我說：當審判到來時，請憐憫我。」（33.11，參考以下詩歌。）

---

⑬　這些存在者，或者稱為大天使，和某些宇宙元素有些關連（火、金、土等等）。
譯⑨：吠陀中的司法神。

　　瑪茲達是若干神祇的父親（正義之神、善念之神、敬拜之神），也是
「善靈」（Spenta Mainyu）的父親（孿生的精靈其中之一）。但是這暗示
著他也創造另一個精靈，「惡靈」（Angra Mainyu）。在一首著名的《神
歌》裡（〈獻祭〉30），在最初的世界，這兩個精靈分別選擇了善與生
命，惡與死亡。善靈在「存在之初」對惡靈說：「我們的思想、教義、精
神力量、選擇、話語、行動、良知和靈魂，都完全不同。」（45.2）這意
味著這兩個精靈的差異，聖潔和邪惡，是透過「選擇」，而不是「本性」
使然。

　　嚴格說來，瑣羅亞斯德的神學不算是二元論，因爲瑪茲達沒有任何與
其對立的神，在世界之初，對立是在這兩個精靈之間產生的。另一方面，
在好些時候，詩歌都暗示著瑪茲達和善靈的合而爲一。（〈獻祭〉43.3）
簡言之，善與惡、神聖的善靈和毀滅性的惡靈，都源自於瑪茲達，但是因
爲惡靈是自己選擇他的存在樣態和邪惡的意志，所以他不認爲睿智的上帝
必須爲惡的出現負責。然而，全知的瑪茲達在開始的時候就知道惡靈會選
擇什麼，卻沒有防微杜漸，這可能意味著，上帝超越所有對立，或者是
說，惡的存在是人性自由的先決條件。

(325)　　我們很清楚到哪裡去探索這神學的歷史源頭，它源自各種分裂、對
峙、抉擇、二元性、對立命題以及「對立的統一」的體系，這些體系都說
明著宇宙的律動和實在界的否定性面向，尤其是惡的存在。但是瑣羅亞斯
德爲這個自古以來的問題賦與了新的宗教和道德的意義。在《神歌》的幾
段詩句裡蘊藏著其後無數精神文明的種子，給予伊朗的靈性世界特殊的性
格。

　　善惡最源初的分裂是選擇的結果，這個選擇是從瑪茲達開始，而在孿
生的精靈那裡再次經驗到的，他們分別選擇了正義（Asha）和欺騙
（Drug）。因爲伊朗傳統宗教的魔鬼（daēvas）選擇了欺騙，所以瑣羅亞
斯德告誡門徒不要再敬拜他們，尤其是不要再屠牛獻祭。對牛的尊重是瑪
茲達宗教裡相當重要的部分。我們可以從定居性耕作和游牧民族的衝突來
省察這個現象。但是瑣羅亞斯德所主張的對立不僅及於此，還包括社會的

層面。那是雅利安宗教傳統所禁止的習俗。瑣羅亞斯德認爲「誘使我們的族人吃牛肉」的伊瑪（Yima）譯⑩，維瓦凡特（Vivahvant）之子，是罪人之一。其次，我們也看到先知問瑪茲達他什麼時候才會毀滅那些獻祭豪麻酒的人們（48.10）。

然而，最近的研究卻顯示，無論是瑪茲達宗教或是《神歌》，都不全然譴責豪麻酒祭。⑭再說，爲了普通的信徒，牲祭也從來不曾中斷過。⑮因此，瑣羅亞斯德最初反對的，似乎是祭酒神禮，裡面有太多血腥的祭獻和過度飲用豪麻酒。至於瑣羅亞斯德的「牧人」稱號，並不像有人主張的那樣，負責保護每個瑪茲達宗教信徒和照顧牲畜。「羊群」和「牧人」的隱喻在整個古代近東和印度都有文獻可考，指涉的是族長和他們的族人。瑣羅亞斯德領牧的「牲畜」指的也是那些信奉善良宗教的人們。⑯ (326)

這些理論的修正使我們更清楚地了解瑪茲達宗教對於伊朗宗教歷史的貢獻。的確，我們都知道，除了他的「改革」之外，瑣羅亞斯德也接受了許多傳統宗教信仰和觀念，同時賦與他們新的價值。是故，他重複印度伊朗傳統的冥府之旅，但是強調審判的重要：每個人都要爲他在人間所做的選擇接受審判。義人會上天堂，到那「歌聲之家」；而罪人則會「永遠在罪惡之家做客」。（〈獻祭〉46.11）到彼岸之路要經過「揀擇之橋」，在那裡會揀擇誰是義人或罪人。瑣羅亞斯德說他會在那命運的交叉點上，帶領那些崇拜阿胡拉・瑪茲達的人們，「我會和他們一起走過揀擇之橋。」（46.10）

---

⑭ Molé, Zaehner, M. Boyce (Haoma, Priest of the Sacrifice, etc.); Gnoli ("Lichtsymbolik in Alt-Iran").

⑮ M. Boyce, "Ātas-zohr and Ab-zohr"; Gnoli, "Questioni sull'-intrepretazione della dottrina gattica," p. 350.

⑯ G. G. Cameron, "Zoroaster, the Herdsman,"; Gnoli. "Questioni," pp.351 sq..

譯⑩：在許多古文明中都有原人和最初的統治者的形象，而其中以波斯古代神話中的伊瑪（Yima）最顯著。

104. 世界的「變容」

先知不曾懷疑過，魔鬼（daēvas）終究會被消滅，義人會戰勝邪惡的人。但是善的勝利要到什麼時候才會使世界澈底重生呢？他哀求阿胡拉・瑪茲達說：「上帝，告訴我你所知道的吧：在你所知道的懲罰到來之前，喔睿智的上帝，義人會戰勝惡人嗎？因為我們知道，只有如此，世界才能改善。」（〈獻祭〉48.2）瑣羅亞斯德等待的是世界的變容：「請給我些預兆吧：這個世界的完全蛻變，好讓崇拜且讚美你的我感到歡喜。」（34.6）「請告訴我怎樣才能治療這個世界吧！」他吶喊著（44.16）。他不斷地說：「你對世界兩邊的人們預定的審判，啊，睿智的上帝，用你光亮的火和熔化的金屬，給靈魂一個預兆，處罰那邪惡的人們，賜福給正義的人們。」（51.9）

(327)

瑣羅亞斯德可能期待著世界不久就會「變容」（frašō-kereti）（譯⑪）。「讓我們去重建這個世界吧！」他如此大聲疾呼（〈獻祭〉30.9）。⑰有時候他稱自己是「拯救者」（saošyant）（48.8; 46.3; 53.2 etc.），這個觀念後來也催生了一段美妙的神話。他所宣稱的火和熔化金屬的末世審判（30.7; 32.7），包括了惡人的懲罰和世界的重生。就像歷史中不斷出現的，審判和重生的期待總是投射到不同想像中的末世論未來景象。但是我們要強調瑣羅亞斯德對於重生觀念的新的詮釋。我們在第 21 節和 106 節看到，在近東世界，在印度伊朗民族和其他民族的神話和儀式裡，都有世界重建的情節。在新年的時候會舉行重現宇宙起源的儀式。但是瑣羅亞斯德卻批評這個古老的情節，認為那只是每年例行的世界重生，他宣稱世界必須經歷最終的、澈底的、具決定性的「變容」。其次，這樣的重建不再是透過宇宙源起的儀式獲得，而是經由阿胡拉・瑪茲達的意志。這重建包括

---

⑰　Molé 和 Gnoli 很中肯地指出，世界的立即重建是祭司獻祭（yasna）的結果。

譯⑪：「變容」（fraso-cereti），指的是「使容光煥發」、「使光亮」或「使強壯」。frasa 有「光亮」、「美妙」的意思。此處譯作「變容」，指「臉上發光」。參考 Geo Widengren, *Die Religion Irans*, 1965。

對每個存在者的審判，蘊含賞善罰惡的結果（見第 112 節）。如果說《神歌》是瑣羅亞斯德的作品（學者們幾乎一致同意這點），那麼我們可以推論說，這位先知致力於推翻關於不斷回春的宇宙循環的古代神話，而宣示由阿胡拉・瑪茲達決定且造成的迫近的、不可改變的末世審判（eschaton）。

簡單地說，瑣羅亞斯德的教義的出發點，就在於全能、神聖和至善的阿胡拉・瑪茲達的啟示。先知直接從上帝那裡得到啟示，但是這並不使他建立一神論。瑣羅亞斯德所宣示的，以及他的門徒所相信的，是對於上帝以及其他諸神的選擇。選擇了阿胡拉・瑪茲達，瑪茲達教徒也就放棄了惡而選擇了善，放棄了魔鬼的宗教而選擇了真實的宗教。因此，每個瑪茲達教徒都必須對抗邪惡。對於魔鬼化身的邪惡勢力絕不妥協。這個緊張關係 (328) 隨即發展成二元論。世界會分裂成善和惡，無論在宇宙或人性的層次上，代表著德性及其相反事物的對立。另外一個對立雖然很少被提到，但是在後來的伊朗宗教影響甚鉅：也就是靈性和物質的、思維和「瘦骨嶙峋的世界」之間的對立。（〈獻祭〉28.2）

瑣羅亞斯德宗教的靈性特質，或著在某個意義下的「哲學」性格，是非常顯著的。⑱雅利安民族最重要的諸神蛻變為諸位聖神（Amesha Spentas）（他們成為阿胡拉・瑪茲達的護衛），而這些神祇分別構成某種抽象的價值（秩序、權力、敬拜等等），同時也支配某種宇宙元素，這些都反映了宗教反省的創造性想像和能力。瑣羅亞斯德把這些聖神和阿胡拉・瑪茲達結合起來，藉此成功地定義瑪茲達涉入世界的方式，也說明了瑪茲達如何透過他的「大天使們」幫助和支持他的信徒。先知稱呼他的神為「睿智的上帝」，強調「真理」的重要性，不斷地歌頌「善思維」，都是在突顯其教義的創新性：他強調智慧的作用和宗教價值，也就是科學和正確實用的知識。這當然不是現代的抽象科學，而是指創造的思維，既發現

---

⑱　瑣羅亞斯德宗教的這個面向也符合古代希臘對他的印象：（根據畢達格拉斯的老師亞里斯多森尼〔Aristoxenes〕的描述）他是個哲學家、占星學家、入會禮教授、鍊金術作品的作者。

337

且創造了世界的結構及其相關的價值領域。基於這觀點，瑣羅亞斯德的思辨性作品或許可以和奧義書裡所描述的哲人的冥想和體驗相提並論，我們知道奧義書澈底地改變了吠陀思想中關於世界和人類存在的概念。（第80節）

　　而當我們考察瑪茲達宗教的「智慧」的入會禮和末世論的性格，就更令我們想起奧義書裡的智者（ṛsis）。當然，作為不公開的宗教（像吠陀和婆羅門教），瑪茲達宗教的祕教層面是很自然的發展，這個部分則不是所有信徒都能夠接近的。〈獻祭〉48.3 提到過「祕密教義」。瑣羅亞斯德提倡取代血腥且瘋狂的傳統儀式時，就表現出明顯的入會禮和末世論性格。他所提倡的儀式是非常精神性的，甚至在《神歌》中，「獻祭」變成「思維」的意思。[19] 當阿胡拉‧瑪茲達化身為「善思維」臨到他且問他說「你要向誰禮拜」時，瑣羅亞斯德回答說：「向你的火禮拜！」他接著又說：「在獻祭時我想要盡可能地思維正義之神！」（〈獻祭〉43.9）獻祭是神學冥想的時機，或者更正確地說，是其「助道因緣」。而無論後來的祭司如何詮釋，這個火供祭壇顯然一直是瑪茲達宗教的宗教重心。而瑣羅亞斯德所想像的末世審判之火，除了報應的作用之外，更重要的是使這世界淨化且精神化。

　　而儀式的功能又更大。根據最近的詮釋[20]，透過儀式，獻祭者會進入「奉獻」（maga）譯[12]的狀態，也就是說，他會有出神的經驗，並為他帶來覺照（čisti）。在這覺照當中，祭司或獻祭者得以使他的靈魂（mēnōk）脫離軀殼（gētīk）；換句話說，他回到這兩種本質「雜湊」之前的潔淨和純真的狀態。這個雜湊使惡靈有機可趁。因此獻祭者致力於恢復初始的狀態，使世界「變容」（frašō-kereti），這是瑣羅亞斯德這位祭司典範所創始的救贖工作。我們甚至可以說，獻祭者已經參與了變容的世界。[21]

---

[19]　Millet, *Trois conférences sur les Gāthā*, p. 56; Duchesne-Guillemin, *Zoroastre*, p. 151.

[20]　Gnoli, "Lo stado di 'maga'", "La gnosi iranica".

譯[12]：關於 maga 的字源學研究，至今沒有定論，見 Geo Widengren, Die Religion Irans, 1965。推測是「獻禮」或「合唱隊」的意思。

「奉獻」（maga）的狀態最初是透過豪麻酒祭達到的，也就是「不朽之酒」的祭祀，祭司在祭典中飲取這不朽之酒。㉒在「聖火」（xvarenah）裡，醇美的豪麻酒是神聖的汁液，象徵火燄、光明、賦與生命和精液。阿胡拉・瑪茲達是最偉大的「聖火」的擁有者，但是在密特拉（Mithra）的前額也會發出這神聖的火燄（〈讚歌〉10.127），而且像陽光一樣，會從國王的頭上散發出來。㉓其實，每個人都擁有這「聖火」，在變容之日，也就是最後的重建，「這偉大的光似乎發自軀體，在大地持續燃燒。」㉔藉由儀式中的飲取豪麻酒，獻祭者超越了人性狀態而得以接近阿胡拉・瑪茲達，爲宇宙的重建具體準備。

(330)

我們很難判定，在瑣羅亞斯德的年代，儀式的末世論想法是否完全成形。但是在印度伊朗的宗教的祭典功能裡，無疑地涵蘊著這個觀念。研究者認爲《梵書》的作者也有類似的觀念：透過獻祭的無限力量，世界會周期性地重建，也就是「再造」。而瑪茲達宗教的末世論祭祀作用可以說是融合了《梵書》中獻祭的崇高性和《奧義書》裡祕義的知識和觀想的「覺照」。就像婆羅門時期的印度一樣，伊朗的獻祭法術和末世論知識是由上層社會聖職者發展出來的，並且構成祕教的傳統。若干史詩中關於瑣羅亞斯德的信徒吸食大麻的情形既然符合現實狀況㉕，也就可以和古印度的情形作比較，除了苦行、冥想、瑜伽和靜坐之外，也使用麻醉藥物以達到出神狀態。（見第78節）但是在伊朗的宗教裡，透過麻醉藥物達到忘我出神的狀態並不多見。同樣的，在最早的瑣羅亞斯德教裡，如《神歌》裡部分

㉑　Cf. Gnoli, "Questioni sull'interpretazione," pp. 349 sq. 在本書第二卷中，我們會分析靈魂和肉體的意義。

㉒　Cf. M Boyce, "Haoma, Priest of the Sacrifice"; Gnoli, "Lo stato di 'maga'," pp. 114-15, "Quetioni," p.366.

㉓　見 Duchesne-Guillemin, "Le xvarenah"以及本書〈靈魂、光和種子〉中引述之參考書目。值得一提的是美索不達米亞的「火燄般的光輝」（melammu）的概念。

㉔　Zātspram, trans. Molé, *Culte, mythe et cosmogonie*, p. 98; ibid., p. 475; Gnoli, "Questioni," pp. 367-68.

㉕　Cf. Widengren, *Les religions de l'Iran*, pp.88ff.

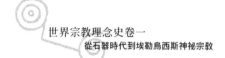
反映的，強調的似乎是在獻祭的聖火得到的「智慧」和內在「覺照」。

根據傳說，瑣羅亞斯德在 77 歲的時候，在火供神殿裡被圖蘭人布拉扎

(331) 許（Brātvarxsh）殺死。後來又附會說，凶手是喬裝成狼群。[26]這個傳說是在歌頌瑣羅亞斯德的神性，因爲「狼群」是指先知勇敢抨擊的那些雅利安兄弟會。

但是這個神話化的過程至少持續了 15 個世紀。我們曾提過瑣羅亞斯德在瑪茲達傳說中被神化的例子（第 101 節）。在古希臘時代，瑣羅亞斯德被尊崇爲典範的「穆護」（Magus）譯[13]，義大利文藝復興的哲學家提到他時，也總是稱之爲「穆護」。關於他最美麗的神話的反省，也出現在歌德的《浮士德》裡。

105. 阿契美尼德王朝的宗教

阿胡拉‧瑪茲達和魔鬼的對立在印度伊朗時期已經存在，在印度裡是天神和阿修羅的對立。但是這裡有個差別；在印度裡，對立兩造的神性和在伊朗正好相反：「提婆」（deva）變成「善神」戰勝比他們更古老的神族「阿修羅」（asura），在吠陀經典裡被視爲「惡魔」。（第 65 節）而在伊朗情形也很類似，雖然方向正好相反；古代的神祇「daēva」被惡魔化（第 65 節）。我們可以確定這些蛻變的方向：過去具有戰士神性的神祇，因陀羅、大魔（Saura，象徵蠹政）、伐由，都成爲惡魔。而阿修羅諸神則不曾被惡魔化。和古印度的阿修羅相當的婆樓那則變成阿胡拉‧瑪茲達。

瑣羅亞斯德可能也參與了這個過程。但是阿胡拉‧瑪茲達被提昇到最高神的地位卻和他無關。在伊朗各國中，早在瑣羅亞斯德之前，阿胡拉‧瑪茲達便已被尊崇爲最高神，或是諸神中最偉大的神祇。在阿契美尼德諸

---

[26] 見帕拉維語的 Riva'yat, Jean de Menasce, Anthropos, vol. 35/36, p. 452 (cf. Duchesne-Guillemin, La religion de l'Iran ancien, p.341, n.3)。

譯[13]：古波斯祭司，尤其是米底斯族。

王的銘文中，可以看到瑪茲達的名字。

長久以來，關於大流士及其後繼者是否信奉瑣羅亞斯德教，始終爭論不休。反對諸王信奉瑣羅亞斯德教的人所持的論點包括：在任何銘文中都不曾出現瑣羅亞斯德的名字，重要的術語和神祇的名字，如「神聖」（spenta）、惡靈、諸位聖神（除了正義之神之外），也付諸闕如，而在阿契美尼德王朝時代的伊朗宗教，如希羅多德所描述的，也和瑣羅亞斯德教無關。支持阿契美尼德王朝信奉瑣羅亞斯德教的證據則是，當阿爾塔薛西斯一世（Artaxerxes I, 465-425 BC）採用以瑣羅亞斯德教諸神為名的曆法時，並沒有遭遇到反對，而關於這段歷史的銘文中，曾提到被歌頌的阿胡拉・瑪茲達。㉗無論如何，即使阿契美尼德王朝沒有信奉瑣羅亞斯德教，他們的神學也和《神歌》不分軒輊：和《神歌》一樣，他們也使用許多抽象語詞，而且「帶有道德動機」。㉘此外，如莫勒所指出的，我們不能期待國王會有像祭司那樣的行為和禱告，他不會主持祈禱，但是會成就具體的行動，這個成就是「美德」（fraša），意指著「善良的、為人們帶來幸福的、讓國王施展其能力的」。㉙在大流士命令於波斯城附近的納克西盧斯坦（Naqš-i-Rustam）銘刻的最早的碑文裡，阿胡拉・瑪茲達被歌頌為「偉大的神，他創造這個大地，創造那邊的穹蒼，創造人類，為人們創造幸福，使大流士成為諸王之王，眾主之主。」㉚這段銘文詳述阿胡拉・瑪茲達的創造性，以及（由此推得）君王的宗教使命，宣稱是阿胡拉・瑪茲達

(332)

㉗ Duchesne-Guillemin, p. 167，但是作者最近提到（*Historia Religionum*, vol.1, p. 326），根據 Beckerman 的論文研究，「瑣羅亞斯德教的曆法」的論點不足採信。

㉘ G. Dumézil, *Naissances d'archanges*, pp. 62ff，亦見 Zaehner, *Dawn and Twilight*. Pp. 157ff.

㉙ Molé, Culte, *mythe et cosmologie*, p.35；Gnoli（"Considerazioni sulla religione degli Achemnidi," pp. 246ff）說到，在銘文裡，「fraša」意味著「美德」而沒有宗教的意義；然而在任何忠誠行為的「美德」裡都涵蘊著宗教意義。

㉚ R. G. Kent, *Old Persian*, p. 138; cf. Widengren, *Rel. de l'Iran*, p.140, n.1，這些禱詞可能源自米底亞文化（Nyberg, *Die Religion des alten Irans*, p. 349），Widengren (p. 140) 認為那是受到閃族造物主的概念影響。

的創造世界和「爲人們帶來幸福」才使大流士稱王的。

(333)　　阿契美尼德王朝建立的神話更證成這個宗教的特權。根據希羅多德所述（1.107.17），米底斯（Medes）國王阿斯提亞各斯（Astyages）作了兩個夢，根據穆護的解夢，認爲是危害王權的惡兆，於是把他的女兒嫁給叫做坎貝西斯（Cambyses）的波斯人（那時候是劣等民族），當她生下男孩居魯士（Cyrus）時，阿斯提亞各斯下令殺死他，但是一個牧人的妻子，密特拉達特斯（Mithradates），救了這個男孩並且把他撫養長大。[31]居魯士長大成爲牧人少年，但是他的君王儀態暴露了他的身份。最後，經歷過許多奇遇之後，他征服了米底斯，奪走他的外祖父的王位，建立了阿契美尼德王朝。

　　在許多民族裡都有關於被拋棄在荒野且被迫害的英雄的神話。對我們而言，以下的主題特別重要：一、居魯士從被拋棄在荒野開始經歷的考驗，意義相等於軍事入伍訓練；二、在象徵的意義上，未來的國王是密特拉神的兒子（他的養父名字叫做「密特拉達特斯」，意即「密特拉的禮物」）；三、居魯士戰勝米底斯的國王後，建立了新的帝國和王朝；四、這也意味著他創造了新的世界，開啓了新的紀元，換句話說，他造就了小型的宇宙創造；五、因爲每年的新年節慶都重複著宇宙創造的儀式，我們可以合理地假設，在新年節慶「納羅斯」（Nawrōz）裡，王朝的建立成爲神話和儀式的部分。

106. 伊朗國王和新年節慶

　　大流士規劃建造波斯城，作爲新年節慶使用的聖城。[32]事實上，波斯

---

[31]　根據 Justin 1.4 所述，牧人發現這嬰孩在荒野中被母狗餵奶（君王英雄神話的典型特徵）。希羅多德說，這個牧人密特拉達特斯的妻子叫做斯帕可（Sapko），在米底亞語裡是「母狗」的意思。參見 Widengren, "La légende royale," p.226。

[32]　R. Grishman, "A propos de Persépolis," pp.265, 277; A. U. Pope, "Persepolis, a Ritual City".

城不是政治上的首都，沒有軍事策略的重要性，而且不像帕薩爾加德（Pasargadae）、埃卡巴塔那（Ecbatana，哈馬丹之古名）、蘇薩（Susa）和巴比倫，在任何西方或東方的文獻都不曾提及。㉝「納羅斯」像許多新年節慶的儀軌一樣，藉著宇宙創造的象徵性重現使世界重生。這個觀念在印度伊朗民族裡很常見；然而在阿契美尼德王朝裡的儀軌也可能受到美索不達米亞的影響。㉞無論如何，新年慶典是在阿胡拉・瑪茲達的庇佑下進行，在波斯城的幾個城門上以僧侶使用的文字表現。

(334)

　　從更廣闊的地理比較，在某個歷史時期裡，宇宙創造（以及所有其他「創造」和「奠基」的形式）的神話裡總會有個神或神話英雄戰勝海裡的怪獸或巨龍（如因陀羅和烏里特那、巴力和雅姆、宙斯和百頭巨怪〔Thyphoeus〕等等）。我們可以比較吠陀時期的印度和古代伊朗類似的儀軌㉟，雖然後者的文獻較為晚出，而且其神話也有顯著的歷史化形式。事實上，波斯古經中（〈讚歌〉9.145, 5.34, 19.92 ff）敘述的英雄特雷丹納和巨龍阿奇達哈卡（Aži Dahāka）的戰爭，在斐爾杜西（Firdausi）譯⑭的史詩裡變成國王法里丹（Farîdûn）（<Frêtôn<Thraētona）和外來的侵略者的戰爭，那是巨龍阿茲達哈克（Aždâhâk），他俘虜並強佔了國王雅姆西德（Jamšed）（<Yima<Xšaēta）的兩個女兒。和特雷丹納一樣，法里丹殺了巨龍凱旋而歸，並且把那兩個被俘虜的女兒送回來（後來和她們結婚）。而後來的傳說則附會說，國王是在新年那天殺死阿茲達哈克的。㊱伊朗的國王和英雄都以屠龍著稱（例如阿達舍〔Ardashir〕的傳奇故事），這是個流傳甚廣的主題，我們會回頭討論它。在伊朗和其他地方一樣，神話主題

㉝　甚至是在大流士宮殿居住了三十年的泰西阿斯（Ctesias）都不曾提到波斯城，這個名字意指著聖城的祕教意義，見 K. Erdman, "Persepolis", pp. 46-47. 事實上，直到亞歷山大大帝摧毀這個城市，西方世界才知道有這個城市的存在。

㉞　Gnoli, "Politica religiosa e concezione della regalità sotto i Sassanidi," pp.23ff.

㉟　Wikander, *Voyu*, pp. 128 sq.; G. Widengren, *Stand und Aufgabe*, pp.51sq.; *Les religions de l'Iran*, pp. 58 sq..

㊱　Widengren, *Rel. de l'Iran*, p. 66.

譯⑭：波斯史詩家，原名 Abul Kasim Mansur（940-1020）。

和人物的歷史化總是對應著相反的歷程：國家或帝國的敵人總是被想像成怪獸，特別是巨龍。㊲

(335)　　我們要記得，伊朗國王有責任保護這世界並使之重生，換句話說，在他的舞台上，他對抗邪惡以及死亡的力量，致力於生命、豐收和善神的勝利。瑣羅亞斯德透過善的宗教尋求宇宙的重生。我們在前面分析過，瑣羅亞斯德教的每個祭司都相信，他們藉著獻祭參與了末世的變容。國王們在「初始」時和每年所做的事，祭司們希望每年都能成就它，而在最後的重建時，「救世主」（Saoshyant）會完成它。我們不知道，在阿契美尼德王朝的時候，在王權和神職這兩種意識型態之間是否有衝突或潛在的緊張關係。維什塔斯巴國王和先知的友好關係或許是個典範的模式。但是在後來的薩珊王朝（Sassanids）衝突就變得很明顯。在其他地方也可以看到這個現象：悉達多王子成佛，他的救世論取代了婆羅門的救世論。

107. 穆護的問題：西西亞人

　　瑣羅亞斯德教向西發展的時候，遭到到其他的宗教而受到他們的影響。同樣的，阿契美尼德王朝的瑪茲達宗教也不是沒有改變。大流士的兒子薛西斯禁止在他的王國裡崇拜魔鬼，這使得他更接近瑣羅亞斯德的宗教。但是到了後來，特別是阿爾塔薛西斯二世（405-359 BC）銘文的時代，密特拉和安娜希塔（Anāhitā）譯⑮也出現在阿胡拉·瑪茲達身邊。我們稍後會看到，在晚期的波斯古經裡有宗教融合的跡象，在阿胡拉·瑪茲達和諸聖神之外也引述這些神祇的名字。㊳

　　穆護以及他們和瑣羅亞斯德教的關係的問題也有這樣的爭議。例如

㊲　Eliade, *Le mythe de l'éternel retour*, pp. 51 sq..

㊳　然而 Widengren 認為在波斯有相當多的人崇拜密特拉，即使是大流士一世的時代（Rel. de l'Ian, p. 148）。

譯⑮：波斯宗教的繁殖女神，在阿契美尼德王朝普遍受崇拜，有古波斯偉大的母親之稱。

說，過去我們認爲他們是巫師和降神者的土著部落，是瑣羅亞斯德教沒落的原因，而也有人認爲他們是瑣羅亞斯德在西部伊朗眞正的信徒和傳教者。在米底斯帝國（西元前七世紀），他們似乎是世襲的米底斯祭司種姓，就像利未人和婆羅門一樣。㊴在阿契美尼德王朝的時候，他們是神職階級顯著的代表人物。根據希羅多德的敘述，他們會解夢（1.107 sq.），在白馬祭作預言（7.13），在獻祭時唱誦「諸神的譜系」（1.132），這意味著他們是宗教詩歌傳統的守護者。㊵無論如何，穆護接受了許多瑣羅亞斯德教的儀式和禮俗，最後被認爲是瑣羅亞斯德教的信徒；的確，某些希臘人在傳述時認爲瑣羅亞斯德是個穆護。 (336)

我們從希羅多德那裡得到最多關於伊朗北部部落的珍貴資料，尤其是西西亞人。在他們的諸神當中，我們發現天神（Papaios）、密特拉（Mithra, Helios-Apollo）、戰神阿利斯（Ares）、大地女神以及烏拉尼亞的阿芙羅狄特（Aphrodite Urania）（4.59）。希羅多德還記載了關於西西亞部落和王室起源的民族傳說。（4.5 sq.）這神話可以用印歐民族三分法的意識型態去解釋，特別是保存在高加索山的奧謝迪人（Osset）的民間史詩裡，他們是西西亞人和阿蘭人（Alan）的後裔。

希臘史家希羅多德說（4.59），西西亞人沒有廟宇、祭壇或神像。但是他們每年會以馬和羊以及百分之一的戰俘獻祭給戰神阿利斯，他們在堆起的土墩上插上鐵劍以象徵戰神。在國王的葬禮會以人（一個嬪妃和若干奴隸）和馬陪葬。（4.71 sq.）最後，我們必須注意祭典中的薩滿教性格：希羅多德說，西西亞人會把大麻種子撒在火紅的石頭上，煙霧會使他們「快樂得高聲嚎叫」（4.75），顯然他不知道這個宗教行爲的意義。這很可能是個出神經驗，相當於瑣羅亞斯德的傳說裡所敘述的經驗。（第 102 節）

㊴ Zaehner, *Dawn and Twilight*, p. 163.

㊵ Widengren, *Rel. de l'Ian*, p. 139, pp. 135 sq..

108. 瑪茲達宗教的新面向：豪麻酒祭

(337)　　在《神歌》35-42 以散文體寫成的〈七章獻祭〉反映出相當複雜的適
應和整合的過程的開端。首先，在語彙中可以看到某些重要的創新；首次
以集體的方式提及所有聖神，我們也發現「諸神」（yazata）這個名詞，
在後來的瑪茲達宗教裡變得很重要。我們也看到使宇宙實在界重新神聖化
的趨勢。火等同於善靈（spenta mainyu）（〈獻祭〉36.3），和太陽一樣，
他們把火和阿胡拉・瑪茲達聯想在一起。㊶太陽是「至高無上」（36.6）
的神的可見形象。象徵眞理的正義之神同樣也和光有關。我們在〈七章獻
祭〉裡也注意到正義之神的特殊地位：正義之神和阿胡拉・瑪茲達聯想在
一起，顯示上帝和眞理的「永遠」結合。（40.2; 41.6）正義之神不只是象
徵著眞理、正義和秩序；他是具有宇宙和靈性結構的人格化㊷；他被稱爲
「最慈悲、博愛、不朽的、以光構成的神」（37.4）。在《神歌》裡啓發
瑣羅亞斯德的善念之神（Vohu Manah），則被降爲次級之神。

　　更令人驚訝的，裡頭還提到「阿胡拉的好妻子們」（Ahurānīs），她
們是河流：「我們崇拜阿胡拉的好妻子們，河流。」（〈獻祭〉38.3）㊸
此外，豪麻酒在祭典中也有著重要的地位：「我們禮敬神聖的金黃色豪麻
酒，我們禮敬閃耀的豪麻酒，它使我們的生命豐饒，我們崇拜那叫死亡逃
開的豪麻酒。」（42.5）許多學者把對豪麻酒的讚美解釋爲瑣羅亞斯德死
後在先知的教義和傳統宗教之間的宗教融合的證據。然而，即使瑣羅亞斯
德接受豪麻酒祭（儘管他同時也譴責飲酒過度），這也不能算是宗教融

㊶　在〈獻祭〉1.11; 3.13; 7.13 裡，太陽被稱爲阿胡拉・瑪茲達的眼睛，這意味著古
　　代印度伊朗觀念的重現，因爲在《梨俱吠陀》1.50.6 裡，太陽是婆樓那的眼睛。

㊷　Zaehner, *Dawn*, p.64.

㊸　如 Zaehner 所説（*Dawn*, p.65），在後來的經典裡，河流就被遺忘了；阿胡拉・瑪
　　茲達的妻子變成阿麥提（Armaiti），是《神歌》裡的善念之神，後來又和大地之
　　神合而爲一。這當然只是伊朗宗教的遺跡。

合，而只是對於古印度伊朗的宇宙崇拜的宗教的嚴肅推崇。

瑣羅亞斯德的《神歌》裡的〈七章獻祭〉是祭典的祈禱文，裡頭許多
經文只是單調地祈請諸神。另一方面，〈讚歌〉則是個別地和諸神對話的
詩歌。裡頭包括許多被瑣羅亞斯德忽視的神祇，如密特拉，也包括許多聖 (338)
哲和宗教事物的人格化，如豪麻酒。〈豪麻酒讚〉以別出心裁的起源神話
證成豪麻酒祭：瑣羅亞斯德在讚美火且朗誦《神歌》時，豪麻向他走來，
要他把豪麻捆起來榨取汁液。先知詢問原因，才知道維瓦凡特是最早榨取
豪麻汁液的人，並且因此喜獲麟兒，就是伊瑪國王，他是「人類中最虔誠
的」（〈讚歌〉20.45）。我們在第二卷會討論這個神話儀式場面的意義和
歷史起源：透過獻祭獲得子嗣。值得注意的是，在瑪茲達宗教裡，伊瑪、
豪麻酒和血祭都受到讚美（〈讚歌〉11.4-7）。對於印度伊朗傳承如此的
推崇顯然遭到強烈的阻力；後來果然明確禁止血祭，而豪麻酒也消聲匿
跡，代之以植物汁液、水和牛奶的混合物。㊹

109. 善神密特拉的高舉

更令人驚訝的，對瑪茲達宗教也相當重要的，是〈密特拉讚歌〉
（Mihr Yašt）譯⑯，禮讚密特拉的長篇詩歌。阿胡拉・瑪茲達說：「當我
用長牧草創造密特拉時，我就使他和我一樣值得受尊崇禮敬。」（〈讚
歌〉10.1）換句話說，密特拉的偉大、力量和創造力都是睿智的上帝的造
就。在這序詩裡，我們看到瑪茲達宗教的神學努力要不斷確認最高神的全
能。事實上，早在瑣羅亞斯德的宗教改革之前，〈密特拉讚歌〉便敘述且
證成對於密特拉應有的尊榮的推崇。在詩篇的結尾，當這兩位神祇合而為
一時，作者用「密特拉阿胡拉」（Mithra-Ahurā）這個字，取代吠陀時期

㊹　Widengren, *Rel de l'Iran*, p.131; cf. Duchesne-Guillemin, *La religion de l'Iran*, pp. 96
sq..

譯⑯：Mihr<Mithr<Mithra，見 Geo Widengren, *Die Religion Irans*, 1965。

著名的「密特拉婆樓那」的合稱。㊺

(339) 　　但是在〈密特拉讚歌〉所讚美的神祇並不是毫無變化地融入瑪茲達宗教。從詩篇中，我們可以解讀出關於個別的神的起源的不同元素。阿胡拉‧瑪茲達一連串的舉動和姿態確實是在讚揚和拔擢密特拉。首先要強調的是他的多重德性。當然，他是契約之神，只要信徒承諾崇拜他（〈讚歌〉10.4-6），就不會遭到毀約。但是他也是戰神，表現出暴力和殘忍的面向（他用他的鎚矛〔vazra〕狂怒地屠殺惡魔和那些不信神的人，鎚矛這個特徵使他更接近因陀羅的形象）。他也是太陽神，和光有關（10.142）。他有千耳千眼（10.141），也就是說，是全視全知的，就像任何主神一樣；而他又是大地的扶養者，護佑莊稼和牲畜的豐饒（10.61 sq.）。這種現象在宗教史裡很流行：人們經常賦與某個神祇許多時而互相矛盾的力量和屬性，以獲得在暫時或永久地榮登偉大諸神之列時所需要的「全體性」。

　　阿胡拉‧瑪茲達和諸位聖神為他在赫拉（Harā）山巔建造屋子，那是在宇宙穹蒼之外的靈性世界（〈讚歌〉10.49-52）。㊻但是密特拉對上帝抱怨說，儘管他是所有受造物的守護者，卻沒有像其他諸神那樣得到祈禱的崇拜（10.54）。或許後來他就得到應有的禮拜，因為我們在詩篇的後段看到他駕著白馬拉的戰車飛馳（62 sq.），或是和斯羅夏（Sraosha）以及拉什努（Rashnu）譯⑰一起在夜裡飛越大地把惡魔全部消滅（95-101），或是追捕那些毀約的人（104-11）。更重要的是密特拉晉升到最高神之列的場景。首先是阿胡拉擔任密特拉的祭司奉獻豪麻酒，而豪麻酒向他禮拜並獻祭。然後阿胡拉規定禮拜密特拉應有的祭典（119-22），並且親自在天

㊺　Dumézil 曾經指出，在《神歌》裡，密特拉的地位被善念之神（Vohu Manah）取代，另見 Widengren, *rel de l'Iran*, p.31。

㊻　這個神話主題的意義很常見：諸神在天上建造神殿，以禮讚某個神祇的勝利（通常和宇宙創造有關，比較馬爾杜克的例子），或是慶祝他擢升諸神之列（比較巴力神的例子）。顯然史詩是從崇拜神祇的聖地建築找到靈感的。（參考第 40 節）

譯⑰：Sraosha，服從之神，他會接引且審判死者的靈魂，把禱告傳達到天上，並濟助窮人，對抗邪惡，是世界的守護神，他的主要敵人是 Aeshma 以及 Angra Mainyu；Rashnu，手持金尺，在揀擇之橋審判死者的靈魂。

堂（歌聲之家）裡主持（124）。經過這個神化的過程，密特拉回到人間和惡魔戰鬥，而阿胡拉・瑪茲達則待在歌聲之家。阿胡拉・瑪茲達和密特拉 (340) 的重聚決定了惡魔的命運。密特拉被尊崇為照耀整個世界的光（142-44）。詩篇以這些話結束：「在巴斯曼（barsman）譯⑱旁邊，我們禮拜密特拉和阿胡拉，聖潔的真理之神們，永遠不致墮落的神：我們禮拜星辰、月亮和太陽。我們禮拜密特拉，所有大地之主。」（145）

在瑪茲達宗教裡，密特拉特別被高舉為戰勝惡魔和不信神之人的神祇。阿胡拉・瑪茲達放棄這個專屬於他的特性，正意味著後來「神的退位」的趨勢；但是因為和邪惡對抗是瑪茲達宗教的首要義務，因此這篇詩歌也可以解釋為密特拉的「皈依」，因而是上帝的勝利。

110. 阿胡拉・瑪茲達以及末世論的獻祭

在其他詩篇裡也可以解讀到古代民間宗教和瑣羅亞斯德教義之間的宗教融合。例如在獻給天神提斯特利亞（yazata Tištrya，天狼星的人格化）〈讚歌 8〉裡，提什特利亞抱憾說他沒有澈底消滅惡魔阿波夏（Apaoša），他使河流乾涸，而威脅要毀滅所有生命，因為人們在祭典裡忽略了他們。因此阿胡拉・瑪茲達向提斯特利亞禮拜並獻祭，後來，提斯特利亞果然戰勝惡魔，確保大地的豐饒。同樣的，阿胡拉・瑪茲達也向安納希塔獻祭，希望她「幫他這個忙：『我可以使虔誠的瑣羅亞斯德依照善的宗教去思考、言說行動嗎？』」（〈讚歌〉5.17-19）還有，睿智的上帝也向伐由獻祭，希望他「幫他這個忙」，去誅滅那些惡靈（15.3）。阿胡拉・瑪茲達也很令人訝異地宣稱，如果沒有人類聖潔的靈魂（fravashis）譯⑲的幫助，人和動物都會消失，而物質世界會墮入虛妄之神的帝國裡（13.12）。

蔡納（Zaehner）㊼把這些經文理解為和瑣羅亞斯德教義的對立，也就

㊼　Zaehner, *Dawn and Twilight*, p.81.

譯⑱：是祭品的一種，用樹枝捆成束製成。

譯⑲：fravashis 或 fravati 指的是「守護天使」或「信徒更高尚的靈魂和根本存在」。

(341) 是阿胡拉‧瑪茲達的自我貶抑，他不只向次級神禮拜，還向他們求助。而向人類靈魂求助更讓我們想起退位神（deus otiosus）的某種類型，造物主因為「心力交瘁」使他不得不向某些動物甚至敵人求助。[48]但是阿胡拉‧瑪茲達透過獻祭（yasna）向某些神禮敬（yaz-），並不必然蘊含著他把自己貶為次等的地位。〈讚歌〉所要強調的是祭典和祈禱文的創造力量，並且表現阿胡拉‧瑪茲達的神職功能。[49]藉著獻祭，阿胡拉‧瑪茲達使受祭者增加十倍的巫術宗教力量。譯[20]這詩篇顯然是要強調獻祭的重要性，這當然是印度伊朗宗教的觀念，特別是婆羅門，也逐漸成為瑪茲達宗教的核心概念。

和其他印歐民族一樣，祭典的火扮演重要的角色。獻祭（yasna）「基本上是在火之前奉獻豪麻酒」。（Duchesne-Cuillemin, *La religion de l'Iran ancien*, p.71）聖火的延續、潔淨和設立在瑪茲達宗教裡尤其重要。對於每個信奉瑪茲達宗教的國王而言，設立聖火是至高無上的宗教行為，也就是說，建造寺廟、捐獻財物、並且設置祭司。[50]雖然瑣羅亞斯德批評某些血祭，但是我們不清楚他是否排斥全部的牲祭。無論如何，在波斯古經裡還是可以看到牲祭（〈獻祭〉11.4；〈讚歌〉8.58）。此外，在安息（Parthian）時期的阿契美尼王朝和薩珊王朝裡也有文獻可徵。[51]

我們在第 104 節看到，瑣羅亞斯德宣稱自己是救世主，並且高呼說：「願我們能使這世界重生。」（〈獻祭〉30.9）他使古老的神話儀式復活，也就是藉由儀式模仿宇宙創造而使得世界重生。瑣羅亞斯德教不斷強調祭

---

[48] 這是個「二元論」的宇宙創造主題，在東歐、中亞和西伯利亞的民謠裡常常看到，在塞萬教派（Zervanism）的文獻裡也可發現，見 Eliade, "The Devil and God," Zalmoxis, pp. 79 sq. 。

[49] Gnoli, "Note su Yasht," pp. 95 sq..

[50] Duchesne-Guillemin, *La religion de l'Iran*, p. 84, n. 1.

[51] ibid., pp. 100 sq., 另見第 103 節。

譯[20]：提斯特利亞曾經敗給惡魔，阿胡拉‧瑪茲達聽到他的抱怨，便向他獻祭，藉此給了他十匹馬、十隻駱駝、十頭牛、十座山、十條河的力量，戰勝阿波夏。

祀的末世論意圖，但是並沒有忘記其宇宙論價值。我們可以在耶和華崇拜 (342)
（第 57 節）裡看到宇宙歷程和現象類似的「歷史化」。和怪物的對抗以及其他英雄主題都被解釋爲瑪茲達宗教末世論的情節，也就是和惡魔的戰爭以及等候和準備「世界的變容」。在新年節慶裡，世界象徵性地再造，時間本身也重新開始，因此最後也和末世論的重生結合在一起。瑣羅亞斯德教的祭司在獻祭時期待著最後的獻祭，藉此救世主會帶來重生。結果祭司也儼然成爲救世主和瑣羅亞斯德。(52)

到後來，獻祭的這兩種意圖，宇宙創造和末世論，已經不可分了。在帕拉維語的經典裡，強調阿胡拉・瑪茲達透過獻祭創造了原人和瑣羅亞斯德。(53)在新年的慶典裡會舉行末世審判和重生的儀式，死者會復活且接受審判，最後獲得「不朽的生命」。我們要注意，這個宇宙的重生和最初的宇宙創造一樣都是獻祭的結果。帕拉維經典詳細描述那由救世主及其助手主持的最後獻祭，屆時阿胡拉・瑪茲達（Ohrmazd）和諸位聖神會降臨，在祭典後，人類會復活且成爲不朽，而世界也會澈底再造。(54)

我們看到瑣羅亞斯德教如何重新詮釋古代的獻祭的意義。瑣羅亞斯德主張對抗邪惡勢力的「聖戰」，每個選擇善的宗教的信徒都必須和惡魔作戰，以「潔淨」這充滿惡魔的世界，換句話說，他參與了阿胡拉・瑪茲達及其大天使們的潔淨世界的任務。透過歌頌儀式的創造力量，善的宗教的救贖功能逐漸增加。宇宙再造的終極目的取代了獻祭的宇宙創造的基本價值，因爲末世論的重生不只是「拯救」人類，而且是透過肉體的復活重新
創造他們。這蘊含著新天新地的創造，而且是不會墮落毀壞的世界。如 (343)
〈讚歌〉19.90 所宣稱的：「物質世界不會再毀壞，……虛妄會消失。」

(52) Molé, *Culte, mythe et cosmologie*, p. 134。Saoshyant 是最後的救主，也就是瑣羅亞斯德，而根據後來的傳說，從先知的後裔傳下，奇蹟式地保存在卡撒亞胡（Kasaya）。

(53) Pahlavi Rivayāt 16 B, Molé, pp. 126 sq..

(54) Molé, pp. 87 sq., 90, 126 sq..

111. 死後的靈魂之旅

儘管宗教的改革和皈依，葬禮、死亡的神話和死後靈魂存在的觀念卻沒有多大的變化。我們甚至可以說，在前瑣羅亞斯德教時期，波斯古經和帕拉維語經典的許多內容仍然被接受。在伊朗西部文獻記載的儀式，特別是火葬死者並且安置在骨灰罈裡，隨著瑣羅亞斯德教延伸到其他地區。此外還有個源自中亞草原的典型習俗：把屍體暴露在某個指定的地方，讓兀鷹和野狗去吃。(55)伊朗東部會舉行哀悼式，捶打自己，幾乎像是要自殺一樣。但是瑣羅亞斯德教嚴格禁止「哭泣和哀傷」，認爲這會招來惡靈。(56)

至於死後的靈魂經驗，我們也發現若干類似的主題，過橋、昇天、審判，其中也包括和自己的「自我」會合。〈聖言集〉（Hādōxt Nask, Yašt 21-22）裡的部分詩篇提到，義人的靈魂（urvan）在死後會在軀體附近停留三天。在第三天夜晚將盡之時，南方會吹起一陣薰風，死者的「自我」（dāenā）會顯現爲「窈窕女子，全身發光，手臂白晰，健康且面貌姣好，高大挺直，椒乳高聳，……年約十五歲。」（〈聖言集〉9）「自我」在介紹過自己之後，會說：「過去的我是如此可愛，而你的善念、善語、善行、善信，使我更加可愛；我是可愛的，而你使我更可愛；我是有魅力的，而你使我更有魅力。」（同前揭，14）然後靈魂走了四步，跨越三重
(344) 天(57)，到達「無始之光」（15），也就是天堂。有個死者問他「如何從肉體存在超越到靈性存在，如何從充滿危險的存在超越到沒有危險的存在，」但是阿胡拉・瑪茲達打斷他的話：「不要問他，因為你會使他憶起

---

(55) Nyberg, *Die Religionen des alten Irans*, p. 310; Widengren, *Les religions de l'Iran*, p. 53.

(56) Nyberg, pp. 316 sq..

(57) 指的是星辰、月亮和太陽，在經文中相當於「善念」、「善語」、「善行」；Widengren, p. 125; Bossuet, "Die Himmelsreise der Seele," pp. 25 sq.。

他所走過的可怕且危險的路，那是肉體和意識分離的道路。」（17）那是旅程中很戲劇性的考驗。[58]阿胡拉・瑪茲達說他可以得到「春天的奶油」[59]，那是義人「死後世界的資糧」（18）。相反的，罪人的靈魂會在北風中遇到可怕的悍婦，到達那「無始之黑暗」，在那裡，惡靈囑咐給他毒藥吃（20-35）。

我們逐一分析這些特徵：一、靈魂遇到他的「自我」[60]，那是在他之前存在的（過去的我是如此可愛），卻也是他在世間行為的結果（你使我更可愛）；二、「自我」的原型是女性的形式，而且有具體的相貌；三、我們從這裡又發現印度伊朗的觀念，在《科西陀格梵書》1.3-6 裡可以看到：當人走向「諸神之路」（devayāna），諸神會迎接他的靈魂，尤其是意識之神（Mānāsi，女性神）和千里眼（Cākshushī，女性神）；然後他會渡過湖泊和河流，走進城裡，到達梵天面前，他會問他：「你是誰？」[61]

在〈聖言集〉裡並沒有提到「揀擇之橋」。但是瑣羅亞斯德曾經詳細 (345) 描述過（第 103 節）。這代表著印度伊朗宗教的觀念，在其他印歐民族或宗教歷史裡也有文獻可徵。傳統的記載[62]會描述「自我」如何和他的許多狗到來，帶領義人的靈魂走過揀擇之橋，越過哈拉・貝瑞哉提（Hara Be-rezaiti），宇宙之山（事實上，那座橋是「世界的中點」，連接人間和天堂）。善念之神接見他，帶他到阿胡拉・瑪茲達和諸位聖神面前。義人和

---

[58] 從晚近的文獻裡，我們更清楚這些考驗，*Mēnōk i Xrat* 2. 115-17, 151-53; Soederb-lom, *La vie future d'après le mazdéisme*, pp.91 sq.; Pavry, *Doctrine*, pp. 19, 62 sq.。

[59] 關於「春天奶油」的宗教意義，見 Widengren, p.126。

[60] 關於 dāenā，請見 Gnoli, "Questioni sull'interpretazione," pp.361 sq.。

[61] Wikander, Vayu, pp. 47 sq.。Widengren（pp. 57-59）提到，Dātistān i Denik 24.5 稱年輕女子為「善行的接待者（陰性名詞）」，佛教的《法句經》（dhammapada, 219 sq.）說，「有德者依其善行而被接納，如同親近的家屬一般。」死者的天堂之旅在每個方面，都很類似於靈魂出神昇天，穿越星辰、月亮和太陽，到達天堂（garōdmān），如晚近 Ardai Virāz Nāmak 所描述的昇天經驗。

[62] Vīdēvdāt 19.28-32; Soederblom, *La vie future*, pp. 89-90。根據 Vīdēvdāt 13.19，這些狗守衛著橋，可以比較閻摩（Yama）的狗。

罪人的分別就在橋前或過橋時決定。帕拉維經典裡記載，靈魂的審判是由密特拉主持，助手是斯羅夏和拉什努（手裡有一對尺），但是《神歌》並沒有提到這點。無論如何，這個安排是多餘的：過橋（類似入會禮時的考驗）本身就是個審判；根據普遍流傳的觀念，在義人腳下，橋會變寬，而當罪人走過時，橋會變得像剃刀鋒那麼窄。

112. 肉體的復活

在表面上更為瑣羅亞斯德教所吸收的，還包括末世論的神話以及和伊瑪（Yima）有關的信仰。在印度，耶摩（Yama）主要是產生了第一個死者的神話，而在伊朗，伊瑪卻成為第一個國王，是完美的統治者的典型。在這裡，我們只需要記得，在伊朗的傳說裡，最初的天堂的神話和伊瑪的王朝聯想在一起：在那一千年裡，沒有死亡和痛苦，人們永遠年輕[63]。但是當伊瑪開始說謊時，他的聖火便拋棄了他，最後他也失去了不朽的生命[64]。

(346) 另一個原本無甚關連的末世論神話，是瑣羅亞斯德神學和伊瑪神話的合併。阿胡拉・瑪茲達警告伊瑪說，有個長達三年的冬天會摧毀世界所有的生命；他要伊瑪造掩體（vara），拯救最善良的人們和動物的胚種。這個掩體是地下的建築，太陽、月亮或星辰的光都無論照進來。[65]這是個遠古的末世論，或許是印歐民族的神話（比較日耳曼傳說中的寒冬〔Fimbulwinter〕）譯[21]，但是和瑣羅亞斯德的觀念完全不同。然而我們可以想像為什麼要把伊瑪融入世界末日的神話情節裡：他是傳說中黃金年代裡的國王，而在掩體所保存或「拯救」的是未來人類的胚種，當這末世的災難

---

[63] 〈讚歌〉9.4 sq.; Soederblom, *La vie future*, pp. 175 sq.; A Christensen, *Les Types du premier homme*, vol. 2, pp. 16 sq.。

[64] 見 Christensen，同前揭；G. Dumézil, Mythe et Epopée, vol. 2, pp.282 sq.。

[65] Vīdēvāt 2.20-32; Soederblom, *La vie future*, pp.172 sq.; Bundahišn 39.14; Mēnōk i Xrat 62.15; Dumézil, *Mythe et Epopée*, vol.2, pp. 247 sq..

譯[21]：Fimbulwinter，「漫長的嚴冬」，傳說中那個冬天長達三年，使世界荒蕪且沒落（Ragnaroek）。

過去之後，他們將會體驗到「太初」天堂般的世界。

此外也附會了另一個末世論的觀念，也就是肉體的復活。這個信仰相當古老，但是在〈讚歌〉19.11-89, 13.129 裡清楚地宣示，在「活人」到來時，也就是瑣羅亞斯德所宣稱的救世主，「死者會復活」。因此救贖是最後重生的一部分，也意味著世界的審判。在這個宏偉的末世憧憬裡，有些古老的觀念再度出現：世界澈底且完全的重建，事實上代表著新天新地的創造，不再有惡魔的侵擾；死者的復活，也就是肉體的再創造，等於是宇宙的創造，如果我們從微觀和宏觀的宇宙的對應性去看，這些古老的觀念在印歐民族很常見，而在印度伊朗的宗教裡有顯著的發展。

我們在第104節裡看到，瑣羅亞斯德在祈禱詞裡所預示的最後的重建，是在新年的慶典儀式裡（納羅斯）作準備的。這個傳統最後把宇宙和人類三個決定性的事件和新年結合起來：世界創造、「宗教」的啓示以及末世的重生。⑥⑥但是因爲「年」在象徵上是宇宙時間的整體，因此在一年的最後十天裡，便要爲末世審判的事件做準備。這是個難以置信的時刻，靈魂會回到人間：有一首〈讚歌〉（13.49-52）便向聖潔靈魂呼喚⑥⑦，他在最後 (347) 這十天裡會在人間自由來去。這個信仰流傳很廣，但是瑣羅亞斯德和以前或以後的神學家一樣，都把它放到更大的體系去看：根據帕拉維傳說，奧瑪茲（Ohrmazd）（即阿胡拉・瑪茲達）在最後十天裡創造人類，聖潔靈魂在創造人類時來到人間，在時間終結時，也就是肉體復活時，回到天上。⑥⑧

後來的經典繼續發展新年節慶和末世重生（此時肉體會復活）的對應關係。在每個新年裡，人們會得到新衣服作爲禮物，而在時間終結時，奧

---

⑥⑥ Molé, *Culte, mythe et cosmologie*, p.120.

⑥⑦ fravashis 是義人的靈魂，也是他們在天界的原型。他也是信徒的守護天使，和惡的化身戰鬥；但是後來的經典把他描述爲守衛天堂的騎兵。見 Widengren, *Rel. de l'Iran*, p.39。fravashis 的複雜形象是漫長的宗教融合過程的結果。

⑥⑧ Molé, Culte, *mythe et cosmologie*, p.109.

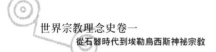
瑪茲會賜給那重生者光輝燦爛的外衣。㉖我們在第 104 節裡看到，在救世主獻祭之後，無論有沒有阿胡拉‧瑪茲達的幫助，世界都會重生，死者也會復活。這個末世審判的獻祭，在某個意義下是重複宇宙創造的獻祭；這即是為什麼它也是「創造性的」。肉體的復活（由此推知它不再毀壞），是瑣羅亞斯德末世論思想嶄新的發展；的確，那代表著不朽生命的全新觀念。㉗

㉖ Saddar Bundeheš 32-37, Molé, p.111.

㉗ 這兩種受造物，靈性的（mēnōk）和物質的（gētīk），以及原人（gayomart）神話，會在第二卷討論。

第十四章

列王和先知時期的以色列宗教

113. 王權和君主專制：宗教融合的巔峰

(348)　　「撒母耳年紀老邁，就立他兒子作以色列的士師。」但是他的兒子不
行他的道，以色列的長老們就到撒母耳那裡對他說：「現在求你為我們立
一個王治理我們，像列國一樣。」（〈撒母耳記上〉8:1-5）在那時候，王
權這東西還是外來的體制。有些持反對意見的人則大肆批評，因為在他們
眼裡，只有耶和華才是以色列唯一的王。在撒母耳膏立掃羅為王之後，掃
羅受「耶和華的聖靈」（〈撒母耳記上〉10.6）感動。因為，國王是耶和
華的受膏者（mâśiaḥ）（〈撒母耳記上〉24:7, 11; 26:9, 11, 16, 23）；在某
個意義下，他被耶和華接納為兒子：「我要作他的父，他要作我的子。」
（〈撒母耳記下〉7:14）但是國王不是耶和華所產生的，他只是透過特別
的宣示承認他，使他「合法化」。①耶和華授予他普世的權柄（〈詩篇〉
72:8），國王坐在上帝右邊（〈詩篇〉110:1, 5；〈歷代記上〉28:5; 29:23）
國王是耶和華的代表；因此他是屬於神聖領域的。但是耶和華獨一無二的
地位使得國王不可能「神化」②；國王至多是上帝的「僕人」（大衛用這
個字有六次之多）。

(349)　　加冕典禮除了其他儀式外，還包括傅油、聲明為王以及就位儀式。③
作為耶和華的代表，以色列的王就像古代東方諸王一樣，必須維持世界的
秩序（〈詩篇〉2:10-12），按公義審判人民且拯救窮乏之輩（〈詩篇〉72:
1 sq.），使莊稼豐收：「他必降臨，像雨降在已割的草地上，如甘霖滋潤
田地。……在他的山頂上，五穀必然茂盛。」（〈詩篇〉72:6, 16）。在這
裡我們看到了傳統神治的意象，而彌賽亞的先知們賦與這意象新的意義。

-----

① G. Fohrer, *History of Israelite Religion*, p. 147。以色列民族也是耶和華的「兒子」
（Fohrer, pp. 185 sq.）。

② 即使如詩篇這麼接近王室的作品，經文裡的主角仍然是耶和華，而不是國王（Fo-
hrer, p.150）。

③ Ringgren, *La religion d'Israël*, pp. 236 sq.; Fohrer, pp. 142 sq..

（此外，等待理想的王，彌賽亞，和王權的意識型態有著密切的關係。）
君主專制被解釋為耶和華和大衛的王國之間新的聖約，延續了西乃山的聖
約。在這個「把外來體制轉化為神的歷史的新行動」裡，我們可以了解以
色列王權的意識型態的緣起。

所羅門在耶路撒冷建造殿宇，靠近他的宮室；於是他把聖地的崇拜和
世襲的君主專制結合起來。聖殿成為耶和華在以色列民族的居所。在這之
前，約櫃一直是伴隨著以色列軍隊，現在卻被安置在萬聖之聖（debir）的
幽暗之處。但是從這聖殿裡，耶和華的榮光照遍耶路撒冷和整個世界
（〈詩篇〉15:1; 24:3; 46:5；〈以賽亞書〉31:4; 48:2）。聖殿所在的錫安山
成為世界的中心。⑤耶路撒冷的聖殿成為民族的聖所，而王室的儀式等同
於國家的宗教。禮拜儀式包括整個會眾的和解禮和贖罪禮，也包括公開的
祈禱，為國王、為他的榮耀、為他的伸張正義，維持「人民的平安」和世
界的豐饒（〈詩篇〉20; 70）。在這裡我們又看到，「祈禱的儀式使得世
界結構重建」。

正如殿宇是根據外國的模式建造的，儀式也是襲用迦南的形式。如此
的宗教融合是前所未有的，因為君王鼓勵以色列和迦南兩地人民的宗教觀
念和儀式的會通。此外，所羅門也採用他異族的妻子的信仰，在耶路撒冷 (350)
對面的山上建築邱壇，像他們的諸神獻祭。（〈列王紀上〉11:6-7）列王
認為自己是國家宗教的領導者，但是我們不是很清楚他們的神職功能。當
約櫃運到耶路撒冷時，大衛的舉止很像祭司：他在約櫃前踴躍跳舞，「在
耶 和 華 面 前 獻 燔 祭 和 平 安 祭，…… 奉 萬 軍 之 耶 和 華 之 名 為 民 祝 福。」
（〈撒母耳記下〉6:16-18）同樣的，所門王也在奉獻聖殿時為會眾祝福。
（〈列王紀上〉8:14）而〈詩篇〉110:4 也說，國王是「照麥基洗德的等
次，永遠為祭司。」但是在其他場合，列王也因為越俎代庖地取代祭司主
持祭祀而遭到批評。國王很可能是參與新年的贖罪祭典。另一方面，某些

---

④　Von Rad, *Old Testament Theology*, vol. 1, pp. 319 sq.; Ringgren, p. 252.

⑤　關於這個象徵對於後來的思想的重要性，見 Eliade, *Le mythe de l'éternel retour*, ch.
　　1。

詩篇似乎也提到國王象徵性的死亡和復活的儀式。所以我們可以假設，在新年節慶（包括象徵性的重現世界的創造）和國王「死亡和復活」的儀式之間存有某種關連。⑥

　　所羅門死後，王國分裂為二：北方王國是以色列，南方則是猶大。因為約櫃是保存在耶路撒冷，北方的民族再也無法接近他們共同的聖地，於是以色列第一個國王，耶羅波安（Jeroboam）就分別在伯特利（Bethel）和丹（Dan）建造聖殿，鑄造兩隻牛犢象徵耶和華去祭祀（〈列王紀〉12: 28-29）。這兩座牛犢鑄像也可能象徵耶和華的王座。但是這個受到迦南人影響的革新舉動違反了禁止偶像崇拜的教義，而幾近於叛教，也加深了兩個王國之間的誤解。⑦

114. 耶和華和受造者

　　整個「加冕詩篇」都把耶和華尊崇為國王。「因為耶和華為大神，為大王，超乎萬神之上。」（〈詩篇〉95:3）「耶和華作王，萬民當戰抖，……王有能力喜愛公平，堅立公正，在雅各中施行公平和公義。」（99:1, 5）但是神的王權理念並不是建立在君主體制上。這個觀念非常古老：上帝是世界的主宰，因為世界是他創造的。耶和華征服了原始的怪獸（拉哈伯〔Rahab〕、鱷魚〔Leviathan〕以及海裡的巨蛇〔Tannin〕），他們都象徵著混沌。作為宇宙的創造者，上帝住在天堂上，透過大氣現象開顯他的存在和意志：打雷、閃電或降雨。我們在第59節提過他相互矛盾的屬性，也就是著名的「整體性」形式。耶和華既行善也施惡，使人死也使人活，使人下陰間也使人往上升。（〈撒母耳記上〉2:6 sq）他的忿怒是很可怕的，然而他也是仁慈的。更特別的是，耶和華是「聖祕的」（gâdoš），意

(351)

------

⑥　G. Ahlström, *Psalm 89: Eine Liturgie aus dem Ritual des leidenden Königs*, pp. 143 sq.; Widengren, *Sakrales Königtum*, pp. 15 sq.; Ringgren, pp. 249 sq.; Fohrer, pp. 142 sq..

⑦　我們要記得，在南方，世襲的大衛王朝仍然存在，而在北方的王權已經多少是奇里斯瑪式的；見 Ringgren, pp. 76 sq.。

味著他既是不可企及且危險的，也會帶來救恩。⑧

　　作爲世界的創造者和王，耶和華也是他的受造者的審判者。「我到了所定的日期，必按正直施行審判。」（〈詩篇〉96:10）「他要按公正審判人。」（96:10）他的「正義」同時是道德的、宇宙的、社會的意義，構成世界根本的規範。⑨耶和華是「永生的主」，換句話說，他不同於偶像，偶像「不能說話，不能行走，必須有人抬著，」（〈耶利米書〉10:5）也不同於人，「早晨他們如生長的草」（〈詩篇〉90:5）。人也是有生命的存在（nèfèš），因爲上帝把「氣息」或「靈」（rûaḥ）灌注在他身上；但是他的存在很短暫。此外，上帝是靈，而人是血肉之軀（basar）。這個對立並不意味著宗教對於肉體的鄙視；這只是在強調人類存在的杌隉不安和朝生暮死，相對於上帝的全能和永恆。上帝創造人類的這個事實，可以解釋這兩種存有者之間的天高地遠。但是人類又不同於其他受造者，因爲「他是依照上帝的形象被造的」，因此他得以主宰自然。

　　人的終有一死是原罪的結果，特別是亞當想要使自己像上帝一樣（第59節）。聖經時常提到人類的脆弱無用。人本是塵土，仍要歸於塵土。（〈創世記〉3:19）活得夠久是他最大的幸福。和其他傳統文化一樣，死 (352)亡是可恥的：死亡把人變成墳墓或「陰間」（sheol，地底深處黑暗且恐怖的地方）裡的蛆。因爲死亡是對耶和華作工的否定，因此他並不統治陰間。於是死者被剝奪了與上帝的關係，這對信徒而言是最嚴厲的審判。但是耶和華比死亡還要強：如果他想要的話，他可以把人從墳墓裡叫醒。若干詩篇提到這奇蹟：「耶和華啊，你曾把我的靈魂從陰間救上來，使我存活，不至於下坑。」（30:3）「我必不至死，仍要存活，……耶和華雖然嚴嚴的懲治我，卻未曾將我交於死亡。」（118:17）這些是在巴比倫流放時期（587-538 BC）之前提到的死者復活。部分的族群到那個時候還會受

⑧　Ringgren, *La religion d'Israël*, p.86.

⑨　「公義」的概念可以和巴比倫的「māsuru」以及埃及的「ma'at」作比較；見Ringgren, *Word and Wisdom*, pp.49 sq., 58。

到伊朗末世論的影響。⑩

耶和華的「奴隸」或「僕人」，必須活在對他們的上帝的畏懼裡。服從是完美的宗教行為。相反的，不服從或毀犯十誡就是罪惡。然而這種不安的感覺並不影響到對耶和華的信賴和因為神恩而產生的喜悅。但是人神關係也就僅止於這個階段：對於舊約的神學而言，靈魂與造物主「神祕的結合」（unio mystica）是無法想像的。人們承認他是造物主和最高統治者，這便已經知道他的某些屬性。律法（torah）鉅細靡遺地宣示神的旨意，因此最重要的事是服從十誡，也就是按照公義（sedhek）去行為。人們的宗教理想是作個「正直」的人，認識且尊重律法，也就是神的命令。正如先知彌迦對聽眾說的：「世人哪，耶和華已指示你何為善，他向你要的是什麼呢，只要你行公義，好憐憫，存謙卑的心，與你的主同行。」（〈彌迦書〉6:8）罪會使人失去神恩（berâkhâh）。但是既然罪是人類處境的某個部分，也因為耶和華儘管嚴厲，卻仍是慈悲的，所以處罰不會是最後的結局。

115. 約伯，受試煉的義人

(353)　　有個注釋家曾說：「權力與善的相互符應是舊約中上帝觀念的總結。」⑪我們懷疑是否所有讀過〈約伯記〉的人都會同意他的說法。這個故事完全是個悲劇⑫：主題是關於耶和華非常引以為傲的義人所遭受的苦難。耶和華問撒旦，天堂的控訴者：「你曾用心察看我的僕人約伯沒有，地上再沒有人像他完全正直，敬畏神，遠離惡事。」（〈約伯記〉1:8）但是撒旦

---

⑩ 但是復活的觀念在神學裡（耶和華的全能）和迦南人的信仰和儀式裡已經存在；見 H. Riedenfeld, The *Resurrection in Ez. XXXVII*, pp.5 sq..; Widengren, *Sakrales Königtum*, p.46; Ringgren, *La religion d'Israël*, p. 261。

⑪ A. Weiser, *Die Psalmen* (1950), p.308, cit. by Ringgren, *La religion d'Israël*, p.137.

⑫ 〈約伯記〉的編纂時代不很清楚，雖然就我們所知，經文似乎是在後被擄時期，但是內容卻很古老。

回答說，約伯的敬畏神是因為他受到神的賜福而家產增多之故。於是耶和華准許「控訴者」考驗他最忠實的僕人。約伯失去他的兒女和財產，甚至「從腳掌到頭頂長毒瘡」，他坐在爐灰中，拿瓦片刮身體。他感到很苦惱，詛咒自己的生日，卻沒有背叛上帝。三個朋友來詣，大費唇舌地想說服他認清事實，他的苦難是個處罰，證明他有罪。他必須承認且懺悔他的「罪」。但是約伯拒絕根據天譴的說法去解釋他的不幸。他知道，「人在神面前不能為義」（9:2），「完全人或惡人他都消滅」（9:22）；然而在對上帝說話時，他大膽地說：「其實你知道我沒有罪惡，並沒有能救我脫離你的手。」（10:7）他不了解為什麼上帝如此無情地迫害他自己子民（10:8-22），約伯很清楚人類存在的渺小：「你要驚動被風吹的葉子麼，要追趕枯乾的碎稭麼？」（13:25）但是他無法認識他的罪的本質：「我的罪孽和罪過有多少呢？求你叫我知道我的過犯與罪愆。」（13:23）⑬

　　他的朋友責備他這麼說，因為受造者生來就是有罪的：「人是什麼，竟算為潔淨呢？婦人所生的是什麼，竟算為義呢？神不信他的眾聖者，在他眼前天也不潔淨。」（15:14-15）但是約伯只是反覆說，是耶和華決定要傾覆他，用網羅圍繞他（19:6-7）。當另一個朋友說到惡人終將遭受天譴時，約伯提醒他「惡人為何存活，享大壽，勢力強盛」（21:7-16）如果他能到神的面前，他會向耶和華陳明他的案件，告訴他許多惡行仍逍遙法外，而上帝卻遠離那裡，不在那裡，也看不見。（23, 24）正因為他不願意放棄信仰和對上帝的信賴，所以約伯說：「我至死必不以自己為不正。我持定我的義，必不放鬆。在世的日子，我心必不責備我。」（27:5-6）但是約伯如此哭喊，上帝卻不回答：「我站起來，你就定睛看我。你向我變心，待我殘忍。」（30:20-21）

（354）

----

⑬　約伯無法了解自己犯了什麼罪，是他主要的抱怨。「然而人仆倒起不伸手，遇災難豈不求救呢？人遭難，我豈不為他哭泣呢？人窮乏，我豈不為他憂愁呢？」（30:24-25）「我若與虛謊同行，腳若追隨詭詐？」（31:5）「我若不容貧寒人得其所願，或叫寡婦眼中失望？或獨自喫一點食物，孤兒沒有與我同喫？」（31:16-17; cf. 31:19-34）

第四個朋友以利戶（Elihu）還很年輕，於是怒氣發作。他很生氣約伯
這麼說：「我是清潔無過的，我是無辜的，在我裡面也沒有罪孽。」（33：
9）以利戶說，因爲「神必不作惡，全能者也不偏離公平。」（34:12）神
有大能，並不藐視人（36:5）。在以利戶的長篇大論之後⑭，耶和華透過
自然現象的回答很令人失望。上帝「從旋風中回答約伯」（38:1），那是
眞正的顯神，但是他置約伯的問題於不顧。上帝只是提醒約伯他的大能、
造物之妙、宇宙的複雜以及生命現象的無限多樣性。上帝以主宰天地的偉
大的宇宙結構和法則作爲見證，談到獅子和野山羊，是上帝賜與他們生命
和繁衍，給予他們各種特殊的形態和行爲。耶和華接著直接對約伯說：
「與神辯駁的，可以回答這些嗎？」（40:2）約伯只是徒然以沉默回應：
「我是卑賤的，我用什麼話回答你呢？只好用手摀口。」（40:4）

(355) 　　在第二段話裡，耶和華以長篇大論對他講述河馬（Behemoth）和鱷魚
的故事。約伯回答表示他了解耶和華的教訓的奧義：宇宙的存在是個奇
蹟，造物主的存在樣態是無法理解的，其作工的目的是莫測高深的：「我
知道你萬事都能作，……誰用無知的語言，使你的旨意隱藏呢？我所說
的，是我不明白的。這些事太奇妙，是我不知道的。……我從前風聞有
你，現在親眼看見你。因此我厭惡自己，在塵土和爐灰中懊悔。」（42：
1-6）在最後這段話裡，約伯承認他在上帝面前有罪。耶和華隨即賜給約伯
比從前所有的加倍，約伯後來也活到140歲。（42: 7-17）

　　三千年後，這部令人熱血沸騰的、謎樣難解的、使人不安的作品仍然
教人著迷。上帝爲什麼要接受撒旦的挑戰，還是困擾著許多素樸的宗教心
靈。然而，約伯很了解這個教訓：如果萬物都是倚賴上帝，如果上帝是不
可測度的，那麼就不可能去判斷他的作爲，因而也無法判斷他對撒旦的態
度。耶和華的奧義不只是「約伯的案件」而已，也是對所有無法了解世界
爲什麼存在有惡（以及惡的勝利）的人說的。簡言之，對於信徒而言，
〈約伯記〉始終是對於惡和不義、缺憾和恐懼的解釋。既然萬事萬物都是
上帝的意旨和主宰，那麼信徒所有的遭遇都有其宗教意義。但是如果相信

⑭　這段話似乎是後人增補的。

人沒有上帝的幫助就能夠了解「惡的奧祕」，則不但是徒勞無功，甚至是
不敬的。

116. 先知的時代

　　「現在稱爲先知的（nâbî），從前稱爲先見。」（〈撒母耳記上〉9:
9）事實上，遊牧時期的「先見」（rō'êh）制度，在被俘後受到「納比因」
（nābīm）而有所變動，以色列人是在巴勒斯坦那裡發現「納比因」的。
大約在西元前 1000 年，耶和華宗教的「先見」（如拿單〔Nathan〕）和
「納比因」仍然並存（〈撒母耳記上〉10:5）。這兩個制度逐漸融合，便
成爲舊約聖經裡所稱的先知。和「納比因」一樣，先知和聖壇以及儀式有
關，而且有出神經驗。

　　以利亞（Elijah）和以利沙（Elisha）是處於過渡時期，但是他們的宗 (356)
教使命和作爲已經是典型的先知職務。以利亞在以色列出現，在亞哈
（Ahab）和其子亞哈謝（Ahaziah）（874-850 B.C.）統治的時代。以利亞
譴責亞哈之惡。亞哈想要統合以色列人和迦南人，他同等對待他們，並且
鼓勵宗教融合，事奉敬拜巴力（Baal）或馬爾卡（Melkart）譯①，因爲他
的王后耶洗別（Jezebel）是推羅（Tyre）族人，崇拜巴力神。以利亞則宣
說耶和華是以色列唯一的主宰。那降雨且庇佑國家豐收的，是耶和華而不
是巴力神。在著名的迦密山上的插曲裡，他和巴力神的先知競技，看誰能
夠解除長達三年的旱災，以利亞最後證明迦南的神沒有辦法降火在聖壇
上，因而也無法降雨。⑮以利亞也怒斥亞哈王，他設計害死他的臣民拿伯，
以佔據他的葡萄園，以利亞預言亞哈會被殺死（〈列王紀上〉21）。以利
亞死後的名聲使他幾近於摩西的地位。傳說耶和華以火車火馬接以利亞昇

---

⑮　這次比賽也是宗教戰爭的一部分：正如耶洗別命令屠殺耶和華的先知，當以利亞
　　獲勝後，也要人民逮捕五百個巴力神的先知，「以利亞帶他們到基順河邊，在那
　　裡殺了他們。」（〈列王紀上〉18:40）

譯①：Melkart，巴力神的別稱，「城市之神」的意思。

天。（〈列王紀下〉2:2 sq.）以利亞的門徒以利沙，他的生平也充滿了奇蹟性的故事（〈列王紀下〉2:19 sq.）。和以利亞不同的是，以利沙有許多徒眾，但是他和以利亞一樣都從事政治活動，把神諭告訴國王，甚至和他齊赴戰場（〈列王紀下〉3:11）。

先知除了是四處遊歷的預言家和靈視者之外，還可以區分為兩種範疇。第一種是祭禮的先知。他們就住在神殿附近，參加祭司的祭典⑯，是宮廷的先知，和王室的聖壇有關。他們經常會預言國王所要的勝利（〈列王記上〉22）。這類的職業先知為數眾多，其中有許多在《舊約聖經》被認為是假先知。

(357)　在以色列歷史裡比較重要的是第二類的先知，是《舊約》裡提到的偉大先知，從〈阿摩司書〉（Amos）到「第二以賽亞」。他們認為他們的佈道不是職業，而是特別的使命。他們不代表任何部落、聖壇或國王，而宣稱自己是上帝的使者。⑰他們的使命是直接得自耶和華的召喚。如耶利米所說的：「耶和華的話臨到我，說我未將你造在腹中，我已曉得你，你未出母胎，我已分別你為聖。我已派你作列國的先知。」（〈耶利米書〉1:4 sq.）以賽亞有一次在聖殿「看見主坐在高高的王座」，有撒拉弗（seraphim）侍立，聽見主的聲音說：「我可以差遣誰呢？誰肯為我們去呢？」以賽亞回答說：「我在這裡，請差遣我。」於是上帝告訴他要向百姓傳的話。（〈以賽亞書〉6:1-10）他們服從這召喚，儘管人們不聽從他們（〈何西阿書〉9:7；〈以西結書〉12:21 sq.），他們的佈道也會遭到武力制止（〈阿摩司書〉7:10 sq.），甚至是先知自己，如果他覺得傳道受阻的話（〈以賽亞書〉8:16-18）。

所有偉大的先知都誠摯且熱切地相信，他們的使命是真實不妄的，他們所傳的道是非常迫切的。他們完全相信，他們所宣說的就是上帝的話

---

⑯　這些論述的例子可見於〈詩篇〉2, 21, 81, 110, 132，以及〈那鴻書〉和〈哈巴谷書〉。

⑰　G. Fohrer, *History of the Israelite Religion*, pp. 237 sq. 以及 p. 235, 238, n. 2 所引的書目。

語，因爲他們感受到耶和華的手或他的聖靈（rūaḥ）臨到他們。⑱他們有時候也會透過出神證明他們的聖職，雖然昇天或出神狀態似乎不是很必要。⑲有些先知還被指責是「發瘋了」（〈何西阿書〉9:7 說：「民説：作先知的是愚昧，受靈感的是狂妄。」），但是我們不能說那是什麼精神疾病。相反地，那是心理的震撼，因爲上帝令人驚惶失措的臨現以及先知被賦與的沉重使命。這個現象很常見，從薩滿的「入會禮裡的疾病」到所有宗教裡偉大的神祕主義者的「瘋狂」。此外，就像古代和傳統社會裡的「神職人員」一樣，先知也有占卜⑳和行神蹟的能力，這些神蹟本質上也是巫術：他們使死者復活，用幾塊餅使衆人飽足，或是使某些人罹病等等 (358) ㉑。先知的許多行爲都有象徵的意義：以利亞把外衣搭在以利沙身上（〈列王紀上〉19:19-21）；耶利米遵從耶和華的話，打碎瓦瓶以比喻猶大國必亡（〈耶利米書〉19:10 sq.）；耶利米把繩索與軛套在頭頸上，以說服人民臣服於巴比倫王（〈耶利米書〉27）。㉒

但是無論他們的靈感是從哪裡得來（夢、異象、聲音、超自然的知識），先知得到的總是耶和華的話語。這些直接的、個人的啓示，顯然是根據其深刻的信仰去詮釋的，也依照某些傳統的模式傳承下去。在被擄時期之前的先知，不約而同地宣示上帝對以色列的審判：耶和華會差遣殘忍的征服者來毀滅他們；上帝會以龐大的軍事帝國作爲工具，懲罰那背叛他的民族。在這可怕的審判裡，還可能解讀出什麼希望嗎？《舊約》裡的先知曾經被認爲是象徵著時代盛衰的更迭，但是這個範疇似乎並不完全符合

---

⑱　S. Mowinckel, "The 'Spirit' and the 'Word' in the Pre-exilic Reforming Prophets"; A. Haldar, *Associations of Cult Prophets among the Ancient Semites*, pp. 115 sq..

⑲　Ringgren, *La religion d'Israël*, p.268, n.1; Fohre, p.234, n.17 所引書目。「納比因」們的出神經驗比較多。

⑳　以利亞預言亞哈謝王不久要死（〈列王紀下〉1:16-17），知道國王派人要殺他（6:32），還知道大馬士王在寢宮説的話。

㉑　Fohrer, p.233。

㉒　G. Fohrer, *Die Symbolische Handlungen der Propheten*.

史實。㉓我們在第 118 節裡會看到，唯一的希望似乎是在於在浩劫後「殘存」的選民。耶和華會和這些餘民訂立新的聖約。

117. 牧人阿摩司

阿摩司在耶羅波安（782/780-753/46 B.C.）統治的時期開始傳教。他不是專門的先知（nâbî）：「我是牧人，又是修理桑樹的。耶和華選召我，使我不跟從羊群，對我說，你去向我民以色列說預言。」（〈阿摩司書〉7:14-15）他說耶和華會審判諸鄰國，大馬色、迦薩、非利士、推羅和以東，他們都三番四次地犯罪。這意味著所有民族都在耶和華的管轄之下。然而阿摩司特別指責以色列，北方的王國，譴責他們社會的不義和宗教的不忠實。有錢人「為銀子賣了義人，為一雙鞋賣了窮人。他們見窮人頭上所蒙的灰，也都垂涎。」（2:6-7）但是他們的財富會被消滅（4:7-11）。即使他們獻上再多的祭禮也都無濟於事。阿摩司傾聽且傳達耶和華的話：「我厭惡你們的節期，也不喜悅你們的嚴肅會。你們雖然向我獻燔祭和素祭，我卻不悅納。」（5: 21 sq.）上帝期待的是信徒的公平和公義。（5: 24-25）

而祭獻也因爲摻雜了迦南人的祭酒神禮而墮落。外在的表現對聖地的崇拜是不夠的：「以色列人啊，任你們往伯特利去犯罪，到吉甲加增罪過。」（4:4）只有重拾信仰才能拯救他們：「你們要求善，不要求惡，就必存活。這樣，耶和華萬軍之神必照你所說的，與你們同在。要惡惡好善，在城門口秉公行義，或者耶和華萬軍之神，向約瑟的餘民施恩。」（5: 14-15）㉔

和阿摩司一樣，比較年輕的何西阿也在以色列傳教。他所傳的先知訓

㉓　Ringgren, p.271.

㉔　結語部分關於重建和豐收的神諭（〈阿摩司書〉9:11-15）有別於經常出現的譴責，因此有人懷疑其真實性，見 Ringgren, *La religion d'Israël*, p. 280；然而 von Rad 認爲他們不是偽作（*Old Testament Theology*, vol. 2, p.138）

諭的使命和意義，似乎和他歷盡滄桑的婚姻有關。但是對於他的談話的解釋卻很有爭議。根據他的第一段自述（〈何西阿書〉1:2-9），耶和華命令他去「娶淫婦爲妻」，她爲他生了幾個小孩，分別取了象徵性的名字：羅路哈瑪（不蒙憐憫）和羅阿米（非我民），以宣佈耶和華不再憐憫以色列，以色列也不再是他的子民。而他隨後又說（3:1-5），耶和華要他再去愛一個淫婦，「就是他情人所愛的，好像以色列人，雖然偏向別神，喜愛葡萄餅，耶和華還是愛他們。」或許他的第一任妻子行迦南人的豐年祭。而第二任妻子，儘管她的過去聲名狼藉，卻仍然被揀選，這意味著耶和華的仁慈，願意原諒以色列。

無論如何，何西阿要傳的道，是上帝對於選民的背叛的痛心。以色列 (360) 是耶和華的妻子，但是她對他不忠實；她曾經「行淫」，換句話說，她醉心於迦南人的豐收之神。以色列不知道，豐收是耶和華的恩賜。「她說，我要歸回前夫，因我那時的光景比如今還好。他不知道是我給他五穀、新酒和油，又加增他的金銀，他卻以此供奉巴力。」（2:7-10）我們又看到巴力和耶和華無法化解的衝突，甚至加劇，那是宇宙宗教和對於唯一的神、世界的創造者以及歷史的主宰的信仰之間的衝突。

何西阿鍥而不捨地抨擊巴力神和耶和華信仰的宗教融合。「他們就行淫離棄神，不守約束。在各山頂、各高崗的橡樹、楊樹、栗樹之下獻祭燒香。」（4:12-13）以色列忘記他們的歷史：「以色列年幼的時候，我愛他，就從埃及召出我的兒子來。先知越發招呼他們，他們越發走開。」（11:1-2）如此忘恩負義的舉止終於使得上帝忿怒。刑罰會很可怕：「因此，我向他們如獅子又如豹伏在道旁。我遇見他們，必像丟崽子的母熊，撕裂他們的胸膛，在那裡，我必像母獅吞喫他們，野獸必撕裂他們。」（13:7-9）

僅僅是外在的祭祀是沒有用處的，「我喜愛良善，不喜愛祭祀；喜愛認識神，勝於燔祭。」（6:6）舉行宗教融合的儀式的祭壇必被毀滅（10:8）。唯一救贖的方法是歸向耶和華。「以色列啊，你要歸向耶和華你的神。你是因自己的罪孽跌倒了。當歸向耶和華，用言語對他說，求你滌除

罪孽，悦納善行。」（14:1-2）何西阿知道，他們的墮落使得罪人「不能
歸向神」（5:4）。但是耶和華的愛勝過他的忿怒。「我必不發猛烈的怒
氣，……因我是神，並非世人，是你們中間的聖者，我必不在怒中臨到你
們。」（11:9）他要引領以色列「到曠野，對他說安慰的話。……他必在
那裡應聲，與幼年的日子一樣，與從埃及地上來的時候相同。……那日你
必稱呼我『伊施』（我的丈夫），……我必聘你永遠歸我為妻，以仁義、
(361) 公平、慈愛、憐憫聘你歸我。」（2:14-20）那會是回到耶和華和以色列奧
祕的婚姻之初。夫妻之愛已經顯示對於救贖的信仰：上帝的恩寵並不等候
人的悔改，而是先於他們的歸向神。㉕此外還要提到的是，這個婚姻的象
徵在何西阿以後的所有偉大先知那裡都看得到。

118. 以賽亞：「以色列餘民」會歸回

　　儘管聖經裡的先知們的使命都很相似，但是他們還是有不同的存在風
格和承當其命運的方式。以賽亞在西元前 760 年或 740 年於耶路撒冷的神
殿裡看到和聽到上帝。他的妻子也是個女先知，而就像職業的先知一樣，
他也有門徒。㉖他在西元前 701 年完成最後的論述。

　　起初，以賽亞主要是批評猶大和以色列的道德和社會的狀態。他甚至
毫不遲疑地抨擊國王和長老（〈以賽亞書〉3:12-15）。他宣稱沒有人能夠
倖免於神的審判（2:12-17）。就像過去的先知一樣，他說光是祭祀是不夠

㉕　G. Fohrer, *History of the Israelite Religion*, p.250, n.17。很弔詭的，何西阿引用的夫
　　妻比喻是來自他向來反對的迦南豐年祭，見 Ringgren, p.283。見 André Neher, *L'es-
　　sence du prophétisme*, pp.247 sq。關於希伯來宗教思想中夫妻象徵的「存在」意
　　義。猶太教和基督宗教在解釋〈雅歌〉時，還是用夫妻關係的象徵比喻神祕經
　　驗，特別是反宗教改革的密契主義神學。相反的，在毘濕奴的神祕宗教裡，靈魂
　　和神的結合被比喻為羅陀和克里希那的通姦。
㉖　值得注意的是，只在前面三十九章裡，才是以他的名字的敘述，其他的部分是最
　　早不超過西元前六世紀的各種神諭，最重要的主題是「第二以賽亞」（40-55）和
　　「第三以賽亞」（56-66）。有些片段是後來附會到〈以賽亞書〉的。

的：「耶和華說，你們所獻的許多祭物於我何益呢？公綿羊的燔祭和肥畜的脂油，我已經夠了。公牛的血、羊羔的血、公山羊的血，我都不喜悅。」（1:11）舉手禱告也是無益的：「你們的手都滿了殺人的血。」（1:15）唯一真實的奉獻，是正義和善行：「學習行善，尋求公平，解救受欺壓的，給孤兒伸冤，為寡婦辯屈。」（1:17）

亞述人侵略敘利亞和巴勒斯坦，為以賽亞的佈道添加新的元素。在重 (362)
大的戰爭和政治事件裡，先知看到耶和華如何介入歷史：亞述人只是他的工具。對於以賽亞而言，那是神的復仇；耶和華要懲罰宗教的不忠實，這些不忠實如湍流般從社會的不義和道德價值的崩壞傾洩出來。。這也是為什麼他要反對國王的外交政策。合縱連橫和政治伎倆只是空想而已。唯一的希望只在於信仰和信賴耶和華。「你們若是不信，定然不得立穩。」（7:9b）只有信仰耶和華才能拯救他們，而不是埃及（31:1-3）。為了使國王堅信，以賽亞宣稱得到主的兆頭：「必有童女懷孕生子，給他起名叫以馬內利。」（7:14）在這孩子「曉得棄惡擇善」之前，耶和華要行許多神蹟降禍（7:16 sq.）。這個神諭引起許多的解釋。㉗基督宗教的神學根據孩子的名字「以馬內利」（「神與我們同在」），認為那是預示耶穌的誕生。無論如何，在這裡，彌賽亞的意義非常明顯：耶和華會立一位正義的國王承繼大衛，他會獲得勝利，其子孫會永遠為王。

當亞述王入侵巴勒斯坦時，以賽亞宣稱他不再是上帝的工具，而只是利欲薰心的暴君而已（10:5-15）。最後他也遭致滅亡（14:24-25）。先知不厭其煩地提起上帝的權力和尊榮，宣稱「必有萬軍耶和華降罰的一個日子」（2:12-17）。這即是為什麼以賽亞譴責的不只是亞述王的驕傲，還有猶大王國裡社會和政治的罪惡：欺壓窮人（3:12-15）、驕奢放逸（3:16）、沉迷酒色（5:11-13）、不義（5:1-7, 23），竊取土地（5:8-10），在他看來，這些罪惡都是背叛耶和華（1:2-3）。他也譴責統治者（28:14-22）

㉗　Ringgren, *La religion d'Israël*, p.286,n.1; A Neher, *L'essence du prophétisme*, pp.228 sq..

和嘲笑他的祭司和御用先知（28:7-13）。

以賽亞相信錫安山是堅不可摧的：耶和華會保護這座聖山，抵擋所有敵人的侵犯（14:24-32; 17:2-14; 29:1-8）。他堅信「以色列遺民」會「歸回全能的神」（10:20-21）。㉘但是人們並不聽從他所傳的道，而以賽亞也不諱言他的理想破滅。在最後的談話裡，他預言「美好的田地，多結果的葡萄樹」必會傾覆，「在歡樂的城中和一切快樂的房屋上」，必會長滿荊棘蒺藜，「因為宮殿必被撇下，多民的城必被離棄」。（32:9-14）

(363)

119. 對耶利米的承諾

耶利米是祭司家庭的後代，在西元前 626 年接受神召，傳道 40 年，其間曾中斷過。在某段著名的章節裡，他提到如何被揀選的（〈耶利米書〉1:1 sq.）。對於臨到頭上的使命，耶利米有些猶豫，於是以年輕作爲託辭：「我不知道怎樣說，因為我是年幼的。」（1:6）但是耶和華按住他的口使他堅振（1:9 sq.）。耶利米的第一次預言便充滿了戲劇性的故事，從北方而來的民族帶來迫在眉睫的災禍：「他們拿弓和槍，性情殘忍，不施憐憫。」（6:22-23）這些蠻族騎兵在歷史中經常見到。這個北方來的民族代表著種族消滅的神話意象。因爲他們的侵略會造成整個國家的滅亡，「我觀看地，不料地是空虛混沌，我觀看天，天也無光。」（4:23）神對宗教背叛的懲罰是使世界變成一片混沌；然而這也預示著新天新地的創造，以及耶利米將要傳達的新的聖約。因爲耶和華是仁慈的，先知傳達他的召喚：「回來罷，我要醫治你們背道的病。」（3:22, cf. 4:1 sq.）

約西亞王（Josiah）在西元前 609 年崩殂，他的兒子約亞敬（Jehoiakim）繼位。他後來成爲可憎的獨裁者，耶利米毫不留情地指摘他。他站在耶和華殿的門口，責備那些祭司、先知和百姓倚靠虛謊無益的宗教活動（7:1-15; 26:1 sq.）。「你們不要倚靠虛謊的話，說這些是耶和華

㉘ 以賽亞把他的長子命名爲施亞雅述（Shear-jashub），意爲「餘民會回來」。

的殿。」（7:5）那些偷盜、殺害、姦淫、起假誓、向巴力神燒香的人們，跑到耶和華的殿說：「我們可以自由了，」這是徒勞無功的，因為他們還是在「行那些可憎的事」，因為耶和華都看見了（7:9-11）。耶和華提醒 (364) 他們在示羅（Shiloh）聖地的命運，他們後來被非利士人消滅：「你們且往示羅去，就是我先前立為我名的居所，察看我因這百姓以色列的罪惡，向那地所行的如何。」（7:12-13）耶利米後來被逮捕，而且如果不是有些長老說情，甚至可能被處死（26:10 sq.）。有很長的時間，先知無法對民眾佈道。㉙

耶利米最後的佈道時期是從西元前 595 年開始，那時候尼布甲尼撒王（Nebuchadnezzar）征服耶路撒冷，並且把猶大王國的某些祭司、先知、衆民和長老擄到巴比倫。新的國王西底家（Zedekiah）圖謀藉埃及之助叛變，耶利米想要呼籲百姓不要衝動。於是他以叛國罪名被逮捕並囚禁起來，後來巴比倫人才釋放他。不久他就和逃亡的人民前往埃及（37-39）。耶利米最後的訓諭就是對「住在埃及地的猶太人」（44:1）說的。上帝透過先知詳述近在眉睫的災禍：「我所降與耶路撒冷和猶大各城的一切災禍，你們都看見了。那些城邑今日荒涼，無人居住。」（44:2）儘管上帝「差遣我的僕人衆先知去說」，衆人還是執意行惡事（44:4 sq.）。最後，耶和華預言那些定意居住在埃及的人也要被滅絕（44:12 sq.）。

耶利米傳道的特色是不斷的悔罪和個人感情的指涉。㉚他敢於對上帝說：「難道你待我有詭詐，像流乾的河道嗎？」（15:18）和約伯一樣，他問上帝說：「惡人的道路為何亨通呢？大行詭詐的為何得安逸呢？」（12:1）他想要了解上帝的作法㉛。然而儘管他預言的災禍盡皆應驗，他還是沒

㉙ 在耶和華的命令下，耶利米把災難的預言錄書於卷。他的僕人巴錄要在耶和華殿中把書卷的話唸給百姓聽，但是他卻被逮捕到國王面前，並且焚燬書卷。然而耶利米卻另外口述書卷。（〈耶利米書〉36）

㉚ 〈耶利米書〉11:18-23, 12:1-6, 15:10-12, 17:12-18, 18:18-23, 20:7-18。另見 Ringgren, *La religion d'Israël*, p,295, n.2,3。

㉛ von Rad, *Old Testament Theology*, vol.2, pp.203 sq..

有放棄對救恩的信念以及新天新地的創造。耶和華可以像陶匠一樣，把他的作品毀掉，但是他也可以造個更好的。（18:6 sq.）確實，上帝透過他的先知宣布新的聖約：「日子將到，我要與以色列家和猶大家另立新約。……我要將我的律法放在他們裡面，寫在他們心上。我要作他們的神，他們也要作我的子民。」（31:31, 33）

(365)

阿摩司等待的是上帝新的愛的行動帶來的救恩，使以色列「歸回年輕的日子」。而耶利米則大膽地希望人類澈底的重生。因為，「耶和華啊，我曉得人的道路不由自己。」（10:23）這也是為什麼上帝應許他的子民的重生。「我要使他們彼此同心同道，好叫他們永遠敬畏我，使他們和他們後世的子孫得福樂。又要與他們立永遠的約，必隨著他們施恩。」（32:39-40）這就等於人類的新創造，這個觀念對後世影響非常重大（其中包括基督宗教的《新約聖經》裡所啟示的「新的聖約」）。㉜

120. 耶路撒冷的傾覆淪亡。以西結的傳道

「地上的君王和世上的居民，都不信敵人和仇敵能進耶路撒冷的城門。」（〈耶利米哀歌〉4:12）〈哀歌〉不知名的作者如此哭喊著，當他在西元 587 年見證到耶路撒冷的淪陷。「耶和華啊，求你觀看，見你向誰這樣行。婦人豈可喫自己所生育手裡所搖弄的嬰孩麼。祭司和先知豈可在主的聖所中被殺戮麼？」（2:20）這次災禍對以色列歷史和耶和華宗教有著決定性的影響。政治和宗教的首都的淪陷意味著國家的滅亡，大衛王朝的終結。但是巴比倫是個不潔淨的國家，無法再舉行祭祀。聖殿被宗教學校取代，後來便演變成猶太會堂（synagogue），會眾在這裡定期聚會禱告、唱詩和講道。但是聖殿的破壞隨時提醒人們亡國之痛。這也是為什麼獨立復國的禱告總是和聖殿重建的禱告不可分。㉝

(366)

㉜　理想的王的期待成為盼望新的聖約。

㉝　〈詩篇〉51 的作者哀求上帝滌淨他，赦免他的罪，「建造耶路撒冷的城牆」。「那時你必喜愛公義的祭。」（〈詩篇〉51:18-19）

在耶路撒冷裡或是流放的人民，有許多人懷疑耶和華的全能，而接受征服者的諸神。有些人甚至懷疑耶和華的存在。但是對於其他人而言，浩劫正是上帝忿怒的最高證明，是先知們不厭其煩地預言的。於是他們對於那些「報喜不報憂的先知」感到很氣憤。另一方面，聖經裡偉大的先知終於得到他們生前未曾蒙受的尊敬和讚美。然而，被擄到巴比倫的社會上層階級，在宗教傳統的其他地方找尋保護以色列的奧援。（見第二卷）

最後的偉大先知以西結，隨著第一批流放者於西元前597年來到巴比倫，開始他的傳道，直到西元前571年。他是個祭司，這說明為什麼他總是強調儀式的潔淨。對於以西結而言，罪惡，尤其是偶像崇拜，使得以色列不潔淨。耶和華會用「清水」潔淨他們（〈以西結書〉36:25）㉞，然後給他們救恩。剛開始的時候，以西結認為他的工作是徒勞無功而又不得不去做的破除神祕：他必須把那些相信耶路撒冷是不會傾覆的第一批流放人民從夢中教醒，然後在聖城淪陷之後，又得安慰他們。㉟在他傳教的第一個時期，以西結預言耶路撒冷的末日將近，那是以色列不忠實的必然結果。在某個寓言故事裡（23），他把以色列和撒瑪利亞比喻作兩個婦人，儘管耶和華愛她們，但是她們卻「在埃及行邪淫，在幼年時行邪淫，」接著又和亞述人以及巴比倫人行淫。

以西結始終回到行淫婦人的主題，而耶和華為他的名的緣故，卻遲遲沒放棄她們。（〈以西結書〉20:9）以色列不配享有這樣的特權；那是耶和華的選擇，他在眾多民族裡揀選了以色列。但是除了把歷史浩劫解釋為上帝與以色列婚姻關係的危機之外，更重要的是的耶和華的遍在觀念。上帝的臨現並不侷限某個特別的地方。因此無論信徒是在家鄉或是異國敬拜 (367)
耶和華，都沒有多大的關係。重要的是他的內心生活以及對待鄰人的方

㉞　von Rad, *Old Testament Theology*, vol.2, pp.224 sq.; Ringgren, *La religion d'Israël*, p. 300.

㉟　Fohrer, *Die Hauptprobleme des Buches Ezechiel*, passim; *History of the Israelite Religion*, pp. 317 sq..

式。較之其他先知，以西結更重視個人。㊱

　　耶路撒冷的淪陷是以西結另一個佈道時期的開始，主要是對拯救以色
列的希望。對於上帝而言，沒有什麼是不可能的。在出神的狀態中，以西
結看到「遍滿骸骨」的平原，在氣息（聖靈）進入骸骨之後，「骸骨便活
了起來，並且站起來，成為極大的軍隊。」耶和華說，這些骸骨就是以色
列家（37:1-14）。換句話說，儘管以色列已經滅亡，神蹟卻可以使它復
活。在另一個神諭裡（36），耶和華應許要召回流放的人民，重建這民族
且使之繁衍。更特別的是，他預示以色列的救贖：「我必用清水灑在你們
身上，你們就潔淨了。……我也要賜給你們一個新心，將新靈放在你們裡
面。使你們順從我的律例，謹守遵行我的典章。你們必住在我所賜給你們
祖先之地。你們要作我的子民，我要作你們的神。」（36:25-28）和耶利
米一樣，他也相信有新的聖約和新天新地的創造。但是因為以色列的流離
失所使人懷疑耶和華的全能和榮光，於是以西結把新天新地的創造解釋為
耶和華「顧惜我的聖名，就是以色列家在所到之國中所褻瀆的。」（36:
21）上帝的僕人大衛，要統治新的以色列，作他們的牧人。（37:25 sq.; 34:
22 sq.）在最後幾章裡（40-48），以西結詳細描述未來的聖殿（他在出神
時見到的異象），以及獻祭的禮儀。㊲

121. 「痛史」在宗教上的價值

(368)　　在被擄時期的最後幾年以及被擄時期後，先知並沒有消失（見第二
卷）。但是他們的信息主要是發展由耶利米草創的「救恩神學」。所以我
們可以在這裡合理地評斷先知在以色列宗教史裡的角色。

　　關於先知的行徑，我們最先注意到的是他們對於獻祭的批評以及對於
宗教融合的強烈指摘，也就是迦南人的宗教影響，他們稱之為「行邪

㊱　Fohrer, *History*, p.319, and n.4.
㊲　以西結的出神異象是「聖殿神學」的起始點，在猶太教和基督宗教很興盛。

淫」。但是他們不斷批評的這種「邪淫」，卻是自然宗教最普及的形式。自然宗教有農業社會的特色，延續神性世界最基本的辯證色彩，特別是相信神會在宇宙萬物及其律動中以顯象或化身出現。而自從以色列人進入巴勒斯坦開始，耶和華的信徒斥責說這是最邪惡的偶像崇拜。但是宇宙宗教從未遭到過如此野蠻的抨擊。先知們最後否認任何神性臨現的本質。整個自然世界，「邱壇」、石群、泉水、樹木、某些作物、某些花，都被指責是不潔淨的，因為他們被迦納人的豐年祭禮污染了。[38]於是只有荒野才是最潔淨且神聖的地方，因此只有在那裡，以色列人才會對他們的上帝忠實。草木世界的神性面向，或更普遍地說，自然界充滿活力的顯神，就只有在後來的中世紀猶太教裡才又看到。

他們也批評祭祀，特別是動物祭；不只是因為摻雜了迦南人的宗教元素而受污染，而且是因為祭司和民眾以為獻祭活動是最好的敬拜方式。但是先知宣稱，在聖地裡找尋耶和華是白費力氣的；上帝不悅納牲禮、慶典和儀式（〈阿摩司書〉5:4-6, 14-15, 21-23）；他要的是正直和公義（5: 24）。在被擄時期之前的先知從不曾規定信徒獻祭的禮儀。只要人民不歸 (369) 回上帝，這個問題就不會發生。先知不求儀式的改革，而要求人們的蛻變。[39]直到耶路撒冷淪陷以後，以西結才著手修訂獻祭的律例。

對於那攸關兩個猶太王國存亡的歷史危機，先知們的回應是對自然的去神聖化，貶抑獻祭活動，簡單的說，就是暴力且澈底地排斥宇宙宗教，強調個人透過決意歸回耶和華而得到的靈性重生。這個危險是巨大且立即的。和每個宇宙宗教有著密切關係的「生之喜悅」，不僅是叛教，而且是個幻想，在迫在眉睫的民族浩劫裡必然會消失。宇宙宗教的傳統形式，也就是豐年的神話以及生命與死亡的辯證關係，因此只是虛幻的依靠。的確，宇宙宗教鼓吹這樣的幻想，認為生命不會停息，因此民族和國家也會

---

[38]　基於同樣的理由，在印度傳教的基督教士只准許在教堂使用印度教祭典不會使用的花，也就是最不好看的花。

[39]　Fohrer, *History of the Israelite Religion*, p.278.

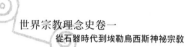
永續不絕，儘管有嚴重的歷史危機。因此，不只是黎民百姓，甚至是長老、祭司和樂觀的先知，都把自然的災難（旱災、洪水、瘟疫和地震）當作是歷史的不幸。雖然這些自然災難不會有止息的時候，但是先知不只預言家鄉和國家的沒落，他們甚至預言整個民族滅絕的危險。

先知們不只批評國家政治的樂觀主義，也指摘大衛後代的君王鼓勵宗教的融合，而沒有規定耶和華宗教為國教。他們所宣稱的「未來」其實是很迫近的。先知不停地預言這未來，想改變當下的境況，使信徒從內心去轉化。他們對於政治的熱心其實是出自於宗教信仰。事實上，事件的進展是可以促使民族真心的回歸以及「救贖」，那是拯救歷史裡的以色列的唯(370) 一方法。先知的預言應驗，更證實他們所傳的道，特別是「歷史事件是耶和華的作工」這個觀念。換言之，歷史事件得到宗教性的意義，蛻變為「否定性的顯神」，變成耶和華的「忿怒」。他們說這些事件都是神意的具體表現，而揭露其內在的一致性。

因此，先知史無前例地「為歷史賦予價值」。於是歷史事件自身都有個價值，因為它們都是由上帝的意志決定的。歷史事實因此成為人面對上帝時的「處境」，因此獲得前所未有的宗教性價值。因此我們可以說，希伯來民族是第一個發現歷史意義是上帝顯聖的民族，而這個觀念被基督宗教接收，甚至更擴大解釋。⑩但是我們還要補充一點，把歷史當作主題的這種觀念，並沒有立即且完全被猶太民族接受；古代的觀念仍然持存了很長的時間。

---

⑩ 見 Eliade, *Le mythe de l'éternel retour*, pp. 122 sq.。關於時代的「拯救」及其在以色列宗教史裡的「價值化」，ibid., pp.124。

第十五章
戴奧尼索斯或復得的幸福

122. 「再生的」神的顯現和消失

(371)　　經過幾個世紀的研究，關於戴奧尼索斯還是個謎團。無論就他的起源、他特殊的存在樣態、他所開創的宗教經驗類型，他都和其他希臘諸神有別。根據神話，他是宙斯的兒子，他的母親席美勒（Semele）是個公主，是底比斯王卡德馬斯（Cadmus）的女兒。善妒的希拉設下圈套陷害她，誘使席美勒要求宙斯顯現神性的真正形式。不自量力的公主被宙斯的雷電擊中而造成早產。但是宙斯把嬰兒放到他的大腿裡面，幾個月後，戴奧尼索斯誕生了。所以他是名副其實的「再生」。在許多起源的神話裡，王族的建立經常是神和凡間女子媾合的結果。但是戴奧尼索斯卻是從宙斯那裡第二次生下來的。正因為如此，在這些後代裡，只有他才是神。①

　　克列奇默（Kretschmer）試著從色雷斯和弗里吉亞語去解釋「席美勒」這個名字，意味著大地女神，這個字源學的研究被尼爾森（Nilsson）和韋拉莫維茲（Wilamowitz）等著名學者採納。但是無論這字源學考證是否正確，都無助於對這個神話的理解。首先，我們很難想像，天神和大地之母的「神族婚姻」（hieros gamos）為什麼會導致後者被火燒死。另一方面，也是最重要的部分，最早的神話傳說總是強調一個事實：作為「凡間的女

(372)　子」②，席美勒生下了一個「神」。戴奧尼索斯這個吊詭的雙重性格使希臘人為之著迷，因為只有如此才能解釋他特殊的存在樣態。

　　因為戴奧尼索斯是凡間女子所生，所以他無法位列奧林帕斯山的萬神殿；然而他最後卻被諸神接納，甚至他的母親席美勒也被迎入諸神之列。許多參考文獻顯示，荷馬知道戴奧尼索斯，但是無論是他或他的聽眾，都對這個和奧林帕斯諸神迥然不同的「外來」的神不感興趣。不過荷馬是最

---

①　Pinda, frag. 85; Herodotus 2.146; Euripides, *Bacchae* 92 sq.; Apollodorus, *Bibl.* 3.4.3, etc.

②　*Iliad* 14.323 稱她為「底比斯的女人」，Hesiod, *Theogony* 940 sq. 則稱為「凡間女子」。

早見證戴奧尼索斯的人。《伊利亞德》（6.128-40）提到一段著名的插曲：色雷斯英雄力庫古斯（Lycurgus）追殺戴奧尼索斯的奶媽們，「於是她們把祭祀的器具統統丟到地上，」而那個神「害怕得跳到海裡，提底斯（Thetis）把顫抖的他擁在懷裡，因為每當戰士怒嘯，他就驚嚇不已。」但是力庫古斯「激怒了諸神，」於是宙斯把他弄瞎，而他也活不久了，因為「不朽的諸神都對他恨之入骨。」

在這個插曲裡，我們看到「狼人」的追殺，神跳到海裡，這些可以解釋為對古代入會禮的回憶。③但是在荷馬說這個故事的時代，這個神話的意義和目的已經大不相同。這顯示戴奧尼索斯很特殊的神性：仇敵對他的「迫害」。但是我們也見證一個事實，戴奧尼索斯被承認為神的家族成員，因為不只是他的父親宙斯，甚至所有其他諸神都對力庫古斯的行為感到忿怒。

這個「迫害」很戲劇性地表現了對於神的存在樣態及其宗教教義的排斥。波修斯派兵攻打戴奧尼索斯以及他身邊的「海女」們；根據傳說，他把神扔到勒內湖底。（Plutarch, *De Iside* 35）在我們分析優里庇德斯的《巴卡伊》（*Bacchae*）時，會回到迫害的主題。有人試著把這個插曲解釋為戴奧尼索斯崇拜所遭受到的阻力的神話化回憶。這個理論假設戴奧尼索斯很晚才進入希臘，這蘊含著他是個「外來的」神。在厄文‧羅德（Erwin Rohde）之後，大部分學者都認為戴奧尼索斯是色雷斯的神，直接從色雷斯或 (373) 是透過弗里吉亞傳入希臘。但是華特‧奧圖（Walter Otto）強調戴奧尼索斯的遠古和泛希臘時期的性格，而在邁錫尼銘文④裡可以看到他的名字（di-wo-nu-so-jo），似乎可以證實他的假設。不過，希羅多德（II, 49）確實認為戴奧尼索斯「晚近才傳入的」；而在優里庇德斯的《巴卡伊》（v. 219）裡，潘修斯（Pentheus）也提到這個「後來出現的神，無論他是誰」。

---

③ H. Jeanmaire, *Dionysos*, p.76；關於「力庫古斯和童男入會禮」，見 Jeanmaire, *Couroï et Courètes*, pp.463 sq.。

④ Pylos B 線性文字片簡（X a O 6）。

　　無論戴奧尼索斯崇拜傳入希臘的歷史如何，這些敘述他所遭到的阻力的神話和神話學片斷，卻有更深刻的意義：他們告訴我們戴奧尼索斯的宗教經驗以及神的特殊結構。戴奧尼索斯必然會招致排斥和迫害，因爲他所鼓勵的宗教經驗威脅到整個生活形態和價值世界。他固然會挑戰奧林帕斯宗教和體系的權威。但是這些阻抗卻表現了更加內心層次的排斥，而這在宗教史上屢見不鮮：人們拒絕任何絕對的宗教經驗，因爲只有放棄所有其他事物（無論是內心的平靜、人格、意識或理性等等），才能夠實現這經驗。

　　華特・奧圖清楚地發現，戴奧尼索斯遭受「迫害」的這個主題和他各式各樣的顯現方式之間有著密切的關係。戴奧尼索斯是個突然顯現而又神祕地消失的神。在克羅尼亞（Chaeronea）的「阿格利奧尼亞節」（Agrionina）裡譯①，婦女們找不到他，只得到消息說神明已經回到繆思的家，他過去曾經藏匿在她那裡（Otto, *Dionysus*, p. 79）。他消失在勒邠湖或海裡，而就像在「花之祭」（Anthesteria）裡譯②，他在載浮載沉的船上重新出現。他在搖籃中「醒來」的典故（Otto, pp. 82 sq.）也意指著同樣的神祕主題。如此定期的顯現和隱匿，使戴奧尼索斯成爲植物之神⑤。而事實上他

(374)

和植物的生命也有密切的關係：常春藤和松樹幾乎是他的屬性，而民間最流行的慶典，也和農曆相符。但是戴奧尼索斯是和整體的生命有關，正如他和水以及發芽的關係，血或精液，甚至是他的動物化身（公牛、獅子或山羊）所表現的充沛生命力。⑥他無法捉摸的顯現和隱匿，多少是反映著生命的無常生滅，也就生死的輪替及其最終的合而爲一。但是這不是對宇宙現象的「客觀」觀察，這種瑣屑的觀察無法啓發任何宗教觀念，也不會有任何神話。戴奧尼索斯藉著他的顯現和消失啓示了生死合一的奧祕和神

---

⑤　有人試著把戴奧尼索斯作樹神、穀物之神或葡萄之神，而他被肢解的神話也被解釋爲穀物的「受難」或是葡萄酒的釀造（Diodorus Siculus 3.62）。

⑥　W. Otto, *Dionysos*, pp. 162-64m。

譯①：agrionina，希臘文「野蠻」之意，希臘宗教節日，以崇拜酒神戴奧尼索斯爲主。

譯②：雅典人祭拜酒神的節日。

聖。這個啟示在本質上是宗教的，因為那是透過神的真實臨現感通的。因為這些顯現和消失並不全然和四季一致。戴奧尼索斯在冬季顯現，而在他曾經最高昂地臨現的春天祭典裡消失。

消失或隱匿是對於地府之旅或死亡的神話學表現。的確，戴奧尼索斯的墳墓在德斐出現；據說他死在阿哥斯。當戴奧尼索斯在阿哥斯的祭典裡接受祈請現身時，他是從海裡出現的，也就是他死去的地方。（Plutarch, De Iside 35）根據奧斐斯神廟的詩歌（n. LIII），當戴奧尼索斯消失時，人們認為他是和波塞芬妮（Persephone）在一起。另外，在扎格列歐斯（Zagreus）和戴奧尼索斯的神話裡（我們會進一步討論），也提到泰坦族如何殺害、肢解和吞噬諸神。

戴奧尼索斯的多樣而互補的面向，在民間的祭典裡仍然可見，儘管這些祭典難免要經歷「淨化」和再詮釋的過程。

123. 某些古老的民間祭典

從庇西斯特拉圖斯（Pisistratus）的時代，雅典就有四個崇拜戴奧尼索斯的慶典。[7]「農村酒神節」在十二月舉行，是屬於農村的慶典。群眾會載歌載舞地扛著巨大的陽具遊行。這基本上是很古老的儀式，並且分布在全世界，陽具崇拜當然先於戴奧尼索斯的祭典。其他儀式性的娛樂活動還包括競技和搏鬥，特別是戴著面具或裝扮成動物模樣遊行。這些儀式也先於戴奧尼索斯，但是我們很可以理解為什麼要由酒神領著面具遊行隊伍。

(375)

關於「酒神節」（Lenaea）譯[3]，我們所知不多。在赫拉克里圖斯的文字裡，lenai 和 bacchants 是同義的。他們藉著執炬者（daidouchos）之助

---

[7]　他們的兩個節日名稱和古希臘月份的名字相對應，「酒神節」（Lēnaeōn，一月到二月之間）、「花之祭」（Antheterion，二月到三月之間），這證明他們的年代久遠以及泛希臘時期的性格。

譯[3]：Lēnaios，酒神的別名，「榨酒者」的意思，Lēnaea 是祭拜酒神的節日。Lēnaeum 是舉行該祭典的地方。

祈請酒神。根據亞里斯多芬某段詩句的旁注，埃勒烏西斯（Eleusis）宗教的祭司「手裡握著火炬唸著：『祈請神明！』聽衆則叫喊著：『席美勒之子，伊阿庫斯（Iacchus）⑧，賜給我們豐收的神！』」

「花之祭」在二月到三月之間舉行，而後來才創設的「大酒神祭」則在三、四月的時候。修斯提底斯（Thucydides）（2.12.4）認爲「花之祭」是戴奧尼索斯最早的慶典，也是最重要的慶典。慶典的第一天稱爲「酒桶日」（Pithoegia），打開地窖裡的酒桶（pithoi），裡面裝著秋收時貯藏的酒。酒桶被運到「沼澤裡的戴奧尼索斯」的祭壇上，向神明獻酒，然後人們便可以品嚐新釀的酒。第二天「陶罐日」（稱爲 choës，「陶罐」的意思）則可以看到飲酒者的競技：每個人提著斟滿酒的陶罐，信號響起，便比賽誰喝得快。就像「農村酒神節」的某些比賽（在「酒囊日」〔askolias-mos，酒神節的第二天〕的時候，年輕人會站在浸過油的酒囊上保持平衡，看誰站得最久），這類的競賽和各種競技（運動或辯論）的場面如出一轍，都是在促進生命的更新⑨。但是他們幸福和陶醉的感覺所期盼的彼岸世界，有別於荷馬時代的陰間觀念。

(376)　　「陶罐日」也會有遊行，象徵酒神到城裡來。因爲人們相信他是從海裡來的，遊行裡會有一艘裝著四個輪子的船，上面載著戴奧尼索斯，手裡握著葡萄藤，旁邊有兩個半人獸吹著笛子。遊行的民衆可能會妝扮成各種模樣，在吹笛人和戴著花冠的人後面有獻祭的公牛，朝向「酒神祭壇」（Lenaeum）前進，這個古老的聖地只有在那天才會開放。在那裡舉行各種儀式，「王后」（basilinna），也就是統治者的妻子，和四個侍女會參加典禮。從這時候起，承襲古代城市傳統的「王后」就被認爲是戴奧尼索斯的配偶。在遊行的馬車裡，她坐在他旁邊，而新的遊行，也就是結婚遊行，則朝向「布科里恩」（Boucoleum）行進，那裡是古老皇室的宮殿。

---

⑧　埃勒烏西斯神祕宗教的守護神，伊阿庫斯，被同化爲戴奧尼索斯；見 W. Otto, *Dionysos*, p.80; cf. Jeanmaire, *Dionysos*, p.47。

⑨　這當然是非常古老且傳佈甚廣的場景；這是史前最重要的傳統，在各個類型的社會都有重要的地位。

亞里斯多德提到，在「布科里恩」（原意是「牛棚」）裡，酒神和王后圓房。（《政治篇》3.5）選擇在「布科里恩」結婚，顯示當時戴奧尼索斯的公牛化身還是很普遍。

學者們試著以象徵的意義解釋這個婚姻，並且猜想酒神是統治者的神格化。但是華特・奧圖很正確地強調亞里斯多德的見證的重要性。⑩王后在她丈夫（國王的繼承人）的皇宮接受酒神，而戴奧尼索斯化身為國王出現。這個結合或許是象徵著神與整個城市的婚姻，期待因此可以為他們帶來好運。但是這是戴奧尼索斯特有的行徑，他總是以動物的形態出現，且命令人們傳頌他的威權。我們不曾看到有任何其他的希臘祭典相信神會和王后結婚的。

但是在連續三天的「花之祭」裡，特別是第二天，戴奧尼索斯的凱旋式，也是惡兆來臨之日，因為死者的靈魂和死神（kēres）也會回來，這些惡魔會從地獄帶來災禍。何況，「花之祭」的最後一天正是祭拜他們。人 (377)
們向死者獻祭，獻上由各種穀物煮成的雜糧粥（panspermia），並且在天黑前吃掉。夜幕低垂時，他們通常會大喊：「到城門去，惡魔！花之祭已經結束了！」幾乎在所有的農業文明社會裡，這個儀式的情節很常見，也有文獻可徵。死者和陰間的力量主宰且賜給人們豐收和財富。假名希波克拉提斯著論的某個作者說過：「死去的人給予我們食物、莊稼和種子。」在戴奧尼索斯的所有祭典裡，他同時會化身為豐收之神和死神。赫拉克里圖斯（frag. 15）早就說過：「冥王和戴奧尼索斯是一體的。」

我們在前面提到戴奧尼索斯和水、潮濕以及蔬果汁液的關連。我們也要談談那伴隨或預言他的現身的「神蹟」：從石頭裡湧出水來，河流滿是牛奶和蜂蜜。在提歐斯（Teos）的戴奧尼索斯慶典當天，會湧出酒泉。（Diodorus Siculus, 3.66.2）在伊利斯（Elis），放在密室的三個空酒杯，第二天早上卻裝滿了酒。（Pausanias, 6.2.6.1-2）類似的「神蹟」也在其他地

---

⑩ 這個結合迥異於巴比倫的貝勒（Bel）（當神臨到神殿時，會有個奴隸陪侍）或在帕塔拉（Patara）的阿波羅神殿睡覺的女祭司，以便透過神諭直接得到神的智慧；見 Otto, p.84。

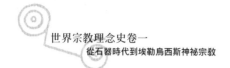
方有記錄。最有名的是「一天的葡萄樹」，它在幾個小時裡開花結果；在許多地方都發生過這種事，因為有許多作者提過。⑪

124. 優里庇德斯和酒神狂歡祭

這種「神蹟」是瘋狂且出神的戴奧尼索斯祭典最特別的地方，反映了酒神最初始且可能是最古老的元素。在優里庇德斯的《巴卡伊》（Bacchae）裡，我們看到關於希臘守護神和酒神崇拜對峙的無數見證。戴奧尼索斯是《巴卡伊》的主角，這部戲劇在古希臘是史無前例的。戴奧尼索斯對於希臘不承認他的祭典感到很忿怒，於是從亞洲帶領女祭司組成的軍隊兵臨底比斯，那裡是他母親的故鄉。卡德馬斯王的三個女兒否認她們的姐妹席美勒曾和宙斯談戀愛且生下酒神。戴奧尼索斯「瘋狂地」攻擊他們，他的阿姨們和其他底比斯女人一起逃到山上，他們曾在那裡舉行酒神祭典。篡奪祖父卡德馬斯王位成功的潘修斯，曾經禁止這類的祭典，而且獨排眾議，堅持不肯妥協。戴奧尼索斯喬裝為酒神崇拜的信徒，被潘修斯逮捕入獄。但是他奇蹟式地逃出來，且說服潘修斯潛入酒神崇拜的女人們當中；他被女祭司們發現，而遭到殺害分屍，潘修斯的母親阿格薇（Agave）卻帶著他的頭顱凱旋回去，以為那是獅子的頭。⑫

(378)

無論優里庇德斯在晚年寫作《巴卡伊》的意圖是什麼，這部希臘悲劇經典已成為關於酒神祭最重要的文獻。在作品裡生動地表現「排斥、迫害和勝利」的主題。⑬潘修斯排斥戴奧尼索斯，因為他是「異鄉人、傳道者、

---

⑪ Sophocles, *Thyestes*(Frag.234); Otto, pp.98-99.

⑫ 在許多例子裡，戴奧尼索斯使那些不承認他是人的人「發瘋」，例如阿哥斯的女人（Apollodorus 2.2.2; 3.5.2）以及明亞斯（Minyas）的女兒們（Plutarch, Quaest. Gr.38.299e）

⑬ 在西元前五世紀，底比斯成為宗教中心，因為這裡是戴奧尼索斯誕生之地，席美勒也葬在這裡。但是我們不要忘記這裡也曾排斥他，而《巴卡伊》的主題便是：不要因為那個神是「新來的」就拒絕他。

巫師，……有著美麗、芬芳、金黃色的髮鬈，紅潤的臉頰，眼裡閃爍著阿芙羅狄特（Aphrodite）的高雅。假借著宣説『歡呼禮讚』（évoé）甜美且誘人的教義，敗壞女孩子們。」（*Bacchae*, 233 sq.）他鼓勵婦女深夜離開家裡到山上去，隨著小鼓和笛子的節奏起舞。潘修斯主要是害怕酒的力量，因為「只要葡萄酒在慶典裡出現，在獻祭時就會對女人起邪念。」（260-62）

然而，酒神崇拜者卻不是因為飲酒而出神的。潘修斯的某個僕人黎明時在錫泰隆山（Cithaeron）遇見他們，說他們披著幼鹿皮，頭戴著常春藤花冠，腰間圍著蛇，纏繞在手臂上，餵幼鹿和小狼吃奶。（695 sq.）酒神的神蹟充斥其間：酒神崇拜者以花序拍打石頭，就湧出水和酒；用爪挖地，便潺潺流出乳汁；從常春藤編成的花序滲出蜂蜜。這僕人說：「如果你在那裡，看到這景象之後，你絕對會皈依你過去曾嘲笑的神，對他祈禱。」（712-14）

這僕人和他的同伴被阿格薇發現後，幾乎被分屍。酒神崇拜者奔向在原野吃草的動物們，「手無寸鐵」，把他們撕成碎片。「幾千個女孩子的手」，就這樣在轉瞬間把那些威脅她們的公牛給肢解了。這些女祭司們於是橫掃過平原。「他們帶著小孩離開家，無論她們在肩膀上扛著什麼東西，都不必繫上繩索，也不會掉到地上，即使是銅器或鐵器亦然。她們的頭髮冒出火花，卻不會燒起來。人們對於被女祭司們掠奪感到忿怒，於是動起刀槍。這時候就看到我主的神蹟：長矛射在她們身上，卻沒有流血，而她們丟擲她們的花序，卻使人們受傷。」（754-63） (379)

我們無意要強調這夜間瘋狂的祭典和前述（第 123 節）討論的民間酒神祭的差異。優里庇德斯告訴我們奧義所特有的祕密儀式。「這些奧祕，在你看來，到底是什麼東西？」潘修斯如是問。戴奧尼索斯回答說：「他們的祕密教義禁止他們和酒神崇拜者以外的人來往。」「這些慶典對他們有何好處呢？」「你不可能知道這點，但是這些東西確實是值得去認識的。」（470-74）

這奧祕是在於酒神崇拜者參與了戴奧尼索斯的整個顯現過程。儀式在

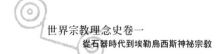

夜裡舉行，在遠離城市的山裡和森林裡。他們把祭品肢解（sparagmos）並且吃生肉（ōmophagia），而得以和酒神溝通。因為他們肢解和吞食的動物是戴奧尼索斯的化身。所有其他的經驗，突然力大無窮，刀槍不入，種種奇蹟（從地裡湧出水、酒和牛奶），和蛇以及其他幼小野獸的「狎暱」，都是某種狂熱使然，也就是和酒神的合而為一。酒神崇拜的出神經驗特別意味著超越人類條件的極限，感覺到人類所不能及的完全釋放、自由和舒暢。這其中還包括擺脫倫理和社會秩序的禁忌、規則和習俗，這也說明了

(380) 為什麼會有那麼多女性信徒。⑭酒神崇拜甚至觸及最深的層次。吃生肉的酒神崇拜者恢復了被壓抑了幾萬年的行為；這種狂熱透顯著和生命以及宇宙力量的溝通，這種溝通只能解釋為神的附身。而人們會把神的附身誤解為「瘋狂」（mania），這是可以理解的。戴奧尼索斯自己便有瘋狂的經驗，而酒神崇拜者只是分擔酒神的試煉和苦難；前面說過，這是最確切的溝通方式。

在希臘，其他諸神也會教人瘋狂。在優里庇德斯的悲劇《海克力斯》（*Heracles*）裡，希拉使悲劇裡的英雄發狂；在索福克里斯的《埃阿斯》（*Ajax*）裡，雅典娜也是如此。科里班蒂斯崇拜（Corybante）譯④和酒神崇拜很類似，因為科里班蒂斯的附身而瘋狂，必須透過入會禮去治療。但是戴奧尼索斯及其崇拜特殊的地方不在於這些精神病症的危機，而是在於他們將之解釋為**宗教經驗，無論是神的懲罰或賜福**。⑮我們在前面比較過儀式和群眾活動明顯的相似性，中世紀痙攣式的舞蹈或北非神祕僧團艾撒

----

⑭ 但是泰瑞夏斯（Teiresias）為酒神辯護說：「戴奧尼索斯並沒有要婦人對他忠貞。貞節是性格使然，貞節的女子在崇拜他的時候自然也不會敗壞。」（*Bacchae* 314 sq.）

⑮ 薩滿和精神病患的差別在於他可以自我治療，而且最後會擁有異於社會其他人的更強更有創造力的人格。

譯④：Corybante，席美勒的女祭司，她們以跳舞和喧鬧的音樂崇拜她們的女神。

瓦（Aissawa）⑯，這足以透顯出戴奧尼索斯宗教的原創性。

很少有如此的神，在某個歷史時期突然出現，而又承繼了這麼多的遠古傳統：戴著獸形面具的儀式、陽具崇拜、**肢解**、吃生肉、吃人肉、**瘋狂**和**狂熱**。更值得注意的是，儘管酒神崇拜保存了許多史前的傳統，但是當他們融入希臘的精神世界裡時，卻又能創造新的宗教價值。的確，許多作 (381)家對於神明附身造成的極度興奮（「瘋狂」）非常有興趣，也經常嘲笑諷刺這些現象。希羅多德（4.78-80）談到西西亞王史奇勒斯（Skyles）的歷險，他在奧爾比亞（Olbia，義大利撒丁島東北部的港口），在聶伯河，「參加酒神崇拜的入會禮」。在祕傳儀式（teletē）裡，酒神附在他的身上，成為「酒神崇拜者和瘋子」。這很可能是指，在遊行時，皈依者「在神的王國下」陷入極度興奮的狀態，而從旁觀者或是被附身的人本身看來，認為那是「瘋狂」。

希羅多德很喜歡回憶他在奧爾比亞聽到的故事。有個很著名的故事（De corona 259），狄摩西尼（Demosthenes）嘲笑他的敵人艾斯奇尼（Aischenes），卻因此使我們認識到雅典的酒神崇拜教團（thiasos）譯⑤，他們在西元前四世紀崇拜薩巴支阿（Sabazios），和戴奧尼索斯同族的色雷斯神（古人考證他的名字，認為他就是色雷斯的戴奧尼索斯）⑰。狄摩西尼是從「書本」裡知道這些儀式的（可能是些關於神族婚姻的文字）；他提到「鹿皮」（nebris）（可能也涉及吃生肉的儀式）、酒罈（kratēr）（裡面裝著水酒混合的「神祕之酒」）、潔淨禮（katharmos）（把泥土和麵粉敷在皈依者身上）。最後，輔祭扶起躺在地上的皈依者，

---

⑯ 羅德（Rohde）把戴奧尼索斯的出神宗教比喻為中世紀痙攣舞蹈的傳染病。R. Eisler 則比喻為吃生肉（frissa）的艾薩瓦。這些教徒把自己當作是肉食動物（胡狼、豹、獅子、貓、狗），把牛、狼、公羊、綿羊、山羊撕碎，取出內臟。吃生肉是在瘋狂的慶祝之舞以後，「只是野蠻地享受出神經驗以及和神的溝通。」（R. Brunel）

⑰ 根據古代的旁注，saboi（sabaioi）這個弗里吉亞名詞同義於希臘文的 bacchos；見 Jeanmaire, Dionysos, pp.95-97。

譯⑤：thiasos，崇拜酒神的隊伍或教團，以唱歌跳舞的方式遊行。亦指飲酒狂歡之徒。

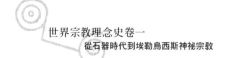

後者則唸著：「我已遠離邪惡且覺得好多了。」所有會眾突然大聲哭號（ololygē）。第二天早上，皈依者戴著由茴香和白楊木編成的頭冠到街上遊行。艾斯奇尼走在前頭，手中揮舞著蛇，高喊著：「聖哉，薩巴支阿的奧祕！」在跳舞時叫著：「修伊斯，阿提斯！」（Hyes Attes）譯⑥狄摩西尼也提到簸箕（liknon）譯⑦，「神祕的簸箕」是戴奧尼索斯小時候的搖籃。

(382)　　在戴奧尼索斯的各種祭典裡，總會有瘋狂的出神經驗。在某個意義下，這種瘋狂狀態可以證明皈依者的「降神」（entheos）。這種經驗自然是很難忘的，因為他們感受到充滿想像的自在和渾然忘我的自由，也感受到戴奧尼索斯的超人力量和無懈可擊。和神的溝通會暫時傷害到人體狀況，但是不會持續很久。在《巴卡伊》或是羅馬時期農諾斯（Nonnus）的《戴奧尼索斯》（Dionysiaca）裡，都沒有提到永生的問題。從這裡可以看出戴奧尼索斯和扎爾莫西斯（Zalmoxis）譯⑧的區別，人們經常把他們相提並論甚至混淆在一起；因為蓋塔人（Getae）所信奉的神譯⑨會使他的信徒「獲得永生」。但是希臘人始終不敢跨越這區隔神和人的無限鴻溝。

125. 當希臘人重新發現神的臨在

　　民間酒神崇拜者的入會禮和神祕性格似乎是沒有疑問的（*Bacchae*, 470-74）⑱，即使有些儀式是公開的（如遊行）。我們很難判定從什麼時候，在什麼狀況下，戴奧尼索斯崇拜成為神祕宗教。許多偉大的學者，尼爾森（Nilsson）、費斯圖吉（Festugière），都否認有酒神奧義的存在，因為完全沒有末世論信仰的線索。但是關於祕密儀式，尤其是古代時期，我

---

⑱　在「花之祭」裡，有些慶典是由婦女舉行的，而且非常神祕。
譯⑥：Hyes，酒神的別稱；Hyes Attes 是某種驅魔的咒語。
譯⑦：liknon，去除穀殼的簸箕，裡頭裝著脫粒後的穀子，對著風吹去穀殼。
譯⑧：Zlamoxis，色雷斯冥府之神。
譯⑨：即扎爾莫西斯。

們本來就所知有限，更不用說他們的祕教意義了（這些祕義一定存在過，因爲整個世界的文化裡都有關於祕教的記載）。

再說，末世論信仰的形態也不必限於奧斐斯宗教或希臘時期的神祕宗教。戴奧尼索斯的消失或顯現，他的冥府之旅（類似於死後復活），尤其是「聖嬰戴奧尼索斯」的崇拜以及慶祝他的「甦醒」的儀式⑲（甚至擺脫戴奧尼索斯和扎格列歐斯的神祕儀式主題），都意味著靈性重生的意圖和希望。在世界各地，聖嬰都有著入會禮的象徵，啓示著神祕存在者「重 (383)
生」的奧祕。（對於宗教經驗而言，這樣的象徵是否要透過理性去理解，並不是很重要。）我們要記得，在薩巴支阿（人們認爲他就是戴奧尼索斯）的儀式裡，就已經有奧義的結構（「我已經遠離邪惡！」）當然，《巴卡伊》並沒有提到永生的問題；但是和神的短暫溝通預設了酒神的死後復活。戴奧尼索斯出現在埃勒烏西斯神祕宗教裡，使我們聯想到某些酒神崇拜經驗的末世論意義。

到了戴奧尼索斯和扎格列歐斯的時代，儀式的神祕宗教性格就更確定了。我們主要是透過基督宗教的作者得知聖嬰戴奧尼索斯被肢解的神話。⑳他們自然是把諸神解釋爲歷史英雄，既不完整又有敵意。但是因爲他們沒有不得公開宣說祕義的禁忌，基督宗教作家反而保留了許多珍貴的史料。希拉派泰坦去殺害戴奧尼索斯（扎格列歐斯），他先是用玩具引誘小孩（撥浪鼓〔crepundia〕、鏡子、踝骨、球、陀螺、牛吼器），然後殺死他，把他分屍。他們把屍塊丟到鍋裡去煮，有些作者說，甚至把他吃掉。有個女神（雅典娜、麗娥或是狄美特）得到（或是搶救到）他的心臟，放到櫃子裡。宙斯得知這個暴行後，便以他的閃電打死泰坦。基督宗教作者沒有提到復活的事，但是古代的人都知道這段插曲。伊比鳩魯學派的斐羅德莫斯（Philodemus）（和西賽羅同時代的人）談到戴奧尼索斯的三次誕

---

⑲　聖嬰戴奧尼索斯的崇拜在彼奧提亞（Boeotia）和克里特都可見到，最後卻傳遍整個希臘。

⑳　Firmicus Maternus, *De errore pro. Relig.* 6; Clément de Alexandrie, *Protrept.* 2.17.2; 18.2; Arnobios, *Adv. Nat.* 5.19.

生，「第一次是從他的媽媽那裡，第二次是從腿股裡，第三次是在被泰坦肢解以後，麗娥把他的遺體拼湊起來，他就復活了。」㉑馬特努斯（Firmicus Maternus）還說，在克里特（他把諸神解釋爲歷史人物的地方），每年的祭典都會紀念這個慘劇，重現「聖嬰死前遭受的苦難」：「在森林深(384) 處，他們發出奇怪的哭號聲，假裝忿怒的靈魂發了瘋，」彷彿這個罪行是因爲瘋狂所致，「他們用牙齒撕裂活的公牛。」

關於聖嬰戴奧尼索斯（扎格列歐斯）的受難和復活的神話和儀式主題引起無數的爭議，特別是「奧斐斯宗教」的詮釋。在此我們只是要指出，基督宗教作者所傳達的訊息是根據更早的文獻。「扎格列歐斯」（Zagreus）這個名字最早是在底比斯史詩全集《阿爾克邁翁家族》（Alcmaeonis）（西元前六世紀）㉒，意思是「偉大的獵人」，和戴奧尼索斯的野蠻和狂歡性格相符。至於泰坦的罪行，保薩尼阿斯（Pausanias）（8.37.5）留下些許的資料，儘管韋拉莫維茲和其他學者對此存疑，還是非常珍貴。他說，西元前六世紀，在庇西斯特拉提德家族（Pisistratids）統治時代，雅典的歐諾馬克里圖斯（Onomacritus），曾寫詩談到這個問題：「從荷馬得知泰坦之名，他創立了酒神的崇拜，以泰坦族為使酒神受難的罪人。」根據這個神話，泰坦族人接近聖嬰時，以灰泥塗臉，免得被認出來。而在雅典崇拜薩巴支阿的祕密宗教裡，有個入會禮正是以麵粉灰泥塗在信徒臉上。㉓自古以來，這兩件事就經常被相提並論（Nonnus, Dionys. 27.228 sq.）。然而這是在原始社會時常見到的古老入會禮：新教徒把麵粉或灰抹在臉上，看起來像是鬼魂；換言之，他們經歷過儀式性死亡。至於「祕義的玩具」，他們也早就知道；埃爾費由姆（El Faiyum，在埃及北

㉑　Philodemus, *De piet*. 44; Jeanmaire, *Dionysos*, p.382.

㉒　Frag. 3 Kinkel, vol.1, p.77; Euripides, frag.472; Otto, *Dionysos*, pp.191 sq.。Zagreus 是 Dionysos 的別名。

㉓　Demosthenes, *De corona* 259. 阿哥斯人在參加酒神祭典時，會以白堊或泥土塗臉。他們特別強調白堊（titanos）和泰坦（Titanes）的關係。但是整個神話和儀式的複雜結構有時也會混淆二者。（Farnell, *Cults*, vol.5, p.172）

部）曾發現西元前三世紀的紙草紙，可惜有些破損，其中也提到陀螺、牛吼器、蹠骨和鏡子（Orph. Frag. 31）。

我們知道最戲劇性的、完整的神話故事，是在西元前三世紀，特別是關於泰坦族把肢解的屍體丟到大鍋裡煮且分食之的插曲；而這些故事都會在「神祕宗教的慶典」㉔裡被複述。尙美爾（Jeanmaire）很中肯地指出， (385)
在鍋裡煮或是過火，這些入會禮都是在傳達「永生」（比較狄美特和迪莫風的故事）或「回春」（佩里阿斯的女兒把父親分屍，放到鍋裡去煮）的觀念。㉕附帶要說的是，這些儀式（肢解、在鍋裡煮或是過火），都是薩滿教入會禮的特色。

如此，我們可以在「泰坦族的罪行」裡看到古老入會禮，其原始意義已經被遺忘許久。泰坦族就像是入會禮的傳授師，也就是說，他們「殺死」新教徒，好讓他以更高的存在模式「重生」（在這裡的例子，我們可以說，泰坦族賦與聖嬰戴奧尼索斯神性和永生）。但是在以宙斯爲絕對權威的宗教裡，泰坦族只能扮演魔鬼的角色，而且在宙斯的閃電之下灰飛煙滅。根據某些異本，人是從塵土創造出來的，這個神話在奧斐斯宗教裡很重要。

酒神崇拜的入會禮性格也可以在德斐神廟裡看到，女人在慶祝神的重生；因爲德斐的簸箕「裝著被肢解而準備重生的戴奧尼索斯，也就是扎格列斯，」普魯塔赫如此見證（De Iside, 35）而這個戴奧尼索斯「重生成爲扎格列斯，他同時也是底比斯的戴奧尼索斯，宙斯和席美勒的兒子。」㉖

西西里的狄奧多羅斯（Diodorus Siculus）說：「奧斐斯在祕密宗教的

㉔　請比較亞里斯多德提出的「問題」（Didot, *Aristote*, 4.331.15），在 Salomon Reinach 之後，有 Moulinier, *Orphée et l'orphisme*,p.51。在三世紀時，Euphorion 知道類似的傳統。

㉕　Jeanmaire, *Dionysos*, p.387; Marie Delcourt, *L'oracle de Delphes*, pp.153 sq..

㉖　Delcourt, pp.155, 200。Plutarch 在談到歐瑞希斯的肢解和復活後，提到他的朋友 Clea，德斐的酒神祭司領袖說：「關於歐瑞希斯就是戴奧尼索斯，有誰比身爲提亞德斯之王的你知道得更多？你的父親曾帶你接受歐瑞希斯的入會禮。」

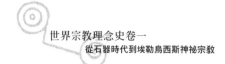
儀式裡傳下戴奧尼索斯肢解的屍體，」其中也提到酒神崇拜的祕密宗教。在其他段落裡，狄奧多羅斯認為奧斐斯是酒神崇拜的改革者：「這即是為什麼源於戴奧尼索斯的入會禮也稱為奧斐斯。」（3.65.6）狄奧多羅斯描述的傳說很有價值，因為這證實了的確存在著酒神崇拜的祕密宗教。但是在 (386) 西元前五世紀，這些祕密宗教已經吸收了「奧斐斯宗教」的元素。事實上，彼時人稱奧斐斯為「戴奧尼索斯的先知」以及所有「入會禮的創立者」。（見第二卷第 19 章）

　　狄奧多羅斯也訝異於酒神多樣且新奇的顯現和化身，遠超過其他希臘諸神。他總是不停歇；他走遍各地，走到各個國家和人民，融入每個宗教，和不同的神會通（甚至是和他敵對的狄美特和阿波羅）。在希臘諸神中，只有他能在不同的層次裡出現，同時迷惑且吸引著農民和知識分子、政治家和冥修者、縱慾者和禁慾者。除了飲酒、性愛、萬物的繁殖，還有那些難忘的經驗，例如死者周期性的復活、瘋狂、沉浸在動物的無意識裡、或是狂熱的出神，這些恐懼和啟示都只是源於「神的臨現」。他的存在模式表現著生命與死亡弔詭的統一。這即是為什麼戴奧尼索斯和其他奧林帕斯諸神迥然不同。他是不是比較像個人，而不像是個神？無論如何，人們可以接近他，甚至變成他；而瘋狂的出神也證明人類的狀態是可以超越的。

　　這些儀式有許多超乎想像的發展。合唱詩歌、悲劇、諷刺劇，多少都和酒神崇拜有關。他們把「酒神祭的合唱」（dithyrambos）（其中包括出神的瘋狂）放到舞台以及文學裡。[27]他們某些公開的祈禱詞搬到舞台上，因為把戴奧尼索斯視為戲劇之神，而其他某些神祕的入會禮則發展為希臘 (387) 時期的神祕宗教。至少，奧斐斯宗教便是間接受惠於戴奧尼索斯的傳統。

---

[27]　酒神祭的合唱是「獻祭後的舞蹈，藉著旋律的運動和儀式的歡呼，達到集體出神的狀態，正值西元前六、七世紀希臘合唱詩歌的巔峰時期，領唱者（exarchon）所吟唱的詩歌發展成文學形式，穿插描述戴奧尼索斯的故事和性格的詩段。」（Jeanmaire, *Dionysos*, pp.248-49）

不像其他希臘諸神，這個年輕的神會不斷地以新的化身、意想不到的神諭、以及末世論的希望來滿足他的崇拜者。

略語表

ANET= J. B. Pritchard, Ancient Near Eastern Texts Relating to the Old Testament (Princeton, 1950 deuxième édition, 1955)

Ar Or= Archiv Orientálni (Prague)

ARW= Archiv für Religionswissenschaft (Freiburg/Leipzig)

BJRL= Bulletin of the John Rylands Library (Manchester)

BSOAS= Bulletin of the School of Oriental and African Studies (London)

CA= Current Anthropology (Chicago)

HJAS= Harvard Journal of Asiatic Studies

HR= History of Religions (Chicago)

IIJ= Indo-Iranian Journal (La Haye)

JA= Journal Asiatique (Paris)

JAOS= Journal of the American Oriental Society (Baltimore)

JAS Bombay= Journal of the Asiatic Society Bombay Branch

JIES= Journal of Indo-European Studies (Montana)

JNES= Journal of New Eastern Studies (Chicago)

JRAS= Journal of the Royal Asiatic Society (London)

JSS= Journal of Semitic Studies (Manchester)

OLZ= Orientalistische Literaturzeitung (Berlin/Leipzig)

RB= Revue Biblique (Paris)

REG= Revue des Études Grecques (Paris)

RHPR= Revue d'Histoire et de Philosophie religieuses (Strasbourg)

RHR= Revue de l'Histoire des Religions (Paris)

SMSR= studi e Materiali di Storia delle religioni (Roma)

VT= Vetus Testamentum (Leiden)

W.d.M.= Wörterbuch der Mythologie (Stuttgart)

問題研究和書評書目

(391) *1.* 關於世界史前史的入門書，見 Grahame Clark, *World Prehistory* (Cambridge, 1962); Grahame Clark et Stuart Piggott, *Prehistoric Societies* (London, 1965)（其中有豐富的參考文獻）; H. Breuil et R. Lantier, *Les hommes de la pierre ancienne; paléolithique et mésolithique, rev. ed.* (Payot, 1959)。

更完整的文獻考證，見 H. Müller-Karpe, *Handbuch der Vorgeschichte*, vol.1: Altsteinzeit (München, 1966); Karl J. Narr, *Handbuch der Urgeschichte* (Bern-München, 1967). Larl Narr, *Abriss der Vorgeschichte* (München, 1957), pp.8-41; *Urgeschichte der Kultur* (Stuttgart, 1961); F. Bordes, *Old Stone Age* (New York, 1968); *La préhistoire: Problèmes et tendances*, Éditions du CNRS (Paris, 1968)。

對於語言和社會起源的假設的分析，見 Frank B. Livingstone, "Genetics, Ecology and the Origins of Incest and Exogamy," CA 10 (February 1969): 45-61 (bibliographie, pp.60-61)。關於語言的起源，我們引用 Morris Swadesh, *The Origin and Diversification of Language* (Chicago, 1971)。

在 Karl Narr 的研究裡，他檢視靈長類動物的「人類化」，試著建構古人類的可能圖像；尤其是 "Approaches to the Social Life of Earliest Man," *Anthropos* 57 (1962): 604-20; "Das Individuum in der Urgeschichte: Möglichkeiten seiner Erfassung," *Saeculum* 23 (1972): 252-65。

關於美洲的殖民問題，見 E. F. Greenman, "The Upper Paleolithic and the New World," CA 4 (1963): 41-91; Allan Bryan, "Early Man in America and the Late Pleistocene Chronology of Western Canada and Alaska," ibid. 10 (1969): 339-65; Jesse D. Jennings et Edward Norbeck 編輯的 *Prehistoric Man in the New World* (Chicage, 1964); Gordon R. Willey, *An Introduction to American Archaeology* (Englewood Cliffs, N.J., 1966), vol. 1, pp.2-72 et *passim*。

亦見 Frederick D. McCarthy, "Recent Development and Problems in the Prehistory of Australia," *Paideuma* 14(1968): 1-17; Peter Bellwood, "The Prehistory of Oceania," CA 16 (1975): 9-28。

幾萬年來，歐洲、非洲和亞洲的舊石器文化的順序都相同，在澳洲以

及北美和南美洲，也有相同的順序，雖然時間的範圍比較短。20000-10000 (392) B.C. 的時期，我們不能說哪個文化的技術比較進步。的確，在工具的結構上有所不同，但是這些差異只能說是適應當地的環境，而不是技術的進展。見 Marvin Harris, *Culture, Man, and Nature* (New York, 1971), p.169。舊石器時代的**文化統一性**，是後來各個文化的共同來源；此外，我們也可以和現代的狩獵社會作比較。對於在希臘神話和儀式的舊石器時代的文化「遺跡」的精闢分析，見 Walter Burkert, *Homo Necans* (Berlin, 1972)。關於狩獵文化，見 Richard B. Lee et Irven Devore eds., *Man the Hunter* (Chicago, 1968)。

2. 要了解為什麼學者們不敢承認舊石器時代有一致且複雜的宗教文化，我們必須記得，在 19 世紀後期，「宗教」這個名詞是很有限定的，其他文化的宗教常被稱為「巫術」、「迷信」或「野蠻行為」。有些作者提到「沒有宗教的人」，因為他們在某些部落找不到他們熟悉的多神教和「物神崇拜體系」。認為他們有宗教的人，則被指責是把古人類給理想化了，因為他們認為「宗教」就是像猶太教和基督宗教、印度教、或是近東的萬神殿。

我們不必羅列所有關於史前宗教的作品，大部分的作品都只有參考文獻的價值。以下作品的考證和進一步的假設值得參考：T. Mainage, *Les religions de la préhistoire* (Paris, 1921); G. H. Luquet, *L'art et la religion des hommes fossiles* (Paris, 1926); C. Clemen, *Urgeschichtliche Religion*, 2 vols. (Bonn, 1932-33); E. O. James, *Prehistoric Religion* (London and New York,1957)。亦見 Emmanuel Anati, ed., *Symposium international sur les religions de la préhistoire Valcamonica*, 18-23 septembre 1972 (Brescia, 1975); HR 16 (1976): 178-82。

最近的作品有更完整的討論：Johannes Maringer, *The Gods of Prehistoric Man* (New York, 1960); *Étienne Patte, Les hommes préhistoriques et la religion* (Paris, 1960); André Leroi-Gourhan, *Les religions de la préhistoire: Paléolithique*

(Paris, 1964); Karl J. Narr, Kultur, *Umwelt und Leiblichkeit der Eiszeitmens-chen* (Stuttgart, 1963); Narr,"Approaches to the Religion of Early Paleolithic Man," HR 4 (1964): 1-29; Narr, "Religion und Magie in der jüngeren Al-tsteinzeit," in *Handbuch der Urgeschichte* (1966), vol. 1, pp.298-320。Narr 最近的作品裡的書評也有幫助："Wege zum Verständnis prähistorischer Re-ligionsformen," *Kairos* 3 (1963): 179-88。

關於從工具製作發展出來的神話的研究還不是很多。我們分析過箭矢的象徵和某些神話主題，見 "Notes on the Symbolism of the Arrow," (*Religions in Antiquity: Essays in Memory of E. R. Goodenough*, Leiden, 1968, pp. 463-75)。

3. 關於舊石器時代的葬禮習俗的基本資料，見 J. Maringer, *The Gods of Prehistoric Man* (New York, 1960), pp.14-37, 74-89。1940 年以前所作的考證工作，見 E. O. James, *Prehistoric Religion: A Study in Prehistoric Archaeology* (London, 1957), pp.17-34。亦見 Grahame Clark, *The Stone Age Hunters* (London, 1967), pp.41 sq.。批判性的討論見 Leroi- Coourhan, *Les religions de la préhistoire*, pp.37-64。

(393)

更詳盡的分析，見 H. Breuil, "Pratiques religieuses chez les humanités quaternaires,"*Scienza e civiltà* (1951), pp.45-75; A. Glory et R. robert,"Le culte des crânes humains aux époques préhistoriques," *Bulletin de la Société d' Anthropologie de Paris* (1948), pp.114-33; H. L. Movius, Jr., "The Mousterian Cave of Teshik-Tash, Southeastern Uzbekistan, Central Asia," American School of Prehistoric Research, no.17 (1953), pp.11-71; P.Wernert, "Cultes des crânes: Représentation des esprits des défunts et des ancêtres"(in: M. Gorce et R. Mortier, L'histoire générale des religions , I, Paris, 1948, pp.51-102)。

關於在 Circeo 挖掘得到的頭骨的意義，見 A. C. Blanc, "I Paleantropi di Saccopastore e del Circeo," *Quartär* (1942), pp.1-37。

Raymond A. Dart 證明南非及其他地方的赭石礦挖掘的年代：見氏著 "

The Multimillennial Prehistory of Ochre Mining," NADA (1967), pp.7-13, "The Birth of Symbology," *African Studies* 27 (1968): 15-27。這兩篇論文有許多參考文獻。

關於「作為胚胎期」的葬禮，見 G. van der Leeuw, "Das Sogenannte Hockerbegräbnis und der ägyptische Tjknw," SMSR 14 (1938): 150-67。

4.　Emil Bachler, *Das alpine Paläolithikum der Schweiz* (Basel, 1940)。書中記錄挖掘的結果。

關於其他的發現，見 K. Hoermann, Die Petershöhle bei Velden in Mittelfranken: Eine altpäolithische Station (Nüremberg, 1933); K. Ehrenberg, " Dreissig Jahre paläobiologischer Forschung in österreichischen Höhlen," *Quartär* (1951), pp.93-108; Ehrenberg, "Die paläontologische, prähistorische, und paläoethnologische Bedeutung der Salzofenhöhle im Lichte der letzten Forschungen," *Quartär* (1954), pp.19-58。亦見 Lothar Zotz, "Die altsteinzeitliche Besiedlung der Alpen und deren geistigen und wirtschaftliche Hintergründe," *Sitzungsberichte der Physikalischmedizinische Sozietät zu Erlangen* 78 (1955-57): 76-101; Müller-Karpe, *Altsteinzeit*, pp.205, 224-26。

和某些北極地區民族的獻祭的比較，見 A. Gahs, "Kopf-, Schädel-, und Langknochenopfer bei Rentivervölkern," Festschrift für P.W. Schmidt (Vienne, 1928), pp.231-68; Wilhelm Schmidt, "Die älteste Opferstelle des altpaläolithischen Menschen in den Schweizer Alpen," Acta Pontificiae Academiae Scientiarum 6 (Vatican City, 1942): 269-72; "Das Primitialopfer in der Urkultur," *Corona Amicorum: Festgabe für Emil Bächler* (Saint Gall, 1948), pp.81-92。亦見 J. Maringer, "Das Blut in Kult und Glauben der vorgeschichtlichen Menschen," Anthropos 71 (1976): 226-53。

Karl Meuli 解釋過骨骸堆置的問題，見氏著 "Griechische Opferbräuche," (394) Phyllobolia für Peter von der Mühll (Basel, 1945), pp.185-288, esp.pp.283-87。

關於舊石器時代的「獻祭」問題，見 Oswald Menghin, "Der Nachweis

401

des Opfers im altpaläolithikum," *Wiener Prähistorische Zeitschrift* 13 (1926): 14-19; H. C. Bandi, "Zur Frage eines Bären-oder Opferkultes im ausgehenden Altpaläolithikum der Alpinen Zone," *Helvetia Antiqua, Festschrift Emil Vogt* (Zurich, 1966), pp.1-8; S. Grodar, "Zur Frage der Höhlenbärenjagd und des Höhlenbärenkult in den paläolithischen Fundstellen Jugoslawien," *Quartär* 9 (1957): 147-59; W. Wust, "Die paläolithisch-ethnographischen Bärenriten und das Altindogermanische," *Quartär* 7-8 (1956): 154-65; Mirko Malez, "Das Paläolithikum der Veternicalhöhle und der Bärenkult," *Quartär* 10-11 (1958/59): 171-88。亦見 I. Paulson, "Die rituelle Erhebung des Bärenschädels bei arktischen und subarktischen Völker," *Temenos* 1 (1965): 150-73。

F. E. Koby 質疑骨骸堆置和熊祭的存在，見氏著 "L'ours des cavernes et les Paléolithiques," *L'Anthropologie* 55 (1951): 304-8; "Les Paléolithiques ont-ils chassé l'ours des cavernes?" Actes de la Société Jurassienne d'émulation 57 (1953): 157-204); "Grottes autrichiennes avec culte ed l'ours?" *Bull. de la Soc. Péhist. Française* 48 (1951): 8-9. Les Religions de la préhistoire, pp.31 sq.。

完整的批判性討論，見 Johannes Maringer, "Die Opfer der paläolithischen Menschen," *Anthropica* (St. Augustin bei Bonn, 1968), pp.249-71。

W. Koppers 指出民族學上的趣的類似性，見氏著 "Der Bärenkult in ethnologischer und prähistorischer Beleuchtung," *Paleobiologica* (1933), pp.47-64; "Künstlicher Zahnschift am Bären im Altpaläolithikum und bei den Ainu auf Sachalin," *Quartär* (1938): 97-103. "Zum Problem des Bärenfestes der Ainu und Giliaken," *Kultur und Sprache* (Vienne, 1952), pp.189-203。

熊祭和舊石器時代歐洲的薩滿教之比較，見 Karl Narr, "Bärenzeremoniell und Schamanismus in der älteren Steinzeit Europas," *Saeculum* 10 (1959): 233-72。

獵人相信動物可以從他們的骨頭重生，見 Eliade, *le Chamanisme* (1968), pp.139 sq.。關於不可以破壞獵獸或家畜的骨頭的禁忌，見 Joseph Henninger, "Neuere Forschungen zum Verbot des Knochenzerbrechens," *Studia Ethnogra-*

phica et Folkloristica in honorem Béla Gunda (Debrecen, 1971), pp.673-702。
特別值得一提的是 I. Paulson, "Die Tierknochen im Jagdritual der nordeurasia-
tisches Völker," *Zeitschrift für Ethnologie* 84 (1959): 270-92。

5. 關於史前洞穴和岩石藝術，有許多文獻，特別見 H. Breuil, *Quatre cent
siècles d'art pariétal* (Montignac, 1951); J. Maringer et H. Bandi, *Art in the Ice
Age* (London, 1953); Paolo Graziosi, *Palaeolithic Art* (London, 1960); A. Leroi-
Gourhan, *Préhistorire de l'art occidental* (Paris, 1965); A. Laming, Lascaux: *P
aintings and Engravings*; Laming, *La signification de l'art rupestre paléolithique*
(Paris, 1962); R. F. Heizer et M. A. Baumhoff, *Prehistoric Rock Art of Nevada
and Eastern California* (Berkeley-Los Angeles, 1962); Peter J. Ucko et Andrée
Rosenfeld, *Palaeolithic Cave Art* (New York, 1967)。亦見 *Simposio de arte rup-
estre*, Barcelona, 1966 (Barcelona, 1968); P.Graziosi, "L'ant paléo-épipaléolithi-
que de la Province méditerranéenne et ses nouveaux documents d'Afrique du
Nord et du Proche-Orient" (pp.265 sq.); Emmanuel Anati, "El arte rupestre gal-
aicoportuguès" (pp.165 sq.); Henri Lhote, "Données récentes sur les gravures et
les peintures rupestres du Sahara" (pp.273 sq.)。

(395)

　　關於有效比較史前和在民族學層次的民族的藝術作品的條件，見 Karl
Narr, "Interpretation altsteinzeitlicher Kunstwerke durch völkerkundliche Paral-
lelen," *Anthropos* 50 (1955): 513-45。亦見 Narr 最近的作品："Zum Sin-
ngehalt der altsteinzeitlichen Höhlenbilder," *Symbolon*, n.s. 2 (1974): 105-22。
G. Charrière 從馬克斯的觀點去分析，見氏著 Les significations des représen-
tations érotiques dans les arts sauvages et préhistariques (Paris, 1970)。

　　Leroi-Gourhan 從風格和年代把舊石器時代區分為五個時期：一、穆斯
特文化工藝期（50000B.C.），在骨頭和石版上有規則分佈的刻痕，但是還
沒有圖形作品；二、原始時期（奧瑞納文化，30000 B.C.），有雕刻和繪
畫的形象或石版；「有很抽象且粗糙的造形，代表某種無法辨認的動物的
頭部或上半身以及生殖器。」後來的人像（25000-20000 B.C.）也有同樣的

抽象風格化:「軀幹和頭部以及四肢相較之下顯得很巨大,使我們想到舊石器時代臀部過肥的女性形象。」三、古代時期(梭魯特文化期〔Solut-rean〕,30000-25000 B.C.),包括許多重要的遺址(Lascaux 洞穴、La Pasiega 洞穴)(「技術的掌握已經很純熟,而繪畫、雕塑或雕刻成果也很出色。」)四、古典時期(馬格達林文化,15000-11000 B.C.),洞穴裝飾的地理分布到了極點,形式的寫實主義很盛行;五、後期(晚期馬格達林文化,10000 B.C.),不再以洞穴裝飾為主,藝術作品基本上是可移動的:「造形已經完全捨棄古代風格,動物融合到寫實主義裡,形象和動作的描繪很精確。這種可移動的藝術向北延伸到大不列顛、比利時和瑞士。9000 B.C.,突然的沒落標示著舊石器時代後期的結束,馬格達林文化後期的某些文物顯得粗糙且簡略。」(*Les religions de la préhistoire*, pp.87-88).

Simposio de atre rupestre 有兩篇 Henri Lhote 的論文,批評 Leroi-Gour-han 和 Laming 的方法:"La plaquette dite de 'La Femme au Renne,' de Laug-erie-Basse, et son interprétation zoologique" (pp.79-97); "Le bison gravé de Sé-griés, Moustiers-ste-Marie" (pp.99-108)。對於 Leroi-Gourhan 的詮釋的批判性討論,見 Ucko et Rosenfeld, *Palaeolithic Cave Art*, pp.195-221.。

(396)

對於史前藝術的象徵和風格化的表現的提示性評論,見 Herbert Kühn, "Das Symbol in der Vorzeit Europas," *Symbolon* 2 (1961): 160-84; Walther Mat-thes, "Die Darstellung von Tier und Mensch in der Plastik des älteren Paläolithikum," ibid. 4 (1964): 244-76。H. Bégouen、N. Casteret 和 J. Charet 主編關於 Montespan 和 Tuc d'Auberst 洞穴的作品,Ucko 和 Rosenfeld 有著作討論,見氏著 *Palaeolithic Cave Art*, pp.188-98, 177-78。

Lourdes 的石版雕刻,在 Maringer 的作品裡可以看到複製畫,見氏著 *The Gods of Prehistoric Man*, fig. 27。在 La Vache(Ariège)出土的骨頭上的雕刻圖形,應該被解釋為入會禮的儀式。見 Louis-René Nougier and Rom-ain robert, "Scène d'initiation de la grotte de la Vache à Alliat (Arie'ge)," *Bull. de la Soc. de l'Ariège* 23 (1968): 13-98。對於其圖樣的清楚複製,見 Alexander Marshak, *The Roots of Civilization* (New York, 1972), p.275, fig.154。

Horst Kirchner 在其研究裡提出 Lascaux 洞穴的著名繪畫的薩滿教詮釋，見氏著 "Ein archäologischer Beitrag zur Urgeschichte des Schamanismus," *Anthropos* 47 (1952): 244-86。Karl 也接受了這個詮釋，見氏著 "Bärenzeremoniell und Schamanismus in der älteren Steinzeit Europas," *Saeculum* 10 (1959): p.233-72, 271。亦見 Eliade, *Chamanisme*, pp.502 sq.; A. Marshak, *The Roots of Civilization*, pp.277 sq.。

J. Makkay 對於 Trois Frères 的「偉人巫師」，也作相同的詮釋："An Important Proof to the Prehistory of Shamanism," *Alba Regia* 2/3 (Székesfehérvár, 1963): 5-10。

亦見 E. Burgstaller, "Schamanistische Motive unter den Felsbildern in den österreichischen Alpenländern," *Forschungen und Fortschritte* 41 (1967): 105-41, 144-58; H. Miyakawa et A. Kollantz, "Zur Ur-und Vorgeschichte des Schamanismus," Zeitschrift für Ethnologie 91 (1960): 161-93。（書中的日本考證很有助益。）

6. 關於女性塑像的考證，見 E. Saccasyn-Della Santa, *Les figures humaines du paléolithique supérieur eurasiatique* (Antwerp, 1947)，後來的發現的補充，見 Karl J. Narr, *Antaios* 2 (1960): 155, n.2. 所引書目。在詮釋方面，見 F. Hančar, "Zum Problem der Venusstatuetten im eurasiatischen Jungpaläolithikum," *Prähistorische Zeitschrift* 30/31 (1939/40): 85-156; Karl J. Narr, "Weibliche Symbol-Plastik der alteren Steinzeit," *Antaios* 2 (1960): 131-57; Karl Jettmar, dans I. Paulson, A. Hultkrantz, K. Jettmear, *Les religions arctiques et finnoises*, pp.292-99（綜述 Gerasimov 在 Mal'ta 的考古挖掘）。亦見 J. Maringer, *The Gods of Prehistoric Man*, pp.153 sq.; A. Leroi-Gourhan, *Les religions de préhistoire*, pp.87 sq. 這種小人像（Kleinplastik）被認為是受到地中海東 (397) 部的影響，法國坎特布連山區比較傾向自然主義風格，在北部及東北部則主要是幾何圖形。現在的學者認為，西伯利亞的舊石器時代後期受到蒙古和東南亞文化的影響。見 Jettmar, *Les religions arctiques et finnoises*, p.292.。

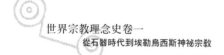

　　對於 Leroi-Gourhan 的批評，見 Ucko et Rosenfeld, *Palaeolithic Cave Art*, pp.195 sq.; Henri Lhote, "La Plaquette dite de 'La Femme au Renne,'" in: *Simposio de arte rupestre*, pp.80-97（cf. ibid., pp.98-108，Maning 提出的批評）。

　　關於所謂的 X 光風格以及和薩滿教的關係，見 Andreas Lommel, *Shamanism: The Beginnings of Art* (New York and Toronto, n.d.), pp.129 sq.。若干作者曾討論過這本書：*Current Anthropology* 11 (1970): 39-48。

7.　Alexander Marshak 在他的論文裡首次公布他的發現，見氏著 "Lunar Notation on Upper Paleolithic Remains," *Scientia* 146 (1964): 743-45。其後陸續發表的作品："New Techniques in the Analysis and Interpretation of Mesolithic Notations and Symbolic Art," (*Actes du symposium international*, éd. Emmanuel Anati Valcamonica, 1970, pp.479-94); *Notations dans les gravures du paléolithique supérieur: Nouvelles méthodes d'analyse* (Institut de préhistoire de l'Université de Bordeaux, Mémoire no. 8, 1970); "Le bâton de commandement de Montgandier (Charente). Réexamen au microscope et interprétation nouvelle," (*L'Anthropologie* 74, 1970, pp. 321-52); "Cognitive Aspects of Upper Paleolithic Notation and Symbol,"(*Scientia* 178, 1972, pp.817-28)。研究成果之分析，見氏著 *The Roots of Civilization: The Cognitive Beginnings of Man's First Art, Symbol, and Notation* (New York, 1972); cf. Eliade, "On Prehistoric Religions," HR 14 (1974): 140-47, spéc.140-43。

　　在「澳洲坎培拉原住民研究所研討會」（5.1974）裡發表的 "The Meander as System: The Analysis and Recognition of Iconographic Units in Upper Paleolithic Compositions"，承蒙作者惠賜我們手稿。

　　關於「圓舞」的比較研究，見 Evel Gasparini, "La danza circolare degli Slavi," (*Ricerche Slavistiche* I, 1952, pp.67-92); id., *Il Matriarcaio Slavo: Antropologia Culturale dei Protoslavi* (Firenze, 1973), ,pp.665 sq.; cf. HR 14 (1974:) pp.74-78，我們的評論。

　　Amadou Hampaté Bâ（他自己就接受入會禮）透露的 Peul 的牧人的祕密神話，見 Germaine Dieterlen, Koumen (Cahiers de l'Homme, Paris, 1961)。Henri Lhote 根據這個神話，詮釋 Hoggar 和 Tassili 的某些石畫，見氏著 "Données récentes sur les gravures et les peintures rupestres du Sahara" (*Simposio de Arte Rupestre*, pp.273-90), pp.282 sq.

　　H. von Sicard 認為，非洲的盧維族還反映著 8000 B.C. 之前歐非獵人的最高神信仰；見氏著 " Luwe und verwandte mythische Gestalten," Anthropos 63/64, 1968/69, pp.665-737, spéc.720 sq.

　　「宇宙創造的潛水」神話在東歐、中亞和北亞、印度土著（雅利安人　(398)之前）、印尼和北美都有文獻可考，見 Eliade, *De Zalmoxis à Gengis-Khan* (Paris, 1970, ch.III : "Le Diable et le bon Dieu" (pp.81-130)。

　　W. Gaerte, "Kosmische Vorstellungen im Bilde prähistorischer Zeit: Erdberg, Himmelsberg, Erdnabel und Weltströme" (*Anthropos*, 9, 1914, pp. 956-79)。雖然研究已經過時，但是書裡頭的圖片還是很有助益。

　　Benjamin Ray 深入分析 Dinkas 和 Dogons 族的語言的宗教和巫術力量：" 'Performative Utterances' in African Rituals," HR, 13, 1973, pp.16-35。（performative utterances 這個術語是英國哲學家 J. L. Austin 所創。）

8.　　A. Rust 出版若干作品，討論過去四十年在 Meiendorf、Stellmoor、Ahrensburg-Hopfenbach 挖掘的文物，最重要的有 Die alt-und mittlesteinzeitlichen Funde von Stellmoor (Neumünster in Holstein, 1934); Das altsteinzeitliche Rentierjägerlager Meiendorf (Neumünster, 1937); Die Jungpaläolitischen Zeltanlagen von Ahrensburg (1958); Vor 20,000 Jahren (Neumünster, 1962)。

　　關於這些發現的宗教意義，見 A. Rust, "Neue endglaziale Funde von kultische-religiöser Bedeutung"(Ur-schweiz, 12, 1948, pp.68-71); Rust, "Eine endpaläolitische hölzerne Götzenfigur aus Ahrensburg" (Rom. Germ. Kom. d. deutsch. Arch. Inst., Berlin, 1958, pp.25-26); H. Pohlhausen, "Zum Motiv der

Rentierversenkung der Hamburger und Ahrensburger Stufe des niederdeutschen Flachlandmagdalenien," *Anthropos* 48 (1953): 987-90; H. Müller-Karpe, *Handbuch der Vorgeschichte*, vol. 1, p.225; vol. 2, p.496 (no. 347); J. Maringer, "Die Opfer der paläolitischen Menschen," *Anthropica* (St.Augustin bei Bonn, 1968), pp.249-72, spe'c.266-70。

關於浸禮的獻祭，見 Alois Closs, "Das Versenkungsopfer," Wiener Beiträge zur Kulturgeschichte und Linguistik 9 (1952): 66-107。

西班牙東部石雕藝術的宗教意義，見 H. Obermaier, *Fossil Man in Spain* (New Haven, 1924); J. Maringer,*The Gods of Prehistoric Man*, pp.176-86。

9. 關於巴勒斯坦的史前藝術，最完整的論述當屬 J. Perrot, "Préhistoire palestinienne," in: *Dictionnaire de la Bible*, supplement to vol.8, 1968, col. 286-446。亦見 R. de Vaux, *Histoire ancienne d'Israël* (Paris, 1971), vol.1, pp. 41-59。關於納圖夫文化，見 D. A. E. Garrod, "The Natufian Culture: The Life and Economy of a Mesolithic People in the Near East," dans *Proceedings of the British Academy*, 43 (1957), pp.211-27; E. Anati, *Palestine before the Hebrews* (New York, 1963), pp.146-78; H. Müller-Karpe, *Handbuch der Vorgeschichte*, II: Jungsteinzeit (München, 1968), pp.73 sq.。關於納圖夫宗教，見 Jacques Cau-

(399) vin, *Religions néolithiques de Syro-Palestine* (Paris, 1972), pp.19-31。

關於頭骨的宗教意義以及儀式性的食人肉，見 Müller-Karpe, *Handbuch*, vol. 1, pp.239 sq.; Walter Dostal, "Ein Beitrag zur Frage des religiösen Weltbildes der frühesten Bodenbarur Vorderasiens," *Archiv für Völkerkunde* 12, 1957, pp.53-109, spéc.75-76 (avec bibl.); R. B. Onians, *The Origins of European Thought* (Cambridge, 1951; 2e e'd. 1954), pp.107 sq., 530sq.。

10. 關於非洲的儀式性狩獵，見 Helmut Straube, *Die Tierverkleidungen der afrikanischen Naturvölker* (Wiesbaden, 1955), pp.83 sq., 198 sq., et *passim*。關於亞述人、伊朗人、突厥人的作戰技術和狩獵之間的相似性，見 Karl Meuli,

"Ein altpersischer Kriegsbrauch," *Westöstliche Abhandlungen: Festschrift für Rudolpy Tchudi* (Wiesbaden, 1954), pp.63-86。

我們要補充說，狩獵也催生了其他神話和民謠的主題。茲援舉一例：英雄為了追獵某種鹿，而進入另一個世界，或是魔幻或巫術的世界，或是最後遇到基督或菩薩。見 Eliade, *De Zalmoxis à Gengis-khan* (1970), pp. 131-61。許多的神話都是關於開拓疆土、發現城市、渡過河川或沼澤等等，而總是動物使他們絕處逢生。見 Eliade, ibid., pp.135 sq., 160。

11. 關於植物和動物的馴化和養植，見 Müller-Karpe, *Handbuch der Vorgeschichte*, vol. 2, pp.240-56; Peter J. Ucko et G. W. Dimbley, éd., *The Domestication and Exploitation of Plants and Animals* (Chicago, 1969); Gary A. Wright, "Origins of Food Production in Southwestern Asia: A Survey of Ideas" (*Current Anthropology* 12, Oct-Dec, 1971, pp. 447-79)。

關於比較的研究，見 F. Herrmann, "Die Entwicklung des Pflanzenanbaues als ethnologisches Problem," *Studium Generale* 11 (1958): 352-63; id., "Die religiösgeistige Welt des Bauerntums in ethnologischer Sicht," ibid., pp.434-41。

Robert Braidwood 區分原始農業活動為四個階段：人們住在鄉村裡，有基本的耕作（「原始的鄉村農業」）；固定的存莊的農業（「定居性鄉存農業」）；「初期的耕做」；以及最後的「精耕鄉存農業」。見 R. Braidwood et L. Braidwood, "Earliest Village Communities of South West Asia." J*ournal of World History* I, 1953, pp.278-310; R. Braidwood, "Near Eastern Prehistory: The Swing from Food-Gathering Cultures to Village-Farming Communities Is Still Imperfectly Understood," *Science* 127, 1958, pp.1419-30; cf. R. Braidwood, "Prelude to Civilization," in *City Invincible: A Symposium on Urbanization and Cultural Development in the Ancient Near East*, ed. Carl H. Kraeling et Robert M. Adams (Chicago, 1960), pp. 297-313; Carl O. Sauer, *Agricultural Origins and Dispersals* (New York, 1952); Edgar Anderson, *Plants, Man, and Life* (Boston, 1952)。

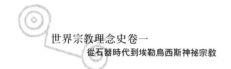
(400)　　　關於 Hainuwele 類型的神話及其宗教和文化的意義，見 A. E. Jensen, *Das religiöse Weltbild einer frühen Kultur* (Stuttgart, 1948), pp.35 sq.; Jensen, *Myth and Cult among Primitive Pelples*, pp.166 sq.; Carl A. Schmitz, "Die Problematik der Mythologeme 'Hainuwele' und 'Prometheus,'" *Anthropos* 55, 1960, pp.215-38; Eliade, *Aspect du mythe* (1963), pp.132 sq.; T. Mabuchi, "Tales Concerning the Origin of Grain in the Insular Areas of Eastern-Southeastern Asia," *Asian Folklore Studies* 23 (1964): 1-92; Atsuhiko Yoshida, "Les excrétions de la Déesse et l'origine de l'agriculture," *Annales* 21, Juillet-août 1966, pp.717-28。

　　　Ileana Chirasi 最近在希臘神話裡發現某些 Hainuwele 類型的神話和儀式結構，那似乎屬於「前穀物」時期；cf. *Elementi di culture precereali nei miti riti greci* (Rome, 1968)。

　　　根據德國民族學家 Kunz Dittmer 的説法，根莖植物和球莖植物的種植早在舊石器時代後期的東南亞就已經開始。婦女負責耕種和收穫，她們編織竹籃，後來也會製作陶器。因此，耕地就成為婦女的財產。丈夫住進妻子的房子，後代也是從母姓。男子除了漁獵之外，也負責開墾土地。Dittmer 稱這種文化為「打獵和耕作」（Jäger-Pflanzer）的混合，在熱帶非洲、馬來西亞和南北美洲都很普遍。

　　　在東南亞，後來也發展出塊莖作物和園藝；這時候才有豬隻和家禽的畜養。這個文明的特色是母系社會的組織、男人的祕密團體（以恐嚇女人）、老人團體、女人在經濟和宗教上的重要性、月亮神話、狂歡的豐年祭、獵人頭的習俗、以及頭蓋骨的祭典。他們認為可以透過殺人祭使人復活。祖先崇拜也可以從他們在保佑子孫五穀豐收的角色去合理化。其他的特色還有：薩滿教和藝術的發展（音樂、儀式戲劇、祕密團體的面具、祖先的塑像）。在中石器時代，這種文明（或農業類型）已經傳入東南亞（在外印度地區和中南半島的某些原始民族還可以發現）、赤道非洲和太平洋，除了玻利尼西亞。

　　　Dittmer 解釋説，穀類的種植是蔬菜種植的「替代」（Ersatz），在大草原地區的農耕尤其需要。在印度也從蔬菜種植發展到穀物種植，在那裡

種植粟，那是最古老的穀物。這個新技術從印度傳到西亞，在那裡，某些
野生禾本科的植物被馴化。Dittmer 區分兩種穀物種植的文化圈：一、「粗　　(401)
耕」農業，是在雨水充沛的地區；二、「精耕」農業，也就是利用梯田、
灌溉和園藝。這些文化圈都有自己的社會、經濟和宗教結構。（見 Kunz
Dittmer, *Allgemeine Völkerkunde*, Braunschweig,1954, pp.163-90）

　　相反的，H. Baumann 認為塊莖植物的種植是從穀物種植的技術發展出
來的；見氏著 *Das doppelte Geschlecht* (Berlin, 1955), pp.289 sq.。

12.　　關於「女人」和「耕地」在象徵上的同義性，見 Eliade, *Traité d'His-
toire des Religions* (1968), pp.208-228, 281-309; id., *Mythes, rêves et mystères*
(1957), pp. 206-253。

　　對於 Albert Dieterich 的過早推論（*Mutter Erde*, 3 ed., Berlin, 1925）的
批評，見 Olof Pettersson, *Mother Earth: An Analysis of the Mother-Earth Con-
cepts according to Albert Dieterich* (Lund, 1967); Cf. P.J. Ucko, *Anthropomor-
phic Figurines* (London, 1968); Andrew Fleming, "The Myth of the Mother-God-
dess," *World Archaeology* I, 1969, pp.247-61。

　　關於希臘和地中海女神的單性生殖，見 Uberto Pestalozza, *Religione
mediterranea. Vechi e nuovi studi* (Milano, 1951), pp.191 sq.

　　關於世界周期性的重生，見 Eliade, *Le mythe de léternel retour*, 1969, pp.
65 sq.; ibid., *Aspects du mythe* (1963), pp.54 sq.。

　　關於宇宙樹的象徵，見 Eliade, *Le Chamanisme* (1968), pp.49 sq., 145 sq.,
163 sq., 227 sq.。

　　關於周期性的時間和宇宙循環，見 *le mythe de léternel retour*, pp.65 sq.。

　　關於空間的宗教價值，見 *Traité*, pp.310 sq.。

　　關於仰韶的新石器文化裡的象徵，見 R. A. Stein, "Architecture et pensée
religieuse en Extrême-Orient," *Arts Asiatiques*, 4, 1957, pp.177 sq.; cf. Eliade,
Le Chamanisme, pp.213 sq.。

　　關於分類以及儀式的二分法，以及各種不同的矛盾和對立，見 Eliade,

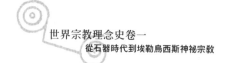

La Nostalgie des Origenes (1971), pp.249-336。

13. 關於耶利哥的考古證據及其詮釋，見 Kathleen Kenyon, *Digging Up Jericho* (London, 1957); Kenyon, *Archaeology in the Holy Land* (London, 1960): J. et J. B. E. Garstang, *The Story of Jericho* (London, 1948); E. Anati, *Palestine before the Hebrews*, pp.273 sq.; R. de Vaux, *Histoire ancienne d'Israël*, pp.41 sq.。

關於敘利亞和巴勒斯坦的新石器時代宗教，見最近的 J. Cauvin, op. cit., pp.43 sq.（在 Jericho、Munhata、Beidha、Tell Ramad 的考古挖掘）; pp.67 sq.（Ras Shamra, Byblos, etc.）；亦見 Müller-Karpe, *Handbuch der Vorges-chichte*, II, pp.335 sq., 349 sq.

Mellaart 認為，耶利哥（phase B, 6500-5500 B.C.）的前陶器文化，是源自哈西拉文化（7000-6000 B.C.）；見氏著 "Hacilar: A Neolithic Village Site," *Scientific American* vol. 205, August, 1961, p.90; *Earliest Civilization of the Near East* (London, New York, 1965), p.45。他引述耶利哥（phase B）最新的放射性碳年代測定為 6968 及 6918 B.C.；換言之，這兩個文化似乎是同時期的。

(402)

至於薩他育克，是近東最大的新石器時代城市。儘管還沒有完全出土（到 1965 年，只有四分之一），薩他育克就已經顯現驚人的文明程度：已開發的農業（若干穀物和蔬菜的品種）、飼養家畜、商業活動、以及許多美侖美奐的神殿。見 James Mellaart, Çatal Hüyük: A Neolithic Town of Ana-tolia (New York, 1967)。亦見 Walter Dostal, "Zum Problem der Stadt-und Ho-chkultur im Vorderen Orient: Ethnologische Marginalien," *Anthropos* 63, 1968, pp.227-60。

關於特拉哈夫，見 Müller-Karpe, *Handbuch*, II, pp.59 sq., 427-28。

關於歐拜文化，見 Müller-Karpe, ibid., pp.61 sq., 339, 351, 423（考古挖掘的參考文獻）, 425 sq.（白神殿、塔廟）。Cf. M. E. L. Mallowan, *Early Mesopotamia and Iran*, 1965, pp.36 sq.。

另外還有個聖地值得一提：「眼睛神殿」，由 Mallowan 在 Brak（在
Habur 谷地裡）發掘的，年代在 3000 B.C.。其中發現數千個以白色和黑色
石膏製成的「偶像」，有一對或多對眼睛。Mallowan 認為，那是獻給全視
的神（城市的守護女神）的還願禮物，見氏著 *Early Mesopotamia*, pp.48 sq.
et figs. 38-40。神殿是供奉女神伊南那。Crawford 在其著作 *The Eye Goddess*
(1957) 裡，研究這種偶像類型如何傳播到英格蘭和愛爾蘭。但是他所引用
的例子，有許多並不具有說服力。

美索不達米亞史前的小人偶和其他文物的宗教象徵，見 B. L. Goff, *Sym-
bols of Prehistoric Mesopotamia* (Mew Haven, London, 1963); spéc. pp.10-48
（特拉哈夫和歐拜時期）et figs.58-234.

14. 關於歐洲最早的文明，見 Marija Gimbutas, "Old Europe, c. 7000-3000
B.C.: The Earliest European Civilization before the Infiltration of the Indo-Euro-
pean Peoples," in: *The Journal of Indo-European Studies* I, 1973, pp.1-20。

關於薩西歐哈的聖地，見 Vladimir Dumitrescu, "Edifice destiné au culte
découvert dans la couche Boian-Spantov de la station-tell de Căscioarele," Dacia
N.S. 14, 1970, pp.5-24.

15. 關於金屬的發現和冶金的技術，見 T. A. Rickard, *Man and Metals: A
History of Mining in Relation to the Development of Civilization* (New York,
1932); R. I. Forbes, *Metallurgy in Antiquity* (Leiden, 1950); Charles Singer, E.
Y. Holmyard et A. R. Hall, *A History of Technology*, I (Oxford,1955)。見 Eli-
ade, *Forgerons et Alchimistes* (Paris 1956), pp.186-87 (bibli.)。

(403)

關於採礦和打鐵，見 *Forgerons et Alchimistes*, pp.57-88; "A Postscript,"
pp.78-80。關於打鐵神和帶來文明的英雄，見 *Forgerons et Alchimistes*, pp.
89-112。關於鍊金術的起源，見 A. M. Leicester, *The Historical Background
of Chemistry* (New York, 1956); I. R. Partington, *History of Chemistry* (London,
1961), vol.1; Allen G. Debus, "The Significance of the History of Early Chemis-

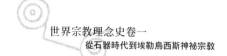

try" (*Cahiers d'histoire mondiale* 9. 1965, pp.39-58); Robert P. Multhauf, *The Origins of Chemistry* (London, 1966)。

16. 關於蘇美族的歷史、文化和宗教的一般性介紹，見 A. Parrot, *Sumer* (Paris, 1952); S. N. Kramer: *The Sumerians: Their History, Culture, and Character* (Chicago, 1963); *From the Tablets of Sumer* (Indian Hills, 1956)（新版本為 History Begins at Sumer (New York, 1959)）; "Mythology of Sumer and Akkad," in: S. N. Kramer, ed., *Mythologies of the Ancient World* (New York, 1961), pp.93-137; *Sumerian Mythology* (Philadelphia, 1944, 1961)。這些作品都收錄蘇美文獻幾乎完整的譯文。亦見 Adam Falkenstein et W. von Soden, *Sumerische und akkadische Hymnen und Gebeten* (Zurich, 1953); G. R. Castellino, *Mitologia sumero-accadica* (Torino, 1967); Charles F. Jean, *La religion sumérienne* (Paris, 1931)（仍然很有幫助）。值得注意的是 Raymond Jestin, "La religion sumérienne," in *Histoire des religions*, ed. Henri Charles Puech (Paris, 1970), vol. 1, pp.154-202。亦見 Thorkild Jacobsen, "Formative Tendencies in Sumerian Religion," in Ernest Wright, ed., *The Bible and the Ancient Near East* (New York, 1961), pp.267-78; Jacobsen, "Early Mesopotamian Religion: The Central Concerns" (*Proc. Amer. Philos. Soc.* Vol. 107, 1963, pp.473-84。

關於蘇美和阿卡德文化的研究，見 Edouard Dhorme, *Les Religions de Babylonie et d'Assyrie*, coll. "Mana", Paris, 1954, pp.1-330（有許多參考文獻）。亦見 V. Christian, "Die Herkunft der Sumerer," *Sitzungsberichte der Akademie in Wien*, v.236, I, 1961; A. Falkenstein, "La cité-temple sumérienne," Cahiers d'histoire mondiale, I, 1954, pp.784-814; F. R. Kraus, "Le rôle des temples depuis la troisième dynastie d'Ur jusqu'à la première dynastie de Babylone," ibid., pp.518-45; A. Sjöberg et E. Bergmann, *Sumerian Temple Hymns* (1969)。

早在 1944 年，Landsberger 即證明，蘇美人的文化術語（和農業、冶金、交易有關的語詞）以及河川和城市的名稱，是源自前蘇美時期。Cf. Kramcr, *The Sumerians*, pp.41 sq.。

在美索不達米亞南部的殖民之前，蘇美人崇拜相同的神；最重要的神包括安、恩利勒、恩奇和伊南那。但是後來每個城市都有自己的守護神；例如，恩利勒是尼普爾的守護神，恩奇統治艾利杜，伊南那在吾珥。

迪爾穆恩的神話的翻譯，見 Kramer, ANET, pp.34-41; From *the Tablets* (404) *of Sumer,* pp.169-75; Maurice Lambert, "La naissance du monde à Sumer" (in: *Nassance du Maonde, Sources orientales*, Paris, 1959, I, pp.103 sq.; Castellino, *Mitologia sumero-accadica*, pp.50 sq.。

關於天神「安」，見 Dhorme, *Religions*, pp.22-26, pp.45-48; D. O. Edzard, "Die Mythologie der Sumerer und Akkader," WdM, I, pp.40-41。

關於恩奇勒，見 Dhorme, *Religions*, pp.31-38, 50-51; J. Bottéro, "Les divinités sémitiques en Mésopotamie ancienne," *Studi Semitici* I, Rome, 1958, pp. 17-63, spe'c.36-38.。

17. 關於人的創造的神話的比較研究，見 Theodor Gaster, *Myth, Legend, and Custom in the Old Testament* (New York, 1969), pp.8 sq.。美索不達米亞文獻之翻譯，見 Alexander Heide, *The Babylonian Genesis* (Chicago, 1942), pp.62-72。

根據 Berossus (300 B.C.)記錄的傳說，Bel（即馬爾杜克）命令諸神砍下他的頭，用泥土混著他的血創造人類（Heidel, *Babylonian Geneseis*, pp. 77-78）。如果這個傳說屬實，人類的血就有神和「惡魔」的成分（因為泥土源自提阿瑪特）。

在「鏟子」的神話裡，恩奇勒把天和地分開，好讓人類「從土裡長出來」；trad. Castellino, *Mitologia sumero-accadica*, pp.55 sq.。

關於 me 的意義，見 B. Landsberger, *Islamica* 2, 1926, pp.369; T. Jacobsen, JNES 5, 1946, p.139, n.20; J. van Dijk, *La sagesse suméro-akkadienne* (Leiden, 1953), p.19; K. Oberhuber, *Der numinose Begriff ME in Sumerischen* (Innsbruck, 1963)。

關於國王和伊南那的神聖婚姻儀式，見 S. N. Kramer, *The Sacred Mar-*

riage Rite: Aspects of Faith, Myth, and Ritual in Ancient Sumer (Indiana Univ., 1969); ibid., "Le Rite du Mariage sacré Dumuzi-Inanna," RHR t.181, 1972, pp. 121-146。

關於城市和神殿的天界原型，見 Eliade, *Le Mythe de lÉternel Retour* (1949, 1969), pp.17 sq.。

關於「國王系譜」的重要性，見 Thorkild Jacobsen, *The Sumerian King List* (Chicago, 1939)。新的翻譯，見 Kramer, *The Sumerians*, pp.328-31。西藏也有傳說認為最早的國王是從天上來的，以神奇的繩索降臨人間；Eliade, *Méphistophélès et l'Androgyne*, pp.208-209; Erik Haarh, *The Yar-Lum Dynasty* (Copenhagen,1969), pp.138 sq.。從天而降的救世主和國王的神話，在希臘化時代非常盛行。

18. 關於洪水的神化的文獻，見 T. Gaster, *Myth, Legend, and Custom*, p. 353; Eliade, *Aspects du mythe*, pp.71 sq.。

(405) 蘇美族斷簡之翻譯，見 Kramer, ANET, pp.42-43。

關於《吉加美士史詩》的洪水神話，見 Alexander Heidel, *The Gilgamesh Epic and the Old Testament Parallels* (Chicago, 1946), pp.224 sq.; A. Schott, W. von Soden, *Das Gilgamesch-Epos* (Stuttgart, 1958), pp.86-99; W. G. Lambert, JSS 5, 1960, pp.113-23; E. Sollberger, *The Babylonian Legend of the Flood* (London, 1962); Ruth E. Simoons-Vermeer, "The Mesopotamian Flood-Stories: A Comparison and Interpretation," *Numen* 21, 1974, pp.17-34。關於 Berossus 的版本，見 P. Schnabel, *Berossus und die hellenistische Literatur* (1923), pp. 164 sq.; *Heidel, The Gilgamesh Epic*, pp.116 sq.。

根據《吉加美士史詩》的段落（tab. XI, 14），「他們的心使諸神製造洪水。」根據伊亞對恩利勒説的話（XI, 179 sq.），我們可以理解為有「罪人」存在，但是沒有詳細的說明。根據《阿特拉哈西斯史詩》（*E'popée d'Atrahasïs*），人類的「繁衍」和騷亂使恩利勒很生氣。Cf. Heidel, *The Gilgamesh Epic*, pp.107, 225 sq.。根據最近出版的文獻，洪水被認為是神的懲

罰：人類背版他們的「命運」，也就是要以勞動和崇拜服事諸神。Cf. G. Pettinato, "Die Bestrafung des Menschengeschlechts durch die Sintflut," *Orientalia* N.S. 37, 1968, pp.156-200; W. G. Lambert, *Atrahasïs: The Story of the Flood* (Oxford, 1969).

19. 關於伊南那有許多研究文獻，見 E. O. Edzard in WdM, I, pp.81-89。亦見 W. Hallo, J. van Dijk, *The Exaltation of Inanna* (New Haven, London, 1968); Wolfgang Helck, *Betrachtungen zur Grossen Göttin und den ihr verbundenen Gottheiten* (München, 1971), pp.71-89; S. N. Kramer, *The Sacred Marriage Rite* (1969); ibid., "Le Rite du Mariage sacré Dumuzi-Inana," RHR t.181, 1972, pp.121-46。

　　關於伊西塔是雌雄同體說法，見 J. Bottéro, "Les divinités sémitiques," Studi Semitici 1(1958): 40 sq.。關於伊西塔作為戰神的觀念，見 M. T. Barrelet, "Les déesses armées et ailées: Inanna-Ishtar," *Syria* 32, 1955, pp.222-60。

　　關於杜木茲和坦木茲，見 WdM, I, pp.51-53（所列書目）。最近的重要作品有 Louis van den Berghe,"Réflexions critiques sur la nature de Dumuzi-Tammuz," *La Nouvelle Clio* 6 (1954), 295-321; T. Jacobsen, "Toward the Image of Tammuz," HR I, 1961, pp.189-213; O. R. Gurney, "Tammuz Reconsidered: Some Recent Developments," JSS, 7, 1962, pp.147-60。

　　關於葛什提南那在杜木茲的「返回」裡的角色，見 A. Falkenstein in *Bibliotheca Orientalis*, 22, pp.281 sq.。阿卡德和蘇美版本的差別的分析，見 A. Falkenstein, "Der sumerische und der akkadische Mythos von Inannas Gang zur Unterwelt," in *Festschrift W. Caskel* (1968), pp.96 sq.; Jean Bottéro, in *Annuaire de l'École des Hautes Études*, 1971-72, sec.IV, pp.81-97。最重要的差別在於：蘇美的版本沒有詳細描述冥府（他們知道有「偉大的地下世界」，和「偉大的天上世界」為兩極；Bettéro, p.86）。在阿卡德的版本裡，伊西塔威脅說，如果不允許她立即進入冥府，她就要打破冥府之門，把死人放出來，這些死人會「吞噬活人」（Bottéro, p.86）；在蘇美的版本裡，「生

(406) 命之泉」是在冥府裡（在盛著冥府諸神的酒的「酒囊」裡；Bottéro, p. 89）；在阿卡德的版本裡，厄里什基迦勒命令她的使者為坦木茲洗淨，傅以香油，為他穿上「華麗的衣服」；所以是她激怒伊西塔，最後造成塔木茲的毀滅（Bottéro, pp.91 sq.）。

在 *Tammuz: Unsterblichkeitsglaube der altorientalischen Bildkunst* (Berlin, 1949)，Anton Moortgat 基於圖像的考證，對於杜木茲和坦木茲的故事提出新的詮釋，不過那些形象很少可以確定地辨識。Cf. van den Berghe, "Réflexions critiques"。

20.　關於巴比倫宗教的精彩介紹，見 J. Nougayrol in *Histoire des religions* (Paris, 1970), I, pp.203-49。亦見 J. Bottéro, *La religion babylonienne* (Paris, 1952), "Les divinités sémitiques anciennes en Mesopotamie," in: S. Moscati, ed. Le antiche divinità semitiche (= Studi Semitici, I,Rome,1958), pp.17-63。 G. Furlani, La religione babilonese eassira, 1929; ibid., "La religione dei Babilonesi e Assiri," in Le civiltà dell'Oriente, III, Rome, 1958, pp.73-112。亦見 R. Follet, "Les aspects du divin et des dieux dans la Mésopotamie antique, "Recherches des scienes religieuses, 38, 1952, pp.189-209. A. L. Oppenheim 的懷疑態度（"Why a 'Mesopotamian Religion' Should Not Be Written," Ancient Mesopotamia: Portrait of a Dead Civilization, Chicago, 1964, pp.172 sq.）似乎不被其同儕認同。亦見 M. David, Les dieux et le destin en Babylonie (Paris, 1949)，以及 Thorkild Jacobsen 具有啟發性的綜述：The Treasures of Darkness: A History of Mesopotamian Religion (New Haven, 1976)。

關於厄里什基迦勒和奈爾加，見 Dhorme, *Les Religions de Babylonie et d'Assyrie*, pp.39-43, 51-52。

關於馬爾杜克，見 Dhorme, pp.139-50, 168-70; W. von Soden, in *Zeitschrift für Assyriologie* N.S. 17, 1955, pp.130-66。關於阿蘇爾神，見 G. van Diel, *The Cult of Assur* (Assen, 1969)。

關於神殿，見 Dhorme, pp.174-97; H. J. Lenzen, "Mesopotamische Tempelanlagen von der Frühzeit bis zum zweiten Jahrtausend," Zeitschrift für Assyriologie N.S. 17, 1955, pp.1-36; G. Widengren, "Aspetti simbolici dei templi e luoghi di culto del vecino Oriente antico," *Numen*, 7, 1960, pp.1-25; A. L. Oppenheim, *Ancient Mesopotamia*, pp.106 sq., 129 sq.。

關於儀式，見 G. Furlani, *Il sacrificio nella religione dei Semiti di Babilonia e Assiria* (Memorie della Accademia dei Lincei, XI, 3, 1932, pp.105-370); id. *Riti babilonesi e assiri* (Udine, 1940); F. Thureau-Dangin, *Rituels akkadiens* (Paris, 1921)。概括性的介紹和參考文獻，見 Dhorme, pp.220-57。關於在人神之間調停的仲裁神，見 Dhorme, pp.249-50。關於祈禱文，見 A. Falkenstein, W. von Soden, *Sumerische und akkadische Hymnen und Gebeten* (Stuttgart, 1953); Dhorme, pp.247sq.。

關於罪的懺悔，見 R. Pettazzoni, *La confesione dei paccati*, vol.II (Bologne, 1935), pp.69-139。

關於神的榮光，見 A. L. Oppenheim, "Akkadian pul(u)h(t)u and melammu," JAOS, 63, 1943, pp.31-34; id., "The Golden Garments of the Gods," JNES, 8, 1949, pp.172-93; Elena Cassin, *La splendeur divine* (Paris-La Haye, 1968), pp. 12 sq.（對於 Oppenheim 的假設的批評），pp.26 sq.（光和混沌；神的統治），pp.65 sq.（聖火〔melammu〕和王室的作用）。見第 104 節，伊朗宗教的 xvarenah。 (407)

關於巫術，見 Meissner, *Babylonien und Assyrien*, II, pp.198 sq.; Dhorme, pp.259 sq.; G. Contenau, *La Magie chez les Assyriens et les Babyloniens* (Paris, 1947); Erica Reiner, "La magie babylonienne" (*Le monde du sorcier*, Sources Orientales, no.1, Paris, 1966, pp.67-98); J. Nougayrol, "La religion babylonienne," pp.231-34。我們引述幾段 Nougayrol 的結論（p.234）：「撇開蘇美人的『諸神的故事』不談，巴比倫的想像似乎很熱中於『魔鬼的故事』。在巫師們編造的許多故事裡，總會有使人目不暇給的文學元素，……但是在底層還是看得出他們的恐懼，就像我們害怕『核子戰爭』一樣，……美索不達米亞人被『蠻族』包圍，時常威脅他們，且不時入侵他們的土地，

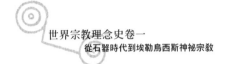

因此感覺到文明以及『黃金年輕』的危懼不安。」

21.《天之高兮》有許多翻譯本。最常見的是 R. Labat, Le poème babylonien de la création (Paris, 1935); ibid., *Les religions du Proche-Orientasiatique*, pp. 36-70; E. A. Speiser, "The Creation Epic," ANET, pp.60-72; A. Heidel, *The Babylonian Genesis* (Chicago, 1942, 1951); Paul Garelli, Marcel Leibovici, "La naissance du monde selon Akkad," in *La naissance du monde, Sources Orientales*, I, Paris, 1960, pp.132-45。

　　Heidel 的作品裡還包括巴比倫關於宇宙創造的文獻，以及和《舊約》的創世記的比較研究。亦見 W. von Soden in *Zeitschrift für Assyriologie*, 47, 1954, pp.i sq.; F. M. T. de Liagre, *Opera minora* (Groningen, 1953), pp.282, 504 sq.; W. G. Lambert, P. Walcot, "A New Babylonian Theogony and Hesiod," *Kadmos*, 4, 1965, pp.64-72。另見本書第 47 節。

　　把《天之高兮》視為美索不達米亞思想的表現的分析，見 T. Jacobsen, "The Cosmos as a State," in: H.Frankfort et alia., *Before Philosophy: The Intellectual Adventure of Ancient Man* (Chicago, 1946; Penguin Books, 1949), pp. 137 sq., pp.182-99。Jacobsen 在許多研究裡突顯出蘇美族政治和巴比倫萬神殿的「民主」性格（例如，在《巴比倫史詩》裡，馬爾杜克透過諸神大會被推舉為最高神之列）：見氏著 "Early Political Development in Mesopotamia," *Zeitschrift für Assyriologie*, 52, 1957, pp.91-140; JNES 2, pp.159 sq.。亦見 "The Battle between Marduk and Tiamat," JAOS, 88, 1968, pp.104-8。

　　王室在古代近東的神聖性格，始終有爭議。有些學者認為國王是神的代表，是所有古代近東宗教的神話和儀式核心。這個方法取向，也就是(408)「神話和儀式學派」（myth-and-ritual school）和「類型主義」，激發了許多研究作品，其中最重要的是 S. H. Hooke, *Myth and Ritual* (1933); *The Labyrinth* (1935)。此外還有 I. Engnell 和 G. Widengren 的作品。對「類型主義」也有許多的批評，見 H. Frankfort, *The Problem of Similarity in Ancient Near Eastern Religions, Frazer Lecture* (Oxford, 1951)。這位學術界的耆宿認為，

相關形式的差異比他們的相似性更重要。例如他說，法老王被認為是個神或是會成為神，而美索不達米亞的國王只是神的代表。無論如何，當我們探究**有歷史關連的文化**時，相似性和差異都同等重要。亦見 S. H. Hooke, " Myth and Ritual: Past and Present," in *Myth, Ritual, and Kingship* (Oxford, 1958), pp.1-21; S. G. F. Brandon, "The Myth-and-Ritual Position Critically Considered," ibid., pp.261-91（這個研究包括到 1955 年為止的許多文獻）。

22. 　關於新年慶典（akitu），見 H. Zimmern, zum babylonischen Neujahrs-fest, I-II, (Leipzig, 1906, 1918); S. A. Pallis, *The Babylonian akitu Festival* (Copenhagen, 1926); H. S. Nyburg, *Le monde orientale*, 23, 1929, pp.204-11（對前者之批評）; R. Labat, *Le caractère religieux de la royauté assyro-babylonienne* (Paris,1939), pp.95 sq.; H. Frankfort, *Kingship and the Gods* (Chicago,1948), pp. 313 sq.; W. G. Lambert, in JSS, 13, pp.106 sq.。（每年新年慶典會重現馬爾杜克的勝利。）關於重現宇宙創造的新年慶典，見 A. J. Wensinck, "The Semitic New Year and the Origin of Eschatology," *Acta Orientalia*, I, 1923, pp. 158-99; Eliade, *Le Mythe de l'Éternel Retour*, pp. 65-90。

　　關於命運的慶典，見 Dhorme, *Les religions de Babylonie*, pp.244 sq., 255 sq.。

　　關於美索不達米亞王室的神聖性格，見 R. Labat, *Le caractère religieux de la royauté assyro-babylonienne*; Dhorme, Les religions de babylonie, p.20（國王的神化）; H. Frankfort, *Kingship and the Gods*, pp.215 sq.; I. Engnell, *Studies in divine Kingship in the Ancient Near East* (Uppsala, 1943), pp.18 sq.; G. Widengren, *The King and the Tree of Life in Ancient Near Eastern Religion* (Uppsala, 1951); Sidney Smith, "The Practice of Kingship in Early Semitic Kingdoms," in *Myth, Ritual and Kingship*, pp.22-73; A. L. Oppenheim, *Ancient Mesopotamia*, pp.98 sq.; J. Zandee, "Le Messie: Conceptions de la royauté dans les religions du Proche-Orient ancien," RHR, 180, 1971, pp.3-28。亦見 Rencontre *Assyriologique Internationale: Lepalais et la royauté*, ed. P. Garelli (Paris, 1974)

23. G. Contenau, *L'Epopée de Gilgamesh* (Paris, 1939); Alexander Heidel, *The Gilamesh Epic and Old Testament Parallels* (Chicago, 1946); E. A. Speiser, ANET, pp.72-99; A. Schott, W. v. Soden, *Das Gilgamesch Epos* (Stuttgart, 1958); Labat, *Les religions du Proche-Orient*, pp.149-226。

(409)

目前蘇美版本的吉加美士傳奇已知有六段故事：一、在杉林的探險和戰勝 Huwawa；二、吉加美士和聖牛；三、洪水和齊蘇德拉族的獲得永生；四、吉加美士的死亡，巴比倫版本沒有這段故事；五、吉加美士和阿加（Agga），是最短的故事，在巴比倫的史詩裡完全未提及（有些學者認為這是真實故事，不應該列為神話）；六、吉加美士、恩奇杜和死後世界。

最後這段故事出自《吉加美士史詩》（tab. XII）。吉加美士砍倒巨樹，把樹幹交給伊南那（伊西塔），製成王座和躺椅。吉加美士為自己做了兩個東西，pukku 和 mekku，對這兩個事物解釋還有爭議，可能是樂器（鼓和鼓槌）。因為儀式的錯誤，這兩個事物掉落冥府。恩奇杜感覺到主人的悲傷，於是動身去找這兩個事物。但是因為恩奇杜沒有聽主人的囑咐說不要去惹怒精靈，而無法回到人間。吉加美士很傷心地向諸神求助，冥府的主宰奈爾加允許恩奇杜的靈魂暫時回到人間。吉加美士問他死者的命運如何。他很猶豫地回答說：「如果我告訴你冥府的律法，你會坐倒痛哭不已！」（col. IV, 1-5）但是吉加美士堅持要知道，恩奇杜就很簡短地告訴他冥府的慘狀：「一切都淹沒在灰塵裡⋯⋯。」

見 S. N. Kramer: *Gilgamesh and the Huluppu-Tree* (*Assyriological Study* no.8, Oriental Institute of Chicago); "Gilgamesh: Some New Sumerian Data," in P. Garelli édit., *Gilgamesh et sa légende* (Paris, 1960), pp.59-68; "The Epic of Gilgamesh and Its Sumerian Sources," JAOS, 64, 1944, pp.7-22; ibid., "Sumerian Epic Literature," in *La Poesia epica e la sua formazione* (Accad. Naz. dei Lincei, 1970), pp.825-37; A. Schaffer, *Sumerian Sources of Tablet XII of the Epic Gilgamesh* (Dissertation, Department of Oriental Studies, University of Pennsylvania, Philadelphia, 1962)。根據 A. Falkenstein，在蘇美文裡，英雄

的名字叫做 Bilgameš；Cf. *Reallexicon der Assyriologie* (Berlin, Leipzig, 1932-), III, 1968, pp.357 sq.。

關於《吉加美士史詩》有許多研究文獻（P. Jensen 認為這是一部世界文學經典，見氏著 *Das Gilgamesh-Epos in der Weltliteratur*, I (Strasbourg, 1906)）。有 Contenau、Heidel、Kramer、A. Schott 和 W. v. Soden 的翻譯。研究論文集有 P. Garelli, *Gilgamesh et sa légende* (pp.7-30 bibli.); A. Falkenstein et al. in: *Reallexikon der Assyriologie*, III, 1968, pp.357-75; .W. v. Soden in *Zeitschrift der Assyr.*, 53, pp.209 sq.; J. Nougayrol, "L'Epopée Babylonienne," in: *La poesia epica e la sua formazione*, pp.839-58。Kurt Jaritz 最近把某些故 (410) 事（鼓、夢境、杉林）解釋為薩滿教的觀念和習俗的表現；見氏著 "Schamanistisches im Gilgameš-Epos," *Beiträge zu Geschichte, Kultur und Religion des alten Orients* (Baden-Baden, 1971), pp.75-87。類似的解釋見 E. A. S. Butterworth, *The Tree at the Navel of the Earth* (Berlin, 1970), pp.138 sq.。

阿達帕（Adapa）的神話是另一個追求永生而失敗的故事，這次責任不在英雄身上，阿達帕是伊亞所造，聰明但還是得死。有一回，因為「南風」吹翻了他的船，他就折斷南風的翅膀。這觸犯了宇宙律法，安努傳喚他接受審判。在動身之前，伊亞明確地指示他到天國如何應對，特別告誡他不要接受「死亡的麵包」和「死亡的水」。阿達帕坦承他是為了報復才折斷南風的翅膀。安努很欣賞他的誠實，就給他「生命的麵包」和「生命的水」。但是阿達帕拒絕接受，因而失去了永生的機會。這段神話故事似乎間接地反映了安努和伊亞的緊張關係，我們不知道原因何在。見新譯本及注釋：Labat, *Les religions du Proche-Orient asiatique*, pp.290-94.。

關於死亡和彼岸世界的觀念，見 B. Meissner, *Babylonien und Assyrien*, II, pp.143 sq.; A. Heidel, *The Gilgamesh Epic*, pp.137 sq.; J. M. Aynard, "Le jugement des morts chez les Assyro-babyloniens," in *Le Jugement des Morts* (Sources Orientales, 4, Paris, 1961), pp.81-102。

24. 關於智慧文學的翻譯，見 Robert H. Pfelifer in ANET, pp.343-440; W.

G. Lambert, *Babylonian Wisdom Literature* (Oxford, 1960), pp.21-62 sq.; G. R. Castellino, *Sapienza babilonese* (Torino, 1962); R. Labat, *Les religions du Proche-Orient*, pp.320 sq.; J. J. A. van Dijk, *La sagesse suméro-akkadienne* (Leiden, 1953); J. Nougayrol,"Une version ancienne du 'Juste Souffrant,'" RB 59 (1952): 239-50; O. Eissfeldt, *The Old Testament: An Introduction* (1963), p.83, n.3。

關於巴比倫的占卜，見 A. L. Oppenheim, *Ancient Mesopotamia*, pp. 206-27; *La divination en Mésopotamie et dans les régions voisines*, Travaux du Centre d'Études supérieures spécialisé d'Histoire des Religions de Strasbourg (1966); A. Falkenstein, " ' Wahrsagung' in der Sumerischen Überlieferung"; A. Finet, "La place du devin dans la société de Mari"; J. Nougayrol, "Trente ans de recherches sur la divination babylonienne," 1935-1963; A. L. Oppenheim, "Perspectives on Mesopotamian Divination"。最近的研究：Jean Nougayrol, "La divination babylonienne," in *La Divination* ed. André Caquot, Marcel Leibovici (Paris, 1968), vol.1, pp.25-81（其中有豐富的參考文獻）。

關於巴比倫的夢占術，見 A. L. Oppenheim, *The Interpretation of Dreams in the Ancient Near East, with a Translation of an Assyrian Dream Book* (Philadelphia,1956); Marcel Leibovici, "Les songes et leur interprétation à Babylone" (*Les songes et leur intérpretation*, Sources Orientales, II, Paris, 1959), pp. 65-85。

(411) 關於占星術，見 A. Sachs, "Babylonian Horoscopes," Journal of Cuneiform Studies, 6, 1952, pp.49-75。關於星相學，見 Nougayrol, "La divination babylonienne," pp.45-51 (bibl. p.78); A. L. Oppenheim, *Ancient Mesopotamia*, pp.308 sq。

關於科學發現，見 O. Neugebauer, *The Exact Sciences in Antiquity* 2. ed. (Providence, 1957); Neugebauer, "The Survival of Babylonian Methods in the Exact Science of Antiquity and the Middle Ages," *Proceedings of the American Philosophical Society*, 107, 1963, pp.528-35; A. L. Oppenheim, *Ancient Mesopotamia*, pp.288-310。

關於美索不達米亞觀念的影響，見 Oppenheim, pp.67 sq. (bibli., p.356, n.26)。關於《舊約》所記錄的影響，見 W. H. P. Römer, *Historia Religionum* (Leiden, 1969), I, pp.181-82, bibli.。

25. 關於埃及的歷史概論，見 E. Drioton, J. Vandier, *L'Égypte*, 2ᵉ ed. (Paris, 1946); John A. Wilson, *The Culture of Ancient Egypt* (= *The Burden of Egypt*) (Chicago, 1951, 1958); William C. Hayes, *The Sceptre of Egypt, I: From the Earliest Times to the End of the Middle Kingdom* (New York, 1953); Joachim Spiegel, *Das Werden der altagyptischen Hochkultur* (Heidelberg, 1953); F. Daumas, *La civilisation de l'Égypte pharaonique* (Paris, 1965)。J. R. Harris, The Legacy of Egypt (Oxford, 1971)，有精闢的總結論述。

關於埃及的史前文化，見 E. J. Baumgartel, *The Cultures of Prehistoric Egypt* (London,1955); H. Frankfort, *the Birth of Civilization in the Near East* (London, 1951), pp.41 sq., 100 sq.; Wilson, *the Culture of Ancient Egypt*, pp.18 sq.; W. B. Emery, *Archaic Egypt* (Harmondsworth: Pelican Books, 1963)。

我們還不知道農業如何傳入埃及。有可能是從巴勒斯坦傳過去的，因為在尼羅河三角洲附近的 Merimdeh 發現新石器時代的遺跡（ca. 4500 B.C.）。死者葬在屋舍裡但是沒有葬禮的祭物。上埃及文化稱為「拜達里文化」（Badarian），除了耕作和畜牧以外，還知道製作紅黑陶器。死者以蜷曲的姿勢被埋葬；家畜也會以布裹起來埋葬。相較於特拉哈夫和瓦爾卡，新石器時代的埃及顯得很貧瘠且偏遠。

隨著阿姆拉特文化（Amratian）的出現，他們開始利用尼羅河谷地的自然灌溉。石頭和銅器都經過加工，但是陶器比拜達里時期還要粗糙（或許是因為開始有石製容器，見 Clark, *World Prehistory*, p.104）。在墳墓裡可以發現食物祭和小人偶。在前王朝後期（Nakada III）才引進冶金術，比近東晚了一千年。還有其他文化元素是源自亞洲，但是時間相距很遠。美索不達米亞早就知道製作輪車，但是到了王國時期（ca. 1570 B.C.）才傳入埃及。埃及文明的黃金時代始於上埃及和下埃及的統一。至於城市文明的

(412) 起源（很有比較研究的價值），他們的遺跡都埋在尼羅河的泥淖裡。關於拜達里文化和阿姆拉特文化，見 Müller-Karpe, *Handbuch der Vorgeschichte*, II, pp.28-55, 339-45, 353-61。

到 1948 年為止的文獻，見 Jacques Vandier, La religioin égyptienne (2e éd., Paris, 1949),pp.3-10; ibid., pp.24-29；Vandier 批評 Sethe（*Urgeschichte u. älteste Religion der Ägypter*, Leipzig, 1930）以及 H. Kees（Der *Götterglaube im alten Ägypten*, Leipzig, 1941, 2e éd., Berlin, 1956）關於埃及原始宗教的説法。Cf. R. Weill, "Notes sur l'histoire primitive des grandes religions égyptiennes" (*Bulletin de l'Institut Français d'Archéologie Orientale*, 47, 1948,pp. 59-150)。

關於埃及宗教的概括性研究，見 Adolf Eraman, *Die Religion der Ägypter* (Berlin-Leipzig, 1934); Herman Junker, *Pyramidenzeit: Das Werden der altägyptische Religion* (Einsiedeln, 1949); J. Garnot Sainte-Fare, Religions de l'Égypte (Paris, 1951); S. Donadoni, *La religione dell'Egitto antico* (Milano, 1955); H. Frankfort, *Ancient Egyptian Religion* (New York, 1948); Frankfort, *Kingship and the Gods: A Study of Ancient Near Eastern Religion as the Integration of Society and Nature* (Chicago, 1948); R. T. Rundle Clark, *Myth and Symbol in ancient Egypt* (London, 1959)。S. Morenz, La religion égyptienne, 1962，對於宗教史的概括性觀點有最新且出色的總結。亦見 C. J. Bleeker, "The Religion of Ancient Egypt" (*Historia Religionum*, Leiden, 1969, I, pp. 40-114); Bleeker, *Hathor and Thoth: Two Key Figures of the Ancient Egyptian Religion* (Leiden, 1973), pp.10 sq., 159 sq.; P. Derchain, "La religion égyptienne," Histoire des Religions, ed. H. C. Puech, 1970, I, pp.63-140。

Hans Bonnet, *Reallexicon der ägyptischen Religionsgeschichte* (Berlin, 1952)，其中有許多考證和參考文獻。Gunther Roeder 最近出版的文獻集很有幫助，見氏著 *Die ägyptische Religion in Text und Bild: I, Die ägyptische Götterwelt; II, Mythen und Lengenden um ägyptischen Gottheiten und Pharaonen; III, Kulte, Orakel und Naturverehrung im alten Aegypten; IX, Der Ausklang der ägyptische Religion, mit Reformation, Zauberei und Jenseitsglaube* (Zurich, 1959-61)。

歷史文獻之翻譯，見 J. H. Breasted, *Ancient Records of Egypt*, I-V (Chicago, 1906-7)。〈金字塔文〉有德文（Sethe）、法文（Speleers）和英文（Mercer）譯本，我們使用的譯本是 R. O. Faulkner, *The Ancient Egyptian Pyramid Texts* (Oxford, 1969)，另外也參考 Breasted、Weill、Clark、Sauneron 和 Yoyotte 的翻譯。關於宗教的語彙，見 C. J. Bleeker, "Einige Bemerkungen zur religiösen Terminologie der alten Aegypten," in *Travels in the World of the Old Testament: Studies Presented to Professor M. A. Beek* (Assen, 1974), pp. 12-26.

26. 埃及宇宙創造論的系統研究以及翻譯和注釋，見 S. Sauneron, J. Yoyotte, "La naissance du monde selon l'Égypte ancienne" (in: *La Naissance du Monde*, Paris, 1959, pp.19-91)。其他的翻譯，見 J. Wilson, ANET, pp.3-10。 (413)

各種宇宙創造的學說，見 Vandier, *La religion égyptienne*, pp.57 sq.; Cf. Rundle Clark, *Myth and Symbol*, pp.35 sq.; Morenz, *Egyptian Religion*, pp.159 sq.。關於赫莫波利斯的宇宙創造論，見 S. Morenz und J. Schubert, *Der Gott auf der Blume: Eine ägyptische Kosmogonie und ihre weltweite Bildwirkung* (Ascona, 1954)。關於語言的創造力量，見 J. Zandee, "Das Schöpferwort im alten Aegypten," *Verbum, Studia Theologica Rheno-Traiectina* 6 (1964): 33 sq.。亦見 R. B. Finnestad, "Ptah, Creator of the Gods," *Numen* 23 (1976): 81-113。

在西元前 3000 年左右，底比斯的安夢（有時候和「雷」聯想在一起）成為主要的神，但是安夢的宇宙創造説是源自太陽城、赫莫波利斯和曼斐斯的系統，見 Wilson, *ANET*, pp.8-10; *Sauneron et Yoyotte*, pp.67 sq.。

關於原始山丘和神聖空間的象徵，見 Hellmut Brunner, "Zum Raumbegriff der Aegypter," *Studium Generale*, 10, 1957, pp.610 sq.; A. Saleh, "The So-called 'Primeval Hill' and Other Related Elevations in Ancient Egyptian Mythol-

ogy," *Mitteilungen des Deutschen Archäologischen Instituts* (Abt. Cairo), 25, 1969, pp.110-20; I. E. S. Edwards, *The Pyramids of Egypt* (Harmondsworth: Pelican Books, 1961); J. Leclant, "Espace et temps, ordre et chaos dans l'Egypte pharaonique," Revuede Synthèse 90 (1969); Othmar Keel, *Die Welt der altorientalischen Bildsymbolik und das Alte Testament* (Zurich-Neukirchen, 1972), pp. 100 sq.（有比較研究和很好的圖説）。

關於人的起源的神話，有許多版本；其中一個版本説，普塔在陶盤上用泥土造人（Bonnet, *Reallexicon*, p.617）；在上埃及，造物神是 Khnum（ibid., p.137）。我們不知道有關於死亡的起源的神話，〈金字塔文〉（1466）簡略地提過「在有死亡之前」的神話時代。

關於人類的毀滅的神話相當古老，參考文獻見 Vandier, *Rel. égypt.*, p. 53。見《聖牛之書》，Alexandre Piankoff 翻譯：*The Shrines of Tut-Ankh-Amon* (New York, 1955), p.27。當雷知道哈托準備要消滅人類時，他在夜裡把他的酒染成血一般的顏色，使哈托酩酊大醉而無法殺人。

當雷老邁不堪時，人類決定叛變，而在上一段故事之後，雷早已決定要交出世界的統治權。他對諸神説他的身體已經像在太初時期那麼虛弱，而要他的女兒努特帶他回天上（《聖牛之書》，Piankoff, *Shrines*, p.29）。他的後繼者可能是舒或蓋布。雷的「衰老」、無能和隱退到天界，是很常見的神話元素：天神、創造者、和宇宙工匠神成為「退位神」。在埃及的版本裡，退位神是太陽神，這意味著神學家的重新詮釋。

(414) **27.** 關於埃及國王的神性，見 A. Moret, *Du caractère religieux de la royauté pharaonique* (Paris, 1902)（資料老舊）; H. Jacobsohn, *Die dogmatische Stellung des Königs in der Theologie der alten Ägypter* (Gluckstadt, 1939); H. Frankfort, *Kingship and the Gods*, pp.15-215; G. Posener, *De la divinité du pharaon* (Paris, 1960); H. Goedicke, *Die Stellung des Königs im Alten Reich* (Wiesbaden, 1960); H. Brunner, *Die Geburt des Gottkönigs* (Wiesbaden, 1964)。

關於統一埃及的曼尼斯國王，見 Frankfort, *Kingship and the Gods*, pp.17 sq.。在前王朝時代結束時就已經有王室出現。Frankfort 強調「雙王朝」（也就是上埃及和下埃及的分治）的意識型態起源。這個政治口號反映了埃及人的心態傾向：「以『靜止平衡的對立』的二元論觀念去理解世界。」（*Kingship*, p.19）「埃及王權的二元論形式不是歷史的偶然。」（ibid.）

Frankfort 引用非洲的某些類似例子，解釋這二元意識型態的起源（p.16）。我們會遇到二元性和對立性的其他例子。見 Eliade, *La nostalgie des origines* (Paris, 1956), pp.249 sq.("Remarques sur le dualisme religieux")。

關於 ma'at 的各種意義，見 Bonnet, *Reallexicon*, pp.430-34; Frankfort, *Ancient Egypt. Rel.*, pp.53 sq., 62 sq.; Posener, *Littérature et politique dans l'Égypte de la XIIᵉ Dynastie* (Paris, 1956); Morenz, *Egytian Religion*, pp.113-30 (avec bibl.)。

關於非人格性的趨勢，見 A. de Buck, *Het Typische en het Individueele by Egyptenaren* (Leiden, 1929); Ludlow Bull, "Ancient Egypt," in: *The Idea of History in the Ancient Near East*, Yale University Press, 1955, pp.1-34。

關於儀式和慶典，見 Vandier, *La rel. égypt.*, pp.165-203; Morenz, *Egyptian Religion*, pp.81-109（有非常精彩的比較研究以及參考文獻）。Moret, *Le rituel du culte divin journalieren Egypte* (Paris, 1902)，仍然很有幫助。H. Kees, *Das Priestertum im ägyptischen Staat vom NR bis zur Spätzeit* (Leiden, 1953); J. Garnot Sainte-Fare, *L'hommage aux dieux dans l'ancien Empire égyptien d'après les textes des Pyramides* (Paris, 1954); S. Sauneron, *Les prétres de l'ancienne Égypte* (Paris, 1967)。

關於即位典禮的基礎研究，見 Vandier, pp.200-202，其中有出色的分析以及參考文獻和圖片資料；亦見 Frankfort, *Kingship*, pp79 sq.。關於「閔」的研究，見 H. Gauthier, *Les fêtes du dieu Min* (Cairo, 1931); Vandier, pp.202-3; Frankfort, *Kingship*, 186 sq.。

28. 關於《金字塔文》所描述的法老王升天說，見 J. H. Breasted, *Development of Religion and Thought in Ancient Egypt* (New York, 1912), pp.70-141; R. Weill, Le *champ des roseaux et le champ des offrandes dans la religion funéraire et la religion générale* (Paris, 1936)。

(415)　　我們不確定 maa-kheru 這個銘文是否要翻譯為「神聖至福的」，「這個字從中王國時期便放在死者的名字後面。」或者是「指死者享受奧賽利斯祭典。」（J. Yoyotte, "Le jugement des morts dans l'Égypte ancienne," p. 37）

29. 關於奧賽利斯有非常多的研究文獻，見 Bonnet, *Reallexicon*, pp. 568-76; Vandier, *La rel. égypt.*, pp.58 sq., 81 sq., 134 sq.; Frankfort, Kingship, pp.181 sq.; Rundle Clark, *Myth and Symbol*, pp.97 sq.; E. Otto et M. Hirner, *Osiris und Amun* (München, 1960)。亦見 A. Scharff, *Die Ausbreitung des Osiriskulte in der Frühzeit und während des Alten Reiches* (München, 1948); J. G. Griffiths, *The Origins of Osiris, Münchener Aegyptologische Studien*, 9, Berlin, 1966)。E. A. Wallis Budge, *Osiris: The Egyptian Religion of Resurrection*, I-II (London, 1911, New York, 1961) 在文獻、圖片和非洲的比較研究上仍然很有用。Frazer 之後引起的研究風潮裡，奧賽利斯特別被視為農業神；法國的 A. Moret 支持的這個解釋，有其他學者予以批評，見 Emile Chassinat, *Le Mystère d'Osiris au mois de Khoiac* (Cairo, 1966), I, pp.30 sq.。我們可以確定的是奧賽利斯的複雜個性；他是宇宙的神，也是葬禮的神，是世界繁茂和王權的代表，也是死者的審判者，後來也成為「神祕宗教」。

關於中王國時期和帝國時期的奧賽利斯神話的總論，見 Vandier, *La rel. égypt.*, pp.48-51。

《棺木文》的編輯，見 A. de Buck, *The Egyptian Coffin Texts*, I-VI, Chicago, 1935-50。R. O. Faulkner 也有翻譯：*The Ancient Egyptian Coffin Texts*, I, Warminster, 1974。

關於奧賽利斯的儀式，見 Chassinat, *Le Mystère d'Osiris au mois de*

Khoiac; *Rundle Clark, Myth and Symbol*, pp.132 sq. （象徵神的脊椎骨的 djed 石柱）, pp.157 sq.; Frankfort, *Kingship*, pp.181 sq.。

　　關於霍魯斯和塞特，見 Bonnet, *Reallexicon*, pp.307-18, 702-15（以及基本研究文獻）。亦見 H. de Velde, *Seth, God of Confusion* (1967)。

30.　　關於第一中間期，見 H. Stock, *Die erste Zwischenzeit Aegyptens* (Rome, 1949); Wilson, *The Culture of Ancient Egypt*, p. 104-24; Drioton et Vandier, L'*Égypte*, pp.213 sq.。

　　文中所討論的文獻的翻譯，見 Adolf Erman, *The Literature of the Ancient Egyptians* (A. M. Blackman, London, 1927, Harper Torchbook, New York, 1966 重新出版名為 *The Ancient Egyptians*，有 W. K. Simpson 的重要導論); pp.75 sq.; "The Instruction for King Meri-ka-Re"; pp.92 sq.: "Ipuwer" ; pp.132 sq.; " (416) Song of the Harper"; pp.86 sq.: "Dispute of a Man Weary of Life"。我們主要採用的翻譯是 Wilson, ANET, pp.405 sq., 441 sq., 467。R. O. Faulkner 有新譯本："The Dispute of Man Weary of Life" in the Journal of Egyptian Archaeology, 42, 1956, pp.21-40 ("The Man Who Was Tired of Life")。R. J. Williams 研究過最近的譯本（ibid., 48, 1962, pp.49-56）。有些研究在 Admonitions of Ipuwer 出版，見 Erman, pp.xxix-xxx; ibid., p.xxviii。關於近來的研究，見 *Instruction for King Meri-ka-Re*（這篇文獻非常冗長且難解）。

　　關於第十二王朝的中間期，見 G. Posener, *Littérature et politique dans l'Égypte de la XIIᵉ dynastie* (Paris, 1956)。

31.　　關於中王國時期，見 H. E. Winlock, *The Rise and Fall of the Middle Kingdom in Thebes* (New York, 1947); Wilson, *The Culture of Ancient Egypt*, pp.124-53; Drioton et Vandier, L'*Égypte*, pp.234 sq.。這時期的法老王有許多偉大的政績（例如說，他們在 Faiyum 附近開闢了 27000 畝的可耕地）。雖然他們不再攻城略地，但是埃及在地中海、愛琴海和近東還是受人敬畏的國家。

關於西克索人，見 Robert M. Engberg, *The Hyksos Reconsidered* (Chicago,1939); Wilson, pp.154-65; T. Säve-Söderbergh, "The Hyksos Rule in Egypt," *Journal of Egyptian Archeology*, 37, 1951, pp. 53-72; Theodore Burton-Brown, *Early Mediterranean Migrations* (Manchester, 1959), pp.63 sq.。關於埃及人的仇外問題，我們必須記得，長久以來，他們不認為外國人是「人類」；因此外國人會被用來獻祭（Wilson, pp.139 sq.）。關於這個問題，亦見 F. Jesi, "Rapport sur les recherches relatives à queques figurations du sacrifice humain dans l'Égypte pharoanique," JNSE, 17, 1958, pp.94-203。早在第一中間期，「亞洲人」被指控煽動無政府，雖然他們那時候的人數不多（Wilson, pp.110 sq.）。直到西克索人入侵，亞洲人才開始在三角洲地區大量殖民。

關於安夢的祭司長的角色，見 G. Lefebvre, *Histoire des Grands Prétres d'Amon de Karnak jusqu'à la XXIe Dynastie* (Paris, 1929); Vandier, Landier, *La relig.égypt.*, pp.170 sq.; Wilson, *Culture*, pp.169 sq.。

安夢雷的偉大讚歌的翻譯見 Wilson, ANET, pp.365-67; Erman, The Ancient Egyptians, pp.283-87。這讚歌受到孟斐斯神學的啟發（Erman, *Die Religion der Ägypter*, p.119），顯示埃及宗教有回歸傳統且重新詮釋的趨勢。還有一首重要的讚歌，〈太陽神的普世禮讚〉，見 A. Varille, in: *Bulletin de l'Institut français d'archéologie orientale*, 41, Cairo, 1942, pp.25-30 sq.; Wilson, ANET, pp.367-69。

32. 關於阿瑪那革命，見 J. D. S. Pendlebury, *Tell-el-Amarna* (London, 1935); Drioton et Vandier, *L'Égypte*, pp.86 sq., 334sq.; Wilson, The Culture of Ancient Egypt, pp.212 sq.; Rudolph Anthes, *Die Maat des Echnaton von Amarna* (suppl. JAOS, No. 14, 1952); Cyril Aldred, *New Kingdom Art in Ancient Egypt during the Eighteenth Dynasty* (London, 1951), spéc. pp.22 sq.。

(417)　　阿頓的偉大讚美詩的翻譯，見 Erman, *The Ancient Egyptians*, pp.288-91; Breasted, *The Dawn of Conscience* (New York, 1953), pp.281-86; Wilson,

ANET, pp.369-71。

關於安夢（雷）和阿頓的傳承關係，見 Alexandre Piankoff, *The Shrines of Tut-Ankh-Amon* (New York, 1955), pp.4 sq.。

33. Edouard Naville 認為「太陽神的連禱文」是帝國時代最重要的文獻。我們的譯文採取 Piankoff, *The Litany of Re* (New York, 1964), pp.22-43; *The Tomb of Ramesses* VI (New York, 1954)。

《死者之書》有幾個譯本，我們採用最近的翻譯，見 T. C. Allen, T*he Book of the Dead, or Going Forth by Day* (Chicago, 1974)。關於其他葬禮的書（《地下之書》、《門之書》、《夜之書》），見 Vandier, *La relig. égypt.*, pp.107 sq., 128-29。關於《兩條路之書》我們採用的譯本是 Piankoff, *The Wandering of the Soul* (Princeton, 1974), pp.12-37。亦見 S. Morenz, *Altägyptischer Jenseitsführer: Papyrus Berlin 3127* (Frankfurt a. M., 1966)。

死者的地下世界（duat）在《金字塔文》有記載，見 Breasted, *Development of Religion and Thought in Ancient Egypt*, p.144, n.2。關於地獄的想像，見 Erik Hornung, *Altägyptische Höllenvorstellungen* (Berlin, 1968)。關於文獻的描述和翻譯，見 E. A. Wallis Budge, *The Egyptian Heaven and Hell*, I-III（London, 1925）。死亡的「負面」元素，被視為人類的最大敵人，見 J. Zandee, *Death as an Enemy according to Ancient Egyptian Conceptions* (Leiden, 1960), pp.5-31（概述）,pp.45-111（關於死亡的各種層次的描繪，完全的毀滅、解體、囚牢等等）。H. Kees, *Totenglauben und Jenseitsvorstellungen der alten Aegypter* (1926; Berlin, 1956) 是至今最好的完整研究，雖然其中有某些太過個人化的詮釋。關於死者儀式的基本資料（製成木乃伊、葬禮、墳墓、墓室〔mastaba〕、金字塔、地下墓穴），見 Vandier, *La relig. égypt.*, pp.111-30（有豐富的參考文獻）。

對於埃及人或其他古代民族（印度、中國、希臘等等）來說，死亡不只是造成靈魂和肉體的分離，也透露了靈界三個原理的特徵：阿赫（akh）、靈魂（ba）、生命力（ka）。第一個原理「基本上是指神的力量

或超自然的力量」（Vandier, p.131）。akh 意為「榮光」，指的是死者的天界本性。（事實上當死者被稱為阿赫時，他們就被視為超自然的存有者，住在天界的人（Frankfort, *Kingship*, p.64）。靈魂（ba）以鳥的形式出現，「靈魂需要軀體或至少有塑像，以維持其同一性。在他漫遊過田野和叢林之後，會回到墳墓裡的身體。」（Frankfort, *Ancient Egyptian Religion*, pp. 96 sq.）靈魂是死者某個層面的自我。另一方面，生命力（ka）不曾被個體化，而且除了法老的情況以外，很少被用到。當人活著的時候，生命力會跟隨著他，死後也會隨著他到陰間（Frankfort, *Kingship*, p.63）。只有法老王的生命力才會在紀念碑上看到描繪。「生命力和法老王像雙生子般地誕生，終其一生作為他的守護精靈，在他死後也像雙生兄弟一樣守護著他。」（ibid., p.69）

(418)

我們要注意的是，古王國的文獻只談到法老王的靈魂（ba）。「換言之，早期的埃及人民並不擁有靈魂。」（Morenz, *Egyptian Religion*, p.206）直到第一中間期，人民才擁有靈魂。亦見 L. Greven, *Der Ka in Theologie und Königskult der Ägypter des Alten Reiches* (Glückstadt, 1952); Louis Zabkar, A *Study of the Ba Concept in Ancient Egyptian Texts* (Chicago, 1968)。

關於死後的審判，見 E. Drioton, *Le jugement des âmes dans l'ancienne Égypte* (Cairo, 1949); Vandier, Landier, *La relig. égypt.*, pp.134 sq.; J. Spiegel, *Die Idee vom Totengericht in der aegyptischen Religion* (Glückstadt, 1935); J. Yoyotte, "Le jugement des morts dans l'Égypte ancienne," in *Le jugement des morts*, Sources Orientales no. 4 (Paris, 1961), pp.16-80（文獻的翻譯、注釋和參考書目）。亦見 M. Guilmot, "L'espoir en l'immortalité dans l'Égypte ancienne du Moyen Empire à la basse époque," RHP 166 (1964): 1-20。

關於無罪的主張，見 E. Drioton, "Contribution à l'étude du chapitre CXXV du Livre des Morts: Les confessions négatives," Recueil détudes égyptiennes dédiées à la mémoire de J. F. Champollion (Paris, 1922), pp. 545-64。在第 125 章裡表現的某些觀念和信仰非常古老：「至少要回溯到金字塔時期。關於第 125 章提到的肯定和否定的『道德律』，我們可以溯

源到第五和第六王朝。」（Yoyotte, "Le jugement," p.63）R. Pettazzoni 指出這個否定句的懺悔在民族誌上的類比；見氏著 *La confessione dei peccati* (Bologna, 1935), pp.21, 56-57。

《聖牛之書》這部葬禮作品強調其內容的巫術價值。文獻說，看到這部書的人，「在法庭上不必下跪，……他在人間所犯的偷搶拐騙，都不算數。」（Yoyotte, p.66; Piankoff, *Shrines of Tut-Ankh-Amon*, pp.27-34〔完整譯本〕）「知識」凌駕於道德之上，是印度從梵書時期、到奧義書時期和坦特羅教派的主題。

34. 關於巨石文化有許多研究文獻，我們在即將出版的 *Megaliths and History of Religions* 裡分析最重要的作品。

傑出的導論作品，見 Glyn Daniel, *The Megalith Builders of Western Europe* (London,1958)。第二版（Pelican Books, 1962）的附錄（pp. 143-46）有碳十四分析的年代表。當然，新的年代表推翻了作者的主張。見第 36 節，以及 Fernand Niel, *La civilisation des mégalithes* (Paris, 1970); ⁽⁴¹⁹⁾ Glvn Daniel et J. D. Evans, *The Western Mediterranean* (Cambridge Ancient History, II, chap.37, 1967) pp.63-72。

西班牙和葡萄牙的巨石文化研究，見 Georg et Vera Leisner, *Die Megalithgräber der Iberischen Halbinsel: Der Süden* (Berlin, 1943), *Der Westen*, 3 vols. (Berlin, 1956, 1959, 1960)。亦見 L. Pericot, ed., *Corpus de sepulcros megaliticos*,fascs. 1 et 2 (Barcelone, 1961); fasc. 3 (Gerona, 1964); L. Pericot, *Los sepulcros megaliticos Catalanes y la cultura pirinaica* (2e éd, Barcelone, 1951)。

關於法國的巨石文化，見 Z. Le Rouzic, *Carnac* (Rennes, 1909); *Le Rouzic, Les monuments mégalithiques de Carnac et de Locmariaquer* (Carnac, 1907-53); Glyn Daniel, *The Prehistoric Chamber Tombs of France* (London, 1960); Daniel, *The Megalith Builders*, pp.95-111; E. Octobon,"Statues-menhirs, stèles gravées, dalles sculptées," *Revue Anthropologique* (1931), pp.291-579;

M. et J. Péquart et Z. Le Rouzic, *Corpus des signes gravés des monuments mégalithiques du Morbihan* (Paris, 1927)。關於不列顛群島的巨石文化，見 G. Daniel, *The Prehistoric Chamber Tombs of England and Wales (1950); The Megalith Builders*, pp.112-27。亦見第 35 節所引書目。

Sibylle von Cles-Reden 有通俗性的介紹，以及許多精彩的照片。見氏著 *The Realm of the Great Goddess: The Story of the Megalith Builders* (London, 1961)(*Die Spur der Zykopen*, 1960)。Dominik Wolfel, "Die Religionen des vorindogermanischen Europa" (*Christus und die Religionen der Erde*, 1, 1950, pp.161-537)，詳盡地研究巨石見造者的宗教。我們必須持保留的態度。J. Maringer, *The Gods of Prehistoric Man*, pp.227-55 有簡明的論述，不過是在碳十四測定的方法之前。

關於巨柱，見 Horst Kircher, "Die Menhire in Mitteleuropa und der Menhirgedanke", *Abhandlungen der Akademie in Mainz, Geistes-und Sozialwissenschaftliche Klasse* (1935), pp.609-816。

35.　關於巨石柱的研究文獻汗牛充棟，我們僅使用最近的研究，見 R. J. C. Atkinson, *Stonehenge* (Harmondsworth: Penguin, 1960); A. Thom, *Megalithic Sites in Britain* (Oxford,1967); G. S. Hawkins, Stonehenge Decoded (London, 1966)（見 R.I. C. Atkinson, *Nature*, 210, 1966, 1320 sq. 的批評）; Colin Renfrew, *Before Civilization* (London, New York, 1973), pp.120 sq., 214sq.。

在法國發現許多巨石墳墓（3000 座！），有 600 座在 Département de l'Averyon，是英格蘭和威爾斯所發現的兩倍。見 Daniel et Evans, *The Western Mediterranean,* p.38。在 Départementde l'Hérault 發現的石棚的研究，見 J. Arnal, Préhistoire 15 (1963)。那是在法國南部至今唯一發現到的巨石像。

(420)

關於馬爾它的史前史，見 J. D. Evans, *Malta* (London, 1959); Evans, *Prehistoric Antiquities of the Maltese Islands* (London, 1971); Gunther Zuntz, *Persephone: Three Essays on Religion and Thought in Magna Graecia* (Oxford, 1971), pp.3-58; Colin Renfrew, *Before Civilization*, pp.147 sq.。

Zuntz（pp.25 sq.）證明馬爾它神殿的回紋裝飾象徵的重要性，以及多瑙河文化的影響（Cirna 的小塑像）。

36. Gordon Child 總結他對於「巨石宗教」傳佈的觀點，見氏著 *The Prehistory of European Society* (Pelican Books, 1958), pp.124-34: "Missionaries of the Megalithic Religion"。

根據 Glyn Daniel，巨石建築類型的起源和邁諾斯人以及愛琴海人到達地中海中部和西部有關（*The Megalith Builders of Western Europe*, p.135）。那是商業和移民潮現象，但是移民的人們有強烈的宗教信仰和複雜的葬禮習俗。Daniel 探討為什麼巨石遺址裡鮮少金屬製品，儘管建造者會採礦，也以金屬從事交易。他認為移民者刻意不把金屬器物埋入墳墓裡，而代之以石製品（p.137）。

Colin Renfrew, *Before Civilization* 的副書名很清楚：The Radiocarbon Revolution and Prehistoric Europe。亦見 "Wessex without Mycenae," *Annual of the British School of Archaeology at Athens*, 63, 1968, pp.277-85; "Malta and the Calibrated Radiocarbon Chronology," *Antiquity*, 46, 1972, pp.141-45; "New Configurations in Old World Chronology," *World Archaeology*, 2, 1970, pp.199-211

37. 有些學者反對 G. Elliot Smith 和 W. J. Perry 的看法，而檢視原史時代的整體巨石文化，見 A. Serner, *On "Dyss" Burial and Beliefs about the Dead during the Stone Age, with Special Regard to South Scandinavia* (Lund, 1938); H. G. Bandi, "La répartition des tombes mégalithiques," Archives Suisses d'Anthropologie Générale, 12, 1946, pp. 39-51; V. Gordon Childe, "Megaliths," *Ancient India*, no. 4 (1947/48), pp.4-13。除了 R. Heine-Geldern，只有一位學者比較研究過這兩個巨石文化群，也就是原史時代和民族誌階段的巨石文化。見 Joseph Röder, *Pfahl und Menhir: Eine vergleichend vorgeschichtliche volks- und völkerkundliche Studie (= Studien zur westeuropäischehen Altertu-*

mskunde, I, Neuwied am Rhein,1949)。

R. Heine-Geldern 的作品，重要的有："Die Megalithen Südostasiens und ihre Bedeutung für die Klärung der Megalithenfrage in Europa und Polynesien" (*Anthropos*, 13, 1928, pp.276-315); "Prehistoric Research in the Netherlands Indies" (in: *Science and Scientists in the Netherlands Indies*, ed. P. Honig et F. Verdoorn, Cambridge, Mass., 1945, pp.129-67); "Zwei alte Weltanschauungen und ihre kulturgeschichtliche Bedeutung" (*Anzeiger der phil.-hist. Klasse der Oesterreichischen Akademie der Wissenschaften*, 94, 1957,pp.251-62); "Das Megalithproblem" (in: *Beiträge Oesterreichs zur Erforschung der Vergangenheit und Kulturgeschichte der Menschheit-- Symposion 1958*, 1959, pp.162-82)。關於 Heine-Geldern 的文獻和分析，見 H. H. E. Loofs, *Elements of the Megalithic Complex in Southeast Asia: An Annotated Bibliography* (Canberra,1967), pp. 3-4, 14-15, 41-42, 48, 94。

Heine-Geldern 假設和批評者的反駁，見 "Megaliths and History of Religions"。

38. 關於哈拉帕和摩亨約達羅的研究文獻摘要，見 Eliade, *Le Yoga* (1975), p.417。基礎的問題研究，見 Sir John Marshall, *Mohenjo-daro and the Indus Culture*, I-III (London, 1931)，但是要輔以 1930 年後的考古發掘的最新研究。E. J. Mackay, T*he Indus Civilization* (London, 1935); Mackay, *Further Excavation at Mohenjo-daro* (Delhi, 1938); Mackay, *Chanhudaro Excavations 1935-36* (New Haven, 1943); M. S. Vats, *Excavations at Harappa* (Delhi, 1940); S. Piggott, *Prehistoric India* (Pelican Books, 1950); J. M. Casal, *La civilisation de l'Indus et ses énigmes* (Paris, 1969); Maurizio Tosi, East and West 21, 1971, pp.407 sq.; Bridget and Raymond Allchin, *The Birth of Indian Civilization* (Pelican Books, 1968)（有豐富的書評書目）; Sir Mortimer Wheeler, *The Indus Civilization* (Cambridge, 1968); Walter A. Fairservis, *The Roots of Ancient India: The Archaeology of Early Indian Civilization* (New York, 1971)。在這綜

(421)

合性研究裡，Fairsevis 也摘述他在巴基斯坦的考古發掘成果，特別是在奎塔（Quetta）山谷、茲霍布（Zhob）、洛喇來區（Loralai）和賽斯坦（Seistan）盆地。

Paul Wheatley, *The Pivot of the Four Quarters: A Preliminary Inquiry into the Origins and Character of The Ancient Chinese City* (Chicago, 1971)，作者也研究哈拉帕的儀式中心。（pp. 230 sq.）

關於「世界中心」的象徵，見 Eliade, *Le Mythe de l'éternel retour* (1969), pp.13 sq.; "Centre du Monde, Temple, Maison," in: *Le symbolisme cosmique des monuments religieus*, Rome, 1957, pp. 57-82。

關於傳說中的城市的宇宙論象徵，Werner Müller, *Die heilige Stadt: Roma quadrata, himmlisches Jerusalem und der Mythe vom Weltnabel* (Stuttgart, 1961)。

39. Eliade, *Le Yoga*, pp.348 sq.; Sir John Marshall, *Mohenjo-daro*, vol.1, pp. 50 sq.; Piggott, *Prehistoric India*, pp.200 sq.; Wheeler, *The Indus Civilization*, pp.108 sq.; Allchin, *The Birth of Indian Civilization*, pp.311 sq.; Fairservis, *The Roots of Ancient India*, pp. 292 sq.。所有這些學者都承認哈拉帕有印度教的色彩，也強調從原史時代到現代的某些祭物、象徵、和神像的連續性。這個一致性非常重要，因為這些考古學家都曾在印度指導挖掘工作；換言之，他們的科學知識都有第一手的田野知識的支持。 (422)

Mario Cappieri 的研究也證實這種「連續性」，見氏著 "Ist die Induskultur und ihre Bevölkerung wirklich verschwunden?" (*Anthropos*, 60, 1965, pp. 719-62)。W. Koppers 注意到中亞的某些豐年祭和哈拉帕的偶像之間有準確的類比；見氏著 "Zentralindische Fruchtbarkeitsriten und ihre Beziehungen zur Induskultur" (Geographica Helvetica, I, 1946, pp.165-77)。Joseph Haekel 研究古吉拉特（Gujarat）村裡的某些阿多尼斯（Adonis）花園。澳洲的學者認為，之所以有這些地中海特有的儀式，是因為印度文明的創造者是在雅利安人之前從伊朗移民的開墾者；因此他們和近東以及地中海有共同的原史

時代的文明。見氏著 "'Adonisgärtchen' im Zeremonialwesen der Rathwa in Gujarat (Zentralindien): Vergleich und Problematik," *Ethnologische Zeitschrift Zurich* 1 (1972): 167-75。

有些學者不同意這種連續性，見 H. P. Sullivan, "A Re-examination of the Religion of the Indus Civilization," HR 4 (1964): 115-25, and J. Gonda, *Change and Continuity in Indian Religion* (La Haye, 1965), pp. 19-37。

R. L. Raikes 強調地震和洪水是摩亨約達羅滅亡的原因，見氏著 "The Mohenjo-daro Floods" (*Antiquity*, 39, 1965, pp.196-203); "The End of the Ancient Cities of the Indus Civilizaiton" (*American Anthropologist*, 65, 1963, pp. 655-59; ibid., 66, 1964, pp.284-99); Water, *Weather and Archaeology* (London, 1967)。因為不斷的洪水而引起的混亂，自然會加劇摩亨約達羅後期經濟和文化水平的降低。但是來自東部的雅利安入侵者或者才是致命一擊，見 Wheeler, *Indus Civilization*, pp. 129 sq.，以及第 64 節所引書目。

40. 關於克里特島的史前史和原史的基礎研究文獻，見 Sir Arthur Evans, *The Palace of Minos*, I-V (London, 1921-50); A. J. Evans et J. L. Myres, *Scripta Minoa*, II, 1952; P. Demargne, *La Crète dédalique* (Paris, 1947); L. Cottrell, The Bull of Minos (1956); L. R. Palmer, *Mycenaeans and Minoan*s (London, 1961); R. W. Hutchinson, *Prehistoric Crete* (Baltimore, 1962), pp. 355-68 及參考書目; J. W. Graham, *The Palaces of Crete* (Princeton, 1962)。

關於克里特宗教，見 Charles Picard, *Les religions préhelléniques: Crète et Mycènes* (Paris, 1948)（有精彩的書目）; M. P. Nilsson, *The Minoan-Mycenaean Religion and Its Survival in Greek Religion*, 2e éd. (Lund, 1950)。亦見 A. W. Persson, *Religion of Greece in Prehistoric Times* (Berkeley, 1950); M. Ventris et J. Chadwick, *Documents in Mycenaean Greek* (Cambridge, 1956); L. A. Stella, "La religione greca nei testi micenei," *Numen* 5 (1958): 18-57; S. Luria, "Vorgriechische Kulte," *Minos* 5 (1957): 41-52; M. Lejeune, "Prêtres et prêtresses dans les documents mycèniens," *Hommages à Georges Dumézil* (Bruxelles, 1960), pp. 129-39; R. F. Willetts, *Cretan Cults and Festivals* (New York, 1962); H. van Effenterre, "Politique et religion dans la Créte minoenne" (*Revue historique*, 229, 1963, pp.1-18。

關於神聖洞穴，見注 42 以及 P. Faure, "Spéléologie crètoise et humanisme" (Bulletin de l'Association Guillaume Budé, 1958, pp.27-50); Faure, *Fonction des cavernes crétoises* (Paris, 1964), pp.162 sq.（ Skotino 洞穴被認為是入會禮的聖所）。

關於迷宮及其入會禮的作用，見 W. A. Matthews, *Mazes and Labyrinths: A General Account of Their History and Development* (London, 1922); W. F. Jackson Knight, *Cumaean Gates: A Reference of the Sixth Aeneid to the Initiation Pattern* (Oxford, 1936); K. Kerényi, *Labyrinth-Studien* (Zurich, 1950); Oswald F. A. Menghin, "Labirinthe, Vulvenbilder und Figurenrapporte in der Alten und Neuen Welt: "Beiträge zur Interpretation prähistorisches Felsgraphik" (in: B *eiträge zur Alten Geschichte und deren Nachleben: Festschrift Franz Altheim*, Berlin, 1969, I, pp.1-13); Philippe Borgeaud, "The Open Entrance to the Closed Palace of the King: The Greek Labyrinth in Context" (HR, 14, 1974, pp.1-27)。

我們完全沒有發現代表後來的古典時期神殿的建築。公開的聖地的唯一例子，是在 Gournia 發現的，但是 Nilsson 説那也是衍生自家祭。即使是農業類型的祭典，也都是在宮殿的庭院舉行。

41. 關於裸體女神，見 Picard, *Rel. préhel*., pp.48 sq., pp.111 sq.; Nilsson, *Minoan-Mycenaean Religion*, pp. 397 sq.。

關於植物的祭典，見 Persson, *Religion of Greece*, pp. 25 sq.; Picard, *Rel. préhel*., pp. 191 sq.。

關於公牛和鬥牛的宗教意義，見 Persson, pp.93 sq.; Picard, p.199; J. W. Graham, *The Palaces of Crete*, pp. 73 sq.。

關於雙面斧，見 Picard, pp. 200-201; Hutchinson, *Prehistoric Crete*, pp. 225 sq.。

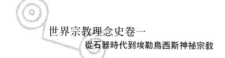

諾索斯的國王（祭司）的墳墓，見 C.F. Lehman-Haupt, "Das Tempel-Grab des Priesterkönigs zu Knossos" (Klio, 25, 1932, pp.175-76); Picard, p. 173。

關於 Hagia Triada 石棺，見 R. Paribeni, "Il sarcofagio dipinto di Haghia Triada" (*Monumenti Antichi publicati per cura della reale Accademia dei Lincei*, 19, pp.5-86, pl. I-III); J. Harrison, Themis (Cambridge, 1912; 1927), pp.159, 161-77, figs. 31-38; F. von Duhn, "Der Sarkophage aus H. Triada" (ARW, 12, 1909, pp. 161-85); Nilsson, *Minoan-Mycenaean Religion*, pp. 426-43; Picard, pp. 107 sq., 168 sq.。

(424) **42.** 關於前希臘化時代的結構的連續性，見 Charles Picard, *Rel. préhel.*, pp. 201 sq., 221 sq.; Nilsson, *Minoan-Mycenaean Religion*, pp. 447 sq.; Hutchinson, *Prehistoric Crete*, pp. 199 sq.。

「概括地說，我們看到邁諾斯萬神殿以及前邁錫尼時期的超自然存有者的世界一成不變的延續。」（Picard, p. 252）許多傑出的考古學家說，「祕教」神殿的佈置是源自前希臘化時期的克里特。「其中有圍欄（abata, adyta），留有通道；諾索斯的『神殿或倉庫』的地下石櫃，是埃勒烏西斯的『石櫃』（kistai）的前身：聖櫃後來成為可移動式的，但是上面有時候會出現兩個女神。在馬利亞（Malia），宮殿的房間石板上會有個大陶盤，盛放著供物。這兩個地方的擺設的類似性，很值得我們注意。我們看到有豐年祭和葬禮的基本祭物，以及崇拜守護生人和死者的大地之母的祭典器物。」（p.142）見第 97-99 節。

P. Faure 認為布里托馬提斯是史柯泰諾的守護女神；因此能夠解釋「諸如巴拉賽夫的慶典的事實。」("Spéléologie crétoise et humanisme," p. 40)。關於布里托馬提斯，亦見 Willetts, *Cretan Cult and Festivals*, pp. 179 sq.。

關於來自埃及的影響（靈魂的停駐、裹住部分的身體、戴上黃金面具），見 Picard, pp. 228 sq., 279 sq.。黃金面具是要使死者面容完好地進入超自然世界，就像不朽者的塑像一樣（Picard, p. 262）。

43. 關於西台人的歷史和文化，見 A. Goetze, *Kleinasien* (1957); O. R. Gurney, *The Hittite*s (Harmondsworth, 1952; 1954; 1972)。

關於胡里安人，見 E. A. Speiser, "The Hurrian Participation in the Civilisation of Mesopotamia, Syria, and Palestine," *Cahiers d'Histoire Mondiale*, I, 1953, pp.311-27; F. Imparati, *I Hurriti* (Firenze, 1964); R. de Vaux, "Les Hurrites de l'histoire et les Horites de la Bible," Revue Biblique 74, pp. 481-503.。

關於西台人的楔形文字以及到 1954 年為止的翻譯，見 E. Laroche, "Catalogue des textes hittites," *Revue Hittite et Asianique* 14, 1956, pp.33-38, 69-116; 15, 1957, pp.30-89; 16, 1958, pp.18-64.。

重要文獻的翻譯，見 A. Goetze, ANET, pp. 120-28, 201-11, 346-64, 393-404; H. Güterbock, E. Laroche, H. Otten, M. Vieyra, Gurney, *The Hittites*, p.224。最近的法文譯本，見 Maurice Vieyra, *Les religions du Proche-Orient* (1970), pp. 525-66。

西台宗教的概述，見 R. Dussaud, "La religion des Hittites et des Hourites," in E. Dhorme et R. Dussaud, La religion de Babylonie, pp. 333-53; H. Güterbock, (425) "Hittite Religion," in *Forgotten Religions*, ed. V. Ferm (New York, 1950), pp. 81-109; Güterbock, "Hittite Mythology," in *Mythologies of the Ancient World*, ed. S. N. Kramer (1961), pp. 141-79; H. Otten, "Die Religionen des alten Kleinasien," in *Handbuch der Orientalistik* (1964), Bd.8, pp. 92-116; Maurice Vieyra, "La religion de l'Anatolie antique," in Histoire des Religions, I, pp. 258-306; Giuseppe Furlani, *La religione degli Hittiti* (Bologne, 1936)（仍然很有幫助，雖然作者當時依據的西台文獻翻譯還很有限）。

亦見 E. Laroche: Recherches sur les noms des dieux hittites (Paris, 1947); "Teššub, Hebat et leur cour," *Journal of Cuneiform Studies*, II, 1948, pp.113-36; id., "Le panthéon de Yazilikaya," ibid., 6, 1952, pp.115-23。

關於西台人諸神和神話的概述，見 Einar von Schuler, WdM, I, pp.172-76（諸神和女神），196-201（太陽神），208-13（雷雨神）。

關於國王的宗教角色，見 O. R. Gurney, "Hittite Kingship," in *Myth, Ritual and Kingship*, ed. S. H. Hooke (Oxford, 1958), pp. 105-21。

關於儀式，見 B. Schwartz, "The Hittite and Luwian Ritual of Zarpia of Kizzuwatna," JAOS, 58, 1938, pp.334-53; M. Vieyra, "Rites de purification hittites," RHR 119, 1939, pp.121-53; H. Otten, Hethitische Totenrituale (Berlin, 1958)。關於新年慶典（purulli），見 Volkert Haas, Der Kult von Nerik: Ein Beitrag zur hethitischen Religionsgeschichte (Rome, 1970), pp. 43 sq.。

戰敗的軍隊的潔淨禮非常古老；其內容包括活人、公羊、木偶和小豬的獻祭。這些祭物會被剖為兩半，軍隊從他們中間走過去。見 O. Masson, "A propos d'un rituel hittite pour la lustration d'une armée," *RHR*, 137, 1950, pp. 5-25; Gurney, The Hittites, p.151。有些學者比較耶和華在和亞伯拉罕立約後要他獻祭的內容（〈創世記〉15:9-18）；在許多民族裡，都有從分成兩半的祭物中間走過去的儀式。Frazer, *Folk-lore in the Old Testament* (London, 1919), I, pp.393-425; T. Gaster, Myth, *Legend, and Custom in the Old Testament* (New York, 1969), pp.363 sq.; J. Henninger, "Was bedeutet die rituelle Teilung eines Tieres in zwei Hälften?" Biblica, 34, 1953, 344-53; A. E. Jensen, "Beziehungen zwischen dem Alten Testament und der nilotischen Kultur in Afrika," *Culture in History*, ed. S. Diamond (New York, 1960), pp. 449-66。關於祈禱文，見 O. R. Gurney, *Hittite Prayers* (1940); E. Laroche, "La prière hittite: Vocabulaire et typologie," *Annuaire, École Pratique des Hautes Études, Vᵉ Section*, 72, 1964-65, pp.3-29。

44. 各種版本的神話分析，見 H. Otten, *Die Ueberlieferungen des Telepinu-Mythus, Mitteilungen der Vorderasiatisch-aegyptischen Gesellschaft*, 46, Leipzig, 1943。比較性的評注，見 T. Gaster, Thespis (New York, 1961), pp. 295 sq.。亦見 Güterbock, "Gedanken über das Werden des Gottes Telepinu," *Festschrift Johannes Friedrich* (Heidelberg, 1959), pp. 207-11; Güterbock, "Hittite Mythology," pp. 144-48(in: Samuel N. Kramer, ed., *Mythologies of the An-*

(426)

cient World, Garden City, N. Y., 1961)。

根據以雷雨神為主角的版本，太陽神邀請「一千個神」參加饗宴；但是，不管他們怎麼大吃大喝，總是覺得不饜足。雷雨神的父親派遣使者去求教他的父親未果，於是親自去找他並且問道：「到底是誰犯了罪，才使得種子枯萎，萬物乾涸！」（Güterbock, "Hittite Mythology," pp.145-46）

Gaster 發現 Telepinus 的神話和儀式場景以及豐收神的某些共同元素；見氏著 Thespis, pp. 304 sq.。

45. 關於巨龍（Illuyankas），見 A. Goetze, Kleinasien, pp. 139 sq.; E. v. Schuler, WdM, vol. 1, pp. 177-78。

解釋這神話的文獻前面有這麼一段話：「Nerik 城的受膏立者（祭司）Kellas 如是說：以下是天上的雷神神的新年慶典（purulli）的說明：（慶典開始時）要唱頌：『願土地豐饒，國家安康，如果來年得以豐收，我們會再齊聚慶祝新年。』」（M. Vieyra, "Les religions de l'Anatolie," p.288; Goetze, *ANET*, p. 125）

亦見 Gaster, *Thespis*, pp. 256 sq.（有比較性的評注）。

46. 關於庫瑪比（Kumarbi），見 H. G. Güterbock, "The Hittite Version of the Hurrian Kumarbi Myths: Oriental Forerunners of Hesiod," *American Journal of Archaeology*, 52, 1948, pp.123-24; Güterbock, "Hittite Mythology," pp. 152-72; H. Otten, *Mythen vom Gotte Kumarbi* (Berlin, 1950); P. Meriggi, "I miti di Kumarbi, il Kronos Hurrico," *Athenaeum*, N.S.31, Pavia, 1953, pp.101-15; C. Scott Littleton, "The 'Kingship in Heaven' Theme" (*Myth and Law among the Indo-Europeans*, ed. Jaan Puhvel, Berkeley, 1970), pp. 93-100。

關於烏利庫米（Ullikummi），見 H. G. Güterbock, *The Song of Ulli-kummi* (New Haven, 1952)。

H. Baumann 在他汪洋宏肆的作品（*Das doppelte Geschlecht*, Berlin, 1955），討論到巨石文化傳統、雌雄同體以及開天闢地的宇宙創造主題。

關於從塵土中造人的神話，見 Eliade, *Traité d'Histoire des religions*, p.205。
這個神話主題很普遍，特別是在高加索山區。見 A. von Löwis of Menar, "
Nordkaukasische Steingeburtsagen," ARW 13, 1901, 509-24。關於諸神從偉大
女神（petra genetrix, matrix mundi）誕生的神話，見 R. Eisler, *Weltmantel
und Himmelszelt* (München, 1910), II, pp. 411, 727 sq.; Eliade, *Forgerons et al-
chimistes*, pp.44 sq., 191。

(427) **47.** 關於斐羅（Philon de Byblos）的《腓尼基史》的翻譯和評註，見 Carl
Clemen, *Die phönikische Religion nach Philo von Byblos* (Leipzig, 1939)。W.
G. Lambert 出版的楔形文字文獻描述五個世代的諸神的血腥歷史，兒子們
殺死父親和母親，和他們的母親和姐妹成婚，相繼篡奪統治權。赫西奧德
的《神譜》也有類似的敘述。見 W. G. Lambert et P. Walcot, "A New Babylo-
nian Theogony and Hesiod," *Kadmos*, 4, 1965, pp.64-72。另見 C. Scott Little-
ton, op. cit., pp. 112-14。

Stig Wikander 比較伊朗、西台和希臘諸神世代的神話之間的類似性。
其出處比較晚，是取材自斐爾杜西（Firdausi, A.D. 976）的史詩《王書》
（*Shahnameh*），但是那些英雄，Jamshid、Zohak、Feridun，在某個意義
下，是 伊 瑪（Yima）、阿 奇 達 哈 卡（Aži-Dahāka）、特 雷 丹 納
（Thraētaona）這些神話人物的歷史化角色。因此，神的統治權神話可以説
是印歐民族神話不可或缺的部分（Wikander,"Histoire des Ouranides," *Cahi-
ers du Sud*, 36, 1952,pp.8-17）。但是其他印歐民族並沒有記載這個神話。
Scott Littleton 傾向於認為巴比倫的傳說（《天之高兮》以及其他由 Lambert
翻譯出來的斷簡）是所有諸神世代神話的來源（Littleton, "The 'Kingship in
Heaven' Theme," pp. 109 sq.）

48. 關於青銅器時代前期之後的巴勒斯坦歷史，見 P. Garelli, *Le Proche-
Orient asiatique, des origines aux invasions des Peuples de la Mer* (Paris, 1969),
pp. 45 sq.; B. Mazar, "The Middle Bronze Age in Palestine" (in: *Israel Explora-*

tion Journal, Jerusalem, 18 ,1968, pp.65-97; R. de Vaux, *Histoire ancienne d'Israël, des origines à l'installation en Canaan* (Paris, 1971), pp. 61-121（有很豐富的參考文獻）。

關於亞瑪力人，見 S. Moscati, *I predecessori d'Israele: Studi sulle più antiche genti semitiche in Siria e Palestina* (Rome, 1956); I. J. Gelb, "The Early History of the West Semitic Peoples," Journal of Cuneiform Studies, 15, 1961, pp. 27-47; K. M. Kenyon, *Amorites and Canaanites* (London, 1966); R. de Vaux, *Histoire ancienne d'Israël*, pp. 64 sq.。

特拉利里（Tell Hariri）的考古挖掘，古代的馬利（Mari），發現數千塊石版，以阿卡德的「古巴比倫」方言寫成。其中有某些神的名字，Anat、Dagan、Addu。但是因為缺少神話的文本，我們還是不知道他們基本的宗教信仰和觀念。

亞瑪力神（Amurru）是和亞瑪力族同名的神，「他是個不知道要屈膝的人（不知道如何種地），他吃生肉，終身沒有自己的住所，死後也沒有埋葬。」（de Vaux, p. 64）同樣的陳腔濫調，在 300 年間，被用來描述所有的「蠻族」（日爾曼人、阿瓦爾人、匈奴、蒙古人、韃靼人），他們危害城市文明，從羅馬帝國到中國。

我們要了解，這些亞瑪力人和《聖經》裡所提到的亞瑪力人無關。 (428)「《聖經》所說的亞瑪力人，只是在以色列之前移民到巴勒斯坦的部分氏族。」（de Vaux, p. 68）

關於迦南的宗和文明，見 J. Gray, *The Canaanites* (London, 1964); Gray, *The Legacy of Canaan* (Leiden, 1965); Margaret S. Drower, "Ugarit," *Cambridge Ancient History*, II, 1968, chap. 21b（有很好的參考文獻）; R. de Vaux, *Histoire*, pp. 123 sq.; Marvin H. Pope et Wolfgang Rölling, "Die Mythologie der Ugariter und Phönizier," in WdM, I, pp.219-312; O. Eissfeldt, "Kanaanäisch-ugaritische Religion," in: *Handbuch der Orientalistik* (Leiden, 1964), VIII, I, pp. 76-91; A. Jirku, *Der Mythus der Kanaanäer* (Bonn, 1966); J. C. De Moor, "The Semitic Pantheon of Ugarit," *Ugarit-Forschungen*, 2, 1970, pp.187-228; H. Gese,

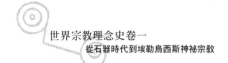
in: H. Gese, Maria Hofner, K. Rudolph, *Die Religion Altsyriens, Altarabiens, und der Mandäer* (Stuttgart, 1970), pp. 1-232; F. M. Cross, *Canaanite Myth and Hebrew Epic* (Cambridge, Mass., 1973)。

直到 1965 年前出版的烏加里特文獻，見 C. H. Gordon, *Ugaritic Textbook* (Rome, 1954); id., *Ugaritic Literature: A Comprehensive Translation of the Poems and Prose Texts* (Rome, 1979); "Canaanite Mythology," Mythologies of the Ancient World, S. N. Kramer, pp. 183-215。其他值得推薦的譯本有 H. L. Ginsberg, "Ugaritic Myths, Epics, and Legends," ANET, pp. 129-55; G. R. Driver, *Canaanite Myths and Legends* (Edinburgh, 1956); A. Jirku, *Kanaanäische Mythen und Epen aus Ras Schamra-Ugarit* (Gütersloh, 1962); A. Caquot et M. Sznycer, "Textes Ougaritiques" (in: *Les religions du Proche-Orient. Textes et traditions sacrés babyloniens, ougaritiques, hittites*, éd R. Labat (Paris, 1970), pp. 350-458。

關於烏加里特的宗教和神話，已經有許多研究文獻，基本的參考書目見 M. H. Pope et W.Rölling, "Mythologie"; H. H. Rowley, *Worship in Ancient Israel: Its Forms and Meaning* (London, 1967), pp. 11 sq.; Georg Fohrer, *History of Israelite Religion* (1968; New York, 1972), pp. 42-43; R. de Vaux, *Histoire*, pp. 136 sq.。

關於厄勒以及他在萬神殿裡的角色，見 Eissfeldt, *El im ugaritischen pantheon* (Leipzig, 1951); M. Pope, *El in the Ugaritic Texts* (Leiden, 1955); Ulf Oldenburg, *The Conflict between El and Ba'al in Canaanite Religion* (Leiden, 1969), spéc. pp. 15-45, 101-20, 164-70。另見 F. M. Cross, *Canaanite Myth and Hebrew Epic*, pp. 20 sq. （ n.51 批評 Oldenburg 的主張 ）。

亦見 C. F. A. Schaeffer, The Cuneiform Texts of Ras-Shamra-Ugarit (London, 1939), pp.60 sq.; Schaeffer, "Nouveaux témoitnages du culte de El et de Baal à Ras Shamra-Ugarit et ailleurs en Syrie-Palestine," *Syria*, 43, 1966, pp. 1-19 (挖掘發現代表厄勒的公牛偶像)。關於 Il (el) 作為神的名字，見 J. J. M. Roberts, *The Earliest Semitic Pantheon* (Baltimore, London, 1972), pp. 31

sq.：「古老的阿卡德人稱為 Il 的，是個很仁慈的神，他關心人類的幸福，特別會賜給人們子嗣。他的特徵和我們在其他閃族裡知道的厄勒相同。」（p.34）

關於大袞（Dagan），見 E. Dhorme, "Les avatars du dieu Dagon," RHR 138, 1950, 129-44; Ulf Oldenburg, *The Conflict*, pp. 47-57。

49. 關於巴力，見 Arvid S. Kapelrud, *Baal in the Ras Shamra Texts* (Copen-hagen, 1952); Hassan S. Haddad, "Baal-Hadad: A Study of the Syrian Storm-God," Ph. D. diss., University of Chicago, 1960; U. Cassuto, "Baal and Môt in the Ugaritic Texts," *Israel Exploration Journal*, 12, 1962, pp.77-86; W. Schmidt, "Baals Tod und Auferstehung," ZRGG, 15, 1963, pp.1-13; Ulf Oldenburg, *The Conflict*, pp. 57-100, 122-42, 176-77; M. Pope et W. Rölling dans WdM, I, pp. 253-69（有主要譯本及注釋的書目，pp. 268-69）; J. C. de Moor, *The Seasonal Pattern in the Ugaritic Myth of Ba'lu* (= *Alter Orient und Altes Testament*, XVI) (Neukirchen-Vluyn, 1971); F. M. Cross, *Canaanite Myth and Hebrew Epic*, pp. 112 sq.（巴力以及安娜特）, pp. 147 sq.（巴力和耶和華的顯神）。 (429)

巴力帶走了阿瑟拉，而拆散了這對最初的神族眷屬的故事，似乎是以下的情景：當巴力派阿瑟拉到厄勒那裡，要他讓出王宮，厄勒「張嘴大笑」，問道：「諸神之母為什麼到此？……是厄勒王的愛使妳感動了嗎？」但是阿瑟拉嘲諷地回答說：「我們的王是阿利安‧巴力（'Aliyân Ba'al），他是我們的審判者，沒有人能夠超越他。」（*Ugaritic Manual*, 51; trad. Oldenburg, p. 118）。直到後來巴力殺死阿瑟拉的 77 個兒子（*Ugaritic Manual*, no. 75; Oldenburg, p. 117），她才投靠厄勒，要他為她報仇。」

雅姆就是蛇怪（tannin）洛坦（Lotan）、以及《舊約》裡的鱷魚利維坦。〈啟示錄〉（12:3 sq.）說：「有一條大紅龍，七頭十角。」關於雅姆，亦見 Grays, *The Legacy of Canaan*, pp. 26 sq., 86 sq.; Oldenburg, *Conflict*, pp.32-34, 134-37; T. Gaster, *Thespis*, pp. 114 sq.。

關於「巧匠」（Koshar-wa-Hasis），見 Gastre, *Thespis*, pp.161 sq.。

50. 關於女神安娜特，見 Arvid S. Kapelrud, *The Violent Goddess Anat in the Ras Shamra Texts* (Oslo, 1969); M. Pope, WdM, I, pp. 235-41; Wolfgang Helck, *Betrachtungen zur grossen Göttin und den ihr verbundenen Gottheiten* (München, Wien, 1971), pp.152 sq., 200 sq.; Joseph Henninger, "Zum Problem der Venussterngottheit bei den Semiten" (*Anthropos*, 71, 1976, pp.129-68)。

關於安娜特和難近母（Durgā）之間的類比，見 Walter Dostal, "Ein Beitrag zur Frage des religiösen Weltbildes des frühesten Bodenbauer Vorderasiens," Archiv für Völkerkunde 12 (1957): 74 sq.。

關於安娜特的「同類相殘」（她吃了巴力的屍體），見 Charles Virolleaud, "Un nouvel ēpisode du myth ugaritique de Baal," *Comptesrendus de l'Académie des Inscriptions et Belles-Lettres*, 1960, pp. 180-86; Michael C. Astour, "Un texte d' Ugarit récemment découvert et ses rapports avec l'origine des cultes bacchiques grecs," RHR, 154, 1963, pp.1-15; Astour, *Hellenosemitica* (Leiden, 1964; 1967), pp.170 sq.; W. F. Albright, *Yahveh and the Gods of Canaan* (New York, 1968), pp. 131 sq.。

(430) 關於安娜特和阿什塔特的關係，見 J. J. M. Roberts, *The Earliest Semitic Pantheon*, pp. 37 sq.; Wolfgang Helck, *Betrachtungen*, pp. 155 sq.。女神阿什塔特似乎是安娜特的分身，地位並不重要。「最進發現的神話文本恢復了她的重要性，強調她的英勇擅戰的性格以及正義和權利的守護者的角色。」（R. de Vaux, *Histoire ancienne d'Israël*, pp. 145; Charles Virolleaud, *Le Palais Royal d'Ugarit*, V; W. Herrmann, "Aštart," *Mitt. für Orientforschung*, 15, 1969, pp.6-55）

關於王宮和神殿的宇宙論象徵，見 Eliade, *Le Mythe de l'éternel retour*, pp.17 sq.; Eliade, "Centre du Monde, Temple, Maison" (dans: *Le symbolisme cosmque des monuments religieux*, Serie Orientale Roma, XIV, Rome, 1957, pp. 57-82); Ananda Coomaraswamy, "The Symbolism of the Dome," *Indian Historical Quarterly*, 14, 1938,) pp.1-56; Loren R. Fisher, "Creation at Ugarit and in the

Old Testament," *Vetus Testamentum*, 15, 1965, 313-24; U. Cassuto, "Il palazzo di Ba'al nella tavola II AB di Ras Shamra," *Orientalia* n.s. 7 (1938): 265-90; A. S. Kapelrud, "Temple Building, a Task for Gods and Kings," *Orientalia*, 32, 1963, pp.56-62。

51. 關於莫特（Mōt），見 Oldenburg, *The Conflict*, pp. 35-39; M. Pope, in WdM, vol. 1, pp. 300-302; Cross, *Canaanite Myth*, pp. 116 sq.。U. Cassuto, "Baal and Mōt in the Ugaritic Texts," *Israel Exploration Journal*, 12, 1962, pp. 77-86。

關於阿施塔特，見 J. Gray, "The Desert God 'Attr in the Literature and Religion of Canaan," JNES 8 (1949): 72-83; A. Caquot, "Le dieu 'Athtar et les textes de Ras Shamra," *Syria* 35 (1958): 45-60; Oldenburg, *Conflict*, pp. 39-45。

52. 關於烏加里特的巴力神祭典，見 Kapelrud, *Baal in the Ras Shamra Texts*, pp. 18 sq.; Kapelrud, *The Ras Shamra Discoveries and the Old Testament* (Norman, Okla., 1963)。亦見 J. Gray, "Sacral Kingship in Ugarit," *Ugaritica* (Paris, 1969), vol.6, pp.289-302。其中有許多豐年祭典型的元素：陽具形式的石頭、裸體女神的形象、現公牛相的巴力神、祭司們穿戴的面具和牛角。（見 Schaeffer, *Cuneiform Texts*, p. 64, pl. X, fig. 2）

關於贖罪祭（民眾或國王和王后），見 A. Caquot, "Un sacrifice expiatoire à Ras Shamra," RHPR, 42, 1962, pp.201-11。

R. ed Vaux 指出（*Histoire*, p.146），迦南和以色列宗教「有相同的儀式；例如巴力神的先知的燔祭和以利亞在迦密山上準備的燔祭相同。」（〈列王紀上〉18）

關於迦南的儀式，見 Fohrer, *History of Israelite Religion*, pp. 57 sq.（以及參考書目）。

關於耶和華和巴力的衝突，見第 60 節所列書目。

關於 Keret 和 Aqhat-Daniel 的史詩，以及和希臘史詩的比較，見 A. Gor-

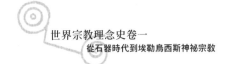
(431)　don, *The Common Background of Greek and Hebrew Civilizations* (New York, 1965), pp.128 sq.。作者認為 Keret 的史詩,「是現有文獻裡最早提到『特洛伊的海倫』這個主題的,」這是印歐民族特有的主題,在印度和希臘都有記載,而美索不達米亞和埃及則闕如(Gordon, pp. 132 sq.)。關於這個問題,亦見 Michael C. Astour, *Hellenosemitica*, 1967。Astour 從敘利亞和巴勒斯坦以及希臘的地理情況和政治特質去解釋這些地方相互的沿襲和類比:「他們的地理區都很分散,沒有中心軸點。這影響到他們的國家的形成和內政,⋯⋯希臘和西部閃族世界都是小國寡民,無法行中央集權,即使是外來的征服者也沒有辦法。」(pp.358-59)

53.　關於古代以色列史,見 M. Noth, *Geschichte Israels* (Göttingen, 1950; 1954); J. Bright, *A History of Israel* (Philadelphia, 1959); R. de Vaux, Histoire ancienne d'Israël: Des origines à l'installation en Canaan (Paris, 1971)(有豐富的參考文獻)。亦見 W. F. Albright, *Archaeology and the Religion of Israel*, (Baltimore, 1946); Albright, *The Biblical Period from Abraham to Ezra* (New York, 1963); R. de Vaux, *Les institutions del' Ancien Testament*, I-II, Paris, 1961, 1967; Otto Eissfeldt; *The Old Testament: An Introduction* (New York, 1965); J. Pederson, *Israel: Its Life and Culture*, I-IV, Copenhagen, 1926, 1940; G. von Rad, *Old Testament Theology*, I, New York, 1962; M. Noth, *Die Ursprünge des alten Israel im Lichte neuer Quellen* (Köln-Opladen, 1961); *The Bible and the Ancient Near East: Essays in Honor of W. F. Albright*, éd. C. Ernest Wright (New York, 1968), pp.85-139 ; pp. 265-99(關於年代的問題)。

　　關於以色列歷史的作品非常多,過去 12 年來比較實用的作品,見 T. Kaufmann, *The Religion of Israel*, trad. M. Greenberg (Chicago, 1960); H. Ringgren, La religion d'Israël (Paris, 1966); W. Eichrodt, *Religionsgeschichte Israels* (1969); G. Fohrer, *History of Israelite Religion* (Nashville, 1972)。

　　關於宇宙創造的文獻的翻譯和注釋,見 Jean Bottéro, in "*La naissance du monde* selon Israel," *Sources Orientales*, no. 1, pp. 187-234(= *La naissance du*

monde, Paris, 1959)。關於聖經的宇宙創造論,見 H. Gunkel, *Schöpfung und Chaos in Urzeit und Endzeit* (Göttingen, 1921), spéc. pp. 29 sq.; V. Maag, " Jahwäs Begegnung mit der Kanaanäische Kosmologie," *Asiatische Studien/ Études Asiatiques,* 18-19, 1965, 252-69。

適合一般讀者的〈創世記〉的最新翻譯和注釋,見 E. A. Speiser, Genesis (New York, 1964)。

54. 關於伊甸園和樂園的神話,見 P. Humbert, *Études sur le récit du Paradis* (432) *et de la chute dans la Genèse* (1940); W. Andrae, "Der kultische Garten," *Die Welt des Orients*, 6, 1952, pp.485-94; G. Widengren, *The King and the Tree of Life in Ancient Near Eastern Religion* (1951); A. Dammron, *La mythologie sumérienne et les premiers chapitres de la Genèse* (1959); Theodor H. Gaster, *Myth, Legend, and Custom in the Old Testament* (1969), pp. 24-37, 332-34 (bibl.); F. F. Hvidberg, "The Canaanite Background of Genesis I-III," *Vetus Testamentum*, 10, 1960, 285 sq.; J. Coppens, *La connaissance du bien et du mal et le péché du Paradis, Analecta Lovanesis Biblica et Orientalia* (1958)。

關於生命之樹和知識之樹,見 Eliade, *Traité d'histoire des religions* , pp. 246 sq.; Gaster, op. cit., 337-38。

關於該隱和亞伯,見 Gaster, pp. 51-55 (bibli, pp. 341-42)。關於冶金的儀式和象徵,見 Eliade, *Forgerons et Alchimistes*, pp. 57 sq.; ibid., pp. 81 sq.。

關於「該隱的記號」(〈創世記〉4:15),見 Gaster, *Myth, Legend, and Custom*, pp. 55-65 (bibli. pp. 344-45)(引述某些比較研究)。

55. 關於「神的兒子」和「人類的女兒」的婚姻,見 C. E. Closen, *Die Sünde der "Sohne Gottes" (Gen. VI.1-4)* (Rome, 1939); Gaster, pp. 351-52 (bibliography); B. S. Childs, *Myth and Reality in the Old Testament* (Naperville, Ill., 1960), pp. 49 sq.; G. A. Cooke, "The Sons of (the) God(s), "*Zeitschrift für die Alttestamentliche Wissenschaft*, 76, 1964,pp.22-47。

關於洪水，見第 18 節注釋，另見 A. Parrot, Déluge et Arche de Noé (1952); C. Lambert, "Il n'y aura jamais de déluge (Genèse IX:11)," *Nouvelle Revue Théologque* 77 (1955): 581-601, 693-724。

關於巴別塔，見 Gaster, pp. 360-61 (bibli.); A. Parrot, *La Tour de Babel* (1953)。關於塔廟的象徵，見 Eliade, *Le Mythe de l'éternel retour*, pp. 25 sq.; G. Widengren, "Aspetti simbolici dei templi e luoghi di culto del vecino Oriente antico," *Numen* 7, 1960, pp.1-25。關於升天的神話，見 Eliade, *Religions Australienne* (Payot, 1972),pp. 40 sq., id., "Notes on the Symbolism of the Arrow," pp.468 sq.。

A. Borst, *Der Turmbau von Babel: Geschichte der Meinungen über Ursprung und Vielfalt der Sprache und Völker, I-VI*, Stuttgart, 1957-63，是關於西方歷史的系譜傳說非常完備的百科全書。

56. 關於西元前 2000 年的閃族遊牧民族，見 Joseph Henninger, "Zum Frühsemitischen Nomadentum," in *Viehwirtschaft und Hirtenkultur: Ethnographische Studien* (Budapest, 1969), pp. 33-68, spéc. 44-50（先祖時期）; 50-53（馬利文獻裡的遊牧民族）。

(433) 關於 Habiru 及其和希伯來人的關係，見 R. de Vaux, Histoire ancienne d'Israël, pp. 202-8（研究摘述及最新參考文獻）。（Hapiru-'Apiru 是個人種名稱，指西部閃族的某個部落，「亞瑪力人」或「原亞拉美人」，他們和先祖有關，p.208。）亦見 Albright, *From the Stone Age*, pp. 238 sq.; Albright, *Yahweh and the Gods of Canaan*, pp. 75sq.; Fohrer, *History of Israelite Religion*, p.30 (n.8-10, bibls.)。

關於先祖的年代，見 R. de Vaux, *Histoire*, pp. 245-53。關於「父親的神」，見 Albrecht Alt, *Der Gott der Väter* (1929; = *Kleine Schriften zur Geschichte des Volkes Israel*, I, 1953, pp.1-78); Fohrer, pp.36 sq.（討論 Alt 的主題）; de Vaux, pp. 256 sq.; Ringgren, *La religion d'Israël*, pp.29 sq.。「父親的神」和厄勒、厄勒和耶和華的關係，見 R. M. Cross, *Canaanite Myth and He-*

brew Epic (Cambridge, Mass., 1973), pp. 1-76。

El Shaddaï 這個名稱的詮釋仍然有爭議。有人認為這個詞衍生自阿卡德語的 šadū（山）：那麼這個名字的意思就是「群山的厄勒」；見 Ringgren, pp. 34-35。但是其字源似乎比較像是來自西北部的閃族，最近有人提出希伯來文的 šaday/šadèh 說法：那麼就會是「平原、田野或荒野的厄勒」（de Vaux, p. 264）。

值得注意的是，在先祖的故事裡可以看到厄勒，卻沒有提到巴力。這意味著以色列的祖先在西克索人之前進入迦南時，並沒有發現巴力的崇拜；巴力神是在西元前一千多年的烏加里特才成為重要的神（de Vaux, p. 266）。然而，當時可能還有些雷雨神和豐收神，他們的名字在巴力神傳入後就被遺忘了。

先祖時期沒有「偶像」崇拜的記號。但是當拉謝要離開他父親拉班的家時，偷了他的神像（teraphim）（〈創世記〉31:19），拉班稱之為「我的神」（〈創世記〉31:30）。關於 teraphim 的意義，見 A. R. Johnson, *The Cultic Prophet in Ancient Israel*, 1962, pp.32 sq.; Rowley, *Worship in Ancient Israel*, pp.19 sq.。無論如何，拉謝的舉動不足以說明雅各的宗教。亦見 Ringgren, pp.38-39。

關於割禮，可能是先祖時期的習俗。其起源不可考。見 R. de Vaux, *Les Institutions de l'Ancien Testament*, Paris, 1961, pp.78-82; E. Isaac, "Circumcision as a Covenant Rite" (*Anthropos*, 59, 1964, pp.444-56)。有人認為，割禮是源自埃及，但是這個儀式在埃及並不普遍。另一方面，在西元前三千年的敘利亞北部有這個習俗的記載。因此以色列祖先可能在進入迦南之前就知道這個習俗。「那個時候，這個習俗代表著某個部落的婚姻和共同生活的開始，就像在〈創世記〉34:14-16 所說的；直到後來才成為神和他的子民立約的記號，聖經的作者說那是在亞伯拉罕的時代。」（de Vaux, *Histoire ancienne d'Israël*, I, p.273）。關於割禮作為原始社會裡的入會禮，見 Eliade, *Naissances mystiques*, pp.54 sq.。 (434)

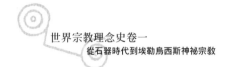

57. 　關於血祭，見 R. de Vaux, *Les sacrifices de l'Ancien Testament* (Paris, 1964), pp.7-27; de Vaux, *Histoire ancienne d'Israël*, pp. 270 sq.。關於阿拉伯中部的習俗，見 J. Henninger, "La religion bédouine préislamique" (dans: L'antica società beduina, éd. F. Gabrieli, Roma, 1959), pp.135-36; id., "Les fêtes de printemps chez les Arabes et leurs implications historiques," *Revista do Museu Paulista* (Sao Paulo), N.S.4, 1950, pp.389-432。亦見 Henninger, Les *fêtes de printemps chez les Sémites et la Pâque israëlite* (Paris, 1975)。

58. 　關於摩西的角色，最近有非常創新的詮釋；見 E. Auerbach, Moses (Amsterdam, 1953); H. Cazelles, *Moïse, l'homme de l'Alliance* (1955); H. H. Rowley, *From Joseph to Joshua* (Oxford, 1950); Rowley, "Moses and the Decalogue," BJRL, 34, 1951, pp.81-118。亦見 R. Smend, *Das Mosebild von Heinrich Ewald bis Martin Noth* (1959)。關於摩西的傳道，見 de Vaux, *Histoire ancienne*, pp.305 sq.。關於出埃及和逾越節的各種傳說，見 Fohrer, *History of Israelite Religion*, pp. 68 sq.; R. de Vaux, Institutions, II, pp.383-94 (bibl., pp. 467-68); de Vaux, *Les sacrifices de l'Ancien Testament*, pp.7 sq.。

　　〈出埃及記〉1-15 所敘述的逾越節對傳統的影響，見 J. Pedersen, *Israel: Its Life and Culture* (1940), III, pp. 384-415; IV, pp.728-37; Fohrer, *History*, pp. 68 sq.。

　　我們說過，逾越節原先是牧人的春祭，被解釋為紀念當時脫離埃及的壓迫，換言之，原來是表現宇宙宗教信仰的周期性慶典，最後被歷史化。另一方面，〈出埃及記〉的傳奇故事，也就是渡過紅海以及埃及士兵的潰敗，則有兩個不同的解釋。在最古老的考證裡（〈出埃及記〉15:1-10），耶和華吹氣把法老王的士兵都淹死。直到後來，也就是〈詩篇〉，才提到分開紅海：「他將海分裂，使他們過去，又教水立起如壘。」（〈詩篇〉78:13; 77:17-20）

　　在這個情形下，紅海的神蹟和創世記的故事連接起來，也就是耶和華打敗海怪拉哈伯和利維坦：「從前砍碎拉哈伯，刺透大魚的，不是你嗎？

使海與深淵的水乾涸，使海的深處變為贖民經過之路的，不是你嗎？」 (435)
（〈以賽亞書〉51:10）出埃及和征服迦南（以及〈第二以賽亞〉所說的後
來的出走），在某個意義下，是宇宙創造工作的重複。（Cross, *Canaanite
Myth and Hebrew* Epic, pp.100 sq.）

59. B. E. Mendenhall, *Law and Covenant in Israel and the Ancient Near East*
(Pittsburgh, 1955)，Mendenhall 比較聖約和西台國王跟他們在小亞細亞的藩
屬訂立的條約。在條約的緒言（說明國王的名字和頭銜，摘述兩造的關
係）之後，還有和藩屬國的條約、把條約保存在神殿的指示、定期的宣
讀、見證的諸神的名單、最後則是詛咒和祝福的應酬話。Albright 接受這
個主張，強調條約和合約對於希伯來民族的重要性，大多數的希伯來人都
是商隊。見氏著 *Yahweh and the Gods of Canaan*, pp.107 sq.(bibli.)。R. de
Vaux 批評 Mendenhall 的主張，見 *Histoire*, p.410, n.141。De Vaux 質疑由摩
西所領導的半遊牧民族怎麼會知道西台國王的條約。其次，這兩者之間也
有結構上的差異；聖約的結語裡沒有詛咒和祝福。其次，在條約裡的規定
多半是以條件句陳述，「如果……，則」，但是聖約卻是以命令句陳述。
De Vaux 說，西台國王和半野蠻的民族訂立的條約並不遵循古代的模式。
因此有好幾種「合約範式」。（De Vaux, p.413）

關於卡德什巴尼亞（Kadesh-barnea）綠洲在耶和華宗教創立時的角
色，見 T. J. Meek, *Hebrew Origins* (New York, 1936; 1960), pp.119 sq.; R. de
Vaux, Les *Institutions de l'Ancien Testament*, II, pp.228 sq.; Ringgren, pp.49
sq.。耶和華在西乃山顯現時如火山爆炸般的場景，見 J. Koenig, "Le Sinaï,
montagne de feu," RHR, 167, 1964, pp.129-55; Koenig, "Aux origines des
théophanies iahvistes," RHR, 169, 1966, pp.1-36。Cross 證明「西乃山的顯
現」是「透過風暴的顯神」，類似巴力神顯神。見氏著 *Canaanite Myth and
Hebrew Epic*, pp. 147 sq.。亦見 G. E. Mendenhall, *The Tenth Generation; The
Origins of the Biblical Traditions* (Baltimore, 1973), pp.56 sq., p. 105（關於在
Baalpeor 的插曲）。

60. 近來關於以色列移民迦南的研究（特別是 Kaufmann、A. Alt、M. Noth、W. F. Albright、G. E. Mendenhall），請見 R. de Vaux, *Histoire ancienne*, pp.444-54。亦見 R. Smend, *Jahvekrieg und Strämmebund* (Göttingen, 1963)

關於耶和華宗教和迦南宗教的衝突，見 R. Hillman, *Wasser und Berg: Kosmische Verbindungslinien zwischen dem Kanaanäischen Wettergott und Jahve* (Diss., Halle, 1965); J. Maier, "Die Gottesvorstellung Altisraels und die Kanaanäische Religion," in Bibel und Zeitgemässer Glaube (1965), I, pp.135-58; T. Worden, "The Literary Influence of the Ugaritic Fertility Myth on the Old Testament," VT, 3, 1953, pp. 273-97; Fohrer, *History*, pp. 103 sq.; de Vaux, *Histoire*, p. 147 (n.99, bibli.)。關於宗教融合，見 G. W. Ahlström, *Aspects of Syncretism in Israelite Religion* (Lund, 1963)。

(436)

R. Dussaud, *Les Origines cananéennes du sacrifice israélite* (1921; 1941) 仍然很有幫助。亦見 Rowley, *Worship in Ancient Israel*, pp.61 sq., p. 65, n.1 (bibli.)。以色列宗教從未接受殺人祭；西元前第七世紀以小孩獻祭的習俗是外來的，見 de Vaux 和 Eissfeldt 的作品，Rowley, p. 65, n.1 有摘述。

關於近東和以色列的預言，見 A. Haldar, *Association of Cult Prophets among the Ancient Semites* (Uppsala, 1945); J. Lindblom, *Prophecy in Ancient Israel* (Philadelphia, 1965); J. Pedersen, "The Role Played by Inspired Persons among the Israelites and the Arabs," *Studies in Old Testament Prophecy (Robinson Festschrift*, 1950, pp.127-42); A. Lods, "Une tablette inédite de Mari, intéressante pour l'histoire ancienne du prophétisme sémitique," ibid., pp.103-10; A. Malamat, "Prophetic Revelation in New Documents from Mari and the Bible," *Vetus Testamentum*, suppl., 15, 1966, pp.207-27; G. Fohrer, *Studien zur alttestamentlichen Prophetie*, 1949-1965 (1967)。

61. 關於研究的歷史（尤其是關於印歐民族之起源假設的歷史）的摘述，

見 P. Bosch-Gimpera, *Les Indo-Européens* (trad. R. Lantier, Paris, 1961), pp. 21-96; G. Devoto, *Origini indeuropee* (Firenze, 1962), pp. 8-194。這兩部作品有豐富的參考書目。O. Schrader, *Reallexicon der indogermanische Altertumskunde* (Berlin et Leipzig, 1917-32) 仍然是不可取代的作品。亦見 A. Nehring, "Studien zur Indogermanen- und Germanefrage (Salzburg-Leipzig, 1936), pp. 7-229。

關於最近考古挖掘的解釋，見 Marija Gimbutas, *The Prehistory of Eastern Europe* (1956); *Bronze Age Cultures in Central and Eastern Europe* (La Haye, 1965); "Proto-Indo-European Culture: The Kurgan Culture during the Fifth, Fourth and Third Millennia B.C.," George Cordona, éd., *Indo-European and Indo-Europeans* (Philadelphia, 1970), pp. 155-97; "The Beginning of the Bronze Age in Europe and the Indo-Europeans: 3500-2500 B. C.," JIES, I, 1973, pp.163-214; "The Destruction of Aegean and East Mediterranean Urban Civilization around 2500 B. C.," in: R. Crossland and A. Birchall, Eds., *Bronze Age Migrations in the Aegean* (1973), pp. 129-39. Homer L. Thomas, in "New Evidence for Dating the Indo-European Dispersal in Europe" (*Indo-European and Indo-Europeans*, pp. 199-251)（認為印歐民族擴展的時間還要更早，放射性碳分析顯示他們在 2470-2600 B.C. 左右出現在荷蘭）。Ward H. Goodenough, "The Evolution of Pastoralism and Indo-European Origins" (ibid., pp. 253-65) 認為印歐民族發 (437) 源自波蘭東部和烏克蘭西部。亦見 Paul Friedrich, "Proto-Indo-European Trees," ibid., pp. 11-34; T. Burrow, "The Proto-Indoaryans," JRAS, 1973, pp. 123-40; M. M. Winn, "Thoughts on the Question of Indo-European Movements into Anatolia and Iran," JIES, 2, 1974, pp.117-42（探索 3000 B.C. 在安那托利亞和伊朗居住的印歐民族）。關於近東印歐民族的研究文獻，見 M. Mayrhofer, *Die Indo-Arier im Alten Vorderasien* (Wiesbaden, 1966); cf. Mayrhofer in IIJ, 7, 1964, pp.208 sq.; id., *Die Arien im Vorderen Orient -- Ein Mythos?* (Vienne, 1974)。古墳（kurgan）的宗教功能有強烈的祖先崇拜，類似巨石文明（第 35 節）。亦見 R. Ghirshman, *L'Iran et la migration des Indo-Aryens et des*

Iraniens (Leiden, 1977)。

62. 　關於 Max Müller 的主張，見 Richard M. Dorson, "The Eclipse of Solar Mythology" (in *Myth: A Symposium*, ed. Thomas A. Sebeok, Philadelphia, 1955, pp.15-38)。Leopold von Schröder, *Arische Religion* (I-II, Leipzig, 1914, 1916) 仍然很有幫助。在第一卷裡，作者探討印歐民族的最高神，在第二卷裡探討宇宙諸神（大地之神、太陽神、火神等等），第三卷原本是要研究靈魂的觀念和祖先崇拜。有許多研究是受到納粹黨的意識型態影響，見 Friedrich Cornelius, *Indogermanische Religionsgeschichte* (München, 1942)。J. W. Hauer, *Glaubensgeschichte der Indogermanen* (Stuttgart, 1937)，第一卷的內容是由各自獨立的研究組成。對於印歐民族的種族主義研究的批評，見 *Die Indogermanen- und Germanenfrage*, éd. W. Koppers, in: Wiener Beiträge, Salzburg et Leipzig, 1936; Wilhelm Schmidt, *Rassen und Völker in Vorgeschichte und Geschichte des Abendlandes*, Luzern, 1946, pp. 275-318。

　　關於印歐民族的宗教語彙，見 G. Devoto, *Origini indeuropee*, pp.295 sq.; E. Benveniste, *Le vocabulaire des institutions indo-européennes*, II, Paris, 1969。關於 theos 這個字的深入分析，見 G. Gallavotti, "Morfologia di theos," SMSR, 33, 1962, pp.25-43。關於伊朗宗教裡的火的神性，見 Stig Wikander, *Der arische Männerbund* (Lund, 1938), pp. 76 sq. 以及本書第 106 節。

　　Eric Hamp（批評 Benveniste, II, pp. 223 sq. 的主張）最近證明印歐民族有共同的「獻祭」語詞。見氏著 "Religion and Law from Iguvium," JIES, I, 1973, pp.322。

　　後期的發展把神性的力量和死者的靈魂連結在一起，特別是在日耳曼民族，GHAV、CHUTO 這兩個字根原意為「被召喚的靈魂」，最後卻被用來表達神的觀念。WELO（靈魂）也是到後來才意指「在虛空裡解脱的人」，也就是説透過火化解脱。見 Devoto, *Origini*, pp. 295-316。

　　我們必須指出閃族和印歐民族的典型差異：書寫語言的價值。希羅多德（1.136）説，波斯人只教導子孫三件事：騎馬、射箭、説實話。根據亞

述國王（Assurbanipal V）的年鑑，閃族的統治者要學習騎馬、射箭和 (438)
「『納布』（Nabu）的智慧，以及先賢傳下來的書寫著作。」見 G. Wid-
engren, *Numen*, I, 1954, pp.63, n.311; Widengren, *Religionsphänomenologie*
(Berlin, 1969), pp. 570 sq.。亦見 G. Dumézil, "La tradition druidique et
l'écriture: Le Vivant et le Mort," RHR, 122, 1940, pp.125-33。以口傳為基礎的
印歐民族宗教，和非常重要書寫的「聖書的宗教」，這兩者的極端差異，
使瑣羅亞斯德的傳教士在編修波斯古經時困難重重，因為即使在薩珊王
朝，書寫仍被視為魔鬼行徑。見 A. Bausani, *Persia religiosa* (Milano, 1959),
pp.20 sq.; G. Widengren, "Holy Book and Holy Tradition in Iran: The Problem
of the Sassanid Avesta" (in: F. F. Bruce et E. G. Ruppl, éd., *Holy Book and Holy
Tradition*, Manchester, 1968), pp.36-53。

63. 關於 Georges Dumézil 作品的介紹，見 *L'Idéologie tripartie des Indo-
Européens* (Bruxelles, 1958)。關於 Dumézil 到 1960 年為止的著作目錄，見
Hommages à Georges Dumézil (Bruxelles, 1960), pp. xi-xxiii。Dumézil 的著作
年表和批評性分析，見 C. Scott Littleton, *The New Comparative Mythology:
An Anthropological Assessment of the Theories of Georges Dumézil* (Berkeley,
Los Angeles, 1966)。對於 Dumézil 的觀念的研究，見 *Myth and Law among
the Indo-Europeans*, ed. Jaan Puhvel (Univ. of California, 1970); *Myth in Indo-
European Antiquity*, ed. G. I. Larson (Univ. of California, 1974)。亦見 J. F. Ri-
chards、Alf Hiltebeitel、J. Gonda、C. Scott Littleton、David M. Knipe 的論
文：*Journal of Asian Studies*, 34, 1974, 127-68。Richard Bodéus, "Société athé-
nienne, sagesse grecque et idéal indo-europ éen," *L'Antiquité Classique* 41
(1972): 453-86，從希臘的資料精彩地檢證 Dumézil 的三分法觀念。

推薦閱讀的作品有 Dumézil, *Jupiter, Mars, Quirinus* (Paris, 1941-45); *Mit-
ra-Varuna: Essai sur deux représentations indo-européennes de la souveraineté*
(1940; 1948); *Heur et malheur du guerrier* (Paris, 1969); *Aspects de la fonction
guerrière chez les Indo-Européens* (1956); *L'héritage indo-européen à Rome*

(Paris, 1949); *Servius et la Fortune* (Paris, 1943); *Mythe et Epopée*, I-III, Paris, 1968-73。在 *Mythe et Epopée*, I, pp.31-257，Dumézil 延續 Stig Wikander 關於《摩訶婆羅多》的三分法觀念的研究。Dumézil 翻譯 Wikander 的 "La légende des Pandava et le fond mythique du Mahābhārata" (Religion och Bibel, VI, pp. 27-39)，收錄在 Jupiter, Mars, Quirinus IV (1948), pp. 37-53。關於米坦尼（Mitanni）諸神，見 G. Dumézil, "Les 'trois foncitions' dans le Rig Veda et les dieux indiens de Mitani," Académie royale de Belgique, *Bulletin de la Classe des Lettres*, 5ᵉ Série. T. 47, 1961, pp.265-98。

(439)　　　根據 V. M. Apte，《梨俱吠陀》前九卷結集的時候，「人們認為社會是由祭司、戰士、和農民組成的，即使當時還沒有『婆羅門』、『剎帝利』、『吠舍』這些正式的名稱，但是這些觀念早已融入其階級制度裡，規定社會的三種活動：梵行（中性名詞），「對於實在界（可見或不可見的世界）的知識以及神祕的關連」；「武力」；「農耕」和「群聚」。（Dumézil, *L'idéologie tripartie*, p. 8; V. M. Apte, "Were Castes Formulated in the Age of the Rig Veda?" *Bulletin of the Deccan College Research Institute*, 2, pp.34-46）Dumézil 發現早其羅馬的國王也有這種三分法結構：羅慕路斯，令人敬畏的統治者（類似婆樓那）；智者努瑪，儀式和律法的建立者（類似密特拉）；圖盧斯・霍斯提利烏斯（Tullus Hostilius），主要是武士（類似因陀羅或馬斯）；安庫斯・馬基烏斯（Ancus Marcius），和平的國王，使羅馬欣欣向榮（基林努斯）（Dumézil, *Heur et malheur du guerrier*, pp. 15 sq.)。

64. 關於雅利安人入侵印度，見 K. Jettmar, "Zur Wanderungsgeschichte der Iranier," *Die Wiener Schule der Völkerkunde, Festschrift zum 25 jährigen Bestand* (Vienne, 1956), pp. 327-49; P. Bosch-Gimpera, "The Migration Route of the Indo-Aryans," JIES 1 (1973): 513-17。亦見 *East and West*, 21, 1971, pp.14 sq.。

雅利安人在印度的早期文化，見 R. C. Majumdar in *The Vedic Age, His-*

tory and Culture of the Indian People, I, London, 1951（有豐富的參考文獻）。

雅利安人在印度文化最後的沒落階段裡的角色，見 Sir Mortimer Wheeler, *The Indus Civilization* (3e éd., Cambridge, 1968), pp. 132 sq.; R. Heine-Geldern, "The Coming of the Aryans and the End of the Harappa Culture," Man, 56, 1956, pp.136-40; Bridget et Raymond Allchin, *The Birth of Indian Civilization* (Baltimore, 1968), pp. 154 sq.; Walter A. Fairservis, Jr., *The Roots of Ancient India* (New York, 1971), pp. 345 sq.; cf. G. D. Kumar, "The Ethnic Components of the Builders of the Indus Valley Civilization and the Advent of the Aryans," JIES, I, 1973, pp. 60-80。

關於開疆闢地的儀式，見 Ananda Coomaraswamy, The Rig Veda as Land-náma-Bók (London, 1935)。

關於四吠陀（梨俱、夜柔、阿闥婆、沙磨）的讚歌、學派和版本的年代，見 L. Renou, *L'Inde classique* (Paris, 1947), I, pp.270 sq.。各種譯本目錄，見 Nurvin. J. Hein dans Charles J. Adams, Ed., A *Reader's Guide to the Great Religions* (New York and London, 1965), pp. 49-50。法文的譯本目錄見 Jean (440) Varenne, *Le Véda, premier livre sacré de l'Inde* (Paris, 1967), I, pp.36-38。其中最重要的是 Louis Renou, H*ymnes et prières du Véda* (1938); *La poésie religieuse de l'Inde antique* (1942); *Hymnes spéculatifs du Véda* (1956); Jean Varenne, *Le Véda*, I-II。亦見 Victor Henry, *Les livres VII à XII de l'Atharva Véda* (Paris, 1892-96); P. E. Dumont, *L'agnihotra* (Baltimore, 1939)。

不可或缺的譯本是 K. F. Geldner, *Der Rig-Veda*, I-III (Cambridge, Mass., 1951)。

關於吠陀宗教的詮釋的歷史，見 L. Renou, *Religions of Ancient India* (London, 1953), pp.7 sq.; A. Bergaingne, *La religion védique d'après les hymnes du Rigvéda*, I-III (Paris, 1878-97); *The Religion of the Veda* (New York, 1908); A. A. Macdonell, *Vedic Mythology* (Strasbourg, 1897); H. Oldenberg, *La religion du Véda*, 1903; A. Hillebrandt, *Vedische Mythologie* (Breslau, 1929); A. B. Keith, *The Religion and Philosophy of the Veda and Upanishads*, I-II (Cam-

bridge, Mass., 1925); G. Fussman, "Pour une problématique des religions indi-
ennes anciennes," JA, 265, 1977, pp.21-70。

Louis Renou 簡述吠陀宗教的歷史，見氏著 *Religions of Ancient India*,
pp.1-45; id., *L'Inde classique*, pp. 314-72; *Le destin du Véda dans l'Inde*(= *Etudes
v'ediques*, VI, 1960)。

最近的作品，有豐富的參考文獻，見 J. Gonda, *Les religions de l'Inde, I:
Védisme et hindouisme ancien* (trad. Fr. Payot, 1962)。亦見 J. Gonda, *The Vi-
sion of the Vedic Poets* (La Haye, 1965); ibid., Loka: World and Heaven in the
Veda (Amsterdam, 1966); P. Horsch, *Die vedische Gāthā-und Sloka-Literatur*
(Bern, 1966)。

65. 關於吠陀時期的天神和阿修羅，T. Segerstedt, "Les Asuras dans la re-
ligion védique," RHR, 55, 1908, pp.157-203, 293-316 值得一讀；但是其主要
命題（認為阿修羅代表印度原住民）則有爭議。亦見 P. von Bradke, *Dyāus
Asura, Ahura Mazdā, und die Asuras* (Halle, 1885)。von Bradke 說，asura 這
個名詞在《梨俱吠陀》出現了 71 次（51 次單數、4 次是雙數、10 次是複
數），在 10 次的複數名詞裡，有 8 次是和天神為敵的意思。而在單數名詞
裡，只有 4 次有敵對的意思（von Bradke, p.22）。亦見 Herman Güntert, *Der
arische Weltkönig und Heiland* (Halle, 1923), pp.101 sq.。

天神和阿修羅爭奪世界統治權的戰爭細節，最早是在《梵書》裡出
現，見 Sylvain Levi, *La doctrin du sacrifice dans les Brāhmanas* (Paris, 1898),
pp.27-61。

關於天神和阿修羅的衝突的宇宙創造意義，見 F. B. J. Kuiper, "Basic
Concept of Vedic Religion," HR, 15, 1975, pp.107-20。關於婆樓那和烏里特
那的同化，見 Bergaigne, *Rel. védique*, III, pp. 113, 128, 147。關於天神和阿
修羅的形上學詮釋，見 A. K. Coomaraswamy, "Angel and Titan: An Essay in
Vedic Ontology," JAOS, 55, 1935, pp.373-419。

66. 關於婆樓那的研究文獻，見 Eliade, *Traité d'histoire des religions* , pp. (441) 68 sq., 108; id., *Images et Symboles* (1952), pp. 124-130; G. Dumézil, *Mitra-Varuṇa* (1948), spéc. pp.83 sq., 116 sq.; J. Gonda, Les religions de l'Inde, I, pp. 93-106; H. Lüders, *Varuṇa* (Göttingen, 1951-59). spéc. *II: Varuṇa und das Ṛta*。關於「利陀」（rta），見 J. Gonda, *Les religions de l'Inde*, IV, p.98, n.3。在倫理的層面上，rta 和 anrta（混亂、錯誤）相反，而在宇宙的層面上，則是和 nirrti（解體）相反。亦見 H. de Glasenapp, *La philosophie indienne* (Paris, 1951), p.33。

關於婆樓那在因陀羅普及之前的「退位」，見 L. Renou, *Religions of Ancient India*, pp.20 sq.。

關於吠陀時期的「幻力」（māyā），見 G. Dumézil, "Ordre, fantaisie, changement dans les pensées archaïques de l'Inde et de Rome" (*Rev. Études Latines*, 32, 1954, 139-62, pp.142-50（有許多考證）; Add J. Gonda, *Four Studies in the Language of the Veda* (La Haye, 1959), pp.119-94; Gonda, *Change and Continuity in Indian Religion* (1965), pp. 164-97; A. Bergaigne, *Le religion védique*, III, pp. 80 sq.（研究其他擁有幻力的神：阿耆尼、蘇摩、特瓦西德里）; Eliade, *Images et Symboles*, pp. 130 sq.。

關於「法」（dharma）的神話起源，見 Paul Horsh, "Vom Schöpfungsmythos zum Weltgesetz," *Asiatische Studien*, 21, 1967, pp.31-61。

關於婆樓那和烏里特那的結構性縮結，見 *Images et Symboles*, pp. 128 sq.; *Méphistophélès et l'Androgyne*, pp.111 sq.; A. Coomaraswamy, "Angel and Titan: An Essay in Vedic Ontology," JAOS, 55, 1935, pp.373-419。Kuiper 證明，在《梨俱吠陀》裡，婆樓那以宇宙之軸支撐天地，他的作用類似後來的巨蛇（Śeṣa）; 見 IIJ 8, 1964, pp.108, 116, 118。關於婆樓那和《摩訶婆羅多》裡的巨蛇的同化，見 Gösta Johnsen, "Varuṇa and Dhrtarāstra," IIJ, 9, 1966, pp.245-65, 260-61。

67. 關於婆樓那的衝突性格，見 L. Renou, "L'ambiguïté du vocabulaire du

Rgveda," JA, 231, 1939, pp.161-235; Renou, *Religions of Ancient India*, pp. 20 sq.。關於蘇摩的衝突性格,見 Eliade, Méphistophélès et l'Androgyne, pp. 110。另見第 68 節,因陀羅婆樓那的「繁殖」性格。

關於密特拉,見 H. Güntert, *Der arische Weltkönig und Heiland* (Halle, 1923), pp.49 sq., 120 sq.; G. Dumézil, Mitra-Varuṇa, pp. 79 sq.,(bibl.); J. Gonda, Les religions de l'Inde, I, pp.103 sq.(bibli.); Gonda, The Vedic God Mitra (Leiden, 1972)。

關於雅利安門,見 P.Thieme, *Der Fremdling im Ṛg Veda* (1938); Thieme, "Mitra and Aryaman," Transactions of the Connecticut Academy of Arts and Sciences, 41, 1957, pp.1-96; G. Dumézil: *Le troisième souverain: Essai sur le dieu indo-iranie Aryaman* (Paris, 1949); *Les dieux des Indo-Européens* (1952), pp. 40-59; *L'idéologie tripartie des Indo-Européens* (Bruxelles, 1958), pp.68, 108-18。

(442) 關於阿提緻和阿迭多,見 G. Dumèzil, *Déesses latines et mythes védiques* (1956), pp. 90 sq.; J. Gonda, *Some Observations on the Relations between " Gods" and "Powers" in the Veda* (La Haye, 1957), pp. 76 sq.; Gonda, *Les religions de l'Inde*, I, pp.104 sq. (bibl.)。

68. 關於因陀羅的概述,見 J. Gonda, *Les religions de l'Inde*, I, pp. 70-81; H. Lommel, *Der arische Kriegsgott* (Frankfurt, a. M., 1939); G. Dumézil, *Heur et malheur du guerrier* (1969), pp.63 sq., pp.112 sq.; E. Benveniste et L. Renou, *Vṛtra et Vṛthragna, étude de mythologie indo-iranienne* (1934)。

關於因陀羅的宇宙創造的角色,見 Norman W. Brown, "The Creation Myth of the Rig Veda," JAOS, 62, 1942, pp.85-98; Eliade, *Le Mythe de l'éternel retour*, pp. 40 sq.; Stella Kramrisch, "The Triple Structure of Creation in the Rg Veda" (HR, 2, 1960, pp.140-75, 256-85), pp. 140-48; F. B. J. Kuiper, "Cosmogony and Conception: A Query" (HR, 10, 1970, pp.91-138), spéc. pp. 98-110。

關於神族戰士和巨龍的戰爭,見 Eliade, *Le Mythe de l'éternel retour*, pp.

68 sq.; Theodor H. Gaster, Thespis (New York, 1950), p.141 sq.; J. Fontenrose, *Python* (Berkeley and Los Angeles, 1959); F. R. Schröder, "Indra, Thor, und Herakles," *Zeitschrift für deutsche Philologie*, 76, 1957, pp.1-41; V. Ivanov et V. Toporov, "Le mythe indo européen du dieu de l'orage poursuivant le serpent: Reconstruciton du schéma" *Exchange et communication: Mélanges C. Lévi-Strauss* (Paris, 1969)。

關於因陀羅烏里特那的戰爭的典型功能，見 F. B. J. Kuiper, "The Ancient Aryan Verbal Contest," IIJ, 4, 1960, pp.217-81。關於馬爾殊，見 Stig Wikander, *Der arische Männerbund* (Lund, 1938), pp. 75 sq.。關於因陀羅的「多產」層面，見 J. J. Meyer, *Trilogie altindischer Mächte und Feste der Vegetation* (Zurich, 1937), spéc. III, pp. 154 sq.; J. Gonda, "The Indra Festival according to the Atharvavedins," JAOS, 87, 1967, pp.413-29。

我們沒有提到因陀羅和三頭怪物（特瓦西德里的兒子）或和納穆西（Namuci）的對立的類似神話。Dumézil 在羅馬、希臘和斯堪地那維亞發現類似的場景。見氏著 *Heur et malheur du guerrier*, pp. 33 sq., 63 sq.。因陀羅和烏里特那的典型戰爭後來有了新的詮釋，雖然仍然不出吠陀時期衝突且兩極的神性的概念。戰神成為巨龍的「兄弟」，因為巨龍是特亞西德里（因陀羅的父親）所創造的。神話説，特瓦西德里沒有邀請他參加蘇摩酒祭。但是因陀羅潛入祭典，用武力奪走蘇摩酒。他的父親怒不可遏，把剩下的蘇摩酒投入火中，叫道：「長大吧，你要成為因陀羅的敵人！」烏里特那於是誕生了（Taitt. Sām. 2.4.12, 5.1 sq.; Kauśítaki Br. 15.2-3）。但是烏里特那隨後吞噬了阿耆尼和蘇摩，其他諸神望風而逃。特瓦西德里警覺事態嚴重，賜給因陀羅閃電，使他打敗烏里特那。《百段梵書》（1.6.3）有詳細的描繪：潰敗的烏里特那對因陀羅說：「請不要殺我，因為現在的你就是過去的我。」

這個神話及其注釋，透露了神的歷史比較不為人知的層面。我們幾乎 (443) 可以説這是神族的「祕史」，只有入會者才能知道，因為他們了解傳説和教義。這個吠陀的祕史，一方面洩漏了天神和阿修羅的血緣關係，因為他

們都源自相同的世界原理；另一方面也透顯了深層神性的對立的統一（co-incidentia oppositorum），他們既仁慈又殘暴（有時候是同時具有這衝突的性格）、既是創造性的又是毀滅性的、既是太陽神也是蛇怪（也就是顯現和潛藏）。我們可以看到印度宗教努力要找尋單一的原理去解釋世界，發現解消衝突對立的立足點。（Eliade, *Méphistophélès et l'Androgyne*, p. 115）。

關於這個問題，亦見 Conrado Pensa, "Considerazioni sul tema della bi-polarità nelle religioni indiane," *Gururājamañjarikā: Studi in onore di Giuseppe Tucci* (Naples, 1974), pp. 379-409。

69. 阿耆尼讚歌的翻譯見 L. Renou, *Études védiques et pāniniennes*, 12-14 (Paris, 1964-65)。關於阿耆尼，可以參考 Bergaigne、Oldenberg、Hillebra-ndt、A. B. Keith、Macdonell（Vedic Mythology）以及 Gonda 等人的作品。

關於家火的神聖性的印歐民族觀念，見 Schrader-Nehring, *Reallexicon*, I, pp. 495 sq.; II, pp. 239 sq., 475 sq.。

關於印歐民族的聖火儀式，見 Stig Wikander, *Feuerpriester in Kleinasien und Iran* (Lund, 1946)。

關於阿耆尼的「慾火」，特別是後吠陀時期，見 Wendy Doniger O'Fla-herty, *Asceticism and Eroticism in the Mythology of Śiva* (Oxford, 1973), pp. 90-110。

70. 酒神蘇摩讚歌的翻譯，見 L. Renou, Études védiques et pāniniennes, VIII, IX (Paris, 1961)。亦見 S. S. Bhawe, *The Soma-Hymns of the Ṛgveda*, I-II (Baroda, 1957-60)。從《梨俱吠陀》到近代研究，關於蘇摩的所有資料，見 Hillebrandt, *Vedische Mythologie* (2e éd., vol.I), pp.193-498; Wendy Doniger O'Flaherty, "The Post-Vedic History of the Soma Plant," in R. Gordon Wasson, *Soma: Divine Mushroom of Immortality* (New York, 1968), pp. 95-147。Was-son 試圖證明 soma 即是 Amanita muscaria（蕈類植物）。見 F. B. J. Kuiper,

IIJ, 12, 1970, pp.279-85 的評論，以及 Wasson 的回答 ibid., pp.286-98。亦見 John Brough, "Soma and Amanita muscaria," *BSOAS*, 34, 1971, pp.331-62 的 批評，以及 Paul Demiéville, *T'oung-Pao*, 56, 1970, pp.298-302（關於蘇摩在 佛教之前傳入中國的資料）。

關於蘇摩神，見 Bergaigne、Oldenberg、A. B. Keith、Gonda 的相關論 (444) 文。亦見 N. J. Shende, "Soma in the Brāhmanas of the Rgveda," *JAS*, Bombay, 38, 1963, pp.122 sq.; J. Gonda, "Soma, amrta and the Moon," in *Change and Continuity in Indian Religion* (La Haye, 1965), pp. 38-70。

關於蘇摩酒的盜取，見 David M. Knipe, "The Heroic Theft: Myths from Rg Veda IV and the Ancient Near East" (*HR*, 6, 1967, pp.328-60)，有許多參考 文獻。亦見 Ulrich Schneider, *Der Somaraub des Manu: Mythus und Ritual* (Wiesbaden, 1971)。

關於印歐民族的蘇摩和豪麻酒的祈禱文的共同性質，見 V. Henri, "Es-quisse d'une liturgie indo-iranienne," in Calad, *Agnistoma* (1907), pp.469 sq.; J. Duchesne-Guillemin, *La religion de l'Iran ancien* (1962), pp.95 sq.; Duchesene-Guillemin, *Symbols and Values in Zoroastrianism* (New York, 1996), pp. 84 sq.。

A. E. Jensen 比較蘇摩在儀式裡被其他神殺死以及德瑪（Dema）被他 的同伴肢解（主要是宇宙創造的獻祭），見氏著 *Myth and Cult among Primitive Peoples* (Chicago, 1963), pp.175 sq.。

71. 關於烏舍，見 L. Renou, *Études védiques et pāniniennes, III: Les hymnes à l'Aurore du Rgveda* (Paris, 1957); A. K. Coomaraswamy, *The Darker Side of Dawn, Smithsonian Miscellaneous Collections*, 94, Nr.1, Washington, 1935, pp. 4 sq.; G. Montesi, "Il valore cosmico dell'Aurora nel pensiero mitolgoico del Rig-Veda," SMSR 24-25, 1955, pp.111-32。

關於伐由，見 Stig Wikander, *Vayu* (Uppsala and Leipzig, 1941)。

關於蘇利耶和阿須雲，見 D. P. Pandey, *Sūrya* (Thesis, Leiden, 1939);

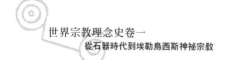
Gonda, *Rel. del'Inde*, I, pp.116 sq.。

關於魯特羅，見 E, Arbman, *Rudra* (Uppsala, 1922); J. W. Hauer, *Glaubensgeschichte der Indo-Germanen*, I, pp.174-298; W. Wust, *Rudra* (München, 1955); Gonda, *Rel. de l'inde*, I, pp.106-12; Gonda, *Viṣṇuism and Śivaism: A Comparison* (London, 1920), pp.1-17。

關於吠陀時期的毘濕奴，見 J. Gonda, *Aspects of Early Viṣṇuism* (Utrecht, 1954); Gonda, *Rel. de l'Inde*, vol. 1, pp. 112 sq.; F. B. J. Kuiper, "The Three Strides of Viṣṇu," *Indological Studies in Honor of W. Norman Brown* (New Haven, 1962), pp. 137-51。Dumézil 在 "Viṣṇu et les Maruts à travers la réforme zoroastrienne" (JA, 241, 1953, pp.1-25) 裡，比較毘濕奴和伊朗的拉什努（Rašnu）、馬爾殊和守護天使（Fravashis）的對應性。關於雅利安門，見 Dumézil, *Le trisième souverain* (Paris, 1949)。

72. 關於吠陀儀式的簡介，見 L. Renou et J. Filliozat, *L'Inde classique* (1949), I, pp.345-72。更詳細的闡述，見 A. Bergaigne, *La religion*, I, pp. 121 sq.; A. B. Keith, *Religion and Philosophy of the Veda* (1925), I, pp. 252-379; J. Gonda, Les religions de l'Inde (1962), I, pp. 129-209。Albert Hillebrandt, *Ritualliteratur* (Strasbourg, 1897) 是必讀的作品。亦見 K. R. Potdar, *Sacrifice in the Rig-Veda* (Bombay, 1953); R. N. Dandekar éd., *Śrautokoṣa: Encyclopedia of Vedic Sacrificial Ritual* (Poona, 1962); Ganesh Umakant Thite, *Sacrifice in the Brāhmaṇa Texts* (Poona, 1975); Madeleine Biardeau et Charles Malamoud, *Le sacrifice dans l'Inde ancienne* (Paris, 1976)。關於蘇摩祭，見 W. Caland et V. Henry, *L'Agnistoma*, I-II (Paris, 1906-7)。關於動物祭，見 E. Mayrhofer et Passler, "Haustieropfer bei den Indo-iraniern und den anderen indogermanischen Völkern," Ar Or, 21, 1953, pp.182-205。

(445)

關於奉乳祭，見 J. A. B. van Buitenen, *Pravargya, an Ancient Indian Iconic Ritual* (Poona, 1968)。

關於現代印度教的入法禮，見 J. Gonda, *Change and Continuity*, pp.264

sq., 459 sq.。

　　H. S. Converse 比較火壇祭儀式和原住民的紅黑陶文化（火壇以 10800 塊磚頭築成，而吠陀時期的雅利安族卻不使用磚塊、烹煮的技術、以及阿修羅的「東方」意含），認為火壇祭源自非雅利安族。見氏著 "The agnicayana Rite: Indigenous Origin?" *HR*, 14, 1974, pp.81-95。

　　家火（grhya）早在印度教的儀式結構裡便已經存在：其「吠陀」特色則只是表面性的（L. Renou, *Religions of Ancient India*, p. 39）。

　　關於謝禮（daksinas），見 J. C. Heesterman, "Reflections on the Significance of the daksina," *IIJ*, 3, 1959, pp.241-58。Heersterman 認為，「謝禮是儀式裡的宇宙循環過程的物質表現。」亦見 J. Gonda, "Gifts and Giving in the Ṛgveda," *Vishvesh Varanand Indological Journa*l, 2, 1964, pp.21-30。關於伊朗的類似儀式，見 H. Lommel, "Zarathustras Priesterlohn," in *Festschrift für Willibald Kirfel* (Bonn, 1955), pp. 187-96。

73.　關於「馬祠」（aśvamedha），見 P. E. Dumont, *L'Aśvamedha: Description du sacrifice solennel du cheval dans le culte védique* (Paris, 1927); J. Gonda, *Les rel. de l'Inde*, I, pp. 203 sq.; Gonda, *Ancient Indian Kingship from the Religious Point of View* (Leiden, 1966); C. D. d'Onofrio, "Le 'nozze sacre' della regina col cavallo," SMSR, 24-25, 1953-54, pp.133-62, spe'c. 153 sq.。

　　關於印歐民族的馬祭，見 W. Koppers, "Pferdeopfer und Pferdekult der Indo-Germanen" (*Wiener Beiträge zur Kulturgeschichte und Linguistik*, 4, 1936, pp.279-409); Jaan Puhvel, "Aspects of Equine Functionality" (*Myth and Law among the Indo-Europeans* , pp.159-172)。

　　關於人祠（puruṣamedha），見 W. Kirfel, *Der Aśvamedha und der Puruṣamedha* (Festschrift W. Schumbring Hamburg, 1951), pp.39-50; James L. Sauvé, "The Divine Victim; Aspects of Human Sacrifice in Viking Scandinavia and Vedic India" (*Myth and Law among the Indo-Europeans* , pp.173-191)。

74. 關於第庫夏（diksa）的入會禮象徵，見 Eliade, *Naissances mystiques*, pp. 113 sq.。

儀式的描述見 A. Hillebrandt, Ritualliteratur, pp.157 sq.; A. B. Keith, The *Religion and Philosophy of the Veda and Upanishads*, I, pp.300 sq.。J. Gonda 詳細分析從吠陀時期到現代印度教的第庫夏。見氏著 *Change and Continuity in Indian Religion* (La Haye, 1965), pp.315-462。

(446) 關於即位禮（rajasuya），見 A. Hillebrandt, *Ritualliteratur*, pp.143 sq.; A. B. Keith, *Rel. and Phil.*, I, pp. 340 sq.; P. V. Kane, *History of Dharmaśāstra* (Poona, 1941), II, pp. 1214 sq.; J. Gonda, *Ancient Indian Kingship from the Religious Point of View*, pp. 79 sq.; J. C. Heesterman, *The Ancient Indian Royal Consecration* (La Haye, 1957)。在原史時代，即位禮可能每年舉行來慶祝宇宙的重生。其結構類似印度的季節祭典（utsava）。古代的人民可能扮演重要的角色。

Ananda Coomaraswamy, "Atmayajña: Self-Sacrifice," *HJAS*, 6, 1942, pp. 358-98。

75. 在印度，宇宙創造的潛水的神話還保有其古代面貌，是大神潛入原水取回泥土。在《梵書》的主角則是生主，他化身為野豬潛入水裡。在《羅摩衍那》，角色轉換為梵天，在《毘濕奴往世書》裡，野豬是梵天毘濕奴，在《薄伽梵往世書》裡，則是毘濕奴的了達（avatāra）（Eliade, *De Zalmoxis*, pp. 117-118)。但是直到《往世書》和史詩時期，這個宇宙創造的神化才廣為流傳。裡面可能有雅利安人之前的元素，可能是蒙達族（Munda）或是其始祖。（*De Zalmoxis*, pp. 119 sq.）

關於印度宇宙創造的神話有非常多的文獻，見 Norman W. Brown, "The Creation Myth of the Rig Veda," *JAOS*, 62, 1942, pp.85-98; Stella Kramrisch, "The Triple Structure of Creation in the Rig Veda," *HR*, 2, 1962-63, pp.140-75, 256-91; F. B. J. Kuiper, "Cosmogony and Conception: A Query," *HR*, 10, 1970, pp.91-138; Hans Penner, "Cosmogony as Myth in the Vishnu Pur'ana," *HR*, 5,

1966, pp.283-99。梵文文獻的翻譯和注釋，見 Anne Marie Esnoul, *La naissance du monde* (Paris, 1959), pp. 331-65。

「takṣ」（木匠）這個字根，關於宇宙創造的計畫，見 L. Renou, *Études sur le vocabulaire du Ṛgveda. Première série* (Pondicherry, 1958), pp. 23 sq.。

關於〈原人歌〉，見 W. Norman Brown, "The Sources and Nature of puruṣa in the Puruṣasūkta," *JAOS*, 51, 1931, pp.108-18; Ananda K. Coomaraswamy, "Ṛgveda 10, 90, 1:aty atiṣṭhad daśāngulam," *JAOS*, 66, 1946, pp.145-61; A. W. Macdonald, "Apropos de Prajāpati," *JA*, 240, 1953, pp.323-38; Paul Mus, "Où finit Puruṣa?" (*Mélanges d'Indianisme à la mémoire de Louis Renou*, Paris, 1968, pp. 539-63)。

關於作為典型的〈原人歌〉，見 J. Gonda, *Viṣṇuism and Śivaism* (London, 1970), p.27。

關於印歐民族的類比，見 Güntert, *Der arische Weltkönig und Heiland* (Halle, 1923), pp. 315-43; F. R. Schröder, "Germanische Schöpfungsmythen" (*Germanisch-Romanisch Monatsschrift*, 19, 1931, pp.1-26, 81-99); Bruce Lincoln, "The Indo-European Myth of Creation," HR, 15, 1975, pp.121-45。

關於吠陀諸神的誕生和得到永生，見 A. B. Keith, *Religion and Philosophy*, pp. 82 sq.。比較的研究，見 G. Dumézil, *Le Festin d'immortalité* (Paris, 1924)。 (447)

關於人類的起源和祖先的神話，見 Arthur Christensen, *Les types du premier homme et du premier roi dans l'histoire légendair des Iraniens*, I-II (1917, 1934); G. Dumézil, *Mythe et Epopée* (1971), II, pp. 234 sq.; O. Höfler, "Abstammungstraditionen," *Reallexicon der germanischen Altertumskunde*, I, pp. 18-29。

在印度，為了靈魂的「不死」而放棄軀體的不朽，也會影響到神人之間的關係；根據某些傳說，太初的時候，神以肉體形式降臨人間（*Taittiriya Samhita* 3.5.2; *Kathaka Sam*. 37.17; *Pancavimsa* Br.15.5.24）。

76. 　根據其他傳說，生主是 tapas 所生：最初，無（asat）成為意識（manas）；開始發熱（atāpyata），意識生出煙、光、火，最後是生主（*Taitt, Br.* 2.2.9.1-10）。在《百段梵書》（11.1.6.1）裡，原水象徵著無。

　在《梨俱吠陀》（10.61.7）裡提到，天神和他的女兒黎明女神通姦。在《梵書》裡，生主染指他的女兒（*Śat, Br.* 1.7.4）。他化身為雄鹿接近她（*Aitt. Br.* 3.33.34）；甚至想佔有她，但是諸神阻止他，生主的精液流到地上，創造了湖泊（Aitt. Br. 13.1-10）。關於這個神話主題的重要性，見 Wendy D. O'Flaherty, "Asceticism and Sexuality in the Mythology of Śiva, Part II," *HR* 9 (1969), pp.9 sq.。

　生主在創造世界後的「油盡燈竭」和「筋骨欲裂」，可以和東南歐的創造神話比較，神在創造世界後也是「筋疲力竭」，見 Eliade, *De Zalmoxis à Gengis Khan*, pp.92 sq.。

　關於生主，見 Sukumari Bhattacharji, *The Indian Theogony* (Cambridge, 1970), pp. 322 sq.; Gonda, *Les religions de l'Inde*, I, pp.227 sq.。關於神話的比教分析，見 A. W. Macdonald, "A propos de Prajāpati," *JA*, 240, 1952, pp. 323-38。

　關於《梵書》時期的獻祭，見 Sylvain *Levi, La doctrine du sacrifice dans les Brāhmanas* (1898)。亦見 A. K. Coomaraswamy, *Hinduism and Buddhism* (New York, 1943), pp.19 sq.。

77. 　關於梵天，見 L. Renou et L. Silburn, "Sur la notion du brāhman," *JA*, 237, 1949, pp.7-46; Eliade, *Le Yoga*, p.376 (bibl.); L. Renou, "Le passage des Brāhmana aux Upanisad," *JAOS*, 73, 1953, pp.138-44 (bibl.); Lilian Silburn, *Instant et cause* (Paris, 1955), pp.50 sq. (bibl.); J. Gonda, *Notes on Brahman* (Ultrecht, 1950); Gonda, *Les religions de l'Inde*, I, pp. 45 sq., 237 sq.; G. Tucci, *Storia della filosofia indiana* (Bari, 1957), pp.279 sq.。

　關於印度思想史裡的「梵」的觀念，見 Surendranath Dasgupta、S. Radhakrishnan、E. Frauenwalder 等人的著作，亦見 Karl H. Potter, *Bibliography *of Indian Philosophies* (Delhi, Patna, Varanasi, 1970)。

關於森林書,見 A. B. Keith, *Religion and Philosophy,* pp. 490 sq.; J. N. Farquahar, *An Outline of the Religious Literature of India* (Oxford, 1920), pp. 30 sq.; J. van Buitenen, "Vedic and Upanishadic Bases of Indian Civilization," in J. W. Elder, ed., *Chapters in Indian Civilization* (Dubuque, Iowa, 1970), I, pp.6 sq.。

78. 關於 tapas,見 Eliade, *Le Yoga,* pp. 113-118, p.377 (bibl.); Chauncey Y. Blair, *Heat in the Rig Veda and Atharva Veda* (New Haven, 1961); D. J. Hoens, *Sānti: A Contribution to Ancient Indian Religious Terminology* (La Haye, 1951); Eliade, *Le Chamanisme*, p. 323; J. Gonda, *Les Religions de l'Inde*, I, pp. 223 sq., 309 sq., 338 sq. (bibl.); W. D. O'Flaherty, *Asceticism and Eroticism in the Mythology of Śiva* (London, 1973), pp. 40 sq.。

79. 關於長髮(keśin)苦行(muni),見 Eliade, *Le Yoga,* pp. 110 sq.; Gonda, *Religions*, I, pp. 223 sq.; W. Wust, *múni* (PHMA: *Mitteilungen zur indogermanische, vornehmilich indo-iranische Wortkunde*, Heft 7, München, 1961, pp. 24-65)。

關於「浮浪者」(vratyas),見 J. W. Hauer, *Der Vrātya: Untersuchungen über die nichtbrahmanische Religion altindien* (Stuttgart, 1927); Eliade, Le Yoga, pp. 112-113 sq.; W. Wust, vratā-, op.cit., pp. 66-73。Hauer 認為,「浮浪者」是個兄弟會,有神祕的入會禮,屬於雅利安人的前衛。根據 J. C. Heesterman,「浮浪者」的祭典是後來的天啟祭的前身,見氏著 "Vrātya and Sacrifice," IIJ, 6, 1962-63, pp.1-37。

關於古代和中世紀印度的苦行,見 David N. Lorenzen, The Kāpālikas and Kālāmukhas (Berkeley-Los Angeles, 1972), pp. 187 sq.。

80. 許多奧義書已翻譯成法文,見 Jean Varenne, *Le Veda*, I, pp.37-38。特

別是 Emile Senart (*Bṛhadāranyaka*, 1930; *Chāndogya*, 1934); Louis Renou (*Katha, Kena, Isa, Kausītaki*); J. Maury (*Muṇḍaka*); E. Lesimple (*Māṇḍukya, Taittirīya*); L. Silburn (*Aitareya, Śvetāśvatara*); J. Bousquet (*Praśna*); A. M. Esnoul (*Maitri*); B. Tubini (*Brahmabindu, Kaivalya*, etc.); J. Varenne (*Ganapati, Mahānārāyana, Prānāgnihotra*)。J. Varenne, *Le Véda*, II, pp. 614-704 是不錯的選集。另見氏著 *Les Upanishads du Yoga*, (Paris, 1971)。

(449)　　　書評書目，見 Eliade, *Le Yoga*, pp. 379-380; J. Gonda, *Les religions de l'Inde*, I, pp. 232, 239。R. D. Ranade, *A Constructive Survey of Upanishadic Philosophy* (Poona, 1926); H. Oldenberg, *Die Lehre der Upanishaden und die Anfänge des Buddhismus* (Göttingen, 1915); S. N. Dasgupta, *Indian Idealism* (Cambridge, 1933), pp.20 sq.; Walter Ruben, *Die Philosophen der Upanishaden* (Bern, 1947); J. Gonda, *Les religions de l'Inde*, I, pp. 239 sq.。

　　　《奧義書》被認為是四吠陀的附錄；是「天啟」（śruti）的部分。的確，在《梨俱吠陀》裡，「知識」已經有巫術和宗教的價值。在《梵書》裡，獻祭的「科學」可以使人獲得永生：諸神的世界「只屬於那些知道的人」（Śat. Br. 10.5.4.16）。但是在《奧義書》裡，獻祭的「科學」被「關於梵的知識」所取代。因為「獻祭就像是漂流在汪洋中的船，隨時都會沉下去。」（Muṇḍaka Up. 1.2.7）

81.　　吠陀時期和梵書時期關於死後的彼岸存在的觀念非常複雜且紊亂。著名的蘇摩酒讚歌（RV 9.113）透露靈魂渴望到那「永恆光照的地方，太陽仍然居其所……，有耶摩……，有蒼穹……，有永遠年輕的河流，使我在那裡得到永生。」天空之旅、天地間的橋樑、橋前守衛的兩隻狗、靈魂的問答，這些都是古代印度和伊朗的普遍主題；可能回溯到印度和伊朗的共同祖先（見第111節）。耶摩統治的地底世界，是罪人要去的地方。「這些世界的名字是『沒有太陽的地方』，四處漆黑，那些曾殺害他們的靈魂的人，在死後會到那裡去。」（Isa Up. 1.3）。從《百段梵書》開始，就有各種折磨的描述。漸漸地，21層地獄的描繪變得很戲劇化。罪人被野獸和

蛇吞噬、被火炙、被鋸子肢解、上刀山下油鍋、又飢又渴、在熾熱的鐵砧上炮烙。但是即使經歷過這些刑罰，罪人的苦難還沒有過去：他們必須轉世為畜生，忍受輪迴之苦。

有地獄就有天堂。《摩訶婆羅多》和《羅摩衍那》這兩部史詩，以及《往世書》，特別描述五個天神的五重天。依序是因陀羅天，有女舞者和樂手；濕婆天，有神及其眷屬；毘濕奴天，有黃金嚴飾和蓮花池；克里希那天，有女舞者和信徒，最後是梵天，靈魂享受天界悅樂。文字間充滿了 (450) 黃金宮殿和寶石、天堂花園、天女的歌舞和樂器。這些印度教的主題也被佛教延續。

在《梵書》裡開始有「新的死亡」（punarmṛtyu）的觀念，也就是「二次死亡」，那是最後的死亡，等待著那些還沒有完成某些獻祭的靈魂。然而，業的觀念最後和這「二次死亡」同化，而以轉世的方式回到人間。根據《奧義書》，死者的靈魂從「亡魂之路」（pitryāna）或「月亮之路」離開。到了月亮以後，靈魂會接受類似入會禮的問話；回答不出來的必須回到人間去。「知道答案的人」可以取道「諸神之路」（devayāna），也叫作「太陽之路」。《科西陀格梵書》（1.2-7）詳細地描述如下：靈魂從諸神的世界前往梵天的世界，他們會遭遇到各種入會禮的考驗。梵天問他：「你是誰？」他必須回答說：「你是誰，我就是誰。」梵天會接著問他：「那麼我是誰？」靈魂必須回答說：「真理。」（1.6）最後梵天會說：「我的國以後就是你的國。」（1.7）簡言之，第一條路是輪迴之路，第二條路是通往諸神世界之路。但是要到彼岸的梵天世界，靈魂必須通過入會禮式的考驗。換言之，死後有三個可能：一、靈魂回到世間輪迴；二、往生諸神天堂世界；三、和梵天合而為一。《奧義書》的作者認為，天堂也不是永恆的，時間到了，靈魂還是得回到人間輪迴。因此真正的解脫道是死後和梵天合而為一，這只有透過神祕知識和冥想才能達到。

關於「內在之光」，見 Eliade, *Méphistophélès et l'Androgyne*, pp. 27 sq.; Eliade, "Spirit, Light and Seed," HR, 11, 1971, pp.1-30, spéc. pp.3-16; J. Gonda, *The Vision of the Vedic Poets* (1963), pp. 268 sq.。

82. 　關於梵的兩種模式，見 H. de Glasenapp, *La philosophie indienne* (Paris, 1951), pp. 131 sq.。

　　梵天的「身體」（會死的）和「非身體」（不朽的）吊詭，延續了吠陀時期諸神的矛盾神性以及對立的統一，在印度思想裡，這是神的特性。見第 68 節注釋。

　　關於宇宙的「神劇」，見 Ananda K. Coomaraswamy, "Līl'a", JAOS, 1941, pp.98-101。

83. 　關於希臘宗教的歷史研究和詮釋學分析，是歐洲文化史裡最動人的篇章。我們無法在有限的篇幅裡摘述各種不同的詮釋，從 19 世紀中葉的 K. O. Müller 或 F. G. Welcker，到最進的 Brelich、Burkert、Vernant 和 Detienne，因此我們只援舉基本的參考書目。首先要提到的是總論的作品，見 (451) Gilbert Murray, *The Five Stages of Greek Religion* (1925); M. P. Nilsson, *A History of Greek Religion* (1925; 1949); L. Gernet et A. Boulanger, *Le génie grec dans la religion* (1932); O. Kern, *Die Religion der Griechen*, I-III (1926-38); W. K. C. Guthrie, *The Greeks and Their Gods* (1950); R. Pettazzoni, *La religion dans la Grèce antique* (Paris, 1953)（推薦閱讀）; J. E. Harrison, *Prolegomena to the Study of Greek Religion* (Cambridge, 1903; 1992); H. J. Rose, *A Handbook of Greek Mythology* (London, 1928; 1950); Walter Otto, *Die Götter Griechenlands* (Frankfurt, 1928)（對於希臘神話有極為傑出的詮釋和個人的意見）; U. von Wilamowitz-Moellendorf, *Der Glaube der Hellenen*, I-II (Berlin, 1931-32)（介紹德國史學家和語言學家的研究）; M. P. Nilsson, *Geschichte der griechischen Religion, I-II* (München, 1940, 1947, 1950)（集大成的鉅作，有許多考證）; L. R. Farnell, *The Cults of the Greek States*, I-V (Oxford, 1896-1909)（在材料蒐集和分析上很有幫助）; E. R. Dodds, *The Greeks and the Irrational* (Berkeley, 1951)（有受歡迎的作品，反映了我們的時代精神）; Walter Burkert, *Griechische Religion der archaischen und klassischen Epochen*

(Stuttgart, 1977)（最近的總論作品）。

關於宙斯，見 A. B. Cook, Zeus, I-III (Combridge, 1914-40)（是關於宙斯和希臘神話的論文集）; Guthrie, *The Greeks and Their Gods*, pp. 49-81。亦見 M. P. Nilsson, "Vater Zeus," *ARW*, 35, 1938, pp.156-71; Hugh Lloyd-Jones, *The Justice of Zeus* (Berkeley, 1971)。

我們採用的《神譜》版本 M. L. West, *Hesiod's Theogony* (Oxford, 1966)。1940 年以後，經常討論它和古代近東的比較研究，見 Peter Walcott, *Hesiod and the Near East* (Cardiff, 1966)。

是蓋亞建議麗娥在克里特生產的。這兩個女神是大地之母的化身；麗娥（Rhea）在字源上意為「大地」。

克羅諾斯被宙斯逼迫吐出他的兄弟姐妹時，他先是吐出石頭來；宙斯把這些石頭放到德斐，在帕那索斯山下（Pausanias, 10.24.6）。見 West, *Hesiod's Theogony*, p.303。

84. 關於密提斯（Metis）宙斯的第一任妻子，以及她如何被宙斯吞食，見 J. P. Vernant, "Mètis et les mythes de souveraineté," *RHR*, 3, 1971, pp. 29-76。

關於克里特島的宙斯，見 Charles Picard, *Les religions préhelléniques* (Paris, 1948), pp.115 sq.; H. Jeanmaire, *Couroï et Courétes* (Lille, 1939), pp. 427 sq.; Martin P. Nilsson, *The Minoan-Mycenaean Religion and Its Survival in Greek Peligion* (Lund, 1950), pp.55 sq.。West, *Hesiod's Theogony*, pp. 297 sq. 證明這個傳說的古老年代（*Theog.* 477）。 (452)

關於金索，見 Pierre Lévêque, *Aurea Catena Homeri* (Paris, 1959); Eliade, *Méphistophélès et l'Androgyne*, pp. 225 sq.。

我們補充說明在奧林帕斯諸神勝利後殘存的原始諸神。夜之女神獨自生下許多半神，他們的個性不很清楚，多半是抽象概念的人格化：死神、睡神、諷刺之神、災禍之神、年老之神等等（《神譜》21 sq.）。但是奧斐斯的經典說她是大地之母（Kern, *Orph. fragm.*, Nr. 24, 28, 28a, 65, etc.）。

關於尼克斯（Nyx）及其子孫的神話和宗教結構，見 Dario Sabbatucci, *Saggio sul misticismo greco* (Rome, 1965), pp. 95 sq.。

彭多斯（Pontus）和他的母親蓋亞結婚，生下許多子孫，見 L. Séchan and P. Lévêque, Les grandes divinitiés de la Grèce (Paris, 1966), p. 49。

因為史提克斯（Styx）助陣對抗泰坦族，宙斯宣布她是「諸神的偉大誓言」（Theog. 399 sq.）。亦見 Séchan et Lévêque, *Les grandes divinités de la Grèce*, p.64, n.68。

赫卡特（Hecate）是原始時代的女神。宙斯並沒有侵犯這為泰坦族女神的特權（《神譜》423 sq.）。赫卡特後來成為巫術女神，見 Diodorus, *Bibl.* 4.45。

歐奇亞諾斯（Oceanus）是最早的泰坦族，「他從不睡覺，日夜奔馳在大地。」（Aeschylus, *Prometheus* 138 sq.），他和他的妹妹提修斯（Tethys）結婚。但是其中有若干宇宙創造的線索（荷馬和赫西奧德並不知道），根據傳說，歐奇亞諾斯和提修斯分別代表水的兩個原理；簡言之，他們是最早的神族眷屬，是所以諸神和世界的祖先。見 Séchan et Lévêque, pp. 50, 51, 65; Sabbatucci, pp. 110-16; J. P. Vernant, "Thètis et le poème cosmgonique d'Alcman" (*Hommage à Marie Delcourt, Latomus*, 114, 1970, pp.38-69), 有許多參考文獻 (cf. p.38, n.2, 39, n.8 etc.)

85. 關於克羅諾斯的研究文獻，見 Farnell, Cults, V, chap. 3。有些學者（Kern、Pohlenz）認為克羅諾斯和泰坦族是原住民（被雅利安人征服）的神，換言之，奧林帕斯諸神和泰坦族的衝突反映了某個歷史事件。但是東方文明的例證似乎否定了這個假設。

關於赫西奧德的五個年代的神話，見 Arthur O. Lovejoy and George Boas, *Primitivism and Related Ideas in Antiquity* (Baltimore, 1935), pp. 25 sq.。伊朗的類似版本（特別是《元始經》〔*Bundahisn*〕）的翻譯和討論，見 N. Söderblom, ERE, I, pp. 205-19。Ugo Bianchi 比較埃勒烏西斯的黃金族和伊朗的伊瑪神話，他是伐樓第一個的國王，那是個地下的國家，卻光亮無

比。見氏著 "Razza aurea, mito delle cinque razze ed Elisio," *SMSR* 34, 1963, (453)
pp.143-210, 187-89。J. Gwyn Griffith 反對一般學者的意見（例如 H. C. Bal-
dry, "Who Invented the Golden Age?" *Classical Quarterly*, 2, 1952, pp.
83-92），認為這個神話指涉金屬的發現和冶煉的階段，見氏著 "Archaeol-
ogy and Hesiod's Five Ages," *Journal of the History of Ideas*, 17, 1956, pp.
109-19 以及 Baldry 的回答：*Journal of the History of Ideas*, 17, 1956, pp.
553-54。亦見 J. Kerschensteiner, *Platon und der Orient* (Stuttgart, 1945), pp.
161 sq. ("Der Metalmythos"); J. P. Vernant, "Le mythe hésiodique des races: Es-
sai d'analyse structurale," *RHR*, 1960, pp.21-54; Vernant, "Le mythe hésiodique
des races: Sur un essai de mise au point," Revue de Philologie, 1966, pp.
247-76。

關於普羅米修斯，見 E. Vandvick, *The Prometheus of Hesiod and Aeschy-
lus* (Oslo, 1943); Louis Séchan, *Le mythe de Prométhée* (Paris, 1951); Karl Keré-
nyi, *Prometheus: Archetypal Image of Human Existence* (New York, 1963)。

86. 關於希臘的獻祭，見 R. K. Yerkes, *Sacrifice in Greek and Roman Re-
ligions and Early Judaism* (New York, 1952), pp. 88 sq.; Karl Meuli, "Griechis-
che Opferbräuche," *Phyllobolia: Festschrift Peter von der Mühll* (Basel, 1946),
pp. 185-288; Walter Burkert, *Homo Necans* (Berlin, 1972), pp. 8-97。

如 Meuli 所說的，「奧林帕斯的獻祭只是儀式性的殺戮。」（p.223）
他們獻上盛滿水的陶罐和裝著大麥的籃子。與會者用水洗手和噴灑祭物。
然後他們拿開大麥（彷彿他們準備的是素祭），但是在籃子底下有把刀。
在靜默中，主祭的祭司割下祭物前額的毛髮，投入火裡，當他宰殺祭物
時，所有女人都大聲叫喊。流出的血盛在容器裡，放到祭壇上。然而燒烤
帶有油脂的大腿肉，切成小塊。內臟在祭壇上燒烤，當場分食。（Meuli,
pp. 265 sq.; cf. Burkert, *Homo Necans*, pp.10 sq.）

在雅典舉行的 Bouphonia（「屠牛」）慶典，使我們能夠重現血祭的
古代元素。「趁著主人不注意的時候，犁田的公牛衝向統治者宙斯的祭

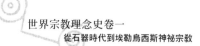
壇，開始大啖祭壇上的供物，那是獻給城市守護神的穀物和麵餅。祭司看到這個褻瀆神明的場景怒不可遏，就抓起斧頭打死公牛。他被自己的動作嚇壞了，這個『殺公牛的人』便逃之夭夭，把凶器留在祭壇上。儀式的第二階段分兩部分進行，在市政廳審判這個案件，判斧頭有罪，放逐到雅典外。在第二部分，整個城市在儀式裡分食這頭牛，但是沾滿麥草的牛皮，則掛在犁上模仿耕田的工作。」（Marcel Detienne, *Les Jardins d'Adonis*, Paris, 1972, p.106。關於參考書目，見 p. 105, n. 2; Burkert, *Homo Necans*, pp. 154-61; U. Pestalozza, "Le origini della Buphonia ateniensi" (1956), pp. 203-23。

這個「無辜的喜劇」（Unschuldskomödie; Meuli, pp. 224 sq.）也出現在西伯利亞的狩獵祭裡（Evelin Lot-Falck, *Les rites de chasse*, Paris, 1953, pp. 170 sq.）。M. Detienne 中肯地詮釋血祭的褻瀆性格：「根據希臘人的想法，以動物獻祭諸神就是灑血的行為，也就是殺戮的行為。對於城市而言，動物祭是個染汙，但這是不得已的事，因為殺死公牛是城市和諸神的力量連繫的根本方式。」（*Les Jardins d'Adonis*, pp. 106-7）

像其他原史民族，希臘人也有殺人祭，儘管理由不同。以動物替代人類獻祭（像伊菲革涅亞〔Iphigenia〕和以撒）也很類似以人象徵動物的獻祭。阿塔瑪斯（Athamas）把他的兒子雷阿庫斯（Learchus）當作「雄鹿」給殺死（Apollodorus, Bibl. 3.4.3）；根據盧奇安（*De dea Syr.* 58），在 Bambyke，當小孩被犧牲時，與會者大叫：「他們是牛犢！」

公羊的獻祭和悲劇的起源的可能關係，見 W. Burkert, "Greek Tragedy and Sacrificial Ritual," *Greek, Roman and Byzantine Studies*, 7, 1966, pp. 87-121。

奧林帕斯諸神的獻祭和陰間諸神以及英雄的獻祭有些不同。見第 95 節。

關於普羅米修斯和丟卡利翁，見 J. Rudhardt, "Les mythes grecs relatifs à l'instauration du sacrifice: Les rôles correlatifs de Prométhée et de son fils Daucalion," *Museum Helveticum*, 27, 1970, pp.1-15。

關於艾斯奇勒斯的《普羅米修斯》三部曲，見 Louis Séchan, *Le mythe de Prométhée*, pp.4 sq.; H. Lloyd-Jones, *The Justice of Zeus*, pp. 95 sq.。

關於人從白楊（桴）樹誕生的神話，見 G. Bonfante, "Microcosmo e macrocosmo nel mito indoeuropeo," *Die Sprache*, 5 (1959): 1-19。

87. 關於 moira 和 aisa，見 W. C. Greene, Moira: Fate, *Good, and Evil in Greek Thought* (Cambridge, Mass., 1944); Ugo Bianchi, *Dios Aisa: Destino, uomini e divinità nell'epos, nelle teogonie e nel culto dei Greci* (Rome, 1953); B. C. Dietrich, *Death, Fate, and the Gods* (London, 1967)。

關於紡織的象徵，見 Eliade, *Traité d'histoire des religions*, §58。關於「紡織」某人的命運和「綁住」他的同義性，見 Eliade, *Images et Symboles*, chap.3。

正義（dike）觀念的歷史，見 Hugh Lloyd-Jones, *The Justice of Zeus* (Berkeley, 1971)，有精闢的分析。因為自 Nilsson 以來，荷馬時代的萬神殿結構被認為和邁錫尼封建制度有關。「正義」就是神的意志。像邁錫尼的國王一樣，諸神也可能是貪婪且殘忍的，雖然他們不致於作出卑鄙的事。唯一不可原諒的事，就是背叛國王或通敵。在荷馬的時代，「正義」似乎意為社會階級的「行為特徵」，而階級的「權利」也落到個人身上。關於邁錫尼王權的結構、歷史和危機，見 J. P. Vernant, *Les origines de la pensée grecque* (Paris, 1962), pp. 13-39。 (455)

關於 themis 和 themistes，見 Lloyd-Jones, *The Justice of Zeus*, pp. 6 sq., 167-68 (bibl.)

關於 hybris 從古代到現代的歷史，見 Robert Payne, *Hubris: A Study of Pride* (London, 1951; rev. ed., New York, 1960)。

88. 關於波塞頓（Poseidon, Posts Das）的字源學，見 Wilamowitz, *Glaube der Hellenen*, I, pp. 212 sq.; P. Kretschmer, *Glotta*, I, 1909, 27 sq.; cf. Cook, Zeus, II, pp. 583 sq.。

亦見 Guthrie, *The Greeks and Their Gods*, pp. 94-99; Louis Séchan et Pierre Lévêque, Les grandes divinités de la Grèce, pp. 99-116。F. Schachermeyr 努力重構波塞頓的歷史：1900 B.C.左右，印歐民族進入希臘，把馬也帶進來，他們發現大地之母，這位女主神旁邊有個男神（paredros）；征服者把他同化為他們的馬神、河川之神、豐收之神、以及冥府之神。波塞頓（大地之母 Da 的丈夫），就是這個妥協的結果。見 Schachermeyr, *Poseidon und die Entstehung des griechischen Götterglaubens* (Berne, 1950)。亦見 Leonard Palmer, *Mycenaeans and Minoans* (London, 1961), pp. 127 sq.; C. Scott Littleton, " Poseidon as a Reflex of the Indo-European 'Source and Waters' God," JIES 1 (1973): 423-40。

Ileana Chirassi 發現邁錫尼文明的波塞頓和奧林帕斯山的神（例如在皮洛斯島顯神的女神波西迪亞〔Posideia〕，她可能反映古代雌雄同體的神的觀念），見 Chirassi, "Poseidaon-Enesidaon nel pantheon miceno," *Atti e Memorie del I Congresso Internazionale di Micenologia* (Rome, 1968), pp. 945-91, pp. 956 sq.。

關於馬的冥府意義，見 J. M. Blasquez, "El caballo en las creencias griegas y en las de otros pueblos circum-mediter-raneos," *Revue Belge de philologie et d'historie*, 45, 1967, pp.48-80。

關於黑腓斯塔斯，見 Farnell, *Cults*, V, pp. 374 sq.; Nilsson, *Geschichte*, I, pp. 526 sq.; L. Malten, "Hephaistos," *Jahrbücher des deutschen archaeologischen Instituts* 27 (1912): 232 sq.; F. Brommer, "Die Rückführung des Hephaistos," ibid., 52, 1937, pp.198 sq.; Marie Delcourt, Héphaistos où la légende du magician (Paris, 1957)。後來的傳說試圖調和關於黑腓斯塔斯誕生的兩個神話：「希拉因為宙斯而受孕，那是在他們結婚之前。當黑腓斯塔斯誕生，她為(456)了面子而宣稱他沒有父親。」（Delcourt, p.33）黑腓斯塔斯送給希拉黃金冠插曲沒有出現在荷馬的史詩裡，但是這個傳說很快就流傳開來。柏拉圖曾提過這故事，他很不以為然地說到人們的道聽塗說。（*République* 2.378）見 Delcourt, pp.78-79, 86-96，她記錄且分析 Libanius 和 Hyginus 的

版本。

關於巫師的儀式性肢解。見 Delcourt, pp. 110 sq.。

關於「火的主宰」和打鐵神，見 Eliade, *Forgerons et Alchimistes*, pp. 80 sq.。

關於黑腓斯塔斯和其他神的關係，見 Delcourt, pp. 154 sq.。

89. 關於阿波羅，特別推薦 Farnell, *Cults of the Greek States*, IV, pp, 98 sq.; Rose, *A Handbook of Greek Mythology*, pp. 135 sq.; A. B. Cook, *Zeus*, vol. 2, pp. 453-59（對於各種理論和爭議的批評）; Nilsson, *Geschichte*, I, 529 sq.; Guthrie, *The Greeks and Their Gods*, pp. 73 sq., 183 sq.; cf. K. Kerényi, *Apollon* (Vienna, 1973; 1953)。

關於阿波羅的取代前希臘化時期諸神，見 Farnell, *Cults*, IV, pp. 125 sq., 263 sq.。關於夏辛特斯（Hyacinthus）的傳奇（從字源學證明他是古代邁錫尼文明的神）最早是在優里庇德斯的作品裡出現（*Helen*, 1470 sq.; cf. Apollodorus, *Bibl.* 3.10.3; Rose, *Handbook*, pp. 142, 160-61）。夏辛特斯蛻變為花的神話和宗教意義的分析，見 Ileana Chirassi, *Elementi di culture precereali nei miti e riti greci* (Rome, 1968), pp. 159 sq.。在 Laconia 的夏辛特斯慶典，同時獻給阿波羅以及他的犧牲者。在 Ismenium 和德斐，阿波羅和雅典娜合祭，在 Tegyra，在 Boeotia 北部，他和拉托那以及阿提密斯一起出現；見 Delcourt, *L'oracle de Delphes*, 1955, pp.216 sq.。換言之，作為德斐的神，阿波羅是希臘宗教的創造者。

關於阿波羅的起源的兩個假設，見 Guthrie, pp. 75 sq.。

關於「極北居民」（Hyperboreans），見 Cook, Zeus, II, pp. 459-501（他把這個遊歷比為銀河之旅）。希羅多德也提到「極北居民的少女」，她們在很久以前帶著供物到提洛斯島，再也沒有回去。史家關於她們的描述和法國考古挖掘完全相同。但是她們沒有任何來自「極北地區」的證據：那是青銅器時代的錫克拉底斯的埋葬方式。我們看到的是已經遺忘其意義的古老儀式，而墳墓的神聖本質也令人想起想像中的英雄。見 Charles

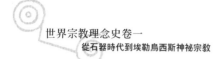
Picard, *Les religions préhelléniques*, p. 271（有和歷史時期的希臘的邁錫尼式的墳墓有關的英雄崇拜）。

(457)   Marie Delcourt（*L'oracle de Delphes*, p. 163）認為，少女們帶到提洛斯島的 hiera（以麥束捆著），是陽具的形象，被表現為無堅不摧的武器。

90.   在《復仇女神》裡，艾斯奇勒斯解釋歐瑞斯特斯被免除弒母罪的宗教意義。歐瑞斯特斯對艾洛帕格斯（Areopagus）坦承罪行，並等後判決。阿波羅為他辯護，雅典娜釋放他；尤有甚者，厄里尼厄斯（Erinyes）（她是大地和母性的象徵，最不能容忍弒母的暴行）被雅典娜「改宗」：她們成為復仇女神，被賦與豐沛持久的生命。至於弒母罪的染汙，則由小豬的獻祭滌清（Eumenides 281 sq.）。雖然這是阿波羅的指示，這個獻祭卻有陰間和冥府的力量。儘管他是奧林帕斯的神，但是卻考慮到和他們互補甚至矛盾的宗教現實。

    關於德斐和德斐的神諭傳說，見 P. Amandry, *La mantique apollonienne à Delphes* (Paris, 1950); J. Defradas, *Les thémes de la propagande delphique* (1954); Marie Delcourt, *L'oracle de Delphes* (1955); H. Parke and D. Wormell, *The Delphic Oracle*, I-II (Oxford, 1956)（神諭文本的編輯）. See also K. Latte, "The Coming of the Pythia," *Harvard Theol. Review*, 33, 1940, pp.9 sq.。

    關於德斐的戴奧尼索斯，見 H. Jeanmaire, *Dionysos* (Paris, 1951), pp. 187-98, 492-93（包括書評書目）。

91.   關於希臘的「薩滿教」見 Eliade, *Le chamainisme*, pp. 305 sq.; id., *De Zalmoxis*, pp. 42 sq. (bibl.)。E. R. Dodds, *The Greeks and the Irrational* (Berkeley, 1951), pp.141 sq. 解釋當希臘在赫勒斯龐特海峽和黑海的殖民地與伊朗的人民（西西亞人）接觸後，薩滿教的技術和神話的傳佈。Karl Meuli 最早在西西亞人的某些習俗裡發現薩滿教的結構以及他們在希臘傳統的反映，並且在希臘史詩裡辨識出薩滿的元素。見氏著 "Scythica," *Hermes* 70, 1932,pp.121-76, 164 sq.。Walter Burkert 認為 goēs 是希臘原有的薩滿，因為

他們和死者的崇拜有關（"Goēs: Zum griechischen 'Schamanismus,'" *Rheinisches Museum für Philologie* N.S. vol. 105, 1962, pp.32-55）

92. 關於赫美斯，見 Farnell, *Cults*, V, pp. 1 sq.; Nilsson, *Geschichte*, I, pp. 510 sq.; S. Eitrem, *Hermes und die Toten* (Christiania, 1909); P. Raingeard, Hermès psychagogue (Paris, 1935); K. Kerényi, *Hermes der Seelenführer* (458) (Zurich, 1944); N. O. Brown, *Hermes the Thief* (Madison, 1947); Walter Otto, *The Homeric Gods*, pp. 104-24; Jeanine J. Orgogozo, "L'Hermès des Achéens," RHR, 136, 1949, pp.10-30, 139-79。

關於赫美斯的仙草（moly），見 Hugo Rahner, *Greek Myths and Christian Mystery* (New York and London, 1963), pp. 181 sq.。亦見卷二關於赫美斯的參考書目。

從某個觀點看，戰神阿利斯仍是個謎。荷馬不諱言諸神很討厭阿利斯：「你是奧林帕斯山上令我最憎惡的神！如果你是別的神所生，又如此生性殘忍，你的地位早就不如烏拉諾斯的兒子了。」（*Iliad* 5. 889 sq.）希臘不在儀式、雕塑或文學裡歌頌他，儘管他們「比其他民族更加征戰連年。」（Séchan et Lévêque, Les grandes divinités de la Grèce, p. 248）

根據荷馬所述，阿利斯來自色雷斯（Il. 13.301）。黑腓斯塔斯用網把他和阿芙羅狄特關起來，當他掙扎時，便逃往色雷斯（Od. 8.361）。希羅多德（5.7）也說，色雷斯人只崇拜三個神：阿利斯、戴奧尼索斯和阿提密斯。是因為他來自色雷斯，才使得這位野蠻人的神始終無法融入希臘的宗教嗎？

93. 根據 W. H. Roscher 的說法，希拉原先必定是個月神（*Lexikon*, I, II [1886-90], pp. 2087 sq.）; cf. Farnell, *Cults*, I, pp. 180 sq.（對這個假設的批評）。Rose 認為，希拉主要是女性和繁殖的神（但不是豐收之神）；見氏著 *Handbook*, p.103。Welcker 認為（*Die griechische Götterlehre*, I-III, 1857-63），她是大地之母（Farnell 和 Rose 反對這種看法），Guthrie 對於

這個假設有更具說服力的闡述，見氏著 *The Greeks and Their Gods*, pp. 68 sq.。

關於希拉和母牛的關係，見 Farnell, *Cults*, I, pp. 181 sq.; Cook, *Zeus*, I, pp. 444 sq.。

關於愛琴海的希拉，見 C. Picard, *Les religions préhelléniques*, p. 243; U. Pestallozza, "Hera Pelasga," *Studi Etruschi* 2. ser. 25, 1957, pp.115-82; Louis Séchan et Pierre Lévêque, *Les grandes divinités de la Grèce*, pp. 184-85。Ileana Chirassi 令人信服地證明地中海的「百合花女神」和希拉之間的連續性（*Annali della Facoltà Lettere e Filosofia dell'Università di Trieste*, 3, 1966-67, pp.15-26）。

關於赫斯提亞，我們僅簡單介紹。幾乎沒有關於她的神話，但是她在儀式裡有若干重要性，因為她會守護家裡或是公眾的爐灶。荷馬不知道她的名字，但是赫西奧德說她是克羅諾斯和麗娥的女兒（Theog. 454）。赫斯提亞主要是少女和「處室」的女神；她從未離開「不朽諸神的天堂」。(459) 字源學上和拉丁民族的女神威斯塔（Vesta）有關，她象徵火的神聖性；這或許能解釋她為什麼如此抽象（見第 104 節）。她的名字源自印歐語系的字根，意為「燃燒」。但是赫斯提亞也可能是延續前希臘時期的爐灶崇拜。見 C. Picard, *Les religions préhelléniques*, pp. 242 sq.。

關於阿提密斯，見 Farnell, *Cults*, II, pp. 425 sq.; Nilsson, *Geschichte*, I, pp. 481-500; K. Hoenn, Artemis, *Gestaltwandel einer Göttin* (Zürich, 1946); Guthrie, *The Greeks and Their Gods*, pp. 99-106. Ileana Chirassi, *Miti e culti arcaici di Artemis nel Peloponese e Grecia centrale* (Trieste,1964)。

關於伊利里亞（Illyrian）名字的起源，見 M. S. Ruiperez, Emerita, 15, 1947, pp.1-60。

關於以弗所的阿提密斯的類型，見 Charles Picard, *Éphèse et Claros* (Paris, 1922), pp. 474 sq.。

關於布勞洛尼亞（Brauronia）的慶典（阿提密斯的信徒蛻變為幼熊的儀式，可能是熊舞），見 H. Jeanmaire, *Couroï et Courètes* (Lille, 1939), pp.

237 sq.。

94. Nilsson 把雅典娜解釋為希臘時期之前的女神，是邁諾斯或邁錫尼的王子的守護神（*Minoan-Mycenaean Religion*, pp. 487 sq.），學者們一般都接受這個看法。A. B. Cook 也認為雅典娜希臘時期之前的女神，特別是在阿克羅波利斯岩石裡的高山之母（*Zeus*, I, p. 749; cf. ibid., pp. 224 sq.）。

關於雅典娜及其儀式的詳細描述，見 Farnell, *Cults*, I, pp. 184 sq.; Nilsson, Geschichte d. Griech. Rel., I, pp. 433 sq. Walter Otto, *The Homeric Gods* (pp. 43-60). M. Guarducci, "Atena oraculare," *Parola di Passato*, 6, 1951, pp. 338-55; C. J. Herrington, *Athena Parthenos and Athena Polias: A Study in the Religion of Periclean Athens* (Manchester, 1955)。

關於宙斯吞下美提斯（Metis）的插曲（《神譜》886 sq.），見 M. L. West, *Hesiod: Theogony. Edited with Prolegomena and Commentary* (Oxford, 1966), pp. 401 sq.。Marcel Detienne 有更新的詮釋，見氏著 "Le navire d'Athéna," RHR, 178, 1970, pp. 133-77; id., "Athena and the Mastery of the Horse," HR, 11, 1971, pp. 161-184; H. Jeanmaire, "La naissance d'Athéna et la royauté maqique de Zeus," Rev. *archéologique*, 48, 1956, pp. 12-39。

關於阿芙羅狄特，見 E. Simon, *Die Geburt der Aphrodite* (Berlin, 1959); M. P. Nilsson, *Griechische Feste* (1906), pp. 362-87; Nilsson, *Geschichte*, I, pp. 519 sq.; Farnell, *Cults*, II, pp. 618 sq.; R. Flacelière, *L'amour en Grèce* (Paris, 1960)。

關於阿芙羅狄特崇拜的東方起源，見 H. Herter, *dans Éléments orientaux dans la religion grecque ancienne* (Paris, 1960), pp. 61 sq.。K. Tumpel, Pauly-Wissowa, *Real-Encyclopädie*, s.v.（強調阿芙羅狄特的印歐民族元素，但是太誇張）; M. Stubbs, "Who Was Aphrodite?" *Orpheus* (1954), pp. 170 sq.。 (460)

95. Erwin Rohde, Psyche (Tübingen et Leipzig, 1893; 1897)，第四章以英雄為主題。三年後，Herman Usener 提出 Sondergötter 的觀念（*Götternamen:*

Versuch einer Theorie der religiösen Begriffsbildung, Bonn, 1896），特別批評
H. Spencer 的強調祖先崇拜（pp. 253 sq.），也提出和 Rohde 對立的看法
（p. 248）。Paul Foucart 延續 Rihde 的詮釋路線，見氏著 *Le culte des héros chez les Grecs* (1918) (Mémoires de l'Institut Français, 1921)。亦見 S. Eitrem, in Pauly-Wissowa, *Real-Encyclopädie*, VIII, I, 1912, s.v. "Heroes"; F. Pfister, *Der Reliquienkult im Altertum* (Giessen, 1910-12)。

Farnell 的「妥協理論」普遍被接受，見 L. R. Farnell, *Greek Hero Cults and Ideas of Immortality* (Oxford, 1921); M. P. Nilsson, *The Minoan-Mycenaean Religion*, (Lund, 1950), pp. 585 sq.; *Geschichte der Griechische Religion*, I (Mu'nchen, 1955), p. 188。

清楚的闡述和實用的分析，見 C. Robert, *Die Griechische Heldensage*, I-II (Berlin, 1921-26); L. Rademacher, *Mythos und Sage bei den Griechen* (München, 1938); Marie Delcourt, *Légendes et cultes des hèros en Gréce* (Paris, 1942); H. J. Rose, *Gods and Heroes of the Greeks* (London, 1957); K. Kerényi, *Greek Heroes* (London, 1959)。

從宗教史觀點出發的重要作品，見 Angelo Brelich, *Gli eroi greci: Un problema storico-religioso* (Rome, 1958)。作者先介紹從 Rohde 到 Nilsson 的早期詮釋，然後分析英雄在神話和儀式裡的角色（英雄和死亡、英雄和競技會、先知、入會禮等等），並且檢視他們和其他神話存有者的關係，以標舉希臘英雄的獨特性格。

柏拉圖在品達的三個存有者範疇（諸神、英雄和人類）之外，加上「魔鬼」範疇（*Cratylus* 397c sq.）。

關於古代希臘的少年入會禮，見 H. Jeanmaire, *Couroï et Courètes* (Lille, 1939); Eliade, *Naissances mystiques*,pp. 227 sq.; Brelich, *Gli eroi greci*, pp.124 sq.; Brelich, *Paides e Parthenoi*, I (Rome, 1969)。

Rohde 很強調奧林帕斯諸神和冥府諸神以及英雄的獻祭之間的差異（*Psyche*, fr. trad., p.123 sq.），Jane Harrison、Meuli、C. Picard、Guthrie 也都注意到。Picard 還提到儀式手勢的差異：在奧林帕斯的獻祭時，會舉起

手來，手掌朝天；而在祈請土地的力量時，會垂下手，手掌朝地（Picard, "Le geste de la prière funéraire en Grèce et en Étrurie," RHR, 1936, pp.137 sq.）。然而，A. D. Nock（*Harvard Theological Review*, 37, 1944, pp.141 sq.）和 W. Burkert（*Homo Necans*, Berlin, 1972, pp.16 sq., n.41）指出，這個差異並不是那麼經常出現，亦見 Brelich, *Gli eroi greci*, pp. 16-18。

(461)

96. 「神祕宗教」（ta mystēria），通常以複數表現，可能源自印歐語系的字根MU，原意為「閉嘴」，指的是「儀式的靜默」。比較希臘文的 myō 和 myeō（進入神祕宗教）和 myēsis（入會禮）（這是神祕宗教特有的入會禮名詞）。

關於參考文獻，見 L. R. Farnell, *Cults of the Greek States* (Oxford, 1907), III,3, pp.307-67。關於考古的發現，見 F. Noack, *Eleusis: Die baugeschichtliche Entwicklung des Heiligtums* (Berlin, Leipzig, 1927); K. Kuruniotis, "Das eleusinische Heiligtum von den Anfangen bis zur vorperikleische Zeit," ARW, 33, 1935, pp.52-78; G. E. Mylonas, *The Hymn to Demeter and Her Sanctuary at Eleusis, Washington Studies in Language and Literature*, 13 (Saint Louis, 1942); *Mylonas, Eleusis and the Eleusinian Mysteries* (Princeton, 1961), pp.23-186; E. Simon, "Neue Deutung zweier eleusinischer Denkmäler des 4. Jh. v. Chr.," *Antike Kunst*, 9, 1966, pp.72-92; H. Metzger, *Les représentations dans la céramique attique de IVᵉ siècle* (Paris, 1951), pp. 231-65; Metzger, *Recherches sur l'imagerie athénienne* (Paris, 1965), pp.1-53。

關於荷馬的讚美詩，見 N. J. Richardson, *The Homeric Hymn to Demeter* (Oxford, 1973); K. Deichgräber, *Eleusinische Frömmigkeit und homerische Vorstellungswelt im Homerischen Demeterhymnus* (Mainz, 1950); Francis R. Walton, "Athens, Eleusis, and the Homeric Hymn to Demeter," *Harvard Theological Review*, 45, 1952, pp.105-14; Ugo Bianchi, "Saggezza olimpica e mistica eleusina nell'inno omerico a Demmeter," *SMSR* 35m, 1964, pp.161-93; Mary L. Lord, "Withdrawal and Return in the Homeric Hymn to Demeter and the Homeric Poems," *Classical Journal*, 62, 1967, pp.214-48。

關於埃勒烏西斯神祕宗教，見 L. R. Farnell, *Cults*, III, 3, pp. 126-98; Paul Foucart, Recherches sur l'origine et la nature des Mystères d'Éleusis (Paris, 1895); Foucart, *Les Mystères d'Éleusis* (Paris, 1914); Martin P. Nilsson, *Minoan-Mycenaean Religion and Its Survival in Greek Religion* (Lund, 1927; 1950), pp. 468 sq., 558 sq.; Nilsson, "Die eleusinischen Gottheiten," ARW, 32, 1935,pp. 79-141; Nilsson, *Greek Popular Religion* (New York, 1940; 1961), pp.42-64; S. Eitrem, "Eleusis: Les mystères et l'agriculture," *Simbolae Osloenses*, 20, 1940, pp.133-51; Victor Magnien, *Les Mystères d'Éleusis: Leurs origines. Le rituel de leurs initiations* (Paris, 1938)（很實用的引文和翻譯）; Walter F. Otto, "Der Sinn der eleusinischen Mysterien," *Eranos-Jahrbuch*, 9, 1939, pp.83-112; Mo-molina Marconi, "Sul misterio dei Misteri Eleusini," *SMSR*, 22, 1949-50, pp. 151-54; C. Kerényi, *Eleusis*: *Archetypal Image of Mother and Daughter* (New York, 1967); Georges Méautis, *Les Dieux de la Grèce et les Mystères d'Éleusis* (Paris, 1959); P. Boyancé, "Sur les Myst'eres d'Éleusis," *REG*, 75, 1962, pp. (462) 460-82; Walter Burkert, *Homo Necans* (Berlin, 1972), pp. 274-327。亦見 A. K'orte、O. Kern、A. Delatte、Charles Picard 等學者的研究。

根據希羅多德的看法（2.48 sq., 146），Paul Foucart 認為埃勒烏西斯神祕宗教源自埃及。但是 Charles Picard 説，「在聖地裡還不曾發現西元前兩千年左右的埃及事物。」（ "Sur la patrie et les pérégrinations de Déméter," REG, 40, 1927,pp.321-30, 325）Axel Persson（"Der Ursprung der eleusinis-chen Mysterien," ARW, 21, 1922, pp.287-309）和 Charles Picard（*Les re-ligions préhelléniques*, Paris, 1948, pp. 89, 111, 114 sq.）認為神祕宗教是源自克里特島。但是最近的考古發掘已經排除埃勒烏西斯的建築受克里特或邁諾斯影響的可能（Mylonas, *Eleusis*, pp.16 sq.; cf. ibid., pp.49, 68, etc.）。M. P. Nilsson 試圖證明埃勒烏西斯的神話和儀式結構源自邁錫尼（*Minoan-My-cenaean Religion*, pp. 558 sq.; *Opuscula Selecta*, II, pp.585 sq.）。Mylonas 指出，各種傳説顯示埃勒烏西斯神祕宗教是來自北方（*Eleusis*, pp.19 sq.），

可能是狄瑟利（Thessaly）或色雷斯。根據 Pausanias 1.38.2-3，優默帕斯（Eumolpus），優默庇德（Eumolpids）最早的祭司和家族的建立者，可能是色雷斯的原住民。然而，優默帕斯這個名字屬於前希臘時期（Nilsson, *Minoan-Mycen. Rel.*, pp. 520 sq.）。無論其起源為何，我們可以確定埃勒烏西斯神祕宗教在前希臘時期就存在，他們所承襲的儀式更加古老。其他的司祭者都是來自第二個家族克里克斯（Kerykes）：dadouchos（持火炬者）、hierokeryx（儀式的司儀），以及主祭的祭司。直到西元396年阿拉里克（Alaric）消滅埃勒烏西斯之前，司祭者都是由這兩個家族擔任。

　　至於神祕宗教的「創造」，大部分學者都認為他們的神話和儀式場景和農業有關。Nilsson 認為，狄美特是「穀物之母」，高萊是「穀物少女」：她們象徵新舊穀物。因此她們的團圓象徵新舊穀物的交替（*Greek Popular Religion*, pp. 51 sq.）。Nilsson 說，在埃勒烏西斯，「沒有什麼教義，而只有新穀物從舊穀物長出所象徵的基本的生死觀念。」（ibdi., 63）R. M. Cornford 也有類似的詮釋，見氏著 "The aparchai and the Eleusinian Mysteries," in *Essays and Studies presented to William Ridgeway* (Cambridge, 1913), pp.153-66。我們在其他地方批評過 Nilsson（*Greek Popular Religion*）對於宗教現象的擬似「創造」的解釋：見 Eliade, "Mythologie et Histoire des Religions," Diogéne, 1955, pp.108 sq.。關於埃勒烏西斯神祕宗教和農業的關係，亦見 R. Pettazzoni, *I Misteri* (Bologna, 1924), pp. 45 sq.; id., La religion dans la Grèce antique (Paris, 1953), pp.73 sq.。

　　關於地中海石榴樹的神話和儀式，見 Uberto Pestalozza "Iside e la Melagrana," *Religione Mediterranea* (Milano, 1951), pp.1-70; Ileana Chirassi, *Elementi di cultura precereali nel miti e riti greci* (Rome, 1968), pp. 73-90。

　　關於火的獻禮，見 J. G. Frazer, Apollodorus, *The Library*, vol. 2, pp. 311-317 (Appendix I: "Putting Children on the Fire,"); C. M. Edsman, Ignis Divinus (Lund, 1949); Marie Delcourt, *Pyrrhos et Pyrrha: Recherches sur les valeurs du feu dans les légendes helléniques* (Paris, 1965), pp. 66 sq.。狄美特對待迪莫風的方式，就像艾西斯對待阿爾西諾（Arsinoe）的小孩，提米斯對待 (463)

493

阿奇里斯一樣。但是因為愚昧的凡人的阻礙而使他們功敗垂成。關於「火的主宰」，見 Eliade, Le *Chamanisme*, pp. 209 sq., 342 sq., 369sq.; id., *Forgeron et alchimistes*, pp. 81 sq.。

關於包伯（Baubo）的插曲，見 Charles Picard, "L'épisode de Baubó dans les Mystères d'Éleusis," RHR, 95, 1927, pp.1-37; V. Magnien, *Les Mystères d'Éleusis*, pp. 86 sq.。

根據狄美特神話所謂的奧斐斯版本（Malten, "Altorphische Demetersagen," ARW, 5, 1909, pp.417 sq.），在埃勒烏西斯住著一個窮農夫迪掃勒斯（Dysaules）和他的妻子包伯。他們有的只是破舊的農舍，因為迪美特還沒有帶給人類麥子。根據雅地加的傳說，特里波特勒摩斯是迪掃勒斯的兒子（Pausanias, 1.14.3）。他們還有個兒子優布列烏斯（Eubuleus），以養豬維生。他的豬和波塞芬妮一起被吞食。有一首奧斐斯的讚美詩說（41.6），當迪美特結束在埃勒烏西斯的斷食後，照著優布列烏斯的指示到冥府去（K. Kerényi, *Eleusis*, pp. 43, 171）

97. Sterling Dow et Robert F. Healey, *A Sacred Calendar of Eleusis* (Cambridge, 1965)根據 330 B.C. 的銘文重構節慶的時間。

關於小埃勒烏西斯節，見 P. Roussel, "L'initiation préalable et le symbole Éleusinien," *Bulletin de correspondance hellénique*, 54, 1931, pp.51-74; Mylonas, *Eleusis*, pp. 239-43。在希臘，豬的獻祭是狄美特儀式的特色。見 W. Burkert, *Homo Necans*, pp 284 sq.。另一方面，在玻利尼西亞群島的農夫，也都有這種入會禮的獻祭。Burkert（p.286）指出，在希臘的俗話裡，小豬（choiros）意味著女性性器官。獻祭小豬象徵著殺死少女。

關於「橋上的辱罵」（gephyrismoi）見 E. de Martino, "Gephyrismi," SMSR, 10, 1934, pp.64-79。

關於麥粥（kykeōn），見 A. Delatte, "Le cyceon, breuvage rituel des mystères d'Éleusis," *Bull. Classe des Lettres, Acad. Royale de Belgique*, 5, 40, 1954, pp.690-752。

許多文獻都提到入會禮，各有不同的價值，見 V. Magnien, Les Mystères d'Éleusis, pp.198 sq.。關於儀式，見 Mylonas, Eleusis, pp. 243-85; Dario Sabbatucci, Saggio sul misticismo greco (Rom, 1965), pp. 127 sq.; Charles Picard, "Le prétendu 'baptéme d'initiation' éleusinien et le formulaire des mystères des Deux-déesses," RHR, 154, 1959,pp.129-45; Ugo Bianchi, O SYMPAZ AION, in Ex Orbe Religonum, I (Leiden, 1972), pp.277-86; H. Ludin Jansen, "Die Eleusinische Weihe," ibid., pp.287-98。和入會禮有關的獻祭和儀式都在聖所裡舉行，這使得埃勒烏西斯在希臘儀式裡顯得很特別。奧林帕斯的獻 (464) 祭不在神殿裡，而是在祭壇，任何地方都可以搭起來，無論是在家裡、街上或是在曠野裡。

關於兩個容器（plēmochoaī）的宇宙和儀式意義（裡面盛著水，入會者在唸儀式文時把水倒出來，最有名的儀式文是 Ad Timaeum 293c），見 Edward L. Ochsenschlager, "The Cosmic Significance of the pl'emocho'e," HR, 9, 1970, pp.316-337。

至於祕密的開示（第 97 節，注 3），我們知道的古代例子很少。以 Sopater 為名的文獻談到有個年輕人夢見他要進行入會禮；他冥想著 dromena「已完成的事」，但是因為他聽不到司祭者的聲音，所以他被認為無法通過。另一方面，安多西德斯被指責把祭物拿給教外的人看，而且把祕密的儀式文唸給他們聽（Mylonas, Eleusis, p. 272, nn. 194, 195）。阿爾奇俾亞德（Alcibiades）因為嘲笑儀式而被放逐；他的共犯甚至被處死（Xenophon, Hellenica 1.4.14; etc.）

98. 西內修斯（Synesius）保存了亞里斯多德早期談到神祕宗教的片簡：「亞里斯多德認為，入教者不被期望學習什麼，而是要去體會心境和習性，顯然是在開放心胸去接受他們之後。」（Dio, éd. Krabinger, t. I, pp. 271-72 = Aristotle, frag. 15 Rose; trad. Jeanne Croissant, Aristote et les Mystères, Paris, 1932, p. 137）Psellus 也保存類似的文獻，見 J. Bidez, Catalogue des manuscrits alchimiques grecs (1928), t. 6, p. 171; Croissant, op.cit., pp.

145 sq.。

關於提米斯修斯（Themistius）的段落，見 Mylonas, *Eleusis*, pp. 264 sq.; Farnell, *Cults*, III, pp. 176 sq.（有精彩的分析）。

關於克雷蒙所記述的咒語（synthēma），見 U. Pestalozza, *Religione Mediterrance: Vecchi e nuovi studi* (Milano, 1951), pp. 216-34 ("Ortaggi, fruttie paste nei Misteri Eleusini"); Mylonas, *Eleusis*, pp. 294-303; W. Burkert, *Homo Necans*, pp. 298 sq.。

關於箱子和籃子裝著什麼東西，至今爭論不休。A. Körte 認為，籃子裝著子宮（kteis）的複製品；接受祕傳者摸過它，就相信他重生為狄美特的兒子（ARW, 1915, pp.116 sq.）。O. Kern 進一步說：接受祕傳者用他的性器官接觸過 kteis 後，就和狄美特合而為一（*Die griechische Mysterien der classischen Zeit*, 1927, p.10）。對於 A. Dieterich 而言，放在籃子裡的是陽具：信徒把它放到箱子裡，就和女神合而為一，成為她的兒子（Eine Mythrasliturgie, 1913, p.123; Mutter Erde, 1925, pp.110 sq.）。Charles Picard 認 (465) 為，籃子裡裝的是陽具，箱子裡裝的是子宮：信徒操弄它們，而和女神合而為一（"L'épisode de Baubó," RHR, 95, 1927, pp. 237 sq.）。S. Eitrem 認為裡頭是蛇、石榴，以及形似子宮和陽具的麵餅（"Eleusinia," pp.140 sq.）。許多學者拒絕這些解釋，如 Maas、Farnell Roussel、Deubner、Otto、Kerenyi（Mylonas, *Eleusis*, p. 296, n. 22）。關於這些歷史和宗教的解釋，值得一提的是：他們都反映了二十世紀前面三十年的時代精神。

教父所描述的神祕宗教的入會禮的各種資料，基本上都有其特別的目的：攻擊和貶損異教徒。但是教父們還不敢杜撰故事，因為這會被異教作者抓到把柄。但是我們也要注意，在那個時代，宗教融合非常盛行，他們談的主要是希臘的神祕宗教。正如新柏拉圖主義和新畢達哥拉斯主義的作者宣稱的所有神祕主義同出一源，基督宗教的作者也採取他們的觀點，把埃勒烏西斯的儀式和後來的神祕宗教混為一談。這些護教者也接受希臘化的風格，以類比的方式解釋，這使得他們的描述顯得更可疑。

埃勒烏西斯的火和火葬。在 1110-700 B.C.，神祕宗教的信徒可能在神

殿所在的山丘被火化（Kerényi, Eleusis, p.93）。另一方面，我們知道有個婆羅門的故事，他叫 Zarmaros 或 Zarmanochegos，在 20 B.C.左右，當奧古斯都再度到埃勒烏西斯時，他要求入教，在「最高的奧祕」的儀式時，他縱身跳入火堆自焚而死（Dio Cassius, 54.9.10; Strabo, 15.1.73; cf. Kerényi, p. 100）。這些儀式性的火化可以說是紀念迪莫風的「神化」嗎？亦見 *Pyrrhos et Pyrrh*a (Paris, 1965), pp. 68 sq.。

99. 　關於狄美特的儀式，見 Farnell, *Cults*, vol. 3, pp. 38 sq.; Nilsson, *Geschichte*, I, p.461 sq.。

　　關於希臘其他地方的狄美特神祕宗教，見 Nilsson, *Geschichte*, I, p. 478; R. Stiglitz, *Die grossen Göttine Arkadiens* (Vienna, 1967), pp. 30 sq.; G. Zuntz, *Persephone* (Cambridge, 1971), pp. 75 sq.。

　　在西元前一世紀，Diodorus Siculus（5.73.3.）記述以下的傳説：克里特島的居民接受神祕宗教，前提是所有居民可以知道埃勒烏西斯的入會禮、薩摩色雷斯的神祕宗教，以及奧斐斯的儀式。如果 Diodorus 的説法可信，他所説的儀式可能是農耕的周期（種子消失到地下、接著是收穫的季節）、波塞芬妮被誘拐以及和狄美特的團圓。

　　戴奧尼索斯在神祕宗教的角色很有爭議。在西元四世紀，戴奧尼索斯被等同為伊阿庫斯（Iacchus）是吶喊或讚歌的擬人化。根據 Farnell 的説法，索福克里斯説（*Antigone* 1119-21, 1146-52），伊阿庫斯是戴奧尼索斯在埃勒烏西斯的分身（Cults, III, p. 149）。但是戴奧尼索斯似乎沒有出現在埃勒烏西斯崇拜的諸神之列（Mylonas, *Eleusis*, p.238）。他出現在埃勒烏西斯是宗教融合的結果，這運動在希臘化時期最為盛行。　(466)

100. 　伊朗宗教的研究歷史，見 J. Duchesne-Guillemin, *The Western Response to Zoroaster* (Oxford, 1958)。亦見 G. Widengren, "Stand und Aufgaben der iranischen Religionsgeschichte," *Numen*, 1, 1954, pp.16-83; 2, 1955,pp. 47-134; Gherardo Gnoli, "Problems and Prospects of the Studies on Persian Religon" (in: *Problems and Methods of the History of Religions*, edited by U. Bianchi, C. J. Bleeker, A. Bausani, Leiden, 1972, pp. 67-101); J. H. Moulton, *Early Zoroastrianism* (London, 1913); A. V. William Jackson, *Zoroastrian Studies* (New York, 1928), "The Iranian Religion" (pp. 3-215); L. H. Gray, *The Foundations of Iranian Religions* (Bombay, 1929)。對於伊朗宗教的新詮釋，見 E. Benveniste, *The Persian Religion according to the Chief Greek Texts* (Paris, 1929); H. Lommel, *Die Religion Zarathustras nach dem Awesta dargestellt* (Tübingen, 1930); H. S. Nyberg, *Die Religionen des alten Iran* (Leipzig, 1939); G. Widengren, *Hochgottglaube im alten Iran* (Uppsala, 1938); G. Dumézil, *Naissances d'archanges* (Paris, 1945); id., *Tarpeia*, Paris, 1947, pp.33-113; J. Duchesne-Guillemin, *Zoroastre* (Paris, 1948); Duchesne-Guillemin, *Ormazd et Ahriman: L'aventure dualiste dans l'antiquité* (Paris, 1953)。總論的作品，見 R. C. Zaehner, *The Dawn and Twilight of Zoroastrianism* (London, 1961); Duchesne-ne-Guillemin, IIJ, 7, 1964, pp.196-207; J. Duchesne-Guillemin, *La religion de l'Iran ancien* (Paris, 1962); Marjan Molé, *Culte, mythe et cosmologie dans l'Iran ancien* (Paris, 1963); G. Widengren, *Die Religionen Irans* (Stuttgart, 1965)。Duchesne-Guillemin 和 Widengren 的作品有很好的參考書目。Molé 的新詮釋引起爭議，但是這部書有許多文獻的翻譯。個別主題還會有補充的參考文獻。亦見 Mary Boyce, *A History of Zoroastianism, vol. 1: The Early Period* (Leiden-Cologne, 1975)。

經典部分，四分之三的《波斯古經》相信已經失傳。見 Duchesne-Guillimin, *La religion de l'Iran ancien*, pp.32-40（對於經典的構成有詳細的介紹）。唯一的全譯本是 J. Darmsteter, *Le Zend-Avesta*, I-III (Paris, 1892-93; 1960)。但是「對於《神歌》則沒有什麼用處。」（Duchesne-Guillemin）《神歌》的新譯本，見 Duchesne-Guillemin, *Zoroastre*, pp. 166-296; H. Humbach, Die Gāthās des Zarathustra, I-II (Heidelberg, 1959); Bernfried Schlerath, "Die Gāthās des Zarathustra," *Orientalistische Literatur-Zeitung*, 57, 1962, cols. 565-89; B. Schlerath, ed., Zarathustra (Darmstadt, 1970), pp.336-59; Wolfgang

(467)

Lentz, *Yasna 28: Kommentierte Uebersetzung und Komposition-Analyse* (Mainz, 1955)。

W. B. Henning, *Zoroaster, Policician or Witch-Doctor*? (Oxford, 1951) 猛烈批評 E. Herzfeld（*Zoroaster and His World*, Princeton, 1947）和 H. S. Nyberg 的作品（Nyberg 在 *Rel. d. alten Iran* 的序言回答且辯護其立場）。

關於瑣羅亞斯德的年代的傳統看法已被學者推翻，見 Molé, *Culte, mythe, et cosmologie,* pp. 530 sq.; Gherardo Gnoli, "Politica religiosa e concezione della regalità sotto I Sassanidi," *La Persia nel Medioevo* (Rome, 1971), pp.1-27, pp.9 sq.。O. Klima, "The Date of Zoroaster," Ar. Or., 27, 1959, pp.556-644 對於各種問題有相關的參考文獻。

關於雅利安人的「兄弟會」，見 Stig Wikander, *Der arische Männerbund* (Lund, 1938); G. Widengren, *Rel. de l'Iran*, pp.39 sq.。Widengren 的作品包括對於瑣羅亞斯德之前的觀念和信仰的總述。

101. 關於歷史人物的轉變為原型，見 Eliade, *Le Mythe de l'éternel retour*, pp. 52 sq.。關於瑣羅亞斯德的傳奇，見 Duchesne-Guillemin, *La religion*, pp. 337 sq.。

Marjan Molé（*Culte, mythe et cosmologie*）試圖重構瑣羅亞斯德在神歌以外的《波斯古經》裡的形象，「人們向他祈禱，為了正確的獻祭，為了有效的儀式文，為了要傳給其他人，讓他們自此知道如何保護牛隻、水和植物，而不是為了新的教義。這個形象比較像是奧斐斯或查勒摩西斯（Zalmoxis），而不像是閃族的先知。」（Molé, "Réponse à M. Duchesne-Guillemin," *Numen*, 1961, p.53）Molé 承認他無法證明瑣羅亞斯德的歷史真實性（ibid., pp.53 sq.; cf. *Culte, mythe et cosmologie*, pp.530 sq.）。在整個瑪茲達傳統裡，瑣羅亞斯德是祭司的原型，而維什塔斯巴則是入教者的原型。然而，這並不能說沒有瑣羅亞斯德這個歷史人物。

Gheraldo Gnoli 也有類似的看法：《神歌》裡以瑣羅亞斯德之名傳達的教義只是瑪茲達宗教的某個部分，特別是祕教的側面，也就是宗教上層階

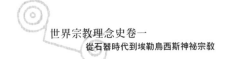
(468) 級的神職和入會禮傳統。相對的，阿契美尼德王朝的瑪茲達宗教則是代表大眾的宗教，歌頌國家和統治者。見氏著 "Politica religiosa," pp. 17 sq., "La Religione persiana," in *Storia delle Religioni* (Turin, 1971), pp. 235-92, spéc. 247 sq. 。

關於瑣羅亞斯德的宗教使命，見 K. Rudolph, "Zarathustra -- Priester und Prophet," *Numen*, 8, (1961), pp.81-116。

102.   H. S. Nyberg 最早主張瑣羅亞斯德的出神具有「薩滿」的意味。見氏著 *Die Religionen des alten Irans*, pp. 177 sq. 。Widengren（*Stand und Aufgaben*, pp. 90 sq.; *Les religions de l'Iran*, pp.88 sq.）也回到拜火教的薩滿元素的分析。見 Eliade, *Le Chamanisme*, pp.312-315。Alessandro Bausani, *Persia religiosa* (Milano, 1959), pp.38 sq.，對於瑣羅亞斯德的出神元素有很出色的分析和周詳的詮釋。

103.   杜美夕認為善神（Amesha Spenda）是印度伊朗諸神的昇華。見氏著 *Naissance d'archanges* (Paris, 1945), chaps.2-4; *Tarpeia* (1947), pp.33-113; id., *Idéologie tripartie des Indo-Européens* (Bruxelles, 1958), pp. 40 sq.; Duchesne-Guillemin, *La rel. de l'Iran ancien*, pp.171 sq., 193 sq.; G. Widengren, *Les religions de l'Iran*, pp. 28 sq. 。Zaehner 和 Gnoli 這兩位伊朗學家並不接受杜美夕的假設。

關於阿胡拉‧瑪茲達，見 Duchesne-Guillemin、Widengren、Zaehner、Molé 及其他學者的作品。F. B. J. Kuiper, "Avestan Mazda," IIJ, 1, 1957, pp. 86-95，考證說這個名字意為「智慧且全知的神」。亦見 I. Gershevitch, "Zoroaster's Own Contribution," JNES, 23, 1964, pp.12-38。

關於世界的創造，見 G. Gnoli, "Osservazioni sulla dottrina mazdaica della creazione," *Annali dell'Istituto Orientale di Napoli* N.S. 13, 1963, pp.163-93。

Antoine Meillent 強調瑣羅亞斯德宗教改革的社會性格（農業社會和遊牧民族的對比、武士貴族和農民的對立），見氏著 *Trois conférences sur les*

Gathas de l'Avesta (Paris, 1925)。

關於著名的「公牛靈魂的哀歌」（Yasna 29），見 G. Dumézil, *Bulletin de l'Académie royale de Belgique, Classe des Lettres*, 1, 1965, 23-51。他反駁其他學者（H. Lommel、M. Molé）的詮釋，根據他們的說法，這個「哀歌」和原始的公牛被殺死的宇宙創造神話有關。事實上，「這主題是公牛的處境和社會的動盪不安，他們和族長都籠罩在其他民族的侵略的陰影之下。」（p.36）

關於伊瑪的罪行，見 Dumézil, *Mythe et Epopée* (1971), II, pp. 312 sq.。

關於豪麻酒祭，瑣羅亞斯德的批評（Yasna 33.44）可能只是針對過度 (469) 的縱慾，而不是獻祭本身。關於神歌時期和神歌之後的《波斯古經》裡的毫麻酒，見 Zaehner, *Dawn and Twilight of Zoroastrianism*, pp. 85 sq.; Mol'e, *Culte, mythe, et cosmologie*, pp. 229 sq.; G. Gnoli, "Licht-Symbolik in Alt-Iran: Haoma Ritus und Erlöser-Mythos," *Antaios*, 8, 1967,pp.528-49; Gnoli, "Problems and Prospects," pp.74 sq., (bibl.); M. Boyce, "Haoma, Priest of the Sacrifice," *W. B. Henning Memorial Volume* (London, 1970), pp. 62-80。

為了信徒的福址而舉行的牲祭，見 M. Boyce, "Ātaš-zōhr and Āb-zōhr," JRAS, 1966, pp.100-118; Gnoli, "Questioni sull' interpretazione della dottrina gathica," *Annali dell'Istituto Orientale di Napoli*, 31, 1971,pp.341-70, 350 sq.。

關於「牧人」這個限定詞，見 G. Cameron, "Zoroaster the Herdsman," IIJ, 10, 1968, pp.261-81; Gnoli, "Questioni sull'interpretazione," pp.351 sq.。

關於「揀擇之橋」，見第 111 節。

104. 關於世界的「變容」，見 Molé, *Culte, mythe, et cosmologie*, s.v.。

關於瑣羅亞斯德的教義的「哲學」性格，見 A. Pagliaro, "L'idealismo zarathustriano," SMSR, 33, 1962, pp.3-23。

關於描繪火供的經文，見 Duchesne-Guillemin, *La religion*, pp. 79 sq.; Stig Wikander, *Feuerpriester in Kleinastien und Iran* (Lund, 1967)。關於火供的分類，有分為兩類、三類或五類，最後一種分類法區分在上主面前閃耀的

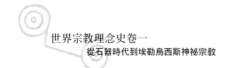

火、在人類和動物體內發現的火、在植物和雲雨裡的火、最後是工作時使用的火。《旃多格耶奧義書》也區分三種聖火和五種自然的火。見 Duchesne-Guillemin, "Heraclitus and Iran," HR, 3, 1963,pp.34-49, pp.38-39。

　　Gheraldo Gnoli 曾提出獻祭（yasna）的詮釋，見氏著 *Annali dell'Istituto Orientale di Napoli* N.S. 15, 1965, pp.105-17; "La gnosi iranica: Per una impostazione nuova del problema" (dans *Le Origine dello Gnosticismo*, ed. Ugo Bianchi, Leiden, 1967, pp. 281-90), spéc pp.287 sq.; "Questioni sull'interpretazione della dottrina gathica," pp.358 sq.。

　　關於聖火，見 Duchesne-Guillemin, "Le xvarenah," *Annali dell'Istituto Orientale di Napoli,* Sezione Linguistica, 5, 1963, pp.19-31; G. Gnoli, "Lichtsymbolik in Alt-Iran," pp.99 sq.; Gnoli, "Un particolare aspetto del simbolismo della luce nel Mazdeismo e nel Manicheismo," *Annali ... di Nepoli* N.S. 12, 1962, pp.95-128; Eliade, "Spirit, Light, and Seed" (HR, 11, 1971, pp.1-30, spéc. pp. 13-16)

105. 　關於 daēvas 的惡魔化，見 G. Widengren, *Les religions de l'Iran*, pp. 36 sq., 97, 137 sq.; Duchesne-Guillemin, *La religion*, pp. 189 sq.。E. Benveniste 證明 daēvas 的惡魔化不是瑣羅亞斯德宗教特有的現象，見氏著 *The Persian Religion according to the Chief Greek Texts* (Paris, 1929), pp. 39 sq.。最近的作品則見 Gnoli, "Problems and Prospects of the Studies on Persian Religion," pp. 75 sq.。

(470)

　　關於伊朗宗教的二元論，見 Ugo Bianchi, "Zaman i Ohrmazd (Turino, 1958)。作者認為「完全的二元論」不是瑣羅亞斯德之後才有的（p.25）。

　　關於阿契美尼德的宗教和瑣羅亞斯德宗教的關係，見 Duchesne-Guillemin, *The Western Response to Zoroaster*, pp. 52 sq.; *La Religion de l'Iran antique*, pp. 165 sq.（各種爭論的歷史發展）。許多其他學者承認有阿契美尼德王朝的瑣羅亞斯德宗教，如 Kaj Barr、G. Cameron、Ilya Gershevitch。關於這個見解的批評，見 Widengren, *Les religions de l'Iran*, pp.166-74。Marjan Molé 則解消了阿契美尼德王朝的瑣羅亞斯德宗教的問題，對他而言，伊朗宗教的所有形式都是同時間存在的（見氏著 *Culte, mythe et cosmologie*, spéc. pp.26-36）。比較 Cf. G. Gnoli, "Considerazioni sulla religione degli Achemenidi alla luce di una recente teoria," SMSR, 35, 1964, pp.239 sq.。關於「瑣羅亞斯德曆法」的批評，見 E. Bickerman, "The 'Zoroastrian' Calendar," Ar Or 35, 1967, pp.197-207。

阿契美尼德銘文最好的版本和翻譯，見 R. G. Kent, *Old Persian: Grammar, Texts, Lexicon* (New Haven, 1953)。

1967 年在波斯城發現的 Xerxes I 的新銘文的翻譯和注釋，見 Manfred Mayrhofer, Xerxes König der Könige," *Almanach der Oesterreichischen Akademie der Wissenschaften*, 119, 1969, pp.158-70. ibid., p.163, n.14 (bibl.)。亦見 "Une statue de Darius découverte à Suse," JA, 1972, pp.235-66（多位學者的研究）。

關於伊朗的王權的問題，見 G. Widengren: "The Sacral Kingship in Iran" (in: *La regalità sacra*, Leiden, 1959, pp.242-57); *Hommage à Georges Dumézil* (Bruxelles, 1960, pp.225-37); id., *Les religions de l'Iran*, pp.73 sq., 117 sq., 266 sq.。Widengren 和其他學者曾指出伊朗的王權概念受到美索不達米亞的影響，見 Gnoli, *Ex Orbe Religionum, Studia Geo Widengren oblate*, Leiden, 1972, II, pp. 94 sq.。

亦見 J. Wolski, "Les Achémenides et les Arsacides, contributions à la formation des traditions iraniennes," Syria, 43, 1966, pp. 65-89。

關於居魯士的傳說裡可能解讀到的入會禮的情節，見 Gerhard Binder, *Die Aussetzung des Königskindes: Kyros und Romulus* (Beiträge zur klassischen Philologie, Heft 10, Meisenheim am Glan, 1985, spe'c. pp.17-19, 58 sq., 116 sq.。

106.　關於波斯城（大流士為慶祝新年慶典而建造）的儀式功能，見 R. Ghirshman, "A propos de Persépolis" (*Artibus Asiae*, 20, 1957, pp.265-78); A.

U. Pope, "Persepolis, a Ritual, City" (*Archeology*, 10, 1957, pp.123-30); K. De-rdmann, "Persepolis: Daten und Deutungen" (*Mitteilungen der deutschen Orient-Gesellschaft zu Berlin*, Nr. 29, 1961, pp.21-47)。

(471)　　印歐民族「棄置荒野的嬰兒」的神話、和巨龍的搏鬥、建立城市、以及宇宙創造，這些現象之間的關係，見 Gerhard Binder, *Die Aussetzung des Königskindes*, pp. 55 sq.。

關於新年慶典，見 Eliade, *Le Mythe de l'éternel retour*, pp.80 sq.; Widengren, *Rel. de l'Iran*, pp.58 sq.。

107.　　關於穆護及其與瑣羅亞斯德宗教的關係的問題，見 G. Messina, *Die Ursprung der Magier und die zarathustrische Religion* (Rome, 1930); Widengren, *Rel. de l'Iran*, pp. 134 sq., 147 sq., 156 sq., 221 sq.; Zaehner, *Dawn and Twilight*, pp.160 sq., 189 sq.。許多學者認為，穆護原來是米底斯的神職階級，在他們「皈依」瑪茲達宗教後，他們移民到帝國的西部。Widengren（p.136）認為，Vidēvdāt（＝Vendidad）反映了穆護的觀念、信仰和儀式觀點。他還認為（pp.175 sq.），佐爾文（Zurvan）是穆護所崇拜的神（見卷二）。

關於西西亞人的原史的最新研究，見 S. P. Tolstov, "Les Scythes de l'Aral et le Khorezm," *Iranica Antiqua* 1, 1961, pp.42-92。

關於西西亞人的三分法觀念，見 Dumézil, *Mythe et Epopée*, I, pp. 439-575（總結其早期作品）。關於西西亞人的薩滿教，見 Karl Meuli, "Scythica" (Hermes, 70, 1935, pp.121-79); Eliade, *Chamanisme*, pp.310 sq.。

108.　　不同於瑣羅亞斯德《神歌》的詩歌體，〈七章獻祭〉是以散文體寫成的。關於本文，見 O. G. von Wesendonk, *Die Religionsgeschichtliche Bedeutung des Yasna haptanhaiti* (Bonn, 1931); Nyberg, *Die Religionen des alten Irans*, pp.275 sq.; Zaehner, *Dawn and Twilight*, pp.62 sq.; Duchesne-Guillemin, *La religion*, pp. 215 sq.。

〈讚歌〉的翻譯，見 H. Lommel, Die Yāśts des Awesta (G'ottingen-Leipzig, 1927)。〈豪麻酒讚〉（Hōm Yaśt）的翻譯，見 J. M. Unvala, Ne-ryosangh's Sanskrit Version of the Hōm Yaśt (Yasna IX-XI), with the Original Avesta and Its Pahlavi Version (Vienna, 1924)。Stig Wikander, Vayu (Uppsala, 1941), I, pp. 1-95，作者把〈讚歌〉15 翻譯為德文，並附有歷史和宗教的評註。

109. 〈讚歌〉10 的翻譯和注釋，見 I. Gershevitch, The Avestan Hymn to Mithra (Cambridge, 1959); cf. F. B. J. Kuiper, "Remarks on the Avestan Hymn to Mithra," IIJ 5, 1961, pp.36-60; Ugo Bianchi, "La stella Sirio e l'influenza dell'astrologia caldea nell' Iran antico," SMSR 34, 1963, 237 sq.。

110. 關於天神提斯特利亞（yazata Tištrya，天狼星的人格化）以及阿胡拉·瑪茲達的獻祭，見 G. Gnoli, "Note sur Yasht VIII, 23-52," SMSR, 34, 1963, pp.91-101。

111. 第 111 和 112 節所引文獻大部分是以帕拉維語寫成。我們不想對於 (472) 懸而未決的年代問題多所著墨。見 Duchesne-Guillemin, La religion de l'Iran ancien, pp.40 sq.（有清楚的解說）。帕拉維語經典非常完整的譯本，見 E. W. West, Pahlavi Texts (Sacred Books of the East, vol. 5, 18, 24, 37, 47, Oxford, 1888-97)。譯本有些過時，不過 Bundahism、部分的 Denkart 以及其他帕拉維經典有新譯本，見 Zaehner, Dawn and Twilight, p.342; Duchesne-Guillemin, La religion, pp.52-63（對於各譯本有摘述和評注）。亦見 Colpe, "Altiran: Einleitung," in WdM 12 (1974), pp.197 sq.。

關於死後生命的信仰，見 Nathan Söderblom, La vie future d'après le mazdéisme (Paris, 1901); J. D. C. Pavry, The Zoroastrian Doctrine of a Future Life (New York, 1926); Widengren, Les religions de l'Iran, pp.52 sq., 124 sq., 192 sq.（最近的重述）。W. Bousset, "Die Himmelsreise der Seele" (ARW, 4,

1910, pp.136-29, 229-73)仍然是不可或缺的參考文獻。

自從 Söderblom（*La vie future*, pp.82-88）以來，〈聖言集〉有多種譯本和評注。見 Karl F. Geldner, *Die Zoroastrische Religion* (= *Religionsgeschichtliches Lesebuch*, Tübingen, 1926, I, pp.42-44 sq.); Carsten Colpe, *Die religionsgeschichtliche Schule* (Göttingen, 1961), p.126-29; G. Widengren, *Iranische Geisteswelt* (Baden-Baden, 1961), pp.171-77。Widengren 不同意 Carsten Colpe 的異議（*Die Religionsgeschichtliche Schule*, pp.121 sq.），證明（OLZ, cols. 533-48）說〈聖言集〉是古老的經典，其語言很接近《神歌》，亦見氏著 "Les origenes du gnosticisme et l'histoire des religion" (Le Origini dello gnostricism, ed. Ugo Bianchi, Leiden, 1964, pp. 28-60, spéc. 49 sq.); id., *Les religions de l'Iran*, pp.124 sq.; L. H. Gray, "A Suggested Restoration of the Hadoxt Nask," JAOS, 67, 1947, pp.14-23。

關於 daēna（自我）的詮釋還有爭論，見 Gnoli, "Questioni sull'interpretazione," pp. 361 sq.。這個詞後來有「宗教」的意思，可能源自 dāy-（觀看）和吠陀經典的 dhīh（見）很類似。見 Humbach, *Die Gāthās des Zarathustra*, I, pp.56-58; J. Gonda, *The Vision of the Vedic Poets* (La Haye, 1963), pp. 259-65。其原始意義和印歐民族的「內明」觀念有關。見 Gnoli, "Questioni," p. 363。就個別的意義而言，daena 同時是人類和神的能力（人格化為阿胡拉・瑪茲達的 paredros）；而集合的意義則是指所有的 daena，也就是有相同信仰、習俗和儀式的「靈性集體存有者」，亦即「瑪茲達宗教」或「教會」（指信徒的聚會）。見 Gnoli, p.365。

(473) 關於揀擇之橋的入會禮象徵以及 daena 的意義，見 H. Corbin, Terre céleste et Corps de Résurrection (Paris, 1960), pp.68 sq.; M. Molé, "Dāenā, le pont Çinvat et l'initiation dans le Mazdéisme," RHR, 158, 1960, pp. 155-85。

關於揀擇之橋的類比，見 Eliade, *Chamanisme*, pp. 375 sq.（「橋和『艱難的通道』」）。亦見 Duchesne-Guillemin, *Religion*, pp.333 sq.; Peter Dinzelbacher, *Die Jenseitsbrücke in Mittelalter* (diss., University of Vienna No. 104, Vienna, 1973)（檢視西方中世紀的傳統）。

112.   伊瑪的掩體神話和災難性的寒冬，見 Söderblom, *La vie future, pp. 169-82; A. Christensen, Les types du premier Homme et du premier Roi dans l'histoire l'egendaire des Iraniens* (Leiden-Uppsala, 1917-34), II, pp.16 sq.; Dumézil, *Mythe et Epopée*, II, pp. 246 sq., 282 sq.。

關於「世界末日」的比較研究，見 A. Olrik, *Ragnarok*（德文譯本見 W. Ranisch, 1922)。

關於聖潔的靈魂（fravashis），見 N. Söderblom, *Les Fravashis: Étude sur les traces dans le mazdéisme d'une ancienne conception sur la survivance des morts* (Paris, 1899)。《神歌》裡沒有這個字（反而提到 daena），聖潔的靈魂在年終時會回到人間；見〈讚歌〉13.49；亦見 al Bîrûnî, *Chronology of Ancient Nations* (London, 1879, trad. par H. Sachau), p. 210; Windengren, *Religions*, p.38。這個信仰非常古老，也流傳甚廣，見 Eliade, *Le Mythe de l'éternel retour*, pp. 80 sq.。

至於 fravashis 的戰士性格，Dumézil 拿他和馬爾殊作比較，見氏著 "Viṣṇu et les Marut à travers la réforme zoroastrienne" (JA, 242, 1953, pp. 1-25), pp.21 sq.。

但是 fravashis 也是過去、現在和未來的人在天界的「分身」（〈獻祭〉24.5）根據某些經文（如〈讚歌〉13.82-84），聖神們都有他們的 fravashis。在 Vidēvdāt（19.46-48）裡，瑣羅亞斯德知道如何召喚阿胡拉·瑪茲達的 fravashis。這是個新穎而難解的觀念；但是如 Bausani 所說的（La Persia religiosa, p.68），這個觀念並沒有被深入探究。

113.   關於以色列的列王和王國，見 J. Pedersen, *Israel: Its Life and Culture*, I-IV (London-Copenhagen, 1926, 1940), I-II, pp. 41 sq.; G. von Rad, *Old Testament Theology*, I (New York, 1926), pp.306 sq.; G. Fohrer, *History of Israelite Religion* (Nashville, 1972), pp. 122 sq. pp. 122-123, 139-140; H. Ringgren, *La religion d'Israël*, pp. 235 sq.; J. de Fraine, *L'aspect religieux de la royauté israé-*

lite (Rome, 1954); Geo Widengren, *Sakrales Königtum im Alten Testament und im Judentum* (Stuttgart, 1955); Widengren, "King and Covenant," JSS, 2, 1957, pp.1-32; M. Noth, Gott, *König und Volk im Alten Testament* (= *Gesammelte Studien*, 1957, pp. 188-229); G. von Rad, "Das judäische Königsritual" (in: Gesammelts Schriften, 1958, pp. 205-13); R. de Vaux, "Le roi d'Israël, vassal de Yahvé" (in Mélanges E. Tisserant, 1964, I, pp. 119-33; A. R. Johnson, *Sacral Kingship in Ancient Israel* (1967)。關於比較研究，見 Sidney Smith, "The Practice of Kingship in Early Semitic Kingdoms," in *Myth, Ritual, and Kingship*, ed. S. H. Hooke (Oxford, 1958), pp. 22-73; K. H. Bernhardt, *Das Problem der altorientalischen Königsideologie im Alten Testament* (Leiden, 1961); I. Seibert, *Hirt-Herde-König* (Berlin, 1969)。

關於大衛和所羅門，見 Fohrcr, *History of Israelite Religion*, pp.125 sq.; R. A. Carlson, *David the Chosen King* (1965); G. W. Ahlström, "Solomon the Chosen One," HR, 8, 1968, pp.93-110。

關於耶路撒冷聖殿的象徵以及王室祭典的重要性，見 N. Poulssen, *König und Tempel im Glaubenszeugnis des Alten Testament* (Stuttgart, 1967); G. W. Ahlström, *Psalm 89: Eine Liturgie aus dem Ritual des leidenden Königs* (Lund, 1959); T. A. Busink, *Der Tempel von Jerusalem. I: Der Tempel Salomos* (Leiden, 1970)。亦見 J. Schreiner, *Sion-Jerusalem: Jahwes Königssitz* (München, 1963); F. Stolz, *Strukturen und Figuren im Kult von Jerusalem* (Berlin, 1970); E. L. Ehrlich, *Die Kultsymbolik im Alten Testament und im nachbiblischen Judentum* (Stuttgart, 1959); H. J. Hermisson, *Sprache und Ritus im altisraelitischen Kult* (Neukirchen-Vluyn, 1965)。

114. 關於「加冕詩篇」，見 S. Mowinckel, *Psalmenstudien, II: Das Thronbesteigungsfest Jahwäs und der Ursprung der Eschatologie* (Christiania, 1922)。關於詩篇的儀式功能，見 S. Mowinckel, *The Psalms in Israel's Worship*, I-II2 (New York-Oxford, 1962); H. Ringgren, *Faith of the Psalmist* (Philadelphia,

1963); H. Zirker, *Die kultische Vergegenwartigung der Vergangenheit in den Psalmen* (Bonn, 1964); C. Westermann, *The Praise of God in the Psalms* (Richmond, 1965)。亦見 O. Keel, *Feinde und Gottesleugner: Studien zum Image des Widersacher in den Individualpsalmen* (Stuttgart, 1969)。

關於耶和華，見 H. Ringgren, *La religion d'Israël*, pp. 99 sq.; Fohrer, *History*, pp.164 sq.。亦見 Ringgren, *World and Wisdom: Studies in the Hypostatization of Divine Qualities in the Ancient Near East* (Lund, 1947)。關於以色列的生命和「聖靈」的觀念，見 van Rad 的作品以及 O. Eissfeldt, *The Old Testament*。

關於救恩的觀念，見 H. Riesenfeld, *The Resurrection in Ezekiel XXXVII and in the Dura-Europos Paintings* (Uppsala, 1948); Widengren, *Sakrales Königtum*, pp.45 sq.。

115. 〈約伯書〉的構成是：散文體的前言和後記，以及詩歌體的本文，包括約伯和他的朋友的對話。在詩歌和散文部分之間有些歧異。

關於約伯的文獻非常的多，我們僅列舉 O. Eissfeldt, *The Old Testament*, pp. 454 sq., 764 sq.; G. Fohrer, *Studien zum Buche Hiob* (1963); S. Terrien, *Job* (Neuchâtel, 1963); J. Pedersen, "Scepticisme israélite," RHPR, 10, 1931, pp. 317-70; P. Humbert, "Le modernisme de Job," VT, suppl. 3, 1955, pp.150-61; H. H. Rowley, "The Book of Job and Its Meaning" (= *From Moses to Qumran*, 1963, pp.141-83)。

116. 關於以利亞，見 G. von Rad, *Old Testament Theology*, II, pp. 14-31; (475) G. Fohrer, *History of Israelite Religion*, pp. 230 sq. (n. 15, bibl.); L. Bronner, *The Stories of Elijah and Elisha as Polemics against Baal Worship* (1968); *Études Carmélitaines I-II: Elie le Prophète, I: Selon les Ecritures et les traditions chrétiennes; II: Au Carmel, dans le Judaïsme et l'Islam* (Paris, 1956); P. Marie-Joseph Stiassny, "Le Prophète Elie dans le Judaïsme," II, pp.199-255。

關於儀式先知，見 A. Haldar, *Associations of Cult Prophets among the Ancient Semites* (Uppsala, 1945); H. H. Rowley, *Worship in Ancient Israel*, pp. 144-75; J. Jeremias, *Kultprophetie und Gerichtsverkundigung in der späteren Königzeit Israels* (Neukirchen-Vluyn, 1970)。

關於列王和儀式先知的關係，見 J. Petersen, Israel, I-II, pp.124 sq.; F. M. Cross, *Canaanite Myth and Hebrew Epic*, pp. 217 sq., 237 sq.。

關於舊約先知的最近研究，見 H. H. Rowley, "The Nature of Old Testament Prophecy in the Light of Recent Study" (*Harvard Theological Review* 38, 1945, pp.1-38); G. Fohrer, "Neuere Literatur zur Alttestamentlichen Prophetie" (*Theologische Rundschau*, 1951, pp.277-346); ibid., 1952, pp.192-97, 295-361; Fohrer, "Zehn Jahre Literatur zur altestamentlichen Prophetie," ibid., 1962, pp. 1-75, 235-97, 301-74。簡要的解説，見 von Rad, *Theology*, II, pp. 50 sq.; Fohrer, *History of Israelite Religion*, pp. 230 sq.。亦見 S. Mowinckel, "The 'Spirit' and the 'Word' in the Pre-Exilic Reforming Prophets," *Journal of Biblical Literature*, 53, 1934, pp.199-227; André Neher, *L'essence du prophétisme*, Paris, 1955, pp.85-178（先知的希伯來架構）, 179-350（先知的經驗）; Claude Tresmontant, *La doctrine morale des prophètes d'Israël* (Paris, 1958)。

關於先知的舉動的象徵性意義，見 G. Fohrer, *Die symbolischen Handlungen der Propheten*, 2ᵉ éd. (1968)。

117. 關於阿摩司和何西阿，見 G. von Rad, *Theology*, II, pp.129-46; Ringgren, *La religion d'Israël*, pp.278 sq.; Fohrer, *History of Israelite Religion*, pp. 243-61; H. S. Nyberg, *Studien zum Hoseabuche* (Uppsala, 1935); A. Caquot, " Osée et la royauté," RHPR, 41, 1961, pp.123-46; E. Jacob, "L'héritage cananéen dans le livre du prophète Osée," RHPR, 43, 1963, pp.250-59。

118. 關於以賽亞，O. Eissfeldt, *The Old Testament*, pp.303-46 (bibl., pp. 303-4); von Rad, *Theology*, II, pp.147-69; Forhrer, *History*, pp.251-57。亦見 S.

H. Blank, *Prophetic Faith in Isaiah*, 1958。和以賽亞同時代、比較年輕的彌迦，可能在 725-711 B.C. 之間傳道。他的八次講道記錄在〈彌迦書〉的前三章。某些段落（1:16; 2:4-5, 10, 12-14）是被擄時期以後附會的。彌迦不關心國際的政治，而抨擊猶大族社會的不義和道德敗壞。懲罰就在眼前。城市會被毀滅（5:10; 6:16），「錫安必被耕種像一塊田、耶路撒冷必變為亂堆、這殿的山必像叢林的高處。」（3:12）在增加的部分，有彌賽亞的摘錄。「將來必有一位從你那裡出來、在以色列中為我作掌權的，」亞述人會被征服，這個王「必日見尊大、直到地極。這位必作我們的平安。」（5:1-5）見 Fohrer, *History*, p.257, n. 20。

(476)

119. 關於耶利米，見 G. von Rad, *Theology*, II, pp. 188-99; Eissfeldt, *Old Testament*, pp. 346-64, 717-18（有許多參考文獻）; Fohrer, *History*, pp. 188-99。

120. 關於以西結，見 von Rad, II, pp.230-37; Eissfeldt, pp.365-81（有許多參考文獻，pp. 365-69, 758）; G. Fohrer, Die *Hauptprobleme des Buches Ezechiel* (1952); Fohrer, *History*, pp.316-21。亦見 J. Steinmann, Le prophète *Ezéchiel et les débuts de l'exil* (1953); T. Chary, *Les prophètes et le culte à partir de l'exil* (1955)。

121. 關於「耶和華之日」，見 G. von Rad, "The Origin of the Concept of the Day of Yahweh," JSS, 4, 1959, pp.97-108; id., *Old Testament Theology*, II, pp.119-25。

關於未來的王，彌賽亞，見 S. Mowinckel, *He That Cometh* (New York, 1954), pp.96 sq., 155 sq.。

關於歷史在先知裡的宗教價值，見 Eliade, *Le Mythe de l'éternel retour*, pp.122 sq.。

122. 戴奧尼索斯的各種詮釋的歷史發展，見 Park McGinty, "Approaches to Dionysos: A Study of the Methodological Presuppositions in the Various Theories of Greek Religion as Illustrated in the Study of Dionysos" (University of Chicago, décembre 1972)。McGinty 討論尼采（*Die Geburt der Tragödie*, 1871）、Erwin Rohde（*Psyche*, 1894）、Jane Harrison（*Prolegomena*, 1901; *Themis*, 1912）、Martin P. Nilsson（*Geschichte der griechische Religion*, I, pp.571 sq.; *The Minoan-Mycenaean Religion*, 1927; 1950）、Walter Otto（*Dionysos*, 1933）、E. R. Dodds（*The Greeks and the Irrational*, 1951）以及 W. K. Guthrie 的詮釋。在法文作品中，特別出色的有 H. Jeanmaire, *Dionysos: Histoire du culte de Bacchus* (Paris, 1951)，其中有豐富的參考書目（pp. 483-504）。

(477)　　關於席美勒的字源學，見 P. Kretschmer, *Aus der Anomia* (1890), pp. 17 sq.。Kretschmer 把色雷斯和弗里吉亞的語詞 Semelô（帝國時代在弗里吉亞的墳墓銘文，意指大地之母），和斯拉夫語的 zemljia（大地）以及立陶宛的冥府女神 Zemnya 作比較。Nilsson（*Min.-Mycenaean* Rel., p.567）、Wilamowitz（*Der Glaube der Hellenen*, II, p. 60）、Otto（*Dionysos*, pp.69 sq.）接受這個字源學。

　　幾個世紀以來，學者們試著從戴奧尼索斯宗教傳入希臘的歷史去解釋這個宗教的「遭到迫害」；人們隱然視這個神為「外邦人」，來自色雷斯（例如 Rohde）或是弗里吉亞（例如 Nilsson）。因為在邁錫尼的銘文裡發現他的名字，許多學者認為戴奧尼索斯源自克里特島。見 Karl Kerényi, "Die Herkunft der Dionysosreligion nach dem heutigen Stand der Forschung," in *Arbeitsgemeinschaft für Forschung des Landes Nordrhein Westfalen* (Köln, 1956), pp.5 sq.; Kerényi, *Der Frühe Dionysos* (1960); Pestalozza, "Motivi matriarcali in Etolia ed Epiro," *Rendiconti Ist. Lomb. di Scienze e Lettere* 87 (Milano, 1957) pp.583-622; *Nuovi saggi di religione mediterranea* (Florence, 1964), pp. 257-95, pp.272-73, n.3。亦見 T. B. L. Webster, "Some Thoughts on the Prehistory of Greek Drama"（*Bull. Inst. Classical Studies*, University of London 5,

1958, pp.43-48; G. van Hoorn, "Dionysos et Ariadne" (*Menemosyne*, 12, 1959, pp. 193-97); J. Puhvel, "Eleuther and Oino'atis," in: *Mycenaean Studies*, E. L. Bennett, Jr. ed. (Madison, 1964), pp. 161-70。

123. 紀念戴奧尼索斯的慶典的分析，見 Jeanmaire, *Dionysos*, pp. 25 sq. Lenaea, N. P. Nilsson, *Griechische Feste* (Leipzig, 1906), pp.275 sq.; L. Deubner, *Attische Feste* (Berlin, 1932), pp.125 sq.。關於春之祭，見 Jeanmaire, pp. 48-56, p.486。

關於競賽和儀式性戰鬥的宗教功能，見 Eliade,*La Nostalgie des Origines*, pp.215 sq.。

關於死者定期地回返人間的神話和儀式主題，見 Eliade, *Méphistophé-lès et l'Androgyne*, pp.155 sq.; V. Lanternari, *La Grande Festa* (Milano, 1959), pp. 411 sq.。

124. E. R. Dodds 曾分析說，從比較的觀點，在《巴卡伊》裡描述的戴奧尼索斯的某些特徵（在山上雷鳴〔oreibasia〕、狂舞、狂歡、攻擊村落），證明這些是優里庇德斯之前和之後的希臘各地流行的儀式和習俗。見氏著 "Maenadism in the Bacchae," *Harvard Theological Review*, 33, 1940, pp.155-76。Jeanmaire（*Dionysos*, pp. 119 sq.）則探索希臘以外的源泉（北非、阿拉伯和阿比西尼亞的 zar 和 buri）。在希臘，其他諸神導致瘋狂的例子很常見。見 Jeanmaire, pp.109 sq.。Farnell（*Cults*, V, pp.167-71）曾經 (478) 比較殺人祭和儀式性的食人肉。關於食人肉的習俗，見 Jeanmaire, pp. 123 sq., *Ernesto de Martino, La Terra del rimorso* (Milano, 1961), pp.220 sq.（比較研究）。關於潘修斯的故事的儀式性詮釋，見 Clara Gallini, "Il travestismo rituale di Penteo," *SMSR*, 34, 1967, pp.211 sq.。

肢解（sparagmos）和食生肉（ômophagia），是阿薩烏人（Aissawa, Isâwiyya）的穆斯林的特色。見 R. Eissler, "Nachleben dionysischen Mysteri-entritus," *ARW*, 1928, 172-83, René Brunel, *Essai sur la confrérie religieuse des*

Aissäoua au Maroc (Paris, 1926); cf. Fisler, Man into Wolf (London, 1951), pp. 112 sq.; Jeanmaire, *Dionysis*, pp. 259 sq. 。

關於色雷斯殘存的公牛祭，見 C. A. Romaios, *Cultes populaires de la Thrace* (Athens, 1949), pp. 50 sq. 。

125.　我們在第二卷談到希臘化時代的宗教時，會回到戴奧尼索斯神祕宗教，在奧斐斯宗教的章節裡會談到戴奧尼索斯（扎格列烏斯）被肢體的神話的某些意義。

關於泰坦族用來吸引戴奧尼索斯（扎格列烏斯）的玩具，見 Jane Harrison, *Themis*, pp. 61 sq.; R. Pettazzoni, *I Misteri* (Bologne, 1924), pp.19 sq.; Jeanmaire, *Dionysos*, p.383。我們要指出，這故事的某些細節反映出古代的觀念和信仰。其中的牛吼器被用在原始社會男孩的成年禮。見 Eliade, *Naissances mystiques*, pp.56 sq.; O. Zerries, *Das Schwirrholz* (Stuttgart, 1942), pp. 84 sq., 188 sq. 。而以石灰或石膏敷臉的習俗（Harrison, *Prolegomena*, pp. 491 sq.; Pettazzoni, *La religion dans la Grèce antique*, pp. 120 sq.）則在許多原始的祕密團體裡都看得到。

Walter Otto（*Dionysos*, pp.191 sq.）證明說，其中有些資料源自其他較晚出的作品。

關於亞里斯多德提出的「問題」，見 L. Moulinier, *Orphée et l'orphismeà a l'éqoque classique* (Paris, 1955), pp.51 sq. 。

戴奧尼索斯神祕宗教引起許多的爭論。我們在第二卷裡會回到這個問題。見 P. Boyancé, "Lántre dans les mystères de Dionysos," *Rendiconti della Pontificia Accademia di Archeologia*, 33, 1962, pp.107-27; R. Turcan, "Du nouveanu sur l'initiation dionysiaque," *Latomus*, 24, 1965, pp.101-19; P. Boyancé, "Dionysiaca: A propos d'une étude récente sur l'initiation dionysique," *Revue des Études Anciennes*, 68, 1966, pp.33-60。

索　引

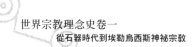

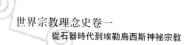

（所附頁碼爲法文版頁碼，列於本書頁邊。）

國家圖書館出版品預行編目資料

世界宗教理念史 卷一
默西亞・埃里亞德（Mircea Eliade）著　吳靜宜、陳錦書 譯
三版.-- 臺北市：商周出版：家庭傳媒城邦分公司發行

　2023.5　面；　公分
譯自：Histoire des croyances et des idées religieuses I

ISBN 978-626-318-690-3 (平裝)

1.CST: 宗教史

209　　　　　　　　　　　　　　　　　　112006589

世界宗教理念史 卷一

原 著 書 名／Histoire des croyances et des idées religieuses I
作　　　者／默西亞・埃里亞德（Mircea Eliade）
譯　　　者／吳靜宜、陳錦書
編 輯 顧 問／林宏濤
責 任 編 輯／陳玳妮
版　　　權／林易萱

行 銷 業 務／周丹蘋、賴正祐
總 編 輯／楊如玉
總 經 理／彭之琬
事業群總經理／黃淑貞
發 行 人／何飛鵬
法 律 顧 問／元禾法律事務所 王子文律師
出　　　版／商周出版
　　　　　　城邦文化事業股份有限公司
　　　　　　台北市中山區民生東路二段 141 號 4 樓
　　　　　　電話：(02) 25007008　傳真：(02)25007759
　　　　　　E-mail：bwp.service@cite.com.tw
發　　　行／英屬蓋曼群島商家庭傳媒股份有限公司城邦分公司
　　　　　　台北市中山區民生東路二段 141 號 2 樓
　　　　　　書虫客服服務專線：(02)25007718；(02)25007719
　　　　　　服務時間：週一至週五上午 09:30-12:00；下午 13:30-17:00
　　　　　　24 小時傳真專線：(02)25001990；(02)25001991
　　　　　　劃撥帳號：19863813；戶名：書虫股份有限公司
　　　　　　讀者服務信箱：service@readingclub.com.tw
　　　　　　歡迎光臨城邦讀書花園　網址：www.cite.com.tw
香港發行所／城邦（香港）出版集團有限公司
　　　　　　香港灣仔駱克道 193 號東超商業中心 1 樓
　　　　　　E-mail：hkcite@biznetvigator.com
　　　　　　電話：(852) 25086231　傳真：(852) 25789337
馬新發行所／城邦（馬新）出版集團【Cite (M) Sdn. Bhd.】
　　　　　　41, Jalan Radin Anum, Bandar Baru Sri Petaling,
　　　　　　57000 Kuala Lumpur, Malaysia.
　　　　　　Tel: (603) 90563833　Fax: (603) 90576622
　　　　　　Email: cite@cite.com.my

封 面 設 計／李東記
排　　　版／辰皓企業有限公司
印　　　刷／韋懋實業有限公司
經 銷 商／聯合發行股份有限公司
　　　　　　電話：(02)2917-8022　傳真：(02)2911-0053
　　　　　　地址：新北市 231 新店區寶橋路 235 巷 6 弄 6 號 2F

2001 年 11 月 15 日初版　　　　　　　　　　Printed in Taiwan
2015 年 6 月 2 日二版
2023 年 5 月 30 日三版

定價 650 元

城邦讀書花園
www.cite.com.tw